波德莱尔书信集

下卷

1860年3月—1866年3月

〔法〕夏尔·波德莱尔 著

刘楠祺 译

目录

致欧皮克夫人——[巴黎]1860年3月4日　　　　　　　　　　001
致萨巴蒂埃夫人——[巴黎,1860年3月4日]　　　　　　　　003
致萨巴蒂埃夫人——[巴黎]1860年3月4日　　　　　　　　　004
致奥古斯特·普莱-玛拉西——[巴黎]1860年3月9日　　　　005
致奥古斯特·普莱-玛拉西——[巴黎,1860年3月11日]　　　006
致奥古斯特·普莱-玛拉西——[巴黎,1860年3月13日　　　 007
致欧仁·克雷佩——[巴黎,1860年3月(?)]　　　　　　　　013
致奥古斯特·普莱-玛拉西——[巴黎,1860年3月中旬?]　　013
致奥古斯特·普莱-玛拉西——[巴黎,1860年3月中旬?]　　013
致阿尔封斯·德·卡洛纳——[巴黎,1860年3月中旬?]　　　016
致欧皮克夫人——[巴黎,1860年3月15日前后]　　　　　　 016
致欧皮克夫人——[巴黎]1860年3月26日　　　　　　　　　017
致[奥古斯特·普莱-玛拉西?]——[巴黎,1860年3月底?]　019
致欧皮克夫人——[巴黎,1860年3月30日]　　　　　　　　 019
致欧皮克夫人——[巴黎,1860年3月31日]　　　　　　　　 020
致欧皮克夫人——[巴黎,1860年4月2日?]　　　　　　　　020
致欧皮克夫人——[巴黎,1860年4月4日]　　　　　　　　　020
致欧仁·克雷佩——[巴黎,1860年4月10日前后]　　　　　 021
致欧皮克夫人——[巴黎,1860年4月14日]星期六　　　　　 022
致米歇尔·莱维——[巴黎,1860年4月14日]星期六　　　　 023
致亚历山大-路易·库齐内[巴黎,1860年4月18或19日]　　 024
致奥古斯特·普莱-玛拉西——[巴黎,1860年4月19日]　　　024
致欧皮克夫人——[巴黎]1860年4月19日　　　　　　　　　025

致欧皮克夫人——［巴黎，1860 年 4 月 20 日］　　　　　　　　　025

致奥古斯特·普莱-玛拉西——［巴黎，1860 年 4 月 20 日前后］　026

致欧皮克夫人——［巴黎，1860 年 4 月 22 日］　　　　　　　　　028

致奥古斯特·普莱-玛拉西——［巴黎］1860 年 4 月 22 日　　　　029

致奥古斯特·普莱-玛拉西——［巴黎］1860 年 4 月 23 日　　　　030

致欧皮克夫人——［巴黎，1860 年 4 月 25 日］　　　　　　　　　032

致奥古斯特·普莱-玛拉西——［巴黎］1860 年 4 月 27 日　　　　033

致阿尔封斯·德·卡洛纳——［巴黎，1860 年 4 月 28 日］　　　　033

致阿尔封斯·德·卡洛纳——［巴黎］1860 年 4 月 28 日　　　　　034

致欧皮克夫人——［巴黎，1860 年 4 月底］　　　　　　　　　　　034

致阿道夫·勒马雷夏尔——［巴黎，1860 年 4 月底］　　　　　　　036

致奥古斯特·普莱-玛拉西——［巴黎］1860 年 5 月 1 日　　　　　037

致奥古斯特·普莱-玛拉西——［巴黎，1860 年 5 月 2 日］　　　　037

致奥古斯特·普莱-玛拉西——［巴黎，1860 年 5 月 3 日］　　　　038

致奥古斯特·普莱-玛拉西——［巴黎，1860 年 5 月 4 日星期五］　038

致欧仁·克雷佩——［巴黎，1860 年 5 月 9 日星期三？］　　　　　040

致欧仁·克雷佩——［巴黎，1860 年 5 月 11 日星期五？］　　　　041

致保罗·德·莫莱纳——［巴黎］1860 年 5 月 12 日星期六　　　　042

致欧仁·克雷佩——［巴黎，1860 年 5 月 13 日？］　　　　　　　044

收据（致欧仁·克雷佩）——1860 年 5 月 14 日　　　　　　　　　044

致夏尔·梅里翁——［1860 年 5 月中旬？］　　　　　　　　　　　044

致约瑟夫·梅里（？）——［1860 年 5 月中旬］　　　　　　　　　045

致奥古斯特·普莱-玛拉西——［巴黎，1860 年 5 月中旬？］　　　045

致维克多·雨果——［1860 年 5 月中旬］　　　　　　　　　　　　046

致菲洛克塞纳·布瓦耶——［巴黎，1860 年 5 月 15 日］　　　　　046

致欧仁·克雷佩——［巴黎，1860 年 5 月 15—20 日前后］　　　　048

致奥古斯特·普莱-玛拉西——［巴黎］1860 年 5 月 18 日　　　　　048

致欧皮克夫人——［巴黎，1860年5月18日］	049
致勒内·班斯布尔德——［巴黎，1860年5月20日前后］	050
致奥古斯特·普莱-玛拉西——［巴黎］1860年5月20日	050
致欧内斯特·布许——［巴黎，1860年5月？］	051
收据（致欧仁·克雷佩）——1860年5月21日	052
致阿尔弗雷德·吉尚——［巴黎］1860年5月26日	052
致勒内·班斯布尔德——［巴黎，1860年］5月27日	053
致欧皮克夫人——［巴黎，1860年5月28日？］星期一	054
致保罗·达洛兹——［巴黎］1860年6月26日	054
致古斯塔夫·福楼拜——［巴黎］1860年6月26日	055
致欧皮克夫人——［巴黎，1860年6月底？］	056
致阿道夫·勒马雷夏尔——［巴黎，1860年6月或7月？］	057
致圣伯夫——［巴黎，1860年7月1日星期日］	057
致奥古斯特·普莱-玛拉西——［巴黎，1860年7月初？］	058
致奥古斯特·普莱-玛拉西——［巴黎，1860年7月初？］	060
致奥古斯特·普莱-玛拉西——［巴黎，1860年7月6日前后］	061
致古斯塔夫·克洛丹——［巴黎］1860年7月6日	064
致于勒·巴尔贝·多尔维利——［巴黎，1860年7月9日？］	064
致奥古斯特·普莱-玛拉西——［巴黎］1860年7月12日	065
致约瑟凡·苏拉里——［巴黎］1860年7月12日	067
致阿尔弗雷德·吉尚——［巴黎］1860年7月13日	068
致奥古斯特·普莱-玛拉西——［巴黎］1860年7月14日上午十点	069
致埃德蒙·迪朗蒂——［巴黎，1860年7月14日］	071
致奥古斯特·普莱-玛拉西——［巴黎］1860年7月21日星期六	071
致让-马克·博德——［巴黎］1860年7月22日	072
致奥古斯特·普莱-玛拉西——［巴黎］1860年7月28日星期六	072
致阿尔封斯·德·卡洛纳——［巴黎］1860年［7月31日？］星期二	073

致泰奥菲尔·戈蒂耶——[巴黎，1860年7月底?]	073
致欧皮克夫人——[巴黎，1860年8月初]	074
致欧皮克夫人——[巴黎，1860年8月4日]星期六	074
致欧皮克夫人——[巴黎，1860年8月5日]星期日上午	074
致纳西斯·昂塞尔——[巴黎，1860年8月6日]	075
致欧皮克夫人——[巴黎] 1860年8月7日	075
致欧皮克夫人——[巴黎，1860年] 8月7日星期二晚十一点	077
致欧仁·克雷佩——[巴黎，1860年8月10日]	078
致奥古斯特·普莱-玛拉西——[巴黎] 1860年8月12日星期日	078
致约瑟凡·苏拉里——[巴黎] 1860年8月12日	080
致阿尔芒·弗莱斯——[巴黎，1860年8月12日前后]	081
致奥古斯特·普莱-玛拉西——[巴黎，1860年8月13日]	081
致阿尔封斯·德·卡洛纳——[巴黎，1860年8月13日?]	082
致杜里耶夫人——[巴黎，1860年8月15日?]	082
致奥古斯特·普莱-玛拉西——[巴黎] 1860年8月15日	083
致奥古斯特·普莱-玛拉西——[巴黎] 1860年8月16日	083
致奥古斯特·普莱-玛拉西——[巴黎] 1860年8月18日	084
致奥古斯特·普莱-玛拉西——[巴黎，1860年8月20日前后]	085
致欧皮克夫人——[巴黎，1860年8月21日]	086
致奥古斯特·普莱-玛拉西——[巴黎，1860年] 8月30日星期四	087
致奥古斯特·普莱-玛拉西——[巴黎，1860年8月底]	088
致阿尔塞纳·乌塞耶——[巴黎，1860年9月1日]	091
致欧仁·多里亚克——[巴黎，1860年9月初]	092
致奥古斯特·普莱-玛拉西——[巴黎，1860年9月初]当日两点半	092
致奥古斯特·普莱-玛拉西——[巴黎] 1860年9月8日	093
致阿尔塞纳·乌塞耶——[巴黎] 1860年9月14日	094
致奥古斯特·普莱-玛拉西——[巴黎，星期四] 1860年9月27日	095

致奥古斯特·普莱-玛拉西——［巴黎］1860年9月27日六点半　097
致欧仁·克雷佩——［巴黎，1860年10月以前］　098
致欧皮克夫人——［巴黎，1860年］10月8日星期一　098
致欧皮克夫人——［巴黎］1860年10月11日　099
致埃德蒙·迪朗蒂——1860年10月11日星期四　102
致欧皮克夫人——［巴黎，1860年10月14日］　102
致奥古斯特·普莱-玛拉西——［翁弗勒尔］1860年［10月］
　　18日星期四　103
致阿尔西德-皮埃尔·格朗基尤——翁弗勒尔，［1860年10月］
　　18日星期四　104
致阿尔塞纳·乌塞耶——［巴黎，1860年10月—11月］　104
致欧皮克夫人——［巴黎］1860年11月3日　105
致阿尔封斯·德·卡洛纳——［巴黎，1860年11月6日］　106
致欧仁·克雷佩——［巴黎］1860年11月8日星期四　107
致阿希尔·布尔迪里亚——［巴黎，1860年11月8日前后］　107
致卡米耶·杜塞——［巴黎，1860年11月中旬］　108
致西蒙·拉松印刷所的监工里戈——［巴黎，1860年11月
　　20日前后］　108
致奥古斯特·普莱-玛拉西——［巴黎］1860年11月20日［星期四］　109
致奥古斯特·普莱-玛拉西——［巴黎，1860年11月20日星期二？］　109
致阿尔封斯·德·卡洛纳——［巴黎，1860年］12月3日　111
致阿尔封斯·德·卡洛纳——［巴黎，1860年12月3日］　112
［致罗伯特·斯托贝尔的说明］——［巴黎，1860年12月4日？］　112
致奥古斯特·普莱-玛拉西——［巴黎］1860年［12月］5日　113
致欧皮克夫人——［巴黎，1860年12月7日］　114
致奥古斯特·普莱-玛拉西——［巴黎，1860年12月20日］　115
致F.比歇——巴黎，1860年12月21日　116

致欧皮克夫人——[讷伊] 1861 年 1 月 1 日	116
致于勒·德·索克斯——[1861 年 1 月初]	118
致阿尔塞纳·乌塞耶——[讷伊，1861 年 1 月初]	118
致奥古斯特·普莱-玛拉西——[讷伊，1861 年 1 月 5 日]	118
致让·莫雷尔——[1861 年 1 月 5 日]	120
致欧皮克夫人——[讷伊，1861 年 1 月 5 日前后]	120
致奥古斯特·普莱-玛拉西——[讷伊] 1861 年 1 月 7 日星期一	122
致阿希尔·布尔迪里亚——1861 年 1 月 9 日星期三	124
致欧皮克夫人——[巴黎，1861 年] 1 月 11 日晚上六点	124
致奥古斯特·普莱-玛拉西——[巴黎] 1861 年 1 月 16 日	124
致费利克斯·布拉克蒙——[巴黎，1861 年 1 月 16 日] 星期三	126
致欧仁·克雷佩——[巴黎] 1860 年 1 月 17 日	127
致奥古斯特·普莱-玛拉西——[巴黎，1861 年 1 月 17 日前后]	128
致[佚名]——[1861 年 1 月下半月？]	130
致奥古斯特·普莱-玛拉西——[巴黎，1861 年 1 月 20 日星期日]	130
致欧仁·德·布鲁瓦斯——[巴黎，1861 年 1 月底或 2 月初]	131
致阿尔芒·迪梅尼尔——[巴黎，1861 年 2 月 9 日]	132
致阿希尔·布尔迪里亚——[巴黎，1861 年 2 月 10 日]	133
致欧仁·克雷佩——[巴黎，1861 年 2 月]	134
致阿尔封斯·德·卡洛纳——[巴黎，1861 年 2 月 18 日或 19 日]	134
致阿尔芒·迪梅尼尔——[巴黎，1861 年 2 月 21 日]	134
致[路易·贝拉盖]——[巴黎] 1861 年 2 月 22 日	135
致奥古斯特·拉科萨德——[巴黎，1861 年 3 月初]	136
致奥古斯特·拉科萨德——[巴黎，1861 年 3 月初]	137
致埃梅·布莱索——[巴黎，1861 年 3 月中旬]	137
致[欧仁·德·布鲁瓦斯]——[巴黎，1861 年 3 月 20 日前后]	138

致奥古斯特·普莱-玛拉西——［巴黎，1861年3月20日前后？］ 138
致奥古斯特·普莱-玛拉西——［巴黎］1861年3月25日 141
致迪克洛——［巴黎，1861年3月底］ 141
致欧皮克夫人——［巴黎］1861年［3月］29日星期五 142
致保罗·默里斯——［巴黎，1861年3月30日？］ 143
致欧皮克夫人——［巴黎，1861年2月或3月］及1861年4月1日 143
致欧皮克夫人——［巴黎，1861年4月3日］ 147
致欧仁·克雷佩——［巴黎，1861年4月4日］ 147
致奥古斯特·瓦克里——［巴黎］1861年4月4日 148
致奥古斯特·普莱-玛拉西——［巴黎，1861年4月9日］星期二 149
致欧内斯特·雷耶尔——［巴黎，1861年4月10日？］星期三晚 149
致泰奥菲尔·戈蒂耶——［巴黎］1861年4月29日 149
致热利斯——［巴黎］1861年5月2日 150
致奥古斯特·拉科萨德——［巴黎，1861年5月初］ 151
致保罗·德·圣-维克多——［巴黎，1861年5月初］ 152
致奥古斯特·普莱-玛拉西——［巴黎，1861年5月6日］ 152
致欧皮克夫人——［巴黎，1861年5月6日］ 153
致欧皮克夫人——［巴黎，1861年］5月7日 160
致奥古斯特·拉科萨德——［巴黎］1861年5月7日 160
致欧皮克夫人——［巴黎］1861年5月8日 161
致弗朗茨·李斯特——［巴黎，1861年5月10日前后］ 164
合同（与欧仁·克雷佩）——［巴黎，1861年5月18日］ 165
致欧皮克夫人——［巴黎］1861年5月21日星期二 165
致奥古斯特·普莱-玛拉西——［巴黎，1861年5月20—25日前后］ 168
合同（与普莱-玛拉西和德·布鲁瓦斯）——［巴黎，1861年5月24日］ 169
致欧皮克夫人——［巴黎，1861年5月25日前后？］ 171

致欧皮克夫人——［巴黎，1861年5月27日］	171
致弗雷德里克·托马——［巴黎，1861年5月28日］	172
致欧皮克夫人——［巴黎］1861年5月30日星期四	173
致奥古斯特·普莱-玛拉西——［巴黎，1861年6月4日前后］	173
致欧仁·克雷佩——［巴黎，1861年6月4日前后］	174
致欧仁·克雷佩——［巴黎，1861年6月？］	174
致欧仁·克雷佩——［巴黎，1861年6月或夏季？］	175
致欧仁·克雷佩——［巴黎，1861年6月10日前后］	175
致欧仁·克雷佩——［巴黎］1861年6月19日	176
致欧皮克夫人——［巴黎］1861年6月19日	177
致欧皮克夫人——［巴黎］1861年6月21日	177
致路易·马蒂内——［巴黎，1861年7月？］	178
致路易·贝拉盖——［巴黎］1861年7月9日	179
致欧皮克夫人——［巴黎］1861年7月10日星期三	179
致［佚名］——［巴黎］1861年7月11日	181
致奥古斯特·普莱-玛拉西——［1861年7月？］	182
致欧皮克夫人——［巴黎］1861年7月25日	184
致欧皮克夫人——［巴黎］1861年7月27日	187
致莱昂·克拉戴尔——［巴黎，1861年7月30日或31日］	188
致埃梅·布莱索——［巴黎，1861年8月6日］	188
致欧仁·德拉克洛瓦——［巴黎，1861年8月初］	188
致欧仁·克雷佩——［巴黎，1861年8月？］	189
致奥古斯特·拉科萨德——［巴黎，1861年8月中旬］	189
致奥古斯特·拉科萨德——［巴黎，1861年8月21日］	190
致奥古斯特·普莱-玛拉西——［巴黎，1861年7月］27日星期二	190
致欧皮克夫人——［巴黎，1861年］9月1日星期日	191
致欧皮克夫人——［巴黎］1861年9月2日	192

致弗朗索瓦·比洛兹——［1861年11月］	193
致［佚名］——［巴黎］1861年11月5日	193
致菲利贝尔·鲁维埃尔——巴黎，1861年11月6日	193
致奥古斯特·拉科萨德——［巴黎，1861年11月7日］	194
致欧皮克夫人——［巴黎］1861年11月13日	194
致马里奥·于夏尔——［巴黎，1861年11月］	195
致爱德华·丹迪——［巴黎］1861年12月2日	196
致于勒·罗西耶——［巴黎，1861年12月］	196
致爱德华·丹迪——［1861年12月］	197
致法兰西学士院终身秘书阿贝尔·维尔曼——［巴黎］1861年12月11日	197
致夏尔·阿瑟利诺——［巴黎，1861年12月？］	198
致阿尔弗雷德·德·维尼——［巴黎，1861年12月16日前后］	199
致阿尔弗雷德·德·维尼——［巴黎，1861年12月16日前后］	199
致阿尔塞纳·乌塞耶——［巴黎，1861年12月20日前后］	201
致维克多·德·拉普拉德——［巴黎］1861年12月23日星期一	202
致欧皮克夫人——［巴黎］1861年12月25日圣诞节	205
致阿尔塞纳·乌塞耶——［巴黎］1861年圣诞节	211
致于勒·德·索克斯——［1861年圣诞节，或稍早几天］	213
致阿尔芒·迪梅尼尔——［巴黎］1861年圣诞节	213
欠据（致米歇尔·马松）——巴黎，1861年12月27日当天	214
致欧皮克夫人——［巴黎，1861年12月28日星期六？］	214
致［于勒·德·索克斯］——［巴黎］1861年12月30日	215
致埃德蒙·泰克西埃——［巴黎］1861年12月30日	217
致莱昂·克拉戴尔——［巴黎，1861年12月？］	218
致奥古斯特·普莱-玛拉西——［巴黎，1861年12月底或1862年1月初］	218

致［奥古斯特·普莱-玛拉西］——［1861年？］　　　　　219
致欧仁·克雷佩——［1861—1862年］　　　　　　　　220
致菲利普·比尔迪——［巴黎，1861—1862年］　　　　220
致埃德蒙·迪朗蒂——［1861—1863年？］　　　　　　220
致欧皮克夫人——［巴黎，1862年1月15日前后］　　　221
致［于勒·德·索克斯］——［巴黎］1862年1月19日星期日　222
致古斯塔夫·福楼拜——［巴黎，1862年1月24日］　　223
致圣伯夫——［巴黎，1862年1月24日前后］　　　　　224
致阿尔弗雷德·德·维尼——［巴黎］1862年1月26日星期日　226
致阿尔弗雷德·德·维尼——［巴黎，1862年1月30日］　228
致古斯塔夫·福楼拜——［巴黎］1862年1月31日　　　230
致埃德蒙·洛莫尼耶——［巴黎，1862年1月？］　　　231
致埃德蒙·洛莫尼耶——［巴黎，1862年1月？］　　　231
致阿尔弗雷德·德·维尼——［巴黎，1862年1—2月？］　231
致古斯塔夫·福楼拜——［巴黎］1862年2月3日星期一　232
致圣伯夫——［巴黎，1862年2月3日］星期一晚　　　233
致法兰西学士院终身秘书阿贝尔·维尔曼——［巴黎］1862年
　2月10日星期一　　　　　　　　　　　　　　　　234
致欧皮克夫人——［巴黎，1862年2月10］星期一晚　　235
致［于勒·德·索克斯］——［巴黎］1862年2月12日　236
致塔克西勒·德洛尔——［巴黎，1862年2月15—20日］　236
致阿梅代·阿夏尔——［巴黎，1862年2月17日］　　　237
致欧皮克夫人——［巴黎］1862年3月17日　　　　　　237
致于勒·德·索克斯——［巴黎］1862年3月19日　　　240
致欧皮克夫人——［巴黎］1862年3月29日　　　　　　241
致欧皮克夫人——［巴黎，1862年］3月31日　　　　　244
致奥古斯特·普莱-玛拉西——［巴黎，1862年3—4月？］　245

致奥古斯特·普莱-玛拉西——［巴黎，1862年4月］	246
致阿尔封斯·波德莱尔夫人——［巴黎］1862年［5月］11日星期日	247
致阿尔塞纳·乌塞耶——［巴黎］1862年5月15日	247
致于勒·罗西耶——［巴黎，1862年5月20日］	250
致欧皮克夫人——［巴黎，1862年］5月24日星期六	250
致欧皮克夫人——［巴黎］1862年5月31日	251
致欧皮克夫人——［巴黎］1862年6月6日	253
致欧皮克夫人——［巴黎，1862年］6月17日	254
协议（与普莱-玛拉西）——［巴黎，1862年7月1日］	255
致［卡米耶·杜塞?］——［巴黎］1862年7月19日	256
致［爱德华·乌塞耶?］——［巴黎，1862年夏?］	256
致泰奥菲尔·戈蒂耶——［巴黎］1862年8月4日	256
致欧皮克夫人——［巴黎］1862年8月［10日］星期日	257
致阿尔塞纳·乌塞耶——［巴黎］1862年8月18日	258
致奥古斯特·普莱-玛拉西——［巴黎，1862年8—9月?］	259
致米歇尔·莱维——［巴黎，1862年8—9月?］	261
致米歇尔·莱维——［巴黎，1862年8—9月?］	261
致维利耶·德·利斯勒-亚当——［1862年8—9月］	262
致路易·阿歇特——［1862年9月初］	262
致欧仁·克雷佩——［巴黎］1862年9月9日	262
致奥古斯特·普莱-玛拉西——［巴黎，1862年9月13日］	263
致奥古斯特·普莱-玛拉西——［巴黎，1862年9月19日或26日?］星期五	264
致［夏尔·阿瑟利诺］——［巴黎，1862年9月20日前后?］	264
致雷蒙·马蒂尼——［巴黎］1862年9月21日	265
致欧皮克夫人——［巴黎］1862年9月22日星期一	265

致阿尔塞纳·乌塞耶——[巴黎，1862年9月22日前后] 266
致雷蒙·马蒂尼——[巴黎]1862年10月3日星期五 267
致阿尔塞纳·乌塞耶——[巴黎]1862年10月8日三点 267
致夏尔·阿瑟利诺——[巴黎，1862年10月？] 269
致雷蒙·马蒂尼——[巴黎，1862年10月22日] 269
致奥古斯特·普莱-玛拉西——[巴黎]1862年11月18日星期二 270
致奥古斯特·普莱-玛拉西——[巴黎，1862年11月下半月？] 272
致皮埃尔-于勒·埃采尔——[巴黎，1862年]11月23日星期五 272
致玛丽·埃斯居迪耶——[巴黎]1862年12月4日 273
致阿尔封斯·勒格罗——[巴黎]1862年12月6日 274
致奥古斯特·普莱-玛拉西——[巴黎]1862年12月13日 275
致欧皮克夫人——[巴黎]1862年12月13日 276
致奥古斯特·德拉特尔——[1862年底] 278
赠书清单——[1862—1865年] 279
致埃德蒙·洛莫尼耶——[巴黎，1862—1863年] 281
致埃德蒙·洛莫尼耶——[巴黎，1862—1863年] 282
致埃德蒙·洛莫尼耶——[巴黎，1862—1863年] 282
致埃德蒙·洛莫尼耶——[巴黎，1862—1863年] 282
致埃德蒙·洛莫尼耶——[巴黎，1862—1863年] 282
致埃德蒙·洛莫尼耶——[巴黎，1862—1863年] 283
致埃德蒙·洛莫尼耶——[巴黎，1862—1863年] 283
致埃德蒙·洛莫尼耶——[巴黎，1862—1863年] 283
致埃德蒙·洛莫尼耶——[巴黎，1862—1863年] 284
致埃德蒙·洛莫尼耶——[巴黎，1862—1863年] 284
致埃德蒙·洛莫尼耶——[巴黎，1862—1863年] 284
致埃德蒙·洛莫尼耶——[巴黎，1862—1863年] 285
致埃德蒙·洛莫尼耶——[巴黎，1862—1863年] 285

致路易·马索兰——[巴黎，1862—1863年?] 285
致伊波利特·勒若斯纳少校——[巴黎]1863年1月1日 285
致伊波利特·勒若斯纳少校——[巴黎，1863年?] 286
致马里奥·于夏尔——[巴黎]1863年1月2日 287
致欧皮克夫人——[巴黎]1863年1月3日 288
致爱德华·马奈——[巴黎，1863年1月4日] 290
致奥古斯特·普莱-玛拉西——[巴黎]1863年1月6日 290
致马里奥·于夏尔——[巴黎]1863年1月7日星期三 291
致[埃蒂安·卡尔嘉]——[巴黎，1863年1月初] 292
合同（与埃采尔）——[巴黎，1863年1月13日] 295
致雷蒙·马蒂尼——[巴黎]1863年1月22日 296
致马里奥·于夏尔——[巴黎，1863年2月16日] 297
致夏尔·阿瑟利诺——[巴黎，1863年2月18日] 297
致马里奥·于夏尔——[巴黎]1863年2月19日星期四 298
致尚弗勒里——[巴黎，1863年2月27日或28日] 298
致尚弗勒里——[巴黎，1863年3月4日前后] 298
致尚弗勒里——[巴黎]1863年3月6日 299
致尚弗勒里——[巴黎，1863年3月6日] 300
致奥古斯特·德·夏蒂雍——[巴黎，1863年3月14日] 301
致皮埃尔-于勒·埃采尔——[巴黎]1863年3月20日 301
致奥古斯特·普莱-玛拉西——[巴黎]1863年3月26日 302
致马奈的母亲——[巴黎]1863年3月28日 302
致皮耶·安杰罗·菲奥伦蒂诺——[巴黎]1863年5月11日星期一 303
致夏尔·蒙斯莱——[巴黎，1863年5月11日] 303
致内斯托尔·洛克普朗——[巴黎]1863年5月11日星期一 304
致保罗·德·圣-维克多——[巴黎]1863年5月11日星期一 304
为纳姆斯罗耶先生提供的说明——[巴黎，1863年5月底或6月初] 304

致欧皮克夫人——[巴黎]1863年6月3日	306
致欧皮克夫人——[巴黎]1863年6月5日	310
致小泰奥菲尔·戈蒂耶——[巴黎，1863年6月18日]	311
致阿尔封斯·莱克里凡的授权书——[巴黎]1863年6月18日	312
致热尔韦·夏庞蒂埃——[巴黎]1863年6月20日	312
致奥古斯特·普莱-玛拉西——[巴黎，1863年6月21日或22日]	313
致雷蒙·马蒂尼——[巴黎，1863年7月6日]	313
致米歇尔·莱维——[巴黎，1863年7月7日]	314
致瓦扬元帅——[巴黎]1863年8月3日	314
致维克多·迪律伊——[巴黎]1863年8月3日	315
致维克多·迪律伊——[巴黎]1863年8月7日	316
致奥古斯特·普莱-玛拉西——[巴黎]1863年8月[7日]星期五	316
致欧皮克夫人——[巴黎，1863年]8月10日星期一	317
致阿尔蒂尔·斯蒂文斯——[巴黎]1863年8月15日	318
致[佚名]——[1863年8月16日]	318
致[热尔韦·夏庞蒂埃?]——[巴黎，1863年8月?]	319
致莱昂·贝拉尔蒂——巴黎，1863年8月19日	319
致泰奥菲尔·戈蒂耶——[巴黎]1863年8月21日	320
致维克多·迪律伊——[巴黎]1863年8月26日	320
致奥古斯特·普莱-玛拉西——[巴黎，1863年8月底]	321
致欧皮克夫人——[巴黎]1863年8月31日	322
致埃德蒙·洛莫尼耶——[巴黎，1863年9月初?]	323
致欧皮克夫人——[巴黎]1863年9月6日	323
致欧皮克夫人——[巴黎，1863年9月11日星期五?]	323
致奥古斯特·普莱-玛拉西——[巴黎，1863年9月15日]	324
致奥古斯特·普莱-玛拉西——[巴黎，1863年9月19日或20日?]	325
欠据（致阿尔蒂尔·斯蒂文斯）——[巴黎]1863年9月30日当日	326

致埃德蒙·洛莫尼耶——［巴黎，1863 年 10 月？］ 327
致雅克·巴比内——［巴黎］1863 年 10 月 6 日 327
致埃蒂安·卡尔嘉——［巴黎］1863 年 10 月 6 日 328
致米歇尔·莱维——［巴黎，1863 年 10 月 6 日］ 328
致皮埃尔-于勒·埃采尔——［巴黎］1863 年 10 月 8 日 329
致纳达尔——［巴黎］1863 年 10 月 10 日 329
致查尔斯·A.史文朋——［巴黎］1863 年 10 月 10 日 330
致詹姆斯·麦克尼尔·惠斯勒——［巴黎］1863 年 10 月 10 日 331
致纳西斯·昂塞尔——［巴黎，1863 年 10 月 15 日前后］ 332
致埃德蒙·洛莫尼耶——［1863 年 10 月 27 日］ 332
致欧皮克夫人——［巴黎，1863 年 10 月 28 日］星期三 332
合同（与米歇尔·莱维）——［巴黎，1863 年 11 月 1 日］ 333
致《国家报》社长——［巴黎］1863 年 11 月 3 日 334
致古斯塔夫·布尔丹——［巴黎］1863 年 11 月 12 日 335
致米歇尔·莱维——［巴黎，1863 年 11 月］ 336
致保罗·谢纳瓦尔——［巴黎］1863 年 11 月 25 日 336
致欧皮克夫人——［巴黎］1863 年 11 月 25 日 337
致《国家报》社长——［巴黎］1863 年 12 月 2 日 339
致欧皮克夫人——［巴黎，1863 年 12 月 5 日前后］ 340
致埃德蒙·洛莫尼耶——［巴黎，1863 年］ 341
致埃德蒙·洛莫尼耶——［巴黎，1863 年］ 341
致埃德蒙·洛莫尼耶——［巴黎，1863 年］ 342
致埃德蒙·洛莫尼耶——［巴黎，1863 年］ 342
致埃德蒙·洛莫尼耶——［巴黎，1863 年］ 343
致埃德蒙·洛莫尼耶——［巴黎，1863 年］ 343
致埃德蒙·洛莫尼耶——［巴黎，1863 年秋？］ 343
致阿尔封斯·莱克里凡——［巴黎，1863 年］12 月 8 日［星期二］ 344

致维克多·雨果——[巴黎]1863年12月17日	344
欠据（致儒塞）——巴黎，1863年12月20日	346
致[佚名]——[巴黎]1863年12月22日星期二	346
致阿尔封斯·莱克里凡——[巴黎]1863年12月28日星期一	347
致欧皮克夫人——[巴黎]1863年12月31日	347
致阿尔封斯·德·卡洛纳——[1863年底或1864年初]	349
致奥莱里安·肖尔——[巴黎，1863年底？]	349
致[佚名]——[巴黎]1864年1月1日	350
致欧皮克夫人——[巴黎]1864年1月8日星期五	350
致爱德华·勒巴尔比耶——[巴黎，1864年1月10日前后？]	351
致加瓦尔尼——[巴黎]1864年2月4日	351
致雷蒙·马蒂尼——[巴黎]1864年2月12日	352
致阿尔贝·德·拉费泽里耶尔——[巴黎，1864年2月22日]	352
致阿尔贝·科利尼翁——[巴黎]1864年2月22日星期一	353
致阿尔封斯·德·卡洛纳——[巴黎]1864年2月23日星期二	354
致阿尔贝·科利尼翁——[巴黎，1864年2月24日]	354
致欧皮克夫人——[巴黎]1864年3月3日	355
致菲利普·德·谢纳维埃尔——[巴黎，1864年3月]	356
致亨利·方丹-拉图尔——[巴黎]1864年3月22日星期二	357
致爱德华·马奈——[巴黎，1864年4月初]	358
致朱迪特·戈蒂耶——[巴黎]1864年4月9日	358
致勒孔特·德·利勒——[巴黎，1864年4月]	359
致阿尔贝·科利尼翁——[巴黎]1864年4月15日星期五	360
致奥古斯特·瓦克里——[巴黎，1864年4月15日]	360
致阿尔蒂尔·斯蒂文斯——[巴黎]1864年4月21日	361
致雷蒙·马蒂尼——[巴黎]1864年4月23日	362

赴比利时前未注明日期的书简	363
致［佚名］	363
致［佚名］	363
致夏尔·阿瑟利诺	363
致夏尔·阿瑟利诺	364
致奥布尔	364
致爱德华·卡尔代	364
致夏尔·蒙斯莱	365
致［奥古斯特·普莱-玛拉西？］	365
比利时书简	365
致［佚名］——［1864年4月底？］	365
欠据（致儒塞）——巴黎，1864年4月30日当天	366
致古斯塔夫·弗雷德里克斯——布鲁塞尔，1864年4月30日	366
致阿尔贝·拉克鲁瓦——布鲁塞尔，1864年4月30日	367
致古斯塔夫·弗雷德里克斯——［布鲁塞尔，1864年］5月4日［星期三］	367
致欧皮克夫人——［布鲁塞尔，1864年］5月6日［星期五］	367
致纳西斯·昂塞尔——［布鲁塞尔］1864年5月7日星期六	369
致皮埃尔-于勒·埃采尔——［布鲁塞尔，1864年5月8日前后］	370
致米歇尔·莱维——［布鲁塞尔，约1864年5月10日］	371
致纳西斯·昂塞尔——［布鲁塞尔，约1864年5月10日］	371
致利奥波德·科拉尔夫人——［布鲁塞尔，1864年5月11日］	372
致欧仁·韦伯克霍恩——［布鲁塞尔，1864年5月11日］	372
致［阿尔贝·拉克鲁瓦？］——［布鲁塞尔，1864年5月11日］	373
致米歇尔·莱维——［布鲁塞尔，1864年5月18日］	373
致夏尔-玛丽·凯尔特贝尼——［布鲁塞尔，1864年5月21日前后］	374
致卡米耶·皮盖——［布鲁塞尔，1864年5月21日前后］	374

欠据（致儒塞）——布鲁塞尔，1864年5月27日当天	374
致纳西斯·昂塞尔——［布鲁塞尔］1864年5月27日	375
致爱德华·马奈——［布鲁塞尔］1864年5月27日	376
致诺埃尔·帕尔菲——［布鲁塞尔］1864年5月31日	376
致米歇尔·莱维——布鲁塞尔，1864年6月1日	378
致诺埃尔·帕尔菲——［布鲁塞尔，1864年6月2日？］	379
致诺埃尔·帕尔菲——［布鲁塞尔，1864年6月5日前后？］	380
致纳西斯·昂塞尔——［布鲁塞尔，1864年6月10日前后］	380
致欧皮克夫人——［布鲁塞尔］1864年6月11日星期六	381
致阿尔贝·科利尼翁——［布鲁塞尔］1864年6月11日星期六	384
致诺埃尔·帕尔菲——［布鲁塞尔］1864年6月11日星期六	385
致古斯塔夫·弗雷德里克斯——［布鲁塞尔］1864年6月11日星期六晚	386
致奥古斯特·普莱-玛拉西——［布鲁塞尔］1864年6月11日	386
致奥古斯特·普莱-玛拉西——［布鲁塞尔，1864年6月14日？］	386
致诺埃尔·帕尔菲——［布鲁塞尔，1864年6月］16日星期四中午	387
致欧皮克夫人——［布鲁塞尔，1864年6月］16日星期四	388
致欧皮克夫人——［布鲁塞尔］1864年6月17日星期五	389
致西蒙-拉松——［布鲁塞尔］1864年6月18日	390
致泰奥菲尔·托雷——［1864年6月20日前后］布鲁塞尔寰球酒馆	391
致J.罗塞兹——［布鲁塞尔，1864年6月或7月］	392
致纳西斯·昂塞尔——［布鲁塞尔，1864年］7月14日星期四	393
致西蒙-拉松——［布鲁塞尔］1864年7月18日星期一	394
致［阿尔弗雷德·卡达尔？］——［布鲁塞尔］1864年7月21日星期四	395
致欧皮克夫人——［布鲁塞尔，1864年］7月31日	395
欠据（致儒塞）——［布鲁塞尔］1864年7月31日当天	398

致欧皮克夫人——［布鲁塞尔，1864年］8月8日　　　　　　　　　398

致欧皮克夫人——［布鲁塞尔，1864年8月］14日星期日上午　　　401

致欧皮克夫人——［布鲁塞尔］1864年［8月?］22日星期一　　　402

致安托万·阿隆戴尔——［布鲁塞尔］1864年8月26日　　　　　403

致欧皮克夫人——［布鲁塞尔，1864年］8月26日星期五　　　　404

致纳达尔——［布鲁塞尔］1864年8月30日　　　　　　　　　　405

致奥康奈尔——［布鲁塞尔］1864年8月30日　　　　　　　　　406

致米歇尔·莱维——［布鲁塞尔］1864年8月31日　　　　　　　407

致纳西斯·昂塞尔——［布鲁塞尔］1864年9月2日星期五　　　408

致路易·马索兰——［布鲁塞尔，1864年10月初］　　　　　　　410

致路易·马索兰——［布鲁塞尔］1864年10月9日　　　　　　　410

致纳西斯·昂塞尔——［布鲁塞尔］1864年10月13日星期四　　411

致纳西斯·昂塞尔——［布鲁塞尔］1864年10月23日星期日　　417

致诺埃尔·帕尔菲——［布鲁塞尔］1864年10月27日星期四　　419

致奥古斯特·普莱-玛拉西——［布鲁塞尔］1864年10月31日子夜　420

致欧皮克夫人——［布鲁塞尔，1864年11月1日］　　　　　　　420

致欧皮克夫人——［布鲁塞尔，1864年11月3日］　　　　　　　421

致亨利·德·拉马德兰——［布鲁塞尔］1864年11月3日　　　　421

致［维克多·雨果夫人?］——［布鲁塞尔］1864年11月4日　　423

致欧皮克夫人——［布鲁塞尔，1864年］11月8日星期二　　　　423

致亨利·德·拉马德兰——［布鲁塞尔，1864年11月］8日星期二　423

致纳西斯·昂塞尔——［布鲁塞尔，1864年］11月13日星期日晚　424

致亨利·德·拉马德兰——［布鲁塞尔，1864年11月中旬］　　　426

致纳西斯·昂塞尔——［布鲁塞尔］1864年11月18日　　　　　426

致纳西斯·昂塞尔——［布鲁塞尔，1864年11月底?］　　　　　427

致米歇尔·莱维——［布鲁塞尔］1864年12月2日　　　　　　　428

致［奥古斯特·普莱-玛拉西?］——［布鲁塞尔，1864年12月

中旬？]　　　　　　　　　　　　　　　　　　　　428

致纳西斯·昂塞尔——[布鲁塞尔] 1864 年 12 月 18 日星期日　　429

致纳西斯·昂塞尔——[布鲁塞尔] 1864 年 12 月 29 日星期四　　430

存放在雅基奈处的物品清单　　　　　　　　　　　　432

致贝尔纳·内特——[布鲁塞尔，1864—1865 年]　　　432

致奥古斯特·普莱-玛拉西——[布鲁塞尔，1864—1865 年]
　　下午五点"隐修"咖啡馆　　　　　　　　　　　433

致[某伙计]——[布鲁塞尔，1864—1865 年]　　　434

[油画、素描、版画清单]——[1864—1865 年]　　434

赠书清单——[布鲁塞尔，1864 年底或 1865 年初]　　436

致欧皮克夫人——[布鲁塞尔] 1865 年 1 月 1 日星期日　　436

致纳西斯·昂塞尔——布鲁塞尔，1865 年 1 月 1 日　　438

致儒贝尔街当铺老板——布鲁塞尔，1865 年 1 月 1 日　　439

致伊波利特·勒若斯纳少校——[布鲁塞尔，1865 年 1 月 1 日
　　或 2 日]　　　　　　　　　　　　　　　　　440

致纳西斯·昂塞尔——[布鲁塞尔] 1865 年 1 月 2 日星期一　　440

致保罗·默里斯夫人——[布鲁塞尔] 1865 年 1 月 3 日星期二　　441

致亨利·德·拉马德兰——[布鲁塞尔，1865 年 1 月中旬]　　442

致伊波利特·勒若斯纳少校——[布鲁塞尔，约 1865 年 1 月
　　20 日]　　　　　　　　　　　　　　　　　442

致伊波利特·勒若斯纳少校——[布鲁塞尔，1865 年 1 月 24 日]　　442

致纳西斯·昂塞尔——[布鲁塞尔] 1865 年 1 月 27 日星期五　　443

致夏尔·雨果——[布鲁塞尔] 1865 年 1 月 27 日星期五　　443

致亨利·德·拉马德兰——[布鲁塞尔] 1865 年 1 月 27 日星期五　　444

致伊波利特·勒若斯纳少校——[布鲁塞尔，约 1865 年 1 月
　　29 日]　　　　　　　　　　　　　　　　　444

致朱利安·勒梅尔——[布鲁塞尔] 1865 年 2 月 3 日星期五　　445

致欧皮克夫人——[布鲁塞尔] 1865 年 2 月 3 日星期五	449
致保罗·默里斯夫人——[布鲁塞尔] 1865 年 2 月 3 日星期五	451
致伊波利特·勒若斯纳少校——[布鲁塞尔，1865 年 2 月 4 日晚]	455
致纳西斯·昂塞尔——[布鲁塞尔] 1865 年 2 月 4 日星期六	455
致纳西斯·昂塞尔——[布鲁塞尔] 1865 年 2 月 8 日星期三	456
致爱德华·马奈——[布鲁塞尔，约 1865 年 2 月 10 日]	459
致欧皮克夫人——[布鲁塞尔] 1865 年 2 月 11 日星期六	459
致纳西斯·昂塞尔——[布鲁塞尔] 1865 年 2 月 12 日星期日	461
致米歇尔·莱维——[布鲁塞尔] 1865 年 2 月 15 日	463
致欧皮克夫人——[布鲁塞尔] 1865 年 2 月 15 日	465
致朱利安·勒梅尔——[布鲁塞尔] 1865 年 2 月 15 日	466
致路易·马索兰——[布鲁塞尔，1865 年] 2 月 15 日	468
致伊波利特·勒若斯纳少校——[布鲁塞尔，1865 年 2 月 16 日]	468
致奥古斯特·普莱-玛拉西——[布鲁塞尔，1865 年 2 月 16 日前后]	468
致保罗·默里斯夫人——[布鲁塞尔] 1865 年 2 月 18 日星期六	469
致纳西斯·昂塞尔——[布鲁塞尔] 1865 年 2 月 25 日	470
致奥古斯特·普莱-玛拉西——[1865 年 3 月 1 日前后]	472
致米歇尔·莱维——[布鲁塞尔] 1865 年 3 月 9 日星期四	473
致欧皮克夫人——[布鲁塞尔] 1865 年 3 月 9 日星期四	474
致圣伯夫——[布鲁塞尔] 1865 年 3 月 15 日	476
致夏尔·阿瑟利诺——[布鲁塞尔，约 1865 年 3 月 15 日]	477
致伊波利特·巴布——[布鲁塞尔，约 1865 年 3 月 15 日]	477
致于勒·巴尔贝·多尔维利——[布鲁塞尔，约 1865 年 3 月 15 日]	477
致弗朗索瓦·比洛兹——[布鲁塞尔，约 1865 年 3 月 15 日]	477
致热尔韦·夏庞蒂埃——[布鲁塞尔，约 1865 年 3 月 15 日]	478
致菲拉莱特·夏斯勒——[布鲁塞尔，约 1865 年 3 月 15 日]	478

致埃米尔·德夏内尔——［布鲁塞尔，约 1865 年 3 月 15 日］　　　　478

致阿尔芒·弗莱斯——［布鲁塞尔，约 1865 年 3 月 15 日］　　　　478

致泰奥菲尔·戈蒂耶——［布鲁塞尔，约 1865 年 3 月 15 日］　　　478

致皮埃尔-于勒·埃采尔——［布鲁塞尔，约 1865 年 3 月 15 日］　　479

致阿尔塞纳·乌塞耶——［布鲁塞尔，约 1865 年 3 月 15 日］　　　479

致 J.-B. 儒万——［布鲁塞尔，约 1865 年 3 月 15 日］　　　　　　479

致夏尔·蒙斯莱——［布鲁塞尔，约 1865 年 3 月 15 日］　　　　　479

致阿梅代·皮肖——［布鲁塞尔，约 1865 年 3 月 15 日］　　　　　480

致内斯托尔·洛克普朗——［布鲁塞尔，约 1865 年 3 月 15 日］　　480

致伊波利特·丹纳——［布鲁塞尔，约 1865 年 3 月 15 日］　　　　480

致夏尔·伊里亚尔特——［布鲁塞尔，约 1865 年 3 月 15 日］　　　480

致泰奥多尔·邦维尔——［布鲁塞尔，1865 年 3 月 15 日］　　　　 480

致阿封斯·德·卡洛纳——布鲁塞尔，1865 年 3 月 15 日当天　　　481

致米歇尔·莱维——［布鲁塞尔，1865 年 3 月 15 日］　　　　　　481

致卡尔曼·莱维——［布鲁塞尔，1865 年 3 月 19 日］　　　　　　481

致纳西斯·昂塞尔——［布鲁塞尔］1865 年 3 月 22 日　　　　　　481

致米歇尔·莱维——［布鲁塞尔］1865 年 3 月 22 日星期三　　　　484

致纳西斯·昂塞尔的取书单——［布鲁塞尔］1865 年 3 月 22 日　　485

致米盖尔·鲁热——［布鲁塞尔］1865 年 3 月 22 日　　　　　　　485

致爱德华·马奈——［布鲁塞尔，约 1865 年 3 月 23 日］　　　　　485

致泰奥菲尔·戈蒂耶——［布鲁塞尔，约 1865 年 3 月 23 日］　　　485

致诺埃尔·帕尔菲——［布鲁塞尔］1865 年 3 月 26 日星期日　　　485

致欧皮克夫人——［布鲁塞尔］1865 年 3 月 26 日星期日　　　　　487

致纳西斯·昂塞尔——［布鲁塞尔］1865 年 4 月 18 日星期二　　　488

致奥古斯特·普莱-玛拉西——［1865 年 4 月 22 日左右］　　　　489

致古斯塔夫·弗雷德里克斯——［布鲁塞尔］1865 年 4 月 24 日　　490

致欧皮克夫人——［布鲁塞尔］1865 年 5 月 4 日星期四　　　　　490

致圣伯夫——[布鲁塞尔]1865年3月30日星期四[以及]
　　1865年5月4日星期四　　　　　　　　　　　　　　493
致欧皮克夫人——[布鲁塞尔，1865年]5月8日星期一　　497
致爱德华·马奈——[布鲁塞尔]1865年5月11日星期四　　499
致欧皮克夫人——[布鲁塞尔]1865年5月11日星期四晚　　500
致欧皮克夫人——[布鲁塞尔]1865年5月12日星期五　　502
致谢普曼夫人——[布鲁塞尔，1865年5月19日或20日]　　502
致保罗·默里斯夫人——[布鲁塞尔]1865年5月24日星期三　　503
致尚弗勒里——[布鲁塞尔]1865年5月25日星期四　　505
致尚弗勒里——[布鲁塞尔]1865年5月26日　　505
致纳西斯·昂塞尔——[布鲁塞尔]1865年5月30日　　506
致欧皮克夫人——[布鲁塞尔]1865年5月30日星期二　　507
致纳西斯·昂塞尔——[布鲁塞尔，1865年6月]2日六点半　　507
致欧皮克夫人——[布鲁塞尔，1865年]6月3日星期六　　508
致奥古斯特·普莱-玛拉西——[布鲁塞尔，1865年6月6日前后]　　509
致[佚名]——[布鲁塞尔，1865年6月15日或22日]星期四　　509
致奥古斯特·普莱-玛拉西——[布鲁塞尔，1865年6月26日前后]　　510
致纳西斯·昂塞尔——[布鲁塞尔]1865年6月28日星期三　　511
致纳西斯·昂塞尔——[布鲁塞尔，1865年]7月1日星期六　　512
致朱利安·勒梅尔——布鲁塞尔，1865年7月4日星期二　　512
致皮埃尔-于勒·埃采尔——巴黎，[1865年]7月5日星期三　　514
致奥古斯特·维图——[巴黎，1865年7月5日]　　515
致朱利安·勒梅尔——[巴黎，1865年7月6日]　　515
致夏尔-约瑟夫·科因达尔——[巴黎，1865年7月6日]　　516
致奥古斯特·普莱-玛拉西——翁弗勒尔，1865年7月8日星期六　　516
致纳西斯·昂塞尔——翁弗勒尔，[1865年]7月8日　　517
致奥古斯特·普莱-玛拉西——巴黎，1865年7月10日　　519

致圣伯夫——［巴黎，1865年］7月11日	519
致纳西斯·昂塞尔——布鲁塞尔，［1865年7月］16日星期日	520
致纳西斯·昂塞尔——［布鲁塞尔，1865年7月］17日星期一	521
致皮埃尔-于勒·埃采尔——［1865年7月中旬？］	522
致皮埃尔-于勒·埃采尔——［1865年7月中旬？］	522
致纳西斯·昂塞尔——［布鲁塞尔］1865年7月20日星期四	522
致爱德华·马奈——［布鲁塞尔，1865年7月22日］	523
致欧皮克夫人——布鲁塞尔，1865年7月26日	523
致朱利安·勒梅尔——［布鲁塞尔］1865年8月9日	524
致纳西斯·昂塞尔——［布鲁塞尔］1865年8月9日	527
致纳西斯·昂塞尔——［布鲁塞尔］1865年8月13日星期日	528
致爱德华·马奈——［布鲁塞尔，1865年8月底或9月初］	528
致欧皮克夫人——［布鲁塞尔］1865年9月3日	528
致卡蒂尔·孟戴斯——［布鲁塞尔］1865年9月3日	529
致圣伯夫——［布鲁塞尔］1865年9月3日	530
致朱利安·勒梅尔——［布鲁塞尔，1865年9月27日］	532
致伊波利特·勒若斯纳少校——［布鲁塞尔］1865年9月28日星期四	532
致纳西斯·昂塞尔——［布鲁塞尔］1865年10月1日星期日	534
致奥古斯特·普莱-玛拉西——［布鲁塞尔］1865年10月1日星期日	535
致纳西斯·昂塞尔——［布鲁塞尔］1865年10月13日	536
致朱利安·勒梅尔——［布鲁塞尔］1865年10月13日星期五	537
致奥古斯特·普莱-玛拉西——［布鲁塞尔］1865年10月16日	539
致［夏尔·］雨果——［布鲁塞尔，1865年10月20—25日前后］	539
致纳西斯·昂塞尔——［布鲁塞尔］1865年10月26日星期四	540
致爱德华·马奈——［布鲁塞尔］1865年10月28日星期六	541

致纳西斯·昂塞尔——［布鲁塞尔，1865年］10月29日星期日
晚七点 543
致欧皮克夫人——［布鲁塞尔］1865年11月3日星期五 544
致欧皮克夫人——［布鲁塞尔］1865年11月13日星期一 545
致尚弗勒里——［布鲁塞尔］1865年11月13日星期一 546
致伊波利特·勒若斯纳少校——［布鲁塞尔］1865年11月
13日星期一 547
致伊波利特·勒若斯纳少校——［布鲁塞尔］1865年11月16日 548
致纳西斯·昂塞尔——［布鲁塞尔］1865年11月30日 550
致纳西斯·昂塞尔——［布鲁塞尔］1865年12月21日星期四 551
致欧皮克夫人——［布鲁塞尔］1865年12月22日星期五 554
致奥古斯特·儒塞——［布鲁塞尔］1865年12月25日星期一 557
致纳西斯·昂塞尔——［布鲁塞尔］1865年12月26日星期二 557
致欧皮克夫人——［布鲁塞尔］1865年12月27日 559
致朱利安·勒梅尔——［布鲁塞尔］1865年12月30日 560
致奥古斯特·普莱-玛拉西——［布鲁塞尔，1865—1866年］ 561
致［夏尔·雨果夫人?］——［布鲁塞尔，1865年底或1866年初?］ 561
致欧皮克夫人——［布鲁塞尔］1866年1月1日 562
致纳西斯·昂塞尔——［布鲁塞尔］1866年1月1日 563
致费利西安·洛普斯——布鲁塞尔，1866年1月1日 563
致圣伯夫——布鲁塞尔，1866年1月2日星期二 564
致纳西斯·昂塞尔——［布鲁塞尔］1866年1月3日星期三 566
致奥古斯特·普莱-玛拉西——［布鲁塞尔，1866年1月6日］ 567
致纳西斯·昂塞尔——［布鲁塞尔］1866年1月12日星期五 567
致欧皮克夫人——［布鲁塞尔］1866年1月12日星期五 568
致维克多·雨果夫人——［布鲁塞尔］1866年1月12日星期五 569
欠据（致儒塞）——布鲁塞尔，1866年1月14日 571

致纳西斯·昂塞尔——[布鲁塞尔，1866年]1月18日星期四	571
致卡蒂尔·孟戴斯——[布鲁塞尔]1866年1月19日星期五	574
致莱昂·马克医生的说明——[布鲁塞尔，1866年1月20日]	575
致卡蒂尔·孟戴斯——[布鲁塞尔]1866年1月21日星期日	576
致纳西斯·昂塞尔——[布鲁塞尔，1866年1月]22日星期一	577
致奥古斯特·普莱-玛拉西——[布鲁塞尔，1866年1月23日]	578
致卡蒂尔·孟戴斯——[布鲁塞尔，1866年1月]26日星期五	579
致纳西斯·昂塞尔——[布鲁塞尔]1866年1月29日星期一	579
致纳西斯·昂塞尔——[布鲁塞尔]1866年1月30日星期二	580
致费利西安·洛普斯——[布鲁塞尔]1866年2月3日星期六	583
致圣伯夫——[布鲁塞尔]1866年1月15日[和2月5日]	583
致夏尔·阿瑟利诺——[布鲁塞尔，1866年2月5日]	587
致欧皮克夫人——[布鲁塞尔]1866年2月6日星期二	588
[关于身体状况的]说明	589
致纳西斯·昂塞尔——[布鲁塞尔]1866年2月6日星期二	590
提供给伊波利特·加尼埃先生的说明——布鲁塞尔，1866年2月6日	591
致奥古斯特·普莱-玛拉西——[布鲁塞尔，1866年2月7日]	593
致欧皮克夫人——[布鲁塞尔，1866年]2月10日星期六上午	594
致欧皮克夫人——[布鲁塞尔]1866年2月12日星期一	596
致于勒·特鲁巴——[布鲁塞尔]1866年2月14日圣灰星期三	598
致奥古斯特·普莱-玛拉西——[布鲁塞尔，1866年2月14日]	599
致欧皮克夫人——[布鲁塞尔]1866年2月16日星期五	599
致奥古斯特·普莱-玛拉西——[布鲁塞尔]1866年2月16日星期五	601
致纳西斯·昂塞尔——[布鲁塞尔]1866年2月16日星期五	601
致欧皮克夫人——[布鲁塞尔]1866年2月17日星期六	603
致亨利·德·拉马德兰——[布鲁塞尔]1866年2月18日	605
致纳西斯·昂塞尔——[布鲁塞尔]1866年2月18日星期日	605

1860年3月—1866年3月

致爱德华·丹迪——布鲁塞尔，1866年2月18日星期日	607
致纳西斯·昂塞尔——［布鲁塞尔］1866年2月18日星期日	608
致纳西斯·昂塞尔——［布鲁塞尔，1866年2月］18—19日当夜	612
致纳西斯·昂塞尔——［布鲁塞尔］1866年2月19日星期一	613
致于勒·特鲁巴——［布鲁塞尔］1866年2月19日星期一	615
致费利西安·洛普斯——［布鲁塞尔，1866年2月21日］	616
致纳西斯·昂塞尔——［布鲁塞尔］1866年2月21日星期三	617
致奥古斯特·儒塞——［布鲁塞尔］1866年2月21日	618
致欧皮克夫人——［布鲁塞尔］1866年2月21日	619
致昂塞尔夫人——［布鲁塞尔］1866年2月26日星期一	620
致欧皮克夫人——［布鲁塞尔］1866年2月26日星期一	621
《吟余集》赠书清单（25册）——［布鲁塞尔，1866年2月底或3月初］	623
致欧皮克夫人——［布鲁塞尔］1866年3月5日星期一	624
致于勒·特鲁巴——［布鲁塞尔］1866年3月5日星期一	625
致欧皮克夫人——［布鲁塞尔，1866年］3月20日星期二	627
致欧皮克夫人——［布鲁塞尔］1866年3月23日星期五	627
致昂热·佩希梅雅——［布鲁塞尔，1866年3月23—30日期间］	628
致欧皮克夫人——［布鲁塞尔］1866年3月26日星期一	628
致卡蒂尔·孟戴斯——布鲁塞尔，1866年3月29日	629
致欧内斯特·普拉隆——布鲁塞尔，1866年3月29日	630
致纳西斯·昂塞尔——布鲁塞尔，1866年3月30日星期五	631
致欧皮克夫人——布鲁塞尔，1866年3月30日星期五	631
致纳西斯·昂塞尔——［布鲁塞尔，1866年3月30日星期五或3月31日清晨］	632
日期不详但有下落或缺失亡佚的书简	632
［致皮埃尔·谢瓦纳，别号阿芒？］	632
［致阿瑟利诺的母亲？］	633

致雅克·欧皮克	633
致尚弗勒里	633
致菲拉莱特·夏斯勒	633
致莱昂·克拉戴尔	634
致阿尔芒·迪塔克	634
致泰奥菲尔·戈蒂耶	634
致亨利·尼科尔	635
致勒纳尔的一位朋友	635
常见人名索引	637

致欧皮克夫人

[巴黎] 1860 年 3 月 4 日

我亲爱的母亲，你肯定奇怪我为什么没兴冲冲地感谢你吧。原因如下：首先，你必须弄明白你可能从来不走脑子的一件事，那就是你总陷我于极度恐慌之中。所以我早就恳求过你，请你不要在这儿、在巴黎、在我的旅馆里没完没了地把什么都往我身上推，其次，别总是时不时地在我的事业将有起色之际就来信训斥我。想想你那两封信——一封连着一封——带给我多少震惊和不安吧。这两封信久久灼烧着我的衣袋，直到很晚我才敢鼓起勇气来读。我的第一个感觉是震惊至极，第二个感觉是耻辱至极。其后才是对你的宽容和奉献的由衷感激①。这并不是说我内心里因为自己处境悲惨而充满了病态的自尊且言不由衷，只是因为我完全惊呆了。

以下是我想一次性或分期寄还或带给你的款项：

60
200（新年）　　未包括
337　　　　　　无限的
200　　　　　　展期。
―――
797

四天过去了，我盼望的事竟然一件也没有结果。这让我有点儿紧张，什么都干不下去。我暴跳如雷；我闭门不出且心烦意乱。我很清楚，只有期待中的钱永远到不了手的时候，我才会重新萌发出勇气并整天埋头为《新闻报》撰稿；而我因为太过指望而几近崩溃了。

关于那些版画②（我搞到了三册，其中一册寄给你，是我精心挑选过

---

① 欧皮克夫人刚刚在翁弗勒尔为波德莱尔清偿了一笔 200 法郎的到期债务。
② 指梅里翁的《巴黎风光版画集》。梅里翁（Charles Meryon, 1821—1868），法国版画家，前海军军官。

的，只有一处不理想：我觉得纸上有个黑点儿），我要告诉你，这是我若干年来所渴望和求索的。第一眼看上去我就断定此人有大才。他刚从沙朗东精神病院（l'Asile de Charenton）出来，尚未痊愈。我答应为他的版画集写篇文章。而且，如果你能理解与一个疯子那种难挨的谈话和讨价还价，你就能像我一样断定这几本画册价格不菲。

你把这些画称为老巴黎，那可就错了。那可是皇帝颁旨对巴黎进行大规模拆改之前的一些诗意盎然的观察点。其中有些地方（比如说正义宫的钟楼）还能看到建筑构架上包覆着一层保护网。

巴黎圣母院国王廊（la galerie de Notre-Dame），我想鸟儿们进出的地方就位于大门的正上方。

提克谢朗德里街（rue de la Tixéranderie），街上的小塔楼被拆除了。

门头上方那个丑陋巨大的头像曾经是巴黎圣母院正门外立面装饰的头像之一。从上面眺望，整个巴黎尽收眼底。梅里翁这家伙可真是见了鬼了，竟能在这片深渊上安心作画，他究竟怎么做到的我可真搞不懂。

先贤祠（Panthéon）的外墙和圣热纳维耶芙图书馆（la Bibliothèque Sainte-Geneviève）之间隐约可见的是圣斯德望堂（Saint-Étienne-du-Mont）。

这些地方你可能都不记得了。

下面是景点一览表，我没有按顺序写：

一、怪兽（Le Monstre）。远景是圣雅克·德·拉布舍尔大教堂（la tour Saint-Jacques-de-la-Boucherie）的钟楼。

二、提克谢朗德里街（rue de la Tixeranderie）的小塔楼。

三、巴黎圣母院后面，杜奈尔滨河道（le quai de la Tournelle）。

四、钟楼（la Tour de l'horloge）和正义宫的塔楼（les tours du Palais de Justice）。兑换桥（Le Pont-au-Change）。

五、还是兑换桥和正义宫。另一个角度。

六、尸体陈列所（la Morgue）。刚刚又打捞上一具尸体。伤心的女人们。一个警察。围观的人群。

七、新桥（le Pont-Neuf），从下往上看。

八、圣母院桥（le pont Notre-Dame）的一个桥拱。

九、小桥（le Petit-Pont），后面是主宫医院（l'Hôtel-Dieu）。圣母院桥。

十、巴黎圣母院国王廊。

十一、抽水泵房（la Pompe），现在已消失了。巴黎圣母院。

十二、圣斯德望堂。

我曾在《法兰西评论》第四期和《1859 年的沙龙》第 522—523 页上评价过梅里翁先生的才华。

《鸦片吸食者》你读完了么？

不知为什么，我对下周抱以期待。

你尽管发脾气，可还是帮了我的大忙。与全天下人作对时，能知晓自己并非孤军作战，这种感觉真是太棒了。

全身心地拥抱你。

夏尔

致萨巴蒂埃夫人

[巴黎，1860 年 3 月 4 日]

最亲爱的朋友，真是糟糕；我昨天没给您回信，因为我确信今天能去登门拜访，可今天又像所有星期天一样，麻烦事一大堆，把我像一头野兽似的围堵起来。干累了刚想打个盹儿，没承想新事儿又纷至沓来。上个星期天真是可怕（您别笑，也别把我的体己话告诉别人），我不得不和费多① 谈了半天他最近的那部小说。

如果您以为我不惦记您，那就大错特错了。要是您不认为我的目光太过冒犯，我会时不时提醒您这一点。昨天我想把一册始终不离身的版画集② 给您送去；但我更愿意再等等，我想找几册更好的。我觉得这几册还不够漂亮。这本版画集就要再版了，或者我在老版本中再找几册品相更好的。

今晚还要劳您大驾告诉克利斯托夫，请他务必明晚来迪埃普旅馆与我

---

① 费多（Ernest Feydeau, 1821—1873），法国小说家、考古学家。
② 指梅里翁版画集。

共进晚餐,请他务必来①。

您知道那不幸的玛丁内兹女士现在已沦落到在咖啡馆卖唱的地步了么?几天前她在阿尔卡扎尔也唱过②。

我太不幸了,如此厌倦,所以才远离一切娱乐。我最近甚至婉拒了瓦格纳的盛情邀请,尽管我非常渴望能与他结识。我以后会告诉您这一切意味着什么③。

请允许我友好地拥抱您。

夏·波

致萨巴蒂埃夫人

[巴黎]1860年3月4日

假如我对您说我内心悲伤至极,说我从没领教过如此的疾风暴雨,说我需要孤独,您肯定都不信。但如果对您说我长着一只圆圆的、红通通的大鼻子,俨然一枚苹果,这才怕出去见人(更不要说去见女人),我敢断定您就信了。

最大的困难就此破题。因为我碰到了费多,此人绝不会放弃任何天赐良机听我说话,听我谈论他。幸亏我有备在先,早就准备好了一声不吭。我鼓足所有勇气对他说,您的作品很高雅……等等;但是……等等。坐在他旁边,我看得出他对这些"但是"很难接受。您知道,我说话向来直率,即便当着雨果的面说"您真蠢"也很少会拐弯抹角,可这句话要是说给费多听就得说成:您是不是并非总那么高雅啊?——后来,那天晚上(这点也得算是我的不幸),在一群人当中,我自以为在那群人中可以安然无恙,

---

① 波德莱尔约克利斯托夫见面与一张到期的票据有关。克利斯托夫(Ernest Christophe, 1827—1892),法国雕塑家,波德莱尔的朋友。

② 玛丁内兹(Maria del Loreto Martinez, 1820—?),古巴歌手,1850年到巴黎,10年间曾大红大紫。她与萨巴蒂埃夫人相识是波德莱尔介绍的。阿尔卡扎尔(l'Alcazar)是一处娱乐场所。

③ 波德莱尔当时正在撰写一篇长文《理查德·瓦格纳与〈唐豪瑟〉在巴黎》(Richard Wagner et Tannhäuser à Paris)。

不料有个犹太人（您认识此人，就是埃尔布特先生①）挤到我身旁，满怀激情地向我发表了一通画室演说，我差点儿背过气去或是向他扑过去。

您看，在您面前我总要闲扯到别人。如果真的应该永远珍惜与自己心心相印的人，我更愿意给您多说点儿每个人的坏话，好让我再也不与您分离。

我描写您双眸的那个句子您留意到了，这让我十分惬意。可事实是，这双眼睛可真是太难看了（当它们想难看的时候）。

我郑重地认为自己行将步入更为欢娱的天际，新的一周内，我将去府上登门拜访，并为您认为我似乎淡忘了您这件事亲口向您致歉。我肯定会带去那册版画集的。

全身心属于您。

夏·波

这8个法郎我早忘得一干二净了：车钱。

致奥古斯特·普莱-玛拉西

［巴黎］1860年3月9日

我亲爱的朋友：

德·卡洛纳先生要我续签那张360法郎的票据，偿还这笔钱的差事如今落到了他一个人身上，而不是像500法郎那张票据那样由银行担责。这两张票据小有差别。他希望我别再去找迪多和热利斯②，我猜可能是出于小小的自尊心。

如果我去求他，您觉得能指望他的好意么？

这张新的票据跟那张500法郎的票据一样（他减掉了5法郎）会盖上登记部门的印鉴，而且理所当然由我本人填写。（私下里说，我相信这是最后一次。）

《人造天堂》怎么样了？距离出版这四卷作品的时间不到九个半月了。

---

① 埃尔布特（Ferdinand Heilbuth, 1826—1889），法国画家，犹太人。
② 迪多（P.-H. Didot）和热利斯（Léon Gélis），法国银行家，曾多次为波德莱尔及其朋友们的票据贴现。

祝好。

CH. 波德莱尔

若果真如此，我当然高兴，能省我不少事。

他把最后的截止期限定在了 15 日。

请翻页，后面还有。

我翻过信纸接着写，我想很严肃地问您，您是否愿意出版梅里翁的版画集（这部版画集一定会畅销），我提供文本。您知道，眼下的这个版本不合我的心意。

我跟您说，我打算去问问纪德书局（la maison Gide），但我觉得那两个蠢货（纪德和克雷佩①）不会接受！

这个梅里翁呵，他不懂得怎样为人处世；对生活一窍不通。他不懂得如何做生意；也不知道怎么与出版社打交道。但他作品的销路肯定不成问题。

致奥古斯特·普莱-玛拉西

［巴黎，1860 年 3 月 11 日］

我亲爱的朋友，梅里翁这件事我很难答复你。我在其中没有任何私利，丝毫没有。梅里翁先生因为些许反感而拒绝我在版画集中放入十二首小诗或十四行诗的建议，他不接受藉散文表达诗意的沉思。为了不刺激他，我答应为他那三册上佳的样书写一篇评论或类似教科书式的文字，且不署名。——这样的话就只有靠您出马了。他住在杜佩雷街（rue Duperré）20 号。您如果真感兴趣，我就和克雷佩扯个谎，说我和您联系在先。

这件事我觉得很简单。一边是一个不走运的疯子，他拙于经营自己，却创作出了一部上品佳作；另一边是您，我渴望您尽可能出版更多的好

---

① 纪德（Casimir Gide，1804—1868），法国作曲家、书商兼出版商。欧仁·克雷佩（Eugène Crépet，1827—1892），法国文学批评家，曾主编四卷本《法国诗人》（Les Poètes français），也是《波德莱尔遗作》（Œuvres posthumes）的出版人。

书。就像编辑们所说的，我为您出的是一个双赢的点子：一桩好买卖和一本好书。

这件事还可以考虑一下杜米耶[①]！考虑一下杜米耶吧，他现在散淡自由，刚被《滑稽画报》(Charivari) 撵走了，干了一个月的活儿却只拿到半个月的钱！杜米耶是个自由人，除了绘画他一无所长。再想想《法尔萨利亚》和阿里斯托芬吧[②]。必须像给座钟上发条一样让他重新振作起来。我十五年前就有这两个想法。肯定是一笔赚钱的大买卖。

——我正认真地对《人造天堂》和《恶之花》清样进行极为严格的审订。可您还没准备就绪。您不可能已经准备就绪。六个星期绝对不够；而且您知道我在世上最不想看到的就是失败的版本，无论从精致还是修订方面都是如此。

——今天就谈这些。

我月底前肯定要回一趟翁弗勒尔，找出我那些手稿；但未告知您之前我是不会动身的。

夏·波

德·卡洛纳住在皮加勒街 (rue Pigalle) 57 号。票据就在那儿见票即付，而不是在银行。

致奥古斯特·普莱-玛拉西

［巴黎］1860 年 3 月 13 日

这是另外几篇散文诗。现在有二十五篇了，不包括已开始创作的几篇（《多罗泰》：吟咏理想的黑色肌肤之美；《野女人》：题献给一位小情妇；

---

① 杜米耶 (Honoré Daumier, 1808—1879)，法国画家、雕刻家，擅长讽刺漫画、石印画及雕塑，其讽刺画驰名全欧。

② 《法尔萨利亚》(La Pharsale) 是古罗马诗人卢坎 (Lucain, 39—65) 的传世之作，虽未完成，却被誉为维吉尔《埃涅阿斯纪》(Aeneid) 之外最伟大的拉丁文史诗。史诗的第七章描写了公元前 48 年发生于希腊北部法尔萨利亚的战事，全书也以此地为名。阿里斯托芬 (Aristophanes, 约前 446—前 385)，古希腊早期喜剧代表作家。

以及《财神、爱神与荣耀》),最后是一篇《恶之花》的序,已开始动笔,这些都要在翁弗勒尔完成。我曾经告诉您我肯定要在月底前回一趟翁弗勒尔,至少要把藏书整理整理,如果最后几篇不能按时完成,就只能割爱了。我刚才重读了这二十五篇东西,仍不是特别满意,风格上还有些沉闷和暴烈之处。——说到这儿,您收到《顽念》(Obsession) 和《幽灵》(Un fantôme) 了么?您认为《幽灵》的第一首十四行诗的最后两节怎么样?我用尽各种方法一试再试。当那幽灵遽然间高大无比,我辨认出那是某位女士。这是标准的法文表达,但若改成下面这样您觉得如何?

  当她身姿显现露出真容,
  那东方的神韵尽显轻灵,(指那个幽灵的神韵)
  我认出了我那美丽访客:
  是她!黑肌肤光彩晶莹。

总有些左右为难的时候。

我还是对两周之内做出两本书有些怀疑。特别是《恶之花》,我们必须考虑那些招贴画和预告。如果您觉得我过于挑剔,或者您对德·布鲁瓦斯有所顾忌,这个钱我自己掏。我才华中的那种不识时务的天性让我无法容忍粗鄙的方式。(既要考虑新书上市前几天的启事、招贴画和预告,又要考虑新书销售过程中的广告。)

昨天晚上我把下面这首十四行诗拿给纳达尔读了;他说他根本读不懂,还说肯定是因为手写的缘故,若是印成铅字就一目了然了。——至于第二首,就是题献给居伊①的那首,他除了感觉到诗中的那位诗人通常到中午才起床以外,与这首诗没有形成任何正面的和具体的互动。

好奇者之梦 ②
——献给费利克斯·纳达尔先生

  你是否如我,熟知美味的苦痛,

---

① 居伊 (Constantin Guys, 1802—1892),法国画家。
② 《好奇者之梦》(Le Rêve du Curieux) 是《一个好奇者的梦》(Le Rêve d'un Curieux) 最初的题目。正文与 1861 年第二版《恶之花》有所不同。

还常任人说：哦！他与众不同！
——我险些驾鹤西行。多情心
得了怪病：欲望中混杂着惊恐；

焦虑和热望，我无心抗争。
宿命的沙漏即将见底告罄，
越痛苦刺激，越回味无穷；
我心脱离渐识渐远的尘境。

我似那孩子嗜戏如命，他人
痛恨障碍，我却恨幕落曲终。
可正是那奇怪念头让我心冷：

——我死了，哦奇迹！遁入
可怕的曙色中。"怎么！这就是剧终？"
大幕拉起，我却在依旧苦等。

巴黎梦①
——献给康斯坦丁·居伊先生

一

那豪奢的奇观，
凡胎无从得见，
同样的意象依稀遥远，
今朝仍令我神迷目眩。

奇迹充斥着梦幻！

---

① 《巴黎梦》(*Rêve parisien*)，正文与 1861 年第二版《恶之花》有所不同。

我心忽萌发怪念，
想把荒芜的花草
在这景观里重剪，

如画家恃才傲物，
欣赏自己的画卷，
从水和金石颜料
品味醉人的简单。

通天塔台阶纵横，拱廊参天，
那是座未建成的宫殿，
喷泉处处，瀑布飞湍，
挥洒粗细有致的金线；

沉甸甸的飞雨，
有如水晶卷帘，
高悬金属崖壁，
令人眼花缭乱。

并非树木的柱廊，
拥簇安憩的水泉，
一众伟岸的水神，
似少妇顾影自怜。

平静湛蓝的水面
环绕花红柳绿的堤岸，
要跨越万水千山，
流向宇宙的边缘；

那是稀世的宝玉，

1860年3月—1866年3月

那是魔幻的波澜!
那是巨大的宝鉴,
映照出气象万千!

恒河淌苍天,
无虑又无言,
宝瓶中的珍玩,
倾入钻石深渊。

我建造个人的仙境,
一切全凭我的意愿,
要海洋服帖地流入隧道,
隧道要用宝石镶嵌;

就连最晦暗的色彩,
也锃亮若彩虹斑斓;
流水将它们的荣耀
嵌入水晶般的光线。

没有夕阳残照,
更无星汉灿烂,
为照亮这片奇观,
全凭自身的火焰!

(真是可怕的新奇,
百闻不如一见!)
奇观莫测变幻,
笼罩永恒的安恬。

二

我睁开冒火双眼，
可怕的陋居依然，
我藏身灵魂深处，
仍痛感可恶厌烦。

午时的丧钟骤响，
那音调断肠凄婉，
悲哀麻木的世界，
苍天正倾泻黑暗。

关于梅里翁那件事，您的意思是说通过收购方式买下这些铜版画，还是说获得这些版画印刷品的无限期销售权？——我觉得您对和梅里翁讨论这些事有点儿发怵。那您可以通过信函来谈这桩买卖（杜佩雷街20号）。我得先提醒您，梅里翁最担心出版商对合同的格式和文字不做任何改动。

至于杜米耶和克雷佩那件事，您的主意不错[1]。咱们再等等看。

我什么时候能拿到那些清样？

梅毒怎么样了？

邮局没有任何通知。

祝好。

CH. 波德莱尔

我想布拉克蒙先生[2]设计的装饰画和卷首插图应该已经完成了吧？您满意吗？我会满意么？——迪朗蒂[3]刚给我送来您出版的他的新书。我觉得我会倾心亲吻所有那些女人。我很感动。您说的梅里翁那些话不会改变我在信中陈述的看法。

---

[1] 玛拉西愿意出版梅里翁版画集，并建议波德莱尔就此与克雷佩和纪德沟通。
[2] 布拉克蒙（Félix Bracquemond, 1833—1914），法国画家和版画家。
[3] 迪朗蒂（Louis Émile Edmond Duranty, 1833—1880），法国小说家和艺术评论家。

致欧仁·克雷佩

[巴黎，1860年3月（?）；参见波德莱尔下一封致普莱-玛拉西的信。]

致奥古斯特·普莱-玛拉西

[巴黎，1860年3月中旬?]

我亲爱的朋友，如果今晚赌场①演奏《罗恩格林》的婚礼进行曲，我会在六点以前去书局找您。我明白这个克雷佩为什么会这么快就邀您共进午餐。所以我早就和您说过，克雷佩先生会单独与梅里翁碰头的，昨天上午我写信告诉克雷佩说您对此事有兴趣，说我担心您不会自行退出；还说您有意购买版画，说梅里翁厌恶这种安排……

这些就像我昨天向您解释过的一样，全都是谎言；但这个谎还得接着扯下去。您会在克雷佩家收到这封信，并请您当场拆阅。

夏·波

致奥古斯特·普莱-玛拉西

[巴黎，1860年3月中旬?]

又是一朵恶之花。

建议您认真思考一下在马尼餐馆②聚会中出现的麻烦，考虑怎么做才能避免像布瓦耶和尚弗勒里、蒙泰居和多尔维利、多尔维利和杜刚、杜刚

---

① 赌场（Casino），在巴黎卡代街（rue Cadet）16号。那里是瓦格纳爱好者的一处圣殿，经常演奏瓦格纳的作品，但条件很差。波德莱尔与居伊即在此结识。
② 马尼餐馆（Magny）是法国文学史上一家非常著名的餐馆，位于多菲娜城壕街（rue Contrescarpe-Dauphine），加瓦尔尼、乔治·桑、福楼拜、圣伯夫、丹纳和龚古尔兄弟等都是这里的常客。但玛拉西的作者群很少在这里聚会。

和巴布那样,成为迪朗蒂的对立面①。

——我今天上午收到了德·布鲁瓦斯的一份清样。他太缺乏常识了。既没有初校,而且还有串行。我甚至担心他会趁您不在时把上一稿给印出来。

您肯定猜得出这朵花的女主角是谁②。

昨晚(星期二)赌场再次演奏了《罗恩格林》的婚礼进行曲。

矫 饰③

> 她脸上甚至带着乔装的美艳
> 精心梳妆,为面孔添加光彩
> 以弥补岁月无可挽回的遗憾
> ——拉辛

---

① 菲洛克塞纳·布瓦耶(Philoxène Boyer, 1829—1867),法国作家、诗人,波德莱尔的朋友。尚弗勒里(Chamfleury, 1821—1889),法国作家,波德莱尔的朋友。尚弗勒里曾在《法兰西公报》(La Gazette)上指责过"可笑的菲洛克塞纳",引得布瓦耶要与其决斗,但尚弗勒里拒绝准备武器,两人从此结仇。蒙泰居(Émile Montégut, 1825—1895),法国文学批评家、英美文学译者。巴尔贝·多尔维利(Jules Amédée Barbey D'Aurevilly, 1808—1889),法国诗人、小说家和文学评论家,波德莱尔的朋友。杜刚(Maxime Du Camp, 1822—1894),法国作家、诗人和文学艺术评论家。巴布(Hippolyte Babou, 1823—1878),法国作家和文学评论家,波德莱尔的朋友。主张宗教信仰的巴尔贝·多尔维利和主张进步的杜刚之间相互对立严重,但多尔维利与蒙泰居之间的对立则没有那么明显。杜刚和巴布之间的对立也非一目了然,巴布 1857 年还曾发表过对杜刚作品充满好感的书评,但后来这种好感似乎荡然无存。

② 指玛丽·多布伦(Marie Daubrun, 1827—1901)。玛丽·多布伦原名玛丽·布鲁诺(Marie Bruneau),生于荷兰,16 岁时来到巴黎,在蒙马特尔的小剧场里演戏,扮演过莫里哀喜剧《伪君子》中的女主角,1847 年在出演梦幻剧《金发美女》(la Belle aux Cheveux d'Or)时与波德莱尔相识。1854—1855 年间二人曾经同居。后玛丽·多布伦投入波德莱尔的好友、诗人邦维尔(Théodore de Banville, 1823—1891)的怀抱,结束了 3 人之间长期的三角关系。波德莱尔咏唱玛丽·多布伦的"玛丽组诗"(Cycle de Marie)是《恶之花》中十分动人的篇章。

③ 《矫饰》(Le Décor)是《虚幻之爱》(L'Amour du Mensonge)一诗最初的题目,正文与 1861 年第二版《恶之花》略有差异,并引用了拉辛的一句诗。

1860年3月—1866年3月

哦懒人儿，我目送你走过，
四处弥漫余音绕梁的笙歌，
你忽停下韵动舒缓的脚步，
闲愁仿佛荡漾在你的秋波；

借着煤气灯光我将你凝望，
病态美映着你苍白的前额，
宛若黑夜的火炬点亮曙光，
你肖像般的双眸摄人魂魄，

我惊叹这异样清新的国色天香！
上古神思如厚重华塔将她娇藏，
她身心似熟透的蜜桃皮薄水汪，
仿佛静候独擅风情的睿智情郎。

你是三秋之果，美味无限，
还是承接悲伤泪雨的陶罐？
是憧憬中远方绿洲的迷香，
还是温柔的香枕或是花篮？

我曾见过许多最忧郁的双眼，
却从无珍贵的情感隐匿其间；
恰便似宝椟无珠，颈无饰钻，
比你更空虚昏暗，哦，苍天！

逃避真实的心灵面前，难道
你的外表仍不足以令我心欢？
何惧你面具娇饰，愚蠢冷淡？
都没问题！我崇拜你的美艳。

致阿尔封斯·德·卡洛纳

[巴黎,1860年3月中旬?]

亲爱的先生:

您肯定在想我为什么没去拜访您。收到您的信后我就明白了,我们之间有些地方意见相左,所以您就撤下了我的诗①。

哎!您批评的矛头所指,恰恰是我最自鸣得意的那些词语、意图和表达方式。其实我只要将这些意图简单地讲给您听就行了。(运动通常导致噪音,正是在这一点上,毕达哥拉斯学派将音乐的出现归因于运动中的球体。但通过梦境的分离和解析却可以创造出新奇性。——恢弘的词语有助于读者领会诗中的隐喻,令其依稀忆起某座花环般的高塔,就像覆于那些成熟的、多产的、智慧的女神额前的花环。爱情——无论就其含义还是精神层面上讲——二十岁时皆愚蠢,不惑之年则睿智。)我向您保证,所有这一切在组合过程中是十分缓慢的。

另外,您还能看到我对有缺憾的不完善之处进行了诸多修改,我无法容忍这些瑕疵。

我新增了一首十四行诗,希望您能喜欢。您只须浏览一下我的修改,自然就会明白我为什么会要求您提供第二稿清样。

悉听您的吩咐并祝好。

CH. 波德莱尔

顺带说一句,上面这句话的组合就不太正确。

致欧皮克夫人

[巴黎,1860年3月15日前后]

亲爱的妈妈,你的推理永远都不入流。我的生活因痛苦而如此复杂、

---

① 指《巴黎梦》(*Rêve parisien*)、《虚幻之爱》(*L'Amour du mensonge*)、《一个好奇者的梦》(*Le Rêve d'un Curieux*)、《永如是》(*Semper eadem*) 和《顽念》(*Obsession*) 等5首诗。后《当代评论》于1860年5月15日发表了这几首诗。

如此难熬，所以数日来我都抽不出一个小时给你回信并表达谢意。

你坚忍的苦心让我的精神好了一些。这是主要的，对不对？

我明天给你讲讲你送给我的那条丝巾的故事。

这是给你买的北扩小种红茶（peckao-souchong），为的是宽慰自己买了那套被你讥讽地称为非凡的《莎士比亚全集》。不过你一定猜得到这不是我中意的那一套。我要是真买了那一套，可能就没钱再买衬衫和其他生活必需品了。这套书看上去不大舒服，可能是字太小了。

再说一句，我被你的好心弄晕了，搞糟了。但还是很高兴。不想给你回信是我的错，我只是想在更高兴些的时候再给你写，不幸的是根本没有这种时候。

显然，为了成功，我必须具备我所欠缺的更多的能力、更多的忍耐和勇气。

拥抱你，不仅仅满怀温情，还有赞美。

CH. 波德莱尔

致欧皮克夫人

［巴黎］1860 年 3 月 26 日

嘿！我亲爱的母亲，又该让你烦心了。明天，27 日，还有 4 月 1 日，会有两份票据送达翁弗勒尔。（最后两份。自从你不让我这样干以后，我再也没干过。）虽说你肯为我吐血，可我不情愿。这是我向你提出的绝对真诚的请求。我不愿也不能全无忐忑地想起你最近在信里对我说过的那些话：夏尔，尽管你很善良，也能赚钱，但我还是怕你把我毁了。——你现在知道了吧，拖上三四天不会有什么麻烦的。说实话，我苦等了两个月的那 400 和 500 法郎都没有收到。但这一次的钱来源可靠，是《新闻报》支付的。为了让你安心，后天我会更翔实地写信给你。请你认真记下执达员或持有相关文件者的名字和地址。——我已和《新闻报》谈妥了，作品付印之前即付我稿酬。

我迫切地恳请你，请你宽容些，你要想想我在忍受着巨大而痛苦的煎熬，我的精神很差。别再向我倾泻那些让我难挨的疾风暴雨般的责备了，别以为我会对这种责备无动于衷；而且我也不希望你胃疼或失眠。你这三个月来的大发雷霆该歇歇了。你根本想不到你的话带给我多少不安。一见到你的信我就开始哆嗦，要么是害怕你的责备，要么是害怕听到你又生病的消息，你的来信我拆都不敢拆。面对一封信我居然勇气顿失。

你要是能知道有多少思绪在我头脑里翻江倒海就好了：我害怕出师未捷身先死；害怕未能让你安享天伦之乐你便驾鹤西归，而你是我唯一的亲人，只有和你在一起我才会有温馨的生活，既无需机心也无需谎言；我憎恶日夜折磨我的那个司法监护（你真该好好读读这个词）；最后，或许也是最可悲的，是我担心自己永远也无法根除自己的恶习。这就是我日夜萦怀的思绪。而清晨！一睁开眼，满眼尽是这些悲摧的现实：我的声名，我的贫苦，等等……！

我做了一个完美的决定：4月份的第一周一过，也就是复活节或复活节之后，不管完没完成手头的工作，不管有没有解决那部剧本①的问题（因为我很执著），不管我口袋里有没有你给的800法郎，我都要动身去看你。总之，虽然我感受不到幸福——因为这不可能——但我会静下心来，整个白天用来工作，整个晚上哄你开心，向你献殷勤。

你收没收到我的一封信（非常短）？我在信里讲了你送给我的那条丝巾，同一天我还给你寄去了一盒茶叶，我觉得这盒茶叶是你想要的那种。你送给我那条丝巾时，我曾经那么激动，那么感动，我从来没想过要把它卖掉；可我把它当掉了，希望以后还能赎回来，我用抵押来的钱（250法郎）置办了一身衣服。

这份出版预告是我的一系列评述的开篇②，全部完成以后，将作为我作品的第四卷由玛拉西出版，你会陆续收到八份这样的出版预告。

4月1日的《当代评论》将会刊发几首我的新诗③。《新闻报》也会陆续发表我的九或十篇艺术评论。

---

① 指剧本《胡扎尔侯爵一世》(*Le Marquis du 1er Houzards*)。
② 指波德莱尔为欧仁·克雷佩所编《法国诗人》(*Poètes français*) 一书撰写的诗人评述。
③ 指1860年5月15日发表在《当代评论》上的《巴黎梦》《虚幻之爱》《一个好奇者的梦》《永如是》和《顽念》。

再见。明天早上九点,我会不无感伤地想到你正读着我的回信。

夏尔

《人造天堂》付梓了。后面该出版的就是《恶之花》了。

致［奥古斯特·普莱-玛拉西?］

［巴黎,1860 年 3 月底?］

这是几首新诗,请按顺序重新编辑目录后提供给我:

一、致一位圣母

二、天鹅

三、劳作的骷髅

什么时候给我? 　四、顽念

五、幽灵(十四行诗 4 首)

六、一个好奇者的梦

七、巴黎梦

一个好奇者的梦

(略)

致欧皮克夫人

［巴黎,1860 年 3 月 30 日］

我搞错了。

4 月 1 日没有票据送达翁弗勒尔。是 12 日(300 法郎)。

4 月 1 日的那张票据送到巴黎来了,直接送到了阿姆斯特丹路我住的旅馆。

这封信是今天上午写的;今晚六点,我就可以确认那张 300 法郎的到期票据是否可以在 28 日送达翁弗勒尔了。

拥抱你。

夏·波

致欧皮克夫人

[巴黎，1860年3月31日。参见波德莱尔下一封致欧皮克夫人的信。]

致欧皮克夫人

[巴黎，1860年4月2日？]

　　总之，我亲爱的母亲，我觉得运气又光顾我了。你知道我昨天应该在巴黎偿付 400 法郎。今天上午我收到了 300 法郎①。我给特鲁塞尔②汇去了 100 法郎，在这儿偿付了 200 法郎。但后天或顶多三天以后我会从《立宪报》再收到 500 法郎。

　　几天后我去看你。

夏尔

　　在因我而起的忙乱中，你忘了告诉我那盒茶叶是不是你想要的那种。

致欧皮克夫人

[巴黎，1860年4月4日]

我亲爱的母亲：

　　你的主意固然出于好意，不过应当适可而止。所以，就这样吧。我宁可让你偿付那笔少付的 200 法郎（再加上 4 或 5 法郎签署拒付证书所需的

---

① 国民教育部于 1860 年 3 月 31 日向波德莱尔颁发了 300 法郎补贴。
② 特鲁塞尔（Troussel）是翁弗勒尔的执达员。

费用），首先是因为这笔钱比较急，二是因为你可以少付100法郎，最后是可以让我在剩下的一周里从容应付与《立宪报》的合同。所有条款都已经与该报社长谈妥了，但需要征得一位银行家——这家报社的所有者——的同意。

在翁弗勒尔，我第一阶段的工作（我待一周后走，一周后再返回）是处理那部剧本的事①，我离开巴黎期间这件事必须彻底搞定。这样我就可以把钱还给你了。你要知道，所有作者全都向那些作品交易的中间商借过钱。我的作品也如此，我对此没有丝毫怀疑。我相信今年会大获成功，只要我的文学事业不再像1848年那样被一场欧洲革命给搅黄了。啊！但凡我能解脱，只要想起将近二十年来我所遭受的羞辱，我会让所有的人都不自在！

我在翁弗勒尔还留有一些手稿，你找不到，我会在此期间将这些手稿整理出来并带回巴黎。

亲爱的母亲，请别埋怨我待在家里的时间这么短。我不像你，能有那样平静的生活。至于那盒茶叶，我太不走运了。不过我可是认真挑选过的。你装作已收到了我的205法郎是明智的。我谢谢你；这是个好点子。

上千次地拥抱你。

夏·波

我郑重地告诉你，过了12日以后就不会再有票据送达翁弗勒尔了。附上两天前汇出的100法郎收据。

致欧仁·克雷佩

［巴黎，1860年4月10日前后］

我亲爱的克雷佩：

您这是在肆意折磨我，您完全没有这个必要。为了您和我，我都必须向您做出详尽的说明。我写出的东西出类拔萃，无可辩驳。但出于客气和

---

① 指剧本《胡扎尔侯爵一世》。

尊重，我仍可以向您承诺重写几个段落。我已经这样做了，比如说巴尔比耶①那篇。所以，您怎么能在我还未看到清样时就强迫我修改呢？您怎么能要求我第三次重写关于笨蛋拉普拉德那一段，更何况我手头连清样都没有呢？不过您很清楚，您给我写信后，我已经要求给我提供第二稿清样了，这说明我依然想通过返工让您满意。

至于说趁我不在的时候改写我的东西，您是不会这样做的，首先是因为这很不道德，其次是因为我们之间有约在先，如果我拒绝某些修改，布瓦耶会接手这项工作；最后，最得体的方式是先把我创作的那些评述以原始稿的形式向我提供一份文本。

（关于这个问题，我提请您注意，如果能将戈蒂耶②和巴尔比耶那两篇文章的原始文本提供给我就再好不过了，因为这两篇文章大概已被修改，或许已经制版了。）

或许还有一个法子可以补救。我从您和纪德那儿收到过钱吧？尽管所有这些开支压得我难以承受，我也知道要把这个钱还给你们，或者给你们提供一些方法把钱收回来。

请不要把我这个比较偏颇的建议视为造次。不到万不得已我是不会出这个主意的。

您忠实的
CH. 波德莱尔

致欧皮克夫人

[巴黎，1860年4月14日]星期六

我亲爱的母亲：

我先答复你的顾虑。星期一我要再和《立宪报》社长进行一次决定性的会面；此外，我必须赶在赴翁弗勒尔之前把最后这张票据的钱汇出；因

---

① 巴尔比耶（Henri-Auguste Barbier，1805—1882），法国诗人、作家，法兰西学士院院士。
② 泰奥菲尔·戈蒂耶（Théophile Gautier，1811—1872），法国浪漫主义诗人，提倡"为艺术而艺术"。

因为我已明确表明我要去翁弗勒尔。

还有两件扫兴的事：第一，日内瓦那帮人拒付那400法郎，而且拒绝发表译稿的最后部分①。兴许会有一场诉讼，因为我不想失去这笔钱。第二，另一处②，有人非要我修改那八篇评述，真让我烦透了，我已经说了，我宁愿退还收取的600法郎稿酬而且不再发表我也不会改。

我干的都是些什么见鬼的事呵。——爱你并拥抱你。近日情亲梦母频。

夏尔

致米歇尔·莱维

[巴黎，1860年4月14日]星期六

我亲爱的米歇尔：

我急需200法郎。或许我有权向您索要这笔钱，您的哥哥卡尔曼③两分钟内便可以证实这一点（而无论您已经再版或正准备再版什么）。

即便我无此权利，我也依然要向您申请这笔钱，我深知您乐善好施。

我明天（星期日）上午去找您，或者星期一。

祝好。

CH. 波德莱尔

《吾得之矣》④ 的译稿已全部完成。

---

① 指《国际评论》(Revue internationale)，该刊原来同意连载波德莱尔翻译的爱伦·坡作品《吾得之矣》，但在1860年1月号出版后决定不再连载。
② 指欧仁·克雷佩。
③ 米歇尔·莱维 (Michel Lévy, 1821—1875)，法国出版家。卡尔曼·莱维 (Calmann Lévy, 1819—1891)，法国出版家，米歇尔·莱维的哥哥。
④ 《吾得之矣》(Eureka) 是波德莱尔翻译的爱伦·坡作品，爱伦·坡在作品中描述了自己的宇宙观，最早对奥伯斯佯谬提出了一些较为合理的解释。奥伯斯佯谬 (paradoxe d'Olbers)，又称夜黑佯谬或光度佯谬，是由德国天文学家奥伯斯于1823年提出并于1826年修订的理论，认为若宇宙是稳恒态而且是无限的，则晚上应该是光亮而非黑暗的。

致亚历山大-路易·库齐内①

[巴黎，1860年4月18或19日。参见波德莱尔1860年4月19日致欧皮克夫人的信。]

致奥古斯特·普莱-玛拉西

[巴黎，1860年4月19日]

我再重复一遍和您说过的话。如果到5月1日我还不能完成《恶之花》的序言和向您提到过的那三首诗，我就准备割爱了。哪怕今天就得毙掉它们，我也必须去一趟翁弗勒尔，因为我还缺不少东西，——姑且不说《骷髅之舞》(Danse macabre)，——《秋之十四行诗》(Sonnet d'automne)、《秋歌》(Chant d'automne)，——《巴黎风景》(Paysage parisien)、《为莫蒂玛的版画而作》(D'après Mortimer)、《决斗》(Duellum)；——所有这些手稿都藏得严严实实的，我母亲找不到。——其次，在无数现实的痛苦之上再给自己添上个把痛苦又何妨：修改《恶之花》的清样。

所有那些票据的事都解决了。5月10日前如果不能拿到克利斯托夫和迪朗蒂借的2400法郎我是不会动身的。我跟您说，我们也可以委托这家旅馆的老板，理由嘛，是因为很多来自勒阿弗尔和迪埃普的房客都可以在他这里贴现票据。您还记得么，他叫儒塞②。最理智的做法是不到票据到期日的前一天不汇钱。咱们俩又忘了，我要去翁弗勒尔待三天，4日回到巴黎，而且我很可能11日还要再回一趟翁弗勒尔。

祝好。

夏·波

---

① 亚历山大-路易·库齐内 (Alexandre-Louis Cousinet, 1818—?)，巴黎"银塔"餐厅 (la Tour d'Argent) 老板，波德莱尔的债主之一。

② 儒塞 (Auguste Jousset)，迪埃普旅馆 (l'hôtel de Dieppe) 的老板，波德莱尔从1859年底直至赴比利时之前（除了1860年12月—1861年1月短暂住在讷伊的几个星期以外）始终住在这里。

我向您发誓，您的那些说教没有任何用处。我能感觉到您很烦，这些厌倦不仅与应激反应有关，还涉及利益问题。

致欧皮克夫人

［巴黎］1860年4月19日

这的确很难理解。我刚刚给库奇内写去一封指责信。

我真是抽不出时间写信。我不停地工作就是为了能尽快回去。我必须把《恶之花》那些手稿找出来，好在5月份再版。我会在翁弗勒尔待四天（然后再带着钱回来），再返回巴黎待四到五天。然后再折回翁弗勒尔。明天收到库奇内的回信后，我会给你写信，届时我们再看是不是应该偿付12日到期的那张300法郎的票据（最后那张），或是通过《立宪报》堵住库奇内的嘴。你的申斥让我十分痛苦。你想想看，我生活在多么可怕的噩梦中啊，且终身解脱无望。

但我依旧真心爱你，我肯定会以快乐报偿这一切，而你会为此感激涕零。

等我到了翁弗勒尔，你可别因为我心事重重或忧郁而折磨我。我早就为这些烦心事心力交瘁了。

拥抱你。

夏尔

我没到家前你什么东西都不要动。

致欧皮克夫人

［巴黎，1860年4月20日］

我亲爱的母亲：

我没收到库奇内的回信。显然绝不能为了那张12日的票据而坐失300法郎，因为他若是知道票据的钱已筹措好肯定会要求偿付的。

请你给我讲讲关于12日那张票据（最后那张，300法郎）到底发生了什么事，又有什么新的进展。没有我的信，你不要给那个人付钱；我手头有《立宪报》的钱，——但要变更这笔钱的用途就必须确保万无一失。

关于阿尔封斯的事①，但凡你有要求，我一定去做。

我恳请你不要总一味训斥我。你好好想想吧，这么多年、这么多年来，我一直徘徊在自杀的边缘。我这么说不是想吓唬你；我痛苦地感觉到我之所以苟活下来，就只是为了给你一个简单的交待，即我已忍受了那么多年，而那些年对我来说漫长得犹如几个世纪。

——你尤其应该想想，我是那么爱你，对你满怀感激之情，衷心希望能让你享福。

如果我能甩掉十九年来始终压抑着我的一切，你就会知道我天性中有多少才华、多少柔情、多少文雅甚至有多少快乐了！

拥抱你。

夏尔

致奥古斯特·普莱-玛拉西

[巴黎，1860年4月20日前后]

您说得对。严格说来，意愿不是手段。但我曾经以此种冒犯性语言使人懂得了某种事理。如果我说这是一种意识流，您是会接受的。总之我赞成您的意见；不要试图挑战世俗意义上的公众意识。——同样，基于同一理由，我接受您的意见，把"这是些……"改为"这些是……"，虽然您这样说了，但其实我的写法是一种更纯粹的语言（帕斯卡、博须埃、拉布吕耶尔、盖兹·德·巴尔扎克、奥诺雷·德·巴尔扎克等人都是这样写的②）。

---

① 波德莱尔的同父异母哥哥阿尔封斯·波德莱尔（Claude-Alphonse Baudelaire, 1805—1862）刚刚因中风而卧床不起，两年后去世。
② 帕斯卡（Blaise Pascal, 1623—1662），法国数学家、物理学家、哲学家和散文家，数学"帕斯卡定理"和物理学"帕斯卡定律"的发明者，后转向神学研究，从怀疑论出发，认为感性和理性知识皆不可靠，得出信仰高于一切的结论，该理论以"帕斯卡的深渊"著称。博须埃（Jacques-Bénigne Bossuet, 1627—1704），法国主教、作家。拉布吕耶尔（Jean de La Bruyère, 1645—1696），法国作家，其代表作《品格论》(Les Caractères) 是法国文学史上一部划时代散文名著，对后世影响很大。盖兹·德·巴尔扎克（Guez de Balzac, 1597—1654），法国作家。

这样一来，我们就像尚弗勒里说的那样，习惯了应激反应，这种习惯会推动我们以一种有别于本世纪的方式言说。

米歇尔出版的《国家的理性》一书①我刚刚到手。这本书虽然有意大利式的欢畅，可即兴之笔比比皆是，往往也容易使风格拖沓松散，但总的来说还是非常好看的。尤其是序言部分（您绝对应该仔细读读这篇序言），那种飘逸、宿命、听天由命的雄辩能让我们联想起那些极具法国最纯粹的古典之美的精彩篇章。关于马基雅维利的那章——讲述费拉里与他疏远的那章——同样非常出彩。总之，天才与命运的妥协无处不在："让我读懂你的法则吧，我会把你从生活的世俗乐趣中、从错误的空虚慰藉中拯救出来（原文如此）。"

我重新审看了我的账目，现在把这份概要寄给您，好方便您进行核对：

5月10日　1000法郎　在迪埃普旅馆的老板儒塞那儿（他可比
　　　　　1000法郎　伏尔泰府邸的那个老板②好多了）。
　　　　　400法郎　美术街③。
5月20日　1013法郎
　　23日　820法郎

所以，我们从热利斯那儿贴现一张你的票据开始，然后在阿朗松贴现一张克利斯托夫或迪朗蒂的票据，以便在5月10日筹齐2400法郎。

因此必须加快《恶之花》的出版进度，哪怕赶到盛夏时节推出也无妨。我得立即动身去翁弗勒尔。我想立即得到那上千法郎。我确信这一天快到来了。最坏的打算是，我月底动身，必要的话就放弃那篇序言和那三首创作中的诗，一旦这样安排，您就要费心了，安排工作必须以小时计算。

很明显，明天或者后天，我们就会收到西诺莱④的回信。

我很不放心布拉克蒙⑤。

祝好。

夏·波

---

① 米歇尔·莱维兄弟出版社刚刚出版了意大利哲学家和政治家朱塞佩·费拉里（Giuseppe Ferrali, 1811—1876）的作品《国家理性的历史》(*Histoire de la raison d'État*)。
② 指伏尔泰旅馆的老板丹纳瓦尔（Denneval）。
③ 美术街（rue des Beaux-Arts）是普莱-玛拉西和德·布鲁瓦斯书局所在地。
④ 西诺莱（Signouret）是《国际评论》的董事。
⑤ 波德莱尔对布拉克蒙设计的第二版《恶之花》封面插图始终不放心。

这份清样请务必保管好。您会知道原委的。

致欧皮克夫人

[巴黎，1860年4月22日]

我亲爱的母亲：

几天来我跑遍了巴黎的大街小巷，凑齐了300法郎之外的那100法郎。如果你手头还有100法郎，就请马上用挂号信寄给我。我是说如果你手头还有的话——因为在我预计12日收到《立宪报》的300法郎期间，那个库齐内还有可能写信到翁弗勒尔讨要那300法郎。——果真如此，那只能算我倒霉。

反过来说，如果你没把那100法郎汇给库齐内，我会拿来自用，并独自留在巴黎负责偿付那300法郎。我相信这最后一笔钱一定能缓解我目前的拮据状况。

《人造天堂》这周末就要出版了。接下来，第二本书（《恶之花》）就会立刻开始出版，所以我要在翁弗勒尔工作三天整理我的笔记，凭你一个人是找不到我需要的那些东西的（这种工作习惯多劳神呵，一天得惦记那么多事！一想起这可怕的命运，我真不想再干这种爬格子的事了）。

翁弗勒尔还有很多票据。我保存着自1859年1月以来我从你那儿收到的所有款项的明细。

我到了以后但愿你别太严厉。你曾经有一次态度特别生硬。

一旦《恶之花》的稿子安排停当并寄往阿朗松（八天），我就返回翁弗勒尔，并在那儿等待大马戏团剧院方面的决定[①]。

热忱地拥抱你，太过频繁打搅你的休息真是万分抱歉。

夏尔

我现在穿得很体面了。

[①] 依旧指《胡扎尔侯爵一世》，该剧本始终停留在计划阶段。

致奥古斯特·普莱-玛拉西

[巴黎] 1860 年 4 月 22 日

我亲爱的朋友：

我没读懂您的来信，可您要的票据在此。

这几天我一直想跟您谈谈那个药剂师的事。您告诉我说，如果他能包销两百册（《人造天堂》），作为交换，书中的某个药品说明就可以印上他的名字。这种主意不会是您出的。肯定是德·布鲁瓦斯。我了解他，我从中读懂了商贾们那种无利不起早的精明。您的回信送达时，我正等着和多尔沃药店（la maison Dorvault）的经理草拟药剂说明。您觉得如此行事配得上您和您的出版社么？这位和我打过多年交道的药剂师[①]对我说："只要您把我们的相关说明保留下来，我们就卖您的书。"现在，这个说明就这样大言不惭、堂而皇之地摆在了页面底部，我把它划掉了；只要放上这样一个说明，最终无疑会导致私印广告的严重后果。我会在起草这个说明后把您的地址交给那个多尔沃药店的继承人，告诉他只有您与他协商一致后才能恢复原状（起码是印上他的名字），而且我向您保证，为了您的荣誉和妥善解决该问题，我会允许他分批提货。

关于清样我得说几句。我还是经常收到初校时没有修改过的清样。我头脑清醒时没有什么大碍。我觉得这样也好，什么重大问题都逃不过我的眼睛。可是，比如说昨天（就是今天上午您收到的印张），我重审了两遍清样，可临到付邮时又突然发现了很多上午遗漏的重大错误。位于阿朗松的印刷所收到我的清样后会怎么做？您的排版工是不是应当先处理我的修改，而您手边是不是也应当既有誊清稿，又有我修改过的清样？或者，您会不会将誊清稿与修改稿混在一起一股脑儿交给排版工，在印刷之前就甩手不管了？您觉得我太矫情，是不是？不过，只有这样细致和较真儿的精神才能让我们达致不太令人厌恶的结果。

——今后，只要我们两个人充分准确地修改，就足以加快进度（我指的是其他卷）。在精心修订这件事上，想节省时间不仅无益，而且十分

[①] 波德莱尔常去这家药店购买阿片酊。

危险。

我真后悔没去找邦吉伊① 给《恶之花》帮忙。

讲一个比那个药剂师的事更郑重的话题吧：您知道英国人特别关心鸦片，而最近则是大麻。更有甚者，我那本书有一半奉献给了一位英国作家。应当留心搜集一下伦敦和爱丁堡的报章名单，这些报章很关注法国出版业的动向。——我渴望能找到一种绝佳的办法把我的四部作品卖到英国去，不应错失任何一种合法的手段；公告、广告（那个班斯布尔德连广告都不会写，德·布鲁瓦斯也不直接给报社或杂志社社长写信，反而要托他们的仆人传递消息）、招贴画，等等。最后还有班斯布尔德的那一招，每次新书出版后都穿梭于三到四家报社赠送新书片段。

祝好。——请别对我的谨严作风耿耿于怀。

夏·波

费拉里那本书我今天没寄给您，因为我还没读完。

我没贴邮票是因为信里有票据，为保险起见我改用了快递。

致奥古斯特·普莱-玛拉西

[巴黎，1860 年 4 月 23 日]

您这封信让我痛心。《国际评论》的那些蠢话远不如您以我的蠢话对我造成的伤害更甚。我又重新逐段读了您的信。

一、"对女性世界，mundi muliebri。"——您怎么能把发生这种见鬼的所有格形式的错误② 归咎于我呢？您还记得《苏丹》(Sultan) 那首诗吧，那是用以赞叹某个极度优雅的女性和某种佛罗伦萨之美的。——您干吗不猜是卡洛纳犯的错儿呢？他爱卖弄学问，一定会在杂志付印后自言自语说："这个波德莱尔肯定无知透顶！他居然以单数所有格形式取代复数夺

---

① 波德莱尔最初曾想委托法国画家、版画家和插图画家邦吉伊-拉里东（Octave Penguilly-L'Haridon, 1811—1870）为《恶之花》设计封面，而不是布拉克蒙。
② 这个错误出现在《当代评论》刊发的《人造天堂》中。拉丁文的"mundus"一词泛指首饰，相当于法语"化妆品"(cosmétique) 一词的希腊语词根"mundus"。

格形式的词尾（'bonis'），而这个单数所有格总是要有一个'i'的。"——至于您的其他批评，我以自己富于想象力的工作来答复您，聪明的读者都会这么想：为什么孩子会忘我地爱他的母亲、爱他的保姆、爱他的姐姐？难道仅仅因为那个人给他喂奶、给他梳头、为他洗澡，并在摇篮中抚慰他么？须知，那同样会带来爱抚和性感的欢娱。对孩子来说，这种爱抚是女性的自然流露，是女人全身心慈爱的外在表现。所以他才爱他的母亲、他的姐姐、他的乳母，他才喜欢缎子和毛皮引发的惬意的微痒，喜欢胸脯和发际间发散的馨香，喜欢玩具碰撞时发出清脆的叮当声，喜欢结绳游戏，喜欢从睡衣开始甚至在家具上也体现出所有的"装饰"①，因为在这些物品上，女性早已镌刻下其自身之性别的印记。所以说，我是对的。所以说，我的拉丁文没问题。——您又会说："但您在写'女性世界'时犯了一个法语上的错误。"没错，而且为了表明我是认真和特意这样写的，我还专门在'世界'一词下面画了一道横线。事实上，您有些批评还是中肯的，所以我试着做些改动来取悦您②，请您告诉我您对这种改动是否满意。

（我要求提供第二稿清样，以便我有时间找萨索诺夫、弗勒③或随便哪个人对我那篇悼念德·昆西的评述及其真实性进行核对。明天我将写出药剂说明，并且告诉您我是怎样解决书籍的提货问题的。）

咱们再回到那个所谓的错误上来吧，该错误并不在于"mundi"这个词，先前在字里行间将其翻译成氛围、香味、胸脯、膝盖、秀发、服装、芳香浴都是非常好的；依我说，问题并不在于将"mundus"译为世界，而在于将世界理解为"mundus"。

二、其他问题则真的很严重。我想我是说不出"些许草料便可以熄灭渴望"以及"我是一位拥有一切的上帝"这类话语的。依我看，每个人都

---

① 拉丁文：mundus muliebris。
② 《人造天堂》在《当代评论》发表时的文本是这样的："对女性世界，mundi muliebri（原文如此）即对这一婀娜、馨香的过早的兴趣造就了上等的天才。"——后来《人造天堂》正式出版时改为："对女性世界，mundus muliebris，即对整个这一婀娜、闪光和馨香的肌体的过早的兴趣造就了上等的天才。"
③ 萨索诺夫（Nicolas Ivanovitch Sasonoff，1815—1862），俄国人，时任《莫斯科公报》（Gazette de Mosco）驻巴黎特派记者。弗勒（George Fowler），英籍书商，波德莱尔的债主之一。

会注意到这一点，都会注意到《费加罗报》会把它当作草料吃掉，都会注意到但凡打开此书我就难免会陷入这句异常可笑的话中。您是不是很希望我做两张卡片来说明一下？如果您同意的话，务请注意不要在那四页说明卡片中再出现新的错误。

这是封面。

我要给居伊写封信，问问他那些介绍法国文学的报刊是怎么撰写编者按的。

收到信后请告诉我一声。祝好。

夏尔·波德莱尔

要不，把那两句改成"拥有一切的上帝"和"难以抑制的欲望"是否更妥帖？

请在封面的反面写上"夏尔"，或至少写上"夏"。

如果您同意，您一定会理解为什么要做这两张卡片，但制作第二稿清样理应不耽搁书的面世。

是鸦片酊（teinture），不是色调（teinte）。

致欧皮克夫人

［巴黎，1860 年 4 月 25 日］

谢谢你寄来的这 100 法郎。

对我那些纠缠不清的麻烦来说，多 20 法郎或少 20 法郎又算得了什么？不过我觉得这也挺管用，不光是对我的写作，还能在几天里给我提神。

我再也不想给你写什么温情脉脉的信了，我迫不及待地想见到你。

就差修改完《人造天堂》（其中十三页里有十一处要修改）并厘清两桩财务方面的麻烦事了。

全身心地拥抱你。

夏尔

致奥古斯特·普莱-玛拉西

[巴黎] 1860 年 4 月 27 日

我亲爱的朋友：

今天把清样给您退回去毫无意义。我正在吃力地修改关于德·昆西生平的那篇评述。我眼前的文件堆积如山，萨索诺夫没来。

居伊没有回信，但我和一位英国书商拟出了一份报刊名单。我的那位药剂师也没寄来他的说明，我把我写的说明寄给他了，请他把自己的想法改在我写的说明里。如果明天他还不回信就随他去好了，或者在文中只字不提。

赶紧把第十二章和第十三章寄给我。我把这三章寄回给你后即可一起付印。

我会惦记那些票据的事，回翁弗勒尔时我也会找一找这些文件。

夏·波

致阿尔封斯·德·卡洛纳

[巴黎，1860 年 4 月 28 日]

亲爱的先生：

我非常遗憾地告诉您，这已经是我第十次提醒您了：不能改动我的诗。要么您索性把它们撤掉。

您很了解我，您肯定知道我会用提供一部中篇小说或一篇艺术评论的办法把预支款的差额偿付给您。

上千次地问候您。

CH. 波德莱尔

致阿尔封斯·德·卡洛纳

[巴黎]1860年4月28日

先生：

我今天收到了您的回信，这封信比上一封的问题还要严重，它将极大地损害我们之间的关系，但我认为，除非您希望如此，否则我们还不能彻底分道扬镳。这件事，我甚至都觉得没必要让您认错。无论您承认与否，就艺术和诗歌而言，我远比您更有经验，但此点无关紧要。您信中的所有说法我一概不能同意。如果您认为断绝我们之间这种常令我感到温馨的关系能让您高兴，就随您的便好了。您说，这封信必定出于我而非他人。为什么会是这样？不瞒您说，我认为您是乐于助人的，但同时我也发现您身上有很多毛病，作为一位文学期刊的社长，这些毛病难道就不会惹恼那些最为温顺的头脑么？多少次，我曾向您做出过让步？多少次，我曾恳请您不要摆出那副说一不二的架势？

我了解我自己，我也很了解您；所以我不会去拜访您。如果今天您无视我的要求，把这些我还没有重新修订过的诗随心所欲地扔给印刷所，明天我就会去科克-埃隆街（rue Coq-Héron）的印刷所，把那些需要修改的东西改回来，我肯定会这么干。我衷心希望这些修改能契合您的初衷。——您的信，说得好听点儿，是让我苦恼，实则是令我怒火填膺。但我会妥善保存这封信的。我也建议您收好我的信。它可以证明我才是那个严谨审慎之人，对您亦复如此。

您的仆人

夏尔·波德莱尔

致欧皮克夫人

[巴黎，1860年4月底]

现在我把打算写给库齐内先生的信先给你看看，有了你的准信儿后我再寄给他："先生，本该向我索求之物，您却依旧纠缠我的母亲。我读到了您写给她的信，在谈及其他事情之前，您说从未从我这里收到过钱。您是不是贵人多忘事？我和卡洛纳先生签署合同后就还给了您好几百法郎（数额记不清了），这还不算上一次我还给您的300法郎。我要致函欧皮克夫人，请她把已在翁弗勒尔筹措好、原本打算寄还给您的300法郎索性都寄给我。"

我不愿罔顾你的想法，因此这封信还未发出。

你读我的信实在太马虎。我说我要去《立宪报》借钱；说《立宪报》的社长会承担我的一些债务，等等，但我没说这件事已经做了。你肯定明白我要给库齐内写信的本意。我明白你信中的言外之意是希望他不要再给你写信。但你直接汇钱就是撺掇那些人依旧我行我素。既想阻止那些人，又要保全我的面子，你干的这事好笨。

《立宪报》的问题在于既要付给我可观的预支款，又要应付我众多的债权人。我真不愿意在提交一部完整的作品之前就向《立宪报》提出这些苛求。我正在奋力创作一篇关于瓦格纳的音乐的文章，这活儿很累人。但已接近完成了。

你一声长叹。我感同身受。我这副德行真像一个讨厌鬼。但我向你发誓，我亲爱的母亲，面对如此棘手的困境，即便我兜里没揣着2000或2400法郎，我也不会断然把你一下子推给那些人。我要做出一个重大的决定，每个月都为你存一小笔钱，200法郎或哪怕区区100法郎也行。从5月起开始实行。

我一点儿也没看懂你说的那些关于谎言的话。

即便我拒绝支付相关费用，那个库齐内仍有可能退回那张票据。

可能我只能拿到一张收据，但收据上会说明理由。

《人造天堂》经过修改和增补后即将出版。最后一次校订时出了一点儿烦心事。

我肯定会在这几天去翁弗勒尔。其间返回巴黎只待一周。

温柔地拥抱你。

夏尔

＊＊＊

给那个库齐内的信里我还要再加上一句："您那300法郎早已转让给

另一位债权人了；在《立宪报》给我付款之前您只须静候。"

我亲爱的母亲，我担心你没明白我这封信中的意思。

最重要的是，你不要再和那个库齐内接触了，拒绝回信才能确保没有人再写信骚扰你。

请你仔细读读这两封信，就会打消对我的疑虑，而且会像我一样认为这是上上之策。

请把这两封信和那 300 法郎一起装进一个信封，必要的时候全部寄给黎希留路（rue Richelieu）60 号的诉讼代理人马林先生①。

咱们说定了：我不仅不会再向你要钱，而且从这个月开始（包括这个月），我每个月会给你寄一些钱。

今晚我就要从《人造天堂》那本书中解放出来了；下周将全力以赴给《立宪报》写文章，然后我就出发去枫丹白露②待上几小时，——随后去翁弗勒尔。我会带着书，或许还带着钱。

拥抱你。

夏尔

致阿道夫·勒马雷夏尔③

[巴黎，1860年4月底]

我很惭愧没马上给您回信。我也是身无分文，为了要去一趟翁弗勒尔和枫丹白露，我还等着《立宪报》开恩呐。

上路前我会记着您这笔陈年旧账的，拖了如此之久着实让我脸红。不过您随时都可以来拜访我。

夏·波

---

① 马林（Hippolyte Marin，1817—1903），昂塞尔公证处的首席诉讼代理人。
② 波德莱尔遵照他母亲的意愿，准备去枫丹白露看望他的同父异母哥哥阿尔封斯·波德莱尔。
③ 阿道夫·勒马雷夏尔（Adolphe le Maréchal，1823—1875），法国地方志学者，出于对戏剧的喜爱而结识波德莱尔。波德莱尔曾向他借过几次钱，但都数额不大。

致奥古斯特·普莱-玛拉西

[巴黎] 1860 年 5 月 1 日

收到这封信您一定很高兴：这是那两个说明，写了三页纸，还有封面。

——我把第十一章送给您去印制清样，尽管增补的药剂说明还未写出。那位药剂师希望能与我再校订一遍药剂说明，他担心我漏掉什么。

那些票据的期限是哪天到哪天？迪朗蒂后天八点要来我家。我担心克利斯托夫会不配合；而我也没有什么正面理由说服他。

收到信后给我写几个字。

那些说明卡片怎么样了？

夏·波

致奥古斯特·普莱-玛拉西

[巴黎，1860 年 5 月 2 日]

旅馆侍应生刚把信送到邮局去，我忽然想再重读一遍，幸亏重读了，真的又发现了一处错误。是不是被您不幸而言中了呢？

所以，现在，我不和您开玩笑。最后那份药剂说明的确让我心存疑惧。您再好好想想吧。一旦有哪个心怀不轨的家伙在报纸上来一篇告状文章，就足以给我们惹来大麻烦。

这让我想起了那个抽牌算命的女人，她曾经向我预言说我会碰到一位姑娘，个子高挑，身材苗条，皮肤是深深的棕色，芳龄几许……您看，我真的就遇上了。

她的其他预言您都清楚。

夏·波

要改还来得及。

献辞是 J.G.F.[①]

[①] 指《人造天堂》的献辞。J.G.F.，其人不详，学者至今尚无定论，一说认为是"致可爱的女人让娜"（A Jeanne Gentille Femme），另一说认为是"致朱丽叶·热克丝-法贡"（A Juliette Gex-Fagon），但两说均缺乏确凿的考证。

请告诉克利斯托夫,我要去拜访他。

致奥古斯特·普莱-玛拉西

[巴黎,1860年5月3日]

亲爱的朋友,这是迪朗蒂的票据。我希望您今天已经告诉了克利斯托夫说我明天要去拜访他。

请别为那个抽牌算命女人的故事而嘲笑我。如果说这其中有何担心之处,那就是如果有某个好事的公务人员发现在一部关于鸦片和大麻的书后罗列了全部不同配方的药剂和所有适应症或不良反应,并进而认为这是伤风败俗的时候,就麻烦了。

尤其要注意我在页边写下的所有批注,您在安排付印前两页的清样时,一定要把最后一页也做出清样给我,多尔沃药店的那段文字最好还是删掉。

祝好。

夏·波

喔呦!现在该为《恶之花》头疼了。

我和卡洛纳之间发生了一件很不愉快的事情。我觉得这场争吵在所难免。

您看到没有,我为了自己的诗被迫应战。我觉得他后面的发表进度肯定会放缓。

请注意关于德·昆西的那篇评述,并请告诉我这样写是不是会惹您不高兴。

致奥古斯特·普莱-玛拉西

[巴黎,1860年5月4日星期五]

我亲爱的朋友:

我很遗憾没看到我写的那篇德·昆西评述——总之,这篇文章相当晦涩——以及我写的最后一章，我也很高兴删掉了那个药剂说明，我确实认为将该说明放进书里不妥。您肯定已经安排明天（星期六）印制那三篇或至少那两篇说明卡片了吧。印刷所星期日歇工。如果清样能在星期日送给我，星期一我就能退给您。而且无须再改。

那篇评述若已印出清样，请连同最后一章马上送给我。那里面有一处地方把 J.G.F. 印成 J.G.T. 了，这不禁让我担心献辞是不是也印错了。

我从英国报刊上摘录了一些说明放进了文章里。

这本书您打算印多少册？打算多印多少册①？但愿您别觉得我问这个问题很失礼。我想问的是：在不违反出版社惯例的前提下，最多能多印多少册？我们可以把这部分书送给各家报社以及我和您的朋友们。

该怎么做才能让班斯布尔德关注本书的出版并推荐给各家报社呢？可以塞些广告或者引文之类的东西么？

如果我星期日收不到上述清样，您得向我保证您绝对已经好好地修改了那篇德·昆西的评述，而且最终文本上绝不会再出现任何文体上的错误。

您已经看到，这篇评述将给您招来蓬马丹和英国报刊方面的一些麻烦②。

把清样寄给我远比阿梅代·马尔多先生③那件事重要得多。

克利斯托夫告诉我说他8月1日不在巴黎。您得留点儿神，钱可不能没有任何说明和收据就往门房那儿一扔了事。

祝好。

夏·波

请回复。

5月10日。1000法郎　　给儒塞先生，阿姆斯特丹路，

---

① 指出版社为弥补损耗或赠阅而多印出的书，这部分加印的书出版人无须向作者支付版税，一般占印刷总数的十分之一。

② 波德莱尔在这篇评述中摘录了英国报刊上有关德·昆西的评论文章，而且指名道姓地抨击了蓬马丹（Armand de Pontmartin），此人不断诋毁波德莱尔。

③ 阿梅代·马尔多（Amédée Marteau），法国诗人，当时玛拉西正准备为他出版《讽刺诗集》(Satires)。

     1000法郎 迪埃普旅馆的老板。
5月10日。 400法郎 巴黎，玛拉西住所。

  您多次答应送给克利斯托夫一本戈蒂耶的《珐琅和雕玉》，却始终没兑现，他对此一直耿耿于怀。

一、生平概述。
二、最后一章。
三、给各家报社送多少本书？
四、给我们的朋友送多少本书？
五、此外，您是否已认真调整了清样？
六、给班斯布尔德布置任务。

致欧仁·克雷佩

［巴黎，1860年5月9日星期三？］

  我亲爱的克雷佩，我上午原打算出门去拜访您，但工作更要紧。
  我已从昨天开始撰写那篇关于维克多·雨果的评述。这篇文章将于周一完成，如果方便的话，您可以在将近六点钟时来取。
  您一定会猜我何以有此热情，甚至优先于其他事务，因为我急需用钱。我明天需要（由纪德先生）支付100法郎，星期一再需要100法郎。
  我这篇关于雨果的文章会很长，但不会过长；如果这篇文章达不到我所需要的金额，我们可以从现代文学家中再选出一位。
  如您所知，我无需再告诉您这对我来说是需要花一番狠功夫的。我甚至还要亲口告诉雨果，好让我自己稍微自在一些。
  现在就请您把有关雨果的一切资料都寄给我吧。我要在24小时内扎进这堆资料里。
  祝好。

                 夏·波

我六点以前都会在家。

CH. 波德莱尔

致欧仁·克雷佩

[巴黎，1860 年 5 月 11 日星期五？]

亲爱的朋友，一切都非常顺利，就差这 100 法郎了。我觉得您想先拿到稿子合情合理；但一周的时间太长了；能不能这样安排：星期一以前不用付给我钱，但一到星期一就把这篇雨果评述的 200 法郎全额付给我；这一点您肯定是可以通融的；另一方面，星期一以前我不可能再选出一个人写他的评述，我得把全副精力扑在撰写雨果评述上；我确信，能写出最好的雨果评述者非我莫属；最终的差额（我是说那 200 法郎）将相差无几。

由此引出了一个时间的问题。我没打算写十六页。——我忘了贵社的稿酬标准。——对此类低级问题我从不考虑。——我试着把我想说的话尽量压缩在十页以内，我认为这是写雨果评述的理想篇幅。

您得承认，您责怪我的第一篇评述篇幅太短时，您掉进了一个怪圈。您肯定忘了我本来并未追求更多篇幅，这个如此苛刻的条件是您强加给我的。

戈蒂耶、巴尔比耶和贝特吕斯·博雷尔① 那几篇评述，我都是欣然写了十页。

如果您为布瓦洛② 预留十页版面，那么打算给龙沙③ 和雨果各留多少版面呢？

我概括一下要点：我要写信给雨果，告诉他，我虽然渺小瘦弱，但和他一样拥有所有的自由权利。——关于您求我在版权方面帮忙一事④，我

---

① 贝特吕斯·博雷尔（Pétrus Borel，1809—1859），法国诗人、翻译家和作家。
② 布瓦洛（Nicolas Boileau，1636—1711），法国诗人、作家、艺术评论家，其代表作《诗艺》（*L'Art poétique*）被认为是古典主义文学理论的经典。
③ 龙沙（Pierre de Ronsard，1524—1585），法国七星诗社诗人。
④ 欧仁·克雷佩拟在其主编的《法国诗人》一书中收录几首雨果的诗，需要请雨果和出版商授权，故请波德莱尔帮助斡旋。

认为那很简单（太简单了，无须我答复您）。——我会避谈政治；此外我认为没有必要谈论那些政治讽刺诗，哪怕是批评这些诗也罢；或者说，如果要谈这些政治讽刺诗，虽然我认为政治漫骂代表愚蠢，但我会更多地谈及雨果而不会谈及政变的波拿巴。——所以说，没必要谈。——但我会触及一些社会问题，谈谈乌托邦，谈谈死刑，谈谈现代宗教，等等。

我刚刚收到雨果的一封信，这封信出奇地亲切，风趣异常，且评论更令人称道（关于梅里翁）。

这无疑对我们的工作有利。

请回答我上述所有问题。请告诉我您有没有找到一个合我口味的新家伙，我也可以在当代诗人中选出一位，好为我的新文债求取善价。

我会把清样以及那篇雨果评述一起交给您。

您知道我无所不写。所以我写了那篇文章用来抵偿 245 法郎或 265 法郎债务。但不在我手头上。我重申，如果您继续出版此类作品，麦图林神甫①会为此付钱的。而且，如果不拘泥于本书的话，我会给您提供一篇无论写的是谁都会绝对出彩的奇文。

祝好。

夏·波

如果我周一上午十一点没去您家，就请您在下午五点来我家。

抱歉，邮资未付。

致保罗·德·莫莱纳②

[巴黎] 1860 年 5 月 12 日星期六

亲爱的朋友：

我替一位想当枪骑兵的诗人给您写信；——也就是说，这位诗人渴望有机会当兵，渴望能成为您身边的一名枪骑兵。他天赋极高，生性开朗且

---

① 麦图林神甫 (Charles Robert Maturin, 1782—1824)，爱尔兰作家。
② 保罗·德·莫莱纳 (Paul de Molènes, 1821—1862)，法国军官和文学家，波德莱尔的朋友。

服从指挥。

如果能当个好士兵又依然能舞文弄墨,这当然是件好事,但把这两件事放在一起有点儿玄。——还是谈正事吧,我记得您心地何等善良,所以我诚挚地向您举荐阿尔贝·格拉蒂尼先生①。——如今他都无心钻研自己的书了。因为这个不幸的人已经有一本诗集即将付梓。

我拜读了您的《塞瓦斯托波尔攻防战》②。场面果然宏大,且描写又如此细腻。

我要寄赠您一本全新的旧书③;但书籍装订尚未结束。最近我还准备发表另一篇文章,其中有对您的评论;不过您不用担心,与您同道者皆良善之辈。

我在巴黎的迪埃普旅馆还要住上一段时间,地址是阿姆斯特丹路。如果我在您给我回信之前动身,旅馆老板会把您的信寄往翁弗勒尔(在卡尔瓦多斯省)我母亲欧皮克夫人家中。

我的作品将陆续出版;所以我会有一小段自由的时光琢磨些新点子,而且我还打算再和您谈谈《胡扎尔侯爵一世》。

我郑重向您举荐的这位诗人,他的编号是第41号,再过一周左右您就会见到他本人,您肯定不会认为他动作不够敏捷,因为依我看来,他的身体条件正好相反。

再见。请记住我始终爱您,时间之久您肯定难以置信,并请代我向莫莱纳夫人致以深深的敬意。

CH. 波德莱尔

---

① 阿尔贝·格拉蒂尼 (Albert Glatigny, 1839—1873),法国诗人、作家、喜剧演员和剧作家,去世后获得法兰西学士院文学奖。下文所说"即将付梓"的诗集是《疯狂的葡萄园》(*Les Vignes folles*),其中有一首诗《无动于衷》(*L'Impassible*) 是题献给波德莱尔的。

② 指莫莱纳的作品《一个士兵的回忆》(*Les Commentaires d'un soldat*),其中描写了克里米亚战争中的塞瓦斯托波尔攻防战 (le siège de Sébastopol)。

③ 指《人造天堂》。

致欧仁·克雷佩

[巴黎，1860 年 5 月 13 日？]

我亲爱的朋友，今天已经是星期天了，可我还是没有收到您对我前一封信的回复。

我还在继续工作，我觉得今晚就能写完。不过，如我所言，如果明天上午不能完成，我就不会在十一点时去您家，而会在下午五点在我家等候您。

祝好。

夏·波

收　据（致欧仁·克雷佩）

1860 年 5 月 14 日

事由：105 法郎。

今收到克雷佩先生壹佰零伍法郎，系文学评述的稿酬。

夏尔·波德莱尔

$$\begin{array}{r} 50 \\ 110 \\ 100 \\ 205 \\ 40 \\ 162 \\ \underline{105} \\ 772 \end{array}$$

致夏尔·梅里翁

[1860 年 5 月中旬？波德莱尔是否在 1860 年 5 月中旬以写信的方式

帮助梅里翁修改过文稿呢？雨果 1860 年 4 月 29 日致函波德莱尔，对其在《1859 年的沙龙》中赞美自己和梅里翁表示感谢。参见本卷第 220 页波德莱尔致菲利普·比尔迪① 的信。]

致约瑟夫·梅里（？）②

[1860 年 5 月中旬]

据说新兵入伍后都有权申请去圣西尔军校学习；但会不会有年龄限制？如果能去，既可以保留军籍，又能在固定的时间里学习文学和科学课程，如果考试未通过，那就继续留在部队当大头兵。

这对一个有天赋的人来说是一条非常重要的出路，而他自己也迫切希望能借此机会继续已中断的学业。

亲爱的先生，我谨向您行将付出的一切努力和您的良好意愿深表谢意。

夏尔·波德莱尔

致奥古斯特·普莱-玛拉西③

[巴黎，1860 年 5 月中旬？]

又及：——我当时忘了向那个德洛德为自己申辩。我做得不错。而证据就是：如今要想找到全部手稿看来无望了。

我亲爱的朋友，因为"十一"这个词，这张票据必须重写。另外，"一百"后面那个"s"表明您当时另有想法，而不是"十一"。

也许需要写个说明。我是说那一千一百一十法郎。

---

① 菲利普·比尔迪（Philippe Burty，1830—1890），法国艺术评论家和素描画家。
② 约瑟夫·梅里（Joseph Méry，1797—1866），法国诗人、小说家和剧作家。
③ 这是一封残简，与票据贴现有关。

荷兰纸①样书给我留一册即可。但切记要送给加伊夫②、杜刚和于勒·雅南③——他要为这本书慷慨解囊——特别是圣-维克多④,剧院哪天给他留座,他还要请我看戏呐。

祝好。

夏·波

还要送格朗基尤⑤!!就这一句。

致维克多·雨果

[1860年5月中旬。信的主题是欧仁·克雷佩向波德莱尔约稿撰写法国诗人评述一事,参见波德莱尔1860年5月15—20日前后和1860年8月10日致欧仁·克雷佩的信。雨果于7月19日复信。]

致菲洛克塞纳·布瓦耶

[巴黎,1860年5月15日]

亲爱的布瓦耶,我的书,精装本的,看来快要出版了。一本新书问世永远都是与老友重逢的机会;也就是说,我可以向那些能帮您忙的人谈谈我对您的所思所想。如果您的计划依旧,您就知道我想谈的是谁⑥。

现在轮到我求您帮忙了,这个忙非同小可:您必须好好给克雷佩洗洗脑子,而且不要显得是我的主意。我都要疯了,要傻了,要筋疲力尽了。"这个开头太一般了,太俗套了,而且毫无意义;既然您写其他人写

---

① 指一种荷兰产高级直纹纸,用于印制精装书。
② 加伊夫(Adolphe Gaïffe, 1830—1903),法国记者、企业家。
③ 于勒·雅南(Gabriel-Jules Janin, 1804—1874),法国作家和剧评家。
④ 圣-维克多(Paul de Saint-Victor, 1825—1881),法国随笔作家、文学评论家。
⑤ 格朗基尤(Alcide-Pierre Grandguillot, 1829—1891),时任《立宪报》(*Constitutionnel*)社长。
⑥ 指克雷佩,他刚刚拒绝了波德莱尔撰写的博雷尔评述。

得很少,就不应该在此人身上着墨太多(这其实是他的错)。您对此人说了不恰当的话(说反了,我其实是在恭维),等等……等等……等等……等等……等等……等等……等等……等等……等等……等等……等等……"

为了讨他欢心,我已经白白写了三篇评述了。他似乎还想让我全部重新改写。可我已经每篇都修改三次了。他的目的只是要使自己看上去不那么布尔乔亚;他这么做完全是在以一己虚荣作践那些能读会写的人。我刚刚避免了与德·卡洛纳的一场争吵,卡洛纳的愚蠢固然无以复加,但他还没有那么固执。我想对您再说一次,我已经受够了。

您一定还记得我曾对您说过的话:别人都没有我这么诚实;但是,通过坞拉西、我的母亲、我的朋友,通过上帝或者魔鬼,我一定找机会朝这个蠢货脸上吐出他自以为因此而有了一切权利的臭钱。而且作为补偿,我还会要求排版工把我的每篇文章都专门印成长条校样。

若见到巴布您就告诉他这件事。若见到阿瑟利诺什么也别说。我向他抱怨过了,他总是说我太窝囊。可这不是我的错,绝对不是,若不是这个克雷佩死乞白赖追着求我写而不是求别人的话。

祝好。并请代我向布瓦耶夫人致以衷心的问候。

CH. 波德莱尔

再给您讲个可笑的细节:他以为我选贝特吕斯·博雷尔是个恶作剧。他认为博雷尔是个小丑,不配出现在他克雷佩主编的丛书中。对一个人的实际价值他是不会明白的。——我现在只有一句话,我可不是在开玩笑:解铃还须系铃人①。

我听说最近在一次同事聚会的午餐会上,觥筹交错之间②,他扯了一些严肃的政治话题。这固然很可笑;但此地的规矩庶几相近,所以结果就更令人倒胃口。如果一件工作干得异常出色却非他所为,那就是对他的大不敬。亲爱的朋友,咱们俩之间是互信和包容的。所以我郑重地对您说:请保护我吧。另外,从我信中的口气您也能感觉得到,我已经神经分分的了。

---

① 介绍波德莱尔与欧仁·克雷佩结识的人是布瓦耶。
② 拉丁文:*inter pocula*。

致欧仁·克雷佩

[巴黎，1860 年 5 月 15—20 日前后]

昨天起我就病倒了，动弹不得。我原打算亲自把这篇评述给您送去。——翁弗勒尔显然去不了了，还没有告诉您。

我给雨果写了信。——我和您说过这件事；但走的是伦敦的邮路，要是您动脑筋想一想，每周从根西岛只有一两趟班轮驶往伦敦，且雨果只在星期日才写信，您就不会那么心急火燎地问我是否收到雨果的回信了。

致奥古斯特·普莱-玛拉西

[巴黎] 1860 年 5 月 18 日

亲爱的朋友：

您可能已经休息了；票据贴现的事很麻烦：贴现费 22 法郎，还不包括路费。因为这张票据已经被拒付两次了，就因为"十一"那个词，我就像个傻瓜似的在耶稣升天节那天白跑了一趟。

如果我想买几本荷兰纸印制的书，应该能买到吧？这些书都在哪儿？我正期待着这个消息，至少得送格朗基尤一本（这事很重要）。我会先去翁弗勒尔查找《恶之花》的资料，然后再处理迪朗蒂的事①，他现在住在布洛涅路（rue de Boulogne）。

亲爱的朋友，从今天起您必须像所有出版商那样行事：1000 法郎即代表着 1100 法郎，1500 法郎即代表着 1650 法郎。——别为死要面子而糟蹋钱。所有开支必须全数用在刀刃上。可如果发行量是 6000 册（6600 册）时，我可没有心气儿送出 600 册。

在我看来，您应该已经预见到了这种情况，并且像其他人一样避免让我的经济状况陷入尴尬境地。

---

① "迪朗蒂的事"，指一张 820 法郎票据贴现的事。

真心感谢您找到了中国纸①，但这是不是说我就得不到荷兰纸的样书了？

我得珍藏才是。

还是要送圣-维克多、加伊夫、杜刚。还有雅南，尤其是格朗基尤！

再见。

祝好。

夏·波

请看第14页那段的最后一行②。

致欧皮克夫人

〔巴黎，1860年5月18日〕

我跟你说我要动身，是因为我想能用手头上某人的6000法郎留在手里用来还债；但债只能一笔笔还，而且我本人必须在场，所以就耽搁了。如今已还掉了4000法郎。

接下来是出版书的事。这个你清楚，你已经收到了你那本。你也知道分送一本书何等重要。就像分送戏票一样。——你想想，这都是我的琐碎事。我要送出去的是130本，可目前刚收到60本。

我想我会休息几天。我会给你带一点儿钱回去，还要给你带去一本你不知道该有多棒的书。我也是刚刚才知道的。就是《儒贝尔的思考与通信》（Les Pensées et les lettres de Joubert），儒贝尔是夏多布里昂的朋友③。

你不必担心那300法郎的事。马林可能已经办利索了。我最近还要和他见面。

我的书正在修改和增补。

你身体好么？对我来说，最重要的事情莫过于此：你的身体健康。——

---

① 中国纸（le chine），即连史纸，又称连四纸、连泗纸，原产于江西和福建。

② 指《人造天堂》中的一处排版错误。

③ 儒贝尔（Joseph Joubert, 1754—1824），法国伦理学家和随笔作家。夏多布里昂（François-René de Chateaubriand, 1768—1848），法国浪漫主义作家。

拥抱你。

夏尔

我最害怕的是我的书一败涂地。尤其是想到今年还有四本书要出！我身陷争吵的漩涡当中。我是不是对德·卡洛纳那个蠢货太认真了？

致勒内·班斯布尔德

[巴黎，1860年5月20日前后]

……麻烦您派人把荷兰纸和中国纸印制的书给我送来，多多益善。同时我还要提醒您，别忘了给《欧洲评论》的戈普兄弟、《环球导报》的索拉尔和达洛兹、《名流周刊》的德·威利送书[1]，还要给《通讯报》《联合报》和《法兰西公报》送书，最后是给圣伯夫和德夏内尔[2]送书……

致奥古斯特·普莱-玛拉西

[巴黎] 1860年5月20日耶稣升天节最后一天

亲爱的朋友：

我收到了那400法郎[3]。

万分感谢送来的荷兰纸样书。我对出版一窍不通，不过也不碍事。但我想对您说，我并非高枕无忧，虽说您安排缜密，可我总觉得会有什么厄运降临到我头上。我也得马上提醒阿瑟利诺注意。

咱们还有一件十分重要的事要商量。我想到了一种可能的联合出版方

---

[1] 戈普兄弟（MM. Goepp），时为《欧洲评论》的撰稿人。索拉尔（Félix Solar, 1815—1871），法国报界人士和银行家。达洛兹（Victor Alexis Désiré Dalloz, 1795—1869），法国法学家、政治家。德·威利（Léon de Wailly, 1804—1864），法国小说家、剧作家、翻译家。
[2] 德夏内尔（Émile Deschanel, 1819—1904），法国作家、政治家。
[3] 指《国际评论》(Revue internationale) 的稿酬。

式,即您可以和布尔迪里亚、布许合作①,共同出版一套售价80法郎的爱伦·坡作品集。这是我之前从米歇尔·莱维那里争取到的一项承诺(可惜只是口头的),他承诺我可以在任何一家出版社再版一套爱伦·坡作品,售价可高于莱维版,条件是放弃我的一半版权。我没有退路,只能接受这个异常苛刻的条件,唯一的希望是可以拯救那套已被淡忘的书。

不过咱们还有时间细细探讨这件事。

我哪天去看我母亲会提前告诉您。

夏·波

我得跟您说说,班斯布尔德先生在发行和推销方面整个儿一个外行。请您相信,我现在并非情绪失控,但我有一个坚定的信念,即:任何一家书局,如果连几千本坏书都卖不出去,那就是造孽。

您推出了一部抨击卡洛纳的书②。您就不担心我么?为了我最后那几首诗,我几乎快要跟他决斗了(绝非吹牛);您就琢磨琢磨他这个人得多记仇吧。不过,《印度大麻之诗》已发表一年半了,《鸦片吸食者》发表也过去了五个月。我早就不是他的朋友了。

致欧内斯特·布许

[巴黎,1860年5月?]

先生:

我遇到了居伊先生,不由得想起前不久和您的那次谈话。

我计划和您一起出版一套精美的图书,我相信您一定很高兴结识居伊先生,他的想象力和多产能力在许多情况下都会对您非常有用。

总之,就像您暗示给我的那样,他可以创作两三幅爱伦·坡的漫画。最糟糕的莫过于您有精美的画卷在手,却只能束之高阁。

---

① 布尔迪里亚(Achille Bourdillat, 1818—1882),法国书商和出版家。布许(Ernest Bouju),法国出版家,文学和艺术事业的赞助人,1860年成为《轶事评论》(Revue anecdotique)的所有人。
② 指玛拉西刚刚出版的一部爱德华·戈普(Édouard Goepp, 1830—?)的小说《一位文学投机家》(Un aventurier littéraire)。据波德莱尔研究专家考证,这部小说的抨击对象正是卡洛纳。

先生，请接受我最崇高的敬意。

收　据（致欧仁·克雷佩）

1860 年 5 月 21 日

今收到克雷佩先生为我的文学评述或英国诗歌译文而支付的玖拾法郎。

CH. 波德莱尔

致阿尔弗雷德·吉尚[①]

［巴黎］1860 年 5 月 26 日

先生：

您交由美术街玛拉西书局转给我的信今天刚刚送到，所以我立即给您写信致谢。我还要感谢您欣然垂询爱伦·坡的其他作品。能遇到一位爱伦·坡的忠实崇拜者总是让我极为感动、极度兴奋，依我看，这样一位崇拜者就是世上顶尖的天才之一。米歇尔先生可能已经告诉过您，他的出版社去年底已出版了爱伦·坡作品的第四卷，即《吾得之矣》（这是一部关于宇宙起源的哲学著作），此外我也在最近出版的《人造天堂》封面上宣布了这一书讯。

去年一年，我在《法兰西评论》上发表了以下几部爱伦·坡作品（但有印刷错误）：

——《乌鸦》(Le Corbeau)，同时配发了一篇我的评述和一篇爱伦·坡本人就其诗歌所写的文章，冠以一个总标题《一首诗的诞生》(Genèse d'un poème)；

[①] 阿尔弗雷德·吉尚（Alfred Guichon）是一位爱伦·坡爱好者，他于 1860 年 5 月 23 日致函波德莱尔，对他所译的爱伦·坡作品表示赞赏，并询问爱伦·坡的其他法译本能否找到。

——《埃莉奥诺拉》(*Eleonora*)，中篇小说，与《丽姬娅》(*Ligeia*)和《莫雷娜》(*Morella*) 属于同一体裁；

——《耶路撒冷的故事》(*Un événement à Jérusalem*)，一部幽默中篇小说。

——这几期我手头也没有了，至少在巴黎的家里没有。但我知道《法兰西评论》停刊后，该社社长莫雷尔先生[①]把库存都转让给了书商奥布里先生，奥布里先生的书店在多菲娜路（rue Dauphine），就在洛蒂桥路（rue du Pont-de-Lodi）对面，而且奥布里先生正在将这些库存分期打折零售。就我记忆所及，我还记得《新闻报》上发表过《离奇天使》(*L'Ange du bizarre*)，但时间久远，且遗憾其中讹误颇多，遗漏颇多，使作品的风趣大打折扣。

或许不久以后我会以自己的方式再版这些作品，也就是说，质优，精美，庄重。届时我会增补不少东西。

先生，请接受我最崇高的敬意。

CH. 波德莱尔

致勒内·班斯布尔德

［巴黎，1860年］5月27日

亲爱的先生：

今天已然是星期天了，可我仍未收到您的消息。我已苦等久矣，我急需四本或五本样书。

祝好。

CH. 波德莱尔

[①] 莫雷尔（Jean Morel），原《法兰西评论》的社长。

致欧皮克夫人

[巴黎，1860 年 5 月 28 日？]星期一

如果我明天（星期二）走不了，就在星期四出发（肯定）。

你那个关于住卢浮宫酒店的主意不好。那酒店很差，还贵得吓人；还是五层。——那儿有 700 个房间！你想想得多难受！

我想详尽地回答你最后三封信，这三封信让我很苦恼。我会当面回复你。拥抱你。

夏尔

特隆歇路（rue Tronchet）有不少不错的旅馆。你要订的那两间房提前一天用挂号信预订即可。我会告诉你价格。

我对你说过从今往后我每月给你寄钱。你可能会有很多额外开支，且理由各异。

你无法想象你最后几封信让我多么愤怒、悲伤和痛苦，有好几个地方都让我深受伤害。

再一次拥抱你。不用说，我会整晚都陪着你。

在翁弗勒尔度过四五天后，我会拿出一点儿时间努力工作。

致保罗·达洛兹

[巴黎]1860 年 6 月 26 日

我亲爱的达洛兹，我已经让人给《环球导报》送去了四本我的《人造天堂》。我猜您和蒂尔冈[①]会不会认为《恶之花》的作者总是给你们带来厄运[②]。须知，能给这部《人造天堂》带来厄运的只有严苛的道德和宗教原则，这种严苛足以招致一伙人用那个讨厌的词骂我：啊！又是你，你这伪君子！——看来，有人就是不愿意承认我生来就品行端正。

[①] 蒂尔冈（Julien Turgan, 1824—1887），与保罗·达洛兹同为《环球导报》社长。
[②] 这里指的是爱德华·蒂埃里（Édouard Thierry）1857 年 7 月 14 日在《环球导报》上发表为《恶之花》辩护文章一事。

这本书原本就是为《环球导报》撰写的。后来我忘了是因为什么缘故而发表在了其他刊物上。

我就是在《环球导报》认识了圣伯夫、克洛丹和雷纳尔等诸位先生的①。不用说，如果圣伯夫愿意关注这部我相信值得他关注的书，一切都会更好。同样，您所做的一切也将惠及此书，而您的选择无疑总是正确的。

祝好。

CH.波德莱尔

致古斯塔夫·福楼拜

［巴黎］1860年6月26日

我亲爱的福楼拜，十分感谢您宝贵的来信②。您的观察力令我印象深刻③，我由于过深地沉迷于追溯自己的梦境，乃至发现如果不能假设有某种外部邪恶势力作祟，就不能很好地理解人们某些贸然的行为或奇想，这个毛病始终盘踞在我头脑中挥之不去——彻底坦白了这一点以后，即便整个十九世纪联手和我叫板我都不会怯场。——不过请您明鉴，倘若能有改变自己的看法或反驳自我的好事，我是不会拒绝的。

——如蒙您允许，我拟在近日某天去翁弗勒尔途中在鲁昂停留一下；不过，我推测您和我一样厌恶突然造访，所以我将提前告知您我抵达的具体时间。

——您说我工作勤奋。这是一种残忍的嘲弄么④？很多人认为（不包

---

① 克洛丹（Gustave Claudin, 1819—1896），法国记者、小说家。雷纳尔（Francisque Reynard, 1835—?），法国翻译家。
② 福楼拜1860年6月25日致函波德莱尔，感谢他寄赠《人造天堂》一书。
③ 指福楼拜信中对他在《人造天堂》中关于"邪恶精神"及其"天主教根源"的论述提出的批评。福楼拜在信中写道："在我看来，对这样一个被高度重视的学科，在一项被视为科学之开端的工作中，在一部对自然进行观察和归纳的作品中，您已经（而且不止一次地）强调了太多的'邪恶的精神'。无论在此在彼，似乎都能让人感觉到天主教的根源。"
④ 这是波德莱尔对福楼拜信中称赞他"工作勤奋"所做的回应。当时福楼拜正期待着第二版《恶之花》出版。

括我自己在内）我难有什么大出息。

工作，意味着不停地干活，不再感觉，不再梦想；意味着自强不息的纯粹愿望始终如一。这一点兴许我能做到。

祝好。

您忠诚的朋友
CH. 波德莱尔

又及，我始终梦想着能读到您的《诱惑》（全书）和另一部您只字未发的奇书（《十一月》）。另外，您的《迦太基》进展得怎么样了[①]？

致欧皮克夫人

[巴黎，1860年6月底？]

我亲爱的母亲，这后几天里我都会诚惶诚恐。所以我写上数行字告诉你我还活着。我总担心你认为我是个白眼狼。

我感谢你，衷心感谢你为我所做的一切，也感谢你的祝福。哎！可我自己却没有认真地写出更多的东西；我在纸上列出了严格的计划，但这些计划却毫无进展。

报刊上还有其他一些评论文章，都满是善意，但我竟然愚蠢得不敢寄给你。

我正盼着（稍微有点儿）这个月的一件大好事。等成功了我再讲给你听。

真诚地拥抱你。

夏尔

这么说，你那边已经有人收到《两世界评论》了？

[①] 《诱惑》（*La Tentation*），指福楼拜的长篇小说《圣安东尼的诱惑》（*La Tentation de saint Antoine*）；《十一月》（*Novembre*），是福楼拜青年时代的一部作品，在他去世后才出版；《迦太基》（*Carthage*），指福楼拜的长篇小说《萨朗波》（*Salammbô*）。

致阿道夫·勒马雷夏尔

[巴黎，1860年6月或7月？]

我亲爱的朋友，从几个再俗不过的理由中我选了两个说得过去的理由——一是一看到令堂大人我就拘谨，二是怕她留我吃饭——所以我就不登门拜访了。请您聊表善心，来点儿温情，到车站咖啡馆来和我见面吧。——如果这个时间不妥，就让人捎话给我，告诉我可以在何地、何时与您碰头，——但十一点到下午一点不行，这段时间我在《环球导报》。

祝好。

CH.波德莱尔

致圣伯夫

[巴黎，1860年7月1日星期日]

亲爱的朋友：

为谨慎起见，我提前给您写下这封信，因为我预感到我可能没有荣幸再见到您了。

我最近给达洛兹先生写了一封信，大意如下：

"请给《人造天堂》写篇书评吧！我认识《环球导报》的某先生、某先生，等等。"

达洛兹先生回信说：

"由圣伯夫为这本书撰写书评最合适。（这不是我说的。）去见见圣伯夫先生吧，跟他聊聊这个事。"

我不敢存此奢望。我从诸多原因中猜到可能让您疏远此书的部分理由，也可能您根本就不喜欢这本书。

可我比以往任何时候都更需要获得支持，所以我想对您说说我的困境。

对此书的所有评论都绝对、绝对违背常识。

又及。——不久前，我怀着纯真的愿望想去看看您，就像需要恢复力量的安泰俄斯①想去看望他的大地母亲一样走向帕纳斯山。途经一家姜饼店时，我忽然想到您可能喜欢姜饼，这念头挥之不去。您要知道，餐后享用甜点时，以姜饼佐酒正是绝配；我继而又想到，到您家时正值晚餐。我衷心希望您不会把这些香料夹心姜饼误认为搞怪的笑话，而且希望您以简单的方式吃下它们。

如果您愿意分享我的口味，我告诉您，您品尝时会发现英式姜饼很厚实，颜色重，口感致密，没有一丝气孔，茴香和生姜的味道扑鼻。把它切成像烤牛肉一样的薄片，抹上黄油或果酱。——祝好。——请好好爱我吧。——我陷入了一场巨大的危机之中。

CH. 波德莱尔
二十二点于阿姆斯特丹路

致奥古斯特·普莱-玛拉西

[巴黎，1860 年 7 月初？]

我亲爱的朋友：

请看看我转给您的班斯布尔德的信，您可以看到班斯布尔德尽管信誓旦旦，可您的礼物依旧了无踪影。

我试着用他提供给我的赠书清单统计了一下，看来结果并不准，因为我把给皮奥杰②的那本中国纸印制的书包括进去了，但我还是不知道哪位是那个勒曼先生（Le Monsieur du Mans）。——不用说③，还是我说得在理。

我刚刚碰到卡恩先生④，他不想买我的书。他说话的那种方式竟能让我发笑。再来一本。果真如此，班斯布尔德先生就该送给我两本才对，还

---

① 安泰俄斯（Antée），希腊神话中的巨人，是大地女神盖亚和海神波塞冬之子。他力大无穷，只要保持与大地的接触，他就天下无敌。赫拉克勒斯发现了这个秘密，便将他举到空中，使其无法从大地母亲那里获取力量，然后把他扼死了。
② 皮奥杰（Gérard Piogey），医生，波德莱尔、阿瑟利诺和圣伯夫等人共同的朋友。
③ 拉丁文：A fortiori。
④ 卡恩（Caen）是一位书商。

不算卡恩那本,您见过他的信。

您要理解,我亲爱的朋友,我不能像您那样可以对自己的雇员发脾气,但我总得从您的承诺中有所收获才行。至于班斯布尔德的信是否失礼并不重要。重要的是我必须让那些人满意,因为我有求于他们。

如果您能做到,就请帮我一把。

我想跟您做个交换,您可能会有兴趣。我给您一本刚从费多那儿拿来的写满了他的评注的《人造天堂》,我答应还给他一本新的,您能再给我几本普通版的么?数量请您自定。您看,我也在想方设法弄钱。

费多改动了许多地方,他有些想法还是很有见地的。我得承认其中有些想法很有用,我要抄到自己留的样书上去。

我还在修改《恶之花》。这几天您就会收到一个包裹,其中最后一首,或者说是跋,是我面向巴黎城想要说的话,如果能完美收官(以响亮的三行押韵诗写就),您一定会觉得惊艳①。

祝好。

夏·波

您一定能明白我转给您那些告状信的用心②。

为班斯布尔德考虑,请不要认为我难以相处,也别对我发火。

我从您那儿收到的书:

——普通版 19 册。

——荷兰纸版 2 册。

——中国纸版 2 册。

——从班斯布尔德处拿到 1 册。

——共计 24 册。

梅毒怎么样了?

我自掏腰包在将近 300 份报纸上刊登了一则广告。都送出去了么?我无从知晓。我知道要从内政部开始送。

德·莱斯居尔先生的书评令人叫绝。我想这下子多尔维利一定会很高

---

① 这首诗未完成。
② 指班斯布尔德的信。

兴，他对波米埃、对奥布里耶写了那么多愚蠢的文章遭到大家嘲讽，所以他再也不敢奢谈什么青年学派（la jeune école）之类的话题了①。这个词可不是我发明的。

过了 20 日，我要么痛不欲生，要么高兴至极②。我觉得我今年真得放手一搏了。

祝好。

夏·波

那咱们的事情下次找时间再谈。

爱伦·坡那套书应该做成精装版，可米歇尔的爪子伸得也太长了吧！

关于瓦格纳的那篇文章篇幅过长，我只能把它从《对几位同时代人的思考》（*Réflexions sur quelques-uns de mes contemporains*）中分离出来独立成篇。

致奥古斯特·普莱-玛拉西

[巴黎，1860 年 7 月初？]

亲爱的朋友，我跟您多次说过：要是您不像所有书商那样行事，要是您不照顾自己的书局，您就是在冒险。两年前您那么风风火火，那时您就可以发大财。到如今您可能就要捱些时日了。

我要告诉您很多事。我又写了一大摞新诗。所有这些事我们都要谈。可我直到 20 日还在着急。

我求您再送给我 10 本书。我确实干过太多失礼的事。——我甚至不想再去书局拿书了。不想再看到您的办事员。班斯布尔德的发行工作确实疏漏太多。

《布列塔尼评论》《通讯报》《联合报》《法兰西公报》，还有《国家舆

---

① 德·莱斯居尔（Adolphe de Lescure，1833—1892），法国历史学家。1860 年 4 月 18 日，德·莱斯居尔在《国家报》（*Le Pays*）发表了一篇抨击作家格扎维埃·奥布里耶（Xavier Aubryet，1827—1880）和诗人阿梅代·波米埃（Amédée Pommier，1803—1877）的文章引起轰动。

② 波德莱尔仍在期待大马戏团剧院对他的剧本《胡扎尔侯爵一世》的答复。

论》都还没有送），而与之形成对比的则是愚蠢的浪费。

以后在发行之前，还是由我们俩先商定方案才好。

还可以请弗莱斯[①]、圣伯夫或克洛丹、雅南、圣维克多、阿瑟利诺写些书评。请您给德·莱斯居尔、德·威利、多尔维利以及其他诸位先生写几封信吧。

这些事您都能做到，而……（原文如此）

致奥古斯特·普莱-玛拉西

[巴黎，1860年7月6日前后]

又及：

我没有这篇序言的副本。

根据您的意见，我要么继续完善，要么放弃。

送上《恶之花》的修订现状。如果开头提到的五首诗在8月15日以前不能完成，就必须放弃。

我最好15日能到阿朗松。您的地址是格兰维尔（Granville）吧？这很重要。我不通知您是不会动身的。

再过几天，我的生活中就没有带家具出租的旅馆了。我租了一个小公寓[②]，已经让人把我的杂物送过去了，我时而会在那儿，时而会在我母亲家。

既然再找几本《人造天堂》很困难，我就把费多那本还给费多了，他目前在非洲；但也有办法再收回来。——我不知道克利斯托夫把费拉里那本书借给谁了。

我见到了德·莱斯居尔先生。他对我谈了您公司招股的事[③]。如果您觉得我可以对您有所帮助，就请给我解释一下。

[①] 弗莱斯（Armand Fraisse，1830—1877），法国文学批评家，曾为波德莱尔的作品写过多篇书评。

[②] 波德莱尔在讷伊租了一个小公寓，原准备和让娜·迪瓦尔住在一起以节省开支，但只住了一个多月，就在和让娜大吵了一架后回到了迪埃普旅馆。

[③] 玛拉西出版社遭遇经营困难，拟通过招股获得资金支持。

祝好。

夏·波

给我讲讲格兰维尔。我在 12 或 13 日之前不会动身。

请妥善保管好下面这几张纸片。

[《恶之花》的修订现状]

新恶之花：

多罗泰（*Dorothée*）。

致一位小情妇（*À une petite maîtresse*）。

一场梦（*Un rêve*）。

迷失的灵魂（*Une âme perdue*）。

跋（从蒙马特高地献给巴黎的颂歌）（*Épilogue：Ode à Paris vu du haut de Montmartre*）。

（以上五首尚未完成①。）

已完成的诸篇（三十二首）：

巴黎风景（*Paysage parisien*）。

为莫蒂玛的版画而作（*D'après Mortimer*）。

骷髅之舞（*Danse macabre*）。

秋之十四行诗（*Sonnet d'automne*）。

秋歌（*Chant d'automne*）。

决斗（*Duellum*）。

（以上六首需要重新找出来。）

虚无的滋味（*Le Goût du néant*）。

---

① 前 3 首始终在翁弗勒尔保存，后被波德莱尔创作为散文诗（参见波德莱尔 1859 年 12 月 15 日致玛拉西的信）。同样，《迷失的灵魂》——这个题目是第一次出现——后来成为散文诗《慷慨的赌徒》（*Joueur généreux*）。至于《跋》则最终未能完成，参见波德莱尔 1860 年 7 月初致玛拉西的信。

魔鬼附体（Le Possédé）。

西西娜（À Sisina）。

远行（Le Voyage）。

信天翁（L'Albatros）。

秀发（La Chevelure）。

七老翁（Les Sept Vieillards）。

小老妇（Les Petites Vieilles）。

面具（Le Masque）。

致一位圣母（À une madonne）。

天鹅（Le Cygne）。

劳作的骷髅（Le Squelette laboureur）。

顽念（Obsession）。

黑夜（Les Ténèbres）。

芳香（Le Parfum）。

画框（Le Cadre）。

肖像（Le Portrait）。

一个好奇者的梦（Le Rêve d'un curieux）。

巴黎梦（Rêve parisien）。

虚幻之爱（L'Amour du mensonge）。

尚未餍足（Semper eadem）。

时钟（L'Horloge）。

午后的歌（Chanson d'après-midi）。

茜米莉娅·茜米莉娅（Similia Similia）①。

美神颂歌（Hymne à la beauté）。

为一位过路女子而作（À une passante）。

---

① 据波德莱尔研究专家分析，这首诗可能是《痛苦的炼金术》（Alchimie de la douleur）或《恐怖的感应》（Horreur sympathique）那2首诗之一最初的标题，也可能是为这2首诗拟定的一个总标题。

致古斯塔夫·克洛丹

[巴黎] 1860 年 7 月 6 日

圣伯夫先生来信说教授生活令他倍受折磨,要回归创作生活还需一个月……《国家舆论》的德夏内尔评论说那本书在伦理方面有欠真诚。这又是一种新的批评方式。

致于勒·巴尔贝·多尔维利

[巴黎,1860 年 7 月 9 日?]

亲爱的老坏小子:

请思念我吧!记住!记住吧!

我的金嗓子会说所有的语言①。

这就是说,当我有了某种欲望时就犹如一座时钟。——我觉得我的滴答声在讲着各种语言。——不开玩笑了,我需要您的帮助。这本书②很棒(您知道我擅长于此),但有人对此书不公平。您有着诗意的嗓子,请您说几句吧。《国家舆论》和《欧洲评论》说,尽管我在书面上对严肃的道德问题夸夸其谈,但我的道德状况是否真的有所改观仍值得怀疑。批评界还未赋予自身以理性的角色。但在这样一个某大臣宣称小说就是要教化人心、警察(他们认为自己就代表道德)拒绝让穿得过于妖冶的妓女进入咖啡馆的时代,我对此并不感到诧异。

有人告诉我说,您关于奥布里耶和阿·波米埃的那几篇大作曾促使格拉尼耶③恳求您为新奇文学手下留情(是真的么?)。

相反,我得承认,您那篇关于拉科代尔神甫④的大作(除了第一章,

---

① 这是《时钟》(*L'Horloge*)一诗中的两句。
② 指《人造天堂》。
③ 指《国家报》社长格拉尼耶·德·卡萨尼亚克(Granier de Cassagnac,1806—1880)。
④ 拉科代尔神甫(père Henri-Dominique Lacordaire,1802—1861),法国作家和政治家,法兰西学士院院士。

这一章有点儿乱）文字绝美。其中有一种典雅的清高，一种基督徒的高贵，我本人对此深为折服。我只是有点儿惊讶，您怎么没想到用类比法去平行地对比一下当下的所谓宗教画（都是些不折不扣的蹩脚货）和古典宗教画（如米开朗琪罗本人的绘画）那种无法抗拒的崇高呢？这道开胃小菜本应是题中应有之义。

我和那个可恶的沃尤度过了两个晚上。他的愚蠢让我惊呆了，也让我变得毫无戒心。我放弃了对他的报复。他还是像一个民主派那样急功近利。——我想带他去几个低级舞场转转；但他非常担心会在这种场合失去自己的贞洁。

我最近要逃离阿姆斯特丹路22号的迪埃普旅馆，每天十一点和五点我会在那儿。

来吧，老坏蛋。——我给您看点儿漂亮的东西（不是文学方面的）[①]。

夏尔·波德莱尔

致奥古斯特·普莱-玛拉西

[巴黎] 1860 年 7 月 12 日

我亲爱的朋友：

阿歇特出版社所属的不知哪个出版公告上刊登了一篇新文章。我没读过。其他文章中，《欧洲评论》的那篇甚是奇怪。那上面写道：尽管在书面上对严肃的道德问题夸夸其谈，但波德莱尔先生的道德状况是否真的有所改观仍值得怀疑。今天早上，《国家舆论》刊发了德夏内尔的第三篇文章。老调重弹，修修补补，而且没有引号，太圆滑了。——我去新书局 (la Librairie Nouvelle) 想买几本自己的书，可您猜怎么着，亲爱的朋友，里面居然没有我的书。几天前，有家报纸想找一本《人造天堂》，派人去新书局也没找到。实际上，这本书可能在各处都根本没有上架，或者只扔在三四个地方。请您原谅我总是旧话重提。可您知不知道您给我造成的痛

---

① 似指居伊的水彩画——巴尔贝十分喜爱居伊的水彩画。

苦！我不光只想着自己的利益，也在想着您的利益。两天前，勒马雷夏尔去卡斯代尔①的书店想买一本，没有。相反，那个无耻的、1859年8月1日成立于日内瓦的《国际评论》的杂志却铺天盖地、铺天盖地、铺天盖地！我毫不奇怪它最终会获得成功，特别是当它这样说：博须埃就是这样回答的么？蠢话！蠢话！蠢话！或者是：德·昆西是个世界级人物？……说到底他也不过如此！如果他能利用自己家族的关系，兴许在商业上还能谋得一个尊崇的地位。

所以，就算我恳求您了，请您给德·威利写封信吧。

我又重新回到了自己的工作当中。我说的20日那桩奇迹还是没影儿。我说的是那个剧本，我坚信这桩奇迹能够出现。我向您发誓，这是我最后一次利用您的宽容，也是最后一次坐视这笔难以承受的债务到期而无法为您分忧。

我16或17日动身，此前办了不少事情：与《立宪报》安顿好了我的事务，这家报社办得不错；我拼凑了几个素材就拿到了1000法郎。动身时我还会收到几笔，我会在我母亲家写完瓦格纳那篇文章以及剧本。我要先到外省去几天：先去我哥哥家（他刚刚瘫痪在床；上帝本来应该对医治另一位关心我的人更上心一些②）；然后去福楼拜家，他盛情邀请我；再去我母亲家；还要去您家；最后返回翁弗勒尔。我会在您出发前两三天去您家，给您看看所有那些您还没读过的诗和那篇序言（其中有20行文字表达了我庄严的轻蔑）。

8月1日。1600法郎（由哪家贴现？）。

    1500法郎（由哪家贴现？）。

    1010法郎（由班斯布尔德贴现）。

这就是您索要的那两张票据。但贴现也凑不齐您需要的2510法郎。不足的部分我将从自己的1800法郎中汇给您。我主张由我来承担克利斯托夫的债务（他担心得发抖），最好是我把钱放在他家，而不是放在旅馆老板或诉讼代理人那里，我担心这两个人到最后会忘掉这件事。而您，您

---

① 卡斯代尔（Castel）是个书商。
② 指让娜·迪瓦尔。

就承担迪朗蒂和班斯布尔德的那两张吧。

您现在觉得那 1500 法郎和 1800 法郎足够支付一切么？请您告诉我贴现后还差多少。我也会告诉您我贴现后手里还剩多少。

您手里只剩下了一张迪多与热利斯的票据（1010 法郎），是不是？这很重要。

那么再见吧。我热切希望能与您待上几个小时。人类已经不再喜欢谈话了。

但愿您在出发前就能收到我成功或不成功的消息，准信儿，对不对？8 月 15 日以后我们再开始《恶之花》的校订，争取六个星期内完成。

夏·波

致约瑟凡·苏拉里

[巴黎] 1860 年 7 月 12 日

我亲爱的苏拉里，我犯的错儿比您多，但所有伟大的诗人全都是好孩子，所以我相信您已经原谅我了[1]。生活中充满不测！我读了您那些可爱的诗，我欣赏您诗歌层次中的那种有条不紊的思绪（这对真正的诗人是必不可少的）以及您深刻的寓言感。

请允许我把您当作老朋友，并且拜托您两件事：

一、请向阿尔芒·弗莱斯转达我深厚的友谊，并烦请他百忙中为《人造天堂》写篇书评，我将不胜荣幸[2]。

二、请打听一下贝兰先生（Perrin）愿意为一篇大 8 开本篇幅的文章开价多少，还有，印制一本 800 页的书需要多长时间。有人告诉我说，如果我落到他的手里，他会整死我。

您的忠诚的

CH. 波德莱尔

---

[1] 苏拉里 1860 年 6 月 5 日寄给波德莱尔一首他写印度大麻的诗《大麻之梦》（Le Rêve du chanvre），并在信中列举了自己与波德莱尔的性格相投之处。

[2] 弗莱斯 1860 年 8 月 8 日在里昂《公共安全》上发表了对《人造天堂》的书评。

我忘了您的地址。

致阿尔弗雷德·吉尚

[巴黎] 1860 年 7 月 13 日

先生，您说人们如此热爱爱伦·坡，说得我心里美滋滋的，等于说和我心有灵犀者大有人在。所以我得赶紧给您回信。

我觉得您不该再买那些我译的爱伦·坡作品。因为我正在策划一部精装版，已酝酿了一段时间，那部哲学类作品《吾得之矣》不再收入新版——它会收入莱维版丛书，每册售价 3 法郎——而代之以尚未发表过的作品。此外我还提醒过您，那些杂志的印刷质量特别差，尤以《离奇天使》为甚，不仅拼写明显有误且都是连篇累牍的人为错误，甚至丢掉整个句子或词语跳行，使得句子难以理解。《一首诗的诞生》中也错误颇多。

此事如能如愿筹划成功的话，明年冬天即可投放市场；这本书将做成大 8 开本，800 页。

新版中会有两幅肖像，一幅是爱伦·坡遗作初版封面上的肖像，由纽约红土地出版社（Redfield，New York）提供，是格里斯沃尔德[①]基于一幅绘画复制的；这位格里斯沃尔德是位作家，负责整理爱伦·坡的作品，但他不仅整理工作做得不好，而且居然在遗作初版上诋毁其亡友[②]；——另一幅来自大 8 开本插图版爱伦·坡诗集，是伦敦出版的。我收藏的爱伦·坡全集也并非巴黎出版，但我记不得是哪家出版社了。

还有其他一些版本和肖像；差不多都是根据这两幅肖像为准再版的。

如果我能胜任这项工作，我将精心复制这两幅肖像。第一幅（美国

---

① 格里斯沃尔德（Rufus Wilmot Griswold，1812—1857），美国诗人和文学评论家，以对爱伦·坡的敌意而闻名。
② 1852 年，波德莱尔在《巴黎评论》发表了他研究爱伦·坡的首篇重要论文《埃德加·爱伦·坡的生平及其作品》(Edgar Allan Poe，sa vie et ses ouvrages)。这篇论文发表后他才知道格里斯沃尔德有这样一部背信弃义的《回忆录》(Mémoire) 存在。后来在《怪异故事集》(Histoires extraordinaires) 的再版序言中，波德莱尔将格里斯沃尔德的《回忆录》定性为"遗臭万年的背信弃义"。

版）是人们熟知的绅士形象的爱伦·坡：无髭而有须；衬衣衣领竖起。这幅肖像出奇地高贵。另一幅（伦敦版）是基于一幅达格雷式照片[1]制作的。而在我们国家，这幅肖像则入乡随俗：有髭而无须，衣领翻下。——两幅肖像都是天庭饱满，气宇轩昂；神态若有所思，嘴角略带笑意。头部上方充分显现出男性的力量，但总体略带女相。双眼视距略宽，极为俊朗又耽于幻想。——我个人认为这两幅肖像都适宜收进书中。

先生，请接受我最崇高的敬意。

夏尔·波德莱尔

致奥古斯特·普莱-玛拉西

［巴黎］1860年7月14日上午十点

我亲爱的朋友：

尽管不知道您又有何新打算，但我会在星期一去一趟迪多与热利斯的办公室，也已经给迪朗蒂写了信。此外我还注意到您希望我能担负所有贴现的利息，这对我可有点儿勉为其难，因为我在动身以前（已确定21日）还有好多笔小账要付。

1120法郎	（玛拉西）贴现的利息	约为	25法郎
1500法郎			
1000法郎	（波德莱尔）这两笔贴现的利息	约为	55法郎
1640法郎	（迪朗蒂）贴现的利息	约为	40法郎
5260法郎			120法郎

贴现的利息大约为120法郎。

这四份票据一共5260法郎，我们只需支付4220法郎；

---

[1] 达格雷式照片（l'épreuve daguerrienne），指用一种早期的照相法——达格雷照相法（la daguerréotypie）——拍摄的照片。

1600

1500

1120
———
4220 法郎

您要注意了，我将有三卷作品向您交稿，其中第一卷就在近日，所以最近一段时间我有权豁免支付贴现利息。

我试图通过一张我过去的老票据——是通过一位朋友向勒曼（le Mans）贴现的——为您改变主意找到理由。请您告诉我具体的金额和期限。您想想看，要是有人在我和您都不在的时候来旅馆催债，而我又没在旅馆老板那儿留钱，这张催款单就会被送到德·布鲁瓦斯手里，那麻烦可就大了。

我很愿意接受您的恭维，说拙作特具高雅（虽然安慰不了我）；但我更愿意有人付钱给我；他们懂还是不懂我根本没兴趣。

请帮我个大忙。我母亲酷爱伦理学方面的作品。我答应带给她一本《儒贝尔的思考与通信》回去，可我在巴黎没找到，在拉德朗热和迪迪耶①的书店也找不到；您曾跟我提过您有这本书。

我希望月底前的最后两天，至少在我没离开您那儿的时候，我们一起讨论一下《恶之花》的出版事宜。总之，如果提不出具体时间，我就得向您索要格兰维尔的地址了。对您来说，您需要记住：所有信都要寄往欧皮克夫人家或阿姆斯特丹路，我都能收到。

您干吗要把克利斯托夫那该死的1500法郎寄到我这儿来？也许您担心他不在巴黎，即便这样，我觉得他的门房也能提前一天收到。他的门房很笨。

我起草了三篇序言草稿。我们会一起读一读。

我很担心诗的结构，也很担心《恶之花》②。我希望整个结构脉络清晰。

赶紧给我回信。——您以为我很快乐，您错了。我正在发火，但我希望我很快乐。

夏·波

---

① 拉德朗热（Ladrange）和迪迪耶（Didier）均为书商兼出版商。
② 指布拉克蒙承担的《恶之花》卷首插图设计。

致埃德蒙·迪朗蒂

［巴黎，1860 年 7 月 14 日］

亲爱的朋友，我觉得玛拉西太迷糊了，或者是太不迷糊了。

您从他那儿收到了多少钱？有多少是那张票据里的？

祝好。

夏·波

致奥古斯特·普莱-玛拉西

［巴黎］1860 年 7 月 21 日星期六

亲爱的朋友：

我星期天（29 日）去拜访您。从您的信里得知您或许星期天（29 日）动身。而我又不能尽早登门拜访。我觉得，既然我们俩见面少，您何不把出发日期推迟到 31 日，好让我高兴高兴呢？——我们得谈谈《恶之花》的出版问题，以及所有后续事项，我会打消您的所有顾虑。今年冬天一切都将顺畅，我对此充满信心，因为我的写作效率倍增。

我同时还要把那 1500 法郎带给迪朗蒂，因为我 31 日就能到巴黎了。

他的那本书很棒。令我刮目相看。他的事业难道还要求于他的老板尚弗勒里么[1]？

祝好。

夏·波

---

[1] 迪朗蒂将他的小说《昂里埃特·热拉尔的不幸》(*Le Malheur d'Henriette Gérard*) 题献给了尚弗勒里。

致让-马克·博德[1]

[巴黎] 1860 年 7 月 22 日

亲爱的博德先生,我拜读了令姐的译稿。我很奇怪您为何非要得到我的认可?我觉得这部译稿极为出色,更可贵的是所有翻译中令我们纠结之处她都处理得很妥帖。从文学角度看,她的翻译很到位。只是我觉得——也无须过多解释——令姐的译笔有些拘谨,若与某位笔风怪诞的作者发生抵牾时就有可能毁了她的工作。

既然您希望听听我的意见,我建议令姐应避免将译稿卖给像阿歇特那样的出版社,因为这类出版社都认为出版翻译作品有失体面。——其实所有报刊和所有书商都可以出版翻译作品;关键在于作品适宜且能博人眼球。

您忠诚的
CH. 波德莱尔

致奥古斯特·普莱-玛拉西

[巴黎] 1860 年 7 月 28 日星期六

我亲爱的朋友,此件明天(星期天)上午就能送到您那儿了;所以我不会让您因感到拘束而负疚了。

很遗憾错过了我们的盛会。唉!这过的都是些什么日子啊!——我为了搞到一张列车通勤票白白丢掉了昨天一整天,就因为卡洛纳,因为《环球导报》,没办成。于是我对自己说:就在我写作《胡扎尔侯爵一世》和瓦格纳那篇文章之际,我又扔进去了 60 法郎和三天时间。

您把那笔钱汇给迪朗蒂吧。

那么我和您就在 15 日那天再谈我们计划明天商量的事情吧,谈谈

---

[1] 让-马克·博德(Jean-Marc Baud, 1828—1870),瑞士珐琅画画家,波德莱尔在《1859 年的沙龙》中称赞过他"令人惊叹的才能"。

《恶之花》的出版问题，再谈谈有什么高招能减轻我的债务。

好好治病并思念我吧。

夏·波

致阿尔封斯·德·卡洛纳

［巴黎］1860年［7月31日？］星期二

我亲爱的德·卡洛纳：

我可以在您晚餐前的五六点之间去拜访您么？

我正在写咱们谈好的那篇文章。比歇先生[①]把我需要的东西寄给我了。

您不在期间，我打算向杂志社交两篇文稿：《哲学的艺术》(*L'Art philosophique*) 和《文学的浪荡子》(*Le Dandysme littéraire*)；我对您说过这件事，但整整一个月都没时间写。

我相信除了这两篇文章以外，您回来的时候，亦即10月初，我还可以还给您一笔钱。

祝好。

CH. 波德莱尔

那两篇文章各为两页。

致泰奥菲尔·戈蒂耶

［巴黎，1860年7月底？］

我亲爱的泰奥菲尔：

迪朗蒂先生可能会邀请你观摩一场木偶戏演出。你若能应允，你就是那个名实相符的人，也就是说，是那个最可爱的人。

你还记得么，最能让迪朗蒂先生开心的事莫过于读他的《昂里埃

[①] 比歇（F. Bichet），《当代评论》的董事。

特·热拉尔的不幸》。这本书值得一读。别不多赘。

你最忠实的朋友
夏尔·波德莱尔

致欧皮克夫人

[巴黎，1860年8月初；参见波德莱尔下一封致欧皮克夫人的信。]

致欧皮克夫人

[巴黎，1860年8月4日] 星期六

我之所以今天要给你写信，只是想对你说并且强调，我很担心上封信会给你造成什么影响。我怕伤害到你，越想越怕。现在，这种担心与无法弥补自己罪过的不安同样巨大，我生怕自己变成最粗鲁的人。

你也许会发现，你想预先靠那位仁慈的本堂神甫来排遣悲伤的想法本身就是轻率乃至可笑的。除此之外，你还能指望我对你说些什么呢？我十分清楚你的健康状况，所以当时脑袋就懵了，一门心思只想平复你的痛苦。这个想法其实才是源自最自然、最孝顺的意愿的。

我一直胃疼，失眠。

夏尔

致欧皮克夫人

[巴黎，1860年8月5日] 星期日上午

在我最后一线希望被剥夺之前，我求你再斟酌一下你的决定，你是我最后的希望所在。

此外我也在严厉地呵责自己，自问我的行为若不是在伤害你那又是在

做什么？如今我哪儿还有底气（如果我能获得拯救）在 14 日动身，我都不知道你会怎么看我。

惶惶之中，由于担心你会拒绝我，我一会儿可能会觍着脸再去奔走一番。但不会有什么结果。我还要央求你告诉我，你真能在不损害你、不影响你身体的前提下支持我信中的想法么？

夏尔

我又打开这封信想看到好消息；可惜好消息并不能来自我。我的哥哥兴许好多了。我收到了一封他的长信，笔迹不太难认。

致纳西斯·昂塞尔

[巴黎，1860 年 8 月 6 日；参见下一封致欧皮克夫人的信。]

致欧皮克夫人

[巴黎] 1860 年 8 月 7 日

亲爱的母亲，这可真是烦恼加忙乱，一桩接一桩。你说到的那位夫人不过是一时烦恼，你或许还能从中获得某种乐趣。而我，我肯定最迟 15 日也到了，且会是忙中添乱。地面塌陷是件大事①。两年半以来我已经吞掉了你一大笔钱，每年一旦变天并有灾害发生时，这种事故就会再次出现，可真让人揪心。果真如此，你赖以度日的小屋就要变成吞噬金钱的达纳伊德丝之桶了②。

我非常仔细地读了你的来信，我会铭记这不治之症：先天脑病。

至于我，该知道的你都知道，没有什么可替我担心的。我的确对自己

---

① 翁弗勒尔由于山石不断滚落，威胁到了波德莱尔母亲的住房。
② 达纳伊德丝之桶（le tonneau des Danaïdes），希腊神话：阿哥斯（Argos）国王达纳乌斯（Danaüs）有 50 个女儿，其中 49 个遵从父命在新婚之夜杀死了自己的丈夫，后被罚每天在地狱挑水，填满无底的大桶。

的身体极不满意。但只要灵魂健康，身体自然会好。可灵魂并不健康。我常常说起的那种剧烈的呕吐，现在对我已然成为常态，即便空腹、不发火、不担惊受怕时也是如此。最糟糕的是我对任何事情都失去了兴趣，我觉得我的意志力和希望都在走下坡路。

我尚未从担忧中解脱。昨天上午一收到这封获救信，我做的第一件事就是给昂塞尔先生写信，信是这样写的："今天上午您会收到我母亲的一封信，信中对您谈了一件非常紧迫的事情。现送上我已签字的一份文件，另有一封附有收款人地址的信。我们可能不得不一起去一趟金库、银行或经纪人那里。如果您全天的日程已满，我当然无权打扰您，但我就住在铁道对面，下一站就是您家，7日、8日两天下午的五点以前我都会在家里等您。"

现在是下午一点，昂塞尔还没来。我又开始害怕了。这笔钱9日必须到账，而明天就是8日了。

我印象中他从未回绝过你的要求；可他又认为一切都很轻松，以其如簧之舌和时间便可以搞定，这是会惹上麻烦的。另一方面，我知道银行或经纪人至少需要二十四小时的操作时间。但我在动身之前还想再工作一下。这两个想法之间绝对相关；弥补我的过失和为了工作养精蓄锐。

我必须再次向你表达我的感激和歉意。但我的行为也不必声张；这种冒险确实后果严重，但我曾屡试不爽，而且我心底里从未有过先挥霍掉或找辙昧下这笔钱的念头。上千次地拥抱你。

夏尔

你是不是清楚地告知昂塞尔9日是最后期限？

准确的数额是1620法郎，如果昂塞尔先生只带了比如说1500法郎，我身上可是分文皆无。

实情是这样的：一个半月以前，我的一个朋友临上船之前托付给我4700法郎，让我在指定日期替他还债。除去这晦气的1620法郎，其他的我全都还了，因为当时这笔钱还远未到期。

到达翁弗勒尔以后，我要去拜访一下那位本堂神甫。

又及：——我又打开了我的信。因为现在五点了。我不敢去找他，害怕他盘问个没完，那样我会崩溃的。你看，又丢了一天。——这封信你会在8日上午收到。——我求你再给他写一封信。他9日上午就能收到。——如果他明天一大早就来是再好不过了；但他不会来的。——即便需要十一点之前就办好委托，我觉得早上九点也还来得及，9日晚上钱就可以到账。

有个朋友过来，他说我搞错了。

程序是这样的：

上午十一点以前与经纪人办好委托，钱第二天下午才能到账。

所以说，如果9日上午昂塞尔才办好委托，我是没有钱的，或不如说他也要到10日才能有钱，这笔钱到手后怎样才能马上存入收款人账户呢？一旦到了11日，那可就要满城风雨了。

夏·波

致欧皮克夫人

[巴黎，1860年]8月7日星期二晚十一点

到了晚上七点，我还是没得到昂塞尔先生的任何消息，连一张便笺也没有，我就跑到讷伊去了；可他晚饭过后就出去了，我在外面的街上等他等到十点半也没回来。我就回巴黎了。明天早上七点我准备再去找他，一想到我必须跟他搭话，跟他讨论，抑制他的好奇心，还要把他拖出家门塞进车里带走，就觉得自己真是个下三滥。

如果这些都不能奏效，我该怎么办？10日还不算晚。但要做到这点，明天（8日）必须把全部事情办妥。要能做到这一步，就意味着还要盯死他，直到他把这笔钱存入很久以前就该存入的那个地方。

事已至此，既然是我自己落到如此严峻的境地，我当然没资格（在你面前）大呼小叫；但我也由此想到，首先，当需要表现出某种素质的时候，我必须敢于担责；其次，他和我都是昨天上午八点收到了你的信，而这两天就这样溜走了。我的生活注定永远都要和这个任性的冒失鬼绑在一起。啊！多少年了，我早就对这种一天二十四小时的监管忍无可忍了！我什么时候才能快乐地享受生活呢？

我温柔地拥抱你，并感谢你为我所做的一切。

这可如何是好?

夏·波

他知道确切的钱数么?
他知道是 9 日么?

致欧仁·克雷佩

[巴黎, 1860 年 8 月 10 日]

我亲爱的克雷佩:

我刚从一场严重的健康危机中恢复过来;今后一段时间里可以听候您的吩咐。

我知道埃采尔[①]收到了雨果给我的回信,和您的请求有关。

我不明白埃采尔为何还不把这封信寄给我。

我去找他要。

祝好。

夏·波

致奥古斯特·普莱-玛拉西

[巴黎]1860 年 8 月 12 日星期日

我亲爱的朋友,请尽快在 14 日上午给我回信。

附上阿尔芒·弗莱斯的一篇文章,您会感兴趣的。——是在古斯塔夫·克洛丹的《环球导报》上刊登的。——班斯布尔德断言说这本书会畅销。班斯布尔德说的畅销是什么意思?

《恶之花》的序言您打算放弃还是保留?我还未拿到清样副本。——未完成的那几首诗我们只能放弃了。我希望这本书能尽快出版。诗集中共

---

① 埃采尔(Pierre-Jules Hetzel, 1814—1886),法国出版家。

有未发表的新诗三十二首,清单我已经提供给您了。

我 15 日去我母亲家。通过邮局您会收到工作启动所需的一切消息。随后我将去阿朗松。——但为了能立即去翁弗勒尔,我需要钱。这就是目前我在《立宪报》的处境:我收到了钱,我谁也不欠了。居伊那篇文章(我提交了三篇文章)的钱已经退了。

人家跟我说只要我能陆续退还预支款,我就总能要求预支。所以严格地说,我是有权要求提前付钱的。但我有点儿不大相信。格朗基尤先生是个有魅力的男人,但也是个放鸽子的老手。上次为和他见面我就搭进去了四天,只剩下两天安排动身。好啦,为应付他好忘事的毛病,我未雨绸缪,手稿都预留了副本。

我从他那儿拿钱时(现在已经还了)曾问他今后怎么结账,他说这点我不必担心,以前给圣伯夫什么待遇,今后就给我什么待遇。我就去拜访了圣伯夫。情况是这样的:一年内,文章不计长短,都是 150 法郎,即每月 600 法郎;四年内,文章不计长短,都是 200 法郎,即每月 800 法郎。这也太好了,我可不大相信报社能如此透明。把每件事都压到价格下限,格朗基尤的本钱就已经收回了。

15 日我需要 500 法郎。如果您同意,我就签一张期限一个月的票据。——无须委托书。还没有人知道我为《立宪报》撰稿。而且我们可以拿到预支款。离开巴黎前我会扼要通知格朗基尤:"先生,我把第二篇稿子给玛拉西了;我不能再跟您借钱。因为我有急用。"

我很乐意接受一个标准合同,但已经有了一个确定的想法,即在完成您那两卷关于艺术批评的《杂文集》(*Variétés*)之后,我将开始另一项工作,我不想没完没了地把自己捆在《杂文集》上。

您或许会拒绝我的建议,说实话,我觉得您会这么做。但您无须担心;您知道什么都无法改变我对您的友谊。

为了 10 月 15 日,我豁出去了。到目前为止,我的目标依旧是在此期间内能把那笔钱的一半还给你,我肯定能从奥斯坦因那儿得到这笔钱[①]。

[①] 奥斯坦因(Hyppolyte Hostein,1814—1879),法国作家,剧院经理,波德莱尔始终希望奥斯坦因能接受他的剧本《胡扎尔侯爵一世》。

那肯定是一大笔钱。——总之,我相信冬天将尽时,我母亲和我会偿清我所有的债务。至少我已经向她提出了一项不让她烦心的解决办法,我会积极地推动她转到这个思路上来。

您别总死盯着德·卡洛纳一个人①。我还有其他办法。而且您也知道,我一直打算和他分道扬镳。

您身体怎么样?——我刚刚经历了一段时间的无力期:吃不下,睡不着,无法工作。何以如此?一无所知。现在好了,我正在努力工作。何以如此?仍一无所知。

班斯布尔德说他要往火车站送两百本《人造天堂》。这是什么意思②?

您要知道,我向您征询文学方面的建议时是非常严肃的,并非出于可爱的谦逊。

过些日子见。

您的

CH. 波德莱尔

致约瑟凡·苏拉里

[巴黎] 1860 年 8 月 12 日

我亲爱的苏拉里:

我真不知该怎样赞美您:是您的交际手腕还是您的执著坚忍?我想两者兼备,因为阿尔芒·弗莱斯先生已屈尊为《人造天堂》写了书评,虽然我不是什么大学者,但也能在其高度赞誉的文字中切实感受到您的友谊那种潜在的影响力。

您向贝兰先生打听文章的价格(大 8 开本)以及印制一本大约八百页的书需要多长时间了么?

---

① 玛拉西和波德莱尔一直在靠一种名为"梭子交易"(la navette)的非法票据流通手段借钱,很多朋友都帮助他们流转过这种票据,卡洛纳也曾帮过他们的忙。

② 班斯布尔德想在火车站前的报亭销售《人造天堂》,但第二帝国时期只有经过内政部批准方可在火车站报亭销售书籍,故该计划未获成功。

他的不守时似乎路人皆知;您会怎么做?

我该怎么向您表达我的感激之情呢,我亲爱的大诗人?

您忠实的
CH. 波德莱尔

致阿尔芒·弗莱斯

[巴黎,1860 年 8 月 12 日前后]

切勿相信任何兴奋剂①……我听到过一个小故事,虽与鸦片无关,却很可怕。说的是一位上流社会的女士患了全身乏力症和忧郁症,病理不明,病因却很简单,就是她每天午餐和晚餐时要和她丈夫像平常喝葡萄酒一样喝香槟酒。结果您猜怎么着:只要没有了香槟,她就无法恢复常态。所以说,香槟酒像印度大麻、阿片酊和吗啡一样,充当了一个极其无辜却又使人堕落的角色。

我痛恨一切兴奋剂,因为任何一种兴奋剂都会将一切事物的时间、形态无限放大。商人乃至文人都不可能与某种无休止的精神狂欢相伴始终。

……

我觉得您无须向我敞开心扉。切忌向凡俗之人托付隐私。

致奥古斯特·普莱-玛拉西

[巴黎,1860 年 8 月 13 日;这封信寄到了格兰维尔。参见波德莱尔 1860 年 8 月 15 日致玛拉西的信。]

---

① 1860 年 8 月 9 日,弗莱斯在致波德莱尔的信中说他尝试了一下印度大麻,但只感到剧烈的头痛,问波德莱尔在哪儿可以找到《人造天堂》中提到的那种油脂提取物,这是波德莱尔的回信。

致阿尔封斯·德·卡洛纳

[巴黎，1860年8月13日？]

我亲爱的德·卡洛纳：

我怕见不到您才给您写这封信，我明天一大早还会再来。

——您何时动身？何时回来？——您不在期间，埃尔维先生[1]会刊发我的诗么（抱歉为这等小事打扰您）？埃尔维先生住在哪儿？

——事到临头，我只能再请您帮我一次忙（太抱歉了），这次是300法郎。我正等着回翁弗勒尔去看我母亲，我已经一年没去看她了，我还要去玛拉西家，他为新版《恶之花》犯了魔怔，唉声叹气。

——我和《立宪报》已经两清了，但因为我还要腾出时间清偿债务，所以不敢去求他们帮忙。而且那个格朗基尤也基本上不着调。求他办一件芝麻绿豆大的小事竟拖了四天。我想15日动身。

——您不在期间，我应当在10日以前去埃尔维先生家送一篇稿子，还是应当把470法郎送交比歇先生？（我完全不必再这样做了。）如果您喜欢，我保证您会成功。您知道我在此类事务上从无差池。

我见到了圣伯夫先生，他动情地对我谈到您和卡洛纳夫人。

您可能误会了某些书评，他们引用的都是《当代评论》当年的老版本。

祝好。

CH. 波德莱尔

您觉得我现在能以您的名义去西部铁路公司（le Chemin de l'Ouest）要一张通勤票么？

致杜里耶夫人

[巴黎，1860年8月15日？这封信向杜里耶夫人（Madame Duriez）打听玛拉西的消息。参见下一封致玛拉西的信。]

---

[1] 埃尔维（Édouard Hervé, 1835—1899），《当代评论》编辑部的秘书。

致奥古斯特·普莱-玛拉西

[巴黎] 1860 年 8 月 15 日

我亲爱的朋友,您抵达阿朗松时这封信会同时送达。书信往来素来守时的您竟然没给我回上两封信。12 日和 13 日,我向格兰维尔寄去了两封信和一本书。我刚刚又给那位寡妇杜里耶写了信,想问问她您是不是此前已离开了格兰维尔。

我得先跟您打个招呼,我需要的钱,数额已大幅降低。我自己解决了一些必需品。只须 300 法郎就足够了——那个格朗基尤支付的第一笔款项到账后就可以还给您。我还没来得及告诉他,他前天不在。——我的行程是翁弗勒尔(您会收到我从那儿寄出的包裹,对了,还有那篇《序言》)、鲁昂、阿朗松、巴黎。——若能搞到一张通勤票就更好了。(包裹里同时还有一封阿尔芒·弗莱斯的信和他发表在《公共安全》上的文章。)请尽快给我回信。——我实在想不明白您到底出了什么事,这让我很不安。您若回绝我,也是小事一桩,犯不着思前想后。——您若是回绝我,为了动身我也只能趁格朗基尤高兴时再去求他发发善心,但我知道他对我迟交第一笔预付款的稿件有些不满(现在已经完成并交稿了)。

祝好。

夏·波

致奥古斯特·普莱-玛拉西

[巴黎] 1860 年 8 月 16 日

亲爱的朋友,有人告诉我说那些信不会丢。但您今天上午的来信向我证明格兰维尔没人把我 12 日从巴黎寄给您的信和我从《公共安全》上剪下来的阿尔芒·弗莱斯的文章交到您手上,而这两件东西我可是付过邮资并亲手扔进伦敦路的邮筒里的(那是一家大邮局)。

14 日,我极为耐心地等候您的回信。因为我 15 日就在翁弗勒尔了,我想在那儿修改我的作品集(在巴黎没时间修改),并在 18 日或 19 日去拜访您。

请您在格兰维尔和巴黎找找那封信吧。信里谈了很多内容,还特别提到了向您借钱的事,这件事情现在操办更容易,因为金额已减少很多。

没有您什么消息时,我以为您已不在格兰维尔了,所以就像个魔鬼似的上蹿下跳,并找到了部分我需要的东西。请让我摆脱困境吧,好让我能干些其他的事。我向您说的一切事情都详见那封信,我再重复一遍,那封信很长,还谈了其他事。

阿尔芒·弗莱斯那篇文章虽有些里昂人特有的沉闷和慢节奏,可还是趣味横生的。

费拉里的那本书中还附有一封短信。

求您把钱借给我,一个月偿还。所有的事情我都考虑到了,特别是与我失去的时间相比,期限不算长。

居伊的那篇评论(包括三篇文章)已经写完并交稿了,但还不足以偿付我在《立宪报》收到的预付款。

祝好。

夏·波

致奥古斯特·普莱-玛拉西

[巴黎] 1860 年 8 月 18 日

万分感谢[①]。

您现在可以猜猜我什么时候能去拜访您了。两天购物、会客、拜访格朗基尤,等等;一天旅行;两天在翁弗勒尔(我取消了拜访福楼拜的计划);一天在路上,总共六天。

人们现在颇可以说《人造天堂》是在独力奋进了,原因是以往从未有过这样一篇真正有力的文章。内政部拒绝在火车站报亭销售此书,理由是

[①] 波德莱尔 1860 年 8 月 12 日给玛拉西写信借 500 法郎,15 日写信减为 300 法郎。玛拉西把这笔钱寄给了他,波德莱尔用这笔钱还清了到期的个人债务。

道德上无比疯狂,该措辞系蓬马丹先生的首创。

动身前,我会尝试通过我的关系让那些人改变决定。如果班斯布尔德能及时向我通报这些情况,兴许不会遭遇如此挫折。

他对我谈到他要辞职。今天上午我不得不去找他,因为我觉得似乎不必为最后那张票据预留那么多钱,不该留那么多。他嘴里蹦出了一句戏剧化的台词:"在此度过了三年最美好的岁月之后……"我眼前遽然冒出了另一个班斯布尔德,他在玛拉西书局的这三年本该是在暴风雨般的狂欢中度过的快乐时光。

但保持健康才是重点。

随着年齿日增不能总是这样,血管的威胁不容小觑。您应该做一次认真的检查。

我昨天碰到了德夏内尔,他对我说他曾在"兴奋剂"专栏某页上扼要地提到过《恶之花》,但被德·萨西先生[①]整段删掉了,并且说:"《论坛报》怎么能谈一本所有法庭都在口诛笔伐的书呢!"

您看,这就是咱们的朋友阿瑟利诺的那些朋友。

祝好。回见。

夏·波

致奥古斯特·普莱-玛拉西

[巴黎,1860年8月20日前后]

您看看,这就是布拉克蒙画的那个可怕的东西。我对他说还不错。我实在不知道该说什么,因为我太震惊了。他画的这个骷髅竟然在走路,还靠在一大排呈扇形的枝条上,而且这排枝条还是从骷髅的肋骨而不是从手臂中生出来的。这幅摹仿朗格卢瓦[②]的设计有什么用?我不能容忍这种东西出版,如果这让您不悦,我会用心安抚您,并以某种方式弥补您的损

[①] 德·萨西(Samuel-Ustazade Silvestre de Sacy, 1801—1879),法国记者和政治家,法兰西学士院院士,时任《论坛报》(*Journal des Débats*)主编。

[②] 朗格卢瓦(Eustache-Hyacinthe Langlois, 1777—1837),法国画家、版画家和作家。

失,就像对一个孩子,他付过钱了,要让他吃到他想吃的东西。——想到我本该请多雷①设计这三卷作品的卷首插图,我就气不打一处来!!!

这是最终排序的诗集目录。但为了办妥这一切,您还需要两种平装本。我觉得在卡斯代尔书店还能找到。——所有未刊发的材料您基本上一应俱全了。您还缺哪些就告诉我,我寄给您。

我总是被不幸压弯了腰。有些债权人把您上次支援我的300法郎诈走了。但我并未放弃这两次旅行。——唯一的好消息是:我已和比洛兹老爹②谈妥,他答应在《恶之花》出版前发表几首还未发表过的诗。——祝好。

夏·波于巴黎

致欧皮克夫人

[巴黎,1860年8月21日]

这个贝克尔就是个贼,而那个昂德勒是个痞子③。二十年来我早腻烦透了所有这些侮辱,现在我对此已毫无感觉了。

别动我的那些东西。等我到了翁弗勒尔再说。

我需要300法郎才能动身。德·卡洛纳把这笔钱给了我。被一个债主抢去了。我又向玛拉西借了300法郎,因为他也急着想要见到我。他把钱寄来了。可又被另一个债主抢走了。我再向《立宪报》求助,人家都跟我急眼了。不过我知道他们会把这笔钱给我的。

我将功名无成便撒手人寰。原先我的债务是20000法郎;现在我已欠到了40000法郎。如果我不幸还要活很久,债务还可能翻倍。

我病了好几个月了,得的是不治之症,叫作懒怠和衰弱。随之而来的并发症是失眠和焦虑。时而恐惧,时而发怒。

---

① 多雷(Gustave Doré, 1832—1883),法国插图画家、版画家和雕塑家。波德莱尔曾想请多雷为他的作品集和论爱伦·坡的文章设计卷首插图。
② 比洛兹(François Buloz, 1803—1877),《两世界评论》的老板。
③ 贝克尔(Becker)是波德莱尔的债主之一。昂德勒(Andler)是昂德勒啤酒厂的老板。

让你因为我而抱歉,更加剧了我的忧郁和厌倦。

我两天后再去一趟《立宪报》。

全身心拥抱你。

CH. 波德莱尔

致奥古斯特·普莱-玛拉西

〔巴黎,1860年〕8月30日星期四

所有未发表的诗都在我手里,除了《序言》《骷髅之舞》《秋之十四行诗》《秋歌》,这些诗稿在《当代评论》,要找回来很容易;《决斗》(在《艺术家》),《为莫蒂玛的版画而作》还有《巴黎风景》(在《现时》,这几篇诗稿如果不在翁弗勒尔就再难找回来了)。不过我可以马上给保罗·贝莱和迈尔维尔-布隆库尔写信[①],我觉得他们还在这家杂志当编辑。

我现在应该把这个包裹留在手里等着交给印刷所,还是给您寄去?

祝好。

夏·波

您今天上午的来信让我很不开心;说实话,并不是因为您对10月15日的事叮嘱再三,而是因为您情绪低落,萎靡不振。财务问题我完全不懂,但我敢再次断言您的状况想必已经很棒了;百尺竿头,您再加把劲儿,努把力,就能让您在各方面都出人头地。

如果您打算自己安排这个包裹,我就把这组未刊发的诗稿给您寄去。

我要找的那一期《现时》里发表了《巴黎风景》《为莫蒂玛的版画而作》《赎金》《赞歌》,可能还有别的。我觉得您能找到那一期。

---

① 保罗·贝莱(Paul Perret, 1830—1904),法国小说家、剧评家。苏赞·迈尔维尔-布隆库尔(Suzanne Melvil-Bloncourt, 1823—1880),法国政治家,1871年当选为其出生地瓜德罗普岛的国民议会议员。

致奥古斯特·普莱-玛拉西

[巴黎，1860年8月底]

一开篇我还是要说那个卷首插图；我很失望。您怎么还能随便轻信哪位艺术家对自己的随便哪个主意的阐释呢？布拉克蒙肯定会极力维持他自己的设计，能保留的他都要保留下来。可那些花实在是太荒诞了。是不是还应该参考一些类似的书，参考一下《恶之花》中那些象征性的语言呢？等等……——您能否愿意认真地采纳一个好建议呢？如果您真的那么在乎卷首插图，就索性用剪刀把朗格卢瓦那幅画剪下来，然后要求布拉克蒙严格地制作出一幅真迹的复制品①，不必多也不必少；骷髅、枝条、蛇、亚当、夏娃，什么都行。只有用这个办法才能符合您的意愿。不能再让他随意增删，绝对不行。这个卷首插图将不再属于我们，但它会以其应有的方式与书结为一体；它拥有一种特权，可以与任何一本书相配，因为所有文学都源于原罪。——我这些话说得太严肃了。——但如果不这样做则只能收获荒谬。

除此之外，您还应当做点儿什么呢？

您还要向布拉克蒙头脑中灌输一种概念，这种概念对他来说从来都是模糊的。您可能还会碰钉子，因为他可能依旧听不明白（既然他连委屈自己接受您的图案都不情愿，说明他压根儿不明白枝条状的骷髅代表什么）。罪恶永远都不能以花的形式表现出来。

请相信我，请从您的藏书中把这一页剪下来吧，以后再细心地粘回去。事不宜迟，而且必须原封不动地按原样复制这幅画，什么也不要增加，什么也不要改动。

他仍然会希望保留一部分他设计出的骷髅，真要是这样的话，整个比例就糟透了，那些骷髅的腿还在走路（为什么要走？），而且那些花会挡住部分池塘，总之，那些手都伸到了画面边缘，所以枝条和手臂永远不可能是协调一致的。

请相信我；——要么什么也不画，要么就原封不动地照抄朗格卢瓦的

---

① 拉丁文：fac-simile。

那幅骷髅画。

我确信布拉克蒙直到现在都未能理解您的意图。

关于那本艺术评论：

是的，毫无疑问。——那篇论居伊的文章和《哲人画家》(Les Peintres philosophes)[1] 马上就要大功告成了。

我能猜想到您对历史哲学的最终假说。——我太了解您的想法了，就像知子莫若父。我相信这是 1848 年哲学在您身上的遗存。首先，凭借您自己的想象力，难道您就没注意到即便人类再进化，毁灭再迅速，对抗的必要性也终将存在，也没注意到它与不同色彩、不同形式之间的关系依旧会恒久不变么？

您如果同意此说，那就意味着只有永恒的争斗才能带来永恒的和谐。

其次，我认为（出于创造性事业的绝对统一性）您还应该就自己的假说去咨询一位自然主义哲学家，比如说我的表兄[2]；您能设想任何一个物种都可以归化其他物种么？甚至在您关于一个民族便可以归化所有民族的观念中，您是否还没看到，人作为最高级的动物甚至应该归化所有动物呢？——最后，如果说众多物种真的将会消失，那么其他物种也真的将会产生，且注定要吃掉其相近的物种或被其相近的物种吃掉；——同样真实的是，如果某些人种（比如说美洲人）消失了，那么其他人种又将会产生，而且这些新的人种也注定将根据永恒的"数"与力量均衡的定律，继续进行其争斗与对抗。您一定知道圣奥古斯丁[3]那句如今已被微生物自主创生的研究学者所接受的名言：上帝在时间的分分秒秒中创造世界。从中必能得出如下结论：争斗在时间的分分秒秒中持续不息。

您在逼着我当哲学家，把自己投入到一个全然陌生的领域当中。

还是回过头来谈谈《恶之花》吧。这部诗集一定要在特点上比老版本更有影响力，我求您了；——我再说说那个可怕的布拉克蒙。

---

[1] 指《哲学的艺术》(L'Art philosophique)。
[2] 波德莱尔此处可能指他的远亲让-雅克·勒瓦扬 (Jean-Jacques Levaillant, ?—1872)。
[3] 圣奥古斯丁 (saint Augustin, 354—430)，古罗马时期的天主教思想家，欧洲中世纪基督教神学、教父哲学的重要代表人物。

我赋予他全权，但前提如下：

一具树状的骷髅，树是善恶之树，七宗罪以寓意性的植物形式在树的阴影中繁衍。

我请他按照我们都知道的那幅出色的版画来设计这棵树。

我们早就给他阐释过何谓树状的骷髅，可您看看，他是怎么理解的？他认为善恶之树不具备明显的造型上的意义。

您已聘请他、我们已聘请他按照我们都知道的那幅出色的版画来设计这棵树。他又是怎样干的？

他必须把那幅画原封不动、分毫不差地描摹、模仿和复制下来。

祝好。

夏·波

您居然能赋予他全权！

我碰到了费拉里[1]，他利用休假从议会抽身来到了巴黎。依我看，他对卖自己的书比意大利的统一还感兴趣。我还觉得，他已做好了充分的准备，随时可以欣然加入随便哪个联合政府，无论是加富尔内阁还是加里波第或马志尼内阁[2]。

而我，我则建议他去摩洛哥宫廷当个大臣；他哈哈大笑，但请您相信我，他并未回避这个话题。

瞬息万变的巴黎近期流传着下面几句新潮话语：

"加里波第不仅是一位非常勇敢、非常聪明的军官，他还是一种宗

---

[1] 费拉里（Giuseppe Ferrali，1811—1876），意大利哲学家。1839 年定居巴黎，1840 年在索邦大学获得文学博士学位后进入中学和高中任教，他在课堂上公开主张设立财产与妇女社团，此举招致天主教团体的攻击，于是他于 1859 年返回意大利，当选众议员，随后当选参议员。

[2] 加富尔（Camillo Benso Conte di Cavour，1810—1861），意大利政治家，统一后的意大利王国首任首相，意大利建国三杰之一。加里波第（Giuseppe Garibaldi，1807—1882），意大利爱国志士，军事家，意大利建国三杰之一。马志尼（Giuseppe Mazzini，1805—1872），意大利革命家，意大利建国三杰之一。

教！"（保罗·默里斯语）

"加里波第才是正统派，而教宗是个异教徒！"（路易·茹尔丹① 语）

"那才是一个大人物，他会把你们收拾得干干净净。两个月前我就打赌他将入主维也纳。"（马蒂厄② 语）

关于蜜蜂："这些可爱的小共和主义者……！"（莱昂·普莱③ 语）

致阿尔塞纳·乌塞耶 ④

[巴黎，1860年9月1日]

我亲爱的乌塞耶：

我想请您帮个小忙，不仅重要，且迫在眉睫。

我急需找到一篇旧作，一首题目叫作《决斗》的十四行诗，这首诗发表在《艺术家》，戈蒂耶当时正在俄罗斯旅行，您的哥哥爱德华在主持《艺术家》。

您让手下人找一找，并把它寄给我：阿姆斯特丹路22号。

但没必要为一首旧作而毁掉一期刊物。所以我觉得能麻烦某位工作人员把它誊录下来是最简易可行的办法，或者由我自己誊录后再将刊物寄回也行。

我正在寻找遗失的旧作，印刷所急着要。

拙作出版时，希望您能摘录数语作为广告，拜托了。

祝好。万分感谢。

别忘了我。

夏尔·波德莱尔
阿姆斯特丹路22号

---

① 路易·茹尔丹（Louis Jourdan，1810—1881），法国记者、编辑。
② 马蒂厄（Gustave Mathieu，1808—1877），法国歌谣作者，1850—1855年间与波德莱尔有些交往。
③ 莱昂·普莱（Léon Plée，1815—1879），法国记者和作家。
④ 阿尔塞纳·乌塞耶（Arsène Houssaye，1814—1896），法国文学家，《艺术家》（*L'Artiste*）和《新闻报》（*La Presse*）社长。

致欧仁·多里亚克[1]

[巴黎，1860 年 9 月初]

先生：

我们共同的朋友迈尔维尔-布隆库尔先生和我说，我可以求您帮我联系上一家不知名的小刊物《现时》。我已委托给您送信的人帮我誊录几篇我感兴趣的东西。是几首诗，发表在一期或两期《现时》上。

如蒙您届时将 1858 年《艺术家》合订本交付此人，我将不胜荣幸。

感谢您，先生，并请接受我最崇高的敬意。

夏尔·波德莱尔

致奥古斯特·普莱-玛拉西

[巴黎，1860 年 9 月初]当日两点半

我亲爱的朋友，我须就刚刚过去的一场关于您的谈话和您通个气，我觉得您应该关注。我刚为私事去了一趟迪多和热利斯的公司。热利斯先生不知何故破天荒地问起您来，并询问您书局的近况。我告诉他您的公司有第三方进入[2]，刚刚改组，我觉得此时聊聊您这家合股企业也是个机会，因为此前我从未关注过这件事。于是他向我提出了一大堆有关书局状况以及您个人财产方面的问题。您知道我有点儿尴尬，因为本来我也所知有限。我高兴地告诉他您的事业始终向好的方向发展。他对我说：如果玛拉西先生有此想法，他可以来见我并且可以给我第一手资料。临行时他又追问一句："这些先生中谁负责签署票据？"我说我一点儿都不知道，但我觉得您似乎很少签署票据。此外我觉得您至少在一段时间内先不要和您妹

---

[1] 欧仁·多里亚克（Eugène d'Auriac，1815—1891），法国作家、历史学家，曾为《世纪报》（*Siècle*）撰稿。
[2] 1860 年 7 月 30 日，玛拉西的弟弟爱德华·普莱-玛拉西（Édouard Poulet-Malassis）加入了普莱-玛拉西与德·布鲁瓦斯公司，但在当年 11 月 9 日又退出了。

夫①谈这件事。您最好亲自去巴黎处理一下这些事情。如果您认为可以托我办理与热利斯碰面的事，或者您认为我不宜介入，都请告诉我一声。

祝好。

夏·波

致奥古斯特·普莱-玛拉西

[巴黎] 1860年9月8日

我亲爱的朋友：

昨晚七点我收到了比歇先生的一份通知。他看上去很着急，真的；这说明他可能明晚有急用。

我见到了您那份关于书局的说明。我注意到除了印刷所和书局以外，您家的或您个人的财产并未列入其中。您肯定是认为不应该包含此项。我着实不懂您的股份何以只占极小份额，而您的弟弟和妹夫却是大股东。但这一切对问题本身影响不大。您抵达之前我会去见见热利斯；我会避免介入具体细节；我只要了解他有合作诚意就足够了，并告知他您将就未来的谈判去拜访他。

热利斯向我提议让别人为迪朗蒂设立小丑住房项目建设基金，他解释说因为他们的公司本身不愿意承担这类小项目；但当他得知迪朗蒂正跃跃欲试，打算盖一座正宗、专业、设备齐全的剧院，供专业的喜剧演员在此表演哑剧而不是糊弄孩子的小剧场时（您看到其中有尚弗勒里的影响了么？），他收回了自己的话。我不明白迪朗蒂为什么一直不想拜访他。我把这个事告诉您只是想说明，与热利斯合作有利于业务的开展。

我想向您提两个问题：第一，如果成功了（我相信能成功），而您的妹夫因害怕业务扩大而拒不同意，您能指望令堂大人在精神层面发挥作用么？第二，如果成功了，您会打算怎么做？您尤其要当心别梦想廉价扩大业务；您的创意应体现在其他地方，而您应当明白，总趋势应当是提高售价。

---

① 指德·布鲁瓦斯。

一本书20个苏，此即莱维出版社和布尔迪里亚出版社的大患①。这两位先生中若有一位能同意率先停止这类恶性竞争，另一位就能获救。他们在相互伤害，情况就是如此。

　　我相信此问题事关重大；要扬己之长。您可以用5法郎、3法郎的书和2法郎的书打造出一批重要的、优秀或合格的、装帧精美的作品。

　　我得承认，之所以有这些考虑，是因为我想到戴尔沃②对我说过的几句话，谈的是您的宏图伟业。我还记得，戴尔沃对我说您想多出书，出廉价书；而我觉得这会毁了您。

　　您想开一家书店？这是另一个问题。这样做优势巨大，会增加您的收益，而且如果您销售其他出版社的书，其他出版社也就不得不销售您的书。

　　我昨天碰到了布拉克蒙。我问他是不是您又给他写了信。他说没有。于是我冒昧地告诉他我不会再让他为构思那些花而烦恼了，他只须将那幅铜版画如实、完整地复制出来即可。他还在等您的消息。另外，您告诉他去借书的那个地方，人家不借给他。

　　祝好。请给我写信，我有些不放心。

夏·波

　　我在一个讨厌的商人那儿发现了一幅德拉克洛瓦的钢笔画③。

致阿尔塞纳·乌塞耶

［巴黎］1860年9月14日

　　我亲爱的乌塞耶，几天前我给您写过一封信，想请您帮着联系找一找《艺术家》的某一期，没有收到您的回信，所以我估计您还未收到我的信。

---

① 指莱维出版社和布尔迪里亚出版社以低价售书展开恶性竞争，最终布尔迪里亚失败。
② 戴尔沃（Alfred Delvau, 1825—1867），法国记者、作家。
③ 波德莱尔想为玛拉西淘得一幅德拉克洛瓦创作的素描或油画。他发现的这幅钢笔画使他有望兑现承诺。

我今天请一位朋友（您不认识他）去您的报社把那篇东西誊录下来。（那封信里还说了其他事情。）

祝好。

CH. 波德莱尔

致奥古斯特·普莱-玛拉西

［巴黎，星期四］1860 年 9 月 27 日

我亲爱的朋友：

以下是我们的账目：

10 月 5 日　　300 法郎
10 月 15 日　2500 法郎　（我放入 2500 法郎，不知道
　　　　　　1120 法郎　您已经花掉了还是已经把我
　　　　　　<u>1691 法郎</u>　的 1000 法郎贴现了。）
　　　　　　5611 法郎

这是您向我索要的两张 1000 法郎的票据，您手里还有一张，是迪朗蒂的 1650 法郎那张。

1000 法郎
1000 法郎
<u>1650 法郎</u>
3650 法郎

我减去 300 法郎（10 月 5 日），那是我应当偿付的 500 法郎（我将在 1 日去《立宪报》支取）中的 300 法郎。

最后，我再减去您可能还没有支付的那 1000 法郎；还剩下 661 法郎，我将在 5 日到 15 日之间为您筹措到，很可能在奥斯坦因那桩生意中支取。

300 法郎（10 月 5 日）
1000 法郎（老票据）
3650 法郎（拟贴现的票据）

5611 法郎
<u>4950 法郎</u>
661 法郎

我很高兴您马上就要来了，而且很高兴您能长期留在此地。这将加快我的工作进度。

我在此添加了一张 920 法郎的票据，这张票据您不知道，因为 10 月初我要从旅馆搬到两个月前租下的一套公寓去住，需要派人把我的家具送过去。已经住在那儿等着我的人不愿再赊账，而租约上又写着我的名字。所以这张票据必须偿付。这样做有两大好处：一是要竭力满足奥斯坦因的要求，因为他已经有点儿不耐烦了（这封信就是明证①）；所以必须迅速满足他。若怠慢了他，一旦在旅馆发生争执我就没法休息了，或者必须在几天内为复制那幅铜版画变出 900 法郎来，该怎么办？——二是可以让我甩掉一个大麻烦，好为您赚来更多的钱。

如果您同意的话，可以在星期六或星期五晚上通过铁路邮局寄送给我这笔钱；或者，如果您还想和我谈谈这件事，也可以把钱带在身上；只要能在星期一上午给我就行。确切地说，我要在星期一去拜访格朗基尤，谈那 500 法郎的事。剩下的 200 法郎将用于支付安家所需的各种小额费用。

那篇序言又重新写了，而且完成了。现在还不用给您看。

我忘了向您报告贴现利息。

再写几句短短的附言，但愿您不要生气。——不要选择迪朗蒂之类幼稚的人去倾诉衷肠，他不了解我们的生活，更不用说不了解我的人生和您的人生了，所以您无须向他倾诉对我的未来、对我的缺乏远见和对我的事

---

① 波德莱尔大概是把奥斯坦因写给他的一封信转给了普莱-玛拉西，因为奥斯坦因已拒绝了《胡扎尔侯爵一世》，并建议波德莱尔再提供一部新的剧本。

业一团糟的担心。什么时候您能找到这样一个人，他十七岁时即获得了自由，沉湎于寻欢作乐，始终没有成家，步入文学生涯时身上背着30000法郎债务，但在将近二十年后债务只增加了10000法郎，而且根本就不认为自己是个傻瓜，那么，就请您把他介绍给我，我将为在他身上发现了我的同道而向他致意。

我很清楚您会这样回答：这是交情。——我知道这是交情，但您的交情，除却那个您向其倾诉的对象外，罕有知己。

星期天晚上我们要不要在火车站见上一面，再就这个话题说上几句？

祝好。

CH. 波德莱尔

出于谨慎，我没有预付邮资。

为避免矛盾，我本该在那两张票据上都注明讷伊，——或者有必要在括号中注明票据到期时我在讷伊。

致奥古斯特·普莱-玛拉西

[巴黎] 1860 年 9 月 27 日六点半

我亲爱的朋友：

我刚刚把信丢进邮筒——您明天（星期五）上午就能收到——就想起忘了告诉您一个想法：在阿朗松，当我的签名被认为至少可以为1500法郎承担责任且尚未偿付时，您凭什么可以认定它可以代表最少2000法郎、最多2920法郎的价值呢？

同时，在巴黎，在热利斯那儿，他们又十分重视您的签字。

这是在向热利斯献殷勤么？

您明白这对我来说没什么可丢人的，不是么？但既然咱们还得假戏真唱六个月或九个月，那就必须怎么真就怎么装。

总之，您的沟通交际能力还欠火候。

这种周期性的不安真是痛苦，但愿今后六周里这种不安能有序降低！我决心终结这种不安，并庄严地奉纳给您我全部的勇气。可这封信大概为时已晚。

我把这 920 法郎托付给您。我相信您明白它的重要性。如果您想保管几个小时，我就留给您 300 法郎，直到我拿到格朗基尤的那 500 法郎。

祝好。

CH. 波德莱尔

致欧仁·克雷佩

［巴黎，1860 年 10 月以前］

我得抓紧了，不抓紧不行了。我今天四点要去拜访纪德先生。

我刚刚把勒孔特·德·利勒的地址忘了[①]。

不过您肯定能在班斯布尔德先生那儿找到地址，他在玛拉西书局，地址是美术路（rue des Beaux-Arts）9 号。

祝好。

夏·波

致欧皮克夫人

［巴黎，1860 年］10 月 8 日星期一

我亲爱的母亲：

我真是太不幸了。我太累了，没法说得清。我真是太不幸了，如果你认为祈祷能管用的话（我没开玩笑），就请使劲儿为我祈祷吧；我需要你为我祈祷。——我不给你写信就意味着诸事不顺。而你不给我写信我就会寻思你出了什么意外，是心情不好了，还是病了，等等……

[①] 欧仁·克雷佩要在《法国诗人》中发表几首勒孔特·德·利勒的诗（波德莱尔为勒孔特·德·利勒写了评述），需要与其商谈版权问题。勒孔特·德·利勒（Charles Leconte de Lisle, 1818—1894），法国诗人，波德莱尔的朋友。

如果两三天之后那个剧本（新的创作计划正在拟订中）能获得认可，我就有救了！

《恶之花》已付梓。10月15日你会收到一些新诗（在《艺术家》上①）。

再见，我满心戚戚地拥抱你。

夏尔

致欧皮克夫人

［巴黎］1860年10月11日

哎！真没有什么好回答你的：我的债务翻番了，根据那些对此类问题做过测算的人说，所有债务在经过一段时间后都难免要翻番。我原来欠阿隆戴尔先生②10000法郎，几年下来，我如今已欠他15000法郎。我得拆东墙补西墙。再给你举个例子，为了搬到翁弗勒尔去，我借了人家3000法郎，结果过去的十六个月里我从作品再版中赚到的钱全部用来偿还了这笔债务的利息。此外，债务总额的增加还因为如此郁闷的环境而增大了工作的难度，且日常生活的开销也始终水涨船高。你绞尽脑汁，你苦思冥想，你总想搞清楚是怎么回事，可偏偏就是不提那个司法监护问题！这个可怕的错误，它毁了我的一生，让我的每一天都蒙羞受辱，给我的所有思绪都染上了憎恨和绝望的色彩。可你偏偏就是不理解我。

现在，我得严肃而毫不夸张地谈一些极度悲观的想法。我可能先于你离世，尽管有魔鬼般的勇气时常在支撑着我。十八个月以来，我之所以有所牵挂，是因为让娜。（我死后，我留下的一切你都会用来偿还我的债务，那她还怎么生活下去呢？）还有一个理由就是：不能让你一个人孤零零的！不能让你陷入只有我自己才能弄清楚的那种可怕的困境和骚扰当中！

为推进我所从事的事业，我必须把工作往前赶，仅凭这一想法就足以

---

① 《艺术家》在1860年10月15日发表了波德莱尔的8首新诗：《恐怖的感应》《群盲》《痛苦的炼金术》《为一位过路女子而作》《幽灵》《午后的歌》《美神颂歌》和《时钟》。

② 阿隆戴尔（Antoine-Jean-Marie Arondel，1809—1881），古董商，波德莱尔的债主。

让我不断推迟兑现那个被我视为生命中最理智的行为①。我必须说出全部：支撑着我的是自尊和对所有人与生俱来的憎恨。我始终希望拥有支配的能力、复仇的能力、随心所欲而不受惩罚的能力——以及其他一些稚气的想法。而且，尽管我不愿以任何目的让你担惊受怕、悲伤悔恨，但我仍有权相信在某个美丽的清晨，一场危机能把我带走——把我这个委实太累且从未感受到快乐和安全的人带走。如果是在你去世之后，这肯定得听天由命；但既然你还在世，害怕伤害到你的想法还可能阻止我这样做；一旦你去世，就没有什么可以阻拦我的了；总之，我把一切都挑明了吧，是两个善念阻止我没有这样做：你和让娜。你肯定不能说我活着只是为了自己快乐。我再说一遍。无论命运对我做了什么，比如说，如果我在列好自己的债务清单后突然消失，但只要你还活着，你就必须为那个昔日美丽今已残废的女人做点儿什么，以减轻她的负担。我全部文学作品的合同均已签妥，我确信我所写的一切都会畅销，那一天终会到来。社会习俗要求我只能把你列为继承人。那个司法监护没能剥夺我立遗嘱的权利可真得谢谢上帝！我再重复一遍：如果我因意外的事故、疾病、绝望或其他缘故而不得不从我所厌倦的生命中抽身而去，在非常合理、非常可悲地偿清我所有债务之后，剩下的钱就应该全部用于接济那个姑娘；再加上我的诗、我的译作和我的散文作品的销售收入，尽管可能不多。但你对这些安排无动于衷。

（她的一个兄弟已经找到了，我见过他，并和他谈了话，他显然是来帮助她的；他一无所有，但正在赚些钱。）

我又重读了一下刚刚写下的这些东西，坦率地说，你那么脆弱，寄给你这些东西实在有些不近人情。然而我却有可怜的勇气付诸行动。至少它可以向你表明，我有生以来是在一种什么样的习惯思维中生活。

说点儿正面的消息吧。

那部剧本还没有什么消息。但我对自己的计划最终是满意的。我原本不太相信自己有把握战胜这些全新如斯的困难。我绝对鄙视所有那类平庸的东西，但我看重这部剧本，一旦问世就能带来50000法郎的收入。想想看，剧院经理一封表示满意的便笺就能让我每个月借到3000法郎！你知

---

① 自杀的念头曾多次纠缠波德莱尔。

道，我的梦想就是打算把文学品质融入林荫大道喧嚣的演出之中。

——我的传略即将发表并配上我的肖像。这是另一个烦恼。我怎样才能提供一些不太烦人的信息呢？我对你所看重的公众舆论抱有什么看法你是知道的；但既然要发表，就还得像个演员那样故作姿态。——为表示敬意和友好，我已将我的《人造天堂》寄赠给了那位杰出的卡尔蒂纳先生①。

——我在讷伊租了一套小公寓，为的是不再住旅馆；我已经让人把我的家具送到那儿去了，家具的状况很糟糕，我得向你承认，我还指望着你能再发最后一次善心，把家具修理一下，再增加一张床，一张桌子，等等……

不过，我现在仍住在旅馆里。

——《恶之花》已经付梓。诸事烦杂。这本书永远都会有市场，只要司法别再掺和。诗集新增了三十四首诗，你基本上都读过。余下的会发表在《艺术家》上。——但尚有一点我还没有十足的把握。诗集中有一篇散文体的序言，讽喻的色彩太过强烈。是不是付印我还没打定主意，不过，我永远不会满足于羞辱法兰西。

——我放了德·卡洛纳先生一马，因为有打官司的风险。比洛兹先生建议我为他撰稿，他大概是想为我偿还一部分债务，只要我能对德·卡洛纳先生如此行事。（我确实这样做了。）

还有那个可笑的十字勋章问题。我真希望《恶之花》的序言能永远让此事成为不可能。此外，我还霸气十足地回答了那位向我提出这一建议的朋友："二十年前（我知道我这样说很荒唐）这个建议倒还不错！但今天我则想成为一个例外。给所有法国人都授勋吧，除了我。我永远也不会改变我的姿态和我的风格。不要给我十字勋章，应该给我钱，给钱，只要钱。如果那枚勋章值500法郎，就给我500法郎；如果只值20法郎，就给我20法郎好了。"——总而言之，我以痞子的方式回答了那些痞子。我越变得不幸，我的傲劲儿就越大。

伤感地拥抱你。我全心全意地爱你；你却从不知道我那么爱你。此即你我之间的不同：我全身心地理解你，而你却从不曾尝试着理解我可悲的性格。

夏尔

---

① 卡尔蒂纳（Cardine），翁弗勒尔圣嘉德琳娜教区的本堂神甫，欧皮克夫人的朋友。

我认真地读了你跟我说的花园塌陷的事。真是糟糕。可怜的小房子！如果我经历了那么多苦恼后还能活得下去，还有足够的力量和健康，我保证不仅不会把它卖掉，而且永远不会把它抵押。

你甚至不屑于认真读一读我上一封长信的第二部分。不过，我向你提出的那些想法，我自己是掂量、策划和思考过的。——在那封信里，我还向你承认有些债主抢走了我的钱，那笔钱是某个人出于特殊原因而托付给我的。

再次拥抱你。

夏·波

致埃德蒙·迪朗蒂

1860 年 10 月 11 日星期四

我亲爱的迪朗蒂，16 日以前我很难和您见面谈那件事。实在是太抱歉了。

夏·波

致欧皮克夫人

〔巴黎，1860 年 10 月 14 日〕

我亲爱的母亲：

我明天（星期一）中午抵达勒阿弗尔。只是不知道几点才能过河。

我来可不是为了招你烦的，也不是让你伤心流泪的。我来是要谈谈自己的事业，好让你能理解我。不管怎么说，你要知道，这件事并没有像能让我心烦意乱三个月的那件事那么严重。

我给《艺术家》写了信，让他们把这一期寄到翁弗勒尔来。

昨天晚上十一点的时候，我和大马戏团剧院的经理见了面[①]。他把我

[①] 指奥斯坦因和剧本《胡扎尔侯爵一世》。

的事忘了。他会把答复寄到翁弗勒尔来。

温柔地拥抱你。

夏尔

致奥古斯特·普莱-玛拉西

[翁弗勒尔] 1860 年 [10 月] 18 日星期四

我亲爱的朋友：

没有什么。不方便的原因就是因为海岸坍塌。此外经过核对，我现在已经欠我母亲 23000 法郎。我就这样重返了我的地狱，——怀揣着 400 法郎。我需要 3000 法郎，其中的 1000 法郎我想让您出。

送上奥斯坦因的信。这封信怪兮兮的。不说行，也不说不行。——只是简单的应允，让我继续投入地写。

——那位德·拉夏佩尔先生（M. de la Chapelle）不是三桅战舰的船长，他只是一位修辞学教授，衰老，伪善，常因夫妻间的琐事火冒三丈[1]。

我后天上午动身。明天我要用一整天时间为迪朗蒂撰写一篇评述。请您告诉他这件事。

潮汐的时间很难与快车的时刻合拍。我无法准确地告知您我星期日抵达的具体时间。

祝好。

夏尔

所有这些麻烦事可能需要请卡米耶·杜塞先生[2]帮帮忙（他是国务部的）。劳驾您给他寄一本《人造天堂》。

---

[1] 由于玛拉西的信佚失，完全不清楚波德莱尔在信中谈的是什么事。
[2] 卡米耶·杜塞（Camille Doucet, 1812—1895），时任国务部戏剧管理司司长。

致阿尔西德-皮埃尔·格朗基尤

翁弗勒尔，[1860年10月] 18日星期四

亲爱的先生：

我为找钱来到此地，却一无所获。我星期日返回地狱（巴黎）。若能在星期二或星期三见到您将是我莫大的荣幸，我们可以一起再切磋一下论居伊那篇文章的终结部分。

我急切地恳请您好歹帮我解决500法郎。无论如何我都必须在那篇论瓦格纳的文章月底前发表后再返回翁弗勒尔。

我惯于给您写短信；我厌读长信，我相信大家都和我相类。

祝好。

CH. 波德莱尔

致阿尔塞纳·乌塞耶

[巴黎，1860年10月—11月]

我亲爱的乌塞耶：

您可以在此信第二页上看到那260法郎的票据；为此我要向您再致谢意。润物无声，您帮的无数小忙如今已汇为对我的巨大支持。

我在下半月刊上将陆续为您贡献四篇评论文章，篇幅都不及论戈蒂耶和论几位漫画家那些文章长。这些文章是评论维克多·雨果、理查德·瓦格纳、多尔维利和保罗·德·莫莱纳等几位先生的。发表时间由您定夺，支付稿费的时间也由您说了算。我如今是一肚子怒火，怒火事出有因。我必须还您这个公道，您从来不会因为我的看法而折腾我。

这四篇文章均为溢美之辞，以极为流畅和近乎无拘无束的风格写就。您知道我与这四位先生的个人关系都十分亲密融洽。

您能想象格朗基尤先生现在已然成了我的麻烦之源么？他开了那么多高价，许了那么多愿，如今都一风吹了。我找不到他，所以也拿不到稿

费，更糟的是我甚至开始担心已经交稿的一篇文章。如果我拒绝让他发表，如果我能把文章拿回来，您有兴趣发表么？那是一篇分析文章，评论的是某位无名但天赋过人之士，我手头上有他百余幅绘画作品①。

劳驾您费心给送信的小伙计20法郎。我得坐车穿梭巴黎办事。我也许回来的时候去拜访您，如果您还没有出发的话。——祝好。

夏·波

致欧皮克夫人

［巴黎］1860年11月3日

我亲爱的母亲，我在想，我这一年里给你添了太多的烦恼和痛苦，再也不能在你的节日里再欠你一个小小的人情了②。我还没想好是送你一块绝美的东方绸缎当作椅垫，还是送你一个花架；可我又想，如果送你绸缎，你还得花钱买椅子。但精美的彩釉花架不仅难觅且价格惊人。所以我只能送你一个寒酸的木制花架，铜制五金件上甚至都没有镀金。但我知道你会更看重实质，也就是说，瓜子不饱是人心。

送上一篇长文③，作者为此文一定下过苦功夫。总的来说，这篇文章的措辞有致而内敛；在这个滥俗的时代，这已经很难能可贵了。

剧本的事没有什么新的进展；我觉得书的主题占据了我的全身心，而戏剧则让我瞧不起，所以为了能让这个活儿完成得快一点儿，我想找个合作者一起完成，管他最知名还是最愚蠢，能找到就行。工作可以省去一半，当然稿费最后也只能拿一半。

---

① 指居伊。
② 11月4日是波德莱尔和他母亲的主保圣人圣嘉禄（Saint-Charles）的瞻礼日。
③ 这篇长文系法国作家和记者阿尔蒂尔·阿诺德（Arthur Anould，1833—1895）1860年10月25日发表的一篇《人造天堂》书评，其中也提到了《恶之花》和波德莱尔翻译的爱伦·坡作品："无论我们认为他的论证多么离经叛道，我们仍应为他那纯粹、高尚的意图而感谢他……他的天才名实俱符，那些习见的赞美他当之无愧。我们可以不接受他的理论，但我们赞赏他著述中的那种罕见的研究方法。"

我终于要安家了，很快就要搬离旅馆；但地毯商做事太慢，所以我说不好搬家的具体日期。

昂塞尔只给了我 350 法郎而不是 900 法郎。你由此能想象得出我得付出多少努力、想出多少点子才能达到目的。幸亏收到了从天而降的 300 法郎，我这才能付给旅馆 650 法郎，而应付的金额是 900 法郎。

就像我跟你说过的那样，我要在讷伊待上几天，等把一切都安排好了就去翁弗勒尔住上一段时间。

去讷伊的时间我肯定会先写信通知你。

等这一切都安排好以后，就该工作了。

紧紧拥抱你。

夏尔

致阿尔封斯·德·卡洛纳

［巴黎，1860 年 11 月 6 日］

我亲爱的社长：

我想把我的文章再润润色，因为我觉得它绝对谈不上精彩；先不说那个德国人的评述我译得不理想，而且我觉得结构上也杂乱无章。所以 15 日那篇《哲人画家》(Les peintres philosophes) 先不要发表了，您可以再从容地读一下，在下半月时再发。文章大概两页略多，但多也有限。

我有些东西还放在旅馆里，在那儿还要收几封信；过不了几天我就要完全彻底地搬到讷伊去了，地址是路易-菲利普路（rue Louis-Philippe) 4 号。

这之前我会登门拜访您，兴许就在今晚。

祝好。

CH. 波德莱尔

致欧仁·克雷佩

［巴黎］1860 年 11 月 8 日星期四

我亲爱的克雷佩：

三四天前费迪南·富科①先生来看我，为能否去您那儿工作征询我的意见。我那天特别忙，很抱歉没能陪他一起去拜访您。您哪怕支付些小钱给他（比如说 100 法郎）对他都会是雪中送炭。与其坐等他带着大批成果自荐到《两世界评论》，还不如权且在哪儿给他安排个事做更好。保罗·多尔姆瓦②先生今天上午对我说，他很乐意让《欧洲评论》或者《插图世界》(Le Monde illustré) 聘用他。应该告诉富科这个好消息。所以我给您写信，请您把富科先生的地址告知保罗·多尔姆瓦先生，或至少通知到巴布，因为他知道富科的地址。我想玛拉西也会把这个消息告诉他。

我想再多说一句，我认为富科是个理应关注的才俊，他博学并富有诗才。我担心（虽然我认为您洞察力过人）您未待之以应有的尊重。

我正在为您工作。如果您明天没有我的消息，就请您后天派人取走我所有那些锦绣文章；是全部。

祝好。

CH. 波德莱尔

雨果的那篇评述也一并给您带去。

致阿希尔·布尔迪里亚

［巴黎，1860 年 11 月 8 日前后］

亲爱的先生：

多尔姆瓦先生向我表示他有意结识费迪南·富科先生。富科先生现正查询多尔姆瓦先生的地址，外省的或巴黎的均可。烦请您抽空将地址

---

① 费迪南·富科 (Ferdinand Fouques)，法国作家，玛拉西的朋友。
② 保罗·多尔姆瓦 (Paul Dhormoys, 1829—1889)，法国作家，时任立法机构主笔秘书。

给他。

您忠诚的
CH. 波德莱尔

我什么也没忘,而且我仍梦想着在您的书局出版瓦格纳和爱伦·坡呐。

致卡米耶·杜塞

[巴黎,1860 年 11 月中旬]

亲爱的先生:

如我昨日对您所说,您自己的部门人员若能搞到两张《身价》①的票,我将非常开心。

祝好。

CH. 波德莱尔

如果您还没有搞到,会有人给您送去。

致西蒙·拉松印刷所的监工里戈

[巴黎,1860 年 11 月 20 日前后]

我亲爱的里戈,您送来的清样上我马上就没地方再修改那些句号和逗号、调整字母的顺序和重新写出词语了。比如说《小老妇》那首诗,您在制版中把 sonnettes(铃铛)排成了 sornettes(废话),把 citadins(市民)排成了 italiens(意大利人),您这是在逼我对您说:您未免对出版咱们的《恶之花》也太敷衍了事了吧!

尤其是这首诗,为便于您排版,我还特意给您提供了剪报;这次,您再也无法以我字迹潦草这一老掉牙的借口来糊弄我了。

我会始终盯着您,直至排版完成。

---

① 《身价》(*La Considération*) 是法兰西喜剧院创作的一部喜剧,定于 1860 年 11 月 6 日上演。

握手。

CH. 波德莱尔

致奥古斯特·普莱-玛拉西

［巴黎］1860 年 11 月 20 日［星期四］

我亲爱的朋友：

但愿我的报酬足够高，但愿这报酬能细水长流（真是伟大的销售保证），愿此两条建议都来自您的倡言，因为知我者唯君一人耳。

斯托贝尔①先生今天下午四点来拜访我。我让他先去找您，要么他去见您，要么您去见他，时间都是下午一点。

我刚刚把那些有排版错误的清样退给了西蒙·拉松印刷所的校阅员：字符脱落、字母不全、拼写错误；还有许多其他排版错误，特别是这一篇：是第十一首，而不是第二十一首②。

祝好。

夏·波

致奥古斯特·普莱-玛拉西

［巴黎，1860 年 11 月 20 日星期二？］

我亲爱的朋友：

罗伯特·斯托贝尔先生今晚（星期二）还想再谈谈钱的事，我看得出

---

① 斯托贝尔（Robert Stoepel，1821—1887），德裔美国作曲家、指挥家，曾将朗费罗的长诗《海华沙之歌》（*The Song of Hiawatha*）改编为浪漫主义风格的交响曲，配有合唱和宣叙调，1859 年初在波士顿首演，而后移师纽约。1860 年 11 月，斯托贝尔夫妇从伦敦来到巴黎，想在欧洲上演交响曲《海华沙》。在一筹莫展的情况下，他给波德莱尔写信求助。

② 指《美神颂歌》（*Hymne à la Beauté*）一诗。在 1861 年第二版《恶之花》中，这首诗原编在第 11 首而不是第 21 首。

来，他担心要价太高。

　　在力保我的权益的同时，请您尽可能多一些礼貌和亲切。斯托贝尔先生看上去举止优雅，他渴望在欧洲能获得像在美国一样的成功。我相信斯托贝尔先生和他妻子完全是凭自己本事吃饭的，所以极大地赢得了我的尊重；我同时也不得不给德·卡洛纳、克雷佩和格朗基尤写了信，让他们别打搅我，并允许我赊账半个月。另外，说实在话，这项任务挺艰巨。您想想看，斯托贝尔先生从美国一到法国，就给梅里写了信（可梅里根本不看好他，最后说有些困难他梅里本人也难以解决，所以爱莫能助），又给埃米尔·代尚①、亨利·布拉泽②（布拉泽让他去找圣-乔治③）和菲洛克塞纳·布瓦耶也写了信，最后才给邦维尔写信，是邦维尔让他来找我的。他是没辙了才来找我的（其实在纽约时，人家就建议过他来找我），因为这儿的每一个人（尤其是维图④和埃斯居迪耶兄弟⑤）都跟他说我这个人讨人嫌，不好相处，而且难以成事。

　　他今晚对我说，首演他可以出7000法郎。坦率地说，不够。我算了一笔账，如下：

音乐厅（我设想在意大利剧院）	1000法郎
埃米尔·杜埃（Émile Douay，歌曲翻译）	1500法郎
我（剧情翻译）	1500法郎
罗歇（Roger，男高音）	500法郎
巴塔耶（Battaille，男低音）	500法郎
罗泰尔夫人（Mme Lauters，女中音）	500法郎
朱迪特小姐（Mlle Judith，朗诵）	300法郎
	4800法郎

---

① 埃米尔·代尚（Émile Deschamps，1791—1871），法国诗人。
② 亨利·布拉泽（Henry Blaze，1813—1888），法国作家、诗人、文艺评论家和作曲家。
③ 圣-乔治（Vernoy de Saint-Georges，1799—1875），法国剧作家。
④ 维图（Auguste Vitu，1823—1891），法国作家、记者，波德莱尔青年时代的朋友。
⑤ 埃斯居迪耶兄弟（M.M. Escudier），指莱昂·埃斯居迪耶（Léon Escudier，1808—1881）和玛丽·埃斯居迪耶（Marie Escudier，1809—1880），这两兄弟创办了《音乐法国》杂志（La France musicale），并率先把威尔第歌剧引入法国。

给乐队和合唱队还剩 2200 法郎（每人 150 法郎），所有这些人应当付多少钱我也不知道（我不知道乐队有多少人）。——最后，我希望您能为我争取到的报酬多多益善，同时请务必善待这位先生，因为他值得尊重。

剧情介绍一共十六或十八篇，我已经提交了两篇。

祝好。

夏·波

致阿尔封斯·德·卡洛纳

［巴黎，1860 年］12 月 3 日

我亲爱的德·卡洛纳：

我要等到明天晚上才能完全摆脱那位音乐家[①]（对我来说这可真是个苦差事），过了这段时间后我悉听您的调遣。

虽说还没有向您交稿，但您如果能把那两张票据中的第一笔钱付给我，那我就太荣幸了；至于第二张票据我们可以展期。

第一篇文章是《画家们》[②]。第二篇是《文学的浪荡子》。圣伯夫的书[③]为我提供了一个从全新视角去观察夏多布里昂这位浪荡子之父的机会。所以，如有可能，您可以让哪位编辑写一篇圣伯夫的书评，而这并不妨碍我在此基础上继续我的工作。

今晚我去拜访您。

祝好。

夏尔·波德莱尔

[①] 指斯托贝尔。
[②] 指《哲学的艺术》。
[③] 指圣伯夫刚刚推出的新作《帝政时期的夏多布里昂及其文学群体》(*Chateaubriand et son groupe littéraire sous l'Empire*)。

致阿尔封斯·德·卡洛纳

[巴黎,1860 年 12 月 3 日]

老实说,我认为早几天或晚几天交稿都不耽误事。我相信您乐于助人。

我现在身无分文,而且我还在为您忙碌着。

我知道只有一个办法:票据展期,如果明天我只能去找热利斯,我肯定会去。我想我可以为展期作出回应,而且我向您保证,这样做丝毫无损于贵刊的声誉。

我不确定今晚是不是能去您家。

祝好。

夏·波

[致罗伯特·斯托贝尔的说明]

[巴黎,1860 年 12 月 4 日?]

海华沙

(罗伯特·斯托贝尔先生给我出了许多无解的难题,比如说,先删除原创中的那些神话或传说符号,同时要把八百行英文诗歌压缩改写成三百行法文诗歌,——其次,相同的故事略去所有相似情节后再译成有诗意的散文,——尽管我精心完成了这项工作,但要求曲目单上不要出现我的名字,而斯托贝尔先生也认为这样更稳妥。)

夏·波

总之,如果斯托贝尔先生希望他的曲目单保留诗意和特有的风格,我告诫他不要试图改变我从朗费罗诗作中提炼出的任何东西,甚至不要改变随便某个句子的表达和措辞。——夏·波

致奥古斯特·普莱-玛拉西

[巴黎] 1860 年 [12 月] 5 日

我亲爱的朋友:

我大致浏览了您的来信①,您的信(包括您宽泛的解释)我认为就是一个梦,太草率了。

亲爱的朋友,您再仔细考虑一下吧。只要对您有利,反正我都不会反对。但严格说来,这件事真到了那个地步么? 其次,您也要考虑一下如果与我分手,我要付出何种代价。我们之间,除了金钱交往之外(这种交往当然不少),还有其他东西维系着我和您。对我来说,这种关系不是别的,它是一种魔力。我没心情奉承您;您也知道自己的书比其他出版商卖得慢。所以说,您不能怀疑我信中对您表达的友谊。

总之,至为遗憾的是,我觉得如果埃采尔真想得到我的东西的话,就绝不仅限于我的评论文章,而是其他所有作品,但他根本就不懂得这些作品的价值。

那 45 法郎的事我早忘了!!!!!

至于授权书的事,再简单不过了,瓦格纳已经把他的书②寄给我了(我不知道是否已经发售),所以我得马上回去联系格朗基尤。

我争取明天或后天去拜访您。

祝好。

夏·波

今天又是晦气的一天,在街头度过;票据被拒绝贴现,——还有,那

---

① 玛拉西为缓解财务困境而与埃采尔进行了接触,并有意向其转让波德莱尔的两部作品《文学主张》(*Opinions littéraires*) 和《美学珍玩》(*Curiosités esthétiques*)。
② 指瓦格纳的作品《关于歌剧的四首诗:已译为法语散文诗并后附关于音乐的一封信》(*Quatre Poèmes d'opéras traduits en prose français, précédés d'une lettre sur la musique*),包括《幽灵船》(*Le Vaisseau fantôme*)、《唐豪瑟》(*Tannhäuser*)、《罗恩格林》(*Lohengrin*) 和《特里斯坦与伊索尔德》(*Tristan et Iseult*),由夏勒迈尔-拉库尔 (Challemel-Lacour, 1827—1896,法国国务活动家,第三共和国期间曾担任参议院议长) 翻译。波德莱尔在其《理查德·瓦格纳与〈唐豪瑟〉在巴黎》(*Richard Wagner et Tannhäuser à Paris*) 一文中引用了《关于音乐的一封信》,该文预定发表在格朗基尤任社长的《立宪报》上,所以波德莱尔说他要"马上回去联系格朗基尤"。

位音乐家冷不丁去了伦敦，连招呼都没打①！

还好，我收到了他的一封信。

我把那八首诗的清样给了西蒙·拉松。此后没有清样要修改了。但愿那幅肖像很棒②。

致欧皮克夫人

[巴黎，1860年12月7日]

可怜的亲爱的母亲！我实在是太忙了，无法详尽而得体地给你回信。我狼狈地四处奔波。多亏有个意外的收获，我觉得终于可以在15日左右安家了（讷伊，菲利普路4号）。我只在这栋住宅里待一周，然后就动身去翁弗勒尔。

很多人骗了我，很多不测扼杀了我。——动身之前我必须提前安排好离开巴黎期间需要偿付的钱，还钱的事都赶上了1月10日那天。杂事处理了不少，所做正事却寥寥。

你说得对；我感到自己很衰弱，缺少信心。我开始觉得我已经很难说清我生命中的这个问题了。

我会在明天或后天再给你写信。

你那个花架真是让我烦死了。我差点儿干得更糟。我原来还想寄给你一块镶花帆布挂毯来装饰你的客厅。可这会大大增加我在地毯商那儿的欠账。

还有，海岸塌陷的事怎么样了？

拥抱你，我爱你。

夏尔

信还是寄到阿姆斯特丹路，迪埃普旅馆。

---

① 斯托贝尔为筹备《海华沙》的演出去了伦敦，不久后就回美国了，再未回法国，因而波德莱尔始终未能为其所做的工作得到报偿。
② 指布拉克蒙为第二版《恶之花》所做的波德莱尔版画肖像。

致奥古斯特·普莱-玛拉西

[巴黎，1860 年 12 月 20 日]

我亲爱的朋友：

我打算明天（21 日）上午去拜访您。

出了一桩麻烦事；——更糟糕的是，这事还没理出头绪。

不过，经过一番努力，我在自己 12 月 5 日（或 4 日）的日记里找到了证据，证明我在那天把一张卡洛纳的票据（370 法郎）交给了热利斯，另加 100 法郎，并且对他说请他收下，因为这是第二天的票据里的钱。

（就是那张在阿朗松贴现的票据。）

一开始我坚持要回那张老票据，可那个人不停地对我说他不代表任何人。（然而奇怪的是，我最终在信封里——我不知道是热利斯手下人的信封还是德·卡洛纳手下人的信封——找到了一张被撕成两半的卡洛纳的票据。）我手头事情繁多，肯定没法子核对我要求收回的那张票据的金额和日期。不过话说回来，送来这件东西到底是什么意思呢？

于是我让人去找了一位我从未打过交道的银行家重新做了展期，他接受了展期、票据、钱，一切，——指定了另一位受益人。

这就是我所能做出的全部解释。

德·卡洛纳的手下人肯定是笨蛋，他本该预先通知我；至少可以先收下执达员的名片后再把他打发走。

怎么办？

我不知道我是否还保存着那张展期的清单。我得去找找看。

我现在想起来了，我把它给了德·卡洛纳。如果我能证明（显然很容易证明）他在 5 日并没有替我还钱，这张清单自然就可以证明热利斯欠了我那张票据的 370 法郎和另一张票据的 100 法郎。

而热利斯拒绝还钱相对于您来说可能威胁更大[①]！

我可以给您写一封长信，说明我认为在 1 月 10 日应该采取的步骤；但我更倾向于直接去找您。

[①] 很可能是指热利斯若得知玛拉西的真实财务状况会拒绝与其成立合股公司。

您在信中没有告诉我应该给您写信还是应该去看您,是去美术街还是去米莱斯廊街。

您最后一句话里包含着相当严厉的责备。我心里特别难过,您也知道,连累了您更让我痛苦。

您为我欠下了债,但为此喋喋不休地责备我又有什么用?——如果您的弟弟没有失踪①,这点儿债务不过是小事一桩;如果能让我休养数月,这点儿债就几乎清零了。

祝好。

夏·波

致 F. 比歇

巴黎,1860 年 12 月 21 日

先生:

我除了 18 法郎手续费未付以外,其他一切都办妥了。——我已将 470 法郎交给玛拉西先生,今晚他会将这笔钱汇往阿朗松的银行。

我还会去拜访您。

祝好。

夏·波

致欧皮克夫人

[讷伊] 1861 年 1 月 1 日

我亲爱的母亲:

新年首日,很难不为逝去的岁月感伤,也很难不对自己说:啊!今年

---

① 玛拉西的弟弟爱德华·普莱-玛拉西曾于 1860 年 7 月 30 日加入普莱-玛拉西与德·布鲁瓦斯的公司,但 11 月 9 日又退出了。不久后他去了阿尔及利亚,并在那里入伍,1862 年 8 月 16 日去世。

好歹也得交点儿好运吧!

　　我再加上一句:愿你多多保重身体,充满活力,精力充沛。

　　我安顿在此已经有半个月了(讷伊,路易-菲利普路4号),就我的习惯来说不太自在。"不自在"这个词是指精神层面而非身体上的感受。

　　所以我又折回了最初的那个想法,即绝对应该住到翁弗勒尔去,每个月在巴黎待一个星期(因为出于业务考虑,不可能放弃巴黎),但在巴黎待一天就有一天的花销。出于一些考虑——也许我以后会解释给你听——我可能不回讷伊了。

　　我没回答你信中的问题。我能回答什么呢?你知道我的身体和精神都承受着不堪忍受的痛苦;都充斥着不安,——这还不够,还要再加上你的训斥。那些训斥至少造就出了天才!

　　我求你考虑考虑司法监护那个问题吧!十七年来它始终折磨着我。你根本不能相信也不能理解这件事在各方面对我造成的伤害。我对你说的可能和你的理念大相径庭。但无论如何,就目前情形来看,这种伤害已无可挽回了。

　　打点行装之前(东西还不少),我必须先把10日的事安排妥,然后还要辛苦地写出两篇文章,为我的出发筹措一些必要的资金。

　　如果一切都能按我的想法落实,我就可以把行期安排在15日到20日之间。你瞎反对了半天,我还是会把为你准备的新年礼物带给你。

　　《恶之花》完成了。出版社正在设计卷首插图和作者肖像。新增了三十五首诗,同时我对每首旧作都进行了深入的修改。

　　这是我平生第一次几近满意。这本书近乎完美,它将作为我厌恶和仇恨一切事物的见证而留存于世。

　　你身体怎么样?只要告知你身体不错,就是最让我乐见的消息了。

　　你那儿冷么?

　　还有海岸坍塌的事怎么样了①?

　　全身心地拥抱你。

夏尔

---

①　翁弗勒尔海岸经常发生周期性塌陷,对波德莱尔母亲的房子有很大威胁。

致于勒·德·索克斯[1]

[1861年1月初。波德莱尔致函于勒·德·索克斯,为自己和居伊各申请500法郎补贴。参见波德莱尔1861年2月22日致路易·贝拉盖的信。]

致阿尔塞纳·乌塞耶

[讷伊,1861年1月初]

我亲爱的乌塞耶:

如蒙您在下期或最晚下下期《艺术家》上发表这首拙劣、沉郁和孤独的十四行诗,本人将无限感激。拙作《恶之花》计划15日到20日之间投放市场。有人说起您现在已成为《新闻报》的共同所有人和并列社长。我指望能以旧交的情分近水楼台。您放心,我不会滥用这份交情的;因为我写不出十卷本的小说,两卷我也写不出来[2]。

祝好。

夏尔·波德莱尔

致奥古斯特·普莱-玛拉西

[讷伊,1861年1月5日]

我正要给您写信,您的信就到了。同时还收到了拉松派人送来的最后一页清样,是题目、副标题和献辞,却不见封面。题目是全黑的,我觉得不该如此。这一点显而易见。我很担心我那些新作品(即那三十五首新诗,人家告诉我说已把清样送给您了。但愿您的修改和我的修改不撞车)。

---

[1] 于勒·德·索克斯(Jules de Saux,1824—1879),时任国务部国务大臣办公室主任。
[2] 波德莱尔在此影射的是乌塞耶的一些朋友,他们希望乌塞耶就任《新闻报》主编后能增加其小说连载的数量。

德·布鲁瓦斯很忐忑,很伤心。他希望我能为他再安排一次与热利斯的会晤。主题明确。就是借钱或申请贷款,而无论是借钱还是贷款都是以您认为不宜出手过早的印刷所为抵押的。我应当把德·布鲁瓦斯希望拜访的事告诉热利斯么?由德·布鲁瓦斯通知雅奈[①]安排与热利斯的会面是不是也欠妥呢?最后,您觉得您的妹夫是不是在操纵此事?

苏沃兰(Souverain)原来已承诺为那张 350 法郎的票据贴现,可他昨天突然对我说,既然您一直都在施瓦茨(Schwartz)那儿贴现,您还是该去他那儿。我气急败坏地跑到施瓦茨处,对他说清了事情原委,他二话没说就把那两张 500 法郎的票据贴现了(手续费是 25 法郎)。

可那张 350 法郎的票据怎么办?是去唐雷那儿?热利斯那儿?还是施瓦茨那儿?或者是还不熟悉约翰诺(Johanneau)那儿?

另一件事,有点儿吓人!——我去勒梅西耶(Lemercier)那儿取我的 500 法郎;——他们要求我认可从 472 法郎欠款中先提走 200 或 300 法郎。我委实不能理解。于是他们出示给我一份将近两年前的莫雷尔—波德莱尔档案,解释说之所以未找我追讨,是因为他们始终都能找到应当承担责任的人,而为这些人提供方便就能从他们身上源源不断地获取报偿。请注意,莫雷尔的那两张票据我早就清偿了,我以为我和这个人(我是通过他直接贴现的,因为我从来没在勒梅西耶那儿贴现过任何票据)早已两清了。这就是代价,或不如说是从我的美术评论、中篇小说和诗歌中收取的定金。

两年了,莫雷尔居然从没跟我吭过一声。

——甭管他们想先拿走什么,我当然都断然拒绝;他们承诺,只要我和莫雷尔订立新的代理合约,明天就把我的 500 法郎给我。他们也可以接受展期,只要由我背书即可。我还从未想过我的处境在他人眼里能值多少钱。晚上我开始找莫雷尔的地址,还真找到了。

我立刻写信给他,但我能从这个矫情的家伙那儿得到什么答复呢?

德·布鲁瓦斯知道这一切。他现在手里有 1860 法郎。

快,快,快点儿,亲爱的朋友,快点儿回信,把您的意见告诉我。

德·布鲁瓦斯多次和我谈起您的状况。我始终认为您的状况良好,也

[①] 雅奈(Pierre Jannet, 1820—1870),玛拉西的挚友,1862 年 7 月接任《轶事评论》的社长。

就是说,还能更好。

考虑一下雅奈,考虑一下热利斯,问一问令堂大人;——还有,关于我,考虑一下因莫雷尔的失误导致的那张 300 法郎票据的情况,以及因失误导致的伦敦欠账 400 法郎的情况①,我只能在 10 日以后才能收到您的进一步消息。

我没有谈那张 350 法郎的票据,虽然我打算明天在收到您的回信之前先去办一下。

夏·波

总之,如果您认为您的妹夫走雅奈和热利斯这条路子对您的生意有利,那也一定要在 10 日以后。

致让·莫雷尔

[1861 年 1 月 5 日。参见上一封信。]

致欧皮克夫人

[讷伊,1861 年 1 月 5 日前后]

我亲爱的好母亲,你的来信让我这个从不落泪的人哭了。可怜的妈妈,你太孤单了,千万不要太伤心。谁说今年兴许就不能有几件高兴事呢?快乐犹如痛苦,谁能预料得到!

我这就把我所有的愤怒和痛苦细细道来。如果我还有点儿钱,我马上就会逃离这里。除却金钱方面的苦恼,我还有些道义上的纠葛,不幸的是这些麻烦还远未结束。

你能写信告诉我,这太好了。因为我也极为担忧。如果我写得太短,请不要怪我——算了吧,今天我愿意一吐为快。

---

① 指斯托贝尔应付给波德莱尔改编《海华沙》的一部分稿酬。

你知道，或许你能猜得到，如果一个人乐于把自己的思绪或想象落实到纸面上，是需要有某种兴致、某种精神上的愉悦的，这种兴致或愉悦与太过忧虑和怒火中烧无法共存，因为那只能引发更多的悲伤，却不能养家糊口。

你也知道我搬到讷伊住是为了省钱，也是为了能让一个生病的女人过得惬意一些。

现在你马上就会知道都发生了些什么，而且，更重要的是，你要知道我这整整半个月心里都憋着火。

当一个人为了一个女人而与她共同生活了十九年之久，每天总会有许多话要对她讲。可一年前曾露过面的她的那个兄弟①又在此现身了，而且从早上八点到晚上十一点一直泡在让娜的房间里，容不得我说一秒钟悄悄话。考虑到让娜的身体，我一直隐忍不发；终于有天夜里，我委婉地告诉她，我回到这里完全是为了她，我无权赶走他的兄弟，但既然我可有可无，我就索性离远点儿，回到我母亲那里去，因为她也需要我，——我告诉她，我绝没有想过经济上不再支持她，但既然她兄弟完全占据了她的时间，并伤害到了我，那公平的办法就是由他赚钱帮助他生病的姐姐，承担起她的费用的三分之二或一半，因为他挣的要比一个搞文学的人多，而且他并没有50000法郎的债务和不断攀升的利息。——我预料她会大发雷霆。——可结果根本不是那么回事，她只是痛哭流涕。她告诉我说，她明白我的苦心、我的烦恼、我的忧虑，我说的都非常在理，她答应催她兄弟重新开始工作，但她也非常担心她的兄弟不会理睬我的要求，因为他离家那么多年从来就没给他母亲寄过一分钱。

——事实上，她第二天就把问题向她兄弟摊开了："你整天待在这里。弄得我没法与夏尔待在一起。他陷入这进退两难的困境有我的部分原因；他可以退出，但指望你进来后能承担起我一半的生活费用。"

你永远无法想象他兄弟的答复竟如此愚蠢和残忍，那家伙如果当着我的面这么说，我会抡起手杖抽他的脸——他说什么我"早就该习惯这种不方便和捉襟见肘"，说什么"当一个人照管一个女人的时候就应该知道怎么做"，说什么"他本人从没有什么积蓄"，还说什么"从今往后都别指望他"。

---

① 波德莱尔研究者认为，这个"兄弟"可能是让娜过去的一个老情人。

我问让娜怎么看待这样的答复。我估计这背后可能有些什么名堂，可能她早就欠了他兄弟一大笔钱，所以他兄弟才自以为可以有恃无恐。我语气和缓地问了她这个问题。"我在外住旅馆这一年来，你跟你兄弟借了多少钱？"

"他只给了我200法郎。"这就是她的回答。——说白了，就是他兄弟觉得住在他姐姐这儿一切都不用操心，根本不用急着再找工作。如此说来，她穿得那么差，又没钱看病，也就不足为奇了。

她衰老的脸上涕泪纵横，我为这衰弱女人的无助所感动；愤懑情绪多少有所缓解。但我依旧处于一种持续的恼怒之中，外在的麻烦并未使这种恼怒减退。

（为了让你有个概念，这个外在的麻烦是我在10日需要4000法郎，而我手头只有1860法郎。）

这就是目前我这里的情况。

如果让娜需要来看我，她就到我的房间里来。那位先生却不离开她的房间，——而且如果我决定离开巴黎，他是绝不会帮助他生病的姐姐的。

以前我总是时不时谴责自己太自私——确实如此——但说真的，我再自私也到不了这般地步！

但你给我设置的悬崖又如何呢？这个悬崖让我产生无数的悲观联想。你想想看吧，在这样的窘境中怎么赚钱！怎么可能赚得到钱？

请你考虑考虑那个司法监护吧，好好地爱我吧，也请你自己多保重。

夏尔

致奥古斯特·普莱-玛拉西

［讷伊］1861年1月7日星期一

约翰诺（Johanneau）不愿意贴现那张350法郎的票据。我先收着吧；要么唐雷，要么勒梅西耶，要么热利斯，总会有人提供服务的。

勒梅西耶可以贴现，但要求先支付贴现手续费，然后还要提供莫雷尔的拒绝承兑本息证书。

我又能怎么办？而且还必须在一份个人票据上签上我的名字，用以交换莫雷尔的票据。——莫雷尔是个下流胚，他甚至对我要求在勒梅西耶那儿见一面都不肯来。明细如下：

我支付的贴现手续费：

唐雷	21 法郎
施瓦茨	25 法郎
勒梅西耶	74 法郎
	120 法郎

德·布鲁瓦斯现在有 2280 法郎。

我在等伦敦的付款，而且后天莱维出版社也要给我付点儿钱，虽然有些嘟嘟囔囔不太情愿。

德·布鲁瓦斯坚持要见热利斯。而我坚持要他先见雅奈。直说了吧，我担心德·布鲁瓦斯天生就是个倒霉鬼。——我今天上午碰到了布拉克蒙，他对我说瞧您妹夫那满脸丧气样。——也许您真该几天以后来一趟，待两天。

我如今对令堂大人没什么遮遮掩掩的，我一心想表现得恪守约定。——想想能有什么办法把我的债务在您公司的债务中、从您即将进行的重组中剥离出来，并在忽略标准利息的前提下，能让我通过一系列连续的转让来履行我的清偿义务？我跟您说，我现在已经因烦恼不安、疲惫不堪而神经兮兮的了。

还有些历史的、现时的负担压在我身上。稍后您平静下来我再解释给您听。您无法想象那都是些什么样的负担，难以置信、闻所未闻而且五花八门。

您收到最后一页清样即题目、副标题和目录了么？

我不太满意目录。为什么不满意我也说不出个子丑寅卯。它太像另外一本书的目录了。

而且，目录页码和正文页码搞混了。

总之，字体（无论小写还是大写）让我觉得别扭，而且太小了；但还是由您定夺。

可能我还漏掉了什么。可我的脑子太累了，什么都干不下去。

夏·波

致阿希尔·布尔迪里亚

1861年1月9日星期三

亲爱的先生:

如果您对新奇性依旧葆有孩童般的痴迷,就请您接受这本书吧①。该版本正如一首讽刺短诗所说,薰莸俱存,良莠兼备;它远不及即将面世的第二版;但其中又包含着六首禁止我重印的诗。

祝好。回见。

夏尔·波德莱尔

致欧皮克夫人

[巴黎,1861年]1月11日晚上六点

终于回来了!

还是住在阿姆斯特丹路22号②!

恐怖呵!……不过我今天什么都不想说,生活重新开始了。

请告诉我,从上一封信(就是你回复我长信的那封信)以后,你是不是又给我写了信?

请对我好点儿,亲切点儿;我现在就需要这个。

夏尔

致奥古斯特·普莱-玛拉西

[巴黎]1861年1月16日

我亲爱的朋友:

我对自己已经够苛刻的了,可所有意外还是令我苦恼。困惑之中我委

---

① 波德莱尔送给布尔迪里亚一本1857年第一版《恶之花》。
② 波德莱尔离开了让娜·迪瓦尔和讷伊,重新住进了迪埃普旅馆,并在此一直住到1864年4月离开巴黎前往布鲁塞尔为止。

托德·布鲁瓦斯向您转告我的所作所为，但自己忘了给您写信。

我已经把所有票据的钱都给他了，还欠他230法郎。如果我时间充裕、自己处理的话，我本该（通过自己）收到两次钱了。我正在处理这件事，几天内就会把钱都交给他。我还愿意做得更漂亮些，昨天早上收到了您那封伤感的信，说明此事很急。我会立即去办。

离开巴黎半个月也没省下多少开支。此外还必须支出唐雷的20法郎、施瓦茨的25法郎、热利斯的10法郎以及勒梅西耶的74法郎（莫雷尔那件事）。

月底前，我能收到的钱还有400法郎。

但首先我想向您敞开心扉，告诉您一些我从未向他人启齿的事。您自会对我曾经忍受并继续忍受的事做出自己的判断。出于尊严，我已然从讷伊出走，我不想待在那种耻辱可笑的境地中。二十五天里，我发现自己始终要面对这样一个男人，他整天待在他姐姐的房间里，从早上八点到晚上十一点，让我无法享受我唯一的快乐，也就是与一位年老瘫痪的女人谈话的快乐。当我想通过他姐姐之口让他明白我的处境极为尴尬或极度困难，可能需要他付出努力来宽慰他的姐姐并帮助我完成这项任务时，他对我的回答竟然是不，不，无论是现在还是将来。后来，他又重提这个话题，说他可以去干点儿什么，但前提是我必须写下一份委托书，把我将来可能留下的个人财产全部给他。您能想象得到么？这位来自于世界尽头、从月亮上掉下来、从来没为他姐姐操过半点儿心的先生，当需要他为自己的忠诚开出第一份证明时，竟然敢向一个十九年来自觉自愿且始终尽职尽责的人索要担保！哦！这事还不算完！终于，那个痛哭流涕的女人向我坦白，我才得知，一年来始终吃住在她家里的这个兄弟曾借给她200法郎！！……我亲爱的玛拉西，我真是万分抱歉和您谈这桩丢脸的事。——我怎么还能和这样一个怪人还有一个不幸的、脑子已经坏掉了的女人住在一起呢！我出走了；我至今仍愤懑不已；我大脑空空如也，您觉得我还能连续写上一个小时么？

几天前，您还写信告诉我说，只要能容忍、耐心和内敛，一切都有救，这让我十分兴奋。而昨天您却又说出了相反的话，预言您将要破产。您这些想法的变化——忽儿充满希望，忽儿灰心丧气，忽儿勇气全失——是不是受到了家人的影响？无论山穷水尽、名誉扫地、身无分文，您都要坚持下去。即便破产，您也要想想，还有《恶之花》，还有《人造天堂》，那可都是我十分看重的。

至于欠您的债务，我觉得只有一个办法，就是小额还款、碎步快跑。我查看了自己的手记，发现十八个月之内我付给迪耶普旅馆的钱已经是一笔巨款了。为了您我还会做得更好。真的，我愿意这样做下去。

德·布鲁瓦斯没有本事这件事我就不和您多说了。他这是在引火烧身。

顺便说一句，德·布鲁瓦斯说我是未雨绸缪；我认为正相反。您则认为两者皆不是。有空的时候您再好好想吧。

明天上午我肯定还会收到您一封充满不耐烦的信。我只能瑟瑟地打开它。一封信，一声门铃，甚至没有什么声响，都可能让我惊跳起来。我的意志力处于一种可悲的状态，而且，从健康角度出发，如果我不能抛开一切埋头工作，我是会疯掉的。

我还要跟您说说您的弟弟爱德华，虽然这和我无关。一个我不便说出名字的人在一场蒙面舞会上见到了他，他身边跟着一群小疯子，他对这个人说的话十分奇怪，一会儿说要去当兵，一会儿说要创办个什么东西。据他说，所有这一切都和一封来自阿朗松的回信有关。难道这个傻瓜想办一份青年报么？

祝好。

夏·波

致费利克斯·布拉克蒙

[巴黎，1861年1月16日] 星期三

星期五我去帕西（Passy）拜访您。我中午准时到达。我还记得您住在图奈尔路（rue des Tournelles）。但门牌号我忘了。

祝好。

CH. 波德莱尔

这封信之前我还给您寄过一封信，真是不好意思。——我忙晕了。——请您来我这儿而不是我去您府上拜访是不是太冒昧、太不近人情了？带着画轴、画板和油料是不是很不方便？——而且还有另外四幅肖像。——如果您不是特别介意，就请取消我上一次的约会请求。

总之您还有时间回复我。

如果您来我这儿,就请在午餐时间来。您有的是时间决定。

致欧仁·克雷佩

[巴黎]1860年1月17日

我亲爱的朋友,您问我是否真的可以倚仗我?——当然。——首先,我还欠着您这篇评述,其次,我很在意这篇文章能署上我的名字。——您说我早就跟您确认这篇文章写完了。——是写完了,可我不满意!

即便车轮碾过我的肚子或脑袋,即便让您等了许久,您还是要相信我的信用。这样吧,您可以(从道义上)设想更坏的结果。——我四天前已恢复了我往日的生活,我5日就回到巴黎了,我面对着七篇文债,其中就包括您的这篇,每篇都急,加起来有一百六十页之多。

是的,我希望您还能继续倚仗我。说不定哪天我就会拿出二十四小时或二十八小时来写您那篇文章,但今天我还不能确定;我只知道自己每天都会做该做之事。

等我平静下来以后我会接着给您写。

我回信的日期是17日,这是我收到这封信的日期;但您信上的日期是12日。这可能是因为地址不详耽搁了。

四天前我碰到了纪德先生,我很好奇,想知道您是否会因为我的过失而手忙脚乱,所以就问了纪德先生这个问题。他向我保证说至今还没有出现因为我而导致的麻烦。

您会觉得我的回信很差劲。但都是实情。麻烦很大,文债很多,但您的事我保证完成。同时还有皮埃尔·杜邦①那篇。

祝好。

夏·波

阿姆斯特丹路22号

---

① 皮埃尔·杜邦(Pierre Dupont, 1821—1870),法国歌谣作者和诗人。

致奥古斯特·普莱-玛拉西

[巴黎,1861 年 1 月 17 日前后]

赠书清单

波德莱尔,20 册	中国纸和荷兰纸各有几册?
《两世界评论》(*Revue des Deux Mondes*)	比洛兹(附上我的一封信)。
《当代评论》(*Revue contemporaine*)	德·卡洛纳。
《布列塔尼评论》(*Revue britannique*)	哪一位?
《欧洲评论》(*Revue européenne*)	拉科萨德, 古斯塔夫·鲁朗[①](附上我的一封信)。
《通讯报》(*Correspondant*)	哪一位?
《名流周刊》(*Illustration*)	德·威利?
《插图世界》(*Monde illustré*)	戈兹朗[②](附上一封信)。
《环球导报》(*Moniteur*)	圣伯夫(附上一封信)。
《论坛报》(*Débats*)	德夏内尔(附上一封信)。居维利耶-弗勒里[③]。
《新闻报》(*Presse*)	圣-维克多(附上我的一封信)。阿尔塞纳·乌塞耶(《新闻报》社长)(非常重要)(连同《艺术家》,所以需要两册)。
《立宪报》(*Constitutionnel*)	格朗基尤。(维图将写一篇书评)。

---

① 古斯塔夫·鲁朗 (Gustave Rouland, 1806—1878),法国政治家,时任国民教育与文化大臣。
② 戈兹朗 (Léon Gozlan, 1803—1866),小说家,巴尔扎克的好友。
③ 居维利耶-弗勒里 (Alfred-Auguste Cuvillier-Fleury, 1802—1887),法国文学评论家。

《世纪报》(Siècle)　　　　　　　　塔克西勒·德洛尔①。
《国家报》(Pays)　　　　　　　　　多尔维利（附上一封信）。
《祖国》(Patrie)　　　　　　　　　爱德华·富尼埃②。
《国家舆论》(Opinion nationale)　　勒瓦鲁瓦③。
里昂《公共安全》(Salut public de Lyon)　阿尔芒·弗莱斯（附上一封信）。

《北方》(Nord)　　　　　　　　　　于勒·雅南（附上一封信）。
《比利时独立报》(Indépendance belge)　哪一位？
同上　　　　　　　　　　　　　　　内政部的德·龙沙(De Ronsard)，非常重要，管着200家报纸（附上一封信）。

《联合报》(Union)　　　　　　　　　蓬马丹。
《法兰西公报》(Gazette de France)　　居丹盖尔④（一周前他答应写一篇书评，已预告）。

《轶事评论》(Revue anecdotique)　　拉尔歇⑤。
《日内瓦评论》(Revue de Genève)　　哪一位？
《费加罗报》(Figaro)　　　　　　　　蒙斯莱。
《开心日报》(Journal amusant)　　　纳达尔。

《泰晤士报》(Times)。
《萨克雷的康希尔杂志》(Thackeray's Cornhill Magazine)（附上一封信）。
《观察报》(Examiner)。
《观察家报》(Spectator)。
《雅典娜报》(Athenaeum)。
《弗雷泽杂志》(Frazer's Magazine)。

---

① 塔克西勒·德洛尔（Taxile Delord, 1815—1877），法国记者、政治家。
② 爱德华·富尼埃（Édouard Fournier, 1819—1880），法国文学家、剧作家和历史学家。
③ 勒瓦鲁瓦（Jules Prosper Levallois, 1829—1903），法国文学家，曾任圣伯夫的秘书。
④ 居丹盖尔（Ulric Guttinguer, 1785—1866），法国诗人和小说家。
⑤ 拉尔歇（Lorédan Larchey, 1831—1902），法国词典学家和文献学家。

《布莱克伍德杂志》(Blackwood's Magazine)。
《威斯敏斯特评论》(Westminster Review)。
《爱丁堡评论》(Edinburgh Review)。
《评论季刊》(Quarterly Review)。

俄罗斯和德国我不认识什么人。

维图将在《立宪报》上发表一篇书评！
拉费泽里耶尔将在《艺术家》上发表一篇书评。

我很希望您能出马，约邦维尔、戈蒂耶和勒孔特·德·利勒各写一篇书评。

绝大多数赠书都应附上我的信。我会每天去见德·布鲁瓦斯。别给那些没谱的、未承诺写书评的报纸送两本书。我有专人负责伦敦的各家报刊，或许应由他分别去跑各家报社。

如果您能就三十五首新诗、修订的旧作和我的肖像写一篇评述，就请告诉我，我会请内政部所属的某家报纸刊予以刊载。其实外省的大报我只认识《公共安全》——这份清单我没留底。

致［佚名］

［1861年1月下半月？该封短信出自波德莱尔手笔。他告诉某人他又搬回了阿姆斯特丹路22号，并答应三四天后去拜访收信人。］

致奥古斯特·普莱-玛拉西

［巴黎，1861年1月20日星期日］

修订肯定全部完成了。

只是我觉得目录、题目、副标题、献辞和卷首插图尚未印制完成。

布拉克蒙星期五那天来我家了,并用颜料现场作画,——并未参考照片。是不是很像还有待观察。我对他说可以把照片带走,如果不满意再来。

感谢您的来信。我会再给您写信。——祝好。

夏·波

星期日。
我知道为尚弗勒里绘制的那四幅肖像已经完成了。

请看背面。

这本书总体感觉差不多了;可我觉得最后几页还有疏忽。那家印刷所的校阅员们经验不足。他们不太理解标点符号的逻辑用法;其他一些地方,——如字符不全、字符脱漏、罗马数字粗细大小不一致等问题依然存在。

致欧仁·德·布鲁瓦斯

[巴黎,1861年1月底或2月初]

烦请德·布鲁瓦斯先生将这份说明转交阿尔塞纳·乌塞耶,同时授权他发布那幅由布拉克蒙创作的我的肖像:我们向各位订户提供的这幅夏尔·波德莱尔的肖像是由布拉克蒙先生绘制并制成版画的,已在玛拉西和德·布鲁瓦斯书局刚刚出版的第二版《恶之花》中发布,本版《恶之花》新增了三十五首新诗。此外提请各位注意,书中的肖像并未署上画家的名字,尽管在书上署名与否对该部作品无关大局,但对各家报刊而言,署上画家的名字则属必须。

致阿尔芒·迪梅尼尔[①]

[巴黎，1861年2月9日]

我亲爱的朋友：

我想让您来评判一下这封荒唐至极的信。其中"承担义务"一词尤其冠冕堂皇。

我今晚（9日）正忐忑不安地等候您的回音，——却在自己家里收到了这样一封信。

我来概括一下：

波德莱尔先生欠德·卡洛纳先生1300法郎以及若干票据形式的款项，波德莱尔先生已对票据做了展期，并承担了贴现利息及其他杂费。此外，他对某种荒唐的文学独裁已深感厌倦。他要求本月向他支付650法郎，下个月再向他支付650法郎。上述金额将以文章相抵，其题目如下：

一、《论康斯坦丁·居伊：从他的风俗画谈起》。

二、《哲人画家》，或教育艺术。

三、《论文学中的浪荡子》（夏多布里昂、德·迈斯特、德·居斯蒂纳、费拉里、保罗·德·莫莱纳、多尔维利。——解析颓废派的某种唯一的、特殊的才能）。

四、《暮色诗钞》[②]（《夜之加斯帕尔》[③]风格的抒情散文随笔）。

《论康斯坦丁·居伊》	2 页（已完成）
《哲人画家》	2 页
《论文学中的浪荡子》	2 页
	6 页

[①] 阿尔芒·迪梅尼尔（Armand du Mesnil, 1819—1903），波德莱尔的朋友，在国民教育部工作。

[②] 《暮色诗钞》（Poèmes nocturnes），指《小散文诗》（即《巴黎的忧郁》）。

[③] 《夜之加斯帕尔》（Gaspard de la Nuit）是法国诗人阿洛伊修斯·贝尔特朗（Aloysius Bertrand, 1807—1841）的散文诗集，开创了法国散文诗的先河，对此后的象征主义和超现实主义诗歌产生了重大影响。

《暮色诗钞》：长度未定。

请您把这份说明呈递上去①，并请救救我。
祝好。

CH. 波德莱尔

还有更多的诗。已经写好了。

阿姆斯特丹路 22 号

致阿希尔·布尔迪里亚

［巴黎，1861 年 2 月 10 日］

亲爱的先生：

您一定以为您信中的某个句子会让我产生梦想。我则想在信中扼要地告诉您，您的沉默迫使我要求米歇尔②给我一个解释，但我还是想与他保持和气。我在不经意间找到了这个答案；原来是那个冒失鬼③干的，对我而言他简直是两面三刀，他居然在另一家书店里劝别人不要买我的书。

非常感谢您在信末提出的可爱建议。我会认真加以考虑，也许几天后我会把瓦格纳那篇文章带给您，那是我深思熟虑的一部作品。

至于我美丽的梦想小舟④，尽管会有风雨潮汐，尽管会或多或少受到伤害，也终究会抵达港湾，至少我还可以去向大臣们讨钱，他们会为我的梦想付出比那些庸碌凡俗之作高得多的价钱。

还要说一句羞于启齿（对我来说）的话。那 50 法郎！几天后我带给您。

---

① 波德莱尔希望迪梅尼尔能把这封信呈递给时任国民教育大臣的古斯塔夫·鲁朗的儿子——国民教育大臣办公室主任。

② 指米歇尔·莱维。莱维与布尔迪里亚是竞争对手，最终莱维胜出。

③ 指法国记者、作家亚历山大·韦伊（Alexandre Weill, 1811—1899），他曾对玛拉西出版的波德莱尔作品横加指责。

④ 指出版波德莱尔所译爱伦·坡作品插图版一事。

祝好；虽然我很难过，但仍请相信我的忠诚。

C. 波德莱尔

致欧仁·克雷佩

［巴黎，1861 年 2 月］

我亲爱的朋友，我每天上午卧病在床，下午为自己的书①奔走。——所以文章还未写完，而且今天中午也无法去您家午餐了。我原本打算今天上午完成，给您写信也是想告诉您那 90 法郎不用再另付他人了。我还记得您说过要降低稿费；可这一周什么事也没发生，反而让我觉得此事很简单。

明天或周一吧。如果明天上午我白跑您家一趟，那只能算我自己倒霉。祝好。

夏·波

致阿尔封斯·德·卡洛纳

［巴黎，1861 年 2 月 18 日或 19 日。参见卡洛纳 20 日的信："今天上午……我是不会看您的信的。"］

致阿尔芒·迪梅尼尔

［巴黎，1861 年 2 月 21 日］

我亲爱的迪梅尼尔，我本周四的晚上（21 日）去拜访德·卡洛纳先生时，发生了一场比这封信里所言更让人恼火的争吵；他居然声称我交给

---

① 指《恶之花》。

他的所有稿子或这份稿子对他来说都无济于事，因为他有权只为发表了的文章支付稿酬。那么，预支一词又是什么意思呢？

我在离开您的办公室时见到了拉科萨德。我认为他还没和丹迪碰面①；但他觉得我的事很简单，推脱说丹迪先生大概只愿意在交稿（周一）以后才正式预付稿费，此外他还认为每页200法郎的价格肯定过高了。此时我忍不住嚷嚷起来，说这个200法郎的价格是业界的平均惯例。请您原谅我总是给您添乱。我周六去拜访您，向您寻求建议和支持。

因为麻烦事太多，我真的病倒了，我想明天休息一天，如果有可能再接着工作。请代我向鲁朗先生转达我的友谊和敬意。

祝好。

夏·波

请您注意，他在这封满是责备的信里对我之前无数次这样接受稿酬只字不提，也不提他说过的那些尖酸的刻薄话——那些话每次都让我怒火中烧。因为我有付款凭证。其实他昨天让我来，无非就是想对我说几句恶心话寻寻开心、上演一出闹剧让我失落而已。这一切都让我的精神备受伤害。

致［路易·贝拉盖②］

［巴黎］1861年2月22日

先生：

1月初我曾荣幸地向您申请500法郎，还为我的一位朋友③申请500法郎（申请呈送给了德·索克斯先生）。这项有关居伊先生的申请（我已看过居伊先生的上千幅画作）可能已上报到艺术司。我知道我的请求直接

---

① 拉科萨德（Auguste Lacaussade, 1815—1897），法国诗人，时任《欧洲评论》社长。丹迪（Henri-Justin-Édouard Dentu, 1830—1884），法国出版商和书商，时任《欧洲评论》发行人。
② 路易·贝拉盖（Louis Bellaguet, 1807—1884），时任国务部"科学家与文学家支持与救济办公室"主任。
③ 指居伊。

归您管理。德·索克斯先生对我说：再等等看吧。——您一定很清楚，这种可怕的套话让我没法解释这事有多紧迫，也说不清急到了什么程度。更让我担心的还在于一位官员有那么多事和那么多人要操心。因此我强烈呼吁并请求您及早结束我的焦虑，这种焦虑会瘫痪心灵，妨碍工作。

出于谨慎我没提过具体数额。是德·索克斯先生本人要我这样做的，我对他说出"500"这个数目时，他觉得这事很简单并且同意了。

在我目前日渐增多的麻烦当中，我还无法确切地说出这笔钱的用途，但我现在最关心的是找到一笔钱还债，然后马上转而去为《欧洲评论》撰稿。这件事纷繁复杂，要说起来得写很长很长，但几天前这件事就已经很紧迫了。

请原谅我的失礼，并请接受我崇高的敬意。

CH. 波德莱尔
阿姆斯特丹路 22 号

致奥古斯特·拉科萨德

[巴黎，1861 年 3 月初]

很不幸，那几首诗已经发表了。我是今天上午才知道的。

《论居伊》那篇文章，誊录员正在誊抄最后的部分。我今天下午或明天下午去拜访您，都是五点。

我当时对德·卡洛纳先生说，我可以用提交几首诗稿获得的预支款偿还债务，他说以后不用再给他投任何稿件了，还说立即要撤掉有关我的作品的两篇书评。

这简直是疯了。我实在不明白怎么会弄到这种地步。

我又重读了一遍《唐豪瑟》；我肯定 18 日前能交稿。

我很希望能在您手中出些完整的东西。

祝好。

CH. 波德莱尔

致奥古斯特·拉科萨德

[巴黎，1861年3月初]

亲爱的先生：

誊录员承诺明晚就可以誊录完成第二稿。

我精心修改了这一稿，您能看得出来，这足以让您对一个人有全方位的概念。

论瓦格纳那篇文章18日交稿没有问题。人们不待见他实在是太有失礼仪了。

您从我昨天给您的便笺中能看得出来，我现在是完完全全、全心全意供您差遣的。但人们能理解此类疯狂么？我何时得再和您聊聊这件事。

如果您愿意再核实一下我对G先生[①]的论断，您可以哪天来我这儿看一看我收藏的图册，如果为他向国务部提出的补贴申请能获得批准，我还能向您展示更多关于克里米亚战争的绘画，那些画卷都是他在枪林弹雨中实景绘制的。

祝好。

CH. 波德莱尔

致埃梅·布莱索[②]

[巴黎，1861年3月中旬]

致布莱索先生

亲爱的先生，请您考虑把同一份清样排印出两份。为的是当拉科萨德先生要求我再行修改时，我手头还能保存一份原始稿。

此外，我寄给您的手稿也烦请照此办理。

CH. 波德莱尔
阿姆斯特丹路22号

---

① 指居伊。
② 埃梅·布莱索（Aimé Blaisot）是《欧洲评论》的秘书。

致［欧仁·德·布鲁瓦斯］

［巴黎，1861年3月20日前后］

致玛拉西的说明

与埃采尔的那笔交易有些麻烦；他将出示那些票据，但不会是月底前；——而是要拖到4月10日前了。其原因不外乎是他不希望影响其个人的到期票据，他担心人家会审查他的一揽子交易，在他看来，拒付任何一张票据都让他心里别扭，所以他觉得有必要撤回全部计划。

尽管他表面上对我和玛拉西十分友好，但显然有人对他说了不少玛拉西和德·布鲁瓦斯公司的坏话；他对我大谈特谈一些不着边际的事项（显然那并非奥古斯特的问题）；他告诉我玛拉西公司的生意可能遇到了麻烦，最后还说起一桩不赚钱的买卖。虽然他不让我说出去，但我还是要告诉您，因为我觉得这与您有关。

所以，我和德·布鲁瓦斯的共识是，在与埃采尔的交易变更之前，先得去确认一下施瓦茨和勒梅西耶能否提供同样的服务；我去找勒梅西耶，另一个人去找施瓦茨。

夏·波

致奥古斯特·普莱-玛拉西

［巴黎，1861年3月20日前后？］

我亲爱的朋友，您来不来信都无妨；因为这些天我脑子里转的全都是这些事，我也去拜访了埃采尔。所以要写信告诉您。

我很抱歉；尽管可能性不大，尽管有人总是在说"我们要倒闭了"那个可怕的字眼，我还是想请求您表现出强烈的献身精神，在及早支付有关的大项费用后，尽可能部分或全部堵住您个人事务中的那些窟窿。我请您来判断：

3月25日	1000 法郎	唐雷（不可行）。
3月25日	500 法郎	施瓦茨（不可行）。
3月25日	350 法郎	热利斯（不可行）。
4月01日	500 法郎	勒梅西耶（不可行）。
4月10日	1100 法郎	埃采尔。

由于这次所有贴现人同时现身，所以拆东墙补西墙的办法肯定是不行了。或许您可以派个人去勒梅西耶和热利斯那儿试一下，但我不能去；因为您必须明白，我目前祸不单行，正因为那张 1900 法郎拒绝承兑的票据而被追索（其中只有 600 法郎与我直接有关）。而且施瓦茨和热利斯都掺和进来了。您能猜得到这该有多危险。

现在只剩下埃采尔了。——埃采尔的银行已暂停付款给他。——他现在也启用了贴现银行（每月一次），——每月一次，就是说，从 25 日到 30 日。我和他聊过。他很乐意接受您的票据；但我知道国家贴现银行第一次曾拒绝承兑其票据，最终还是他的银行接的手。他建议我去比利时贴现；但我听说他介绍的那家贴现行可能因为米莱斯案[①] 刚刚倒闭了。

此外他还对我说，几个月后，如果您同意，他很乐意出版《对几位同时代人的思考》。至于《美学珍玩》，他极力说服我们换个标题，说这个标题太空洞，但内容还是蛮好的。

我想再写几句，谈一点儿只能说给您听的想法。很长一段时间以来，我始终处于自杀的边缘，而之所以没有这样做，有一个无关怯懦和悔恨的原因。就是傲气不允许我放弃这些纷繁复杂的事务。我总会留下些东西还债的；但必须给遗嘱执行人提供详尽的说明。您知道，我不是一个爱抱怨的人，也不会撒谎。特别是近两个月来，我陷入了一种令人担忧的低迷和绝望之中。我觉得我患上了和钱拉[②] 一样的病，一得了那种病，就害怕再

[①] 米莱斯（Jules Isaac Mirès，1809—1871），法国金融家和报社老板，1861 年因欺诈被捕，1862 年被判永远不得染指股票市场。左拉根据其旗下的通用铁路银行（Caisse générale des chemins de fer）倒闭事件创作了著名的长篇小说《金钱》(*L'Argent*)。

[②] 指钱拉·德·奈瓦尔（Gérard de Nerval，1808—1855），原名钱拉·拉布吕尼（Gérard Labrunie），法国诗人，1855 年 1 月 26 日在其寓所自缢身亡。

也无从思考，再也写不出一行字。只是到了最近这四五天，我才敢说我没死在这上面。这一点至关重要。

只要能出版精美的爱伦·坡作品，只要那部剧本有可能上演，即便我欠的债仍迅速增多，也肯定能偿付得了。但我总是回到一个固定的想法上来：就是怎样才能绕开债务本金，而仅仅定期支付利息。您知道么？每隔两个月或两个半月，对我来说就有如参加一场对抗赛，全都是在被动地挥霍时间和金钱，所有的意愿都战战兢兢，推开每扇门时我心中都充满焦虑。除此之外，这笔债务已然成了我定居翁弗勒尔那个想法的障碍，因为我必须留在巴黎，并且必须心无旁骛。

我真想能在这里见到您。这绝非出于朋友之间的友情，而是为了您，为了您的利益。几年来，您的书局经营得不理想（其实所有书局的经营都不大理想）。再加上那位无能到无以复加的德·布鲁瓦斯，其前景可想而知。每个人，不仅是那些有成见的人，而且是那些为您工作的下属都对您议论纷纷：这几位先生怎么就那么不懂得广告宣传呵。前天圣伯夫还问我：玛拉西在哪儿？——在阿朗松。——难道他疯了么！——不是，他要做完哈丹那套书①。——那干吗还要这个店面？他最后就是这么说的。

太让我意外了，您竟然还问我的书现在怎么样了！我管得了么？只要德·布鲁瓦斯在巴黎，就只能是毁了我之后再毁了他自己。我知道比洛兹和蒙泰居承诺要写篇书评，但什么时候能拿出来？蒙泰居还打算再推迟几个月呐。圣伯夫也承诺过要写点儿什么，可什么时候才能实现？

我总结一下吧：我觉得勒梅西耶和热利斯还有些指望，但我认为只能稍晚些时候才有这种可能。25日或25日以后我会再去见埃采尔。——我觉得热利斯对您来说可能性更大些，只要他自己的贴现行不出问题，并且要让人觉得贴现的不是空头票据就行。

祝好。

夏·波

我的肖像和广告《艺术家》都没有刊发。

---

① 哈丹（Eugène Louis Hatin，1809—1893），法国历史学家、记者和目录学家。玛拉西1859—1861年陆续出版了阿丹的8卷本《法国新闻界政治与文学史》（*L'Histoire politique et littéraire de la Presse en France*）。

致奥古斯特·普莱-玛拉西

[巴黎] 1861 年 3 月 25 日

我亲爱的朋友:

稍后五点钟我要去拜访埃采尔,我会请他等我到后天,因为票据不在我手上。我想您昨天已经给我寄出了吧。

三天前我碰到了德·布鲁瓦斯,他垂头丧气,泥泞中把我软磨硬泡了至少一刻钟,他不停地抱怨,都快要把我烦死了,他不愿意理解我这次真的是无能为力,哪怕是我在贴现行露面都很危险。我只好当面向他解释,其间也时不时为您开脱。如果我没背着那 1900 法郎债务——其中 500 法郎已经还上了——我显然还是能给您帮些忙的。前些日子我曾尝试着问他《艺术家》为什么还没刊发我的肖像,为什么我没有收到肖像说明的修改清样,清样在哪儿,等等。他怪兮兮地嘲笑我。他的全部举止、全部抱怨全都是那么莫名其妙,我和他之间甚至连最一般的接触都变得愈加困难。

我觉得三个月或半年都很危险。甚至三个月或四个月我觉得都危机四伏。我和您说过,几个月以来,埃采尔不愿意再以同样的条件接受贴现了。

碰到德·布鲁瓦斯那天,我刚从印刷所出来,我在那儿闭门三日,每天从上午十点到晚上十点修改瓦格纳那篇文章。这篇文章终于要在《欧洲评论》上发表了。您就判断一下我那天的精神状态吧。

快点儿给我回信。

祝好。

夏·波

那笔 500 法郎,我觉得应该是 1 日;那笔 1100 法郎是另一天,我想是 10 日吧。

致迪克洛 [①]

[巴黎,1861 年 3 月底。波德莱尔在信中请迪克洛不要因为他的债务而

[①] 迪克洛(Ducreux)是一位印刷商和石印画商,他的名字曾数次出现在波德莱尔的"手记"中,多涉及票据和小额借款。

去打搅欧皮克夫人。参见波德莱尔 1861 年 2 月或 3 月致欧皮克夫人的信。]

致欧皮克夫人

[巴黎] 1861 年 [3 月] 29 日星期五

虽然事情很多,我也很想抽出一整天给你写信;但现在已经五点了,既然你想踏踏实实过复活节,那我最好还是取消写信的计划,等过两天再把我所有痛苦的经历讲给你听。不过,我知道这件事很快就会结束,我也但愿它尽快过去。

总而言之,我只想告诉你,你上一封信通篇都充斥着疯狂、谬误和荒诞的臆测。对这一切我都忍了。我已经数次病倒;再也没见过让娜。还有,我再跟你说一遍,你所有的信没有一丁点儿理智。

我问你是否收到了一期《当代评论》,里面有我的几首诗,这样问并非我的文学虚荣心作祟。我只是不想漏掉任何一件事。谁知道你哪天心血来潮又想把我做过的事汇总一下呢?

你在信中总是不分青红皂白地训斥我。我永远都接受不了你这一套。

星期日晚上你会收到我的一封信,——信寄到翁弗勒尔应该是星期日晚上,我记不清这封信是一个月前还是两个月前开始写的了,我要按照我在信里提出的方式安排自己的事情。

我现在为《欧洲评论》撰稿;——我和《当代评论》已经彻底掰了。你知道我这两年经常关注音乐方面的事。我写了一篇关于理查德·瓦格纳的长文,将在 31 日发表。要给你寄一册么?

拥抱你。

夏尔

致保罗·默里斯

[巴黎，1861 年 3 月 30 日？]

我亲爱的默里斯：

　　感谢您的盛情邀请，但我因有要事缠身，（今晚的）活动实在无法出席。请向瓦克里 ① 转达我的友谊，并请告诉他，如蒙他同意我另择时日弥补我的失礼，我将十分高兴。

　　请向默里斯夫人转达我友好的敬意。

CH. 波德莱尔

致欧皮克夫人

[巴黎，1861 年 2 月或 3 月]

　　啊！亲爱的母亲，我们还有机会过上幸福的生活么？我都不敢再相信了；——我已年届不惑，又有司法监护和巨额债务缠身，更糟糕的是我的意志力彻底丧失了、朽烂了！谁知道心灵本身是否也早已变质？我对此全然不知，我已经懵了，因为我甚至失去了努力的能力。

　　我想先告诉你一件我很少对你提及的事，你对此肯定根本就不知道，尤其是你如果仅凭表面评判我的话——我想告诉你，我越来越爱你了。难于启齿的是，甚至这种爱都未能赋予我再次振作起来的力量。我对从前那些可怕的岁月苦思冥想，终日里思索着短暂的人生；再也不去念及其他事情；与此同时，我的意志力持续衰退。如果说有什么人年纪轻轻就体验到了忧郁和神经衰弱，那绝对非我莫属。可我仍抱有生存下去的渴望，也想领略一下自我的安全、声誉和满足。某个可怕的声音在对我说：死了心吧，想都别想，可另一个声音却对我说：放手一搏，又有何妨。

　　我制定过那么多计划和方案，全堆在两三个文件夹中，现在连打开再瞅一眼的勇气都没有，因为不知道该实施哪一个，也许永远都将束之高阁。

1861 年 4 月 1 日

---

① 瓦克里（Auguste Vacquerie，1819—1895），法国诗人、剧作家，雨果的挚友。

我已记不清前面那一页是上个月、一个半月还是两个月前写的了。我患上了一种持续的神经恐惧症；胆战心惊地入睡，心惊肉跳地醒来；无所事事。我的书在桌上摊了一个月也鼓不起勇气把它们打包付邮。我没给让娜写信，差不多有三个月没见到她了，也没给她汇过一个子儿，因为我无能为力。（她昨天来看过我；她刚从医院出来，她的兄弟——我还以为他能照应她——趁她不在的时候变卖了她的部分家具。她还要卖掉余下的家具才能偿还一部分债务。）在这种可怕的精神状态下，无能而又忧郁，自杀的念头又冒头了；我现在能说出来，是因为事情已经过去了；那天，那个念头无时无刻不在纠缠着我。我从中看到了绝对的解脱，那是摆脱一切的解脱。同时，这三个月以来，出于一种古怪的矛盾心理，我每时每刻都在祈祷！（向谁祈祷？为谁祈祷？管他呢！）我只祈祷两件事：一是祈祷自己能继续活下去；二是祈祷你能健康长寿。或者换句话说，你想死的念头太荒唐，太没有良心了，因为你若死去，对我将是致命一击，我再也甭想过上幸福的生活了。

最终，一件火急火燎必须完成的紧急工作驱走了自杀的顽念，那是一篇关于瓦格纳的文章，我在一家印刷所里闭门整整三天才完成；要是没有截稿付排的压力，我可能根本没有力量写完它。打那天以后我又再次病倒，忧郁，害怕，恐惧。——我的身体已经有两三回处于这种相当糟糕的状态里了；但这一次有件事让我实在无法忍受：每当我就要睡着或已经睡着的时候，能特别清晰地听到一些声音传来，都是一些完整的句子，但内容平淡至极，粗俗至极，且和我的工作全然不沾边。

你的几封信我都收到了，这些信宽慰不了我。你总是能跟众人一样，把我说得一无是处。你知道，这种状况从我童年时代起就开始了。你怎么总要让自己变成你儿子的对头而不是朋友？除了掏钱帮我的时候——那是例外——这一点可以看出你个性中既有荒谬的一面，又有大方的一面，而这两者在你的性格中都举足轻重。目录中所有新增的诗我都已细心标出。你很容易就能发现它们是完全符合全书框架的。为这部书，我花费了二十年的时光，而且能不能再版我还无法做主！

对卡尔蒂纳先生而言，这个问题很严重，但其出发点与你想象的截然不同。我的痛苦已经不少了，我可不希望又冒出一位神甫以我老母亲的想法来跟我作对，假如我有能力、有力量，我会把这件事情弄清楚。此人品性卑鄙，不可理喻。干焚书这种事如今已经不时兴了，除非是爱看烧纸的疯子。我真是太蠢了，干吗要舍出一本珍稀的样书讨他欢心，干吗要送他一本他垂涎了三年之久的书！如今想要再送给朋友一本都无处可寻！——你好像总想让我拜倒在某个人的脚下。过去是埃蒙先生[①]。想必你还记得吧？如今则是一位神甫，此人甚至都没有足够的礼貌掩藏起他那些害人的心思。归根结底，他居然看不出此书正是从天主教的观念发展而来；不过那又是另一码事了。

我之所以不自杀，是因为还有两个你一定会认为太过幼稚的想法。一是我有责任向你提供有关我全部债务的详细记录，所以我必须先去翁弗勒尔，因为我的资料全在那儿，只有我自己看得懂。二是——我还要说出来么？——至少在我的文学批评著作还没出版前就辞世实在让我接受不了，即便我可以放弃剧本（现在已开始构思第二部），放弃小说，甚至放弃我两年来一直梦想的最后一部鸿篇巨制《我心赤裸》——在书中我将凝聚起我所有的愤怒。啊！要是此书有朝一日面世，卢梭的《忏悔录》都会显得苍白无力。你看，我依旧在梦想。

为创作这部奇书，我本该把这二十年来所有人的海量书信全都保存下来，不幸的是有些已被我送了人，或已经销毁了。

——总而言之，犹如我对你所言，一项紧迫的工作在二十四小时之内第三次把我从昏昏沉沉的状态和病痛中拽出来了。可那病还会再来的。

你说的关于司法监护的那些话让我再次产生了梦想：我相信自己最终找到了一个折中的办法，它只会让我部分破产，却能让我拥有大量闲暇，还能让我因此而增加你的进项，尽管我挣得那么少，但我顶多只需要半数花销。我这就解释给你听。这个可恶的发明！这个来自母亲的、一门心思只操心钱财的发明，这个让我颜面尽失、把我推进债台高筑的境地、毁灭了我所有温情甚至阻碍了我接受成为艺术家和文学家的教育的发明，它是不完整的。盲目轻率导致的灾难比恶意更甚。有一点可以肯定的是，目前这种状况不可能长久持续下去。我不相信我会变成疯子；但在变成疯子的

[①] 埃蒙（Jean-Louis Émon，1790—1880），欧皮克将军的朋友和遗嘱执行人。

过程中我会变得难以相处。

看罢你的信，我马上给迪克洛写了信，我讨厌他再打搅你，我把钱还给他就是了；而且月底前我就会把钱还上。新的一个月又到了，而我身无分文。我压根不想再向你要钱（你借给我的23000法郎我时刻惦记着！），可我今天还得恳求你把那200法郎寄给我。说实话，我得筹措50或60法郎交房租，或者买点必需的洗漱用品（只要能凑合到我动身去翁弗勒尔那天就行，在那儿一切都有你照应，省得我在那儿休息时还不得安生）。

我求你了；用铁路快递（就在轮船公司对面）或挂号信给我寄来。我想有190法郎就够了，但我觉得铁路快递（或邮局）不会接受有零有整的汇款。如果你能做到，最好能让我后天收到。

你亲自还钱总是有风险的，哪怕是为了我；你想想，这样有可能助长某些人的贪欲。

至于我，我还有2000法郎的票据，其中1300法郎是欠德·卡洛纳先生的；我跟他不对付；他对待我的方式有点儿下作。这些票据都是预付款。代价是我为《欧洲评论》撰写的稿子或将要创作的作品都归属德·卡洛纳先生。这些丝毫不涉及我的著作权。此外，除了这1300法郎，与我直接有关的还有700法郎。你看，我还得鼓足勇气工作。我无权挪用我的收益。我早就不知道何谓消遣快乐了。——而且，为了能回到翁弗勒尔，至少需要一整月三十天没完没了地工作。你不认为我为当初那些愚蠢的行为付出的代价过大了么？

我还有些另外的事要对你说。但信纸和时间都不够了。但愿你对我好点儿；但愿你常常想起你对我不公平且不思悔改，特别是你总指责我对你缺少眷恋。正是为了向你证明这一点，我才把这封信的开头部分保留下来，那些话是在未收到你的斥责之前的某个时刻写下来的。

夏尔

在我的计划中，我曾有多少次把自己的生命融入到你的生命之中，你是想象不到的。

你收到《当代评论》了么？我马上把《欧洲评论》寄给你。我没时间再读一遍我写的信了。

致欧皮克夫人

[巴黎，1861 年 4 月 3 日]

为了今天，我要谢谢你，谢谢，谢谢；

看到 300 法郎这一数目时我心头一惊，第一反应是想应该把 200 法郎退回去①；我自言自语：我的母亲，她那么穷，她是怎么让自己变得取之不尽、用之不竭的啊？

送上另一篇愚蠢的文章：这类文章总是拿道德说事。道德与美无关，我在自己的书中已阐述过多次，可都有什么用啊？

送上那篇论瓦格纳的文章。请你读过后马上寄还给我。就像你看到的，我又有了一些修改。这篇文章快出单行本了，还要再加上我写的后记②。后记还没写完。出版社要求我今天交稿。

我求求你，别再跟我谈那个卡尔蒂纳了。我同意不再要求他道歉了。

我得写得很长才能答复你的来信。这封信让我很不痛快。我承认我服输了，彻底服输。只要我还活着，我就能看到未来若干年里没有快乐，没有休息，而且没有工作。

请别抱怨我今天给你写得如此之短；你自己想想原因吧。拥抱你并再次感谢你。

夏尔

致欧仁·克雷佩

[巴黎，1861 年 4 月 4 日]

我亲爱的克雷佩：

我接受您的劝告（关于丹迪和单行本），交稿日期也按您说的办。但请您静候佳音。我会谨慎行事。我前天和丹迪见了面，今晚我会完成后记。

---

① 同一天，国民教育部决定向波德莱尔提供 300 法郎补贴。
② 《理查德·瓦格纳与〈唐豪瑟〉在巴黎》发表后不久，出版了单行本，并附有波德莱尔的后记《再说几句》(*Encore quelques mots*)。

祝好。

夏·波

致奥古斯特·瓦克里

[巴黎] 1861 年 4 月 4 日

我亲爱的瓦克里：

如果不感谢您的话，那我也太忘恩负义了。我有个臭毛病，讨厌看戏且不喜了解剧情。而您，您竟能让我在七幕之间一直专注地观赏演出，您真可以说是创造了奇迹①。

我多年没有看过戏了。如今终于观赏到了一出，而且精美绝伦；它条理有序；充满逻辑；自始至终精彩。更让人叫绝的是，虽需最精微的推理，却永不令人倦怠；正相反，它似乎令人兴味盎然，生怕自己修养不高，不能欣赏到这部作品的所有精妙之处。

您真幸运，您了悟如何从一种概念中提炼其全部的内涵！说真的，我不撒谎也不是奉承，您馈赠了我一次长久以来不曾体验过的丰富享受。撇开您展示的所有技巧不谈，我对您能在一个纯粹的抽象概念中、在一个与荣誉观念同样模糊和不可捉摸的概念中创造出始终鲜活、始终充满激情的情节而击节赞叹（这话可不是我说的）。我甚至确信公众同样会一下子就被这种独创性所震撼。他们已许久未能躬逢这种独创性之盛了！

我觉得您重金请来的那个强盗——您对我说您很欣赏他的演技——对其角色来说演绎得太过精细，有些喧宾夺主了。这种造作对喜剧简直就是一道冷冰冰的开胃菜。我觉得该角色（那个演员）演过了头，从而损害了全剧。

至于鲁维耶尔，如果您能见到他就请告诉他，我太喜爱他了。他饰演的那位英雄，那种高超的演技和儒雅的风度，您一定也非常欣赏。

而现在，我到家了，无疑，我收获颇丰。如果我对您还有所求，我一定爽快地告诉您。

---

① 这封信是波德莱尔观赏了奥古斯特·瓦克里的新剧《荣耀的葬礼》(*Les Funérailles de l'Honneur*) 后写给他的。

我准备再深入研究一下这部作品的心理创作技巧。
祝好。

CH. 波德莱尔

致奥古斯特·普莱-玛拉西

[巴黎,1861 年 4 月 9 日] 星期二
[波德莱尔在这封信里请玛拉西对自己首笔 300 法郎欠款再宽限数日]:
我是在雷耶尔①家里给您写这封信的,他送给我两张《雕像》②的票,星期四的。

致欧内斯特·雷耶尔

[巴黎,1861 年 4 月 10 日?] 星期三晚
我亲爱的雷耶尔:
别忘了咱们明天(星期四)上午碰面。
家具就免了吧;我想它们可能与您的其他家具恰巧不配套。

CH. 波德莱尔
阿姆斯特丹路 22 号

致泰奥菲尔·戈蒂耶

[巴黎]1861 年 4 月 29 日
我亲爱的泰奥菲尔:
你是否还记得我曾对你说起过一位老朋友鲁道夫·布雷斯丹③?他走

---

① 雷耶尔(Ernest Reyer,1823—1909),法国作曲家。
② 《雕像》(La Statue)是一部三幕滑稽歌剧,1861 年 4 月 11 日在抒情剧场首演。
③ 鲁道夫·布雷斯丹(Rodolphe Bresdin,1822—1885),法国素描画家和版画家。

了十二年，最近回巴黎了。

我不知道沙龙评委会能否接受他的画作，不过你最好能先看一看其中几幅。我了解你，知道你肯定会喜欢某些作品。所以请你像接待一位老友那样接待一下布雷斯丹吧；观赏了他的作品后你一定会觉得不枉一睹的。

听候你的吩咐。

CH. 波德莱尔

致热利斯

［巴黎］1861 年 5 月 2 日

亲爱的先生，这是那 30 法郎，用以凑齐卡洛纳的第一张票据，我把这件事忘掉了，是我不对。

来了一张传票，要我明天为最后两张票据出庭；有您优雅的承诺在先，我是不会出庭的。

您要求我做的我肯定会主动去做：我想每个月末都去拜访您，并偿还数目不等的钱，50、100 或 200 法郎，等等。我的需求极限将绝对依据自己的收入而定。——但除非我去拜访您并还给您钱，否则新的月度计划将不会启动。

请您费心把这封信转给您的执达员，并附上您的几句说明。

我要对您说，那些在我家里被查封的画作大部分都不属于我的收藏，那些画之所以在我这儿，只是人家暂存于此，以方便我的文学创作罢了[①]。

好了，最后一点，我把所有票据都留在这里，直到最后一刻，并且恳请您再使把劲，直至最终从德·卡洛纳先生那里讨回变现费用和利息。

CH. 波德莱尔
阿姆斯特丹路 22 号

---

① 这些画都是居伊的作品。

致奥古斯特·拉科萨德

[巴黎，1861年5月初]

亲爱的先生：

我将陆续给您送上：

一、关于《论居伊》那篇文章的最后部分；
　　（圣赫勒拿岛的康斯坦丁·居伊）
　　　　风俗画家

二、《哲人画家》（已完成）；

三、《夏多布里昂：浪荡子之父及其后继者》（*Chateaubriand, père des Dandies, et sa postérité*）。我请您像上个月一样在府上以完成稿的稿费标准向我预支稿酬。

我觉得应该提前给您打个招呼，我和丹迪先生沟通过。他或许和您谈过，或许忘掉了。我应当告诉您，他觉得我的要求合乎情理，而且他答应转告您。

我目前的处境是这样的：由于卡洛纳案，我被查封了。

所有居伊的作品（两千幅画）被查封了，

那些画不归我所有；

我甚至连把这些画从我家里拿去给梅里美看，给大臣看[①]，或者给皇帝看的权利都没有。德·卡洛纳夫人甚至请求执达员把我关进克利希监狱。（这太可笑了。）

我手头（今天）一本小册子[②]都没有，不能给您送去；请您发发善心，尽您所能把这个消息传播出去，并请您相信，我万分感谢您的仁慈。

祝好。

　　　　　　　　　　　　　　　　　CH. 波德莱尔

勒孔特·德·利勒最近如何？

如果您能同意，《论居伊》那篇文章我将在月底交稿。

[①] 指时任皇室事务的国务大臣、拿破仑一世皇帝的私生子华莱夫斯基伯爵（Alexandre Florian Joseph Colonna Walewski, comte Walewski, 1810—1868）。

[②] 指刚刚由《欧洲评论》出版的《理查德·瓦格纳与〈唐豪瑟〉在巴黎》单行本。

要交稿的还有《理查德·瓦格纳与〈唐豪瑟〉在巴黎》(刊登在《欧洲评论》)那篇文章的后记:《再说几句》(*Encore quelques mots*)。

致保罗·德·圣-维克多

[巴黎,1861 年 5 月初]

我亲爱的朋友:

这就是那篇"怪物"①。纯粹的出版预告而已,请查收。

我只想借此告诉您,我被世人所遗弃,如果您能在画评或剧评期刊上发表几篇文章,以您的睿智并从严谨的视角谈谈我的《恶之花》或《人造天堂》,将令我备感荣幸。新版《恶之花》还一直没有送给您,我正在等精装本出来。这期间如果您觉得有一本普通版也不错的话,可以去米莱斯廊街的玛拉西书局自取一本。您会发现里面新增了三十五首新诗。——再去沙龙看看鲁道夫·布雷斯丹的六幅钢笔画,这些画一定或让您厌恶,或令您欢喜,或仅供您消遣。

祝好。

CH. 波德莱尔

致奥古斯特·普莱-玛拉西

[巴黎,1861 年 5 月 6 日]

我亲爱的朋友:

三天前我患了重病,否则我们是能够见面的。

此后三天里您来看看我吧,尽管情况很糟,我仍必须把耽搁的工作尽快赶回来;同时,您对那 800 法郎的耐心让我深感欣慰,至少我是这么认为的。

---

① 指《理查德·瓦格纳与〈唐豪瑟〉在巴黎》。

施瓦茨拿走了一切,并且对我说:既然这笔钱由杂志社偿还,那么就由杂志社偿还您好了。我收到了一笔200法郎,还有其他一些钱,可钱在担心中全都花光了。现在,杂志社的钱(15日和22日的)都归您,这很清楚。没有异议。只需要通知丹迪和拉科萨德转账就可以了。

最后要向您解释为何要请您在此后三天里来看我,是因为我倍加谨慎地把这一切告诉了我的母亲。她肯定会劈头盖脸地责备我,因为我并没有掩饰我想要钱的理由。

同样的情形今后仍将持续数月,因为我还欠勒梅西耶和热利斯的钱,除非我母亲同意帮我彻底了结这些麻烦,否则至少还得熬上一年。

这些就是我在以后几天里要对您说的话。

斯托贝尔那桩案子变得非常棘手。如果我没生病,就会引用您对那个混蛋的证词。我相信文人协会也将做出对我们有利的证言。

您肯定认为我的信里隐瞒了一种令人相当不安的状况。

夏·波

致欧皮克夫人

[巴黎,1861年5月6日]

我亲爱的母亲,如果你果真怀有母爱之情,而且不太累的话,就请来巴黎吧,来看看我,甚至可以和我住在一起。因为有上千条可怕的理由阻止我去翁弗勒尔寻求我那么渴求的那一点点勇气和爱抚。3月底我曾在给你的信里写道:我们难道不再见面了么?当时我正处于危机当中,人们可从中看到可怕的真实。对你,我生命中唯一牵挂的人,再怎么付出,我都会在你身边度过一段时光,一周,三天,哪怕几个小时。

你没能足够认真地读我的信,在我向你谈起我的绝望、我的身体状况和我对生命的恐惧时,你以为我在扯谎,或者至少认为我言过其实。我对你说过我想见到你,还说过我现在去不了翁弗勒尔。你信中的谬误和偏见太多了,只能见面交谈方可澄清,我写得再多都无济于事。

每当我拿起笔想向你说明我的处境时都心怀恐惧;我怕伤害了你,怕你瘦弱的身体禁受不住。而我,你却想都想不到我随时随地濒临自杀的边缘。我相信你是深爱我的;但这种情感却是盲目的,你就是有这等高尚的情操!而我,我童年时曾深深爱过你;后来,在你失当的压迫之下,我对你的尊敬消失了,俨然是母不慈、子不孝;我对此常有愧于心,虽然依自己的脾气什么都不说。我如今不再是那个忘恩负义、性格暴躁的孩子了。经过对自己的命运和对你的性格的漫长思考之后,我认识到了自己全部的过失和你所有的宽容。可无论如何,因你的失当和我的过失,伤害已然铸成。显然,我们注定要彼此相爱,相依为命,并以最恰当和最温情的方式一起走完我们的生命历程。然而,以我目前所处的险恶环境,我深信我们之间的一个人会把另一个人整死,而且最终会彼此将对方送上绝路。明摆着我死了以后你也活不下去。我是能让你活下去的全部意义。同样毋庸置疑的是,你死后,特别是如果你是因我受到刺激而死,我也会终结自己。尽管你常常过于屈己从人地谈论自己的死亡,但你即便死去也对改变我的处境丝毫无补;因为那个司法监护依旧会存在下去(为什么非得是这样呢?),一切都是白费,而且徒增更多的痛苦,那是一种绝对孤独的可怕感觉。我竟想自杀,这很荒唐,难道不是么?你会说:"莫非你想撇下你的老母亲让她孤苦无依么?"天呀!严格说来,假如说我没有最起码能这么做的权利,我想将近三十年来遭受的痛苦总能让我情有可原吧。你又会说:"但愿老天有眼!"我诚心诚意地渴望(这种渴望的真诚除我之外他人无从知晓!)真能有那么一位外在的、隐形的存在关注我的命运;但怎样才能让我相信呢?

(有关上帝的观念又让我想起了那位该死的神甫[1]。即便我的信令你再痛苦,我都不愿意你去咨询他。这个神甫是我的死敌,可能就是因为他愚蠢透顶。)

回过头再来说说自杀吧,这个念头虽然飘忽不定且不时闪现,但有一点我可以向你保证,不把所有事务安顿妥当我是绝不会自杀的。我所有的手稿都在翁弗勒尔,放得乱七八糟。所以我在翁弗勒尔还得大干一番。到了那儿以后我就再也不离开你了。因为你能想象得到,我不愿意以任何可

---

[1] 指卡尔蒂纳神甫。

憎的行为糟蹋你的房子。再者说，你也不要瞎猜，我干吗要自杀呢？仅仅因为债务么？债务确实有，但可控。主要还是因为可怕的倦怠，那是由旷日持久的荒诞局面蓄积所致的。每一分钟都让我生发出再也不想活下去的念头。在我年轻的时候，你做了极不谨慎的事。你的不谨慎和我过去的错误让我不堪重负，举步维艰。目前我身处险境。有些人喜欢我，有些人奉承我，或许还有些人嫉妒我。我很看好自己的文学前景。我想做的事情都可以去做。我写了什么都可以出版。由于我的才智属于曲高和寡类型，所以我知道我赚钱有限，但会赢得很高的名望，——只要我有勇气活下去的话。但我的精神状况却十分糟糕；——也许已经垮了。我还有些创作计划：《我心赤裸》、几部小说、两部剧本，其中一部剧本是为法兰西剧院创作的，这些事还要做么？我不相信自己还能干得下去。关于我的信誉状况，太可怕了，——这才是最大的麻烦。无片刻安宁。屈辱、羞辱、凌辱，样样你都无法想象，它们毒害着我的想象力，让我的想象力陷于瘫痪。不错，我是赚了点儿钱；要不是债务缠身，即便不发财，我也会是富有的，你不妨好好想想这句话，那样我就可以给你钱，也可以泰然地向让娜展现我的善心。我们待会儿再谈她吧。这是你引发的话题。——可所有这些钱，要么在挥霍和不良的生存环境中（因为我的生存环境极差）散失殆尽，要么就用来偿付和填补了那些旧债的窟窿以及支付执达员和办理法律文件等的费用了。

我很快就要步入正轨了，这就是说，我要讲求实际了。因为，说实话，我真的需要得到拯救，而你是唯一可以拯救我的人。我今天想把一切都告诉你。我很孤独，没有朋友，没有情人，甚至没有狗也没有猫能容我去倾诉。我只有我父亲的肖像，可他始终缄默不语。

我现在就是处在这样一种可怕的状态中，和1844年秋天的感觉没什么两样。屈从比愤怒更糟糕。

但我的身体状况更成问题，为了你，为了我，为了我的责任，我都需要对此加以注意！我必须把这件事告诉你，虽然你对此极少上心。我不愿意谈及这个正日复一日毁灭我的脑神经病——它戕害着我的勇气，还有呕吐、失眠、噩梦、昏厥。我以前曾多次对你谈起过这些症状。对你，我没什么可藏着掖着的。你知道我非常年轻的时候感染过梅毒，后来我以为彻底治愈了。这病在1848年住在第戎时又复发了。随即再次被压了下去。现在又死灰复燃，而且有了新的症状，皮肤上出疹子，各个关节都极度疲乏无力。你可以相信我；我知道是怎么回事。在这种持续不断的愁闷中，我的恐惧也许又令我病痛加剧。我必须制订一个严格的饮食制度，而按照我目前的生活方式，我却有心无力。

我想抛开这一切，重新开始我的梦想；在我终于愿意向你披露自己的计划之前，我从中感受到了真正的快乐。天知道我全部的灵魂还能否再次向你敞开，你可是从未欣赏也从未理解过这颗灵魂！我写下这些的时候没有片刻犹豫，因为我知道这千真万确。

我的童年里曾有过一段时光真诚炽烈地爱过你；听下去，读下去，别害怕。这件事我从没有对你多讲过。记得有一次坐马车出行；你从一家疗养院出来——就是你被遗弃在那儿的那家疗养院——而为了证明你在想着你的儿子，你把你为我画的几幅钢笔画拿给我看。你相信我的记忆力好得惊人吧？后来，我们去了圣安德烈艺术广场和讷伊。长时间的漫步，永久的温情！我还记得晚上一片凄清的滨河马路。呵！对于我，那曾是尽情享受温柔母爱的美好时光。请原谅我把那段光阴称为美好时光，它对你而言很可能是艰难时日。那时我始终活在你身上；你是属于我的唯一。你既是我的偶像，也是我的伙伴。我满怀深情地说起那段如此遥远的时光，你也许会惊奇不已吧。我自己都有点儿奇怪。这或许是因为我又一次有了想死的欲望，所以从前的情境才又在我脑海里如此生动地浮现出来。

在此之后，你知道你丈夫执意要强加给我一种多么专横的教育呵；我如今四十岁了，但想起上中学时的那段日子仍然不无痛苦，也不敢去想我继父加之于我心中的恐惧。不过我是爱他的，而且今天我已经有足够的理智还他一个公道。但毕竟他有些偏执和不近人情。我得赶快带过这一笔，因为我似乎已看到你眼中噙满泪花。

最后我离开了家，此后彻底迷失了自己。我满脑子只醉心于逸乐和不断追求刺激；醉心于旅行、高档家具、绘画，还有女人，等等。今天，我为此付出了惨痛的代价。至于司法监护，我只想说一句：如今我已经认识到金钱的无尽价值，也懂得了有关金钱的一切事物的重要性；我想象得出你认定自己的所做所为是明智的，是在为我的利益着想，但有个问题也随之而来，而且是一个始终让我百思不得其解的问题：你怎么从来就不能这么想想："我儿子的行为方式可能永远不会与我相同；但他在其他方面也可能会出人头地。这时我该做些什么呢？我是否应该把他打入一种双重的、自相矛盾的境遇中去呢？受人尊敬的同时又让人讨厌，遭人鄙视？我是否应该让他背负着某种可悲的、有辱他的人格的印记，却束手无策，悲惨欲绝，直至垂垂老矣呢？"的确，如果没有这个司法监护，一切早就被挥霍光了。但我也早就获得了写作的乐趣。可即便有了这个司法监护，一切也被挥霍光了，只剩下一个又老又可悲的我。

还有可能重返青春么？问题的实质即在于此。

我追溯这些往事不图别的，只是想说明我的理由也自有其价值，尽管这些理由有欠充分。如果你觉得我写的这些有嗔怪之意，我想你至少应该明白，我所说的这些丝毫不会改变我对你高尚心灵的赞美和对你的奉献的感激之情。你始终在作出牺牲。你天生具有牺牲的禀赋。这种禀赋更多地出于慈悲而非理性。我有更多的事将有求于你。我请求你在我们的关系中既能给我忠告，又是我的寄托，还能充分理解我，好帮助我摆脱困境。来吧，请来吧，我求你。我精力将竭，勇气将尽，希望渺茫。我眼前是无尽的恐惧。我看到自己的文学生涯始终举步维艰。我看到大祸将至。你来后可以很方便地在朋友们那里——比方说，在昂塞尔家——住上一周。我会去看你，拥抱你，无论多忙的事我都会放下。我预感到一场浩劫，而现在却不能去看你。巴黎对我来说不是什么好地方。我已经铸成过两次大错了，都缘于同样的不谨慎，你一定会更严厉地给这种错误定性；我看我早晚会疯掉。

既然我们都还能理解这一点，我为你祈求幸福，请你也为我祈福。

既然你允许我提出一个计划，那么我的计划是这样的：我要求收益的一半归我。比方说，如果总额限定在10000法郎，那就把2000法郎立刻拨付给我；你掌握另外2000法郎，用于一年中的不时之需，比如日常的必需品支出、购置服装，等等（让娜要住进一家疗养院，她的必需品消费也要从这里支付）……她的事我一会儿再对你说。又是你引得我说出这个话题的。由昂塞尔或马林掌握剩下的6000法郎，这部分钱可以慢慢地、循序渐进地、审慎地开销，这样支付或许可以高于10000法郎，而且可以避免在翁弗勒尔引起任何非议或公愤。

　　这将意味着一年的平静。如果我不能借此机会重新焕发青春，那我就是一个名副其实的大笨蛋和臭无赖。在此期间所赚到的全部钱财（10000法郎，或只有5000法郎）都会交到你的手里。我所从事的所有工作和所有进项都不会瞒着你。这些钱还要用来偿还债务而非填补亏空。——这一安排在未来几年也同样适用。这样，我通过你的关爱而焕然一新，或许就能让我既可以支付所有费用，又不必让10000法郎的本金减值，当然以前已花掉的4600法郎不包括在内。而且还可以保住房子。因为这也是我始终需要考虑的问题之一。

　　如果你能接受这个关乎我幸福的计划，我很愿意在月底——或者立刻——就重新回到翁弗勒尔定居。我同意你来这里带我走。你知道事无巨细，一封信不可能面面俱到。总而言之，我愿意今后每笔款项都在你和我之间充分讨论并在你同意之后才支付，一句话，让你成为我真正的司法监护人。若真能如此，又何必把我那些馊主意强加于一位母亲如此温情的想法之上呢！

　　若这样安排，我不幸地必须对那些在巴黎的琐屑生活中从这儿或那儿挣来的100或200法郎那样的小钱说再见了。这些都牵涉到一些重大计划和长篇作品，恐怕要等上很久才能指望有所收益。——这就只有靠你自己、靠你自己的良知和你的上帝做决定了，既然你还幸福地相信这些。别把你的想法全透露给昂塞尔，要拿捏好分寸。他是个好人；但他思虑狭隘。他不会相信要他管束的一个犟头坏小子能成为一个重要人物。他会固执地听任我沉沦。你不要只考虑钱，你得稍微想想名声、想想宁静、想想我的生活才好。

　　若真能如此，我就要说，我不会只在你家里待半个月、一个月或两个月。除了一起去巴黎，我会一直在你家里待下去。

　　校看清样的工作可以通过邮局进行。

　　你还应当纠正一个错误的想法，你信里时不时会流露这个想法。在孤独中我永远不会厌倦，在你身边我也永远不会厌倦。我只知道必须容忍你的那些朋友[①]。我容忍就是了。

[①] 指欧皮克夫人的邻居埃蒙夫妇。

有好几次我都想开个家庭会议，或者干脆就告上法庭。你当真知道我有多少话要说么？但也无非是这么几句：我在艰辛状况下创作出了八部作品。我自己能养活自己。我几乎快被自己年轻时所欠的债务逼疯了！

出于尊重你，同时也顾及你可怕的敏感，我最终没这么做。好歹你也该谢谢我。我再次向你保证，如果求助，我也只求助于你。

从明年开始，我将把本金收益的零头分给让娜。她将隐居某处，以免完全孤苦无援。这就是她目前的状况。她兄弟把她丢进了一家医院好甩掉她，出来时她发现他已经卖掉了她的部分家具和衣物。我从讷伊出走后的四个月里，我只给了她7法郎。

我求你，我想安宁，请给予我内心的安宁，让我能够工作，并给我一点儿温存。

显然，以我目前的状况，总会有些不测发生；所以我又错上加错：在与银行例行的交易过程中，为了清偿自己的债务而挪用了不属于我的几百法郎。我完全是被逼无奈。不用说，我觉得我马上就可以挽回这个错误。伦敦有个人[①]拒不归还欠我的400法郎。另一个欠我300法郎的人[②]外出旅行去了。天有不测风云。——今天我下了可怕的决心，要给相关人士写信坦承自己的错误。会是什么结局呢？我不得而知。但我要卸掉良心上的包袱。但愿人家顾及我的名声和才华，不给我张扬，并且愿意等待我坦白。

永别了，我已筋疲力尽。又说回身体的事，我已经将近三天睡不着觉又吃不下饭了；嗓子眼好像堵着。——可我还得工作。

不，我不对你说永别；因为我希望再见到你。

哦！请你好好读读这封信，理解此信的任务很艰巨。

我知道这封信会让你深感痛苦，但你肯定也能从中找到柔美、温情甚至是富于希望的音调，那是你此前绝少听到的。

还有，我爱你。

夏尔

---

① 指罗贝尔·斯托贝尔。
② 指《幻想家评论》的主编卡蒂尔·孟戴斯，该杂志预定从1861年6月15日开始为欧仁·克雷佩所编《法国诗人》一书刊登书讯。

致欧皮克夫人

[巴黎，1861年] 5月7日

我亲爱的母亲，我或许太让你担心了；今天早上不知咋的，发烧、气闷和颤抖的毛病都无影无踪了，我现在可以进食了。

但所有的困难和不安依然存在。多难挨的危机呵！

你是否发现瓦格纳那篇文章的结尾处有一段是从未发表过的？我在首页上把这一段给你标出来了。

对于这些批评性文章，我劝你一定要开始习惯它们。都已经好几年了，你应当泰然处之了，而且这样的文章一直都会有的。

我见了不愿去看望的那个人①。多没面子呵！

邮票没了。

我觉得马上就给你写信是做对了。

夏尔

致奥古斯特·拉科萨德

[巴黎] 1861年5月7日

亲爱的先生：

我的朋友奥古斯特·玛拉西为我偿付了所有欠款，甚至支付了所有费用，从一位您认识的银行家招惹的麻烦中解救了我。所以，最后那两篇文章（即最后交稿的那两篇文章）——《哲人画家》和《文学浪荡子》——的稿费应当付给玛拉西先生。《哲人画家》已经完成，我准备再通读一遍，15日向您交稿。《文学浪荡子》虽然还未杀青，但我希望能在25日前交稿。

不言而喻，像我未脱困之前一样，玛拉西先生的手头也很紧。——如果他将此信面呈给您，您将有机会当面结识这位大好人，而且更难得的是

---

① 指玛拉西。

您可以结识一位懂得阅读的书商。——勒孔特·德·利勒的文章写得怎么样了[1]?——随信送上一本论瓦格纳那篇文章的单行本。您在结尾处会发现几页尚未发表过的文字。

祝好。

CH. 波德莱尔

致欧皮克夫人

[巴黎] 1861年5月8日

其实,往常最棘手、非做不可且强迫我做都不会去做的那些事情,在心存感激之际,我也可能会为之一搏的。——再向你赘述那种感激之情实无必要;我没有其他朋友,我只有你;我能感觉到你受了不少苦;我觉得必须尽快补偿你。

但我现在很怕你热心过度。

我的第一个念头就是把那500法郎退给你。我着实难为情。随后又想到手头上还有15日的一桩麻烦事,后来在另一封信中又看到你说,你会把这笔钱视为今后的部分垫付款。

你说我不该对自己的身体不适感到恐惧。可我见过你也经常因为精神上的原因而痛苦不堪,我求你此时马上写信告诉我。我求你了,你听到了么?此外我也会每天给你写信,直到你动身的那一刻,我希望你同样也这样做。

简单说吧,这500法郎足够让我撑过20日了,尤其是,如果能让我像期望的那样按时完成《欧洲评论》的两篇稿子——这两篇文章的稿费我留给了那位朋友[2],因为我已经向他借了足足一大笔钱,而且法国驻英国使馆——我已通过文人协会的会长找了使馆——也能让伦敦那个人把他欠我的400法郎还给我[3]。正是那封可恶的伦敦来信——信中充满了最暴力

---

[1] 波德莱尔正等待勒孔特·德·利勒发表对第二版《恶之花》的书评。
[2] 指玛拉西。
[3] 指斯托贝尔。

的威胁——导致了三天前那场危机的爆发。

我实为担心的那场会面已经结束了。其过程远比融洽更为融洽。我说过的那位朋友来看过我了，他担心我的状态，担心我会极度忧郁。他说，他认为我的所作所为再自然不过了，无可避免；他甚至很惊讶，虽然他早就察觉我身处可怕的危机当中，而意外却并非总是那么频繁地光顾我。他说这话绝无讽刺的意味。而我，我对这种温情却深感愧疚。"不过，"他又接着说道，"因为我也急着用钱，所以请告诉我何时、如何才能把这笔钱还给我。"由于我还没打算向你求助，便回答他说，《欧洲评论》已承诺向我预支两篇文章的稿费，我可以全部还给他，与他借给我的数额庶几相抵。麻烦的是他必须在25日之前拿到这笔钱。所以我必须加快写作进度。而今天早上读了你的信后，我的第一个念头却想针对这种懒散和怠惰进行自我辩解，而这种怠惰往往只能缓解一时；处于此种状态便会忘掉未来的麻烦；这甚至成为了我自己既不希望解除司法监护也不希望一下子把债还清的理由之一。享乐导致怠惰。依我看，只有当你或我在道义上有了确信，即我已经能够勤奋努力乃至不为工作而工作时，这个司法监护方可废止。

所以，我仍会像没有求助于你帮我摆脱困境时那样行事；如果我自己能还上这笔债，既然我已经向你求助了2000法郎，那么我从现在起就要挤出这笔钱来，也就等于用在当用之处了。

如此说来，昂塞尔又要在我的事务中现身了！我知道躲不掉。你别让他看我的信。有些话我只能吐露给自己的母亲；就像你说的，我写的没有什么正面的东西；我在这样一封信中说的都只是些个人的、激情的、私密的东西，这些都不能让他知道；你只须再读一遍就会认同我的看法。这是一个真正事关谨慎的问题。

我坚持我说过的话。我的事你一清二楚；你只须冷静坚定地提出问题即可。即：你希望我立即获得一笔钱；你希望带着这笔钱来巴黎并分期支付给我。你希望昂塞尔或马林手上有一笔更大额的款项，以便他们可以秉持公正，根据不时之需，根据可能找我麻烦或骚扰我们的那些债主的先后顺序，循序渐进地清偿。

之后的事便只能仰仗上帝的恩典了！我以文学的名义向你保证，我会向你通报我所有事务的进展，未经你的认可，我绝不动用或随意支配这笔钱。

你问我昂塞尔会不会反对所有这些安排和这种新的支付方式？

就严谨和法律层面讲，他肯定反对。

从道义层面上讲，他不会反对，因为他尊重并爱戴你。再说，虽说他脑筋狭隘，我相信经过你的说服，他还是能明白我并非萍水相逢的路人，而是值得大家帮一把的人。

***

你表态果断，让我明白我伤害到了你。或许你觉得我一周之内就要尸骨无存了吧。有些人血液感染也活到了60岁。而我，我却感到害怕，并不仅仅因为这会导致忧郁。三个月的碘化钾治疗、巴雷日①的温泉浴和蒸气浴足以净化一个人。——可说到我的神经衰弱则是另一码事。除却冷水浴与毅力，无药可医。唉！

***

我要上千次、上万次地感激你的良好意愿。这么说来，数日后我就能拥抱你了②！我还要对你说，我会兢兢业业地工作，绝不会在未果的成功中昏睡。

***

如果我能持之以恒地工作五六个月，我就可以勇敢地对你说："我们可以废止那个司法监护了。工作习惯恢复后就会财源滚滚。"可我还从来没有这样尝试过。

***

在巴黎，我无法给你提供其他消遣，除了刚刚开幕的画展。我记得你

---

① 巴雷日（Barèges），法国地名，位于上比利牛斯省，其温泉水疗中心自17世纪起就很有名。
② 欧皮克夫人答应去一趟巴黎，并在帮助波德莱尔解决其财务方面的巨大麻烦后一起回到翁弗勒尔。

绝不看戏和听音乐会。对不起,我给你招惹来那么多痛苦,又对你说起这些孩子话。

我不在你身边的时候请你千万千万不要独自外出。对我来说,大马路让我生畏。

再说一件事:我可以在不影响自己事务的前提下为你安排住房。你要什么价位的房子?要哪个区的?你是希望租一套能够做饭的公寓,还是打算一日三餐都在外面解决?你知道我太熟悉巴黎了,这些事对我来说都轻车熟路,只要你愿意都可以满足你。啊!还有,你打算住多久?

***

再一次全身心地拥抱你。要到什么时候我才能有权问你:你对我满意吗?

夏·波

我求你,别太急忙,小心得病。狂风恶浪我还能顶一阵子,尤其是胸存锦绣愿望之时。你要冷静行事,有什么不同的想法或困惑就请马上告诉我。

***

我的信写得太乱了。

致弗朗茨·李斯特[1]

[巴黎,1861 年 5 月 10 日前后]

先生:

我今天碰到了瓦格纳夫人,她告诉我说您收到了我写的那篇论瓦格纳

---

[1] 李斯特(Franz Liszt, 1811—1886),匈牙利作曲家、钢琴家、指挥家。波德莱尔非常仰慕和爱戴李斯特,曾将《人造天堂》和《理查德·瓦格纳与〈唐豪瑟〉在巴黎》寄赠给李斯特,李斯特也曾寄赠给他《论匈牙利的波希米亚人及其音乐》(Des Bohémiens et de leur musique en Hongrie)。

文章的单行本，而且您很高兴和我见个面。但我担心您找不到我——因为我琐事太多了——所以我很乐意先去拜访您。我知道您将在20日离开。我会先去看望您的。多年以来，我始终都渴望能有机会向您面陈我对您的禀性和您的才华的全部热情。

CH. 波德莱尔

合　同（与欧仁·克雷佩）

[巴黎，1861年5月18日，波德莱尔与欧仁·克雷佩签署本合同。参见波德莱尔1861年5月20—25日致玛拉西的信。]

致欧皮克夫人

[巴黎] 1861年5月21日星期二

我亲爱的母亲，你上一封信中谈到的那些承诺和提议是我在这个世界上绝对无法接受的。我不能偷窃自己的母亲，我不能让她老无所养。你若过度奉献会让我无地自容。

现在还是谈谈那些事吧。你还记得我说过每天都要给你写信；但每天要应付执达员，要四处奔走、请求延期偿付，最后还要写作，这些事让我疲于奔命！真见鬼了！一天的时间可不是无限的。

你告诉我说，昂塞尔可能会做点什么。他来过了，絮絮叨叨说了半天，说他什么也做不了，什么也不能做。而你信里的意思则完全相反，或者说是你自己把意思看反了。完全是自相矛盾！

他希望我去拜访他。干什么？我全然不知。我现在懂得了，只能磨蹭、拖延、写作，等待机会的出现！

他来的那天晚上，再赶回家吃饭已经太晚了；于是我带他去餐馆吃饭。可是他太磨蹭了，连晚饭也没吃成。这一切让我大为光火，以至于我和餐馆老板还吵了一架①。而他,他还请那位老板过来(二人素昧平生),问他……你猜问些什么?……问他是德国人还是英国人,问他开饭馆开几年了,问他生意好不好,等等。对我来说,他这种性格简直莫名其妙,我说了好几次,但他还是要说,这种性格让我害怕。

我意识到他是想弄到与我业务关系密切的人员名单,但仅仅是为了去盘问他们。

他还问我让娜的地址(因为她躲到讷伊去了),我回绝了他。还要到那儿去,干吗?说不定她都已经死了。

真的,该怎么办?我告诉过你,我可以等到20日。也可以等到24日。但怎样才能从昂塞尔那儿弄到钱呢?我现在谈的可不是什么生活必需品。我要的是10000法郎。你说,他已经把过去的事一笔勾销,只想为我现在的生活提供一些方便。你说要4000法郎;这可能已经很多了。这只是我提出的数字,前提是我在离开巴黎前能赚到大约1600法郎。拜这些日增的奔波、这些不竭的奔波之赐,我只能停止追索伦敦那个人②,也就是说,停止追索文人协会主席和法国使馆正帮我追索的那400法郎。现在我必须做的不是几个月400法郎的事,我必须挣得越多越好。

所以说,如果昂塞尔真的想做点儿什么的话,我想要的可不是4000法郎,而是5600法郎;只有在这一前提下我才会让他安生地待到明年1月1日。

有些事情是非常复杂的(比如说,报社里关于我的薪水和收入方面的反对之声、债权的转移、解除扣押,等等),我希望自行解决这些事,而且我会逐日向你报告用了多少钱,换回多少票据。我年轻时候的那些事如果允许他插一杠子,我宁愿去忍受更难堪的事情。

事情如果这样安排,就还得再去奔波和忙碌十天;就是说,又有十天不能写作了。

你一定十分诧异我不信任此人,远非如此;我太了解这个人了!他是我的大敌(虽说他不是出于恶意,这个我知道)。

你说,他建议我以放弃收益为前提对老账进行一次清算,而我每年的

---

① 波德莱尔和许多餐馆老板都吵过架,并不仅此一次。
② 指斯托贝尔。

收益可不是 2000 法郎，所以在这种新环境下，每年至少得给我 300 法郎，因为有的时候我会两个月、三个月、四个月收不到巴黎的汇款。

顺便告诉你，我从来不知道我本金的数额，也不知道能给我带来多少收益，人家向来都对我隐瞒这些事，说这不重要。

顺便再说一下，你信里还有其他一些差错：——转让的不是 8000 法郎而是 4600 法郎；——布朗歇① 已经收到了我汇给他的钱；——雅科托② 那件事我全然不清楚。我从未给雅科托太太寄过任何东西；我曾给她丈夫寄过《人造天堂》和《恶之花》，还有《理查德·瓦格纳与〈唐豪瑟〉在巴黎》，并在书里夹了 100 法郎。我真觉得我寄了么？难道我在做梦么？或者是那册单行本寄丢了？我一概不知。这都是些小事，我会去核实的。而眼前这些事则可怕得多。（核实这种美差还是让我自己去办吧。）

我希望马上赚到的那 1600 法郎将一点点地返回翁弗勒尔，即便你预计昂塞尔（可你这是昏了头了！）已经提供了 4000 法郎。（但那是不可想象的！昂塞尔只是提议而已！）当然了，在解决掉所有反对意见、所有查封和所有扣押之后，我倒是能够安享我那些文章的成果了。

但是该怎么办？该怎么办？我是否应该假设昂塞尔给你写的都是谎言，或者说他性格中的那些坏习惯正驱使他向我隐瞒他准备为我效力的事情？啊！真是个怪人！

我目前的事务中没有高利贷也没有挥霍浪费。有一些合法的、尚未支付但应当支付的开支；有一些复杂的文学方面的交易；还有一些欠账，导致别人因为我的过错而被追索。这些事我要自己去解决。

举例来说，我的一个朋友（他绝对不会去找昂塞尔）24 日晚上必须拿到 1000 法郎。你的 500 法郎和布朗歇的也已列入我的统计。4000 法郎只是我算出的账，剔除了小额债务以及其他一些小事如服装、购物、向朋友的小额借款以及为今年剩下的时间预留的费用。

如果彻底离开，我打算在巴黎留一些钱，好偿还我离开后才到期的债

---

① 布朗歇（Blanché）是讷伊昂塞尔公证人事务所的继任者。
② 雅科托（Antoine-Bernard Jaquotot，？—1862），诉讼代理人，波德莱尔的母亲与欧皮克结婚的证婚人，也是波德莱尔的家庭监理会成员，提出给波德莱尔指定法定监护人的主意就是他出的。

务。因为我不相信任何事也不相信任何人（除了你）。

刚才我提到了过去的问题。我将把我绝大部分收益留给昂塞尔，他什么都不用支付；我对此深信不疑。我们俩会一起攒钱，我也会选择一位真正的商人。但为了让你高兴并且不冒犯他，我还是会把绝大部分收益留下给他。

（我的一位朋友刚刚在演出市场获得了巨大的成功。我见证了参与集资的人赚得盆满钵满。十五年前借出的1500法郎，如今已经赚到了3000法郎！啊！以后的收益肯定更可观！想想看，我头上可是从来没降临过这等好事的！）

致奥古斯特·普莱-玛拉西

[巴黎，1861年5月20—25日前后]

我再也不想见到克雷佩了。在德·卡洛纳之后是斯托贝尔；在斯托贝尔之后是克雷佩。

他甚至都不再遵从那个在自己家里应当比在别处更有礼貌的规矩，居然以居高临下的态度对待我。

他会去拜访您。我把合同[1]留在那儿了（我更愿意视其无效，直到他同意不再给我们的出版计划添乱）。我会继续与孟戴斯[2]谈判，但只是为了自己。

我对这些侮辱性的行为实在受够了。真要到了忍无可忍的地步，我就会狠命地给他来一下子，他肯定想不到，那就是提出废止协议，让他把我的著作权都还我，并把所有从他那里收到的稿酬全都还给他。（他手里有收据。）

我受够了这个蠢货强加给我的所有痛苦。

---

[1] 这份合同是波德莱尔和欧仁·克雷佩1861年5月18日签署的。该合同允许波德莱尔在清偿了欧仁·克雷佩此前支付给他的款项的前提下，可以在《幻想家评论》上发表他为《法国诗人》一书撰写的诗人评述。

[2] 孟戴斯（Catulle Mendès，1841—1909），法国作家和诗人，《幻想家评论》(La Revue fantaisiste) 创办人。

别告诉他我快要有钱了。我觉得会有麻烦。真实的情况是，月底前我会收到 3000 或 4000 法郎。我也猜不出克雷佩还会有什么幺蛾子，即使没有，我也需要 5000 法郎。

我最好再也不见克雷佩，因为我肯定会发火，这次就算是最后一次吧。祝好。

夏·波

您无法想象这个脓包软蛋会那么无耻。

您还记得么，《欧洲评论》三个月前本来是有可能发表我后来创作的那三篇文章的。

合 同

[巴黎，1861 年 5 月 24 日]

本合同签署人约定如下：

夏尔·波德莱尔先生，文学家，现居巴黎阿姆斯特丹路 22 号，同意出让其作品的事实上和法律上的所有权利，并转让给：

奥古斯特·普莱-玛拉西与德·布鲁瓦斯先生，合伙人，米莱斯廊街 97 号的出版人，现分别居住在巴黎和阿朗松，普莱-玛拉西先生已接受

自本日起，享有以各种形式再版波德莱尔先生已出版或将要出版的所有文学作品的专有权利。

已出版的作品包括：

《人造天堂》《鸦片与大麻》和刚刚由普莱-玛拉西与德·布鲁瓦斯书局出版的诗集《恶之花》。

以及：《怪异故事集》《新怪异故事集》和《阿瑟·戈登·皮姆历险记》，这三部作品由波德莱尔先生译自爱伦·坡，他指定普莱-玛拉西与德·布鲁瓦斯先生继承他与上述三本书的出版人——莱维兄弟出版社所签署之合同中规定的所有权利，即：若莱维先生继续重印上述三部作品，波德莱尔与莱维所签合同中规定的稿酬从此归属于普莱-玛拉西与德·布鲁

瓦斯先生；若出现相反的情形，即莱维无意再继续印行上述作品时，则普莱–玛拉西与德·布鲁瓦斯先生有权以其认为合适的各种方式、以其认为合适的各种版本继续经营上述作品，并享受前述规定的稿酬。

将出版的作品包括：波德莱尔先生已出版和将要出版的所有文学作品，无论其属于评论、长篇小说、中篇小说、历史还是哲学，等等。

本次向普莱–玛拉西与德·布鲁瓦斯先生的转让总额为伍仟法郎，该笔金额已在本日之前由普莱–玛拉西与德·布鲁瓦斯先生以现金和票据方式等值支付给了波德莱尔先生，波德莱尔先生同意签署本合同，并已认可该笔金额并出具了收据。

双方同意，签署本合同旨在尽快清偿普莱–玛拉西与德·布鲁瓦斯先生此前已支付给波德莱尔先生的等额款项，一俟上述欠款清偿完毕，波德莱尔先生将完全收回其作品的全部著作权。

为使每部作品的再版所得——其目的仅仅在于降低波德莱尔先生的债务总额——不会引发缔约双方的任何争议，每当普莱–玛拉西与德·布鲁瓦斯先生拟再版波德莱尔先生已出版的某部作品、或在报章上重新发表波德莱尔先生的某部作品时，都须将该次再版或重新发表可以抵销的债务金额通报给波德莱尔先生；如该金额低于波德莱尔先生的预期，波德莱尔先生可以联系其他出版商再版或重新发表，以期获得更高的收入，但在他与该出版商商洽的过程中，普莱–玛拉西与德·布鲁瓦斯先生根据本合同赋予的权利有权过问与该转让有关的价格问题。若普莱–玛拉西与德·布鲁瓦斯先生同意以该出版商出价相同的价格再版该书，波德莱尔应赋予其优先权。

普莱–玛拉西与德·布鲁瓦斯先生每次向波德莱尔先生通报其拟再版或重新发表某部作品及相应的价格时，波德莱尔先生应在十五日内就接受、拒绝或另寻出版商表达自己的意见；该期限结束后，如波德莱尔先生未能确认收悉或未能提出拒绝理由或未能告知他已找到另一位愿意出价更高的出版商，则普莱–玛拉西与德·布鲁瓦斯先生将按照其提出的价格径自施行。

本合同一式两份，于1861年5月24日在巴黎签署。

[签字]：

普莱–玛拉西和德·布鲁瓦斯　　　　　　CH. 波德莱尔

致欧皮克夫人

[巴黎,1861 年 5 月 25 日前后?]

诸事都在进展,但愿进展得更好;然而我极为怀疑他① 能否赞成 300 法郎那桩生意以及提高到 1000 法郎那件事。我刚让别人把我可以赚到的 1200 法郎汇入我的账户,我干得真不错。——我会把更多的细节写信告诉你,并全身心地拥抱你。

夏尔

终于,我可以盼着在你身边平静地生活了!

致欧皮克夫人

[巴黎,1861 年 5 月 27 日]

现就你关心的那些问题立刻作复:

是的,是从我的本金中拿出 4000 法郎。——今天上午(27 日,星期一),我等着昂塞尔和我一起去拜访一位证券经纪人。可他太忙没来。他明天来。——4000 法郎对我来说还是太少;但我同样会在翁弗勒尔陆续收到三四篇文学作品的稿费,这些文章我动身后就会付梓。

离开巴黎前,我希望知道我本金和收益的确切数额以及投资的性质。

我会去拜访雅科托先生。如果那本夹有 100 法郎的单行本是委托给某人寄出的(我肯定找不到他),那就是丢了。很显然这本书没有付邮,因为邮局肯定会把那 100 法郎退回,然后以违反规章起诉我。可那天我有五十本书要包装和付邮,很明显是犯了疏漏的毛病。

玛拉西那件事太急了,我必须从昂塞尔的钱袋里掏出钱来以便后天交给他。所幸玛拉西还有点儿钱;所以不用给他 1000 法郎,只要 500 就行。——其他比较急的债务都在月底。

---

① 指昂塞尔。

我得去拜访众多有关人士，到处取回票据，对查封提出抗辩，以便回到翁弗勒尔后能陆续收到我文章的稿酬。最后，我还要收拾和托运行李，而你一定会为此责备我。——但行李必须捆绑结实。我的经验告诉我，路途上若磕磕碰碰，肯定会把那些书、版画和油画毁掉的。

你还会为那笔我肯定会汇给你的 500 法郎责备我。昂塞尔会提供证据，证明我已经把这笔钱还给了你，布朗歇也能证明！

有了你的帮助，我觉得马上就能喘口气了，此时我恰巧经过一家中国古玩店，就为你买了两个喝茶或喝咖啡用的小托盘。你别唠叨我。我不过是以自己的方式感谢你，向你略表寸心。运费已付，你一定已经收到了吧。

我一直担心留在卧室或书房里的那些纸箱。那里面有我父亲的画，还有其他一些东西，我害怕它们受潮。

我一会儿要去文人协会陈述伦敦那桩案情，我请他们帮我聘请了两位律师。我不想丢掉我那 400 法郎，我也不愿看到他在羞辱了我之后却不受惩罚。就是那个混蛋①既欠我的钱又害得我大病了三天。

全身心地拥抱你。

夏尔

致弗雷德里克·托马②

[巴黎，1861 年 5 月 28 日；波德莱尔在信头和信尾两次签上了自己的名字。他在这封信里介绍了斯托贝尔欠钱一事，咨询能否就其创作手稿获得偿付，但弗雷德里克·托马始终未给波德莱尔回信。]

---

① 指斯托贝尔。
② 弗雷德里克·托马 (Frédéric Thomas, 1814—1884)，法国律师。

致欧皮克夫人

［巴黎］1861 年 5 月 30 日星期四

我亲爱的母亲：

明天（星期五）白天你会收到我通过铁路邮局寄回去的 500 法郎。你高兴的话可以付给邮递员一点小费。邮资已付讫。

我今天上午才知道我没有付那两个托盘的运费。实在抱歉。

你收没收到我写的一封特别潦草的长信？是答复你写来的三封信的。我能记得的是我在里面写了托盘的事。

我觉得那两件我精心挑选的小玩意儿你并不真心喜欢，所以我还是只送你茶叶吧。——这一次我确信会让你满意。

拥抱你，不久后见。

夏·波

致奥古斯特·普莱-玛拉西

［巴黎，1861 年 6 月 4 日前后］

应当如何答复这些蠢话及其弦外之音[1]？

我想先听听您的建议，好防止自己动辄头脑发昏，再次抖搂出自己的全部想法（甚至包括作品的开支）。

夏·波

他总是用这种不痛不痒的信烦我，让我不得消停！

即便我不怀疑克雷佩先生不想给我三分之二，难道他自己就没有不时之需的时候么……？

---

[1] 指欧仁·克雷佩致波德莱尔的一封信。欧仁·克雷佩在这封信里提到波德莱尔创作的博雷尔和勒瓦索尔的评述，催要杜邦和雨果的评述，并询问他是否已开始修改关于巴尔比耶的评述等事宜，并说："我不怀疑您有推迟交稿的想法，但您还有急需用钱的时候，一笔外财或许就会让您改变我们所谈的这笔小额款项的走向。所以我们还是应该遵守您在充分讨论之后所接受并签署的那些条款。"

致欧仁·克雷佩

[巴黎，1861年6月4日前后]

亲爱的朋友，雨果评述今天上午已经交稿；这方面您大可放心。

我刚刚和克莱耶先生①分手，我要他提供戈蒂耶、勒孔特·德·利勒和巴尔比耶那几篇评述的制版清样；但他认为没时间再改了，他觉得这确实很棘手。

在您没有让他改变主意之前，我坚持要求他提供瓦尔莫夫人②以及埃热西普·莫洛③那两篇评述的制版清样。

听您昨晚说话的口气，既然您觉得皮埃尔·杜邦、勒瓦瓦索尔④和贝特吕斯·博雷尔那几篇评述里有些东西让您反感，那我觉得就没必要再写下去了。

麻烦您仔细些，请别丢了那三篇手稿，第四篇手稿（关于埃热西普·莫洛的那篇）已提交制版。

祝好。

夏尔·波德莱尔

致欧仁·克雷佩

[巴黎，1861年6月？]

我亲爱的克雷佩：

我只想把皮埃尔·杜邦那篇评述再润润色，因为我觉得另外两篇已相当精彩了。您的盲目只能让您断然拒绝我的意见。拜托，这件事别再提了。

---

① 克莱耶（Claye）是《法国诗人》一书的印刷商。
② 瓦尔莫夫人（Mme. Desbordes-Valmore, 1786—1859），法国女诗人，其诗歌经常描述哀愁和伤感，并表现从痛苦中汲取的力量和美，故被法国诗界誉为"哭泣的圣母"。
③ 埃热西普·莫洛（Hégésippe Moreau, 1810—1838），法国作家和诗人。
④ 勒瓦瓦索尔（Gustave Le Vavasseur, 1819—1896），法国作家和诗人，波德莱尔青年时期的朋友。

您星期一会拿到清样的。

至于引语,您知道咱们是怎么约定的;我最多也就能给您提些建议;可这有什么意义呢?

我月底动身。请您关注一下另外几篇评述吧,我至今还未拿到清样。

祝好。

夏·波

致欧仁·克雷佩

[巴黎,1861年6月或夏季?]

我甚至说过渴望重新读读那些引语(或许还能再补充一两句)。

我觉得如此这般才能称作谨慎,因为您也能发现,抛开我修改的那三首诗不谈,其中已谬误多多,谬误会改变文字,滋生歧义。

如果送信的这个孩子能找到您,就请您把其他清样也一并交给他;如果找不到您,就请您晚上把那些清样寄给我,您明天就能收到修改稿。

(不仅《沉思集》,还有《历代传说》,都会还给您。我打算七月份动身去那边①。我会把所有东西都寄回给您。)

夏·波

那个新增的注释,您若觉得没用可以删去。

致欧仁·克雷佩

[巴黎,1861年6月10日前后]

这实际上就是那篇我寄给您送交印刷厂的清样(雨果评述)。克莱耶明天就会收到,我还要再读一遍。

请注意勒瓦瓦索尔那篇评述的引语,里面印刷错误多得简直不可思

---

① 指翁弗勒尔。

议，另两篇评述和修改过的三首诗里也都有印刷错误，还有，只摘引一节诗也让人颇难理解。

我求您了，别再跟我提您那个"近乎赤条条"了①。我已经答应在所有评述中删去那些过于尖刻而可能伤人的地方。但这个句子则完全是另一码事。我向您保证我与勒瓦瓦索尔私交甚笃。——另外我在瓦尔莫夫人那篇评述中还增加了一行注释。

请把那册薄薄的皮埃尔·杜邦诗集交给送信人；因为我若不再摘引一节，可能引语就令人难以明白了。

祝好。

夏·波

致欧仁·克雷佩

[巴黎] 1861 年 6 月 19 日

我亲爱的克雷佩：

若干时日以来，所有修改过的清样都在您的家里，而您在玛拉西那里拥有 100 法郎的权利，占我从《幻想家评论》所得进项的三分之一，对此您大可放心。

您的来信让我有些担心，我曾想去探望一下克雷佩夫人；可她不在。然后我去了印刷所，他们什么都没有收到。

离开巴黎以前我希望能重新通读一遍所有稿子；此外，最后那四篇在修改之后我也有必要再重新通读一遍。

再有，瓦尔莫夫人评述中增加的那一条注释确属必要。

祝好。

夏·波

---

① 波德莱尔在勒瓦瓦索尔那篇评述的开头部分写道："我已有多年未见过勒瓦瓦索尔了，但我总是愉快地回忆起我与他交往的那些岁月。我不止一次地想起，有一天上午我去看他，正碰上他近乎赤条条地在用椅子搭起的架子上做着危险的平衡动作。"欧仁·克雷佩 1861 年 6 月 3 日致函波德莱尔，要求他修改这个句子，因为他认为这样写会冒犯勒瓦瓦索尔。波德莱尔一个字也未改，今天在这篇评述的开头部分依旧可以看到"近乎赤条条"这几个字。

我只能去您家里当面答复您。可您没告诉我您住在哪儿,邮戳上也看不清楚。

致欧皮克夫人

[巴黎] 1861 年 6 月 19 日

我去拜访了雅科托先生,他一直在生病。我看过他两次,并把 100 法郎还给了他。

几天前我托运了一个货箱,极沉,里面是我最珍爱的东西。应该运到了,运费还未支付。我一直担心会不会发生破损,至少玻璃器皿不要碎,否则会把油画划破的。

你别拆箱;包装很复杂。它太重了,你可以让人把它搬到厨房后面的大厅里,以后让你的园丁邻居告诉我存放地点在哪儿就好了。

我还没收到承运人的回执。

其他行李将陆续发运。

全身心拥抱你,亲爱的母亲。

夏·波

收到《幻想家评论》了么?

致欧皮克夫人

[巴黎] 1861 年 6 月 21 日

我亲爱的母亲:

昨天我告诉你运出了第一个货箱时,忘了回复你上次给我写的那封美好的信,一封如此美好又如此好笑的信。只有母亲们才有这等非凡的特权:既令人莞尔,又能激发儿女们的尊敬与感激。

我指的是你在信里对我解释说什么叫"当日事当日毕",还说恪守时间必有好报。

让我感念的是你关爱我。让我发笑的是你还在教导我一些老掉牙的东西。我在这种崇高的、权威性的说教过程中虚度了自己的人生，而这些说教并没有把我调教好。——我历来既富于理性又满身毛病。——哎！也许我就该像个孩子或者奴隶那样挨板子。

我所有的事差不多都完成了；还有两三件事正抓紧进行。

坦然面对自己的处境，可以说我一无所失。我能够变得伟大；但也会迷失自我，只博得怪人之名。

习惯决定一切。

我们再详谈。

拥抱你，并诚挚地感谢你给予我心灵的温暖，我敢说，即便是那些最值得拥有这种温暖的人也没有我体悟得如此之多。

给你写这封信时，正是我最严肃的时刻——我正在反躬自省。

夏·波

致路易·马蒂内 [1]

[巴黎，1861 年 7 月？]

亲爱的先生：

您对我在系列评论中评论我们绝对崇拜的朋友杜米耶的那篇文字不满意，真是令人遗憾。我长期研究喜剧和漫画。既然您担心（根据您的便笺推测）我的文章 [2] 在拿破仑三世的统治下、在华莱夫斯基一世的管控下无法发表（其实在富尔德 [3] 管控下是发表过的），那就随您的便撤下好了。请您相信，我对您感情深厚，但对某些事情却不能屈从。我自幼养成了一

---

[1] 路易·马蒂内（Louis Martinet，1814—1895），法国画家、剧院经理和画廊老板。
[2] 不清楚这是波德莱尔的哪篇文章，信中没有提供任何线索。据波德莱尔研究专家分析，不排除是《论几位法国漫画家》(*Quelques caricaturistes français*) 一文——该文首次发表于 1857 年 10 月 1 日《现时》，随后又发表于《艺术家》1858 年 10 月号——的改写版。
[3] 富尔德（Achille Marcus Fould，1800—1867），法国银行家和政治家，第二共和国时期担任过财政部长，第二帝国时期担任过国务大臣，是华莱夫斯基一世的前任。

种习惯，认为自己从来都对。

——虽然我觉得我应该对您所认为的冒犯之处做些妥协，但您的判断却基于某种失去理智的胆怯，而我确信这篇文章不仅会让所有人喜欢且会大有收获，对您也绝无风险。——不过您还是撤下来吧。

再会；——我会补偿您的。

麻烦您收好我的手稿：我没留副本。

祝好。

CH. 波德莱尔

致路易·贝拉盖

［巴黎］1861 年 7 月 9 日

［一封美妙的信。他居然以老熟人的身份祝贺贝拉盖履新[①]。］

看到一位文人能跻身高位总令人生悦。请接受我诚挚的祝贺。此外，您离开国务部前请别忘了过问一下我的事，您还记得有关我和我们的那件事吧——您知道我指的是 G 先生[②]；我觉得您再过问一下此事轻而易举，别人也不好意思在您离开之际驳您的面子。

致欧皮克夫人

［巴黎］1861 年 7 月 10 日星期三

亲爱的母亲：

我之所以推迟、磨蹭、拖沓，原因如下：

[①] 波德莱尔在这件事情上搞错了：出任巴黎地区初级教育督学的不是路易·贝拉盖，而是他的一位堂兄。直到 1861 年 12 月 25 日波德莱尔致迪梅尼尔的一封信中才将这一概念纠正过来。
[②] 指居伊。

一、收取稿酬。

二、校订《对几位同时代人的思考》的清样，此文是在我不在场时印刷的，错误百出，可恨可恶。

三、从现在到年底错开工作节奏。

四、正与某部门就出访伦敦事宜进行磋商（计划明年成行）。（这话说起来就长了。）为获得这一机会，我必须继续为《欧洲评论》撰稿[1]。否则，若离开《欧洲评论》转而为《两世界评论》撰稿的话，这个机会就失去了。

五、我希望能亲自监督修复我父亲的那两幅热鲁兹的画、布瓦伊的画还有其他几幅画作[2]。修复工作已完成，但还未干透，不能打包。

六、最后，还有大量清样需要修改，此外还要监督《恶之花》插图版的卷首插图、肖像、叶饰、尾花等的设计（每册 25 法郎），出版者愿意承担这个风险。不过这想法太奇怪了，我并不觉得好！有哪位妈妈会把《恶之花》作为新年礼物送给孩子呢？又有哪位爸爸会这样做[3]？

我放在信中的这幅木偶一样的照片就是摄影师拍摄的系列肖像之一[4]，并要用这帧照片来指导雕刻师的工作。我不仅对这个出版计划不看好，而且对接受委托设计字母、叶饰、肖像和卷首插图的那位艺术家也不看好[5]。

你对我讲的巴东夫人[6]那件事的确有些古怪。

此外其他事项都进展顺利。我们很快就会见面的。

---

[1] 万国博览会将于 1862 年在伦敦举行。法国政府正在拟订代表团名单。作为政府支持的《欧洲评论》，其撰稿人波德莱尔本来是有可能获得这次出访机会的。

[2] 热鲁兹（Jean-Baptiste Greuze，1725—1805），法国肖像画家。布瓦伊（Louis Léopold Boilly，1761—1845），法国画家。

[3] 1858 年 7 月 10 日的《趣闻日报》（Le Journal amusant）刊登了一幅达尔儒（Henri-Alfred Darjou，1832—1874，法国画家）根据纳达尔的素描制作的版画，表现一位愤怒的父亲正在叫嚷："谁会把那位可恶的波德莱尔先生的《恶之花》塞到自己女儿手里！……"

[4] 指卡尔嘉于 1861—1862 年拍摄的一组波德莱尔肖像。

[5] 玛拉西制作这部插图版《恶之花》的初衷是想在 1862 年伦敦万国博览会上推出，封面和装饰绘画由布拉克蒙承担，制版由索丹（Noël Eugène Sotain）负责。版画刚刚制作出两幅清样时，玛拉西就因其最主要的债权人布巴尔-达维尔（Poupart-Davyl）向法院起诉而破产了，该出版计划遂告夭折。

[6] 巴东夫人（Mme. Bâton），据波德莱尔研究专家考证，这位巴东夫人是欧皮克夫人早年寄宿学校的同学，生平不详。

有不少人鼓励我利用现在有空缺的机会（斯克里布①的席位）或下一个可能有空缺的机会向法兰西学士院递交候选申请。可我还有司法监护啊！我敢打赌，即便在那儿，在那个公正的圣地里，这都算是一个污点。

爱你并拥抱你。

夏尔

你会喜欢那幅热鲁兹的赝品的。我会收藏另一幅。

致 [佚名②]

[巴黎] 1861 年 7 月 11 日

先生，涉及我自己的作品时，我绝不会与任何人争论，因为每个人自有其评判自由，这是一个见仁见智的问题。我不能因为有人说讨厌或不喜欢我的作品就认为人家不对。

此处的问题却大不相同，我和盘托出我对那位杰出音乐家的看法并以此回复那些批评者：我请这些批评者告诉我，我那些前卫的想法何错之有？

同样幸运的是，我们都认为，当诽谤者写下那些丑陋且无用的文字时，我们可以努力让这些人聆听到理性的声音，并让他们明白渴望本身无可指摘。

我是在期刊上读到那些文章后（只要有可能，这些文章总是要多晦涩就有多晦涩）才向德国报刊投稿的，投稿是为了捍卫尊严，而绝非为自己施辩。

如果署名者是个路人，我可以对其恶意保持克制，可当这些文字出自一位像您这样对我有恩的人时，则令我痛苦莫名。

艺术向来是一块充满争论之地，但音乐成为争论的战场却有悖常理。

先生，我要说的就是这些。

CH. 波德莱尔

---

① 这是波德莱尔在其书信中首次提到他将申请法兰西学士院的院士席位。斯克里布（Eugène Scribe, 1791—1861），法国剧作家，法兰西学士院院士，于当年 2 月 20 日去世。

② 这封信的收信人无法确定，但肯定是因有人在报刊上撰文攻击瓦格纳而起，并与波德莱尔创作的那篇评论瓦格纳的文章有关。

致奥古斯特·普莱-玛拉西

[1861 年 7 月？]

关于铭文①

魂灵在爱之中干涸
痛苦中它向往艳阳②（?）

大兴土木，无止无休③。
惑于迷宫之迷途
疾患唯存放荡身④（?）

反抗强敌，让律法永存⑤

我还为《恶之花》想到了下面几句（在"骚动"或"情欲"词条中⑥）：

关于《酒》单元和《死亡》单元

关于《死亡》单元：

---

① 这些铭文与插图版《恶之花》的卷首插图设计有关，准备放进布拉克蒙绘制的刊头和各单元的叶饰画中。
② 拉丁文：Marcescit amando/Ad solem dolorosa。这两句系为《恶之花》中《忧郁和理想》单元而拟，布拉克蒙选择了第二句。
③ 拉丁文：Pendent opera interrupta。这一句系为《恶之花》中《巴黎风貌》单元而拟，仿《埃涅阿斯纪》(Énéide) 第四卷第 88 行（原句已不存），讲的是迦太基女王狄多（Didon）自从爱恋上埃涅阿斯后，迦太基的工程便无休无止。
④ 拉丁文：Deceptus errore viarum/Aeger solâque libidine fortis。这两句系为《恶之花》中《恶之花》单元而拟，均选自尤维纳利斯（Juvénal, 60—140, 古罗马诗人）的《讽刺诗集》。
⑤ 拉丁文：Adversus hostem aeterna lex esto。这一句系为《恶之花》中《反抗》单元而拟。
⑥ 拉丁文：Luxuria 和 Libido，这两个词是波德莱尔从埃吉迪奥·弗塞里尼神甫（Egidio Forcellini, 1688—1768, 意大利神甫和哲学家）编选的一部拉丁文词典中选出的。

自由经死亡而得奉献 ①

关于《酒》单元：
你们便如神明能知善恶
或：你们便如上帝能知善恶 ②（?）

关于《酒》单元的叶饰画：
畅饮杯中酒的蛇。

关于《死亡》单元的叶饰画：
一个象征自由、戴着弗里吉亚软帽的骷髅。

关于《反抗》单元……?

封面。
最终版增加四十二首新诗。
封底上可否预告我的其他作品？

Providerunt（奉献）

Providerunt

Providerunt

Providerunt

Providerunt

请您别那么较真。

夏·波

您肯定考虑过奉献（Provisum）和咨询（Consuluerunt）这两个词。

---

① 拉丁文：Morte libertati providerunt。波德莱尔在此处将 Providerunt（奉献）一词误写为 provisuerunt，所以在后面写了一连串正确的拼写，并请玛拉西"别那么较真"。
② 拉丁文：Eritis sicut Dei 或 Eritis sicut Deus，选自《创世纪》第三章第五节。

致欧皮克夫人

[巴黎] 1861 年 7 月 25 日

我亲爱的妈妈：

如果你不太为难，能请你在 27 日前寄给我 500 法郎么？我会很快还给你。要么亲自带给你，要么在 8 月第一个星期寄给你。我抽屉里还有 200 法郎。——为清偿在阿姆斯特丹路兑付的最后三张票据，我需要 700 法郎。如果凑不够 500 法郎，就只能等人家来追讨，拖延两周再还。

此事绝不代表我生活中有什么失控，也绝不意味着我的计划里有了什么新麻烦。那 4000 法郎已按照与昂塞尔的约定确切支付了，我手头如果不能有 500 法郎对付到月底的话就会有很多麻烦。

《幻想家评论》的社长[1]去波尔多了，他一回来就会支付我 1500 法郎，是我已完成的若干文章的稿酬。我前天提醒过他了：既然您现在不便付钱，我就先向别人拆兑一下，但必须在 8 月初还给人家，可以么？——好吧。

我再次向你重申，此事丝毫不影响我过日子的大局，也是我第一次毫无愧疚且心安理得地向你借钱。因为我（在你需要时）绝对还得上，或许还会提前还。

我考虑了一下自己的事。在我看来，进入法兰西学士院是一个真正的文人可以申请获得而无须脸红的唯一荣誉。对那些我曾批评过、嘲笑过且必定得不到其选票的院士，我打算利用绝不可能碰上他们的时机前去拜访。可你的回信有两点是错误的：首先，我没对你说我打算立刻就毛遂自荐。我对你说的是，我打算在最近自我推荐。斯克里布先生的席位现在空缺；可能还会有其他席位空出来。我对此还不确定。其次，必须做好被拒两三次的心理准备。首先得获得资格。第一次得到的选票将有助于我确认未来是否真的有机会成功。——最后，若干年以来，每次院士选举都带有政治色彩，虽然往往是错误的，但毕竟是环境使然，也就是说，候选人以帝制主义者的面目或以反对派的面目出现，全都取决于为其投票的那些朋

---

[1] 指卡蒂尔·孟戴斯，其祖籍为波尔多。

友的政治色彩。你想想，这会造成何等混乱。如果候选人在学士院里这两派朋友都有，那就既有可能以反对派的面目出现，也有可能以帝制主义者的面目出现。届时会有一半朋友出于其责任而投反对票。我不幸地就处于这样一种境地，因为我到处都有朋友，而且我对自己的候选人资格属于哪种政治色彩根本不在意。

考虑这个问题的同时，我想对你说，我觉得这个帝国衰落在即。这对谁都不是秘密，一切都取决于皇帝本人的身体状况。但凡有意外，没有人相信宪法会是铁板一块，也没有人相信摄政方式能解决问题。（必须承认，此类预测并非全不靠谱。）但是，无论有人希望请回奥尔良亲王或建立一个没有骚乱的共和国，还是依旧觉得帝国宪法会得到尊重（此类人已经极少了），所有人都渴望能获得更多的自由；大家都觉得自己的自由被剥夺得太久了。

这一切或许让你厌倦，但无论谁也无法漠视人类所有这些古老的愚蠢。

这就是那1500法郎的说明：——我手里还有四篇稿子，准备分送给《幻想家评论》和《欧洲评论》或许还有《两世界评论》发表。

我对你说的出访那件事（伦敦，万国博览会，5月份），我只有继续为《欧洲评论》撰稿才能得到这个机会，因为《欧洲评论》是官方杂志。

比洛兹先生力邀我加入《两世界评论》并希望我再不要跳槽。可是，这家伙一方面认准我不是个好评论家，只想让我提供给他一些纯虚构的作品；另一方面又太抠门，伦敦万国博览会都快要开幕了，他还是不吐口每个月付给我1000或1200法郎（国民教育部都答应过我这个数目），而对富裕的文人他反倒很慷慨。

这种情况下，为了一次出访而为这个政府或所有政府效劳，我付出的代价未免有点儿大了。我准备去《两世界评论》写小说，不久后再就伦敦万国博览会写部大部头的作品，为自己赚点儿钱。

还有，我已经想好了，我要跟《欧洲评论》说拜拜了，我还对《幻想家评论》说：这是我的四篇稿子；发表尚需数月，可现在就得付给我稿费。——他们接受了。

我就不跟你说我打算在翁弗勒尔实现的所有文学之梦了。那样会太长的。在交谈中直接说会比较简单。简言之，就是二十部小说，两部剧本，以及关于我自己的一部伟大的书——是我的《忏悔录》①。

但关于我的赚钱梦，我还是会少说，因为那太漫长了。纸面上会出现多少种变动组合！会出现多少组数字！会有多少种关于生活、清偿债务、我的开销、偿还你的23000法郎欠款以及发财的古怪点子！都是梦！且人生苦短，光阴疾逝而不堪回首。在这些金钱梦里，我竟然已开始早衰。

所有这一切都要在我们两人之间讨论决定。我相信安顿下来的两三个月后，我就能开始向你交钱了（几乎全部），以便让你为我开个小金库。真得有这么一个小金库！我已经为此向你承诺了；我坚持要这样。但你必须鼓足勇气听我俱陈细节，甚至包括我的胡思乱想。

昂塞尔这个月底动身。

我刚刚托运了第二个货箱（是布瓦伊的那幅画和我父亲的肖像，还有热鲁兹的几幅画）。你会喜欢的。但画框会稍晚些到。

最新一期《幻想家评论》你一定收到了吧。8月1日那一期将刊登《对几位同时代人的思考》的下半部分。

请立即给我回信，求你了；我27日只需要200法郎，30日需要300法郎。8月1日到15日期间我就会收到那1500法郎。

我回家的头两个月不会有一文钱进账。——我得马上开始修改那三部作品，印刷所都等了我三年了②。

全身心地拥抱你。

夏尔

别开箱。我觉得包装较严的箱子即便在底层也不容易受潮。

再次拥抱你。

夏·波

---

① 指《我心赤裸》(Mon cœur mis à nu)。
② 指《美学珍玩》《文学主张》（后改名《对几位同时代人的思考》）和《吾得之矣》。

《恶之花》插图本的进展速度太慢了。我也在等。因为其中有几幅照片规格不一，还有待摄影师完成。这也正常。摄影术只能提供些下三滥的作品①。我更怕自己面容清癯，也怕那些毒花丛②。我本该自己画出来。

我养成了洗冷水浴的习惯。虽然有些疲倦，但感觉出奇地好。老实说，我真觉得自己老了，我还有许多事要做，我害怕虚弱。

你那位古怪的女友是不是还在家里做客③？

致欧皮克夫人

[巴黎] 1861 年 7 月 27 日

千百次地感谢你，我亲爱的母亲。

你大可放心。

最终我放弃了给你讲述细节，太长，而且我自己也还没完全琢磨透。等在你身边时，我再把我对财务的系统构思解释给你听吧。

另一个误会：我说的第二个货箱正在运输途中。——既然你要挪动第一个箱子，切记里面有玻璃器皿，这些器皿都放在一边，也就是说在边上④。我担心玻璃已碎，玻璃渣四散会划破油画和版画。——总之我会再仔细检查的。——我不在场时千万不要让你的园丁邻居开箱。——现在这些东西都已经保护起来了，执达员再也找不到了。

我碰到了朗格莱⑤，他想在 8 月中旬去拜访你。

千百次地拥抱你。

夏·波

---

① 波德莱尔对摄影始终持保留态度。
② 指布拉克蒙为第二版《恶之花》设计的封面，最后未被选用。
③ 指巴东夫人。
④ 英文：*on the edge*。
⑤ 朗格莱（Honoré Lenglet, 1813—1889），法国外交官，波德莱尔青年时期的朋友，其父阿芒·朗格莱（Charles-Antoine-Amand Lenglet, 1791—1855，法国雕塑家）曾为欧皮克将军制作过一幅胸像。

致莱昂·克拉戴尔①

[巴黎，1861 年 7 月 30 日或 31 日]

亲爱的孩子，您由衷希望题献给我的那部作品——《永恒之爱》(Les Amours éternelles)——的第九稿清样昨天已由《幻想家评论》的印刷所经理送到了，我想咱们共同重温一遍必定不错；这其中有六七处地方用词不确切，甚至还有一些只在卢瓦尔河以南说的、与其说是法语还不如说是意大利语的熟语，这些地方似乎都不太正统，在我看来会有损您这部引人入胜之作：来吧，到我家来吧，我整个下午都在，我等您。

夏尔·波德莱尔

致埃梅·布莱索

[巴黎，1861 年 8 月 6 日]

先生：

《欧洲评论》愿以如此价位支付稿酬真让我受宠若惊。后天我会亲自给您送去康斯坦丁·居伊的那篇文章，是我重读并修改后的第四稿。

请您放心，假若这篇文章凑巧不能满足贵刊的要求，我会履行诺言，将预收的稿酬返还贵刊。这没什么大不了的。

先生，请接受我诚挚的敬意。

CH. 波德莱尔

致欧仁·德拉克洛瓦

[巴黎，1861 年 8 月初；波德莱尔在信中询问德拉克洛瓦如何"在墙上作画"。德拉克洛瓦 10 月 8 日给波德莱尔回了信。]

---

① 莱昂·克拉戴尔（Léon Cladel，1835—1892），法国小说家。

致欧仁·克雷佩

[巴黎，1861年8月？]

我亲爱的克雷佩：

我们共同的朋友尚弗勒里急于得到《法国诗歌代表作专辑》(*Le Recueil des chefs-d'œuvres de la poésie française*) ①，我不知这样向您索要是否有些失礼（我本该尽早告诉您）。他问我应该以何种身份索要此书。其实以他的身份来讲这也太客气了。咨询您以前，我已以您的善意回复了他。

祝好。

CH. 波德莱尔

请向克雷佩夫人转达我的敬意。

尚弗勒里住在老城中心，诺伏-皮卡勒路（rue Neuve-Pigalle）。门牌号码我忘了。您在玛拉西书局能找到具体地址。

致奥古斯特·拉科萨德

[巴黎，1861年8月中旬]

亲爱的先生，我知道您还等着我拿出《论居伊》那篇稿子，我于心有愧，但我又在进行第四次修改了，这次绝不会再拖，明天或后天即可交稿，——请您有空瞅一眼这几首十四行诗，希望您能喜欢。这四首诗之间有些联系，您一眼就能发现②。

祝好。

夏·波

---

① 指《法国诗人》。
② 指《异教徒的祈祷》(*La Prière d'un païen*)、《反抗》(*Le Rebelle*)、《警告者》(*L'Avertisseur*)和《为一部禁书的题辞》(*Épigraphe pour un livre condamné*)，《欧洲评论》于1861年9月15日发表了这4首十四行诗。

致奥古斯特·拉科萨德

[巴黎，1861 年 8 月 21 日]

亲爱的先生：

《论居伊》那篇文章我还得再失信几个小时，但我向您保证，您一定会满意的。

您若有个把小时闲暇，就请读一读题献给我的这部中篇小说《永恒之爱》，我这就寄给您。我藉这种方式向您推荐莱昂·克拉戴尔先生，我确信他能为您提供若干原创作品。

祝好。

CH. 波德莱尔

致奥古斯特·普莱-玛拉西

[巴黎，1861 年 7 月] 27 日星期二

我亲爱的朋友，尽管孟戴斯正在进行他预言中的转变①，尽管他将推迟付款，我还是有些不放心他答应支付给我的那 500 法郎，我怕等到最后泡了汤。

我觉得他会很谨慎地请我明天带着你的票据——一张（300 法郎）或两张（200 法郎和 300 法郎）——到唐雷、热利斯和施瓦茨那儿跑一趟。

还有一笔 1000 法郎的尾款，将在 9 月中旬由我的主编支付给我。所以（如果孟戴斯违约）我可以把那张票据的钱提前还给你。我记得那张票据的确切金额是 480 法郎。

我今天一整天都得待在家里。三点钟克拉戴尔要来，七点钟另一个人要来找我。所以我明天一大早去找您。我会把《加巴利伯爵》带给您②。

---

① 《幻想家评论》经营困难，孟戴斯正在四处筹款。
② 该书全名《加巴利伯爵或神秘科学对话录》(*Le Comte de Gabalis ou Entretiens sur les sciences secrètes*)，出版于 1670 年，作者是法国作家蒙福贡·德·维亚尔 (Montfaucon de Villars, 约 1638—1673 年)。

您已经停止编辑新版《恶之花》了吧①？

祝好。

夏·波

致欧皮克夫人

[巴黎，1861 年] 9 月 1 日星期日

  我亲爱的母亲，我怯于给你写信了，每天我都对自己说：她一定把我看成贼了②，更可能猜想我再也回不去了。从《幻想家评论》（真是个好名字）方面看，你猜得对；他们有麻烦，却瞒着我，那个年轻人③最近才刚刚从波尔多回来。最后我扣下了些许钱，赶紧通过铁路邮局先把欠款的一半寄给你，邮资已经付了。我相信这个月能把剩下的欠款寄回去。此外你知道我的老念想，就是总能寄点儿钱给你，且间隔不要太长。——唉！还有那么多计划！还有我们能在一起生活！

  明天或者后天我会去托运第三个货箱，都是油画和素描（还会有第四个货箱），然后我就动身回到你身旁待四天或五天。我还有不少事务和麻烦要处理。但这次我答应你，困难再大我的生活也要走上正轨。动身当天我会写信给你（4 日或 5 日）。事实上这次旅行没有什么目的，也没有什么具体的想法，——就是想拥抱你（我不能再让你担心了），其次是休养身心，再之后就是定居下来，并安排好自己的事务。

  我把自己的衣服、书籍、手稿和最后一幅油画留在了巴黎，对你那座玩具屋来说，这些东西简直太多了。

  我实在不知道所有那些素描都应该放在哪儿。我觉得怎么也得有 300 幅。我下次回来时再把最后那些东西带回来。

  在家的五天时间里我得拆箱干活。如果今晚能在家过夜就好了，我已

---

① 指插图版《恶之花》，玛拉西自 1861 年 7 月以后即停止了编辑。
② 指波德莱尔向他母亲借的 500 法郎由于《幻想家评论》不能支付稿酬而无法偿还他的母亲。
③ 此处的"年轻人"和后面的"小蠢材"均指孟戴斯。

经迫不及待地想今晚或明天就动身。我受了点儿风寒，眼睛、牙齿和耳朵都不舒服；是从昨天夜里开始的。可我今天还得去卢浮宫绘画馆做点研究。你猜猜我的眼睛怎么样了吧。肿得像个摇奖的球，还充血。

我忘了告诉你寄回去的钱数了：200法郎。——别埋怨我，也别骂我；我又受骗了。我不仅希望能把那500法郎剩下的部分还给你，还想能还得更多，唉！我要是不那么笨就好了。

拥抱你。回头见。

夏尔

有两期杂志我给你留了很久了。一期是《两世界评论》，其中有一篇蓬马丹论现代诗的长文。这个蠢货，居然反对诗人自主选择题材；另一期是《幻想家评论》；其中有两篇我的文章：《皮埃尔·杜邦》和《勒孔特·德·利勒》。我想《勒瓦瓦索尔》和《邦维尔》那两篇你已经收到了吧。

由于那个小蠢材回到巴黎之前我不敢给你写信，回来之后我又急着向他要钱，所以这两期杂志一直没能寄回去。今天晚了，来不及寄了。

我忘了向铁路邮局要张收据。所以你收到钱后告诉我一声，省得我惦记。

夏·波

邮资已付。

致欧皮克夫人

［巴黎］1861年9月2日

我亲爱的母亲，我刚刚碰到了拉柏蒂先生[1]，他是帝国档案馆的首席馆员，负责整理拿破仑时代的所有文件，他对我说如果你还没收到七卷本《拿破仑一世书信集》，你就应当去要。——我有拉珀蒂先生的地址。——只要你愿意，我会为你去申请，缺哪卷要哪卷。这很重要。

拥抱你。

夏·波

---

[1] 拉柏蒂（Louis-Nicolas Rapetti，1812—1885），法国法学家，曾任《拿破仑一世书信集》（*Correspondance de Napoléon Ier*）编辑委员会秘书。波德莱尔的继父欧皮克将军曾为该编辑委员会成员。

致弗朗索瓦·比洛兹

[1861年11月;参见波德莱尔1861年12月25日致欧皮克夫人的信。]

致［佚名］

［巴黎］1861年11月5日

先生：

万分抱歉未能及时阅读您那封散文诗般的、让我备感荣幸的来信，迟复为歉。因为一些拖延却又十万火急的工作压得我喘不过气来。您引述的那些可爱的诗句又勾起了我美好的回忆，让我径自沉浸于诗中，如果您允许我坦陈己见，我必须说，这些诗与您最初的诗差距甚大，我认为这些诗似乎还不具备出版的价值。

先生，再次向您致歉，并请接受我崇高的敬意。

夏尔·波德莱尔

致菲利贝尔·鲁维埃尔①

巴黎，1861年11月6日

我亲爱的鲁维埃尔：

这又是一位对您痴情的仰慕者，或许您知道他的名字，他渴望您答应他为您画一幅全身像（身着戏装的肖像）去参加画展。

勒格罗先生②是我的朋友。他是油画《三钟经》(*L'Angélus*)的作者，这幅作品我感触良多却殊少评论，他还画过两幅大型油画，您可以在意大利人大街的画廊中看到。我知道您二位一定能完美协商达成一致。勒格罗

---

① 菲利贝尔·鲁维埃尔（Philibert Rouvière, 1806—1865），法国演员、画家。
② 勒格罗（Alphonse Legros, 1837—1911），法国画家、版画家和雕塑家，原籍英国。

先生知道您也是一位画家。您可以要求去看看他那些了不起的铜版画。您一定会感兴趣的。

祝好。请向弗鲁瓦迪尔夫人① 转达我的敬意。

我不知道您家的新地址。这封信我会寄到剧院。
勒格罗先生住在圣雅克街（rue Saint-Jacques）289号。

CH. 波德莱尔

致奥古斯特·拉科萨德

［巴黎，1861年11月7日］

亲爱的先生：

我可不希望您以为我在搞恶作剧。只不过是在誊抄最后几页时，我又突然萌发了一些新的想法，所以这才又有了新的耽搁。这篇文章咱们放在30日那期再发吧，不过要到15日我才能交稿。我唯一抱歉的是推迟了数次，可那都是为了保证文章的质量。

感谢您的赠书。不用说，我已开始观赏波旁岛的风光了②。

祝好。

CH. 波德莱尔

致欧皮克夫人

［巴黎］1861年11月13日

明天我会给你写一封长信。

---

① 弗鲁瓦迪尔夫人（Mme. Froidure）可能是鲁维埃尔的伴侣。
② 拉科萨德送给波德莱尔的书是刚刚再版的《诗与风光》(Poèmes et paysages)，其中有波旁岛风光。波旁岛（l'île Bourbon），即今留尼汪岛（l'île de la Réunion），法国的海外领地，波德莱尔1841—1842年去海外游历时曾去过该岛。

你总猜疑我不爱你,这让我难过万分。

拥抱你。

夏·波

我特别忙。钱的事,交稿的事,安排返回翁弗勒尔的事,学士院的事,等等。

致马里奥·于夏尔 [1]

[巴黎,1861年11月]

先生:

首先我要感谢您,您的《雷蒙》(Raymond)给我带来了阅读的愉悦。但既然您希望我有话就说,我就要藉此良机畅所欲言了,我也不怕您不高兴。

在我看来,这部小说显然分成了两个部分:第一部分,轻浮的爱(这一部分我没有什么特别的感觉);第二部分,我觉得很有力,很出彩,颇有葛德文[2]的风格(您看出来了,我的称赞是热烈的),绝对是父子间的一出正剧。

这两个部分截然分开,创作手法也各不相同。第一部分充斥着消遣与插曲,节奏拖沓。有些插曲的趣味我不是很喜欢(比如说嘲笑拜伦式文风。为什么要给普律多姆[3]式文风添彩?其实这两种文风都很有力。)

第二部分则很坚实,富于启发,极像一出正剧。

所以,就那些有关严肃的、痛苦的主题部分而言,我喜欢您的作品。而对那些俏皮的部分,我的感觉则近乎受到了伤害。更有甚者,这些走题的部分足以摧毁这部书的魔力,甚至会影响读者的信念,让人质疑奇遇的可信性。再者,书中"我"的地方过多,因为只要一说到"我"(除非这部书是以"我"为对象的),就会转移读者对您作品的关注。

---

[1] 马里奥·于夏尔(Mario Uchard,1824—1893),法国证券经纪人和文学家。
[2] 葛德文(William Godwin,1756—1836),英国极端浪漫主义的代表人物,著有《凯勒布·威廉姆斯轶事》(Adventures of Caleb Williams)。
[3] 普律多姆(Sully Prudhomme,1839—1907),法国诗人,第一届诺贝尔文学奖得主。

对那位古怪的英国人的描写棒极了,令人喜爱。

描写那位孤苦无助的母亲的痛苦(某种穷寡妇的典型)也写得相当精彩。

父子相认那个场景,描写消沉的父亲情感迸发那段完美至极。

但我还是觉得,把两本不相干的书拼凑在一起总有些不伦不类。

另外,还有一个小小的建议供您参考:

您书中的人物,上流社会的熟语说得过多。我倒是觉得,如果他们使用一些不那么流俗、不那么上流社会的语言可能更好。

您看,先生,恭敬不如从命,我说了那么多或许让您扫兴的话。再次向您表示感谢(并致歉)的同时,请接受我最崇高的敬意。

夏尔·波德莱尔

致爱德华·丹迪

[巴黎] 1861 年 12 月 2 日

我谨授权丹迪先生向玛拉西先生或《名流周刊》索取标题为《论康斯坦丁·居伊》一文项下的稿费 300 法郎,那是我欠丹迪先生的。这篇文章三个月内肯定发表①。

如果《欧洲评论》能在 15 日出版新的一期,我会考虑承担已发生的相关费用。

夏·波

致于勒·罗西耶 ②

[巴黎,1861 年 12 月。波德莱尔以了解罗西耶油画修复技能及其仿画技巧为由,请罗西耶介绍自己与埃德蒙·阿布和利迪斯·索瓦热结

---

① 由丹迪任出版人、拉科萨德任主编的《欧洲评论》在 1861 年 12 月 1 日出版了最后一期后停刊。波德莱尔曾向丹迪借过 300 法郎,所以他打算以其他稿酬来偿还这笔欠款。

② 于勒·罗西耶(Jules Rozier, 1821—1882),法国画家。

识①，因为他想看看这两位先生的收藏。波德莱尔接着又说，他还可以借此机会毛遂自荐。]

您知道：黑色，红色，白色！还有木炭固化剂！您也知道这幅画的价值以及我珍视这幅蹩脚画的原因②。

致爱德华·丹迪

[1861年12月。共两封。]

致法兰西学士院终身秘书阿贝尔·维尔曼③

[巴黎] 1861年12月11日

先生：

我荣幸地向您宣布，我希望申请成为目前在法兰西学士院某个空缺的院士席位的候选人，并希望您能将我的这一意愿通报给您的同事们。

面对院士们宽厚的目光，我可以向他们呈献几部我的作品：请允许我提到一部诗体书——这部诗集曾在并非故意的情况下闹得沸沸扬扬；一部译作——这部译作使一位并不知名的伟大诗人在法国家喻户晓；一部研究著作——这部作品严谨而细致地考察了在兴奋剂中可以品尝到的乐趣与潜藏的风险；最后还可以提到一大批小册子和文章，内容是关于我们这个时代的主要艺术家和文学家的。

但是，先生，在我本人看来，这些书还远远不够，尤其是跟我心目中梦

---

① 埃德蒙·阿布 (Edmond About, 1828—1885)，法国小说家、剧作家和政论家。利迪斯·索瓦热 (Lydis Sauvage)，不详。
② 似指波德莱尔的父亲所画的一幅画。波德莱尔在写给他母亲的一封信中就曾用"蹩脚"一词形容过他父亲的绘画："我的父亲是个蹩脚的画家；但所有这些陈旧物件都有其心理上的价值。"
③ 阿贝尔·维尔曼 (Abel Villemain, 1790—1870)，法国作家、大学教授和政治家。

想的更多、更新奇的作品相比。所以，先生，请您相信并请转告您的各位同事，我的谦逊并非造作；它是一种内敛的谦逊，这种谦逊不仅受环境制约，也受我自己的理性制约，而这种理性与所有具有远大抱负的人同样严谨。

说实话，促使我下决心向您申请成为院士候选人的基本动机是，假如我认定自己够格时再来申请，我可能永远都不会申请。我对自己说，无论如何，也许最好还是马上开始；假如院士们当中有几位知道我的名字，那么我的鲁莽或许正好歪打正着，而假如我还能奇迹般地获得几张选票，那对我来说就将是慷慨的鼓励和再接再厉的鞭策。

先生，谨向您并通过您向您的同事们致以深深的敬意。

夏尔·波德莱尔

致夏尔·阿瑟利诺

[巴黎，1861 年 12 月？]

我亲爱的朋友：

麻烦您了解一下我能否获得埃米尔·奥吉埃[①]的支持（我觉得可能性不大），但如果我能去他府上拜访，让他放心也就是说不放弃这个机会的话，他是否有可能支持我？

他和蓬萨尔有关系么[②]？

——您觉得我可以直接去找雅南，求他帮我就院士选举说几句话么？

祝好。

夏·波

阿姆斯特丹路 22 号

[①] 埃米尔·奥吉埃（Émile Aigier，1820—1889），法国诗人和剧作家，法兰西学士院院士。波德莱尔曾在《正派的戏剧与小说》(Les Drames et les romans honnêtes) 中抨击奥吉埃是"资产阶级的正派的最傲慢的支柱之一，是常情常理派（l'école du bon sens）的骑士之一"。

[②] 弗朗索瓦·蓬萨尔（François Ponsard，1814—1867），法国诗人和剧作家，和奥吉埃同被波德莱尔视为"常情常理派"的领军人物。波德莱尔在《巴黎演艺界的艳情秘密》(Mystères galans des Théâtres de Paris) 和《正派的戏剧与小说》中曾嘲笑和抨击过他。

您知道他（奥吉埃）搬家了吧。

致阿尔弗雷德·德·维尼①

[巴黎，1861年12月16日前后]

先生：

多年来，我始终渴望能去拜访您，就像去拜谒一位我们最尊敬的大师。我申请法兰西学士院院士资格一事为我能在近日里拜访您提供了理由。只是我听说您近日贵体欠安，出于稳妥还是以不添乱为上。不过，帕丹②先生昨天告诉我说，您自感身体明显好转，所以我想到府上打搅几分钟。

我诚挚地恳请您，即便是一次短暂的拜访，只要您感到疲倦，就请您毫不客气地打发我走，哪怕我是您最热心和最忠诚的崇拜者。

CH. 波德莱尔

致阿尔弗雷德·德·维尼

[巴黎，1861年12月16日前后]

先生：

我已回到家了，您的仁慈深深地感动了我，我殷切地希望您能更好地了解我，所以给您寄去的资料比您向我要的更多。

送上两本小册子（《理查德·瓦格纳与〈唐豪瑟〉在巴黎》和《论泰

---

① 阿尔弗雷德·德·维尼（Alfred de Vigny，1797—1863），法国诗人、作家，法兰西学士院院士。
② 亨利·帕丹（Henri Patin，1793—1876），索邦大学拉丁文学教授，1865年任索邦大学文学院院长，法兰西学士院院士。

奥菲尔·戈蒂耶》），您可能会从中发现一些令您喜欢的章节。

送上《人造天堂》，我本人对此书情有独钟。第一部分完全是我自己的。第二部分是针对德·昆西作品所做的一些分析，其中很多地方加上了我的个人见解，但都是极为谦逊的。

随信还附有《恶之花》，是用上等纸印制的最后一本样书了。事实上，很久以来我一直保留着准备送给您。诗集中的所有旧作都进行了重新修订。新增的诗我已用铅笔在目录上做了标记。

我唯一希望人们对这本书所作的赞扬就是它绝不仅仅是一部单纯的小册子，而是有头有尾。所有新诗在我选定的这种独特结构中皆搭配有序。

在这些资料中，我还附上了一本老杂志，您可以注意到我正在进行一些新的尝试①，也许会让您感兴趣。儒勒·雅南和圣伯夫都认为从中觅得了一些新的趣味。——至于我写的那些关于绘画与文学方面的评论，我手头一本都没有了。

如果能翻拣出一本旧版《恶之花》，我会寄给您的。

最后附上的是爱伦·坡的诗集。我不特别向您推荐什么；这里面的东西差不多都很有意思。这一卷您不必还给我；我还有别的样书。

先生，我要再次感谢您的热情接待。尽管我心目中您的形象已十分崇高，我还是不承想到您会那么迷人。您再次证明了广博的才华始终意味着某种伟大的悲悯和优雅的宽容。

夏尔·波德莱尔
阿姆斯特丹路 22 号

---

① 指散文诗。波德莱尔大概是把 1857 年 8 月 24 日发表在《现时》上的 5 篇散文诗或是 1861 年 12 月 1 日发表在《幻想家评论》上的 9 篇散文诗寄给了维尼。

致阿尔塞纳·乌塞耶 ①

[巴黎，1861年12月20日前后]

我亲爱的乌塞耶，我又病倒了。我给您准备了些东西（只有《艺术家》的，还没有《新闻报》的）。您拟在《艺术家》和《新闻报》上连载作品的想法正合吾意。候选人资格申请文件已经完成。（非议之声再起，说我申请候选人资格是羞辱学士院，那些大人先生中有许多人不打算让我见到他们的人影。这也太离谱了吧，怎么可能呢？）

我本可以托人给您送去；但我更乐于登门拜访。如果明天我有事去不成，后天也一准儿会去。

我觉得我终于找到了完美契合我的想法的标题：

光与烟（*La Lueur et la Fumée*）
——散文诗

这些散文诗最少四十篇，最多五十篇。

其中十二篇已经完成，它们是：

---

① 这封信有三个文本，一是本书采用的克拉约（Clayeux）文本，波德莱尔研究专家认为这是唯一确切的文本；二是菲利·戈蒂耶1906年版《夏尔·波德莱尔1841—1866书信集》文本："我的朋友：/明天我给您带几件东西看看，或许我自己格外看重它们，为了写好它我可是吃了不少苦头。现在终于完成了！无论在感觉还是表达上都有一些新意，我自己也沾沾自喜。/我觉得我已经有了完美契合我想法的标题：《光与烟》（*La Lueur et la Fumée*）。/候选人资格申请文件已经完成。（非议之声再起，说我申请候选人资格是羞辱学士院，那些大人先生中许多人打算不让我见到他们的人影。可这也太离谱了吧，怎么可能呢？）/祝好。/又及：很久以前我曾收到过一箱日本工艺品。我分送给了自己的男女朋友们，并给您留了3件。这些东西的品相不坏，画面是埃皮纳勒（Épinal）和日本风光，两件套，江户产。我敢说，在犊皮纸上绘画，再镶上朱红色的竹框或木框效果绝佳。"三是《科尼奥作品目录》（*Catalogue Cornuau*）文本："您准备在《艺术家》和《新闻报》上连载作品的想法正合吾意。候选人资格申请文件已经完成。（非议之声再起，说我申请候选人资格有辱于学士院，那些大人先生中许多人打算不让我见到他们的人影，可这也太离谱了吧，怎么可能呢？）……我觉得我终于有了完美契合我想法的标题：《光与烟》，都是散文诗，最少40篇，最多50篇。其中12篇已经完成：（以下目录略）。"

《异乡人》(L'Étranger)；

《老妇的绝望》(Le Désespoir de la vielle)；

《艺术家的悔罪经》(Le Confiteor de l'artiste)；

《野女人》(La Femme sauvage)；

《情爱、财神与荣耀》(Éros, Plutus et la Gloire)；

《美丽的多罗泰》(La Belle Dorothée)；

《与撒旦共进晚餐》(Souper avec Satan) ①；

《慷慨的赌徒》(Un Joueur généreux)；

《双重屋》(La Chambre double)；

《世界之末》(La Fin du monde)；

《新米沙里旦司王的故事》(Le Nouveau Mithridate)；

《在肖蒙之丘上》(Du haut des buttes Chaumont) ②。

祝好。

CH. 波德莱尔

致维克多·德·拉普拉德 ③

[巴黎] 1861 年 12 月 23 日星期一

先生：

这一连串接二连三的事件太让我困惑和不知所措了，我当时的感觉至今还未找到一个机会告诉您；作为诗人，我对最近国民教育部对您——我们当代最杰出、最严肃的诗人之一——的粗暴打击深感痛苦和震惊。我更从心底里感觉到，我们所说的这种残酷打击还将继续，并会落在那个（在

---

① 《与撒旦共进晚餐》即《慷慨的赌徒》(Le Joueur généreux)。

② 波德莱尔去世后出版的《小散文诗》50 篇中并没有最后 3 篇，故波德莱尔当时并未完成 12 篇。

③ 维克多·德·拉普拉德（Victor de Laprade，1812—1883），法国文学家和政治家，法兰西学士院院士。

浅薄者眼中）被称作告密者的人头上。而这个人还是我的老朋友之一。国民教育大臣对您的打击波及了他。然而，激烈的文学批评未必真的会产生伤害的欲望。他是无辜的，却同时受到了惩罚[①]。——近日我有机会同帕丹、德·维尼二位先生谈及此事，我看到他们二位的大致反应都可以归结为悲哀。尽管大臣自有其理由，但在法国，我们永远都不会认同把一位教授看作下人，我们所受的教育就是要我们为他起而奋争。

——我最近碰到了保罗·谢纳瓦尔先生[②]，请他给您写信举荐我。您可能还不知道，我最近正在考虑向学士院申请院士候选人资格，就好像我在如此潦倒的生活中冒险之苦还没受够、蒙受的侮辱还不多似的。唉！先生，我给自己揽了个什么差使呀！有人对我说："大部分院士先生都不知道您，但其中有些人不幸是认识您的。"如果我有足够的勇气，我希望能接替拉科代尔神甫的席位，因为他是一位宗教界人士，又是一位浪漫派作家；可有人说，我申请院士候选人资格已然是一件特大丑闻，更遑论接替一位僧侣的席位了，所以我克制自己不去赞赏拉科代尔神甫，转而佯装渴望斯克里布的席位。

谢纳瓦尔竭力想阻止我这一疯狂的举动；但疯狂既已发作，就应当一不做二不休。他还告诉我说，您属于某一团体（我不知道帕纳斯派诗人是怎么划分团体的，而且为了不被人当成傻瓜，我也不想去打听）。不过我回答他说，我确信您是保皇党人，说我很不幸与您的立场相反，但我会慎用荒诞的权利，还说尽管每个共和派显然都有义务成为无神论者，但我一直是个虔诚的天主教徒，这就在您和我之间创造出了一种关系，更不用说节拍和韵律了。于是，我得向您承认，我的朋友谢纳瓦尔哈哈大笑；哲学家和敏感的雄辩家是绝不会跑到《恶之花》之下去嗅闻一位天主教徒的。不过，既然有人说《恶之花》俨如一部恶魔之作，那是否会有人看上去比

[①] "拉普拉德事件"集中反映了那一时期法国政府的特性，并引发了一场骚动：1861年9月16日，圣伯夫（即波德莱尔信中所说的那个"告密者"）在《宪政报》上发表文章，攻击拉普拉德敌视第二帝国。拉普拉德以一首讽刺诗《御用缪斯》(Les Muses d'État) 予以反击，并发表在11月25日的《通讯》(Le Correspondant) 上。时任国民教育大臣的古斯塔夫·鲁朗以此为由，于12月14日颁发部令，解除了拉普拉德在里昂文学院担任的法国文学教授一职。

[②] 保罗·谢纳瓦尔 (Paul-Marc-Jpseph Chenavard, 1807—1895)，法国画家。

恶魔更像天主教徒呢？

先生，严格地说，我干的是一件蠢事，我执著于此无异于疯狂。还是笼统地说说我的作品吧：

——我以自己翻译并出版的爱伦·坡头三卷作品作为自我推荐的理由，第四卷（一部纯粹的科学作品，冠以一个逆天的标题：《吾得之矣》）也已付梓；

——还有我那部可悲的《恶之花》（或许您还没读过最新版，它已经重新修订并增加了三十五首新诗，以适应新版的总体框架。我争取给您寄一册）；

——以及一部关于兴奋剂的专论（《人造天堂》），这部专论让我目睹了维尔曼先生的愚蠢，他带着某种可耻的假正经到处诽谤这部作品："先生，奢谈毒品是不道德的！"显然，这是表象；但藉谈毒品而谈道德不也是必要的么？——我藉这部作品对当代的文学家、画家、雕塑家、版画家和音乐家进行了充分细致的研究。

我承认，上面列举的并不是全部，尤其与我的梦想相比更是少得可怜。

先生，请原谅我写了这么长，但我觉得与一位像您这样素昧平生的人交谈很放松，您是我首批想去拜访的院士之一，我期待您的同情，尽管我的拜访可能会累着您。说实话，这种拜访令我的神经几近崩溃。我为自己不合时宜的野心受够了惩罚。或许您来巴黎时我没有幸运去拜访您。也许我在拜访所有院士的过程中或在饱受训诫或漫骂后会识趣地跑到海边去看看大海。(但在向我的奥尔良大人表达敬意之前我哪儿也不会去①。我想细心、真诚地完成我的这桩蠢行。)请您将我这封信视作我对您的正式拜访。既然不想用共和派那套可笑的礼节，肯定就得遵循诗人之间的规矩了；我谨以诗人的名义，先生，向您致以兄弟般的敬意。

夏尔·波德莱尔

如果您和约瑟凡·苏拉里先生和阿尔芒·弗莱斯先生有联系，烦请向他们转达我的友谊。如果您认识让莫先生，就请告诉他我许久以来一直想

---

① 指迪邦路主教。迪邦路主教（Mgr Félix Dupanloup, 1802—1878），法国天主教神甫、神学家、记者和政治家，1849 年成为奥尔良教区主教，1854 年当选法兰西学士院院士。

为他伸张正义,我正在紧张创作《哲人画家·思辨中的画家》(*Les Peintre philosophes*,*Les Peintres qui pensent*)等四篇类似的文章。我很了解里昂的气候,那儿的气候太特殊了。

致欧皮克夫人

［巴黎］1861 年 12 月 25 日圣诞节

我可怜的、亲爱的、孤苦无援的妈妈!你上封信让我如此苦恼,所以我在提笔回信前搁置了很久,没有人说得出我受到了怎样的打击,是不是?怎么回事!难道到了现在这个时刻,来巴黎做一次没有什么意义的小小旅行都让你厌倦了么?你可是从未厌倦过这趟旅行呵!我十分震惊于你的来信,因为我始终认为你充满活力,我可以告诉你,在我对你的眷恋中,我曾有多少次赞叹过这种活力呵!我不想奉承你;但我和其他人一样,对我所缺失的能力最为崇尚;而且,再加上一句,没有由衷的赞美也就无所谓眷恋。(顺便说一句,这一点正好可以向你解释为什么我对我哥哥如此冷淡。更不用说我对他有多么不满,因为他从来没有像你那样以巨大的自我牺牲来抚慰我的积怨。)这正是我把关于巴东夫人的那段文字推荐给你的原因。

如果你问我怎么能忍心撇下你这么久,既没有消息也没有抚慰,那都是为你好,因为我除了谈谈自己,实在没有什么别的高招来感谢你和哄你开心。首先我要告诉你的是,我已经病倒好几次了,其次(这才真是一个大悲摧的理由)是每当我不幸地疏忽了某项职责,到了次日这项职责就更难履行,于是它日渐困难,直到最后让我束手无策,让我觉得这项职责根本无法履行。因为我始终生活在无休止的焦虑和可怕的紧张状态当中,所以我的观察只适用于那些有可能履行的职责,甚至包括那个如此甜蜜和自然的职责,即给自己的母亲写信的职责。除非振拔而起,否则我永远走不出这个困境;你看看,真难以形容我生活中遭受的痛苦!——最后,11月份,又有两次重大的打击落在我的头上,一桩接着一桩。而现在,好像我的麻烦还不够多似的,我刚刚又给自己添了一个新麻烦,去申请什么法兰西学士院的院士候选人资格。哎！早知今日，何必当初！真是折磨人！累死我了！你都想象不出那该有多令人厌倦，为了自己一时的心血来潮，竟要写那么多信，跑那么多腿儿。我还只拜访了几位院士，神经已然要崩溃了。不过，在这个讨厌的环节中也有一些乐趣，是我自己感兴趣的。既然要生活，就不能没有走火入魔的爱好和癖好的话题。而我在眼前却总看到自杀，好像那是面对所有可怕的难题中唯一的、尤为简洁的解决方案，这么多年、这么多年来，我被迫生活在这些难题当中。大多数时候我会对自己说：倘要生存，我就得永远活在诅咒中，活在同样的境况里，而当自然死亡来临时，我会衰老、陈腐、落伍，负债累累，并且始终被那位讨厌的监护人羞辱。但是，如果我能在自己的事业中有足够的精力交出一本精确的账目后溘然而逝，我财产的零头都足以偿付债务而绰绰有余。再说了，生活本身，哪怕是没有债务的生活，在我看来也全无任何乐趣可言。

其他一些时候我又会对自己说：说真的，我还有母亲，我必须为她着想，而且我会从欢乐中获得补偿。我心中这种无休止的挣扎让我疲惫不堪；我的忧郁消耗着我的才华；此外我经常发现人家对我有失公允，所以我把渴望成功视为愚蠢。

你带给我的唯一喜讯是你的消化系统疾病终于痊愈（你要知道，我担心死了，总是惦记着这件事）。我能带给你的唯一喜讯是我的头脑始终正常，虽然最近有那么多巨大的焦虑，我还是找到了工作下去的力量，并完成了一项长期的研究[①]，我对此非常高兴，因为它为我理清与《两世界评论》的关系提供了机会。——现在，因为申请院士候选人资格的杂事太多，我又没办法写作了。

我说了些杂七杂八的事；还有那么多话想说。请相信我；我承认，我这次的一时冲动主要还是因为你的缘故。而对我，唯一让我感兴趣的是这一头衔之上附加的卑微待遇，可我甚至连确切的数字都不知道。你可能会猜到，其实在我的意识深处，我并不觉得需要获得所有那些老东西的赞赏（我用的这个字眼是他们当中某些人用过的，用它来指代其他人）。但我告诉自己说，你太看重这个公众荣誉了，如果真能出现奇迹——对，就是这

[①] 指《现代生活的画家》(*Le Peintre de la vie moderne*)。

个词——我获得了成功,你会品尝到莫大的欢乐。的确,我还对自己说过:如果凑巧我成功了,我母亲可能会终于明白我再也不应该停留在一个不光彩的境地中了。那么,我们也许能找到某种解决的办法?我最担心的是:我太招人恨了,而且满肚子坏水的家伙又那么多,以至于某天早上我会在某张小报上看到这样一句话:从啥时起那些被剥夺了权利的人居然也有权在议会大厦里占有一席之地了?——要么是这样一句:某个被剥夺了权利的人在一群老糊涂中占据了一个席位,那可真是再自然不过的事了。——感谢上帝,这种事还没发生。——这个该死的司法监护一直让我畏首畏尾,笨手笨脚。在我看来,它就像是我后背上暴露于众人眼前的一道令人蒙羞的伤口。请你判断一下吧,我可是从十七岁起就一直在忍辱负重。

见到你时我会给你讲一讲我那些拜访的经历,有些可能会让你发笑。我会把这些事写下来。拉马丁想让我打消这个计划,他告诉我说,在我这个年龄不应该再抛头露面让别人喝倒彩(似乎我的面相还很年轻)。德·维尼,我之前并不认识他,而他让人关上门陪我聊了足足三个小时。迄今为止就只有他一个人关心我这件事,证据就是他昨天让人告知我,让我十天以后再去他家一趟,他要和其他院士碰个头,听听他们对我的印象。他跟拉马丁一样,先是想劝我放弃这个计划,但当我告诉他我根据圣伯夫的建议已正式向学士院秘书处递交了候选申请后,他对我说,既然这件自讨苦吃的事已经开始做了,那就绝对应该锲而不舍。梅里美,我与他本有联系,但他却避而不见(很明显,他已经有了自己的候选人,正在为其活动。他与城堡①里的人关系密切,候选人显然来自皇室)。我对维埃内先生②的拜访简直就是一出喜剧,值得单写一卷。维尔曼先生则自命不凡,其实就是个沐猴而冠的蠢货和假正经,如果上帝让我多活几年,我可能会让他为接待我的方式付出惨痛代价。有人警告我说要提防帕坦先生,没想到他竟非常迷人。这件事从一开始就充满了气馁、厌恶和愤怒,我却由此想出了一个自忖高明的主意。我想按照医生给人看病的办法,根据我损失时间的长短获得补偿,但并非由病人而是由公众支付;也就是说,我

---

① 城堡,指杜伊勒里宫,拿破仑三世的皇宫。
② 维埃内(Jean Pons Guillaume Viennet, 1777—1868)法国政治家、诗人和剧作家,法兰西学士院院士。

构思出一个方案,每天写一篇报告文学,最后结集成一本小丑之书,这本书要么在议论投票的过程中出版,要么在投票后出版。你可以猜猜结果会怎样:先是学士院向我永远关闭大门,随后会有人控告我不公正竞选。还会有人说我居心叵测,指责我进入那些院士家里的目的就是要让他们在我面前摆出一副可笑的姿态。我大胆地把这个美妙的计划告诉了阿尔弗雷德·德·维尼,他说我并非有此打算的第一人;他说维克多·雨果就曾萌生过同样的念头,只不过他成功当选了院士,所以就没有出版这本书。

总之,我必须说,我申请院士候选人资格这件事引发的议论远比我担心的要少。很多人都觉得理所当然,甚至赞扬我的勇气。

这次有两个空缺的席位,是斯克里布和拉科代尔的。候选人可不少,有人统计了,共十七位。我记得有:迪福尔,律师。德·卡尔内,政治作家。德·布罗格利,《两世界评论》的小傀儡,他想与其父并排而坐,他爸爸的院士资格绝对是以原内阁大臣的名义当选的①;还有巴黎教区的大主教(!!!);等等,等等,等等。文学界的候选人有:戈兹朗(我觉得没戏);于勒·拉克鲁瓦,藏书家雅各布的兄弟;——居维利耶-弗勒里,《论坛报》的记者;我的朋友奥克塔夫·弗耶(有很大胜算);卡米耶·杜塞,拙劣的剧作家,国务部的处长,等等,等等②。泰奥菲尔·戈蒂耶,唯有他当选院士才能恢复法兰西学士院的名声,但他不肯自贬尊严,所以不会参选。——太多的阴谋!太多的秘密!我自己也是云里雾里,看不清庐山真面目。

(你和勒布伦先生③联系上了么?信中说了请他关照我的事了么?如果写了,我想看看你寄给他的信函原稿。)

---

① 于勒·迪福尔 (Jeles Dufaure, 1798—1881),法国律师、国务活动家。路易·德·卡尔内 (Louis de Carné, 1804—1876),法国外交官和历史学家。阿尔贝·德·布罗格利 (Albert de Broglie, 1821—1901),法国历史学家和国务活动家,其父是法兰西学士院院士维克多·德·布罗格利公爵 (le duc Victor de Brogli, 1785—1870)。

② 莱昂·戈兹朗 (Léon Gozlan, 1803—1866),法国作家。于勒·拉克鲁瓦 (Jules Lacroix, 1809—1887),法国诗人、剧作家和翻译家。藏书家雅各布 (le Bibliophile Jacob),即保罗·拉克鲁瓦 (Paul Lacroix, 1806—1884),法国作家。奥克塔夫·弗耶 (Octave Feuillet, 1821—1890),法国小说家、剧作家,波德莱尔在路易大帝中学时的同学。

③ 勒布伦 (Pierre Lebrun, 1785—1873),法兰西学士院的元老之一,与欧皮克将军是圣西尔军校的同窗好友,又一同当选参议员。

我忘了告诉你另外两件小小的痛苦：拜访院士们我都是徒步去的，穿得也很不体面（不过我倒觉得无所谓），我费了好大劲儿才从玛拉西和米歇尔·莱维那儿弄来几本我的书，好送给那些渴望读到我作品的院士。我说的仅仅是文学方面的院士。至于那些政客如梯也尔兄弟（Les Thiers）、基佐父子（Les Guizot）和其他一些大阴谋家，我连搭理都不想搭理他们。

几个月前，我没有下大气力说服梅里美先生支持我，对我来说是个巨大的损失；因为他显然对其同事们有着很强的影响力。他肯定会对我说，让我少安毋躁。但他有可能会承诺让我参加另一次院士选举。

喔呦！咱们谈点儿别的吧。下面是我 11 月的经历，惨淡的经历，正如你就要看到的。

我对你说过打算 11 月初回到你身边，并试着完成我昔日的计划：深居简出，勤奋写作；难得并短暂地去一趟巴黎安排自己的事务。可突然间，两家我赖以为生的杂志——《幻想家评论》和《欧洲评论》——停刊了①。（德·卡洛纳可真有本事，大臣们纷纷给他输血打气，并为他不惜牺牲掉《欧洲评论》。我不能再回去找他；我们已经撕破脸了；此外我知道他也拿不出钱。他，或不如说他太太，为实现另一个目标还要在服装上花掉 14 万法郎。）——所以我怀揣稿件，却不知投往何方。——首先我并没有惊慌。——我没告诉你我已想方设法赎回了那条珍贵的丝巾②（为了让你开心，我向你隐瞒了这件事）。我对自己说，无论如何，如果我手头现在有上千法郎，用这笔钱可以让许多人安心地等待清偿，我也可以从容地拜访院士们，等这些事结束后再重新开始写作，并与其他人恢复联系，最后离开，永不回返。

随后我去了一趟《两世界评论》，受到极为热情的接待。（我对你说过，我和该杂志曾发生过争执，这种争执由于信件往来而愈发严重，我当时很愤怒，我知道自己都写了些什么。）

就这样，我拿着丝巾在街头徘徊。这件织物看上去太漂亮了，但图案太古老，要想卖掉它这可是绕不过去的硬伤。可我对自己说：无论如何，

---

① 《幻想家评论》1861 年 11 月 15 日出版了最后一期后停刊；《欧洲评论》12 月 1 日出版了最后一期后停刊。
② 欧皮克夫人曾送给波德莱尔一条丝巾，被他当过一次。

只要有 300 法郎就总能赢得时间，我就始终能在同一家当铺里再拿到同样的 300 法郎，毕竟这家铺子已经为这条丝巾付过两次钱了。于是我转身去了——没想到人家说只能付 100 法郎！——岂有此理，是不是？我坚持要他们做出解释。——人家对我说，年关临近，铺子里的开司米织物堆积如山，他们不希望公众再来典当织物了。所以我这次投机的确切结果是：净损失 200 法郎。

这 100 法郎是咱们分别后我拿到的唯一一笔钱。年关将至，没有一家报刊接受我的稿件，一场巨大的危机正在威胁着我，我还得被迫生存下去，并被我称之为一时冲动的行为即申请院士资格那件事搞得精疲力竭，这还没算上那个卧病在床的女人①，我本该资助和安慰她，而且我只要不住在巴黎就能轻松地给她一些钱。——不过我已经发过誓，我再也不会重蹈覆辙，不会再掉进那种可怕的、你已见过多次的陷阱，并竭力让自己正视那些同时发生的事情。但我也不知道该怎么办。

你一定会想我又要偷窃你了吧，绝不。再给昂塞尔施压呢？也绝不。为了我自己的安宁和自由，我会高高兴兴地奉纳我的全部财产；但若要继续啃噬和蚕食本金却又不能获得大的收益，这样的蚀本买卖我不干。

那怎么办？你会问。——你能不能在家里找一些物品，让我用它们重新（成功地）开始进行类似于买卖丝巾那样的投机？但这件事有两个前提条件必须满足：一是这些物品对你来说绝对无用，二是这些物品绝不会引发你这样或那样的珍贵回忆。如果可行，就请你提供一下这些物品的大致参考价值；因为我知道自己是善本书、油画和版画方面的行家。

稍后我会再写信给你，把我可笑的实验进程（当然还是说院士候选人那件事）告诉你。除德·维尼之外，我还必须再找到两三位愿意力挺我的院士。德·维尼，原来我从未见过他，他真是令人钦佩。很显然，他是生而有德的，而我相信一位具有极大才华的人肯定具有极大的善心。至于我，我不怎么指望自己变成良善之辈，一息尚存，我肯定要写出一本冷酷的书，让这本书助力我围剿这个丑恶的国家。

---

① 指让娜·迪瓦尔。

拉马丁破天荒地赞扬了我,称赞得如此不着边,我都不敢在此重复;但我觉得绝不能以他的美妙言辞为荣。他有点儿猥琐,有点儿下作(他还向我问起你的近况。我很感谢他能这样有礼貌。毕竟他是一个周旋于上流社会的人)。

你可爱的信让我深受感动,因为它太温柔了,但带给我的只有哀伤。无力宽慰、安慰和鼓励我们所爱的人是一件很痛苦的事。这无疑是最难承受的不幸之一。尤其是这种不幸又遭逢时艰。

我在午夜前必须写很多信,现在已经四点了。我想在30日以前给尽可能多的人写信。我会在这几天暂停外出拜会;别无他法。

如果1月份我能通过工作重新挺身而立,继续向我的远大抱负迈进,我就会在结束拜访后动身去看望你。我觉得院士的投票会在1月底或2月初进行。——拥抱你。——你可以把我看成一个最可悲的疯子,但千万不要把我看作忘恩负义或没有温情的人。

夏尔

致阿尔塞纳·乌塞耶

[巴黎] 1861年圣诞节

我亲爱的乌塞耶:

您日理万机,却还在百忙中浏览我寄给您的散文诗样稿。我尝试创作此类散文诗久矣,我愿意将其题献给您。月底前我会送上已完成的稿子——题目大概是《孤独的漫步者》(Le Promeneur solitaire),或叫作《闲逛的巴黎人》(Le Rôdeur parisien) 也许更贴切——您一定心同此感,因为您本人也曾尝试于此,您知道这谈何容易,尤其是生怕让人看起来像展示诗歌提纲时更是如此。

我现在觉得向学士院申请院士候选人资格真是一件极度疯狂的事。有人告诉我说您也参与其中,那么您肯定明悉这是一场何等可怕的历险,一场既没有塞壬也没有忘忧果的冒险①。如果您能在《艺术家》的消息栏或以皮埃尔·德·莱斯杜瓦尔的名义在《新闻报》上发布一下这件匪夷所思的事,那您就对我太好了②。或许您能成为候选人③。但我发誓,您一定会对我非常慷慨且无危险。此外,成为候选人也是要冒一定风险的。——而且,我可以私下里对您说,能否当上候选人我并不抱希望,但我很高兴能为所有不走运的文学家当了一回领头羊,您一定情同此心。

我打算给您送去两篇稿子:一篇计划发表在《新闻报》上(我们商量过这件事),另一篇准备发表在《艺术家》上,这一篇提前完成了。多少年来,我始终做着散文诗的梦。

同时,我恳请您能支付我已完成的部分或全部散文诗的稿酬;因为《幻想家评论》和《欧洲评论》突然同时停刊,将我置于破产的境地;但既然已届新年,您也可能筹措不开,而且来了哪位不速之客都很难随便应付,但我因为缺钱又很希望您能以良善之心尽快满足我的需求,所以我想请您写几个字,承诺将刊登这些散文诗;这也就相当于有位朋友承诺其钱袋随时为我敞开了。

此类作品的优点是可以按照自己的意愿进行裁剪。我觉得埃采尔也可能会因此而萌发出版一部形象化浪漫派作品的想法。

我的出发点无疑是您十分熟悉的阿洛伊修斯·贝尔特朗的《夜之加斯帕尔》;但我很快就发现,这条模仿之路行不通,因为这类作品根本无法模仿。我要遵从内心,要成为我自己。只要我写得有趣,您就会喜欢,不是么?

我早就思忖着把这部作品题献给您,我知道,为了再现《艺术家》的青春,您正在创造奇迹,至少是准备大展宏图的。这太好了;这可以让我

---

① 典出荷马史诗《奥德赛》。塞壬(Sirène),又称美人鱼,是希腊神话中长着美女面孔和鸟身的海妖,拥有美丽的歌喉,常用歌声诱惑过往的航海者而使航船触礁沉没。忘忧果(le lotus),特洛伊战争结束后,奥德修斯率领士兵返乡途中,船队被暴风雨吹到一处海边。上岸找水的士兵吃了岛民给他们的当地特产忘忧果后,竟忘记了家乡和亲人,忘记了自己上岸的目的,也忘记了回到船上去。后比喻身居异乡,乐不思归。

② 皮埃尔·德·莱斯杜瓦尔(Pierre de l'Estoile)是乌塞耶在《新闻报》发表作品时使用的笔名。

③ 乌塞耶并未申请候选人资格。

们重返青春①。

总之，不管您最后给我回复几个字，我都要提前向您致谢。祝好。

CH. 波德莱尔

致于勒·德·索克斯

[1861年圣诞节，或稍早几天。参见下一封致迪梅尼尔的信。]

致阿尔芒·迪梅尼尔

[巴黎] 1861年圣诞节

我亲爱的迪梅尼尔：

我终于鼓足勇气给德·索克斯先生写了一封信②，甚至斗胆在信中对他说："……即便您的预算已然告罄；即便国务大臣想把这件事推到下一任期，由下一拨人马重打鼓另开张；——但如果可能，还是请您帮我一下，在国务大臣签字和转到财政部期间那要命的十天里救救我。"

这句话写得已经再明白不过了："我被逼得快要上吊自杀了。"

我的朋友，现在，请允许我提醒您，您答应过我再去贝拉盖家活动活动。

《幻想家评论》和《欧洲评论》突然同时倒闭，将我置于破产的境地。大家见识过如此景象么——几位大臣：决定与变卦、宣判与免予处罚、创立与摧毁，种种景象轮番上演？反正我们是见识了，至少见识过一次。

如果可能，就请您把我的信要来读一读。

---

① 波德莱尔早年间（1844—1845）曾在《艺术家》上发表过最初数首十四行诗。
② 于勒·德·索克斯当时在国务部任处长，其权限之一便是"向科学家与文学家提供支持与救济"；该处下设科学与文学机构办公室，贝拉盖是该办公室主任。迪梅尼尔10月15日起就任国民教育部科学与文学机构、注册与档案及资金科科长。虽然他和贝拉盖分属不同的部，但在向科学家与文学家提供支持与救济时是有联系的。

我申请法兰西学士院院士资格一事恐怕要黄了；这也很正常，但我还是从一位院士那儿得到了宽慰，他并不觉得这事可笑，他就是德·维尼先生。说真的，这才是一位诗人。唯有他们这种人才具有伟大的精神。

我找机会去拜访了一下德·卡洛纳。他现在可是牛气冲天。他对我说，从今往后，为了确保我不再薄情寡义，每篇稿子他只付给我100法郎。他对我说这话的时候一脸想寻衅吵架的神气。我笑了笑，并祝他好运。

祝好。谢谢。

夏尔·波德莱尔
阿姆斯特丹路22号

欠 据（致米歇尔·马松①）

巴黎，1861年12月27日当天

100法郎欠据

明年7月15日，我将以等值现金偿还文人协会委员会代表米歇尔·马松先生壹佰法郎。

夏尔·波德莱尔
阿姆斯特丹路22号

致欧皮克夫人

[巴黎，1861年12月28日星期六？]

谢谢，谢谢，太谢谢啦！——我可以对你说邮递员昨天没找到我；但事实是当我看到这封保价信时倍觉羞愧，所以捱到今天上午才启封。

---

① 米歇尔·马松（Michel Masson，1800—1883），法国小说家和剧作家。

你答应给我写一封长信；你把它寄给我吧。

明天（星期日）我会给你写信；——然后从明天到 8 日我再给你写一封信，告诉你又有了什么新的消息。

拥抱你。

夏尔

致［于勒·德·索克斯］

［巴黎］1861 年 12 月 30 日

先生：

您可能早就忘掉我了，这很自然，因为我和您前段时间只见过两次面，并曾表达过想给您和大臣先生写信的愿望，希望在我遭遇的一些本不该有的窘迫中获得你们的帮助。正像您看到的，我拖了很久，直到年根儿才给您写信。我秉性腼腆，羞于跟别人谈自己对金钱的需求，而且我觉得——这种感觉肯定特别招人烦——没有什么人比学者、诗人或艺术家更无趣的了。有幸与您见面以后又发生了一些新的变故，令我的处境更加险恶，特别是两家我赖以为生的杂志在一个月内相继停刊，其中一家是《欧洲评论》。我不想就一家由政府创办的刊物停刊对政府的处置是否得当妄加评论；也可能政府这样做是对的；但许多相当优秀的作家都不想再去为德·卡洛纳先生撰稿了；以我为例，我曾经为他的刊物带来相当丰厚的收入，现在却想远远地避开他，因为以我的名声、我的地位和我的年龄来说，实在无法接受他对撰稿人开出的令人笑掉牙的价码。再者说，我跟他无仇无怨，从来也没有过想损害他的念头。

最终，先生，迫于处境，我不得已给您写信。我从未怀疑过您的好意，但您能想象得到让一位优秀的创作者承认凭其手艺不能让自己体面地生活确实难以启齿。这一次，仅此一次，我渴望大臣先生能为我破例提供一笔钱，把一个窘迫的人从事务堆中真正拯救出来，以便他能有一段稍长而充裕的时间写作。比如说，1000 法郎。对我来说，这就相当于有了三个月的保障。三年多来，一部剧本，一部注定要在林荫大道大剧院里上演的剧本始终沉睡于我的卧室——生活中的无数烦扰让这部戏写得很差，写得很慢，始终不能杀青——那是一部政治方面的大戏（没有朝臣们的蠢话），是爱国主义的，我想在其中将文学元素与精彩演出带来的喜悦融为一体。这当然是个好点子，但我们这些诗人，虽怀揣着这些抱负，却被迫栖身于远离中心的边缘地带，因为那些文学的中心（比如说法兰西喜剧院）除了演些连韵都没有的杂耍大戏，早已不屑于上演其他作品了。

如果您的斡旋能让我能从国务大臣那儿获得我之所需，我就会迅速摆脱孤独，实实在在地完成我的作品。

先生，我的申请看来不是时候。您可以说预算用光了，也可以说所有政府部门都难免拖沓，但最后时刻，在大臣的签字与财政部的支付之间还间隔十天左右时间。我坚信，即便新年伊始必有困难，但您那显而易见的善心义举定能所向披靡。

我反复强调这些，您一定能揣测到我的求助是何等迫切。苦涩中说点儿笑话寻开心吧，最近我刚刚向法兰西学士院递交了院士候选人的正式申请，我得向您承认，原来我还打算把自己的作品集呈送给那些学士院成员，我以为他们可能会对阅读我的作品感兴趣，可如今我醒悟了，这种送书的兴致已荡然无存。如果有这样一个人，他富于喜剧性，且渴望获得公平的对待，那么这个富于喜剧性的细节就足以向您证明，这封信（或许有些抱怨的成分）是专门写给您的——除非您认为有必要转呈给大臣先生。富尔德先生是知道我的，华莱夫斯基先生可能还不了解我。总之，如果您能告知贝拉盖先生此事，我将感激不尽。虽然无缘与您有更多交往，但我已经以一种近乎亲密的口吻给您写信了。但愿我这样做是对的，因为我知道我与之交谈的是一位睿智之士。

——先生，我对您充满感激，请接受我崇高的敬意。

夏尔·波德莱尔

阿姆斯特丹路22号

致埃德蒙·泰克西埃①

[巴黎] 1861年12月30日

我亲爱的泰克西埃，我还没见到您在《世纪报》周末专栏上写的有关我的那些精彩文字（星期日没出版）②。之后有人告诉了我，为此我要感谢您。您这句话写得太好了："这是一场注定失败的院士候选人申请行动，而我们觉得这一结果根本就不可笑。"不过这也可能给您自己惹来麻烦。

马上就要到1月份了。我得把我的地址告诉您，以便能收到论居伊那篇文章的清样。我还得马上通知玛拉西，他似乎一直想出版这篇文章的单行本，所以要告诉他和您的印刷所进行沟通。我们不会改变这篇文章的结构，可能只是简单地删去两三条注释而已。

（如果时间足够，如果我们还能为这部新奇之作再投些钱，或许我们有办法能让这篇文章变为居伊的画展，展示居伊那些巨幅的和最为奇特的画作。但这个梦想现在只能让它见鬼去了，因为首先，时间不够，其次，找不到能神奇地在画框上把居伊的奇特性传达出来的翻译人才，最后，在这种情形下，我们只能寄希望于居伊本人，而他又是所有人中最难对付且最具神奇色彩的画家。）

祝好。

CH. 波德莱尔
阿姆斯特丹路22号

---

① 埃德蒙·泰克西埃（Edmond Texier, 1815—1887），法国记者、诗人和小说家，《名流周刊》的主编。
② 泰克西埃1861年12月23日在《世纪报》（*Le Siècle*）上发表文章，称赞波德莱尔是"一位大胆的诗人"，并说只要他迈入法兰西学士院的大门，除非古典传统之神已死并已被埋葬，否则他一定会让马萨林宫（le Palais Mazarin）的玻璃爆裂成上千片碎片。

致莱昂·克拉戴尔

[巴黎，1861 年 12 月？]

恳请克拉戴尔，您送给朋友们的书，请务必把书中的印刷错误改正后再送。

致奥古斯特·普莱-玛拉西

[巴黎，1861 年 12 月底或 1862 年 1 月初]

我亲爱的朋友：

出于某个原因我今天都不能出门。您能在晚餐时来我旅馆么？您的一封长信将我的疲惫一扫而光。我还要给泰克西埃写封信，把盼了一周又一周的咱们那篇居伊给他寄回去；到 2 月底，这篇文章就能给您带来 600 法郎收益了。另外，我创作的那些散文诗也将逐月连载，一半在《艺术家》上发表，一半在《新闻报》发表（卖给了乌塞耶）。我希望能找到一种方法估算出（在报刊上连载的）散文诗的大致收益，好为您预留出另外的 600 法郎。

第一期将在 2 月 1 日出版。

总之，请来看看我吧，请您告诉送信的小伙计今晚能不能来。——任何为学士院奔走的事项都必须置于这些必要的工作之后。

关于那件事，罗西耶告诉我，他听瓦隆[1]说相当多的院士认为我申请候选人资格是蔑视法兰西学士院的行为，因而决定避不见我。

还有比这更愚不可及的么？

祝好。

夏·波

---

[1] 瓦隆（Gustave-Léon Wallon），即让·瓦隆（Jean Wallon, 1821—1882），法国作家、哲学家和天主教理论家。

致 [奥古斯特·普莱-玛拉西]

[1861 年?]

若您问所有药店有没有地衣糖浆,他们都会回答说"两个小时之内就可以提供"。同样,就像我们家家都有罐头肉,既可以加热,也可以在水中泡软。

这就是说,每家药店都有地衣粉,可以马上用开水调制成糖浆。

但这个东西应该自己做,或让自己家里的女仆做,因为无论怎样准备,制作的方法都会导致不同的口味和疗效。

感冒药处方

冰岛地衣　125 克

白　　糖　250 克

(这是原料配比;下面是制作方法。)

先将地衣在足够多的冷水中浸泡十二或十五小时,然后将水倒掉。

取水 2 公升,放入地衣,在温火上炖煮,至 2 公升水减少为 1 公升水时,撇去浮沫;此时加入 250 克白糖,继续炖煮,使之变稠,直至成为糖浆。

自然冷却。

每日服用三汤匙,早午晚各一汤匙。

如果病症时常反复,可以加大服用剂量。

***

至于保罗·迪普莱西 [1] 在地衣糖浆中还曾添加过什么神秘成分,显然应当长期服用之后才可知其疗效,但我从未验证过。我只知道正式的处方,对偏方则不甚了解。

夏·波

---

[1] 保罗·迪普莱西(Paul Duplessis, 1820—1861),法国小说家和剧作家,1861 年猝死街头,有传言说他服用的地衣糖浆中添加了壮阳药。

致欧仁·克雷佩

[1861—1862年]

……您总是要鸡蛋里面挑骨头,总是想制造点儿麻烦……以前您求我挖苦德·拉普拉德要收敛些,描写勒瓦瓦索尔练杠子要委婉些,写莫洛的粗鲁和愚蠢要含蓄些。我都答应了。……

致菲利普·比尔迪

[巴黎,1861—1862年]

先生,我不得不走了,这封信留给您。

我没找到雨果的信。肯定是放在翁弗勒尔或阿朗松了。或者是塞进了其他信封里。——我的评论文章以及雨果的素描还有梅里翁的文章可能都在一起。这些东西我都誊录下来并寄给了梅里翁。

万分抱歉没能给您帮上忙。

CH. 波德莱尔

致埃德蒙·迪朗蒂

[1861—1863年?]

万分抱歉用这种寒碜的方式把钱还给您[1]。

麻烦不断。

夏·波

---

[1] 波德莱尔的《手记》(Carnet)中有一笔1861年夏向迪朗蒂小额借款20法郎的记录。

致欧皮克夫人

[巴黎，1862 年 1 月 15 日前后]

我亲爱的母亲，我总是对翁弗勒尔邮局不大放心。但我不知道问题到底出在巴黎还是翁弗勒尔。上封信我确实搞错了，也就是说我自己疏忽了。但再上一封，就是那封长信，贴了四张 2 个苏也就是 8 个苏的邮票。你又加贴了 16 个苏，总共 24 个苏。这怎么可能呀？邮资本应该和寄送《林荫大道》[①] 一样多，而你却付了 24 个苏，我不明白为什么，是不是把报纸当成信函了？这次这件事更闹不懂了。寄送所有大开本报纸的邮资都是 1 个苏。《林荫大道》不过是像《新闻报》或《世纪报》那样的对开 4 版或 8 版的报纸。所以只需要一张 2 苏的邮票即可，这已经多付了 1 个苏了。没想到送达时又让你多付了 24 苏，那肯定是把报纸当成信函了；为什么？下次邮递员到你家送信时请你务必问清楚到底是怎么回事，更何况你还是这份报纸的订户。有了结果后请你告诉我。

请你务必注意，《林荫大道》不是装在信封里而是用绳子捆着的，所以应该按印刷品付邮资，也就是 2 苏，而且已多付了 1 个苏。我觉得外省邮局里就是有许多小人不守规矩。

你不用把写给基佐先生的信寄给我了。我会让他儿子安排我去拜访他，我与他儿子有联系。

我跟你说的那篇文章叫《风俗画家康斯坦丁·居伊》(Constantin G., peintre de mœurs)。人家已经答应我在下一期《名流周刊》上发表，这是一份读者只看画而不读文章的刊物。而且要分四次连载。

我动身的计划绝对没有放弃，陆续给你挣钱的快乐希望也没有放弃；但都要摆平了这次麻烦以后才行。

这个月肯定很难挨，既要还债又要四处拜访，还要写作。我每天都要想方设法对付讨债人，还要写作、外出拜访和一手交稿一手拿钱。这一切

[①] 《林荫大道》(Le Boulevard) 是刚刚由卡尔嘉 ((Étienne Carjat, 1828—1906, 法国诗人、画家和摄影家，曾为波德莱尔拍摄过肖像) 创办的刊物，1 月 12 日刊登了波德莱尔的 7 首诗，其中有 2 首从未发表过的新诗《盖子》(Le Couvercle) 和《浪漫派的落日》(Le Coucher du soleil romantique)。

都需要巨大的定力而不能分心。

你问我身体怎么样。还是老样子。身体还算顽强，每时每刻经受着痛苦与神经衰弱的考验。我常常发现焦虑、恐惧、失眠与时不时就来的腰疼和消化不良同时造访。这就是我目前发现的毛病。每三天要发作两次。我星期天肯定还要给你写信，再告诉你我又添了些什么新毛病。

我给你寄去两篇专栏文章，谈的不是我，但我觉得很有趣；我料定你也会觉得开心。我支付了2个苏的邮资，完全按照邮寄报纸的规矩，谁寄报纸都得如此办理，埃蒙先生给你寄报纸时也是这么做的。

拥抱你，并再次感谢你。

夏尔

致［于勒·德·索克斯］

［巴黎］1862年1月19日星期日

先生：

大约二十天前我给您写过一封信，想藉您之力向大臣先生申请一笔资助。我冒昧申请的金额似乎多了一些；但我觉得即便不考虑您的善意，我的理由也说得过去，而且我在信中推心置腹地给您交了底，所以我恳求您，考虑到部门间办事程序极为繁琐，请您力所能及推进此事。

二十天过去了，我开始担心这封信是不是被邮局送错了地方，或者某个人没有把这封信送到部里；而您知道，先生，要想去拜访您一趟有多难。您的那些接待人员会要求出示会客证，否则不让进。而且，说实话，您日理万机，也必须惜时如金。

只是，先生，请您想想，一个向您求助的人会是什么情形，他可以等上二十天甚至四十天，却无从知晓他的申请能否获得批准，或者是否已获得批准。

先生，我深知您和蔼可亲，乐于助人；我也深知您对所有政府部门这种拖沓的做派无可奈何。但我还是再次恳请您大力促成此事，而且无论结果如何,都请您再确认一下我那封原始信件(1月底写的①),看它是不是还在您的手里。

先生,我对您的恩典满怀信心,并请接受我最诚挚的敬意。

夏尔·波德莱尔

阿姆斯特丹路 22 号

致古斯塔夫·福楼拜

[巴黎,1862 年 1 月 24 日]

我亲爱的福楼拜,我心血来潮干了一件疯狂的事,是我以破釜沉舟的精神做出的审慎之举。如果我时间足够(恐怕要很久以后了),我会给您讲讲我拜访法兰西学士院院士们的故事,一定会让您开心坏了。

有人告诉我说,您和桑多②关系密切(因为不久前他曾问我的一个朋友:波德莱尔先生也写散文么?)。如果您能拨冗写信给他谈谈您对我的看法,我将不胜感激。我将去拜访他,并向他解释我想成为院士候选人的初衷,我此举确实让某些先生大跌眼镜③。

很久以来我就想寄给您一本我写的小册子《理查德·瓦格纳与〈唐豪瑟〉在巴黎》,除此之外我不知该送您什么;但十分可笑的是,作为一位候选人,我家里竟然没有一本我自己写的书。

上周一圣伯夫在《立宪报》上就院士候选人一事写了一篇文章,这篇文章堪称杰作,读之令人捧腹。

---

① 显然,波德莱文想写的是"12月底"。
② 桑多(Jules Sandeau, 1811—1883),法国小说家、剧作家,法兰西学士院院士。
③ 福楼拜 1862 年 1 月 26 日给波德莱尔回信说:"我完全没明白您的信想说明什么,我刚刚给桑多写了信,恳请他投您的票。"同日他致函桑多:"我昨天收到波德莱尔的一封信,他想让我恳请您提名他为法兰西学士院院士候选人。/ 所以我想冒昧地向您建议,如果这件事您还没承诺什么人,我恳请您为他投上一票。/ 这位候选人想让我对您谈谈'我对他的看法'。您一定知道他的作品。至于我本人,有一点我可以肯定,那就是如果我能有幸出席院士会议,我会希望看到他坐在维尔曼和尼扎尔(Nizard)之间的席位上! 那该是多美妙的一个场景呵! / 请您做做这件事吧! 投他一票吧! 这一定非常棒。圣伯夫好像也打算这么做。"

祝好。

> 您忠实的
> CH. 波德莱尔
> 阿姆斯特丹路 22 号

致圣伯夫

[巴黎，1862 年 1 月 24 日前后]

我又欠了您一份情！这份情我何时才能还得上呵？——我该怎么感谢您呢？

我当时没读到那篇文章①。所以未能及时给您写信。

我亲爱的朋友，我用这样几句话来形容您带给我的无比欢乐：——我曾受到过极大的伤害（但我对此并没有说过什么），多少年来，我都被人家视作怪人，行为乖戾，令人生厌。有一次，我在一份恶毒的报纸上读到了几句话，说我奇丑无比，丑得连人类的同情心都避之唯恐不及（对一个始终笃嗜闻香识女人的男人来说，这种说法也未免太冷酷了吧）。某天有位女士就对我说："真怪了，您长得多体面呵；我还以为您整天都醉醺醺的，而且浑身发臭。"流言这么说，她就信了。

终于，我亲爱的朋友，您挺身而出，为我伸张了正义，我对此无限感激，——我始终认为，除却学识，一个人还必须和蔼可亲。

至于您所说的我的堪察加半岛，如果我能时常受到这种热忱如斯的鼓励，我想我一定有足够的力量造就出一片辽阔的西伯利亚，那将是一个温暖的、充满人气的西伯利亚。目睹您的行动、您的活力，我不免十分羞愧；幸亏我性格中还有些跃动和冒险的精神，可以弥补我总想有所作为的愿望，尽管弥补有限。

---

① 圣伯夫 1862 年 1 月 20 日在《立宪报》上发表了一篇文章，评论"法兰西学士院的下一次院士选举"，文章中有一段著名的文字谈到了波德莱尔这位"可爱的大男孩儿"，说他"在罗曼蒂克的堪察加半岛极远的岬角"为自己建造了一座"古怪的凉亭"，即"波德莱尔式游乐园"。波德莱尔对"圣伯夫大叔"的这些评论十分高兴。

像我这样一个对《黄色射线》和《逸乐》①、对诗人和小说家圣伯夫死心塌地的拥趸,是否也该赞美一下报刊评论家圣伯夫呢?您的那支笔是如何历练到这般知无不言、所向披靡之境界的呢?须知,这篇文章绝非一般的评论,因为它充满正义。印象最深刻的,是我从中又再次发现了您谈吐雄辩,远见卓识,活力四射。

(说老实话,我真想在其中再添点儿佐料——请您原谅我的不逊——我本来还可以再为您提供两三桩您不知晓而疏漏的恶行。什么时候有机会聊天,我再讲给您听。)

对了!还有您的乌托邦计划!那可是能在院士选举中赶走那些大佬拿手的含糊其辞的高招儿!您的乌托邦计划又让我有了新的不逊。我也同样搞过这类乌托邦式的计划和改革方案;——在很久以前那场老式的思想革命运动②中我不是也被驱使着参与了宪章的起草么?但那件事与您的计划有天壤之别:您的计划完全可行,采纳之日也许已为期不远。

普莱-玛拉西心急火燎地想把您那篇可爱的文章印成单行本出版;但他不敢跟您说;怕您抱怨他。

我请您答应我,拿出几分钟来回复我下面谈到的事:

一件巨大的伤心事、必须伏案写作以及身体上的病痛——一处古老的伤口③——中断了我的拜访。

我终于拿到了十五种我主要著作的样书,并列出了范围有限的赠书清单。

我想尽可能含蓄地申请拉科代尔那个院士席位。那不是一个文学家的席位。这是我的初步计划,如果我未付诸实施,那只是因为我不想违背您的意愿,也为了不显得太过离谱。如果您认为我的想法不错,我会在下周三之前给维尔曼先生写一封信,简单地阐明我的想法:我认为,院士人选的问题不应当仅仅由成功的愿望所左右,而且要顾及对逝者的敬意与缅

---

① 《黄色射线》(*Les Rayons jaunes*) 是圣伯夫的诗集《约瑟夫·德洛姆的生活、诗歌和思想》(*Vie, poésies et pensées de Joseph Delorme*) 中最著名的一首。《逸乐》(*Volupté*) 是圣伯夫的一部小说。

② 指1848年革命。

③ 这是波德莱尔关于他梅毒复发的一种婉转说法。因这次梅毒复发,他在1862年1月23日收到了那个"奇怪的警告":"我感到一股愚蠢之翅掀起的风在我周身掠过。"而"一件巨大的伤心事"不知道指的是什么。

怀。我还想告诉他，拉科代尔是位有浪漫主义情怀的神甫，我热爱他。或许我在信中会略去浪漫主义一词，但我不会不与您商量就这样做。

太应该让这位可怕的修辞学家、这个如此色厉而寡恩的人读到我的信了；这个人谈话就像布道，其表情和做作的腔调颇似勒诺尔芒小姐①（却没有勒诺尔芒小姐的那种真诚）。我曾见过这位身着教授礼袍的小姐像卡西莫多一样蜷缩在她的扶手椅里，但她的声音可比维尔曼先生和善多了。

假如您碰巧与维尔曼先生关系很好，我可以立即撤回我刚才说过的话；而且，出于对您的热爱，我会尽最大努力去发掘他的可爱之处。

不过我总会禁不住这样想：同样作为天主教徒，我可远比他更有价值……只不过我是个不太靠谱的天主教徒罢了。

虽然我已华发早生并开始谢顶，但我还是愿意像个小男孩儿一样对您说话。我那位烦死人的母亲不停地向我索要您新发表的东西。我把您的文章寄给她了。我知道她作为一位母亲将会从中获得怎样的快乐。我谢谢您，也代她谢谢您。

您最忠实的
CH. 波德莱尔
阿姆斯特丹路 22 号

致阿尔弗雷德·德·维尼

[巴黎] 1862 年 1 月 26 日星期日

先生：

您的盛情接待让我念念不忘，您慨允向我提供建议让我铭记在心。12 月底和这个月初，我曾试图安排拜访一些我想优先拜访的院士，比如说桑多先生、萨西先生、蓬萨尔先生、圣-马克·吉拉丹先生②和勒古韦先生③

---

① 勒诺尔芒小姐（Mlle. Lenormant）是一位著名的女预言家，波德莱尔曾拜访过她。

② 圣-马克·吉拉丹（Saint-Marc Girardin, 1801—1873），法国文学批评家和政治家，波德莱尔在《我心赤裸》中将其比作"一只自命不凡的巨鹅"。

③ 勒古韦（Ernest Legouvé, 1807—1903），法国作家、剧作家、诗人、伦理学家和评论家，波德莱尔同样在《我心赤裸》中辛辣地抨击过他。

等,但均未果;这之后,我的周期性头痛症(这是维埃内先生馈赠我的唯一头衔)复发;接下来是一场巨大的道德痛苦,就是那种(英国人所说的)难以言表的痛苦;随后身体上又出现了一次意想不到的变故;最后是努力写作的渴望。我对自己的荒唐举动真是追悔莫及。不过我正在尽力恢复。我的作品现在已准备了不少,足以充赠品之数了。

2月份我将再次开始我的拜访之旅。

该考虑的都考虑到了,进展迟缓我也不气恼;它有助于我思考此前一窍不通的诸多事项。

最终决定之前我想听听您的意见。我想根据您的回复,在星期三以前致函维尔曼先生谈谈我的想法,并请他转告学士院的各位先生。

我这封信打算写得轻松一些,像个刚入门者写的信,大致的思路是:

一、我觉得,如果逝者和候选人的作品之间并非完全对路,在两个院士席位空缺之时,候选人若尊崇逝者便足以构成他选择该席位的理由;

二、根据这一前提,如果假设中的那个最佳人选对逝者的生活和作品除却理性的赞美之外全无感受,也就是说完全感受不到同情与激情的话,他就理应回避寻求该席位;

三、拉科代尔神甫在我心目中激发的这种同情,不仅仅体现在他言说之物的价值上,还在于他赋予其言说之物的美感,这种美所表达出的想象力不仅带有基督教的特征,更富于浪漫主义的色彩(对此我会另谈),所以我将请求维尔曼先生告知其同事们,我将选择接替拉科代尔神甫的席位。

依我看,我可以藉此再争取一些时日,或许还可以在菲拉莱特·夏斯勒[①]退出后再获得一些文人的选票,一对一地与德·布罗格利先生一决高下。

最后,感情和本能告诉我,我必须始终表现出一种乌托邦精神,也就是说,看似志在必得,即便肯定败北。

我第一次和圣伯夫谈起打算申请院士候选人资格时,他大笑着说道:"太棒了,我了解您的性格;您有这个想法我丝毫不意外;我敢打赌,为

[①] 菲拉莱特·夏斯勒(Philarète Chasles, 1798—1873),法国文学家和评论家,比较文学的先驱。

了再给您的勇气加把劲,您一定要选择拉科代尔的席位。"事实上,这原本是我之所想;但这句玩笑话让我感到一丝困惑,我担心,特别是在那些对我一无所知的人眼里看来,这会不会显得过于荒唐。

如果我想以最严谨的方式论证我对同情之必要的观点,我可以撰写一篇论拉科代尔神甫的研究报告,并在接受候选人申请时印出这篇文章;但这就会变成一场豪赌,甚至会让我觉得我的计划有些离谱因而放弃申请。

在未得到您的意见之前,我不会做出决定。我得告诉您,我给我杰出的朋友圣伯夫写了一封内容几乎一样的信,我也在等待他的回复①。

我的病确实很严重,但撇开健康、懒惰、工作以及其他诸多考虑都不谈,在把自己的书寄给您之后,我依然觉得在您面前有些诚惶诚恐。

先生,您想想,对于我们这些四十岁左右的文人来说,那些在我们青年时代教导过我们、哄我们开心、令我们爱戴的人当然都是为人师者!

您可能猜不到我为什么要给您寄一份载着我几首诗的小报:只是因为我想藉一首关于日落的十四行诗②聊表我的恭敬之情!

万望您对我说话也直来直去,拜托了,因为在这方面我毫无经验,说得不对我也不怕脸红。

先生,再次向您表示感谢,并请接受我诚挚的敬意。

夏尔·波德莱尔
阿姆斯特丹路 22 号

致阿尔弗雷德·德·维尼

[巴黎,1862 年 1 月 30 日]

先生:

这就是圣伯夫那篇雄文,那份宣言。

---

① 维尼和圣伯夫都劝波德莱尔别这么干;此外他们也不相信波德莱尔能获得正式的候选人资格。

② 指《浪漫派的落日》(Le Coucher du soleil romantique),这首诗与其他几首十四行诗一同发表于 1862 年 1 月 12 日的《林荫大道》。

此外是泰奥多尔·德·邦维尔的两首卓越的歌谣体六行诗,您肯定会感兴趣的。

正是因为有邦维尔这样的诗人愿意与我为伍,我才会在《林荫大道》上发表几首十四行诗而丝毫不感到羞耻①。

您对我的诗过誉了,这反倒让我担心自己对散文诗是否过于热衷。如此一来则更令我渴望您的理解。

先生,昨天在您身边那么高兴,却忘了告诉您优质淡味啤酒和劣质淡味啤酒的区别。既然您想试试这种饮料,酒瓶上只要贴着哈里斯商标(Harris)的您要务必小心,这种啤酒有如瘟疫(绝非夸张,我曾因喝了这种啤酒而得病)。很可怕,简直就像毒酒。

虽说奥索普啤酒厂(Allsopp)和巴斯啤酒厂(Bass)都生产优质啤酒(尤其是巴斯啤酒厂),但同样应当提防商标,因为肯定有假货。最可靠的就是由我给您指定一两个靠谱的地方,在那儿您可以放心地购买淡味啤酒。

紧挨着协和广场的里沃利街有一家名叫高夫(Gough)的商行,租了一间公寓做商铺,经营西班牙葡萄酒和啤酒,还有英国甜烧酒。

另一家离我住的地方只有两步远,门牌号码肯定是阿姆斯特丹路26号,门上挂着圣奥斯丹酒馆(Saint Austin)的招牌。别把它和前面另一家德国人开的酒馆搞混。那儿经营的啤酒和波特酒好极了,而且便宜。

我觉得高夫除了普通的淡味啤酒,也卖陈酿淡味啤酒。但陈酿的劲头很冲。

您觉得这主意不坏吧,是不是?这些细节有利于您的身体健康,也是想与您分享我的巴黎经验。

您忠诚的和充满感激之情的
夏尔·波德莱尔

如今很难再找到爱伦·坡的《乌鸦》和《创作方法》了。

---

① 维尼批评波德莱尔把自己的作品发表在《林荫大道》那样的小报上。他在1862年1月27日给波德莱尔的回信末尾写道:"我对您还不太了解,但我觉得在很多事情上您都太不把自己当回事了。——您不该把您的名字、您那真正的和罕见的才华、您的举止、您的作品和您的言论随便在哪里发表。"这句话既是指波德莱尔申请法兰西学士院院士资格那件事,也是指他为《林荫大道》撰稿一事。所以波德莱尔拿出邦维尔1862年1月5日和19日在《林荫大道》发表过的两首诗来为自己开脱。

致古斯塔夫·福楼拜

[巴黎] 1862 年 1 月 31 日

我亲爱的福楼拜：

您是一位真正的战士。您最有资格成为圣战军团的一员。您无条件地忠实于友谊，您的所作所为堪称正人君子的典范。

可是，完美的孤独者呵，您肯定没读过圣伯夫那篇议论法兰西学士院和候选人的著名文章！一周来，此事已引发热议，并且在法兰西学士院内掀起了轩然大波。

马克西姆·杜刚对我说过，说这次我申请候选人资格就是自取其辱，但我还是去拜访了一些院士，尽管有几位院士宣称说他们不愿意在家里接待我（但这种说法是真的么？）。申请候选人资格一事虽说是心血来潮，但我并不后悔。即便没得到一张选票，我也没什么可懊悔的。2 月 6 日有一次投票，但增补拉科代尔去世后留下的院士席位的投票排在最后（2 月 20 日），我得拉来两三张选票。如果再没有一位适当的人选露面，我就得独自面对那位可笑的布罗格利小亲王——他的公爵父亲可是依然在世的院士呵。有人说早就提前内定他了。这帮人最终一定会让为自己看家护院的人当选，如果这些看家护院的人又是奥尔良派的话。

回见吧。我们肯定很快还会见面。我总梦想着能幽居独处，如果我在您返回之前就动身的话，就会用上几个小时去拜访您——就在您那儿。

您怎么竟没猜到，波德莱尔意味着：奥古斯特·巴尔比耶、泰奥菲尔·戈蒂耶、邦维尔、福楼拜、勒孔特·德·利勒，也就是说，他代表着纯文学？您问问几位朋友马上就会明白，而且多少会给予我一些同情。

谢谢您。祝好。

CH. 波德莱尔

您注意到没有，用金属笔写字有如穿着木屐行走在碎石之上？

致埃德蒙·洛莫尼耶 ①

[巴黎，1862 年 1 月？]

先生：

恳请您央求您的表兄在《新闻报》合订本里（合订本在一间阅览室里）找一找我的一篇译作《离奇天使》并誊录下来。

这事很急。我希望星期一能拿到。

您表兄的书法很棒，但誊录散文诗时的错误太多，校正得花费很长时间。

恳请您劝劝他，誊录错误太多的话，作者需要花费很大精力才能一一改正，所以誊录时一定要长脑子。

顺致崇高的敬意。

CH. 波德莱尔

我说的那篇译作应当是在 1859—1860 年间发表的。

致埃德蒙·洛莫尼耶

[巴黎，1862 年 1 月？]

正像我昨天所说，必须是全文誊抄，文章排版时不接受简单改错 ②。

夏·波

致阿尔弗雷德·德·维尼

[巴黎，1862 年 1—2 月？]

先生：

我看您那天很难受，心里总是放心不下。

---

① 埃德蒙·洛莫尼耶（Edmond Laumonier），波德莱尔作品的誊抄员。
② 《新闻报》1860 年 2 月 17 日发表过波德莱尔翻译的爱伦·坡小说《离奇天使》，但放在了报纸的中缝里，对此波德莱尔 1860 年 5 月 26 日致吉尚的信中曾表示过不满。《插图世界》定于 1863 年 2 月 21 日和 28 日重新发表这部译作，所以波德莱尔想重新修订一下文本。

我有一位朋友，胃病也很严重，他告诉我说，凯瑞（Guerre）——就是那家在卡斯蒂格里奥纳街（rue Castiglione）和里沃利街拐角的英式糕点铺——有一款配热酒的肉冻，配的酒肯定是马德拉葡萄酒（madère）或赫雷斯白葡萄酒（xérès），再差劲的胃也能轻松愉快地消化！那是一款用酒浸渍的肉酱，比一顿套餐更滋补，更有营养。

我觉得应该把这件事告诉您。

您忠诚的
夏尔·波德莱尔

致古斯塔夫·福楼拜

［巴黎］1862年2月3日星期一

我亲爱的朋友：

桑多先生很可爱，他的妻子也很讨人喜欢，我真的相信自己也融入他们了，因为我们共同举办了一场赞美您的音乐会，太和谐了，就像几位造诣甚高的艺术家来表演正宗的三重唱。

桑多先生抱怨我说，我申请成为院士候选人一事实在出乎他的意料。我该早点儿去拜访他就好了。不过他答应替我去跟几位学士院的朋友通融通融。"或许吧，"他说，"或许我能在拉科代尔席位的增补选举中拉来几张新教徒的票。"这正合吾意。

说真的，桑多夫人对您仰慕至极，她处处维护您，颂扬您的时候也是无所不用其极。所以我也加入了为您大唱赞歌的行列，并且成功地发现了一些她疏漏的赞美理由。

桑多的信奉还给您①。还有一篇小小的笔记，或许能让您开心。

祝好。回见。

CH. 波德莱尔

---

① 福楼拜1862年2月2日把桑多给他的回信转给了波德莱尔，并请他去拜访桑多。

致圣伯夫

[巴黎,1862年2月3日]星期一晚

我亲爱的朋友,我一直努力猜想您什么时候得闲,可就是没结果。

遵照您的劝告,我一个字也没写;我还在不厌其烦地做着拜访院士这件事,好让他们明白我为什么在争取拉科代尔神甫的席位中更看重几张文人的选票。

我敢肯定于勒·桑多会向您谈起我;他极为优雅地对我说:您来找我为时已晚,不过我还是要了解一下能为您做些什么。

我拜访过阿尔弗雷德·德·维尼两次,每次他都和我交谈了三个小时。他是一个可敬可爱的人,但不大可能会付诸行动。可他还是对我表达了最热忱的同情。——您不知道,1月份对我来说是伴着老伤痛的忧郁和头痛的一个月。我说这些是为了解释我的工作进度为何会中断。

我已拜访的院士有:

拉马丁,

帕坦,

维埃内,

勒古韦,

德·维尼,

维尔曼(真可怕!),

桑多。

哎呀!我想不起还有谁了。我没能找到蓬萨尔,也没找到圣-马克·吉拉丹先生和德·萨西。

我最终给这些我读过其作品的十个人寄去了几本我的书。这星期我还会去拜访这些先生中的几位。

我在《轶事评论》上就您那篇卓越的文章发表了一篇分析文章(我没有署名;这行为有点儿猥琐,是么?)。这篇文章我已寄给德·维尼先生请他过目,他不知道有这么一篇文章,并对我说他很想读读。

至于那些政客,去拜访他们不可能有什么乐趣,但我还是打算坐车去拜访他们一圈。他们可能只会收下名片而不接待我。

今天晚上我拜读了您那篇关于蓬马丹的文章。请原谅我这样对您说："这是怎样一种难觅的才华啊！"在您挥霍的才气中时而会有些东西让我自惭形秽。以我个人的感觉，说完了"最崇高的事业有时却要靠笨伯们撑腰"这句话之后，我就觉得大功告成了。而您却拥有启示和预测的特殊才能。——甚至对那些最十恶不赦的畜生依旧彬彬有礼。那位蓬马丹先生就是这样一个对文学深恶痛绝的人。

（有人说他是一位靠买卖流亡贵族财产而致富者的儿子，您知道么？这可能是诽谤，果真如此，那他的答辩就会十分可笑了。）

给您寄去几首十四行诗。下次我会再给您寄去几篇散文体的《遐思录》，还有一本不算大部头的《论风俗画画家》（包括铅笔画、水彩画、石版画和版画等）①。

我没问您身体如何。但肯定不错。

拥抱您并紧握您的手。——现在我离开您的家。

夏尔·波德莱尔
阿姆斯特丹路 22 号

致法兰西学士院终身秘书阿贝尔·维尔曼

［巴黎］1862 年 2 月 10 日星期一

先生：

我请求您从申请接替拉科代尔席位的候选人名单中划掉我的名字，并请您拨冗将我的退出决定告知您的同事们。

同时，先生，请允许我借您之金口，向我有幸拜访过的各位先生表达谢意，感谢他们接待我时所表现出的优雅和友好的风度。并请他们相信，我将铭记这些珍贵的回忆。

终身秘书先生，请接受我深深的敬意。

夏尔·波德莱尔

---

① 指波德莱尔 1862 年 1 月 12 日发表于《林荫大道》并已寄给维尼的几首十四行诗。《遐思录》(Rêvasseries) 指几篇散文诗，就是波德莱尔 1861 年 12 月寄给乌塞耶的那几篇。

致欧皮克夫人

[巴黎，1862 年 2 月 10 日] 星期一晚

亲爱的妈妈：

接到这封信后请你马上去我的书房，找出爱伦·坡作品集（书脊是橄榄绿的）第四卷，然后打听一下哪种寄送办法最便捷（是邮局还是火车？我想还是邮局快；不过邮局可能拒绝封好的包裹）并立即寄给我。买爱伦·坡这套书我可是花了大价钱的，所以这部第四卷请你务必包好，寄送过程中绝对不能破损。

一周前我向伦敦订购了一本平装本。四天前就到了巴黎，不知是海关蠢还是哪个部门蠢，把我已经等了一个星期的这本书扣下了，就为了能直接赚取 200 法郎。

这本书我后天要用，就是让你寄给我的这本。如果等的时间过长，海关催我取货，人家答应我的稿费就全都黄了。

第四卷。千万小心。其中有一篇随笔，题目叫《自动象棋手》(*L'Automation joueur d'échecs*) ①。

现在是六点。

我争取明天告诉你都发生了哪些事。伤心事有之，高兴事亦有之。拥抱你，我觉得 3 月份我们会重逢。

学士院上周四搞了一次投票预演。投了十三轮，未得出任何结果。我刚刚撤回了接替拉科代尔神甫席位的申请；我向你保证我的行为是明智的；我现在知道了我将来会被提名，但何时？我不知道。

拥抱你，我视你为我唯一的拯救者，我唯一的爱。

夏尔

千万把书边和书角包好。

拜托，用最快的速度，最快的速度。

---

① 指爱伦·坡的随笔《梅泽尔的象棋手》(*Le Joueur d'échecs de Maelzel*)。这篇译作 1862 年 7 月 12、19、26 日和 8 月 2 日在《插图世界》连载。

致 [于勒·德·索克斯]

[巴黎] 1862 年 2 月 12 日

先生：

您的信显示了善意，同时驳回了我提出的新的补贴申请，我对此完全理解。之所以再给您写信，无非是想恳请您再扩展一下这种善意。请您判断一下吧，12 月底时我的境况已万分严重，目前情形依旧；四个月以来还没有一家报刊发表过我的文章。

我提醒自己尽量不要轻易打搅您，但一碰上新的挫折就不由自主地想起您来。

先生，我很抱歉，并请接受我崇高的敬意。

夏尔·波德莱尔

致塔克西勒·德洛尔[①]

[巴黎，1862 年 2 月 15—20 日]

先生，麻烦您在今天的报纸上发布下面这条两行字的消息，如果今天赶不上就明天见报：

"我们获悉，夏尔·波德莱尔先生几天前刚刚退出了拉科代尔神甫席位的候选人申请。"

感谢您，并请接受我崇高的敬意。

CH. 波德莱尔

[①] 塔克西勒·德洛尔 (Taxile Delord, 1815—1877), 法国记者和政治家。

致阿梅代·阿夏尔[①]

[巴黎，1862年2月17日，是有关亨利·德·拉马德兰[②]的一封文辞优美的信。]

致欧皮克夫人

[巴黎] 1862年3月17日

我不需要你教诲我如何正直有为，也不必扪心自问良心何在。

我通常不会去谈自己的生活、自己的想法、自己的苦闷，对你也不例外。

我不能且不愿说出我的愤懑。一来恐怕要写满五十页纸，二来写的过程又会充满痛苦的煎熬。

我只能这么说：

你略微知道我性格敏感、任性且暴烈，我视尊严高于一切，我怎么可能因为纯粹的吝啬而干出这等残忍的事来？吝啬！而且这十七年来我的所作所为，不是宽恕之心使然又会是什么？（我承认，那女人很美，别人会怀疑我的宽恕是源于私情。）可在疾病和衰老轮番打击她的这三年里，我都做了些什么？我做了自私的男人们通常唯恐避之不及的事。我甚至为自己的悲悯感到一丝自豪的惬意。

让娜得了那场大病两天后，我本想辞掉那个耍心眼且放肆无礼的女仆，因为她给让娜吃的药都是从看门大妈那儿倒腾来的，且不遵医嘱。而让娜却表示该滚蛋的人是我，她要留下那个姑娘。于是我走掉了，但依旧四处奔波想为她弄点儿钱。

另一个例子是：大约三年前的一天，我在翁弗勒尔收到她一封信，她在信里抱怨说疗养院的费用未付，她怕人家撵她走。——一怒之下，我写信去质问玛拉西，因为他答应过支付那笔费用。玛拉西通过铁路邮局把付

[①] 阿梅代·阿夏尔（Amédée Achard, 1814—1875），法国小说家。
[②] 亨利·德·拉马德兰（Henri de La Madelène, 1825—1887），法国作家，《新巴黎评论》的创办人。

款收据寄给我作为答复。我甚至还给那家疗养院写了一封相当刻薄的信。人家寄来了疗养院院长签发的收据答复我。这些真让我无地自容。让娜依她可悲的、孩子般的想象，自以为想好了让我掏两次钱的诡计，——却丝毫不顾忌她这个谎言会让我多操心，也全然不考虑这样做会让我陷入怎样一种纷争的尴尬境地。

女人就是这样；孩子就是这样，动物就是这样。不过，动物不读书，没有哲学，没有宗教信仰；所以也就无所谓体面与否。所以它们的罪孽会轻一些。

一年半以前，我从你和昂塞尔那儿弄来一点儿钱，本打算在讷伊安家用；——而我到了以后却看到了她的一个兄弟①，这个兄弟十八年来从未帮过他姐姐一次忙，如今却黏着不走，足以表明他并不知道我很穷。我的谈吐谦恭有礼。——然后只好是我溜之大吉了。

去年1月出了一件大事，我为此病倒了；——我没对任何人说起过，我不想说。——这件事深深地伤害了我。

几天前，玛拉西告诉我，让娜跑去求他买下一些书画。玛拉西不是书商。他只出版新书。巴黎有数百家书商。我隐约猜测到她之所以找玛拉西是为了寒碜我，是为了伤我的自尊心。每个男人与一个女人长相厮守时总会给她留下一些纪念物，她愿意卖就卖吧；我无所谓。但让我觉得屈辱的是我不得不似是而非地向我的出版商解释一番，就像你今天强迫我向你做出解释一样。

你的信打一开头就让我觉得你几乎已经被人家忽悠了；你宣称你比我有雅量。当我向让娜表示她必须依赖其他人而不单单是我、而我相信凭自己的天赋和幸运之星能让我获得我所需要的一切时，我其实早已把我所有的一切都奉献给了她。

一旦妥协，风险就在眼前：——下个月，下个星期，人家就会有新的要求，如此循环往复，没完没了。当我从玛拉西那儿得知她已打定主意纠缠并恫吓我时，我就告诉自己："如果我下一次能凑到一些钱，我一定给她寄去点儿东西，但要用一种出格的、迂回的办法，让她猜不出是我寄

---

① 据学者考证，这位所谓的"兄弟"似乎是让娜昔日的情人。

的。如果让她猜到是我，她就会把我的弱点当作对她的姑息和鼓励。"

你应该看得很清楚，我并非一头残忍的野兽。

你的天真、你易上当的性格、你的幼稚、你的同情心让我忍俊不禁。莫非你真以为只要我乐意，我就不能叫你倾家荡产，让你垂暮之年一贫如洗？难道你不知道我足智多谋，能言善辩，动辄即可得逞么？我不过是克制自己不这么做罢了，有新危机出现时，我总是告诫自己："不要打老妈的主意；她已经老了，没有多少钱，让她安度晚年吧，你一定有足够的办法让自己摆脱困境。"

我不知道还有什么能比女人和孩子们的纯情更愚蠢的了，这种纯情是他们唯一的灵感。——如果是一个血气方刚的十八岁男孩，情感会驱使他为了一瓶果酱或为了给姑娘买一条发箍而杀死自己的父亲；情感也会驱使一个女人为了买些首饰或与某个家伙约会而杀死自己的丈夫；——这与驱使一条狗奋力撕抢一块肉根本没什么两样；——至于"个人的任性，乃至满足个人的需求，都应以不妨碍他人的自由为前提"这个简单如斯的道理，也只有男人们才能把握。

请原谅我像个书呆子或愤世嫉俗的人那样对你说话。我深信我所断言的一切。我曾接受过一种可怕的教育，再想从中脱身可能为时已晚。我所阐示的道理，大凡女人都不会感兴趣，除非她年已垂暮。

这使我想起了巴东夫人；——她拥有三种至福，而她却忘恩负义。她老态龙钟：所以她摆脱了愚蠢的激情。她孤身一人：所以她不欠任何人的账。她富甲四方：所以她有条件提升自己的精神生活。她愿意选择什么——男性的激情、科学或慈悲——随便吧。说实话，我没工夫为虚构的苦难唏嘘。

至于德·蒙特罗夫人[①]，我知道她在翁弗勒尔，是一位朋友、《名流周刊》(*L'Illustration*) 的社长[②]告诉我的。因为我知道你总想把我的房间租出去，我还担心过这件事；所以我的朋友告诉我说，我大可安心，因为德·蒙特罗夫人对挪动书籍和雕刻不可能有兴趣。

我刚刚给让娜写去一封信。所以你不用给我回信了。一想到还要用另

[①] 德·蒙特罗夫人（Mme. de Montherot）是法国驻西班牙使馆一位一等秘书的妻子，当时欧皮克将军是法国驻西班牙大使。

[②] 指埃德蒙·泰克西埃，《名流周刊》主编。

一天去喋喋不休地谈论自己和自己的事就让人不自在。

我还是很想回到翁弗勒尔去住；但有好多事情必须早做打算！

我心血来潮申请法兰西学士院院士候选人资格一事对我并没有任何伤害。其间发生了很多事情，我以后会告诉你。——更不用说增补斯克里布席位的投票已经推迟到了4月份，我对此已然全无兴趣。

除了维尔曼先生，我对谁都没有怨言，我会公开表示对他的不满。

比奥先生去世了，他的席位将由利特雷先生接替①。

这些消息我告诉你太晚了！

我在拉科代尔席位选举前撤回申请的信在法兰西学士院引发了某种轰动，——不过反响不坏。

拥抱你。

夏尔

致于勒·德·索克斯

［巴黎］1862年3月19日

先生：

我希望两三天以后能有幸拜访您，恳请您能拨冗接待。我去的目的是想就申请大臣先生②接见一事咨询您的意见，——我只想在征求了您的意见之后才会去做。即便我苦等了三个月后大臣仍断然回绝我的申请，也不失是您的一桩仁心善举③。

我脑海中曾闪过种种猜测，但总的来说，这些猜测都解释不清。首先我想，大臣先生是否特别反感我。可这太荒谬了。随后我又想，大臣是否

---

① 让-巴蒂斯特·比奥（Jean-Baptiste Biot, 1774—1862），法国天文学家、数学家、物理学家和化学家，他于1862年2月2日去世。利特雷（Émile Maximilien Paul Littré, 1801—1881），法国医生、词典学家、哲学家和政治家。

② 指华莱夫斯基国务大臣。

③ 1862年4月4日，波德莱尔终于获得了一笔300法郎的"临时性补贴"，这是他病倒以前获得的最后一笔补贴。

反感所有作家。但大臣可能连我的名字都不知道，而且他若厌恶文学那也太神经过敏了。然后我又试着揣测是不是部里缺钱了；可这也不对呵，因为部里有一笔特别预算。

虽然我时常感怀您乐于助人，可这次我原本确实打算请某些朋友（比如圣伯夫和梅里美两位先生）帮我这个忙。但圣伯夫事务繁忙，而梅里美出于一些我能想到的原因可能会拒绝我的请求，虽然他在另一件事上真心同情我[①]。——所以我决定还是自己去拜见大臣，向他面陈我的窘境，并解释我何以认为自己的要求是合理的。做出这样的决定时，我最担心的是怕打搅您，让您受累。但我觉得，您对有求于您且您也乐善好施的事绝不会不高兴。——再说了，接见函也要从您的办公室发出；但我向您重申，我只有在征求了您的意见之后才会这样做。

先生，请接受我崇高的敬意。

夏尔·波德莱尔
阿姆斯特丹路 22 号

致欧皮克夫人

[巴黎] 1862 年 3 月 29 日

我亲爱的母亲，如果可能的话，我恳请你在这个月底帮帮我。我答应旅馆老板后天付给他 300 法郎（首要的是我图这里安静）。我原来答应从《新闻报》的稿费中支付他 375 法郎（是《维尔曼先生的精神和风格》等三篇文章，已完成并已交稿，《新闻报》已接受[②]）。可是，关于进言的讨论[③]旷日持久，报纸上连篇累牍都是这些东西，好久都无法发表文学作品。好在这场讨论终于消停了，我的三篇文章将在 4 月份分三次发表，肯定是每周一篇。你如果能帮我，我将把答应付给旅馆老板的钱还给你。（另

[①] 梅里美在 1857 年《恶之花》案审理过程中曾为波德莱尔说过话。
[②] 事实是这几篇讽刺文章既未完成也未交稿，始终处于札记状态。
[③] 第二帝国在自由化的过程中赋予立法机构向国家元首进言的权利，故反对派国会议员发表意见的文章占据了报纸版面。

外，我始终惦记着还给你那500法郎的事，你新年时寄给我的200法郎已经还给你了。）我回到你身边时咱们再商量这件事吧。

我向你保证，我的生活没有混乱。每天基本上有条不紊。但我很忧郁，我要忍受一切，甚至要忍受到生命终结，要忍受司法监护，我决心化繁为简，做我该做的一切，以便有人能取消这种司法监护。——今年我有四卷书要出版。我打赌没人会留意这四卷书的出版。没有人公平对待我。一旦安排好这几卷书的出版和销售，一旦文章创作完毕——已部分完成，另一部分尚在写作中——并收进这几卷当中，我就立刻回到你身边。我甚至都不用去那边领稿费。完全可以委托他人代我领钱或还钱。

《散文诗》也将在《新闻报》上发表。稿费1000法郎！不过，唉！还有，《文学浪荡子》也将发表在《新闻报》上。可能还有《哲人画家》[①]。我现在必须留在巴黎做完这些事。然后是签合同。我觉得埃采尔会买断《散文诗》全书的再版版权。

这些书的收益都会在未来体现。

我还有两项写作计划，但都不像目前的创作目标那么明确。因为必须吃苦若干年、受累若干年，才能掌握目前的工作那样至简的真理，这种事吃力不讨好，却又是生活中不受苦或少受苦的唯一办法！

看来得和昂塞尔谈一谈，向他推荐另外的办法或另一种比1000法郎回报高一些的投资来进行收益的转换操作。现在这事太烦人了；还不如卖掉后重新投资。这事我希望自己做，不需要你的帮助。

所以说，我很快就会回来，但不是惦记什么存款（像你胡乱猜测的那样），而是为了感受回到你身边并和你和睦地共同生活的喜悦。我会告诉你我见识到的更多的东西，整个上流社会以及所有那些让我疲惫不堪、耿耿于怀的拜访。

你会觉得这封信不像其他信那么悲观。我不知道我这种勇气何来：因为我不配享受这种生活。

[①] 实际上《文学浪荡子》始终处于草稿阶段；《哲人画家》也始终处于札记阶段。

我读了福楼拜下一部长篇小说的若干章节①；太令人赞叹了；阅读中我的钦羡之情愈发强烈。雨果也即将出版他的十卷本长篇小说《悲惨世界》。反观我，我那几部可怜巴巴的作品——《吾得之矣》《散文诗》和《对几位同时代人的思考》的出版至今仍无头绪。

我年过不惑，负债累累，却还想在这样一个只喜欢闹剧和舞蹈的国度里以文学为生！命运何其残酷！

你责备我上一封信全无一丝温情。可是，亲爱的母亲，你本该反思一下，你问了那么多让娜的事，又重新勾起了我难堪的回忆。宽容些吧，你要知道，你的宽容不会白费。

你需要中式窗帘吗？我见过，5法郎一幅。贵吗？我没买。

你说过想找一套夏多布里昂的《墓畔回忆录》(Mémoires d'outre-tombe)。我给你淘换了一套。你别谢我。我没花钱。

最近这段日子我太受罪、太受罪了，因为我的风湿病又犯了；所以一到大热天我就赶紧大口呼吸。

你已经知道了我为什么还要待在巴黎半个月或一个月，是不是？无利不起早。你干吗还要让我在翁弗勒尔研究画家和版画家呢？干吗还要我为自己的评论文章再买那么多参考书呢？拜托了，凡事都得有个了断。我在翁弗勒尔只想为自己的纯虚构作品觅得或开拓一种全新的模式。

总之，你的信后天上午八点前务必寄到。那个人②手头不宽裕，十点钟还等着支付其他人一笔钱。我最怕下等人给我甩冷脸子看，却又不得不依靠他们。

如果顺利，写维尔曼的那笔稿费就归你了，每期出版后（一共三期）你就会收到那一期的稿费。

我动身之前还要再托运一个新的货箱，都是油画和版画（那是我唯一的娱乐），肯定是在4月的第三个星期发运。

---

① 指福楼拜的长篇小说《萨朗波》(Salammbô) 的若干章节。
② 指迪埃普旅馆的老板儒塞。

拥抱你；聊了这么长时间，再会。

夏尔

夏多布里昂那套书你是想马上要还是等一等？

情绪不好还有一个原因。

为了在《插图世界》发表四篇文章，我已经等了两个月。

而《名流周刊》十七个星期以前就答应我清样周一送来，永远都是下个周一！

我很后悔把这部重要的作品托付给一家画报。这种报纸根本没人看。——我也说不清当初脑子怎么进水了。

五六种手稿要分门别类放在不同的地方，这得多累人！随后又是所有清样一股脑同时送达。

我担心讨论预算会占去太多时间。谢天谢地，好在还要过一段时间才谈。

（在《新闻报》，没有人做事想着下一步。我找时间再给你解释这句话的意思吧。）

致欧皮克夫人

［巴黎，1862年］3月31日

谢谢，谢谢！

为什么要绝望呢？

我坚信从这个月开始一切都会顺风顺水。

我亲爱的母亲，你的信让人费解。

我理解你不想要窗帘，因为害怕又要付钱，可你不知道它是可以随意剪裁的。因为我想到了观景亭①。

但你为什么连夏多布里昂的书也不要了？你不是特别想要么？

你无法想象需要面对那么多事时有多么烦人，还有那么多未付梓的文

---

① 观景亭（le Mirador），是欧皮克夫人住宅花园中的一座向外凸出、看起来很质朴的带彩色窗户的凉亭，位于悬崖边缘，两侧是信号桅杆。

章,还担心清样不能送达翁弗勒尔。这些事业上的烦恼你全然不能理解。我到周末再给你写信,拥抱你。

夏尔

你信中说"我必须节衣缩食"是什么意思?

致奥古斯特·普莱-玛拉西

[巴黎,1862年3—4月?]

……至于信末一句,您完全清楚工作已经完成,并已向《名人周刊》交稿,稿费400法郎,不日即将发表,再加上国务部的补贴,我可以还给您600法郎,到不了这个数我也会凑齐了还给您。所以您因为自己的错觉而对我指手画脚与我的计算方法完全是两码事,其原因在于提现日和债权到期日之间有时间差。我虽为此事满怀歉意,但您不应对我有所猜忌。

您猜测的银行拒付理由也不对;什么时候有幸见到您,我会好好解释给您听。好了,还有这么两句话:一、一个伙计声称,您未在指定日期提交票据;二、另一个伙计(他肯定也在银行)则说,该银行在德·布鲁瓦斯时代身价更高,还说德·布鲁瓦斯的退出①就可以解释为何阿朗松的一家银行会倒闭②。您要知道,这些话可不是我编的。

您在信中想让我领教您的坏脾气,脾气虽坏,但事出有因。不过没用。发生的一切已经足够让我受的了,而我只想记住您给予我的帮助,别的不想记。

祝好③。

---

① 1861年8—10月,玛拉西和德·布鲁瓦斯这两位合伙人分手,德·布鲁瓦斯拿走了阿朗松印刷所,从此玛拉西成为其出版社唯一的所有人。
② 指阿朗松银行家阿尔封斯·奥梅(Alphonse Hommey)开办的银行,1859—1860年期间,这家银行贴现了大笔迪朗蒂支付给玛拉西的票据。
③ 这封信波德莱尔没有签名。

致奥古斯特·普莱-玛拉西

[巴黎，1862 年 4 月]

我亲爱的朋友：

我今天上午去拜访乌塞耶，未遇。55 法郎数目不大，但我知道月底前不会再有进项了。

乌塞耶将刊登我写的那篇维尔曼的文章和《散文诗》，这就足够了。我毅然决定今晚把论居伊那篇文章送给卡尔嘉，并且告知他这篇文章的稿费将支付给您。您可以安心地一周一周收钱。我还得问问《林荫大道》给的稿费是不是 400 法郎。但甭管怎么说，这都是钱。每行字 3 个苏。

***

我觉得您肯定会喜欢下面的信息，但凡有用，我就会很高兴。

《夏尔波诺太太》在一份阅读量很小的报纸上首发了，是哪份报纸还得查一查。莱维会告诉您是哪家报纸①。书在出版时删去了一帧比洛兹的肖像。比洛兹的词根是希腊语，意思是独眼巨人（Borgne）。您可以在《轶事评论》和《林荫大道》再版时补上这个缺漏，当然，看您愿意②。

我满怀真诚的歉意祝好。

夏·波

许多章节都在影射那个独眼巨人出版商。

没人注意到这个缺漏。是桑多夫人告诉我的。那个蓬马丹最近与比洛兹先生又和好了。

---

① 《夏尔波诺太太的每个星期四：一位退休巴黎人的日记》（*Les Jeudis de Madame Charbonneau, Journal d'un Parisien en retraite*）是蓬马丹创作的一部讽喻小说，从 1859 年 1 月到 1860 年 8 月在《家庭周刊》（*La Semaine des familles*）连载。
② 《轶事评论》1862 年 5 月下半月刊和 6 月上半月刊发表了蓬马丹小说的节选，结果导致比洛兹和蓬马丹在和解之后再次闹翻——波德莱尔此举可谓一箭三雕：既报了比洛兹拒绝发表他的文章之仇，也报了蓬马丹在报纸上攻击他之仇，还报了蓬马丹抨击圣伯夫之仇。

致阿尔封斯·波德莱尔夫人

[巴黎] 1862 年 [5 月] 11 日星期日

我亲爱的嫂子：

多年之后，我明天终于可以去看望您了！首先我要向您致歉，并向您解释一下我的行为——这些行为您肯定认为十分乖戾。我之所以一直没给您写信，是因为昂塞尔先生总是不停地对我说："咱们星期一就去枫丹白露，——星期二，——星期四，——星期六——等等。"

噩耗传来时，我正纠缠在某项义务中脱不开身，有些像那些喜剧演员，明明家庭遭受了不幸的打击，却仍然不得不登台演出。当时我必须整天泡在印刷所里。再加上我当时风湿病特别难受。——我得承认，生活实属艰辛。

我感到我的情感遭受了重击，一半是伤感，一半是内疚。我为很少去看望我的哥哥、特别是近些年很少去看望我的哥哥而感到伤感和内疚！但没有人——您听好这句话——没有人告诉我他的状况如此严重。对所有人而言，将一切事情拖到次日是一种可怕的恶习。我们总认为自己还有时间，然后，死亡降临了，也就是说，无可挽回的事发生了。

我母亲寄给我一封关于您的柔情蜜意的信。我本想把这封信亲手交给您——可我找不到了。此外您还应该知道，在翁弗勒尔时我母亲常常提起您。她的磊落总让我深感愧疚。

我猜想您要去和您的哪位兄弟一同生活。我母亲希望您能来和我们一起住一段时间。我在 6 月初要去看望她。

我很伤心；请您不要对我太冷淡。我满怀温情握紧您的手。

夏尔·波德莱尔

致阿尔塞纳·乌塞耶

[巴黎] 1862 年 5 月 15 日

我亲爱的乌塞耶：

简而言之，您刚才摆出的那个关键理由虽说让我振奋，但感动之余我还是想以书面形式说出我准备向您反复阐述的话。您乐意的话可以保留这封信,算是给我面子。您还说了不少和我不搭边的事,——比如年轻人的薄情,等等。

那些事里仅有一件让我感兴趣,因为它牵涉到了我的一位好友邦维尔。他本人曾告诉我说您对他不满,但说句公道话,我认为您有失公允。我觉得他想说的是:"法兰西喜剧院的整个管理层不具备运作得更好的实力,因为……(理由并不重要)。"他并没有说:"管理层很差,没有一个好的。"——这样就太离谱了。所以说,如果阿尔塞纳·乌塞耶没有本事(他并没有这样说),他也就不会卷入到这样一个讨厌的机构里去了①。

下面我要谈谈自己以及和我有关的事。

您今天上午非要我表态不可,要我申明对您的友谊,其实根本多此一举。上策应该是提供给我一个能让您高兴的机会。我总奢望能有这样一个机会,却时运不济。我再次请求您相信这一点。

我终于可以对克雷佩那套丛书说点儿什么了,因为我看得出来,您很在意这件事。总之,我认为您不满意克雷佩的优柔寡断并没有错。(连我的名字都差点儿被删。)

事情的经过是这样的:我记得是三年前,当克雷佩谈起他的这个出版计划时,我们就列出了一个名单,菲洛克塞纳和我,还有阿瑟利诺(邦维尔当时不在),我们一起为十六、十七、十八和十九世纪的诗人们列出了一份备选名单。布瓦耶一个名字都没拉下。您知道他的记忆力惊人。正是出于这个原因,在涉及现代人选时,我提出了您的名字,我说既然我们对那么多被遗忘的诗人都如此慷慨,那么就必须非常准确和面面俱到地反映浪漫主义流派。菲洛克塞纳完全赞同我的观点。克雷佩则什么都听不进去,我请您不要怪罪他;此人人是不错,可什么都不懂,而且优柔寡断,却又总想表现得不同凡响。

不过我怕他万一改变主意,所以还是准备好了一篇关于您的评述,但他没有采纳,而且还拒绝了我写的关于埃热西普·莫洛和奥古斯特·巴尔

---

① 乌塞耶 1849 年 12 月至 1856 年 4 月曾担任过法兰西喜剧院的董事。总的来说,大家认为他的能力不错,为 1848 年革命以后的法兰西剧院带来了繁荣。

比耶两篇评述,因为文中有一定的批评;这位不愿意选您的克雷佩假如有一天改变主意的话会这样对我说:"对于入选的诗人,如果我们的文章不能做到通篇褒扬,那就绝对不能出版。"

现在您明白这里面的蹊跷了吧?菲洛克塞纳和我,我们都为您说过话,克雷佩以他的方式反驳了我们,可打那以后他又变卦了,他就是这么不靠谱。

我估计我和这位先生不会再有什么业务上的交往了,他是个好人,我很喜欢他,但他的推诿、他的腼腆以及他生怕显现不出自己独立意志的做派终于让我厌倦了。这些琐事内幕您自己知道就行了。

还有更重要的,亲爱的朋友。我还记得我那篇文章的基调:我谈到了您的诗所具有的穿透力,那是我在读您的诗时的直觉;我强调了这些诗的旋律性及其音调的绝对真诚。我还谈到了您的诗和您早期的中篇小说之间的密切联系。我甚至想起我曾大胆地说过,总之,我认为,您的诗和其他人的诗、特别是和我的诗相比大为迥异,您要知道,阅读时的那种愉悦和喜爱,激发起我想重新发表它们的热望,——这既是颂扬又是批评;因为在最后我还要抱怨您,那里面的小错成堆,我们阅读时的灵感总被不时打断,而这种中断确实是太多了。

也许我太想说服您了,所以语言有些生硬;不过我更倾向于以自己的方式为自己申辩。

让我们把这些都搁置一边吧,而且,亲爱的朋友,答应我,别再和我说这些了。而我,我向您保证,既然您像圣托马斯(saint Thomas)一样喜欢证据在手,那我不会错失再次让您高兴的机会。这(对我来说)是今天上午这场小危机带来的实实在在的好处。

既然我们谈得极为投机,那我现在就再说一下我想对您说的我自己的事吧:

——我今天上午不是向您讨钱去的,我不过是想在月底要点盘缠以便启程而已。

我原本想告诉您,请您尽可能督促《艺术家》和《新闻报》在此阶段多发些我的作品。论居伊、论维尔曼、论梅西耶①、论文学浪荡子以及论

---

① 梅西耶(Louis-Sébastien Mercier, 1740—1814),启蒙运动时期的法国作家、剧作家、文学评论家和哲学家。

示范性绘画，篇篇都精彩。散文诗同样棒。您还能走得更快，但我绝不向您提过分的要求。我觉得，如果说起票据之事您不会愉快，但也不会坏到哪儿去；我觉得我是在向您提供一个有利于我的便捷方案。您提醒过我这会扰乱您的生活；抛掉这个念头吧；还是尽量多发表些我的文章。

我只要度过这两次财务危机就好了，一次是这个月底动身之前，一次是 7 月 15 日；如果我说的大话都一一兑现，您就不可能不拉我一把。

请读读我的《论居伊：风俗画家》吧。这样您就会明白我为什么如此看重这篇文章了。

再会。祝好。

CH. 波德莱尔

致于勒·罗西耶

［巴黎，1862 年 5 月 20 日］

我亲爱的罗西耶：

我求您，记着我那些素描，还有九天。

您真把我吓坏了，我都不敢再问您这件事了。

如果您要光临寒舍，请至少提前一天通知我。

祝好。请向罗西耶夫人代致敬意。

夏尔·波德莱尔

致欧皮克夫人

［巴黎，1862 年］5 月 24 日星期六

我亲爱的母亲：

明天，星期天，我会长长地、细细地回复你上两封来信。我会给你寄一封长信，把没说过的事一股脑告诉你。

你猜得没错。事情进展得十分缓慢，我恐怕又得独受煎熬了。我所以

要逃离巴黎就是想逃离这些机构。因此在翁弗勒尔我可不想再受巴黎那样的罪,我不想把自己出卖给任何人,无论是市长、本堂神甫、埃蒙先生还是我叫不出名字的其他人,统统不行。

明天我给你讲讲去枫丹白露的情况,这趟旅行虽说有我嫂子的热情款待,但还是挺难熬的。——一整天,和昂塞尔!你能想象得到么?一个疯疯癫癫的人!

随后的一天内,面对着法院书记官、公证人、代理人和一个我也不知是谁的人,那个司法监护的幽灵三次出现。昂塞尔当然很享受我的这份屈辱;他把我带到那儿去却什么都不跟我说。我从来不是一个坏人,但我觉得这个司法监护会把我变成坏蛋。

明天再谈。拥抱你,我爱你。

夏尔

夏多布里昂那套书我拿到了。

至于新版《悲惨世界》,我都担心鼓不起勇气去要一套。雨果家人和他的学生们都让我犯怵。

致欧皮克夫人

[巴黎] 1862 年 5 月 31 日

我亲爱的母亲,已经六点一刻了。

今天我又没时间了,不能如愿给你写信了。

我有那么多事要解释给你听!

简单说吧,我不仅接受,而且希望能再多出 100 法郎;也许我动身前会在另外两个地方搞到一点儿钱;我都会带回去。但我不能把这些钱计算在内,而且根据我寄给你的账单,这笔钱我不能视为私有,它属于你和其他人。所有我能算出来的这些钱都另归他人。

我想我可能带不回去你指望的 800 法郎。但我明天会给你一个有说服力的解释。

我已和旅馆中止了租约;我还要再待上一周,按天结账。我还有点儿钱。

我穿得不像你想的那么寒酸。我会带回去许多旧衬衫,但衣领和衣袖都是新的。

我还要在外衣和衬衫上再花掉 300 法郎。但必须付现金。如果动身前没做好,我会让他们寄到翁弗勒尔。动身才是我的当务之急。我再不想听裁缝铺说衣服已经做好了。真是讨厌。——我急需的是衬衫。

还剩下 200 法郎用来打发旅馆杂役、一些朋友的小账、我的行李(三件)以及车费。如果能赶上一趟免票车,我会把钱花在购买盥洗用品上。

如果《环球导报》和《新闻报》能预支些钱,这笔钱我就不动了。

我要花五天时间处理账务和拜访的事,事情太多了。清样、两次旅行——一次枫丹白露(谢天谢地,这次我一个人去!),一次阿让特伊①,这还不算与各家报纸安排稿费支付等事宜。

可是,唉!还得见到昂塞尔这个结巴,他全然不尊重我的时间!这次的申请可是落在他头上的!谁知道这个意外申请会不会也会恼翻他呢?

你别把这个安排告诉他。

他总想把我拖进裁缝铺,他已经让我花了很多冤枉钱了。

我原来那些裁缝里有一个特别棒的,动身前或回来后交给他的活儿,只要是付现金,手脚可麻利了。

刚才说的 200 法郎里我还忘了几件事,鞋子,领带,等等……谢天谢地!没有其他事要操心了。

我还欠你其他说明。就是今后三个月的收入安排(文章的稿费,各类著作权)。——还有我遭遇到的那些令人极度恶心的故事,等等。

啊!你告诉昂塞尔吧,就说我并没央求你给我钱,是你推测我动身前一时筹措不出那么多钱,才主动给了我这笔钱,——确实是这样。

啊!亲爱的母亲,你信里有两句话让人受不了,让我伤心地想了很久。——一句是为了凑出这笔小钱,你已经疲于奔命;——另一句是:"争取下次回来时在财务上帮你老妈一把吧。"

---

① 阿让特伊(Argenteuil),法国瓦勒-德瓦兹省(Val-d'Oise)的一个市镇,波德莱尔去阿让特伊是为了从于勒·罗西耶处取回素描。

这种温情和半责备带给我的痛苦对我有益。——我会去看望你的朋友们，尽管他们都不待见我，明天见。

夏·波

我再说两句。

我今后五天会非常忙，6日出发，7日到勒阿弗尔，8日圣灵降临节那天到家。

我下封信只谈些内心的想法，好吧！都是些很伤感的想法。

我会详尽分析我的计划，以便能跳出事务堆。

我将创作出的作品足以应付从现在到年底的债务，你的也包括在内，还包括结清差额。

这是什么狗屁行当呀！

至于我今年的收入，除了吃饭，我决定都存起来，让它利滚利，哪怕没有司法监护。我对苦难有一种极度的恐惧。我希望每年都能赚到6000法郎。

拥抱你。

夏·波

等我有了钱再订箱子和服装吧。再说我也无暇顾及了。

致欧皮克夫人

[巴黎]1862年6月6日

我亲爱的母亲，谢谢你；让你伤心我很苦恼。我不能就这么轻易放弃我的翁弗勒尔计划；我已经在另一个区租了一间房。我准备取消租约，——付点儿钱。

你写给我的信太奇怪了！你难道不知道昂塞尔对我活脱就是个害人精，不知道他在我生命的三分之二时间里带给我多少麻烦。——他的名字对我来说就意味着我生命中一道致命的伤口，况且他这个人也实在让人难以忍受，笨头笨脑，行动迟缓，慢条斯理，没有逻辑。你早已忘了我对他的看法。——枫丹白露那件事对我来说简直就是恐怖。

最终，为了防备万一，我把你那封短信寄给了他。——我真该把那500法郎全花光。我宁愿这么做也强过看到他，况且还要在几个小时里听他喋喋不休、结结巴巴地唠叨："您有一位多么好的母亲呀，是不是？您很爱您的母亲？"要么就是："您信仰上帝么，是有一位上帝，是不是？"要么就是："路易-菲利普是个伟大的国王。还他公道还得太晚了……"而且每次一唠叨就是半个小时。而在这段时间里，全巴黎每个区都有人在等着和我见面。

所以我的事业中总要出现拖延，长长的拖延。我真想明天星期六一走了之，但没有准信儿我什么都干不了。

你就真的以为我靠自己就不能让人家给我做件衣服？所以说，我们离解除司法监护还差得老远。——难道是昂塞尔优雅的风度让你信服？

你就不能想象一下：忍受了那么多可怕的不幸之后，我居然还写出了数篇文章，更重要的是，其中有些文章一完成就被报刊采纳？

这是什么样的生活啊！我要报复，我要狠命地报复，就像一个对自己的国家没有爱、只余恨的人。

拥抱你，我会再给你写信。

夏·波

致欧皮克夫人

[巴黎，1862年] 6月17日

亲爱的母亲，一切顺利，这次不是昂塞尔先生拖延，而是我的裁缝太磨蹭，还有就是我要去见很多人，落实撰稿和支付条件等事。

不过我这次准备订个箱子。

那么多的故事、愤怒和屈辱，我都扔给另一天！这个世纪变得越来越愚蠢，越来越无耻。

那么多对你的感激和温情，我都寄给你！

夏尔

协　议（与普莱-玛拉西）

［巴黎，1862 年 7 月 1 日］

签约人达成以下条款：

夏尔·波德莱尔先生，文学家，现居巴黎阿姆斯特丹路 22 号。

自本协议签字之日起，无条件地转让和放弃其作品事实上和法律上的所有权利，并将特别再版权交付奥古斯特·普莱-玛拉西先生，出版人，现居巴黎黎希留路 97 号，由其以各种形式再版波德莱尔先生已出版或将要出版的所有文学作品。

已出版的作品包括：

《人造天堂》《鸦片与大麻》和刚刚由普莱-玛拉西与德·布鲁瓦斯书店出版的诗集《恶之花》。

以及，《怪异故事集》《新怪异故事集》和《阿瑟·戈登·皮姆历险记》，这三部作品由波德莱尔先生译自爱伦·坡。他指定普莱-玛拉西先生享有他与上述三部作品的出版人莱维先生所签署之合同中规定的所有权利，即：若莱维先生继续重印上述三部作品，则波德莱尔与莱维先生的合同中规定的稿酬从此归属普莱-玛拉西先生所有；反之，若莱维先生无意再继续刊行上述作品时，则普莱-玛拉西先生有权以其认为合适的各种方式、以其认为适宜的各种版本继续经营，并享受前述规定的稿酬。

将出版的作品涵盖波德莱尔先生已出版和将要出版的所有文学作品，无论其单独出版，还是发表于某份报刊或文学集刊，也无论其体裁属于评论、长篇小说、中篇小说、历史还是哲学，等等，等等。

本次向普莱-玛拉西先生的出让总额为伍仟法郎，该笔金额已在本日之前由普莱-玛拉西先生以现金和票据方式等值支付给了波德莱尔先生，波德莱尔先生已认可该笔金额并出具了收据。

双方商定，自本协议签字之日起的四年内，一俟波德莱尔先生清偿完毕普莱-玛拉西先生的上述伍仟法郎，波德莱尔先生即可收回其全部著作权。

本协议一式两份，于公元一千八百六十二年七月一日签署。

　　　　　　　　　　（签字）：A. 普莱-玛拉西
　　　　　　　　　　已见证上述签字。
　　　　　　　　　　（签字）：夏尔·波德莱尔

致［卡米耶·杜塞？］

［巴黎］1862 年 7 月 19 日

亲爱的先生：

我迫切请求您过问一下我卓越的朋友于勒·罗西耶在部里所任何职，尽管这并非您管辖的范围。

此事涉及一份申请表和一笔预付款。私下里说，亲爱的先生，一个政府部门让申请人眼巴巴地等了五个月（！）却至今杳无回音，您能理解这种不照章办事的行为吗？

我强烈恳请您指点一下当局者迷的罗西耶先生吧，并向您预致谢意。

您忠诚的
CH. 波德莱尔

致［爱德华·乌塞耶？］

［巴黎，1862 年夏？］

亲爱的先生：

请原谅我不能接受您的盛情邀请。令兄不在期间我要完成很多工作，以便他回来时一切准备就绪。

您忠诚的
夏尔·波德莱尔

致泰奥菲尔·戈蒂耶

［巴黎］1862 年 8 月 4 日

我亲爱的泰奥菲尔：

如果你能为蚀刻家工场说几句好话，那你就太可爱了。在作品集里增加铜版画肯定是个好点子，你肯定会喜欢。那类笨蛋反对此事，我们只能坚决支持。

另外，我还要诚挚地感谢你，感谢你在克雷佩文选中撰写的那篇关于我的文章。这是我有生以来第一次获得我由衷渴望得到的那种称赞。

祝好。

CH. 波德莱尔

致欧皮克夫人

［巴黎］1862 年 8 月［10 日］星期日

亲爱的妈妈，你可能有点儿烦，或者很烦，是不是？我说到就该到了。我已经采取了必要的措施，也就是说，到了月底我想不动身都不行了。

我觉得很少有人能像我这样糟蹋自己生命的；真是怪事，我从中竟没感受到一丝快乐。

我不想（而且也没有时间）告诉你我对自己、对绝望、对梦想进行的斗争；——也不想上百次地申明你是我唯一在意的人。我觉得我既然对你说过这些话，你就理应相信。我觉得我正处于某场危机之中，处于某个转捩点，在此期间必须做出重大的抉择，也就是说，要做出一些与我所做的截然相反的事：只慕荣耀，不懈工作，甚至不求回报，杜绝一切乐趣，成为一个所谓的伟人。最后还要尽量发一笔小财。我看不起财迷；却又深深惧怕风烛残年时的逆来顺受和苦难。

我 31 日、1 日、2 日或 3 日就要回到我的家或者说我们的家了。既然你那么爱我，做什么都只为了让我开心，我也一定会回报你，向你证明我了解你，我爱你，我知道如何衡量和评价母爱之心。

终于！终于！到月底我就可以逃离那些可怕的面孔了。你无法相信巴黎人这个种群已堕落到了何等地步。巴黎早已不是我过去熟悉的那个迷人的、可爱的世界了：艺术家狗屁不通，文学家狗屁不懂，甚至连字都不会写。所有人都变得比世人更卑鄙，更下流。我是一个老派人物，是一具木乃伊，别人之所以恨我，是因为我没有其他人那么无知。没落至极呵！除了多尔维利、福楼拜和圣伯夫，没人理解我。泰奥菲尔·戈蒂耶在我评论绘画的时候还能理解我。我害怕生活。我再重复一遍：——我就要逃离那些面孔、尤其是那些法国人的面孔了。

我要带给你一本非常美妙的书；我现在正就此写一篇大文章：是塞巴斯蒂安·梅西耶所著《巴黎图景续编：从93年革命到波拿巴时期的巴黎》(Louis-Sébastien Mercier, *Second Tableau de Paris, Paris pendant la Révolution de 93, jusqu'à Bonaparte*)。真是一本绝妙好书。

你一定收到了我复活节后快递给你的《悲惨世界》，我当时以为你可能过了复活节（可能我想错了）才想读小说；——还有两篇文章，一篇是我的，另一篇是多尔维利的。这部小说极其糟糕，而且无力。我在这件事上表明，我也有就该主题扯谎的本事。他写给我一封信感谢我，一封极其可笑的信。这证明一个伟人也可以是个傻瓜。

你的夏多布里昂（比利时版）如今仍被扣在内政部的办公室里①。

我回家时会把钱带给你。

今后还有二十天，我要和《新闻报》《论坛报》《插图世界》和《布列塔尼评论》等做好相关安排，以便我不在时也有人能替我还债。

我爱你并拥抱你。请告诉我你身体都好吧（真的是这样么？），但愿你为了我也只为了我而长生不老。你看得出来，我对你的眷恋是多么强烈和自私呵。

夏·波

我明天全天都在枫丹白露。苦哉，徭役。

致阿尔塞纳·乌塞耶

［巴黎］1862年8月18日

我亲爱的乌塞耶：

如果您今天不搭把手，我恐怕连房子都没得住了，没有充分的休息又何谈写作。我一直指望着《新闻报》能开始发表我的《杂文集》(*Variétés*)，然后一周一周或半个月半个月地慢慢发表。我向您保证，我

---

① 被查扣的这本书是走私到法国的比利时盗版书。

真的很抱歉向您要钱。但此时我能求谁呀? 谁都不在巴黎。——如果您愿意,这笔钱可以是您能收得回来的预支款,也可以是借贷;因为我想只要作品完成,我知道某人①就会垫付我全部的稿酬。

我需要的这笔钱数目较大,我根本无权要求您这样做;但用 250 法郎得到两篇长文,您绝对是物超所值,而且又能让我请那个人再静候数日。

我求求您,我太需要您拉我一把了,就像在一件重大事项上您助我成功,而我又无须言谢。这是施恩不图报者的时尚。

CH. 波德莱尔

我为了能在《新闻报》上发表一部作品而死死纠缠您并不奇怪。除诗歌以外,我脑子里还有其他一些写作计划,还有关于维尔曼的那篇文章。都可以分为若干义章发表。我已经找到了两个新题目:

火箭与暗示。

六十六项暗示②。

前天我还没想到会对您这样死磨硬泡;请您尽力而为吧,不光是为了帮我解一时之困,更有助于我日后广开财路。

我家里还有一些文章;但我需要再扩展一下内容。

我今天会去拜访您。

致奥古斯特·普莱-玛拉西

[巴黎,1862 年 8—9 月?]

我亲爱的玛拉西:

一、您对《恶之花》和《人造天堂》的版权能值 5000 法郎完全没有信心。该版权如今的价位可能不过如此;可不久之后会身价百倍。

可能仅卖掉一部《恶之花》的版权就足以抵偿我欠您的所有债务了。

---

① 指埃采尔——后来他在 1863 年 1 月 13 日与波德莱尔签署了出版《小散文诗》的合同。
② 《火箭》(*Fusées*) 是现称为波德莱尔《私密日记》(*Journaux intimes*) 的一部分,是他若干思考的一部随笔集;另一部分是《我心赤裸》。

二、我已经提出了我的想法，我也会同意这样一种安排，即：如果能扩大我们的计划，我就能在明年创作出更多的新作品（目前还都是草稿），甚至还能让我们彻底摆脱在报章上零敲碎打的做法——和这些报纸打交道真是让我吃尽了苦头。（我坚持上述意见。）

可出售作品明细
五部

对几位同时代人的思考	两部
恶之花	一部
人造天堂（鸦片与印度大麻）	一部
散文诗	一部

或者拆开转让，卖价尽可能要高，要么按版次卖，要么按短期卖，一部或两部搭着卖：

或者

（首选）

只向唯——位出版人一次性转让全部版权，这种版权可以是永久性的，也可以是期限长一些的。

如果这样考虑的话，我个人倾向于米歇尔先生，虽说他前段时间因拒绝出版同时代人那篇文章伤害了我（伤害可能是表面上的，也可能是实质的），导致我想去找埃采尔。

我觉得米歇尔对这几部作品的价值一无所知，尤其是《恶之花》《对几位同时代人的思考》，等等，还有《人造天堂》。

或许是他的敏感性退化了，——或者最好是去他家里谈，他不久以后还要和我合作，因为他将和阿歇特出版社共同出版插图版爱伦·坡作品，他负责的工作和您现在与我合作负责的工作一致。

如果您认为我这封信有些道理，可以给他看这封信。这个办法以外，

《对几位同时代人的思考》我就只能要么去找埃采尔，要么去找迪迪耶了，——米歇尔武断地拒绝出版这部作品后，我曾经想去找迪迪耶出版。

最后一种方案可以参照巴布那本书的办法，底价建议为每部作品800法郎，——但只能出版一次。

祝好。

夏·波

致米歇尔·莱维

［巴黎，1862年8—9月？］

在《恶之花》第三版——我将称之为最终版——中，我会再增加十首或十五首诗，并增加一篇重要的序言，序言中我将分析我的技巧和方法，并教会每个人能写出同样作品的艺术。如果我没有底气写出一篇严肃的俏皮文章，索性就将泰奥菲尔·戈蒂耶在《法国诗人》第四卷中的那篇评论《恶之花》的卓越文章作为序言直接收进书中。

祝好。

夏·波

致米歇尔·莱维

［巴黎，1862年8—9月？］

我亲爱的米歇尔，建议您鼓足勇气从头到尾通读一遍。请您珍藏这个版本，因为您看得出来它如此精致，日后肯定会一书难求。

没什么可说的，这本书名副其实，要多棒就有多棒。

CH. 波德莱尔

致维利耶·德·利斯勒-亚当

[1862 年 8—9 月。这是一封对丹迪出版社于 1862 年出版的《伊西丝》[1]一书"充满激情"的信。]

致路易·阿歇特

[1862 年 9 月初。波德莱尔在这封信里询问《法国诗人》一书的第四卷。阿歇特将这封信转给了欧仁·克雷佩。参见下一封波德莱尔致欧仁·克雷佩的信。]

致欧仁·克雷佩

[巴黎]1862 年 9 月 9 日

我亲爱的克雷佩:

您宝贵的信[2]寄来得太晚了。我的意思是,我已经有了一本《法国诗人》第四卷。当然是我自掏腰包买下来的。我会把发票和您的信一起珍藏起来。

至于您的书,您的要求实在是再正当不过了;但您这么急着要就好像有些幼稚了。我只清楚地记得有《沉思集》和《历代传说》;我是怕记混了才要家里把可以找到的所有维克多·雨果的书都找出来的。

夏尔·波德莱尔

---

[1]《伊西丝》(*Isis*)是一部小说,作者是法国作家维利耶·德·利斯勒-亚当(Villiers de L'Isle-Adam,1838—1889)。

[2] 欧仁·克雷佩 1862 年 9 月 7 日从滨海维莱尔(Villers-sur-Mer)致函波德莱尔,说阿歇特把他询问《法国诗人》第四卷的信转给了他,并且还补充了一句:"我还等着您把维克多·雨果的诗寄还给我,放在我门房处即可,您从我这儿借走将近两年了。"

致奥古斯特·普莱-玛拉西

[巴黎，1862 年 9 月 13 日]

我亲爱的玛拉西：

我再解释一句，那是我从教训中得来的[①]：

您说有五部，实际上只有四部。

《恶之花》
《鸦片与印度大麻》
《文学主张》
《美学珍玩》

这四部乘以 300 法郎，等于 1200 法郎——您说是 1500 法郎。如果我收到的是 1500 法郎，那么我欠您的就是 900 法郎。

现在，亲爱的朋友，趁着您有点儿空，去拜访一下埃采尔吧，告诉他剩下的两部书[②]莱克里凡[③]已经让到了什么价位，并且至少为了我（实际是为了您）再商讨一下这两部甚至这三部的价格，因为《散文诗》的创作还在进行中。

然后请您到我这儿来一趟。我很抱歉我们每天见面的时间不确定。请您头一天写个便条告诉我来的时间。

祝好。

夏·波

又及：——我已经明白了您那封信的意思。我还差着两部[④]，再加上 300 法郎。但是，我亲爱的朋友，那我必须赚到 1000 法郎才行呵。

[①] 1862 年 8 月 28 日，玛拉西告知布拉克蒙："我正在进行清算，可能马上要倒闭了。"玛拉西书局 1862 年 9 月 2 日的资产负债表表明，他的负债总额为 33545.49 法郎，最主要的债权人是印刷商布巴尔–达维尔（Poupart-Davyl）。波德莱尔在信里问他面对此种情况他应当做些什么，回答些什么。

[②] 指第二版《恶之花》和《人造天堂》。

[③] 莱克里凡（Alphonse Lécrivain），书商兼出版人。

[④] 指《文学主张》与《美学珍玩》。

致奥古斯特·普莱-玛拉西

[巴黎，1862 年 9 月 19 日或 26 日？] 星期五

我亲爱的朋友：

一周前勒梅西耶的代理人向我再次承诺，他不会把那张票据呈交破产债权团的法定代表。若他日后变了主意，那是因为他想先得到自己能得到的，然后再咬我一口，好把差额找补回去。我记得他让我签署过一份只承担我自己的责任的文件。但是，我建议您不要激化矛盾。我会找到解开这个奥秘的钥匙的。

您要是在蒙鲁日①可就太麻烦了，我们不能像以前那样容易见面了，可我又迫切地想和您好好谈一谈，您知道要谈些什么。

星期日我可以在我住的旅馆里订一桌体面的晚餐，您愿意赏光吗？我们可以敞开谈一谈莱维的问题，我们必须竭力说服他回心转意。为了您也为了我，必须不惜一切代价，因为这里面牵扯到很多的钱。——祝好。

夏·波

请给我回封短信。争取来吧，我没法挪窝。

致［夏尔·阿瑟利诺］

[巴黎，1862 年 9 月 20 日前后？]

我亲爱的朋友：

罗西耶刚刚离开我家；我们打算星期四 25 日去拜访您。不需要画架。祝好。

夏·波

---

① 蒙鲁日（Montrouge），法国市镇名，在上塞纳省，位于巴黎南部。

致雷蒙·马蒂尼①

[巴黎] 1862 年 9 月 21 日

先生：

我与您素昧平生。天晓得您在说什么。我收到过许多陌生人的来信，并且尽可能地回复。但我最近事情太多，一直在自己的房间里忙，甚至连见朋友的时间都没有。

先生，请接受我崇高的敬意。

夏尔·波德莱尔

致欧皮克夫人

[巴黎] 1862 年 9 月 22 日星期一

我亲爱的母亲：

几个月来我一直想给你写信。我欠你的解释太多了。比如说我为什么还没动身，我现在如何，我何时动身，等等。但天天我都事务缠身，各种各样的事，而且琐碎无比；再写作几页，加上外出奔波，就到晚上了。还要幸福地给你写信。但愤怒已然成为我的常态。所以我今天是在《新闻报》的办公室里给你写信的（经过了十一个月的没着没落，我原本觉得自己终于可以消停了），因为我正在这里经受折磨，正在经受真正的折磨，很可能原计划连载十五期的《散文诗》要停止连载了。

那可都是钱呀！

问题的症结都在于此。我办事不愿意留下尾巴，因为这些麻烦可能会波及翁弗勒尔。

我头脑清楚的话本该给你写上二十页。然而我只能恳求你答应我，等我能写的时候再给你写。

我返回翁弗勒尔的计划本来已经万事俱备，却不想被各种不测一再

---

① 雷蒙·马蒂尼（Raymond Matigny），追债人，受阿隆戴尔委托向波德莱尔追讨欠债。

耽搁。

我答应你，这个星期还会再给你写信；但今天我的头脑实在不够清楚。

我嫂子一直念你的好；我对此丝毫不觉得奇怪。

温柔地拥抱你。

我有不少东西要寄给你；但不知道什么时候才会打包。

夏尔

致阿尔塞纳·乌塞耶

[巴黎，1862年9月22日前后]

我亲爱的乌塞耶：

送去的那两篇散文诗① 我已修改过三次，而我发现您又做了新的改动。我很为难，而卡特兰先生② 则有些不悦。您的改动伤害了我的文本，例如您把菲丽娜改成了妮茜雅③；而我要尝试的是使众多事物变得更加清晰。

我建议卡特兰先生删除所有那些新的改动，因为这种改动比该改的多了一倍，而全篇文章原本已经修改得很棒了。

他反驳我说您可能不会同意。我不知道这封短信能否及时送达您的手里。总之，明天上午做出安排都来得及。

如果不能删除改动，我觉得，那就只能将这三篇散文诗撤下了：

首先是《诱惑》，

其次是《时钟》，

---

① 指预定于1862年9月24日第三次连载的散文诗《时钟》和《秀发中的半球》。

② 卡特兰先生（M. Catrin），可能是乌塞耶的撰稿人或秘书。

③ 散文诗《时钟》在《新闻报》发表时，乌塞耶曾想用"妮茜雅"（Nyssia）这一名字取代"菲丽娜"（Féline），但遭到了波德莱尔的拒绝。妮茜雅，古希腊吕底亚国王坎道列斯（Candaule）的妻子，因坎道列斯使自己的仆人巨吉斯（Gygès）偷窥她的裸体而与巨吉斯合谋杀死了自己的丈夫，王位也被巨吉斯攫取。

还有《秀发中的半球》。

祝好。

CH. 波德莱尔

致雷蒙·马蒂尼

[巴黎] 1862 年 10 月 3 日星期五

先生：

阿隆戴尔先生不耐烦我完全理解，但还钱还需要些时日。

我很忙，所以未能及时答复您。——我会在周二或周三去拜访您，——或者更晚，——以便向您面陈我目前的处境。

先生，请接受我崇高的敬意。

夏尔·波德莱尔

致阿尔塞纳·乌塞耶

[巴黎] 1862 年 10 月 8 日三点

我亲爱的乌塞耶：

我见到了鲁伊先生[①]，他转达了您对我的指责和全面停止连载《散文诗》的决定。最令我不快的不是您决定停止连载，而是您自以为有权指责我。

我本来没太把它当回事，只是在鲁伊先生向我转告您的指责时，我才感觉到问题的严重性。——但我不认为自己有什么过失，——我现在就把答复他的内容书面告知您：

一、您提到的那家杂志社[②]一共印了 500 册，只卖出去了 100 册。而

[①] 鲁伊（Rouy），《新闻报》总管。
[②] 指《幻想家评论》。该杂志曾发表过一些乌塞耶以为从未发表过的小散文诗。

且从没有做过宣传促销。

二、散文诗中有多篇都已经改写过了（具体多少篇？我说不清楚），甚至是面目全非（具体多大程度？我现在无法告诉您，因为我手头既没有贵刊也没有《幻想家评论》）。但您可以自行判断，我也可以去找几期《幻想家评论》并立刻转给您，由您自己做出比较。

三、我希望能使读者对这部作品有一个整体的、全面的概念，这部作品构思了很久，在放进一些旧作之前，我曾咨询过两三位朋友，他们告诉我说，我太多虑了，即使我没有改写也还有那么多新作，而旧作如此之少，就是宣传过也影响有限。

我本该去咨询您本人，我该向您致歉的仅此而已。

这次打击显然是出于某种仇恨和恶意，而我既不知其原委也不知来龙去脉。

鲁伊先生对我的冷静肯定感到意外，我再重申一遍，是他那些无关紧要的解释让我明白了事态的严重性。

我对鲁伊先生说过，我准备几天内全部交稿，以便在取消哪篇时（如果打算取消的话）都能提前告知我，那样我就可以让别人立即为《新闻报》制作一份特别副本。

我16日会去拜访您，给您看看这些手稿。即便您依然坚持取消全部连载，我也将把此次拜访当作对您的感激，至少您曾表现出的热忱令我钦佩。

如果有些人已开始喜欢这部作品，这一切就会更加令我不快。

就看您最终定夺了，您看到全部手稿后，我要么给您留下这部作品，要么立即送给那位书商[①]。

明天，最晚后天，我就会找到那期《幻想家评论》并把它转给您；但您必须把它和印刷所排印的清样一起比较，以便确切地判断出旧作、新作和改写稿之间的比例。

祝好。

CH. 波德莱尔
阿姆斯特丹路 22 号

---

① 指埃采尔。

致夏尔·阿瑟利诺

[巴黎，1862 年 10 月？]

我亲爱的朋友，您的那些老生常谈让我抓狂；如果您还未见到戈蒂耶或乌塞耶的话，那就争取说服他们吧①，但请不要煽动对我的仇恨。虽然我时不时还认为自己有些资源，但现在我甚至无处遮风避雨。

致雷蒙·马蒂尼

[巴黎，1862 年 10 月 22 日]

先生：

我现在给您写信。——我没有见到昂塞尔先生；我打算最近要见见他；三四天前我曾这么想过。我清清楚楚地对您说过，从他那儿我等不来什么东西，或者说什么东西也等不到。——我也对您说过我将在 11 月份去看望我的母亲。关于事务方面的沟通，谈话比写信更好。——我告诉过您，年底前我将签署一份相当重要的合同②，我今年的开销全都指望这份合同了，除此之外别无他法（在一桩破产案③中我还有不少于 6000 法郎的款项需要清偿，事态正朝此方向发展）。最后，先生，我清楚地记得您对我说过，您借给阿隆戴尔先生的钱，您同意宽限到明年 4 月。所以我决定，我将把 1863 年第一季度能收回或挣到的钱全部偿还给您。——但请您务必注意这句话：对不可能做到的事我无能为力。——我了解昂塞尔先生。——他只会做他认为可以做的事。所以说，为了能把我的收入支付给您，我和他之间，我们必须对账（年底），其次我必须非常小心，不能让人认为这是要留给我自己。——这是明确无误的。

最后，先生，您对我说过您在生意方面是个老手；能分辨出话语是否真诚。我见到您的时候，我本打算 11 月 5 日离开巴黎的。现在我发现事

---

① 阿瑟利诺与乌塞耶和戈蒂耶均关系密切，所以他可能是要为自己的朋友去向乌塞耶说情。
② 指波德莱尔将要和埃采尔签订的合同。
③ 指玛拉西破产案。

情太多,我 20 日才能动身。在此之前我还能见到您,而且我肯定四五天以后给您写信,但恐怕不会有什么喜讯或定论给您。能确定的只是您不可能马上获得清偿。

一旦渡过眼前的难关,我将悉听您的吩咐。

顺致敬意。

CH. 波德莱尔

我再简单写几句话:

12 月底前请完全让我投身于自己的工作。下次您会见到昂塞尔先生的;但别太指望他。——1863 年第一季度我会抓紧办您的事。——这指的不光是我的收入,我的收入不值一提。

我把您的地址丢了;但我觉得寄到这儿您也能收到。

致奥古斯特·普莱-玛拉西

[巴黎]1862 年 11 月 18 日星期二

我亲爱的朋友,抱歉我还没去警察局①。白天时间太短,每天要修改很多清样,还要四处奔忙。

上星期日晚上,我碰到了埃采尔,他神经兮兮地对我说:"玛拉西被关进克利希了。"我笑了起来,他问我是谁干的,我告诉他以后,他说:"那您是把您的朋友的对头引荐给我了。我就是因为您的缘故且为了巴结您才向那个畜生预订了三本书。"随后他又长时间细细地说起您的处境,并断言说关进那个监狱(他甚至说那是个关押欠债人的监狱)说明情况很严重。我把这件事原原本本转告给您,是想告诉您他对您充满同情。

但刚才发生了一件极不寻常的事。——我们的一位朋友②,布巴尔也想把他投入克利希监狱,这位朋友请求我干预此事,并要求我拿出切实可

---

① 指去巴黎警察局办理探视玛拉西的许可证。玛拉西由于布巴尔报案而被捕,关押在克利希(Clichy)债务监狱。
② 可能指《幻想家评论》社长卡蒂尔·孟戴斯,布巴尔也承揽过《幻想家评论》的印刷业务。

行的建议。布巴尔虽然明确拒绝了我的建议,但他还是相当冷静的;可突然间,那个品行不端的女人冲了过来,一见到我就马上发了一顿无名火。布巴尔有点儿不好意思,想向她解释说我是为别的事来的。但没有用。她不停地用各种各样不礼貌的话向我挑衅。当谈到您时,她想爆粗口,我冷冷地告诉她说,如果一个有教养的人想说别人的坏话,是不该当着他的朋友的面讲的,——更何况我是为其他事而来,等等……

"而他,他最终还是进了监狱,还有他的两个同伙[1]!"

我回答说:"我知道了。"(其实我不知道什么两个同伙的事。)但很奇怪的是,当我明白说出克利希监狱时,她却说是马扎斯拘留所[2]。我无法在此向您讲述当时的情形,除非我从头到尾给您模仿一遍。我心头翻滚着冰冷的仇恨,但我的自尊心让我忍住了。

但突然间,原来一直都很冷静甚至有些尴尬的布巴尔可能受到了这条老母狗可怕的喊叫声的感染,也开始喊叫起来,他自己都不清楚是为了什么。——因为我去那里不是谈您的事,所以关于您我什么也没说。

于是我站起身向布巴尔告辞,他把我送到门口。然后门就重重地关上了,还伴随着模糊的诅咒声,是冲着我来的。是那位盛怒的老小姐在那里骂人,可能是因为我走的时候没向她告辞。

我希望布巴尔能意识到应该给我写信致歉。不这样做,我可能会瞅准机会给他点儿教训。

离开他以后,我觉得冷一阵热一阵的不舒服。只好进了一家咖啡馆。这是一窝什么疯子或无赖呵!

您看看吧,看看您能不能理解和解释这么多疯狂的举动;——特别是,如果您有什么话要说就直来直去,不要再姑息他们;——这太荒唐了。

我有生以来,还从没有人敢像这只老夜枭[3]那样对我说话。真是见了鬼了。

---

[1] 指书商兼出版人莱克里凡(Lécrivain)和杜朋(Toubon),据称他们和玛拉西做了一笔假交易。
[2] 马扎斯(Mazas)拘留所,通称马扎斯监狱,建有隔离牢房,通常关押重罪犯人。
[3] 夜枭(stryge),又译"思提志",源于希腊语,是传说中的一种半狗半女人的吸血鬼。

祝好。请给我回复几个字。

夏·波

致奥古斯特·普莱-玛拉西

［巴黎，1862 年 11 月下半月？］

我今天或明天去警察局。

您从那儿出来以后，请保存好这幅素描①，这是为哄您开心而画的。

回头见。

夏·波

致皮埃尔-于勒·埃采尔

［巴黎，1862 年］11 月 23 日星期五

我亲爱的埃采尔：

上次幸遇您的时候，有特别多的事要对您说，当然，我什么也没说。其中有一件事我尤其上心。卡迪尔·孟戴斯先生留在您家里一份手稿，就是那部诗集《轻浮之爱》(*Amours frivoles*) ②。您如果能同意出版这部作品，我将会十分高兴。这本书如果写得太差，我也不会向您表达这种愿望。我了解孟戴斯，他有思想、有品位，而且常常乐于助人。他肯定不会写什么不受欢迎的作品。

祝好。回头见。

夏尔·波德莱尔

---

① 可能是波德莱尔为玛拉西画的一幅素描——玛拉西曾有过一本画册，里面都是波德莱尔画的素描。

② 指孟戴斯的诗集《菲洛梅拉：抒情之书》(*Philoméla, livre lyrique*)，1863 年由埃采尔出版，其中有一首题献给波德莱尔的长诗《潘黛蕾娅》(*Pantéleia*)。

致玛丽·埃斯居迪耶[①]

[巴黎] 1862 年 12 月 4 日

亲爱的先生：

您猜怎么着，自从那位知名的非知名人士奥古斯特·谢瓦利埃先生[②]盛情接待我之后，我又打算重返《国家报》了。如果《国家报》有兴趣发表我那篇关于《萨朗波》的书评的话，可以去问问米歇尔·莱维，我把这篇文章投给他了。

《现代生活的画家》一文我早就交给莱维了，这位先生虽然支付了稿酬，但就是没打算出版，所以这篇文章还会在里波先生[③]手里放一段时间，如果他哪天再向我约其他稿子，我就打发他走，让他另请高明。我觉得自己已经够耐心的了，而且我还相当清高。——您觉得给谁看这封信更合适，是谢瓦利埃先生还是丹沙尔先生？不过恐怕没人相信丹沙尔先生的话。——至于您本人，我对您在这件事中表达的善意深为感佩。

我在自己家里没找到《理查德·瓦格纳与〈唐豪瑟〉在巴黎》。但没找到又有什么关系？明年我的文学评论肯定会结集出版，我会把您列入我的赠书名单的。

祝好。

CH. 波德莱尔
阿姆斯特丹路 22 号

我有一个主意：《国家报》每天出版时不是头三版全都是空白么？若植入广告，我估计没人反对。

[①] 玛丽·埃斯居迪耶（Marie-Pierre-Pascal-Yves Escudier, 1809—1880），法国评论家和音乐出版人。
[②] 奥古斯特·谢瓦利埃（Guillaume-Auguste Chevalier, 1809—1868），法国政治家。
[③] "里波先生"（M. Ribau）即菲利克斯·里贝尔（Félix Rebeyre），出生于 1831 年，时任《国家报》编辑部秘书。后面提到的"丹沙尔先生"（M. D'Anchald）同样是《国家报》编辑部的秘书。

致阿尔封斯·勒格罗

[巴黎] 1862 年 12 月 6 日

我亲爱的勒格罗:

这一切太疯狂了,如果迪朗蒂对你说这件事,那他就真是疯了。

一、您见到默里斯或他的夫人了么?

二、默里斯把一份清样寄给维克多·雨果了么?

三、我见到了雕刻家保罗·舍内先生[1](他是维克多·雨果的内兄),他负责把维克多·雨果的钢笔画制成铜版画册(就是梅索尼耶[2]诟病的那本画册),我给他讲了您的情况。舍内先生告诉我说,若不是他的那幅歪打正着先入为主,他本来会很乐意选用您画的雨果肖像的;既然如此,唯一要做的就是请勒格罗制作一幅出色的印张拿给雨果看,如果雨果满意,之后再向维克多·雨果的随便哪位出版商(阿歇特、埃采尔、巴涅尔,等等)推荐都会畅行无阻。雨果是渴望这幅作品的。这一切都合乎逻辑。此外,舍内有天赋也有思想,他随时准备为您效力。机不可失,您不抓紧就没办法了。您的肖像有可能被接受并放上画册封面。现如今只有一个机会:那就是要让雨果喜欢这幅肖像,因为它的确传神,而且雨果是懂行的;有这样一幅著名的人物肖像,总应该以一种令人快乐和吸引人的方式提供。我不想让人看上去很恶毒。舍内为他画了一幅出色的肖像,但雨果不满意,认为表情过于凶恶。只有拉马丁要了一幅印张。维克多·雨果住在英国的根西岛(伦敦航线)。默里斯住在弗洛硕大街(avenue Frochot)5 号;舍内住在图尔戈老城路(rue et cité Turgot)5 号,都在巴黎。

祝好。

CH. 波德莱尔

又及。——我相信,如果维克多·雨果向随便哪位出版商表明他希望把这幅肖像放上他的作品封面,仅此一项就能赚到 300 法郎。

---

[1] 保罗·舍内(Paul Chenay, 1818—1906),法国雕刻家。
[2] 似指欧内斯特·梅索尼耶(Ernest Meissonier, 1815—1891),法国画家、雕塑家。

致奥古斯特·普莱-玛拉西

[巴黎] 1862 年 12 月 13 日

我亲爱的朋友,那个指使人把您关起来的家伙其实是跟我玩了一把残忍的恶作剧;因为我还指望您能指点我的业务呐。我真是太笨了!

埃采尔给我出了一个高招,能同时出版那两部作品①。他想在市场推广上露一手,但只出版一次;可这对不上我的路子。

而米歇尔又总是让我没着没落的,所以我遵循所有那些空想者的传统,在现实面前退缩了。

为什么您总是推荐某个家伙来指点我呢?我必须学着自己做事。

您对我太不公平了!怎样才能让您开心呢?您跟我要一份文学刊物。您像每个身陷囹圄的人一样,总以为洞中数日,世上千年。可外面没什么新消息,除非您指的是《吉布瓦耶的儿子》公演②。但您清楚得很,我对那些卑劣之事从来不屑一顾。

《萨朗波》的出版获得了巨大成功,太成功了。第一版两天内即被抢购了 2000 册。绝对的。可这么漂亮的书却金玉其外败絮其中,印刷错误随处可见,把一帮爱较真儿的朋友全惹恼了,特别是巴布。有人指责说福楼拜剽窃了古代作家。其实,福楼拜所写的,只有他自己才写得出来。虽不乏陈词滥调,却也有诸多伟大之处——史诗般的、历史的、政治的甚至是野性的伟大。芸芸众生,无奇不有。至于说 30000 法郎,那是笑话,笑话③!福楼拜怎么能允许这样做?30000 法郎,就是这样!但合同快要到期的《包法利夫人》已经重签了:那么这就是 15000 法郎,然后再扣除 30000 法郎十年的利息。——我认为福楼拜收到的是 12000 或 13000 法郎(两本书),但全部是现金。

尚弗勒里和拉费泽里耶尔跟我说现在还不能去探视您④。这么说来我

---

① 指《恶之花》和《小散文诗》。
② 《吉布瓦耶的儿子》(Fils de Giboyer) 是埃米尔·奥吉埃以散文形式创作的一部五幕社会喜剧。
③ 莱维花 10000 法郎买下了《萨朗波》的版权,但听任传言说他支付了三倍的价钱。
④ 此时玛拉西已从克利希监狱被转移到玛德罗奈特拘留所 (la maison d'arrêt Madelonnettes) 拘押。

真是没借口了，因为我为没跑去看望您感到十分后悔。

这一切什么时候才能结束？什么时候才能去探视您？我急于知道这些。令堂大人有什么消息，请告诉我。我大概一个月或半个月以前就该给她写封信。至于我自己，我的状况很差，所有的老毛病——身体上的、精神上的——都在恶化，让我惴惴不安。

我可能需要一个像梅斯梅尔、卡格利奥斯特罗那样的医生，或者是像帕里斯修士那样的坟墓①。我可不是开玩笑。

祝好。

CH. 波德莱尔

我忘了告诉您一件要紧事，恐怕您猜也猜不出来。我为勒格罗的事——他画了一幅雨果肖像——去见了保罗·默里斯夫人。她向我打听您的消息，问个没完没了，情绪激动，令人错愕（就像我向别人打听您的消息时一样）；而且我见她眼睛红肿，脖子也胀了起来，如果不是门房通报说有人来访，我觉得她肯定会哭出来的。

说实话，哪怕能激发起一位白发女士的关切，我都应深感荣幸。我没看见她的丈夫。他正忙于一出新戏的舞台布景。

致欧皮克夫人

［巴黎］1862 年 12 月 13 日

如果给自己的母亲写信很难，而这种事又极少，该怎么办？一件如此简单又该如此温馨的事。——不过，但行好事，莫问前程，更何况还是一种责任。但随着年齿日增，忧虑也在增长，这种忧虑妨害了履行每个人都

---

① 梅斯梅尔（Franz Anton Mesmer, 1734—1815），德国医生，"动物磁气说"（mesmérisme，一种类似催眠术的医疗方法）的创立者。卡格利奥斯特罗（Joseph Balsamo de Cagliostro, 1743—1795），意大利探险家和医生。帕里斯修士（le diacre Pâris），本名弗朗索瓦·德·帕里斯（François de Pâris, 1690—1727），詹森派修士，一生行善，死后葬入巴黎圣-梅达尔教堂墓地（le cimetière de l'Église Saint-Médard de Paris），信众传说只要摸一摸他的墓，什么病都可以痊愈。

承认的责任,哪怕是令人愉快的责任。

无论如何,我亲爱的母亲,首先,你身体怎么样?你能感受到我遥远的思念么?就像你常常挂在嘴边的:那是我的儿子在想念我呐!——但这一切都是诗意的话语和想象。你宁愿让我向你证实我对你的虔诚。

你最近那封信对我是何等严厉呵!那让人痛苦的500法郎!你信中唯一让我深感震惊的大事就是悬崖崩塌。但我料想你思忖得更多。我猜你想过,我刚打算动身回家,怎么就有那么多倒霉事落到我头上?——比如说,玛拉西的破产,这件事你一定听说了,——我差点儿也被牵连进去,而且方方面面都对我的生活造成了巨大的震荡。我欠着他5000法郎。我决定不对法院提及此事,以便我日后能把这笔钱还给玛拉西或他母亲。——此外,《恶之花》和《人造天堂》放弃了降价销售的机会!——这件事你肯定没听说过。

我冒失地翻过纸页又开始写,而且为了让你看着方便而不得不标出页码。一个迷信的人会觉得这样做不吉利。

我给你寄了几本书让你开心。——都是好书。其中,《关于动物的通信》(*Lettres sur les animaux*)——那个蠢货医生的序言可以不读——和《拉摩的侄儿》(*Le Neveu de Rameau*),你可能都知道,都是不错的书。你一定想不到我为什么会把《法国诗人》寄给你;我不是想让你读我那些旧作,而是想让你读读戈蒂耶写的关于我的那篇文章,也就是说,想让你看看戈蒂耶认为我在诗歌史上处于什么地位。你可能还没读。——你那些密探[①]读过么?怎么说他们呢?一帮蠢货!他们告诉你说我是个同性恋。——我从来不是。——这怎么可能呢?——或者说因为我是个同性恋,所以让人害怕,人人都对我避让犹恐不及。——他们没告诉你说我衣着光鲜么?——一周前我刚把破衣服扔掉。——他们没告诉你说我身体强健么?我的老毛病可是一样没少;无论是风湿病、噩梦、焦虑还是听到噪音就胃疼的老毛病一应俱全,——特别是恐惧,恐惧猝死;——恐惧活得太长,恐惧看到你死去,恐惧入睡,憎恶醒来;——还有持续不断的迟钝,这种迟钝往往会使我把燃眉之急推迟数月,——我也不知怎么的,这些怪异的

---

① 指欧皮克夫人的朋友。

老毛病在不断加深我对所有人的仇恨。

但还是详细地给我讲讲你的情况吧,特别是你的身体。

很久以前,就是收到你500法郎那个时候,我去了一趟凡尔赛,当然了,是一个人。我喜爱凡尔赛和大小特里亚农宫。那里有绝妙的孤独。漫步于小径时我不由得想起了你,因为多年前我们曾一起做过一次同样的旅行,我记得是从阿姆斯特丹路出发,一直到圣克卢(Saint-Cloud)。当时你刚从马德里还是君士坦丁堡回来。我还记得在那些景点前你以你惯常的夸张惊呼道:"太美啦!"然后你接下来又说:"你看,你怎么一点儿也感受不到自然之美,在你这个年龄不应该呀!"——这就是你当时的口吻。——特里亚农宫的文化气息确实让我着迷;所以我觉得你就在我身旁;——我看到了你,真真切切地,扮着我再熟悉不过的鬼脸儿,对我说道:"这一切都太美了;但你看,我亲爱的孩子,我还是更喜欢我自己的花园。"亲爱的母亲,我这是想逗你莞尔一笑呵。

最后,我亲爱的母亲,好好把你的情况讲给我听听。

我正在操作一桩大买卖[①];但不知能否成功。每个人都知道我债务缠身。我都快被债务逼死了。——如果一周后我给你写信,就说明交易结束并且成功了,——那时你就能指望我了,并且能指望过上一种更快乐的生活。

而且,如果你的想象力允许你能设身处地感受一下我所忍受的一切,那你就再想想那个司法监护吧。——你不会想让我把它带进棺材里去吧?拥抱你。

夏尔

致奥古斯特·德拉特尔[②]

[1862年底。这是一封询问函,询问德拉特尔承印的一幅维克多·雨果肖像的进展情况。波德莱尔正等待着雨果肖像的印张,德拉特尔承诺送

---

① 指出任一家有政府补贴的剧院的经理。
② 奥古斯特·德拉特尔(Auguste Delâtre, 1822—1907),法国画家、版画家、插图画家和印刷厂主。

给他一幅。默里斯夫人准备动身去布鲁塞尔,她答应把这些印张亲手带给《悲惨世界》的作者。]

赠书清单

赠书清单(一)

[1862—1865 年]

法兰西学士院:

圣伯夫	勒古韦	É. 奥吉埃
维克多·雨果	桑多	德·萨西
拉马丁	蓬萨尔	维戴[①]
梅里美		

朋友:

巴布	雷耶尔	罗塞蒂[②]
尚弗勒里	普雷奥[③]	威斯特勒
玛拉西	马奈	若利
福楼拜	费瓦尔	杜布瓦
德朗日	戈兹朗	内特[④]
谢纳瓦尔	蒂耶里	苏拉里
默里斯夫人	杜米耶	洛普斯
贝勒蒂耶	加瓦尔尼	迪拉蒙[⑤]

---

① 维戴(Ludovic Vitet, 1802—1873),法国政治家和作家。
② 罗塞蒂(Dante Gabriel Rossetti, 1828—1882),英国画家和诗人。
③ 普雷奥(Auguste Préault, 1810—1879),法国雕塑家。
④ 若利(Victor Joly, 1807—1870),比利时剧作家,《桑乔报》(*Sancho*)社长。杜布瓦(Louis Dubois, 1830—1880),比利时风景画家。内特(Charles Neyt),比利时摄影师。他们三位都是波德莱尔在布鲁塞尔认识的朋友。
⑤ 迪拉蒙(Frédéric Dulamon, 1825—1880)曾于 1857 年 7 月 23 日在《现时》发表文章为《恶之花》辩护。

勒·若斯纳	诺里亚克①	代尚
弗洛芒坦	奥斯坦因	维图
迪梅尼尔	富尼耶	阿瑟利诺
勒孔特·德·利勒	纳达尔	
G.鲁朗	布洛宁	毕纳尔②
杜刚	丁尼生	埃采尔

赠书清单(二)

媒体:

《环球导报》	——拉瓦。泰奥菲尔·戈蒂耶 德夏内尔
《论坛报》	——雅南。居维利埃-弗勒里 夏斯勒。丹纳
《立宪报》	圣伯夫。维图 罗格普朗
《新闻报》	乌塞耶。德·穆伊③ 圣-维克多
《世纪报》	茹尔丹。泰克西埃
《国家舆论》	勒瓦卢瓦
《国家报》	多尔维利
《法兰西报》	——邦维尔
《法兰西公报》	蓬马丹
《国民报》	——
《世界报》	——沃尤
《时光》	——奈夫泽尔
《公共安全》	阿尔芒·弗莱斯

---

① 于勒·诺里亚克(Jeles Nuriac,1827—1890),《费加罗报》记者,幻想小说作家和剧作家。
② 毕纳尔(Ernest Pinard,1822—1909),法国法官和政治家,《恶之花》案的公诉人。
③ 德·穆伊(Charles de Moüy,1834—1922),法国作家和外交官。

《观察家报》	史文朋
《雅典娜报》	
《名流周刊》	——泰克西埃
《插图世界》	——伊利亚尔特。蒙斯莱
《费加罗报》	——茹凡。迪歇纳
	克拉莱蒂
《两世界评论》	蒙泰居。比洛兹
《巴黎评论》	拉·马德莱纳
《当代评论》	德·卡洛纳
《布列塔尼评论》	皮肖
《日耳曼评论》	道尔弗斯 [1]
《国家评论》	夏庞蒂埃。阿瑟利诺
《法兰西评论》	
《巴黎生活》	马索兰
《比利时独立报》	弗雷德里克斯。雅南
	维隆。托雷
《事件》	左拉

致埃德蒙·洛莫尼耶

[巴黎，1862—1863年]

先生：

除非您把星期天固定为娱乐日，否则我希望您明天下午两点能到我这里来。

请您回蒙马特尔[2]之前给我住的地方回个信。

祝好。

夏·波

---

[1] 道尔弗斯（Charles Dollfus，1827—1913），法国哲学家、小说家和随笔作家。
[2] 洛莫尼耶在巴黎里昂火车站管理部门工作，家住蒙马特尔。

致埃德蒙·洛莫尼耶

[巴黎，1862—1863 年]

亲爱的先生：

我得去讷伊一趟①，半夜才能回来。

夏·波

致埃德蒙·洛莫尼耶

[巴黎，1862—1863 年]

先生，今晚不行。
又让我去一趟讷伊。
祝好。

夏·波

致埃德蒙·洛莫尼耶

[巴黎，1862—1863 年]

我每天下午五点等待洛莫尼耶先生。

夏·波

致埃德蒙·洛莫尼耶

[巴黎，1862—1863 年]

星期三下午五点见。

夏·波

---

① 去昂塞尔家。

致埃德蒙·洛莫尼耶

[巴黎，1862—1863 年]

亲爱的先生：

您几点回蒙马特尔？

您回家前能否到旅馆找我一下？

您在楼下出示一下这张名片，否则他们会说我外出了。

CH. 波德莱尔

致埃德蒙·洛莫尼耶

[巴黎，1862—1863 年]

我无意剥夺您的善意。我只是不习惯闷头数日干一件事，接下来又闷头数日干另一件事！我预计周一晚上有新的作品给您。

祝好。

夏·波

致埃德蒙·洛莫尼耶

[巴黎，1862—1863 年]

如果我能拿到钱，那当然没的说。

但一段时间以来我经历了那么多坎坷，都不敢再发誓了。

祝好。

夏·波

致埃德蒙·洛莫尼耶

[巴黎，1862—1863 年]

如果我五点以前回不来，这 22.15 法郎即付给洛莫尼耶先生，并请他明天来，有一些修改的工作，还有些别的事情要做。

致埃德蒙·洛莫尼耶

[巴黎，1862—1863 年]

致洛莫尼耶先生

今天我还得去见米歇尔·莱维，要留在他那里。

如果维尔曼那篇文章您带来了，就请您把原稿和誊抄件一起留下吧。

如果您带来数论或天文学方面的文章①，也请您留下，我只读一个星期。

很抱歉让您枉顾数次。请您明天来吧。

祝好。

夏·波

致埃德蒙·洛莫尼耶

[巴黎，1862—1863 年]

我先谢谢您。

我想指派您一件新差事，恐怕您这个星期日又不得闲了；但米歇尔·莱维送来了好几份清样，昨天今天，一件接着一件。

您看如何？拜托了，如果您再能弄几本天文学或数学方面的节略本就更好了，法文英文都行。

祝好。

夏·波

---

① 波德莱尔读这些书是为了补充和修改将在 1863 年底出版的爱伦·坡《吾得之矣》。

致埃德蒙·洛莫尼耶

[巴黎，1862—1863 年]

又让我去一趟讷伊。

请给我个信，您明天下班后来我这儿吧。把您的抄件和我的手稿都带上。我当天得去一趟米歇尔家。

夏·波

致埃德蒙·洛莫尼耶

[巴黎，1862—1863 年]

万分抱歉。我必须得去莱维家了。

致路易·马索兰①

[巴黎，1862—1863 年？]

致马索兰先生

没有论居伊那篇文章的消息。

我从诗稿里选了几首新的散文诗给您带去。

致伊波利特·勒若斯纳少校②

[巴黎] 1863 年 1 月 1 日

我亲爱的勒若斯纳：

实在没必要向您解释是什么原因导致我没有接受您的邀请。您太好

---

① 路易·马索兰 (Louis Marcelin, 1829—1887)，笔名埃米尔·普拉纳 (Émile Planat)，法国漫画家和插图画家，《巴黎生活》(*La Vie parisienne*) 的创始人和社长。
② 伊波利特·勒若斯纳 (Hyppolyte Lejosne, 1814—1884)，法国军官，波德莱尔的好友。

了，绝不会觉得我的理由不妥。您就当成我想隐居几天或者暂时不想和朋友往来就是了。我就像那位嫁了人的中国女人，既垂涎于献媚者的礼物，又想保持名节[1]。烦请耐心地向勒若斯纳夫人解释一下，并请告诉她，其实对我来说，如此良辰美景实难割舍。

请向西尔维斯特和多尔维利转达我深厚的友谊。——并请给那位可爱的老东西[2]讲讲下面这则轶闻：——

不久前，我的一位朋友在索莱姆（Solesmes）隐修院对一位修士说我可能哪天会去拜访隐修院并在那里隐居；那位好好先生答道："我的天！如果他来了，我们会接待他的。我们连苦役犯都接待。"乍听起来看似荒唐，一位修士怎么可能知道我的名字，而且还认为我就配去服苦役。后来我找到了答案。——原来前段时间雷蒙·布吕克[3]去了索莱姆隐修院。

我酷爱一些有力量的玩笑；可这个玩笑让我颇感意外。

我希望您别把这块变了味的巧克力当成讲给勒若斯纳先生听的一个烂笑话。我会告诉您我为什么觉得不自在。

祝好。

夏尔·波德莱尔

致伊波利特·勒若斯纳少校

［巴黎，1863 年？］

我怎能原谅自己昨天的可怕行为呢？

真相是：我昨天去了趟乡下[4]。没见到要见的那个人，所以一直等到晚上。——回到巴黎已经七点了，故此没敢到您家露面。我上午走的时候没料到下午会这么倒霉；否则我肯定会先写信告知您的。

---

[1] 波德莱尔这句话讲的是某个他读过的故事，系由阿贝尔·雷米萨（Abel Rémusat）和斯坦尼斯拉斯·朱利安（Stanislas Julien）从 19 世纪的中文出版物中翻译而来，但出处不详。

[2] 指巴尔贝·多尔维利。

[3] 雷蒙·布吕克（Raymond Brucker, 1800—1875），法国文学家，巴尔贝·多尔维利的挚友，《恶之花》案审理期间，多尔维利曾拜托他去毕纳尔检察官处为波德莱尔斡旋。

[4] 指去讷伊见昂塞尔。

请您尽量让勒若斯纳夫人理解这桩蹊跷之事,也请您不要太责备我。祝好。

CH. 波德莱尔

致马里奥·于夏尔

[巴黎] 1863 年 1 月 2 日

亲爱的于夏尔先生:

我不仅未能让您安心,还要让您担心,——我自己都感到不好意思。米歇尔和丹迪不断难为我,一个催要《吾得之矣》,另一个催要 10 日应该交稿的《散文诗》。此外又有两宗大难从天而降,这两桩麻烦事让我这些天里精神恍惚。我请您宽限到 15 日,——我不会再拖延了。

我热切地恳请您把那份报纸[①]寄给我,好让我能跟它同步。——其次,请您想着放在您手头的《散文诗》,您知道,我很看重这部作品。您愿意的话我也可以增加其他作品。我在信里列出了一份可以提供给您的新的作品清单,供您发布预告时用。

爱伦·坡的中篇小说

《玛丽·罗杰疑案》(Le Mystère de Marie Roget),
《兰多尔先生的小屋》(Le Cottage de M. Landor)
和《阿恩海姆乐园》(Le Domaine d'Arnheim)。

散文诗
(接近完成)

杂文集 (Variétés)

《现代生活的画家》(已完成),

---

① 指《北方报》(Le Nord) ——1863 年 1 月 1 日,《北方报》发布公告,宣布在布鲁塞尔发行的《北方报》今后将同时在巴黎发行。于夏尔主持该报的文学版。

《维尔曼先生的精神和风格》，

《文学浪荡子》，

《教学绘画：德国画派与里昂画派》(La peinture didactique, école allemande et lyonnaise)。

祝好，并请您劳驾回复几个字，——我觉得《散文诗》和《现代生活的画家》就是为您量身定制的。

CH. 波德莱尔

致欧皮克夫人

[巴黎] 1863 年 1 月 3 日

可怜的亲爱的妈妈！你想没想过，如果我新年第一天未准时给你写信，那肯定是想给你寄一件新年礼物却又没有办到。如果我那桩大买卖成功的话，本来还能给你 5000 法郎让你翻修一下客厅。至于你今天上午寄来的东西则让我惊愕羞愧。你的确太不一般了。你先是寄来两封极为严厉、极为悲情的信（冰冷的正义非你所长），随后，你看看，你又寄来了礼物。你这是恩威并施呵！可你是从哪儿弄到这笔钱的？是不是你瞒着我省吃俭用攒下来的？想想我就难过；无地自容。对我这个钱永远不够花的人来说，这种满是慈爱的行为真让我一言难尽。

亲爱的母亲，你肯定很烦。但这个月中旬我们就要重逢了；我想去找找那些合同，那些文件肯定混在我庞杂的故纸堆当中了，但不知放在了哪儿。但肯定没扔。我用两句话把这件事说清楚：——我想把我现有全部作品的著作权，也就是说，总共十部作品的著作权（五部爱伦·坡作品，我又新译了两部；五部我自己的作品：《恶之花》《人造天堂》《散文诗》以及两部评论集）全部地、绝对地、一劳永逸转让，一次性换取 25000 法郎。你一定能想到这个行为与司法监护有一定关系（一份下流小报最近居然也敢影射这件事了！）

总之，既然我没有孩子，我的这个想法就是顺理成章的。——500 法郎、300法郎或200法郎那样零敲碎打总无法和一下子到手一笔巨款相比。1000法郎的价值可不单纯是100法郎的十倍。

我的朋友们说,我没有成功是件幸事,因为我作品的价值远高于此,所以永远也不要对未遇、未知和可能这几桩情事失望。但他们说得轻松。他们家境殷实,行事稳重,没有负债,可以等待。——某个出版商①给我开价2000法郎,只出一版《恶之花》和《散文诗》。可我想把这五部作品打包出售,永久转让。当时我傲慢地拒绝了,他觉得受到了冒犯;——说老实话,对这件事我现在有点儿后悔②。

至于米歇尔·莱维,他做事像个学究;特别是当他觉得我有求于他时尤其如此。他的还价,比如说爱伦·坡作品,他想让我以阶段性出售的方式转让著作权,每次不定期地向我支付小额租金。我没理他。

目前我正寻求把这五部作品转让给一家或另一家出版社。这有悖我的初衷。这种分散转让的方式有诸多不利之处。

至于你担心的玛拉西那个案子,请你放心吧。我会从这场麻烦中全身而退的,但代价不菲。我没法写上十页纸向你解释那些烦人的细节。

如果不能一劳永逸地转让著作权,我就只能分阶段转让,我原本是打算拿到尽可能多的钱,能够在你、玛拉西和我之间平分的。

但有什么办法能成功呢?下个星期日,有两部作品会找到解决方案。但这个方案好么?如果拿到1000法郎又能干些什么呢?另外三部怎么办!折磨人呵,永远是痛苦万分!

你可能对我坦然接受你的礼物感到惊奇——尽管我欠着你23000法郎。一开始我是打算退给你的。但一句话就可以为我的行为开脱;我兜里揣着这笔钱去了一位印刷所老板家里,我有天晚上曾经向他借过50法郎,而我还将被迫在法官面前做出对他不利的证词③。对我来说,一想到有个我对其做出不利证词的人会说"这个做出不利证词的波德莱尔先生还欠着我的钱呐",我就感到噩梦缠身。生活怎能如此混乱、如此乱七八糟呵!这种场景又是何等怪诞呵!我爱你,并用力拥抱你。时间太紧了;我得跳

---

① 指埃采尔。
② 十天后波德莱尔和埃采尔签署了《散文诗》和《恶之花》的转让合同。
③ 指起诉普莱-玛拉西的印刷商布巴尔。

过几行字,画上休止符。

如果你能理解我的信,就能明白我为什么不能马上和你团聚。我会在1月份去看你,15日或20日,而且如果一切运转正常,我将在翁弗勒尔完成四部新作品的创作[1]。

我当然想和你在巴黎市内和郊区散步。可是,唉!我真愿意能付得出那么多钱。

我非常爱你,而且央求你宽容一些。给我讲讲你的身体。你还想要点儿好茶叶么?眼前我没法送你其他东西。

夏尔

有十五个月我们没拥抱过了,我的头发已经发灰,所以我想扑点儿粉,让头发看上去白一些。当你见到我这个自命不凡的老头儿时可千万别笑。

致爱德华·马奈

[巴黎,1863年1月4日;系1000法郎的欠据。]

致奥古斯特·普莱-玛拉西

[巴黎]1863年1月6日

我亲爱的奥古斯特:

我在咱们共同的朋友[2]家里给您写信,我们共进了晚餐,他的腿也好多了。他希望周末能出门,并申请了探视您的许可。——他甚至比我还急于得到您那件稀罕礼物,这真是荒唐。——您可不能给我一模一样的。——您总是渴望知道些新消息:——据说戈蒂耶要离开《环球导报》,并接受

---

[1] 其中两部是爱伦·坡作品:《吾得之矣》和《怪异与严肃故事集》;另外两部是文学艺术评论。

[2] 可能是指阿瑟利诺。

了《美术报》的一个职位。德·尼约威尔科克先生要进入参议院，而德拉克洛瓦将出任博物馆馆长①。

有人说蒙斯莱会接替戈蒂耶主持戏剧专栏，还说有一位谢思诺先生②（?）将接替戈蒂耶主持美术专栏。

最后再添点儿荒唐事，F. 德诺瓦耶将接替多尔维利在《国家报》的职位。但他的朋友于利斯·皮克③将成为《国家报》的社长，不知道为什么敢这样。

祝好。

夏·波

致马里奥·于夏尔

[巴黎] 1863 年 1 月 7 日星期三

亲爱的先生：

我昨晚见到了丹迪先生，他希望我能一鼓作气写完《散文诗》。所以我最早 20 日、最晚 25 日才能为您效力。但这一次我对您做出的承诺是格外郑重的。

我昨晚在一家咖啡馆里找到了《北方报》：感谢您预告贵报将要发表《玛丽·罗杰疑案》，但您以一种诡异的方式改动了我的名字④。我从来没想过要成为什么贵族；名字就是简单的"波德莱尔"(Baudelaire)，这是个

---

① 德·尼约威尔科克伯爵（le comte de Nieuwerkerke，1811—1892）时任皇家博物馆总署署长。戈蒂耶继续留在了《环球导报》，蒙斯莱因而无法接替他的位子。而德拉克洛瓦于本年晚些时候逝世。

② 欧内斯特·谢思诺（Ernest-Alfred Chesneau，1833—1890），法国艺术史学家和艺术评论家，时任《立宪报》艺术专栏编辑。

③ F. 德诺瓦耶（Fernand Desnoyers，1826—1869），法国文学家和批评家。于利斯·皮克（Ulysse Pic，1820—1896），法国记者，时任《国家报》主编。

④ 1863 年 1 月 6 日《北方报》在第一版预告即将发表《玛丽·罗杰疑案》时写错了波德莱尔的名字："爱伦·坡著、夏尔·鲍德莱尔（Charles de Beaudelaire）译《玛丽·罗杰疑案》即将发表。"

蛮族的词①，拉丁人据此创造了"巴尔忒雅里斯"（Baltearis）一词，这个词就跟"波德里耶"那个词（Baudrier）一样，都是不能在开头加上"e"这个字母的。烦请告诉他们改正，以免再错。

您忠实的
CH. 波德莱尔

我翻过来接着写。

正式发表前，如果您能印出一两页《散文诗》或《现代生活的画家》的片段，请别忘了把清样寄给我，阿姆斯特丹路22号。如果不校对清样，肯定会错误百出。

致［埃蒂安·卡尔嘉］

［巴黎，1863年1月初］

意料之外②

一

阿巴贡守在临终老父的身边③，
盯着那失血的双唇犹自盘算：
"阁楼上还存放着几块旧板，
　似可将就着凑个薄棺？"

色丽曼娜自语："我心向善④，
上天赐我美艳那是理所当然。"

---

① "Baudelaire"一词的本意是一种大弯刀。
② 《意料之外》（*L'Imprévu*）1863年1月25日发表于卡尔嘉任社长的《林荫大道》，正文与1866年《吟余集》（*Les Épaves*）略有不同，且分为了三大段。
③ 阿巴贡（Harpagon），莫里哀喜剧《悭吝人》中典型的守财奴形象。
④ 色丽曼娜（Célimène），莫里哀喜剧《恨世者》中一个专好诽谤别人的风骚寡妇。

——她心善！早干得熏火腿一般，
　　再炙烤于无尽的烈焰！

那言辞晦涩的报人自诩明灯一盏，
向被愚弄的穷人大言不惭：
"那美的缔造者，你赞颂的骑士，
　　你们究竟在何处得见？"

有个登徒子，我了解得更全面，
他志大才疏，整日价哈欠连天，
流泪，哀叹，信誓旦旦："我
　　要积德，一小时后兑现！"

轮到时钟低语："他醉了，这个坏蛋！
——早警告过这行尸走肉却不见改观。
这个人，他软弱、耳聋、瞎眼，像
　　一堵白蚁寄生和啃啮的断壁残垣！"

二

世人不共戴天之人尔后显现，
他嘲讽傲慢："在我圣体盒中，
有黑弥撒欢乐无边，我相信①，
　　你们已领到足够的圣餐？

"各位的心中都为我建造了神殿；
还曾偷偷地吻过我邪恶的屁眼！
快从我得意的奸笑中认出撒旦，

---

① 黑弥撒指撒旦的信徒在举行撒旦崇拜活动时用动物或人献祭的一种仪式。

我,高大壮硕,铺地盖天!

"吃惊的伪君子,你们真信
既嘲弄主子,又偷滑耍奸,
还能把两种奖赏同时占全:
　　灵魂升天又腰缠万贯?

"猎物理应向老猎手进献,
他守株待兔已苦熬多年。
我会带领你们穿越浓雾,
　　我悲喜交加的伙伴,

"要穿越厚重的地幔和层岩,
趟过你们凌乱不堪的坟圈,
走向为我量身定制的宫殿,
　　那完整巨石绝不松软;

"因为它是用天下的罪孽构建,
熔铸我的痛苦、荣耀和尊严!"

　　　　　三

而此刻一位天使在宇宙峰巅
　　为众生奏响胜利的凯旋,

众人心中祷念:"天主呵,祝福您的
皮鞭!圣父,我们为痛苦向您颂赞!
我的灵魂在您手中并非无用玩艺儿,
　　您大慈大悲,法力无边。"

在天国丰收的盛大夜晚，
天使的号角声如此甘甜，
愿号角的高歌礼赞，将
　　狂喜沁入众人心田。

夏尔·波德莱尔

这首诗如果已经排版，我绝对要看看清样。

合　同（与埃采尔）

［巴黎，1863 年 1 月 13 日］

签约人：
一方：夏尔·波德莱尔先生，现居翁弗勒尔市纽布尔路
另一方：埃采尔先生，出版人，现居巴黎雅各布街 18 号

双方达成如下协议：
波德莱尔先生作为下列作品的作者，向埃采尔先生独家转让下列作品的出版权，期限五年：

一、《散文诗》
二、《恶之花》

条件如下：
埃采尔先生为出版上述两部作品的第一版向波德莱尔先生支付每部作品 600 法郎的稿酬，两部作品共计壹仟贰佰法郎。

根据这项权利，埃采尔先生可以将该两部作品以 18 开本各印制 2000 册外加两成加印，或者以 8 开本印制 1000 册，每册 5 法郎。

如有重印，埃采尔先生将以同样条件向波德莱尔先生支付稿酬，即该书原价的 10%。

波德莱尔先生同意，埃采尔先生最初可以先印制上述印量的一半，即 8 开本可以印制 500 册，18 开本可以印制 1000 册。

在此情况下，埃采尔先生应在书中注明版次和印次。

双方同意，本合同到期后，即上述作品转让满五年后，埃采尔先生应当销毁其制作的印刷母版，除非他与波德莱尔先生就重新购买版权一事达成新的协议。

双方还同意，由埃采尔先生以同样价格和条件出版波德莱尔先生拟创作的中篇小说的第一卷及其后续各卷，其暂定名或最终定名为《我心赤裸》(Mon cœur mis à nu)。

本合同一式两份，于1863年1月13日在巴黎签署。

   确认上述内容。   确认上述内容。
   夏尔·波德莱尔   J.埃采尔

埃采尔先生已收到两份收据，一份金额为壹仟法郎，另一份金额为贰佰法郎。——夏·波

致雷蒙·马蒂尼

［巴黎］1863年1月22日

先生：

我恪守对您说过的话：阿隆戴尔先生今年会获得清偿，正如您对我说过4月是您给阿隆戴尔先生规定的最后期限，所以我决定我也将在4月份为您尽力。

我届时可能不在巴黎；不过没关系；您可以去找昂塞尔先生，他住在雷沃尔特大街11号。

您提到分期偿付。我不喜欢这种分期偿付方式。债务人的过分迁就往往会使债权人变本加厉，以为这种零敲碎打的方式对他更为有利。

先生，请接受我殷勤的致意。

              CH.波德莱尔

致马里奥·于夏尔

[巴黎,1863 年 2 月 16 日]

亲爱的先生:

昨天安排妥的事今天上午取消了。所以您收不到任何委托书,也收不到任何授权书。

当时我正准备签字,贡斯当先生①不知从哪儿得到了什么消息,硬说他可能得不到偿付。但他的不信任丝毫不影响我向您提供这部作品②的热情,而且我会继续我的创作。

祝好。

CH. 波德莱尔

致夏尔·阿瑟利诺

[巴黎,1863 年 2 月 18 日]

我亲爱的朋友:

我花大价钱跟夏蒂雍③订了一幅雕版印张,雕版归他。他本打算转让雕版。我劝他不妨先向朋友们推销几幅。价格估计不会超过 30 法郎,除非需要雕刻工更精心地修饰。我想您可能会有兴趣订购一幅。夏蒂雍住在贵妇街(rue des Dames)1 号,在蒙马特尔。

祝好。

夏·波

---

① 贡斯当(Constant)可能是个当铺老板。
② 指《北方报》预告将要发表的《玛丽·罗杰疑案》。
③ 夏蒂雍(François-Joseph-Auguste de Châtillon, 1808—1881),法国画家和雕刻家。

致马里奥·于夏尔

［巴黎］1863 年 2 月 19 日星期四

我亲爱的马里奥：

  请原谅。我昨晚看到了您的信，没有日期，上面写道：明天，我有些话要对您说。——可我今天不得不去翁弗勒尔，我刚刚动身。后天回来。至于《玛丽·罗杰疑案》，您大可放心；我正在译，慢工出细活，真的，走到哪儿译到哪儿，甚至在餐馆里。

  我周六晚上回巴黎，星期天去府上拜访。

  祝好。

CH. 波德莱尔

致尚弗勒里

［巴黎，1863 年 2 月 27 日或 28 日。波德莱尔在这封信里婉拒了尚弗勒里转达的奥康奈尔夫人[1]的邀请。参见波德莱尔 1863 年 3 月 4 日左右致尚弗勒里的信。］

致尚弗勒里[2]

［巴黎，1863 年 3 月 4 日前后］

我亲爱的朋友：

  我很爱您，可您也太固执了！我早就知道您会把我的回信拿给她看。

---

[1] 奥康奈尔夫人（Mme O'Connell, 1823—1885），法国画家，原籍德国，波德莱尔曾在《1846 年的沙龙》和《1859 年的沙龙》中提到过她。

[2] 1863 年 2 月 27 日，尚弗勒里向波德莱尔转达了奥康奈尔夫人的邀请，希望能在她家里见一见爱伦·坡的译者，和他谈一谈美国人的哲学理念。波德莱尔在 27 或 28 日婉拒了这一邀请。1863 年 3 月 1 或 2 日，尚弗勒里重申了这一邀请，并导致波德莱尔写下了这封反驳信。

您真的想在一个已经使您的尊严受损的上流社会里让我的尊严也受到损害么？为了让您高兴，能做的我都会做，但我能做的也不过就是区区之事而已。

上次给您写信后，我已经多方打听过这个人。您知道我多么喜欢那些姑娘，又多么痛恨那些玩什么哲学思考的女人。至于一起吃午饭，可以，但要在我家里，星期日中午。

祝好。

夏·波

致尚弗勒里

[巴黎] 1863 年 3 月 6 日

我亲爱的朋友：

您才始终都是司芬克斯和怪人呐，而且您可谓生来古怪，后天绝对装不出来①。怎么着！您给我写一封信想惹我不高兴，仅仅就因为我说了我不喜欢那个邪恶的社交界么！我的朋友，我对那个社交界始终心怀戒惧；放荡、愚蠢和罪恶哪怕就像一锅杂烩，也好歹能让人欢愉片刻；而那个邪恶的社交界，还有在那个社交界四周涌动的各式各样的泡沫漩涡！别提它了。——您还说我的信话里有话②，那我就来给您解释一下这个"话里有话"，在我看来，这都是明摆着的：

尚弗勒里天性好热闹，爱故弄玄虚，这种癖好我也有一点儿。尚弗勒里发现了一个有喜剧意味的上流社会，没有丈夫的女人、待字闺中没人娶的姑娘以及假装爱哲学、喜好卖弄学问的人随处可见。尚弗勒里像我一样，深知一个女人连两行教理书都搞不懂。可他还想与我分享这种快乐，还想从我与那个蠢女人的冲突中找乐子。（所以我说我准备竭尽全力让您

---

① 尚弗勒里当天即复信波德莱尔："您总是像个'演技高超的喜剧演员'那样令人钦佩地扮演着司芬克斯的第一个角色。"
② 尚弗勒里在这封信里还写道："我不明白您信里的潜台词，我想把您引荐（给奥康奈尔夫人）绝无恶意。"

高兴,可我对此极为厌恶。)

　　这就是我的潜台词。至于您信末那点儿小小的道德说教①,其中饱含着您对自己超凡入圣的溢美之词,对此我无言以对,我只是觉得有的人就那么好意思自吹自擂,却让别人不舒服,这似乎不怎么厚道。很显然,您是个幸福的人,是您自以为的那种有福之人,而我,我可不是这样,因为我对自己从不满意。

　　请允许我说,您的信里有一种调侃和怨恨的腔调,这种腔调,无论我还是您,到了我们这把年纪都不再适宜了。怎么着!难道尊严一词就能激怒您,就能让您对一位老朋友这么说话么!

　　来吧,我求您,星期天中午来做客吧,否则我真觉得您怨恨我了②。
　　祝好。

夏·波

　　您喜欢喜剧。那就请您读读拉马丁的上一篇访谈(关于《悲惨世界》)吧。读来很有意思,我推荐您读一读。鉴于您很敏感,请不要把这篇访谈和我的信扯上什么关系。

　　请立刻给我回信。——我把您要我写的那篇胡编滥造的文章一并寄给您③。

致尚弗勒里

　　[巴黎,1863年3月6日。波德莱尔在这封信里陈述了为何不能去拜访奥康奈尔夫人的理由。参见上一封信的相关注释。]

---

① 尚弗勒里在信末写道:"您不要再去那些糟糕的场所了;请试着学学我勤奋工作的生活方式吧;请像我一样独立;别再老是依赖别人,到那时,您再跟我谈什么尊严吧。"
② 尚弗勒里1863年3月7日以生活规律和节制饮食为由拒绝了波德莱尔的邀请。这两位好朋友直到1865年5月才和解。
③ 尚弗勒里1863年3月6日请波德莱尔以爱伦·坡译者的身份就"如何才能抵达欣赏爱伦·坡的境界"写篇文章。

致奥古斯特·德·夏蒂雍

[巴黎,1863 年 3 月 14 日]

我亲爱的夏蒂雍,真心谢谢您。

请您明天(星期日)中午来旅馆午餐吧。我正等着马奈回信。您可以和他结识。

十一点。请准时,在楼下告诉门房我正等着和您共进午餐即可。

我想知道我还欠着您多少钱。不过我赧颜向您坦白,半个月以来我一直跋涉在"拮据"这个撒哈拉沙漠里。

祝好。

CH. 波德莱尔

致皮埃尔-于勒·埃采尔

[巴黎]1863 年 3 月 20 日

我亲爱的朋友:

今天晚上,20 日,我收到了您 9 日的信。我不愿意给一位好朋友增加负担,而我又格外看重《巴黎的忧郁》①。

事实是,我对这本书尚未完全满意,所以又开始重新修改,重新构思结构,而且我想请求您亲自向比洛兹推荐几篇(只要我们同步进行,而且能随时付样),——然后在一位朋友那里举办一次朗诵会,当然一定会邀请您参加。

我觉得,凭我的精力,很难在 4 月 10 日或 15 日以前交稿。但我向您保证,这一定是一部与众不同的书,而且会很畅销。

我重读了您的信,其中有一事不明。您请我 20 日(现在太晚了)去拜访您,您是要外出还是刚回来?

在期待有幸去拜访您之际,我再次向您保证您将拥有一部绝佳的作品,并就我的不守时恳请您的原谅。

CH. 波德莱尔

---

① 这是《巴黎的忧郁》(Le Spleen de Paris)这一书名首次在波德莱尔的书信中出现。

为保险起见，我明天（星期六）去您家一趟，如果您不在，我星期二再去。

巴黎，阿姆斯特丹路 22 号

致奥古斯特·普莱-玛拉西

[巴黎] 1863 年 3 月 26 日

我亲爱的朋友：

您像所有流亡者一样不分好歹。我总算快要见到您了！我刚从盖尔东先生（M. Guerton）家出来，拿到了探视许可；可明天不能探视（星期五是家属探监日）。我反复解释我可以在星期五作为亲属探视；但人家的解释我听不懂。

根据法院一位执达员的说法，我可以在周二、周四和周日探视。真是这样么？从上午十一点到下午三点？您给我说说清楚，看看能不能帮我改改探视时间。请您跟监狱长打个招呼。

您的案子到底在哪儿开庭？是哪家法院？有可能宣判无罪么？

布巴尔"为您的案子感到抱歉"[①]。我为旧作的印刷之事跟他打过交道。我今后不会再沾他了。如果非用不可，是不是该听取破产债权团法定代表的意见？——不过这些都是日常琐事。还是谈谈您自己吧，只谈您自己，别的都不用谈。

拥抱您。

夏·波

请尽快给我回信。

致马奈的母亲

[巴黎] 1863 年 3 月 28 日

夫人：

十分感谢您的盛情邀请。说到我对令公子的感觉，您知道我和他相比

---

① 布巴尔是玛拉西案的原告，他指控玛拉西侵吞他人财产。

相形见绌；您那些话真是太客气了；因为在我看来，无论是他的秉性还是才华，都很难让我不喜爱他。

夫人，请接受我崇高的敬意。

夏尔·波德莱尔

致皮耶·安杰罗·菲奥伦蒂诺①

[巴黎] 1863 年 5 月 11 日星期一

我亲爱的菲奥伦蒂诺：

总的来说我还是很谨慎的，是不是？那好！我今天想请您帮个忙。——星期三，13 日（!），代尚夫人② 在奥德翁剧院首次登台演出，您能出席吗？她饰演安德洛玛刻。如果您能恭维数言，我将十分欣慰。

您的老友、忠实的
CH. 波德莱尔

致夏尔·蒙斯莱

[巴黎，1863 年 5 月 11 日。波德莱尔在信中向蒙斯莱介绍由一位朋友推荐的女士将在奥德翁剧院首次登台演出，饰演安德洛玛刻。]

---

① 皮耶·安杰罗·菲奥伦蒂诺（Pier Angelo fiorentino, 1811—1864），法国剧作家、编辑、诗人和音乐评论家，原籍意大利，波德莱尔曾在《1846 年的沙龙》中提到菲奥伦蒂诺翻译的《神曲》法译本并评论说，"对不懂意大利语的诗人和文学家来说，这是唯一的好译本"。
② 露易丝·代尚（Louise Deschamps），法国女演员，系圣伯夫推荐给波德莱尔的。波德莱尔似乎是为了取悦圣伯夫而把她推荐给了巴黎四大报社的戏剧专栏掌门人菲奥伦蒂诺、蒙斯莱、洛克普朗和圣-维克多。

致内斯托尔·洛克普朗[1]

［巴黎］1863 年 5 月 11 日星期一

我亲爱的洛克普朗：

如果您能在自己的专栏上为星期三（13 日）代尚夫人在奥德翁剧院首次登台演出（她饰演安德洛玛刻）美言几句，我将不胜欣慰。

即便首演尚欠火候，我依然相信代尚夫人一定能成大器。

我打算下次去拜访您，咨询您一些事，并请凭您的经验助我一臂之力。还请您包涵我给您说过的事。

夏尔·波德莱尔

我们共同的朋友圣伯夫会和我一起向您介绍这位女士。

致保罗·德·圣-维克多

［巴黎］1863 年 5 月 11 日星期一

我亲爱的圣-维克多：

我显然是在向您求助。您是否勇于出席代尚夫人（饰演安德洛玛刻）星期三（13 日）在奥德翁剧院的首演呢？

如果您能在专栏上写两句勖勉之语，我将不胜欣慰。

您忠实的
CH. 波德莱尔

为纳姆斯罗耶先生提供的说明

［巴黎，1863 年 5 月底或 6 月初］

我一直在寻求有人能为我垫付一笔款项，即便我正在创作中的作品用

---

[1] 内斯托尔·洛克普朗（Nestor Roqueplan，1805—1870），法国作家和剧院经理。

不上这笔款项,至少也能用在我已完成的作品和已签订的合同上。我渴望能以下述有价值的作品向纳姆斯罗耶先生(M. Namslauer)借款:

与米歇尔·莱维签订的合同(本人翻译的爱伦·坡作品)规定,波德莱尔将著作权授予莱维先生,莱维先生以其定价给波德莱尔先生十二分之一的永久收益。(截至目前,每部作品的售价仅为1法郎,但不排除该作品还将有其他版本,如丛书版,插图版,等等……)

《怪异故事集》　　　　　　　　　　一部
《新怪异故事集》　　　　　　　　　一部
《阿瑟·戈登·皮姆奇遇记》　　　　一部
《吾得之矣》(尚未完成)　　　　　　一部
《怪异与严肃故事集》(尚未完成)　　一部

最后两部将于本月底完成并交稿。

纳姆斯罗耶先生有必要了解自第一部出版以来的销售情况以及我作为著作权人的收入情况。我会通过莱维先生将上述账目提供给纳姆斯罗耶先生,或者纳姆斯罗耶先生将由莱维先生告知我的作品在书店的销售反馈。

与埃采尔签订的合同,授予埃采尔下述作品的五年出版权:
《恶之花》(第三版,增补本)
《巴黎的忧郁》(《恶之花》的姊妹篇)
(尚未完成,将于本月末完成)
每部作品的转让金额为陆佰法郎,印制2000册。

我所有合同文本都在翁弗勒尔的家中。我可以去找出来。

CH. 波德莱尔

本年底前,我还将就另外三部作品签订出版合同[①]。

---

① 指《人造天堂》与另外两部评论集。

致欧皮克夫人

[巴黎] 1863 年 6 月 3 日

我亲爱的母亲:

我很高兴这个小玩意儿能讨你喜欢。它做工精致。这是送给你的新年礼物,像我做其他事情一样,这件新年礼物又迟到了。——那份英国《观察家报》的文章你别弄丢了①。——你的客厅整修了;我很早就担心这件事,因为我一直想给客厅里添点儿漂亮东西;但现在这样更好;这个房间里的所有织物早晚都会被晒褪色。——如果你有时间,请马上通过铁路邮局给我寄个包裹,一个包裹,装上另外三卷爱伦·坡作品,条纹精装本,绿色摩洛哥山羊皮书脊的;你应该知道放在我房间的哪个位置,因为你已经给我寄过一卷。你知道这套书对我极有价值;千万包好,别因为碰撞损坏了封皮。——付不付邮资都行,这个不重要。如果你付邮资,千万不要把绿色的邮票(1 个苏的)和蓝色的(4 个苏的)搞混了。

——你如果给我讲讲我那两个房间乱不乱、稿纸和纸箱是否还在原位以及潮湿是否造成了损害,我会十分高兴。

要弄明白我为何一直没给你写信一定让你伤透了脑筋;真实和唯一的原因就是我不满意自己。你可能已经猜到了一些。我曾经答应过你,不从数月以来的懈怠中振作起来就不给你写信。至于我为什么堕落到连自己都以为会一蹶不振,为什么又能狂热地、铆足了劲儿地、不知疲倦地工作,而且骤然间治好了自己的毛病,连我自己也说不清。我知道我已彻底痊愈,我知道我生来就是一个懒惰狂躁的可怜造物,也知道唯有习惯能够帮助我抵御本性中的种种恶习。游手好闲已然成为我的巨痛,一想到我在文学上的无能实在让我恐惧,所以我全身心投入到了写作当中;如此一来我才发现,我的才能从未失去;但沉浸其中却是个巨大的危险。连那些自己从不相信曾经严重伤害过我的人都在问:您什么时候再出一本书啊?或者问:您是不是江郎才尽了?

---

① 指英国诗人史文朋(Algernon Charles Swinburne,1837—1909)1862 年 9 月 6 日在《观察家报》发表的赞誉《恶之花》的文章。

我目前的情况是这样的：——你绝对要好好理解我，我必须向昂塞尔申请1000法郎救急资金，以便能够从容地实现彻底改变我的生活的目的；因为在没有偿还完毕我的文债之前，至少在我重新恢复持续工作的习惯之前，我还不能返回翁弗勒尔。我在那儿会变得无所事事，就像我曾经在这儿一样，比起巴黎，对厌倦的恐惧不会让我更喜欢翁弗勒尔，因为在巴黎我已厌倦数月之久，我已经体验到了世上还从未有人体验过的厌倦。

这就是我的文学事业的现状。托那些蠢才报刊社长的福，我先前创作的那些好东西都不曾发表；现在终于能发表了，这才是最重要的。

我的那些评论集（绘画与文学）还是卖不出去。还得看看后几部作品有没有什么起色。这些事环环相扣。如果正在创作中的东西能在10月封笔，今年冬天就准备全部出版；现在要做的就是尽快完成，好赶在9—10月的出版季出版。

我把《恶之花》第三版（增补版）卖给了埃采尔出版社，合同期五年。《巴黎的忧郁》，合同期五年，每部600法郎，每版2000册。五年内会出版五次。

《巴黎的忧郁》还未完成，也未能按时交稿。全部完成还需要半个月，而且异常辛苦。我把这件能维持我生存的工作放在一边是不对的。但对已完成的部分我还是满意的。这将是一部罕见的书。

我把两卷新译作卖给了莱维出版社作为爱伦·坡作品集的组成部分[1]。第四卷接近完成；还差几页，再努力两三天即可。第五卷需要十天左右，不会更多了。

《人造天堂》还未卖掉。

数月前我就对自己说：我可不愿意鼓捣这些不起眼的、数月才能陆续出手的著作权，——我的想法是，随便是谁，只要能把我的全套著作权打包买断，换来数千法郎，足够清偿我的债务就行。我跟昂塞尔谈过这个想法，咨询他能否通过这种方式获得一笔抵押贷款。不用说，他认为这个主意糟透了。他认为我不愿意等待借款到期而甘愿提前支付利息并想一下子到手数千法郎的想法很荒唐。——如果是一个富有的、能从容等待的作者，

---

[1] 指《吾得之矣》和《怪异与严肃故事集》。

他的这些想法或许还情有可原。

曾经有过两三个人报价。看来想从一个文人身上赚一笔的人还真不少！最近有一位地道的银行家纳姆斯罗耶先生——他对出版业略有所知——对我说："我可以借给您所需的资金，但必须出示您所有的合同（都在翁弗勒尔，我得回去找出来），——出版商也要向我提供数年间向您支付的款项，以便我了解您的书销路如何——而且还要证明所有作品都已完成并已交稿。"这是截至目前的原话。至于我，我现在急需一笔钱救急。——关于爱伦·坡作品，他对我报价说，不光是一笔借款，而且要把全部著作权永久转让给他才能获得我想得到的那笔钱。此人显然是懂得赏识这些文学作品的价值的。我倾向于接受这个彻底卖断的方式，——但不能涉及我本人的作品。

这个方案如果成功，我打算这样安排：——不论金额多少，是10000还是20000法郎，都拿出一半给昂塞尔，用于补足他那个要命的差额①，他一定觉得这样安排非常好，可以让某个我告诉过他的人安心。另一半还给朋友们（其中你最优先）。然后，回到翁弗勒尔，住上半年，尝试写几部我始终想写的中篇小说，并完成《我心赤裸》的创作——我现在最大的创作激情就是这部作品，它和卢梭的《忏悔录》大相径庭。然后，若有大买卖要商谈时就去趟巴黎，像我几年前曾向你随便说起过的那样。我一直很憎恶剧院，所以我宁愿写些剧本而不是去导演戏剧。巴黎有家剧院，是唯一一家不可能倒闭的剧院，干上四年就可以赚上40万法郎。我想去管理这家剧院。如果富尔德先生在目前的政治形势下能重新成为国务大臣，那么我在朋友们的帮助下——比如说贝勒蒂耶、圣伯夫和梅里美——就有可能执掌这家剧院。离开巴黎前我能拿到一份关于这家剧院的费用、收入以及现任院长任期何时结束的说明。我想成为这家剧院的院长，我会得到的。岁月一年一年地流逝，我希望能变得富裕一些。而我所谓的富裕，其实只要很少就可以了！你想想，如果这个愿望能够实现，即便我有省吃俭用的计划，在巴黎至少也得有间带家具的小房子吧，这样你就可以每年和我一起住上一段时间。而且，在这家剧院工作，每年还有三个月的假期。

---

① 此处的"差额"（soulte）一词是指昂塞尔此前曾预支给波德莱尔的钱。

现任院长好像还想再延长两三年任期；但给他10万或15万法郎就可以让他走人。这是一个宏大的梦想，我要好好地关注这件事，我可能会让它成为事实，而且我有这样一种自信，即：尽管行政事务忙忙碌碌，却又不放弃个人的精神追求。

尽管《我心赤裸》还处于札记阶段，可已经有人愿意出版了。但事情还是一样，根据公众的需要，只要出版就有钱可赚。我不想再谈这件事了。今后我还是愿意采取根据一部作品的或有价值一次性卖断的办法。

所以我想请你支持我向昂塞尔申请1000法郎，版权转让一旦完成就还给他。或许还给他2000法郎，或许3000法郎，我还不知道。

昂塞尔肯定又该发火了；另外，要他办事总得拖很长时间；而且他厌倦了大选，因为责任要求他投自己中意的人选的反对票；况且他家里也可能没钱；总之，我求你，尽你可能给我随信寄点儿钱来（比如说500法郎），我两三天以后就给你寄回去。

来信时请不要对我正在进行的谈判说三道四，求你了；这不是莽撞，因为我已经想透了。我决心已定；如果没有其他办法，我对自己的其他作品也会照此办理。

我求你在给我回信以前先过过脑子，后天把那包书寄给我。我为第四卷爱伦·坡已经够忙的了。四五天以后就要开始翻译第五卷了。

如果我能每日不间断地这样工作下去，二十天或一个月以后我就可以解脱了，甚至还有更多的钱用来休整几个月。

那时对你来说应该是个阳光明媚的季节，花园里百花绚烂。7月份我会去观赏你的花园；如果现在去，只能可怜巴巴地取走点儿文件。——你一定还记得我那些噩梦；你什么都想得到，你什么都忘不了。的确，在孤独中生活，头脑会更加清醒，性格会更加理智。好了！现在我那些让人难挨的毛病都消失了。通过研究，我想我明白了这些毛病是由两个原因造成的，一是胃部严重的炎症，二是心理因素，都是精神方面的疾病，是一种持续的恐惧，而这种恐惧又因想象而更趋严重，以至于把重要的事情都推迟或忽视了。

很难理解，是不是？

拥抱你，并且上千次地向你道歉，我让你厌倦了，让你不安了，让你生气了,而我本来是想让你高兴和安心的。

夏·波

我还有很多话想对你说,可我没时间了。——我得把那个纳姆斯罗耶向我要的说明送走。我会随时和你保持联系。

致欧皮克夫人

[巴黎] 1863 年 6 月 5 日

我亲爱的母亲:

500 法郎、三本书和我父亲的书信我都收到了;这些故纸陈言具有某种魔力。你肯定找不到其他办法更能让我感动的了。但你把这些信放进包裹时太不精心了!我险些把它们当作废纸和包裹一起扔掉。

你真好,永远那么好!说到昂塞尔那件事,我稍许有点儿失望,真的;但就照你的意愿做吧。受点儿苦也好。

你的信其余部分都很尖刻。

怎么难以实施①!这件事,我可是始终关注着呐!而且我和书局的全盘交易你也根本就没弄明白。(爱伦·坡作品不属于我。)明天再给你重新解释吧。

我刚刚收到《巴黎的忧郁》的清样②;我的天!还有那么多事要完成!

你的车③六个星期内不要卖。上千次地拥抱你。

夏尔

你说的《我心赤裸》那些话和反对我担任一家机构负责人的话都令我不快。

既然如此,那好吧!是的,我一直想写的这本书将成为一本复仇之书。当然,我的母亲乃至我的继父在书中都会受到尊重。但若谈起我的教

---

① 指担任一家有政府补贴的剧院经理一事。
② 《国内外评论》定于 1863 年 6 月 10 日发表散文诗《诱惑,或情爱、财神与荣耀》和《美丽的多罗泰》;《林荫大道》定于 6 月 14 日发表《月亮的恩惠》(Les Bienfaits de la Lune) 和《哪一位是真的?》(Laquelle est la vraie?)。
③ 指欧皮克夫人家中的一辆马车,这辆马车自从欧皮克将军去世后就再没用过。

育，谈起培养我的观念和感情的那种教育方法，我希望能让人不断地感觉到：对这个世界及其信仰，我觉得自己就是个异乡人。我将以我全部真正的、恣肆的天赋抨击法兰西。我需要这种报复，就像疲惫不堪的人需要一盆洗澡水。

其次，你赞赏爱伦·坡，却让你稍许忽略了我个人的努力，我能将其再版似乎更值得关注。你对我的伤害我永远不会让你看到。但确实，在许多家庭，父母们，母亲们，对如何鼓励孩子的艺术天赋知之甚少。这是我多年观察所得。

至于剧院那件事，一个月或者一个半月我就能打听清楚，我会核实保护措施，还能在三年或是一年里像小丑躲开一张纸一样躲开你的司法监护（我是不是应该向大臣本人坦白这一点？）。

当然，《我心赤裸》得等我有了说得过去的收入后才会出版，以便必要时我能躲到国外去。

夏·波

你既然知道通过铁路邮局只花 10 个或 20 个苏，为什么还要在邮局花 42 个苏呢？

致小泰奥菲尔·戈蒂耶 ①

[巴黎，1863 年 6 月 18 日]

亲爱的朋友：

按照我上面所做，在两条线中间签上名，再装入信封，寄给莱克里凡：洛蒂桥路（rue du Pont-de-Lodi），莱克里凡和杜朋书局，莱克里凡收。他昨天就在等这件东西。

把校样寄给我，再给我写张便条，告诉我誊写员需要等待的时间。因为我绝对想在 10 日发表。

---

① 小泰奥菲尔·戈蒂耶（Théophile Gautier fils, 1836—1904），法国文学家和翻译家，泰奥菲尔·戈蒂耶的儿子，时任《国内外评论》编辑部秘书。

祝好。

夏·波

送上给莱克里凡寄信的邮票。

致阿尔封斯·莱克里凡的授权书

［巴黎］1863 年 6 月 18 日

我欠莱克里凡先生陆佰贰拾伍法郎,为此我向其转让我下述两篇作品中的部分权利,以使其获得等值偿付:《玛丽·罗杰疑案》和《兰多尔先生的小屋》,篇幅大概在 5 页上下,其中第一篇定于 8 月 10 日在《国内外评论》发表。

夏尔·波德莱尔
阿姆斯特丹路 22 号

致热尔韦·夏庞蒂埃①

［巴黎］1863 年 6 月 20 日

先生:

我刚刚读了刊登在《国内外评论》上的两篇东西(《诱惑》和《多罗泰》)。我发现我定稿后贵刊擅改之处多得出奇。这一点,先生,我正是因为这个缘故才躲开了诸多报章杂志的。

我曾对您说过:如果一段文字中有哪个逗号令您不悦,您可以删去整段文字,但不能删除那个逗号;因为它自有其存在的道理。

我一生都在研习遣词造句,因而可以大言不惭地说,我交给出版社的东西都是无懈可击的终稿。

您难道真的不能理解"她修长的身材"这种表述正是对应着"瘦削的

---

① 热尔韦·夏庞蒂埃 (Gervais-Hélène Charpentier, 1805—1871),法国出版家,时任《国内外评论》主编。

脊背和尖挺的乳房"么?——尤其当这段文字描写的是一个来自东方海岸的黑种人时。

您如果知道阿依莎(她虽然不是黑人,但出生在热带)嫁给穆罕默德时的年龄更小①,还会认为描写一个姑娘"十足十一岁了,而且已经成熟"就那么伤风败俗么?

先生,我真想由衷地感激您的盛情接待;但我知道我之所写,而且我只描述我之所见。

如果能及时告知我,我肯定会把那一整段删除。

先生,请接受我崇高的敬意。

CH. 波德莱尔

致奥古斯特·普莱-玛拉西

[巴黎,1863 年 6 月 21 日或 22 日]

我亲爱的朋友:

我很想见见那些人,可实在没时间。

如果邮局没有搞错,莱克里凡先生三天前就应该收到那份修改过的授权书了。

祝好。

夏·波

致雷蒙·马蒂尼

[巴黎,1863 年 7 月 6 日]

先生:

我正在从事的工作——部分是在为您效力——让我无暇给您写信,也

---

① 阿依莎(Aïscha)是穆罕默德的第二位妻子。据《古兰经》记载,当时她年方 9 岁。其父艾布·伯克尔是穆罕默德的挚友,政治联姻加深了友谊。

无从解释我迟复的原因。我打算去拜访您,至少比给您写信省点儿时间。如果您再这么烦我,我就远走高飞,您这是在干扰我履行对您的承诺。

顺致崇高的敬意。

CH. 波德莱尔

阿隆戴尔先生一定跟您说过我在干什么以及为什么没时间给您回信。

致米歇尔·莱维

[巴黎,1863 年 7 月 7 日。这封信十分有意思,在这封信中波德莱尔告知他的出版人,他已完成《吾得之矣》的最后一部分,《怪异与严肃故事集》的最后一章也将于近期寄出。

随后他激烈地批评了第二卷爱伦·坡作品序言中的一个重大的印刷错误,并写道:"我,我把翻译爱伦·坡作品当作一项光荣的事业,我翻译的时候是极为认真的。"

然后,他要求莱维给他提供一份账单,因为它需要钱去国外做一次旅行:]

我太厌倦法兰西了,我渴望忘掉它一段时日。

我打算近日去拜访您。但是有两个米歇尔,一个是办公室里的米歇尔,他觉得自己应该像个野蛮人一样浑身带刺;另一个是家里的米歇尔,是世上的完美男人,请您允许我去拜访第二个米歇尔。

祝好。

夏尔·波德莱尔

致瓦扬元帅[①]

[巴黎]1863 年 8 月 3 日

大臣先生:

若干年前我曾致函富尔德先生,希望以文学家和《环球导报》撰稿人

[①] 瓦扬元帅(Jean-Baptiste Philliberr Vaillant, 1790—1872),法国政治家、军事家,法兰西第二帝国时期曾历任战争部大臣、皇族事务部大臣和美术部大臣。

的身份申请享受文学补贴。(当时富尔德先生领导着两个部,一个是国务部,一个是皇族事务部。)他以其公认的仁慈之心两次回复了我①。

长期以来,我的文学地位和价值众人皆知,但因不受大众理解而蒙受身心重创。我与《欧洲评论》一直关系密切,但如您所知,该杂志被转让给了丹迪和德·卡洛纳先生,我接受了鲁朗先生的告诫,始终与那两位先生保持距离。

元帅先生,我今天给您写信,与致函富尔德先生的目的一样。作为大臣和学者②,您若因公务繁忙而尚不了解我,您可以咨询戈蒂耶先生③,我充分信任戈蒂耶先生,相信他也会支持我向您求助。

我是《恶之花》和《人造天堂》等作品的作者,也是爱伦·坡作品的译者。是旅行家勒瓦扬④的侄孙,也是欧皮克将军的继子,如果我的记忆无误,他一定有幸与您相识⑤。

我打算离开法国一段时间,我请求您的仁慈之心助我成行。

大臣先生,我对您充满感激之情,请接受我崇高的敬意。

夏尔·波德莱尔
阿姆斯特丹路22号

致维克多·迪律伊⑥

[巴黎] 1863 年 8 月 3 日

大臣先生:

我请求阁下在近期内能拨冗接见我一次,时间短也无妨。

---

① 指波德莱尔曾从国民教育部和国务部获得过几笔文学补贴。
② 瓦扬曾把《论军用桥梁的原则与架设》(*Essai sur les principes et la construction des ponts militaires*)从英文译成法文,自 1853 年起即为法兰西科学院的自由院士。
③ 据波德莱尔研究专家考证,这位戈蒂耶是皇族事务部的秘书长、国务参事阿尔封斯·戈蒂耶(Alphonse Gautier)。
④ 勒瓦扬(François Levaillant, 1753—1824),法国探险家、标本收藏家和鸟类学家,波德莱尔的远亲。
⑤ 欧皮克将军与梅里美和瓦扬元帅曾一起在一个负责收集和出版拿破仑一世书信的委员会中共事。
⑥ 维克多·迪律伊(Victor Duruy, 1811—1894),法国历史学家和政治家,时任国民教育大臣。

我准备离开法国一段时间，在国外就绘画和文学进行巡回演讲。
阁下，请接受我深深的敬意。

《恶之花》《人造天堂》等的作者
爱伦·坡作品的译者
夏尔·波德莱尔
阿姆斯特丹路 22 号

致维克多·迪律伊

[巴黎] 1863 年 8 月 7 日

大臣先生：

我拟赴比利时旅行两三个月，考察该国丰富的馆藏作品，并打算基于个人观感写一本书。我将与某人[①]同行，其职业背景与人际关系足以让我看到常人鲜能见到的东西。但我囊中羞涩，所以我希望阁下能像鲁朗先生一般仁慈，为我的出发和旅行助一臂之力。我想，即便我在比利时赚不到什么钱，600 或 700 法郎也足够了。

大臣先生，请接受我崇高的敬意。

夏尔·波德莱尔
阿姆斯特丹路 22 号

致奥古斯特·普莱-玛拉西

[巴黎] 1863 年 8 月 [7 日] 星期五

我亲爱的朋友：

您的要求我实难从命。离我动身不到一天时间，还要外出奔忙、拜会、收拾行装，等等。

---

① 指比利时画商阿尔蒂尔·斯蒂文斯（Arthur Stevens, 1825—1890）。

您既然那么笃定，又没有什么牵挂，干吗不亲自找勒梅西耶和唐雷讨个说法呢？

很抱歉回绝您，您肯定能理解。

我几天以后会从布鲁塞尔给您写信。我肯定还住在巨镜旅馆（l'hôtel du Grand Miroir）。

我很愧疚，又第三次重读了您的信，渴望能想个办法办妥您嘱托之事，但我认为您的信考虑欠周：唐雷和勒梅西耶凭什么会转告我呢？

夏·波

致欧皮克夫人

[巴黎，1863年] 8月10日星期一

我亲爱的母亲，我仍满怀苦恼四处奔忙。如果我的回信太短，请别责备我。

那件大买卖没办成，或者说遭到了拒绝[①]。我又落入了无赖之手，而且是双料的无赖，我宁可和米歇尔·莱维做这桩买卖，和他直接签约。他25日回来。

举办公众讲座的事推迟到了11月份。我收到了维尔沃尔先生（M. Vervoort）的一封信，他是比利时众议院的议长，也是布鲁塞尔文学与艺术家联合会（le Cercle littéraire et artistique de Bruxelles）的主席，他注意到了我准备11月份举办公众讲座的提议。

但我还是打算周五或周六动身去比利时，为《比利时独立报》写几篇稿子，更要紧的是完成那些断断续续写作的书；我现在对巴黎和法兰西切齿痛恨。若不是有你在，我根本就不打算再回来了。

如果星期五动身，我会在比利时签订几个合同后返回巴黎，我还有爱伦·坡作品的合同要和米歇尔签，然后我就回翁弗勒尔，在那儿静候11月来临。

---

① 指与纳姆斯罗耶签约事。

别责备我,求你。似乎我那可怜的嫂子性格很软弱。但又有谁不软弱呢?不是这般软弱,就是那般软弱。

还忘了告诉你,如果我星期六到了布鲁塞尔,我从那儿再开始给你写信。我在遥远的地方充满期待地拥抱你。

夏尔

致阿尔蒂尔·斯蒂文斯

[巴黎]1863年8月15日

我亲爱的斯蒂文斯:

我要动身了。我本该今天就能高兴地见到您,您猜为什么。我和贝拉尔蒂先生①的会面一定很拘谨也很奇怪。

我应该明天上午出发还是下午参加完德拉克洛瓦的葬礼②之后再出发?心里还没考虑好。能确定的只是渴望和贝拉尔蒂先生谈谈清楚。

如果在此期间您的那位朋友③给您回信,请收好给我看看,除非我从布鲁塞尔给您写信。

祝好。

夏·波

致[佚名]

[1863年8月16日。波德莱尔在此信中告诉收信人他突然去了布鲁塞尔,因为他必须会晤《比利时独立报》的社长贝拉尔蒂先生,谈一桩有

---

① 贝拉尔蒂(Léon Berardi, 1817—1897),法国记者,1856年起担任《比利时独立报》的社长。
② 德拉克洛瓦于1863年8月13日逝世,葬礼于1863年8月17日(星期一)举行,波德莱尔出席了葬礼。
③ 可能指布鲁塞尔艺术家与文学家联合会主席维尔沃尔或该联合会秘书长德·莫(De Mot)。

关文学作品收益的大事。签名:夏·波。]

致［热尔韦·夏庞蒂埃?］

［巴黎,1863 年 8 月?］

我暂时不会离开。贝拉尔蒂先生(《比利时独立报》的)给我写了一封长信。所以我想问问您手里是否还有那两篇散文诗的清样①,如果有,请麻烦寄给我:阿姆斯特丹路 22 号。

我星期四回来。顺致崇高的敬意。

夏·波

致莱昂·贝拉尔蒂

巴黎,1863 年 8 月 19 日

先生:

由衷感激您的来信,我动身之际刚好收到您的信。我推测您不愿接受《现代生活的画家》的理由同样适用于我向您推荐的其他几篇评论。但既然我将有幸与您见面,我会谈谈您肯定喜欢的其他事情,也谈谈妨碍您发表那些评论的唯一原因,那就是:《比利时独立报》不会在自己的专栏中发表从未发表过的东西。

我要谈的是爱伦·坡的两部中篇小说,这两部作品不久后将收入我的译文集第五卷。

其中一篇描述的是乡间小屋和想象中的花园;如果您乐意,可以把它看作是作者运用园林设计师的技巧描绘出的想象中的花园。其篇幅大概占到一本杂志的两页。

---

① 指散文诗《悲壮的死》(*Une mort héroïque*)和《作画的欲望》(*Le Désir de peindre*),这两篇散文诗预定 1863 年 10 月由夏庞蒂埃担任主编的《国内外评论》发表。

另一篇与《失窃的信》(*La Lettre volée*) 和《莫格街凶杀案》(*L'Assassinat de la Rue Morgue*) 属于同一探案系列，也就是说，是爱伦·坡运用精神分析法创作的第三篇探案小说。小说的名字是《玛丽·罗杰疑案》。篇幅大概是三页纸。

烦请您就此事回复我几个字，并请您退还我《现代生活的画家》和《散文诗》的校样。因为 11 月以前我可能没机会再与您见面，而数日后我就要用到这些校样了。

先生，请接受我崇高的敬意。

夏尔·波德莱尔
阿姆斯特丹路 22 号

致泰奥菲尔·戈蒂耶

［巴黎］1863 年 8 月 21 日

是的，当然，的确如此。

我甚至还要加上一句，这位鲁道佛先生①总折腾我，可我从来没有嫉妒过他。我觉得，在如此郑重的场合，你总该想到求助于你忠诚的巴尔戴拉里奥②的才华才对吧。

致维克多·迪律伊

［巴黎］1863 年 8 月 26 日

大臣先生：

我今天（26 日）收到了您的回复，告知我出于资金方面的原因不受

---

① 据波德莱尔研究专家考证，"鲁道佛"（Rodolfo）是一位名叫阿道夫·巴赞（Adolphe Bazin）的撰稿人，"鲁道佛"是戈蒂耶给他起的别号，据说这位"鲁道佛"在写稿超出他的能力时往往会抓着笔不知所措。

② 巴尔戴拉里奥（Baldélario）是朋友们给波德莱尔起的外号。波德莱尔这封信是在抱怨戈蒂耶撰写纪念德拉克洛瓦的文章时没有找他约稿。

理我为一次纯艺术目的旅行所申请的补贴。

  阁下的拒绝函如果能早发出半个月，我仍会视其为善意之举，我就可以不惦记了。我在此发牢骚是希望能提请您关注一下政府部门不照章办事的拖沓行为和办事随意的做派，尤其是对像我这种地位的作家。我甚至确信可能不止一位与我身份相当的人对此诉病过了。

  大臣先生，请接受我崇高的敬意。

夏尔·波德莱尔

致奥古斯特·普莱-玛拉西

［巴黎，1863年8月底］

我亲爱的朋友：

  您今天（毫无意义的）飘飘然令我深感困惑，让我忘掉了两件重要的事：一是我放弃了的那个著名的阿波罗天顶壁画项目，二是德拉克洛瓦发表在《两世界评论》上的文学作品目录（您还记得吧）以及他以前发表过的作品目录——肯定发表在里库尔①的《艺术家》上。

  您还有些什么想法，请告诉我。越快越详细越好。如果迟迟没有您的信息，我会全权整理出这些想法并写进清样里去；快点儿，求您。

  为了重拾我们今天提到的计划，我准备15日以前去拜访米歇尔②，探探他的口风，看看您接手我的事务对我（我是说：对我们）有什么麻烦；如果他提的条件太过苛刻，我就准备推掉不干。如果能马上获得好处，肯定有您一份，但也该考虑到莱克里凡。虑及11月份的课程③，这笔债务我很难再次抵押或展期。（就此而言，应该由您与维尔沃尔签订协议。）10月底前后即可，时间足够。

  祝好。

夏·波

---

① 里库尔（Achille Ricourt, 1797—1879），《艺术家》的创始人。
② 指莱维。波德莱尔打算与莱维签订合同收回其著作权，以偿还欠玛拉西的钱。
③ 指波德莱尔将在布鲁塞尔文学家与艺术家联合会举办的作品朗读会和讲座。

致欧皮克夫人

［巴黎］1863 年 8 月 31 日

我亲爱的母亲，对不起，昨天没给你回信。没办到；同样没办到的还有应约去看望我嫂子一事。我不得不在一家报社的办公室里待了一整天①，我今天就是在这儿给你写信的。

亲爱的母亲，看来你厌倦至极，受不了那个我视为幸福之地的孤独，所以想到我难挨的巴黎来散散心？

你想来就来吧。这个计划里最好的部分就是我能见到你。不过我还是有点儿担心。我根本没时间陪你。你会见到我成天价狼狈不堪、愁眉苦脸、唉声叹气。我本希望你在我能完全属于你、能全身心陪伴你的时候再来，能陪你散步，陪你说笑。

此外还有一件丢脸的事。可能会更让你难堪。几个月以来我制订的那些计划，有些计划甚至设计得非常美好，一个个都泡汤了，我没法给你 1000 法郎，也没有 500 法郎，再少的钱也没有。当然这一切都会过去的，但什么时候呢？

只有一件事情和布鲁塞尔方面谈妥了；但还未签署协议。就是从 11 月起举办公众讲座。大概十场左右，每场 200 法郎，或许还会应邀到其他几个城市举办。至于旅行计划，我的目的是参观当地的画廊，并为《比利时独立报》撰写几篇稿子。但我还未和这家报纸谈妥，也还未动身。

至于我何时才能回翁弗勒尔，只能看什么时候能和米歇尔·莱维谈妥（他还没回来），再有就是他打算出价多少买我的著作权。我觉得我又差点儿被无赖骗了，所以思来想去，宁愿让莱维占这个便宜也好过那些无赖。我希望他不会在我穷困潦倒之际错过这个天赐良机。他 5 日回来，另一位我也等着谈事的人 8 日回来。我觉得这些谈判一定会把我拖到 9 月底。10 月份还有希望回翁弗勒尔，11 月和 12 月上半月我将在比利时度过而且有所收益。

情况就是这些。你自己决定吧。

---

① 指《国民舆论》(*L'Opinion nationale*)，该报定于 1863 年 9 月 2 日发表波德莱尔《欧仁·德拉克洛瓦的作品及其生平》的第一部分。

我们重逢时,我会详细地把我的事情告诉你。我没有死(这太不可思议了),近来我又满怀惊喜地发现我还有创作能力。

拥抱你。

夏尔

你知道欧仁·德拉克洛瓦去世了吧。

致埃德蒙·洛莫尼耶

[巴黎,1863年9月初?]

没有。5日或星期四之前什么也没有。

星期四要和米歇尔谈那桩买卖。

夏·波

致欧皮克夫人

[巴黎]1863年9月6日

我亲爱的母亲,我正等着你星期三或星期二的信,关于你旅行的最终决定。你病了么?还是没收到我的信?

我拥抱你,并期待你给我写信。

夏尔

我刚收到你的信;这封信太伤感了。

致欧皮克夫人

[巴黎,1863年9月11日星期五?]

亲爱的母亲:

此次一别,天涯远隔不能相见,真令人伤感!我向你保证这不是我的过错。昨天晚上，就是星期五的这个夜晚，我真愿意在你身旁度过。你无涯的慈悲和宽容常让我羞愧难当，我多想用无尽的温柔与体贴来补偿对你表现出的不公平。但当事务缠身并心存忧虑之时又能怎么办呢？奔走不停与拜访之余，能抽出两三个小时写作已着实不易。

好好爱我吧，千万别厌倦，因为我太需要你的爱了。

米歇尔这个没心肝的家伙每天都对我说："我们这两天就签约。"可一天天就这么过去了。

有家报社刚约我写一篇极优美、极风趣又极有风险的文章，写写斯威夫特或伏尔泰。但是，先不用说我会要求他们预支2000或3000法郎，只要接了这件活儿就会耽误我回翁弗勒尔，也会妨碍我完成写作中的书，而这些事才是我最上心的。

——如果明天（星期六）晚上六点我不能到家，就是八点到。不用操心我的晚餐：我吃点儿面包喝点儿红酒就行了。

夏尔

致奥古斯特·普莱-玛拉西

[巴黎，1863年9月15日]

我亲爱的朋友，班斯布尔德告诉我说您今天（15日）去布鲁塞尔。是真的么？

如果去的话，麻烦您把一个说明带给众议院的议长、艺术家联合会主席维尔沃尔先生，这个说明是我准备演讲的题目。我需要签订一份协议，规定每场讲座报酬200法郎，协议到手后我才会安排10月底动身。

我和米歇尔谈过了。他要在核实我们的账目后一周内考虑报价。

因此，既然如此多的需求让我要死要活，干吗不再争取和他签署两份新合同呢（《人造天堂》《对几位同时代人的思考》，共三卷）？还是再等等，等到11月份，看看我的讲座能否让拉克鲁瓦和韦伯克霍恩[①]这两位

[①] 拉克鲁瓦（Albert Lacroix, 1834—1903）和韦伯克霍恩（Verboeckhoven），比利时出版人，曾出版雨果的《悲惨世界》。

先生感兴趣?

而且我觉得,米歇尔不喜欢一心多用,也不应该让他看破我的窘迫。

总之,无论和谁签约,我都只签五年,稿酬或者是随着出版陆续支付,或者是根据印数一次付清。

请给我回信。

祝好。

夏·波

致奥古斯特·普莱-玛拉西

[巴黎,1863年9月19日或20日?]

我亲爱的朋友,我认为不该放弃一场有价值的沟通。下面所有的引文都出自同一篇文章。我要与您分享我讲座的成果。您可以猜一下作者是谁①。

来巴德咖啡馆坐坐吧。

我觉得莱维本周末将做出决定。

首要的是莱克里凡和您的份额。

务必告诉我您动身的日子,如果我未写完给维尔沃尔先生的说明,就请您告知我您在布鲁塞尔的地址。

祝好。

夏·波

——那个激情满怀的爱好者,他,见到一件新奇的事物便两眼放光,喜笑颜开,心跳加速。

——巴黎那永远的、美妙的画廊。

---

① 据波德莱尔研究学者考证,这些引文均来自尚弗勒里的一篇文章《幻想者与发牢骚的人》(*Les rêveurs et les râleurs*)——波德莱尔在用嘲笑这些引文的办法报复在奥康奈尔夫人事件中与他发生纠葛的尚弗勒里。

——女人对自己的影响力胜过对男人。她对甚为前卫的艺术极富感觉,擅长不甚超前的表达,对自己喜欢和渴望拥有的新奇事物心有灵犀。

——世上有多少女人甚至都不知道她们在抱怨什么,她们把商店里的新潮服饰翻得底朝天,眼前不会漏掉任何衣料,而且第二天还会重新再来!

——那是某种粗大深色的绳子,流逝的时光使其褪色泛白。

——两间方正的房间沿着肩膀伸展开去,通常这不是磨损服装的舞台。

——从那些扣襻和补缀来看,全都出自那个男人之手,因为最笨的工匠也会在修补中留下最多的奥秘。

——如果一张精心修饰的脸长在一个抻长了的、在宽袖长外套下空旷晃荡的身体之上,其清癯就会一览无遗。

——有的人手举短号走远了(!);其他人则紧贴着那些小小的画作,似乎想要通过巨大的方形凸镜的炽热光束吞噬下这些画。

另外还有一段矫揉造作的句子,来自卡尔·莱杜伊[1]:
"那位教士噙泪诵读连祷文,声音在各个角落里回荡。"
我有一本书要还给您(西尔维斯特的《画家们》[2])。

欠 据(致阿尔蒂尔·斯蒂文斯)

[巴黎]1863年9月30日当日

应付:1000法郎。

明年12月底我将以现金或给付指定人的方式偿还阿尔蒂尔·斯蒂文斯先生壹仟法郎,该笔金额我已以现金方式收讫。

夏尔·波德莱尔
巴黎阿姆斯特丹路22号

---

[1] 卡尔·莱杜伊(Carle Ledhuy, 1808—1862),法国小说家、翻译家。
[2] 指泰奥菲尔·西尔维斯特(Théophile Silvestre, 1823—1876,法国艺术史家)《健在的法国和外国艺术家史》(L'Histoire des artistes vivants français et étrangers)一书,波德莱尔在撰写《欧仁·德拉克洛瓦的作品及其生平》时参考过这本书。

致埃德蒙·洛莫尼耶

[巴黎，1863 年 10 月？]

先生，我今天上午在家里留了一张字条请您等我。——我以为可以带回家一笔钱开始誊抄文稿（三到四份）。但莱维出版社还未准备好这笔钱。他让我等到明天。

很抱歉让您白跑了三趟；可这并非我的过错。

祝好。

夏·波

致雅克·巴比内①

[巴黎] 1863 年 10 月 6 日

亲爱的先生：

如果您还记得我，我会十分感激。

我和米歇尔有桩大买卖，但他在未拿到《吾得之矣》的序言之前不想签约，这是其一；另一方面，我要交稿的第五卷还差几页没有完成。

我特别忙。否则我会常去看您。

您能给我写几句话，谈谈您对这部作品的看法吗？——如果由您来写这篇序言，——大概多大篇幅，——您希望多少稿酬？

先生，我很在意您的帮助，并且会铭记在心。

夏尔·波德莱尔

---

① 雅克·巴比内（Jacques Babinet，1794—1872），法国数学家、物理学家和天文学家。波德莱尔给他写信是想请他为《吾得之矣》写一篇序言。

致埃蒂安·卡尔嘉

[巴黎] 1863 年 10 月 6 日

我亲爱的卡尔嘉：

马奈刚刚给我看了他准备送到布拉克蒙家去的那帧照片；我祝贺您并感谢您。这帧照片并不完美，因为完美是不存在的；但很少能有哪帧照片能与这帧媲美。

我冒昧地向您提个请求，我也不知道怎样感谢您才好；如果您的底片未毁掉，能否给我印制几帧？几帧的意思是说您能印多少就印多少。如果您觉得我这样说话太过分，请务必告诉我，——不过别太严厉。

马奈刚刚告诉我一个绝对出乎意料的消息。他今天晚上动身去荷兰接他的妻子回来。其实他无须解释，听说他妻子十分漂亮，非常温柔，还是位大艺术家①。一位女性集诸多宝藏于一身，您说是不是有点儿怪吓人的？

如果送信人能找到您就请回信。

祝好。

夏尔·波德莱尔

致米歇尔·莱维

[巴黎，1863 年 10 月 6 日]

我亲爱的米歇尔：

劳您驾，请惦记着我的事②。

我刚给巴比内先生写了信，给他加了点儿压力。

我对您说过，明年 1 月份我将给您推荐一本我写的书。还未完成的东西就要出手肯定招人烦。您还记得前三卷的销售账目以及我的一封说明信

---

① 马奈的妻子苏珊娜·马奈 (Suzanne Manet, 1830—1906) 是一位卓越的钢琴家；1866—1867 年波德莱尔在杜瓦尔医生诊所临终前，她曾为其演奏瓦格纳的音乐。

② 指与莱维签订《人造天堂》和另外两部文学评论集的出版合同事。但莱维最终还是回绝了波德莱尔。

么？我打算五点钟去拜访您。

祝好。

CH. 波德莱尔

致皮埃尔-于勒·埃采尔

［巴黎］1863 年 10 月 8 日

我亲爱的埃采尔：

两天前见到您，我想不顾您的一切责难迎上前去。我欠着您1200法郎，而那两卷作品我只能在商定日期的十个月后才能向您交稿。向您致歉的唯一办法是赠给您一件精美的礼物，《恶之花》已经再版了，新版中收录了多首从未发表过的诗。

《巴黎的忧郁》准备写一百篇——目前还差三十篇。我草率地在手头揽了那么多活儿，而我又如此厌倦巴黎，所以我决定去翁弗勒尔住一段时间，在那儿完成最后的三十篇。我16日动身，30日回来，会去向您辞行的；这部作品11月就可以付梓了，我11月1日要去布鲁塞尔，在那儿举办十五场演讲，请给我若干建议，用来指导我在那个我两眼一抹黑的城市里的行动。

祝好。

CH. 波德莱尔

致纳达尔

［巴黎］1863 年 10 月 10 日

我亲爱的朋友，我相信这几封信会让你满意。尤其请注意，给查尔斯·阿尔加侬·史文朋的那封信请你一到伦敦就通过邮局或其他方式寄给他，这封信你用不着，其内容与你眼下的兴趣点毫不相干。

我祝愿你一切顺利，并请向你妻子转达我的友谊。

夏尔·波德莱尔

致查尔斯·A. 史文朋

[巴黎] 1863 年 10 月 10 日

先生：

我的一位朋友、一位老相识纳达尔先生要去伦敦；您一定很高兴结识他。我恳请您向他提供一切力所能及的帮助，就像我去贵国您肯定会帮助我一样。指点、建议、提醒，他全都需要。

我十分感谢纳达尔要我给在伦敦的寥寥几位熟人写信；他就这样迫使我能当面偿还我对您久拖未清的债务。我指的是您 1862 年 9 月发表在《观察家报》上的那篇关于《恶之花》的令人称道的文章。

一天，理查德·瓦格纳先生扑上来拥抱我，感谢我写的一个关于歌剧《唐豪瑟》的小册子，并对我说："我从未料到一位法国的文学家能如此轻松地洞察到那么多东西。"作为一个不那么纯粹的爱国者，我从他的赞美中品味到蕴含其中的真诚。

现在轮到我了，请允许我对您说："我从未料到一位英国的文学家能如此深邃地体味法文的美感、法文的构思以及法文的韵律。"然而在阅读了您在同一期刊物上发表的诗（《八月》）并深入体会其中如此真实且细腻的情感之后，这一切我都了然于心了；唯有诗人与诗人心有灵犀。

然而请允许我对您说，您的辩护稍有些过度解读了。我没有您想当然地那么道学。我只是确信（肯定像您一样）一首好诗、一件优秀的艺术品，都会由衷地彰显出一种道德。关键在于读者。更有甚者，我对诗中任何排他的道德意图都疾恶如仇。

请拨冗给我寄些您发表过的东西吧；我将从中获得极大的快乐。——我也有不少书即将出版；我会陆续寄给您①。

先生，请接受我诚挚的感谢和崇高的敬意。

夏尔·波德莱尔

---

① 1863 年底，波德莱尔给史文朋寄去了论瓦格纳的那篇文章，并写了献辞："献给阿尔加侬·查尔斯·史文朋先生，/美好的回忆/和千万次的感谢。"史文朋对此非常自豪，常常向访客展示波德莱尔的献辞。1867 年 4 月，他听到传闻说波德莱尔去世了，遂写下了一首凄美的诗《一路走好》(Ave atque vale)，1868 年 1 月发表于《双周评论》(Fortnightly Review)。

来信请寄：

巴黎，阿姆斯特丹路 22 号。

翁弗勒尔，纽布尔路。

月底前我都在巴黎；整个 12 月我都在布鲁塞尔。

致詹姆斯·麦克尼尔·惠斯勒①

[巴黎] 1863 年 10 月 10 日

亲爱的先生：

我最好的一位老友菲利克斯·纳达尔先生将赴伦敦，我相信他是要去给公众讲讲他乘坐那个大气球②的奇遇，还有，我觉得，是要与公众分享他的一个理念，即某种新的机械装置一定会取代热气球。

您知道，我们之间曾就能否在伦敦举办一个朗诵会以及能否被听众接受一事进行过沟通。我恳请您向纳达尔全盘提供建议和指点，就像您提供给我一样；一句话：您为纳达尔所做的一切我都会铭记心头。此外见到他时，您自会对他做出评判。

请向勒格罗转达我的友谊，也别忘了让纳达尔欣赏一下您那些令人赞叹的铜版画。我猜他一定会激动不已。

亲爱的先生，请接受我崇高的敬意。

夏尔·波德莱尔

我还让他给史文朋先生带去了一封信，并借此机会对我的健忘和看似忘恩负义向史文朋先生表达愧疚之情。

夏·波

巴黎地址：

阿姆斯特丹路 22 号。

翁弗勒尔地址：

---

① 詹姆斯·麦克尼尔·惠斯勒（James McNeill Whistler，1834—1903），美国画家、版画家。
② 指"巨人号"（Le Géant）热气球。

纽布尔路。

布鲁塞尔：地址待定。

致纳西斯·昂塞尔

[巴黎，1863年10月15日前后]

我能回来时自会回来。我确实有好几件事需要和您谈谈。虽说您和我母亲已经谈了那1300法郎的事，我还有些财务上的事项求您帮忙，大概是最后一次，因为即便我不和我母亲一起动身，我也要出发去布鲁塞尔了，——半个月后我要么去翁弗勒尔，要么在布鲁塞尔。

祝好。

夏·波

致埃德蒙·洛莫尼耶

[1863年10月27日]

致洛莫尼耶先生

先生：

麻烦您算算我欠了您多少钱，并把要带给我的东西——誊抄件和原稿——都带给我。我会给您一张凭条带给莱维先生，他会当场付钱给您。

夏·波

致欧皮克夫人

[巴黎，1863年10月28日]星期三

我亲爱的母亲：

我今天上午盼着收到你的来信。这趟旅行没有什么麻烦和意外吧，特别是你身体怎么样?

是的,莱维那桩生意了结了。明天我将放弃我未来的著作权,换取十天以后将支付给我的 2000 法郎。这还不到我理应获得的一半。所剩部分将在比利时拿到。我会给比利时写信,要求签订一份协议(因为我不太信任比利时人),协议上将注明每场讲座多少钱,总共要举办几场,以及每周讲几次。

爱伦·坡作品每年将(给我)带来 500 法郎的收益。米歇尔跟我谈判就像要盘进一家杂货店似的。他只是笼统地付给了我四年的收益。拥抱你。给我写信。

夏尔

合　同(与米歇尔·莱维)

[巴黎,1863 年 11 月 1 日]

签约双方:

甲方:夏尔·波德莱尔先生,现居巴黎,阿姆斯特丹路 22 号;

乙方:米歇尔·莱维兄弟出版社,也在巴黎,维维安路乙 2 号;

双方达成如下条款:

一、夏尔·波德莱尔先生向米歇尔·莱维兄弟出版社出售并转让其所翻译的《爱伦·坡文集》(*Œuvres d'Edgar Poe*)的完整和全部的著作权,其中若干种已由米歇尔·莱维兄弟出版社出版;米歇尔·莱维兄弟出版社接受并在法国境内和境外无保留地享有该文集的完整和全部的著作权。

二、由夏尔·波德莱尔先生翻译的《爱伦·坡文集》迄今由下列作品组成:

1. 《怪异故事集》;
2. 《新怪异故事集》;
3. 《阿瑟·戈登·皮姆历险记》;
4. 《吾得之矣》(尚未出版);

5.《怪异与严肃故事集》（尚未出版）。

三、夏尔·波德莱尔先生为上述作品撰写的注释和序言均属于上述译作的组成部分，其著作权亦归属于米歇尔·莱维兄弟出版社。

四、本次出售和转让总额为贰仟法郎，将由米歇尔·莱维兄弟出版社俟夏尔·波德莱尔先生送交《怪异与严肃故事集》全稿后全部付清。

五、夏尔·波德莱尔先生在未向米歇尔·莱维兄弟出版社提出再版建议前，不得另行出版该译本，米歇尔·莱维兄弟出版社有权拒绝或接受该建议，再版稿酬与本合同条款相同，即每卷肆佰法郎。

六、米歇尔·莱维兄弟出版社通过本合同成为前述译本唯一的所有权人，可以以其认为合适的方式出版该书，并在法律上（无论是现时的还是未来的法律）无保留地享有该著作权的所有收益，总之，通过本合同，莱维兄弟出版社取代了夏尔·波德莱尔先生的著作权人地位。

七、本合同签署后，此前各方与该爱伦·坡译本有关的一切协议均告废止。

本合同于1863年11月1日在巴黎签署，一式两份。

确认上述内容。　　　　　　确认上述内容。
夏尔·波德莱尔　　　　　　米歇尔·莱维兄弟

致《国家报》社长

[巴黎] 1863 年 11 月 3 日

先生：

很久以前——两年或更长——我为贵刊撰写了一部作品，《国家报》的历届负责人均同意发表，甚至确定了刊发日期，但这部作品至今仍躺在贵刊的抽屉里未能发表。贵刊为这部作品甚至向我支付了稿酬。我无意收回这篇稿子。但我确有急用，因为两三天后我将启程赴布鲁塞尔，这部作品已被列为我某场讲座的主题。可我手里连副本都没有。所以我恳请您能把这部作品交给送信人，让他带给我。

这部作品叫《风俗画家：论康斯坦丁·G 先生》(*Peintres de mœurs. M. Constantin G.*)，是正式印刷之前的长条校样，贴在上好的蓝纸上。

先生，请接受我崇高的敬意。

夏尔·波德莱尔

阿姆斯特丹路 22 号

致古斯塔夫·布尔丹 ①

[巴黎] 1863 年 11 月 12 日

亲爱的先生，我前天碰到了德·维尔梅桑先生，他告诉我说《现代性的画家》(*Le Peintre de la modernité*) 已开始排版了。

首先，我希望能尽快收到排版校样，越早越好，以便尽情重温一遍。

其次，您还记不记得我们认为给每章加个题目好些。为达此目的，最好能把抄件装进文件夹送来给我。

最后，我恳请您能否在此文发表的前一期上预告本文即将发表。

还有件事别忘了：即便您觉得把居伊先生的名字写作"来自圣赫勒拿岛的居伊先生"是个没有恶意的玩笑，但您选这个时机讥讽他狂热的爱好也太不合时宜了；因为他家刚遭遇了变故，他正备受煎熬。——您要相信告密者无处不在，这一点，居伊先生会把泄露其名这件冒失事怪罪于我。

先生，请接受我崇高的敬意。

CH. 波德莱尔

阿姆斯特丹路 22 号

我还没摆脱掉那个无耻的莱维②。

---

① 古斯塔夫·布尔丹 (Gustave Bourdin, 1820—1870) 是《费加罗报》的所有人、社长德·维尔梅桑 (de Villemessant) 的女婿，就是他 1857 年 7 月 5 日发表在《费加罗报》夹缝里的那篇文章《这个和那个》(*Ceci et cela*) 导致司法机关启动了对《恶之花》作者的调查。

② 波德莱尔正忙于修改《吾得之矣》的清样以及完成《怪异与严肃故事集》的翻译。

致米歇尔·莱维

[巴黎，1863年11月]

我亲爱的米歇尔，我不擅长您嘱托之事。可我还是写了一篇广告词，写得不怎么样。您可能会觉得有点儿长。您看着改吧。

我在这篇广告词后面附了一个赠书名单，我自己觉得还不够详尽。等星期三见过巴比内先生以后我再给您提供其他人名；报社科学版的编辑我都不熟。——我今晚不能去府上赴约了，因为我正发疯地翻译第五卷。

祝好。

夏·波

埃德加·爱伦·坡的作品《吾得之矣》一书刚刚由米歇尔·莱维兄弟出版社出版，译者是夏尔·波德莱尔先生。《怪异故事集》和《阿瑟·戈登·皮姆历险记》的众多读者都清楚，爱伦·坡在处理那些最抽象的题材方面是何等敏锐，而且他在融合最热切的想象与科学资源方面堪称行家里手。在《吾得之矣》里，爱伦·坡试图以最简洁的方式讲清楚宇宙的产生与毁灭的故事。这本书即便不是他最得意之作，至少也是他最看重的一部，证据便是他的一封奇特的信，我们将这封信作为序言发表在了这部刚刚出版的法文版上。

排版时请务必当心，别把作者和译者的名字写错：

埃德加·爱伦·坡。

夏尔·波德莱尔。

致保罗·谢纳瓦尔

[巴黎] 1863年11月25日

我亲爱的谢纳瓦尔：

我深切感谢您的短信。您能想象得出我是最喜欢读您文字的人之一。

对我来说，读您的来信太愉快了，您提到的那篇文章①曾经引起很大聒噪；但这些聒噪之人，真的，似乎都属于那种不喜欢听到优雅颂歌之流。

您的来信可能就是您厌倦这种聒噪的佐证，并鼓励我给您寄去更多的文章。

我不知道您是否愿意钻进这个词里：戏弄（niche），这是个双关语。甭管怎么说，戏弄本身并无恶意，而且您要知道，很久以前我还为您定制了另一个更广义的戏弄（在论雕塑那篇文章里面）②。

祝好。

夏尔·波德莱尔

致欧皮克夫人

［巴黎］1863 年 11 月 25 日

我亲爱的母亲：

很长时间以来我总会留下两三个小时，好不计时间地、从容地给你写信。但岁月苦短，午餐后，晚餐后，我总是很痛苦，在不开灯的房间里感到极大的厌倦，苦于没有朋友，没有享受；难挨自己的寂寞和懒惰，甚至总把当天的工作推到次日，哪怕是一心想要在当天完成的工作。

时不时地，每日数次，清晨，夜晚，我都会自言自语：她身体好么？她厌倦了，而且还可能以为我在享乐。

现如今，工作就是我生命的意义和唯一的目标，这是世上最艰苦、最讨厌的差事，却又因习以为常而至为惬意。我把自己看作一个作践自己的

---

① 指《欧仁·德拉克洛瓦的作品及其生平》。
② 波德莱尔在《欧仁·德拉克洛瓦的作品及其生平》一文中提到了谢纳瓦尔，说他"至今还未得到应得的正确评价，他的头脑尽管像他的故乡的充满煤烟的天空一样雾霭沉沉，却包含着大量令人赞叹的东西。"文中那句"充满煤烟的头脑"，显然就属于谢纳瓦尔所说的戏弄。波德莱尔所说的为谢纳瓦尔定制的另一个"更广义的戏弄"是在《哲学的艺术》一文中："谢纳瓦尔的头脑很像里昂这座城市，雾气腾腾，煤烟滚滚，像城市布满钟楼和烟囱一样地布满了尖刻。"上述两段引文见郭宏安（译）：《美学珍玩》，上海译文出版社，2009 年，第 260 页和第 443 页。

生命、才华和健康的大罪犯，如此在梦想中迷失了二十年光阴，而这一切又使我沦落到比终日劳作不休的野蛮人还要不如的境地。

不；对莱维先生的那2000法郎，你对我无可指摘。我连20法郎也拿不到。我已委托他在第五卷交稿后（现在我正在加班加点）将这笔钱分别汇给部分债主。

第四卷好像已经出版了；不过我没时间出去，也无暇顾及这本书的发行。

我会寄给你一本，——只是为了向你证明我翻译完了这部可怕的作品；我怀疑你读不上两页就会睡着。我甚至怀疑整个法国喜欢这本书的人超不过十个。

埃蒙先生搞错了；我希望在布鲁塞尔的逗留时间不会超过六个星期（这已然够长了）。我12月初动身。你若收到我的一个箱子就说明我已经出发了。因为没必要再为一个闲置的房间付钱。我想把家具都搬走。

我一点儿都不看好这次旅行。只希望讲座的报酬都能支付给我，这我相信。但你知道我这次旅行还另有目的：就是把那三卷批评文集卖给出版《悲惨世界》的那家出版社；不过所有人都告诉我说，那几个出版人愚笨且吝啬至极。——果真如此，我就只能灰溜溜地返回巴黎后再卖了。但讲座酬金逃不了。报刊（要么是坊间）似乎已报道说我将去访问，人们正期待着我。

我寄给你的这些摘录都属于那三卷评论集。

论德拉克洛瓦那篇文章[①]激起了轩然大波，也引来阵阵喝彩。我很淡然于此。

我还是相当在意这篇文章的，寄给你的是第一部分。对那篇署名GB的推介文章（《我们的连载》），我相当不高兴[②]。

现在，你一定还记得，我始终最牵挂的大事就是你的身体。给我讲讲吧。我全身心地拥抱你。

夏尔

[①] 指发表在《国内外评论》上的《欧仁·德拉克洛瓦的作品及其生平》。

[②] 这篇署名GB（即古斯塔夫·布尔丹）的推介文章与《欧仁·德拉克洛瓦的作品及其生平》的第一部分一同发表于1863年11月26日的《费加罗报》，且口气上颇为居高临下，故波德莱尔对此"相当不高兴"。

致《国家报》社长

[巴黎] 1863 年 12 月 2 日

先生：

我今天（12月2日）收到了您11月30日的信，对您信中的指责（尽管闪烁其词），我不得不认真地回复。

我不知道现在这封信如果不是送给被称为《国家报》社长的那位扑朔迷离的人物，还会送入谁之手。如果是写给格朗基尤先生的信，我会写得更扼要，因为格朗基尤先生比任何人都更清楚此事的来龙去脉，而且我还认为，格朗基尤先生属于我的朋友之列。

能把一篇手稿压上两年甚至更长时间而不发表的报社，根本无权对其他报纸刊发此文指手画脚。

当时格朗基尤先生十分喜欢这篇文章，他对我说：我们安排好就发。过了发表日期后，博多兹先生①告诉我：格朗基尤先生说话不算数了；您得去和丹沙尔先生商量。我去拜访了丹沙尔先生，这位先生把发表日期排得非常靠后。过了发表日期后我又去了《国家报》，见到了另一位先生，名字我不记得了，他对我说，我们这里现在是无政府状态，一切都乱糟糟的，您得去和谢瓦利埃先生商量。我去拜访了谢瓦利埃先生，他态度粗暴，甚至比狗还凶，当我对他说起贵社早先的承诺时，他火冒三丈，说什么格朗基尤、博多兹和丹沙尔各位先生的话全都不作数了。

其间我曾经找过博多兹先生，请他至少预支给我这篇文章的稿酬，他所做的就是翻老账，说先要扣除我几年前的预支款后再支付。所谓预支款的经过是这样的：几年前，我发现我给《国家报》写了四十篇或六十篇连载文章，而《国家报》所付的稿酬少得可怜，我向米莱斯先生发牢骚，米莱斯先生非常亲切，他派人来对我说，让我去《国家报》的财务部门再领200 或 300 法郎的津贴或补偿款。

尽管如此，这笔账我认。

《现代生活的画家》一文最近刚刚发表。近一个月前，我得知布鲁塞

---

① 博多兹（Bodoz），曾任《国家报》社长。

尔某些人士希望邀请我去举办几场有关艺术方面的讲座。我立刻着手整理相关资料,并向贵刊索要我那篇可能永无出头之日的手稿。数日后有家报社(《费加罗报》)约我写一篇文章,主题指定是有关巴黎风俗的。此时,难道仅仅为了尊重一家两年来始终杂乱无章、对我不闻不问的报社,我就不能重新修改那篇文章并发表出来么?

我就是这样做的。我再次确认自己的债务人身份,而且我已经彻底修改了您寄还给我的文章,以一部新稿替代了旧稿,这篇文章将以杂感或连载的形式,在三个月或六个月内发表。

我原本还一直惦记着向您推荐拙作《论高人雅士》(Les Raffinés) 或叫作《论浪荡子》(Les Dandies),评论的是夏多布里昂、德·居斯蒂纳、李斯特、保罗·德·莫莱纳和巴尔贝·多尔维利等人;或者推荐《论阐释性绘画》(La Peinture didactique),评论的是谢纳瓦尔、让莫、考尔巴赫[1] 和阿尔弗雷德·雷特尔[2]。也许两篇都可以推荐给您。如果您觉得此类文章在风格上略显古怪,我也可以为您撰写一些可以发表的、连载形式的文章。

先生,我希望借此向您阐明,您的信中有一些东西会招惹某人的反感,而此人从来不会忘怀任何事情。

顺致崇高的敬意,并请向格朗基尤先生转达我的友谊。

CH. 波德莱尔
巴黎,阿姆斯特丹路 22 号
翁弗勒尔,纽布尔路

致欧皮克夫人

[巴黎,1863 年 12 月 5 日前后]

我亲爱的母亲:

我给你写几句话,感谢你无尽的爱。

---

[1] 考尔巴赫 (Friedrich Wilhelm Christian Theodor Kaulbach, 1822—1903),德国画家。
[2] 阿尔弗雷德·雷特尔 (Alfred Rethel, 1816—1859),德国历史画家。

还要感谢你提出那么多保健建议。

关于这一章,你以为是对那个伟大性别的赞美,我很抱歉要打断你的联想①。

你的理解全拧巴了。

我相信没有人会像我在论德拉克洛瓦和《费加罗报》的文章中说得那么苛刻。但这无关女人–母亲。

拥抱你。

夏尔

许多事都让我苦恼。

致埃德蒙·洛莫尼耶

[巴黎,1863年]

先生:

真是万分抱歉——可能我住的旅馆和您回家不顺路,每次让您来又常常让您白跑。

我不习惯四处奔走。

今天我想重新看一下爱伦·坡的《阿恩海姆乐园》,才发现收拾房间的伙计以为写有页码的那张纸以及最后一页抄在下面的那句话没用,就都被他拿走或处理掉了。麻烦您把最后那句话抄来给我,并告诉我那是第几页。

祝好。

夏·波

致埃德蒙·洛莫尼耶

[巴黎,1863年]

先生:

麻烦您把《阿恩海姆乐园》的结尾部分以及原稿都留给我。

---

① 指《现代生活的画家》第十章《女人》(*La Femme*)。

最后这段时间您恐怕需要有个助手才好。

祝好。

夏·波

致埃德蒙·洛莫尼耶

［巴黎，1863 年］

致洛莫尼耶先生

这几个单词：

Red Bud,

Black Walnut,

Silver Willow,

Hickory,

都是什么意思①？

致埃德蒙·洛莫尼耶

［巴黎，1863 年］

还有：

Ingrain（地毯）。

Jaconet muslin.

ground glass.

---

① 这几个单词出现在爱伦·坡小说《兰多尔先生的小屋》里。波德莱尔在不同期刊发表时曾有过不同的译法，最终在《怪异与严肃故事集》中未译出。波德莱尔的翻译困难在于这几个词都属于美国南方各州的方言，在他手中的那本 1846 年版《新编英法-法英词典》中找不到："Red Bud"是红芽树；"Black Walnut"是黑胡桃，一种美国胡桃；"Silver Willow"是银柳，一种美国柳树；"Hickory"是山核桃，在欧洲没有相应的树种。波德莱尔最终在译文中保留了"Hickory"和"Red Bud"这两个原词，并以斜体标出，将"Black Walnut"和"Silver Willow"分别译为"胡桃"（noyer）和"灰柳"（saule gris）。

astral（not solar）lamp①。

致埃德蒙·洛莫尼耶

[巴黎,1863年]

在原文中的这几个词是法文。

请把这几个词誊录在两份手稿上。

致埃德蒙·洛莫尼耶

[巴黎,1863年]

今晚我不得不再次退回您的誊抄件。请把《家具》②的签名页以及抄录件留在这里。明天我再和您联系。

致埃德蒙·洛莫尼耶

[巴黎,1863年秋？]

先生：

别忘了明天（星期二）上午我要把手头的稿件给莱维先生送去,所以请把我的手稿全数送到我的住所。

此外,请在另一张纸上注明存放在他那里的稿件的起始页码,以便我

---

① 这几个单词在爱伦·坡小说《兰多尔先生的小屋》的结尾部分,同样给波德莱尔的翻译造成了困难。最终,他将"Ingrain"译为"染色羊毛毯"(tapis de laine teinte);将"Jaconet muslin"译为"轧光平纹细布"(mousseline de jaconas);将包含后两个词组的那句话译为"一盏朴素的、用光滑的玻璃制成的星光灯（不是日光灯）"(une simple lampe astrale, de verre poli-non pas une lampe solaire);波德莱尔在此有个理解错误:"ground glass"的意思是"磨砂玻璃"(verre dépoli)。

② 指《装饰哲学》。

取回并退还给您。

祝好。

夏·波

致阿尔封斯·莱克里凡

[巴黎，1863年] 12月8日 [星期二]

先生：

一切都远未结束，我给您写信就是想告诉您要未雨绸缪。

有人昨天到我家来查封。还向我打保票说，至于您，星期六以前都不必担心。——这个"有人"，就是多尔兰本人①。

我担心的就是这件事。我星期五去拜访您，去不了的话也会给您写封信。现在这件事快了结了，我只希望费用尽可能降低一些，以便能照顾到玛拉西的份额。——我刚刚让誊抄员给莱维送去了新的一章②。

祝好。

致维克多·雨果

[巴黎] 1863年12月17日

先生：

向自己最挚爱和最尊敬的人求助让我踌躇再三，可我今天还是想请您帮我一个大忙，一个天大的忙。我不满意巴黎的那些出版商，认为他们对我根本就不公平——不是我吹毛求疵——所以我决定寻求一位国外

---

① 多尔兰（Dorlin），法院执达员。
② 指《怪异与严肃故事集》中的一章，因为莱维承诺在波德莱尔将《怪异与严肃故事集》全部交稿后负责把双方1863年11月1日合同中规定的2000法郎分别偿还给波德莱尔的部分债权人。

的出版商① 出版我的三部作品，一部是《人造天堂》，另外两部是《对几位同时代人的思考》(关于美术和文学的文论集)。为了最大限度地引起人们关注这几部作品，我决定去布鲁塞尔举办几场公众讲座，并朗读几章精心挑选的、出色的片段，如《论笑的本质》《关于欧仁·德拉克洛瓦的作品、思想、习惯》《现代生活的画家》《埃德加·爱伦·坡的生平及其作品》《维克多·雨果》《泰奥菲尔·戈蒂耶》《泰奥多尔·德·邦维尔和勒孔特·德·利勒》《理查德·瓦格纳》，——还要引用一些作者语录来给我造势；因为我不大相信比利时人有多么博学。

我听说拉克鲁瓦先生要去拜访您。我想请您帮的大忙就是希望您能告诉他，您很喜欢我的作品和我本人，并转告他我希望他能赏光出席我的朗诵会。我想再说一遍，这就帮了我一个特大的忙，因为拉克鲁瓦先生极其信赖您的判断，我也指望我的朗诵会能向他证明这一点。

我常打听您的情况；大家都说您身体非常好。天才再加上健康！先生，您真是太幸运了！

我打算最近寄给您《恶之花》(增订版) 和《巴黎的忧郁》以表谢意。我力图将满腹心酸和恶劣的情绪倾诉其中。——我本该不久以前就把《吾得之矣》(我翻译的爱伦·坡文集第四卷) 寄给您，这是一本奇特的书，宣称揭示了宇宙创造和毁灭的模式；但抠门的莱维先生从我的赠书清单中把他认为用不上的人都删掉了。我会在不久后当着您的面纠正我的错误——毋宁说是莱维的错误。

我准备月底前动身去布鲁塞尔。如果您能从自己的时间中抽出十分钟给我写封回信②，我将幸福之至，并对我的远征充满信心。但我想信件往往会惹您烦，而我是世上最不想给您添乱的人。

我在巴黎的住址是阿姆斯特丹路22号，在布鲁塞尔我还不知道在哪儿落脚。

---

① 指拉克鲁瓦和韦伯克霍恩。
② 雨果的回信没有找到或没有保存下来。波德莱尔在1863年12月31日前即收到了雨果的回信。雨果12月22日在致默里斯的信中将这封给波德莱尔的回信转给他看，并写道："有人告诉我，他（波德莱尔）对我来说差不多就是个对头。尽管如此，我还是会为他嘱托之事效力。我想您会同意我的看法。这是我给他的回信。"

再见，先生；请坚信我对您的眷恋和钦佩。——您是一位爵爷，影响力巨大，但您也能感受到位高权重也有诸多不便——人人都有求于您。

夏尔·波德莱尔

欠　据（致儒塞）

巴黎，1863 年 12 月 20 日

事由：600 法郎

明年 10 月底我将偿还儒塞先生陆佰法郎，与我所借金额相同。

夏尔·波德莱尔

阿姆斯特丹路 22 号

致［佚名］

［巴黎］1863 年 12 月 22 日星期二

……《爱伦·坡文集》的最后一卷已经完成，我尽力保留了尤其适宜想象的风景和居所①。[随后波德莱尔问这些文章大致的稿酬。至于《散文诗》……] 我为您准备了二十来篇，但写得不好……我决定离开巴黎以后再接着写，这地方委实令我厌倦。

顺致崇高的敬意。

夏尔·波德莱尔

---

① 《怪异与严肃故事集》中的 3 篇小说——《阿恩海姆乐园》《兰多尔先生的小屋》和《装饰哲学》有一个共同的题目：《想象中的居所》(Habitations imaginaires)。

致阿尔封斯·莱克里凡

［巴黎］1863 年 12 月 28 日星期一

先生：

我还以为上周三就已经支付了。我刚从莱维先生本人处得知此事未办，让我大吃一惊。他对我说，付款之前我必须做出承诺，不写序言，且在我缺席或生病时允许他人修改清样。这一切我都同意了。可当我为《舆论》向他讨要第三部小说时，他又节外生枝。——必须找誊录员重新誊抄这部小说。1 月 1 日我会把原稿寄出。所以您 2 日即可提出请求。老实说，我没料到会这么麻烦。

先生，请接受我崇高的敬意。

CH. 波德莱尔

致欧皮克夫人

［巴黎］1863 年 12 月 31 日

我亲爱的好母亲，再也没有什么比边盯着时钟边给自己母亲写信更令人不快的了；但我还是希望你能在明天收到几句爱的话语和良好的祝愿，并从中获得你所希望的信心。我有个臭毛病，就是把所有的工作——哪怕是最惬意的工作——都推到第二天去做。正因为如此，这么多年来我总是把那么多重要的事情推到第二天才去完成，所以我至今仍处于如此可笑的境地，既痛苦又可笑，尽管我年齿日长，声望日增。可从没有哪一年的年终像今年这样庄严，令我震撼。所以，虽说我思绪剧烈波动，你还是可以体谅我对你说过的那些话：——我说过，我恳请你要好好保重，要好好照料自己，要尽可能长寿，并更多地向我展示你的宽容。

今年（1864 年），我本该在这即将过去的一年里把我要做的或我希望做的一切都做好，而且本该能够做好。可我得了一种可怕的病，这个病从没有像今年这样猛烈地戕害我的身体，我指的是梦魇、消沉、气馁和优柔寡断。显而易见，我认为一个人如果能成功地克服自身的一种恶习，他就远比一个殊死决斗的战士或大丈夫更其勇敢。但怎样才能治愈自己的恶习？怎样才能从绝望中萌生希望、从怯懦中萌发斗志？这种病是心病还是真病？难道它本是心病最后竟幻化成真？它会不会是由于多年的痛苦打击且在孤独和苦恼中不得解脱、积累经年所导致的一种体质衰弱或是无药可医的抑郁症呢？我对此一无所知；我所知道的只是：我深深地厌倦这一切，尤其是所有的快乐（快乐可不是病），而唯一让我觉得我还活着的那种意识，就是对声望、复仇和财富的某种模糊的渴望。

可是，无论多么微芥之事，但凡是我做的，人家从不还我一丝公道！

我发现有些人已经有勇气去读《吾得之矣》了。这本书的销路不会太好，我早就料到了；对法国人来说它太抽象了。

总之我动身在即。我给自己留出五天、八天或更多时间来收取三家刊物的稿酬，偿还一些人的债务，以及打点行装。

但愿到达布鲁塞尔后不会让我对比利时之行感到厌恶！不过这次确实是要做一件大事。演讲只是我这次旅行的次要目的，因为即便我有耐心和兴致给那些呆瓜开讲座，我也只能赚到区区一点儿钱（1000、1500或2000法郎）。真正的目的你是知道的，就是把我那三卷本《杂文集》（Variétés）卖给比利时出版商拉克鲁瓦先生，而且卖个好价钱。

我想起在那儿的日子就心生怯意。演讲、修订巴黎寄来的校样，这些校样有些是报刊寄来的，有些是米歇尔·莱维寄来的，最后，除此之外还要完成《小散文诗》。不过我隐约感觉这种新环境对我有益，并能给我增添一些活力。

我谈自己谈得太多了；但我知道你喜欢听我絮叨。你也给我讲讲你的情况吧，关于你的情绪和你的身体。

我原来想拉着雨果做我的出版计划合作者。我知道拉克鲁瓦先生要在某天去根西岛拜访雨果。我已请雨果为我美言几句。我刚刚收到雨果的回信。英吉利海峡的暴风雨打乱了我的计划，我的信在那位出版商离开四天后才寄到。雨果答应再写封信去补救一下，但什么都比不上当面谈妥好。

全身心地拥抱你。

夏·波

出发前我会给你寄点儿新年小礼物，很可能是一本适合你口味的书。已经选好了。

致阿尔封斯·德·卡洛纳

[1863年底或1864年初]

为欧仁·德拉克洛瓦
在美术画廊展出的
《疯人院中的塔索》而作

[由 A. 拉费泽里耶尔抄录,签名:波德莱尔-迪法伊斯,日期:1844年2月,经波德莱尔修改后使用了新的签名:夏尔·波德莱尔]

致德·卡洛纳先生

亲爱的先生,步出教堂之际,我脑海中遽然浮现出这首旧作,它抄录在一本纪念册中。

尽管这是一首青年时代的习作,但我觉得颇不坏。如果您有兴致把它发表出来,请务必注明创作日期。

祝好。

夏尔·波德莱尔

出版第一版《恶之花》时,我销毁了自己的大批诗作,最早的写于1837年,现在都已经忘得一干二净了。

致奥莱里安·肖尔[①]

[巴黎,1863年底?]

我亲爱的肖尔:

既然连两三次不起眼的连载都要您煞费苦心才能安排,那我另找一家报社发表您不会觉得是冒犯您吧?

---

① 奥莱里安·肖尔(Antoine Aurélien Scholl,1833—1902),法国剧作家和小说家,1863年就任《黄色侏儒》(*Nain jaune*)主编。

我五点钟会返回来拜访您,如果碰不上,我就明天十一点半再来。祝好。

夏尔·波德莱尔

致[佚名]

[巴黎]1864年1月1日

先生:

我很抱歉您来拜访我却不在。您索性直接去戈蒂耶府上拜访他吧。您甚至不需引荐。您会发现他是世上最和蔼可亲的人。还有:如果星期日去,就只能在《环球导报》才能找到戈蒂耶。

祝好。

CH.波德莱尔

致欧皮克夫人

[巴黎]1864年1月8日星期五

我亲爱的母亲,我很感激你的好意,就像你曾经设法给我寄过25000法郎一样感激。但你得承认,你的思路偏了。确实有铁路也有邮政汇票;但这些都过于单一。只有在非常少的情况下、在交易金额非常小的情况下,邮票才有可能被当作货币接受。我完全相信烟草商会同意用雪茄交换邮票,因为他既卖雪茄又卖邮票;但既然他是商人——也就是说,是个小偷——他当然明白从邮票上获利比从雪茄上获利要少,所以他绝对会用20法郎的雪茄交换25法郎的邮票。再说,既然比利时海关会征收相当可观的进口税,为什么要买法国雪茄呢?获得这些雪茄的代价太高了。但我会把你的邮票留起来。慢慢用。而这就是你思路反常的典型例子。至于你说的什么酱料,我更是弄不懂了。

我这样解释你满意么?我之所以要告诉你这些,是因为你说你很担心我。拥抱你。

夏尔

致爱德华·勒巴尔比耶

[巴黎，1864年1月10日前后(?)。波德莱尔向《自由评论》(*Revue libérale*) 投去若干篇散文诗：《慷慨的赌徒》《志向》等。《自由评论》的编辑部秘书爱德华·勒巴尔比耶（Édouard Le Barbier）向波德莱尔提出，希望发表时能在20页的篇幅上删去20行。波德莱尔没有答应。1864年1月19日，勒巴尔比耶在给丹纳的信中写道："他先是答应我可以任选我们认为适合的散文诗，继而寄来了四篇散文诗，还附带一封恶狠狠的信。而这四篇散文诗当时我已经安排排版了（9选4）。"]

致加瓦尔尼[①]

[巴黎] 1864年2月4日

先生：

今天（2月4日）《费加罗报》转来您的一封信，我想是您11月28日写的。

我衷心希望您能喜欢我寄给您的《吾得之矣》，这部作品自然纯粹，无愧于一声感谢。

居伊身体很好。他住在海运仓路（rue Grange-Batelière）11号。文章中我论及他罕见的天才让他诚惶诚恐，一个多月来一直不敢读。现在他居然又想去教英文了。

今年我打算再给您寄去几本书，您一定感兴趣，您在其中一本中会看到我之前对您的评论；但我想的多，落到笔头上的少。

[①] 加瓦尔尼（Paul Gavarni, 1804—1866），法国素描画家、水彩画家和石版画家。

先生，请接受我崇高的敬意。

夏尔·波德莱尔

翁弗勒尔地址：纽布尔路。
巴黎地址：阿姆斯特丹路22号；我马上要外出了。

致雷蒙·马蒂尼

［巴黎］1864 年 2 月 12 日

先生：

果不出我所料。随您的便吧。不过，既然您又再次来信，肯定还是想听听我的意见。我的想法始终未变。今后两个月我不在国内，但我会带一笔可观的钱回来。——您应该明白，夹在您和昂塞尔先生之间给我带来了太多的麻烦。

您愿意的话就请来吧；我告诉过您我准备 20 日动身，最晚不超过 25 日，比较靠谱的动身时间是 20 日。——但我要再说一遍，我已经向您表明，若想从我这儿有所收获，最好的办法就是按我的建议做，给我留出必要的时间，特别是休息的时间。

至于您在信末写下的那些污言秽语，我认为凭我的身份根本不屑一顾。

我会把您的信转给昂塞尔先生，不过就我的经验而言，我估计他真想解决这笔债务怎么也要等到两年以后了，或者是一年以后。

顺致敬意。

夏尔·波德莱尔

致阿尔贝·德·拉费泽里耶尔

［巴黎，1864 年 2 月 22 日。波德莱尔致函阿尔贝·德·拉费泽里耶尔，向他索要《狱中的塔索》一诗的抄件：］

您看到今晚（2月22日，星期一）《法兰西报》(La France) 上贺拉斯·德·维埃尔-卡斯特尔先生的那篇令人难以置信的文章了么①？真是闻所未闻。

致阿尔贝·科利尼翁②

[巴黎] 1864年2月22日星期一

先生：

在期待给您寄去几篇散文诗（十天以前我还顾不上这些）的同时，我打算让人给您送去三首十四行诗，很抱歉这几首诗都不在我手里：第一首是《题欧仁·德拉克洛瓦〈狱中的塔索〉》(1842年)，第二首是《遥远的地方》，第三首是《深渊》。

我的一位朋友据称在《艺术家》看到过《深渊》。我很奇怪，但此事必须通知您。

我已为《巴黎的忧郁》创作了六十篇散文诗；虽然马索兰先生和德·卡洛纳先生都向我约过这些散文诗，但我觉得还需要做些修订和润色。

我明天肯定还会给您写些新的东西。

顺致崇高的敬意。

夏尔·波德莱尔

---

① 贺拉斯·德·维埃尔-卡斯特尔 (Horace de Viel-Castel, 1802—1864)，卢浮宫博物馆馆长。他于1864年2月23日在《法兰西报》上就"欧仁·德拉克洛瓦油画、素描和习作拍卖会"发表了一篇文章，评论德拉克洛瓦去世后出现的"德拉克洛瓦热"："冷漠的公众突然间开始盲目崇拜起这位已故艺术家的才华了。……新信徒们……把他们的上帝变成了偶像，疯狂抢购他的遗物而不问价值几何。"如果说德拉克洛瓦对后世而言依旧是一位伟大的艺术家，那"绝非那些匆匆过场的业余爱好者的一时迷恋，也绝不是因为其朋友们的溢美之词，更不是因为某些抒情诗人矫揉造作的热情。"
② 阿尔贝·科利尼翁 (Albert Collignon, 1839—1922)，法国拉丁文学者，时任《新评论》(Ruvue nouvelle) 社长。

致阿尔封斯·德·卡洛纳

[巴黎] 1864 年 2 月 23 日星期二

亲爱的先生：

我以前曾寄过您三首十四行诗——《狱中的塔索》《深渊》和《遥远的地方》，您发表了么？

如果没发表就再好不过了，麻烦您找出来并交给送信人。特别是其中一首（《狱中的塔索》）在我记忆中已找不到了。

我下次至少要向您再提供三篇东西，这项工作肯定艰巨，但我自己相当满意。

亲爱的先生，请接受我崇高的敬意。

夏尔·波德莱尔

致阿尔贝·科利尼翁

[巴黎，1864 年 2 月 24 日]

题欧仁·德拉克洛瓦《狱中的塔索》[①]

病恹诗人陷囹圄，衣衫褴褛，
痉挛的脚旁，诗稿散落狼藉，
他目光中燃烧着恐惧，打量
令人眩晕、吞噬灵魂的石梯。

充满迷醉的嗤笑回荡在监狱，
他的神志被诱导得荒诞怪异；
他"怀疑"缠身，四周弥漫

[①] 《题欧仁·德拉克洛瓦〈狱中的塔索〉》（*Sur Le Tasse en prison d'Eugène Delacroix*）收录于 1861 年《吟余集》，正文无差异，仅在诗末注明"1842 年"。

可笑丑恶而千奇百怪的恐惧。

这天才被囚禁于龌龊的牢狱,
鬼脸、尖叫,还有幢幢鬼蜮
似群蜂般在他耳后盘旋聚集,

恐怖铁窗惊醒梦幻者的呓语,
梦魇的灵魂,此乃尔之寓意,
四壁高墙中,现实已被窒息!

1842 年
夏尔·波德莱尔

清样请寄:阿姆斯特丹路 22 号。当天我即可将修改稿送回。

致欧皮克夫人

[巴黎] 1864 年 3 月 3 日

我亲爱的母亲,我必须给你写信了。不然你又会胡思乱想。你的想象力有悖常理。我的解释则很简单。所谓简单,就是说,我的诗会招致某些人的不安(这是一家报社社长对我说的),所以只好暂停发表。

我患了一种极可怕的嗜眠症。不仅推迟了所有书、所有文章(已承诺并已接受稿酬)的写作,还有几件紧急事项压得我喘不过气来,其中三件来自比利时[①]。另一方面,总见不到你我也极为痛苦。我得努力振作精神考虑那些最紧要的事情,并且在两三个地方找到些钱,好回到你身边待几天,然后启程去布鲁塞尔,虽然前面可能还有新的挫折,但或许也能挣来不少钱。

我拥抱你,而且恳求你不要再发挥你那愚蠢的想象力了。生活中那些

[①] 指讲座的安排、向拉克鲁瓦和韦伯克霍恩转让著作权以及参观博物馆。

让我忧伤的正当理由已然够多了。

如果我10日到15日能待在翁弗勒尔，那就再好不过了。

夏尔

致菲利普·德·谢纳维埃尔①

[巴黎，1864年3月]

我亲爱的朋友：

我不知道您的地址，而且我主观上有个毛病，总想把事情无限推迟，所以至今还没有对您寄给我的那部可爱的故事表示感谢②。别抱怨我，并请您相信，我永远不会忘怀那段美好的回忆。

说说画展吧。我热切渴望向您推荐我的两位朋友（其中一位已承蒙您赞赏）：马奈先生和方丹先生。马奈先生提交了两幅作品，一幅是《斗牛插曲》(*Épisode d'une course de taureaux*)，另一幅是《基督复活，天使在场》(*Christ ressucitant, assisté par les anges*)。

方丹先生也提交了两幅作品，一幅是《向已故的欧仁·德拉克洛瓦致敬》(*Hommage à feu Eugène Delacroix*)，另一幅是《唐豪瑟在维纳斯山》(*Tannhäuser au Vénusberg*)。您会看到这些画作展现出何等过人的才华，请您看看这些作品属于哪个类别，并请尽您所能为他们安排一个好一些的展出位置。

对您充满感激的朋友

夏尔·波德莱尔

---

① 菲利普·德·谢纳维埃尔（Charles-Philippe de Chennevières, 1820—1899），法国艺术史家和作家，波德莱尔青年时期的朋友。

② 指谢纳维埃尔寄赠给波德莱尔的作品《圣桑丹的故事》(*Contes de Saint-Santin*) 第二部。

致亨利·方丹-拉图尔①

[巴黎]1864年3月22日星期二

亲爱的先生：

史文朋先生在我的住所放下了一本书和他的名片；像去年一样，他又忘了把自己的地址留给我，所以我不知道该如何给他写信致谢。这也算是一个略微英国式的疏忽吧。

麻烦您告诉他我已经知道了他在巴黎的住址，并将亲自登门致谢。同时也请您告诉他，很久以前我曾委托纳达尔先生给他带去一封信，可是纳达尔忘了寄给他，信又带回了巴黎。我不介意查尔斯·史文朋先生给纳达尔先生写几个字索要这封信。不过，如果此举会让那个被宠坏了的大男孩儿下不来台，那就别让史文朋先生写了。我会把他的地址告诉纳达尔。

我先斩后奏写了一封信给谢纳维埃尔先生，请他为您和马奈的画作安排一个较好的展出位置。我相信我这样做是对的；因为马奈的画一送到沙龙，谢纳维埃尔先生就急于先睹为快了。

祝好。

夏尔·波德莱尔

名 单②

拉斐尔
米开朗琪罗
鲁本斯
委罗内塞
委拉斯凯兹
歌德
拜伦
莎士比亚

---

① 亨利·方丹-拉图尔（Henri Fantin-Latour, 1836—1904），法国画家。
② 方丹在这份名单上写道："来自波德莱尔，为我创作《向德拉克洛瓦致敬》做参考。"

阿里奥斯托　　贝多芬
但丁
维吉尔
海顿
莫扎特
韦伯

致爱德华·马奈

[巴黎，1864 年 4 月初]

我亲爱的朋友：

有人责成我和您一起品尝阿蒙帝莱多白葡萄酒（Amontillado）。我能否邀请您和令堂大人今晚共进晚餐？

另外，我认为长矛贯透的伤口绝对应该挪到右边。画展开幕前您得改一下伤口的位置①。您再查看一下《四福音书》核对核对吧。请当心那些不怀好意的人看您笑话。

祝好。

夏·波

致朱迪特·戈蒂耶 ②

[巴黎] 1864 年 4 月 9 日

小姐：

近日我在朋友家拜读了您 3 月 29 日发表在《环球导报》上的文章，

---

① 马奈的油画《基督与天使》误将基督的伤口画在了左肋，但由于画作已送至展览地点，根本无法修改。
② 朱迪特·戈蒂耶（Judith Gautier，1845—1917），法国文学家，泰奥菲尔·戈蒂耶的长女，嫁给卡迪尔·孟戴斯为妻。1864 年 3 月 29 日，她在《环球导报》上以朱迪特·瓦尔特为笔名发表了一篇盛赞《吾得之矣》的热情洋溢的书评。

此前令尊给我看过清样。他肯定跟您讲过我阅读时的那种震惊。我没有立即写信向您致谢只是出于腼腆。一个秉性内向而略带羞涩的男人在一位美女面前肯定不自在,哪怕在她很小的时候他就认识她,——尤其是对她感恩戴德的时候,——或许他害怕自己会因恭敬而退避三舍,抑或因感激而过于热情。

我的第一印象,如我所说,是震惊,——这种印象至今让我深感荣幸。之后,当我断无怀疑时就有了一种难言的感佩,一半为有知音存在而欣慰,一半为自己的契友有这样一位无愧于他的千金而高兴。

您对《吾得之矣》所做的分析太精辟了,我在您这个年龄可能都做不到,即便是一群极度成熟、自诩为文学家的男人也无能为力。最后,您还向我证实了一桩奇迹——我一直顽固地认为不可能的事居然由一位年轻姑娘所成就,她竟能从娱乐书籍中翻拣出这部主题如此严肃的书,而此类书籍与女性生活中随处可见的那些愚蠢滥俗的消遣书籍完全天壤有别。

如果说我还不忌讳对您的性别说三道四而冒犯您,那是因为我要说,您让我对自己长期以来形成的对女性群体的偏见产生了动摇。

但愿这些奇怪地掺杂在一起的赞美与粗鄙的话语不会令您反感;到了我这把年纪,已经不懂得该怎么改正自己的错误了,哪怕那些最优秀、最具魅力的人亦复如是。

请您相信,小姐,我将终生难忘您带给我的快乐。

夏尔·波德莱尔

致勒孔特·德·利勒

[巴黎,1864年4月]

请给我写几个字来,告诉我您认为我请求《新评论》为我的诗支付稿酬是否合适,可行的话,我该要求支付多少。

请向勒孔特·德·利勒夫人转达我的友谊。

致阿尔贝·科利尼翁

［巴黎］1864 年 4 月 15 日星期五

先生：

烦请贵刊为 3 月 1 日发表的我的四首诗向我支付稿酬。我不知道这几首诗对您价值几何；您能接受的就是合理的价格。

我不知贵刊是否还有兴趣发表我的散文诗。我将在布鲁塞尔完成这部作品，若有人向我约稿，我会欣然寄去若干章节。

先生，请接受我崇高的敬意。

夏尔·波德莱尔
阿姆斯特丹路 22 号

请您的出纳员在我提供的这份空白收据上填上金额即可。我还忘了告诉您，我将在 19 日离开巴黎。

致奥古斯特·瓦克里

［巴黎，1864 年 4 月 15 日］

我亲爱的瓦克里：

今天，星期五下午两点，我收到了您关于举办莎士比亚纪念活动的通知[1]。我没有您的地址，所以在巴涅尔先生[2]家给您回信。

我很抱歉不能参加这次活动。最迟 20 日我就不得不动身了，我必须去一趟布鲁塞尔，那儿有不少事情等着我，尤其是一桩诉讼的事。

您的忠实的
CH. 波德莱尔

---

[1] 1863 年 4 月 11 日，由雨果的朋友和崇拜者组成的一个委员会（由默里斯和瓦克里牵头）致函雨果，请他出任定于 4 月 23 日在巴黎举行的莎士比亚诞辰 300 周年纪念活动的名誉主席。4 月 14 日波德莱尔即在《费加罗报》上发表匿名文章《莎士比亚诞辰纪念日》(*Anniversaire de la naissance de Shakespeare*)，披露说这次的纪念活动实际上是雨果小团体策划的一次行动，旨在"为雨果作品的成功发行进行准备和加温"并歌颂民主。4 月 16 日，第二帝国政府下令禁止举办这次纪念活动。4 月 18 日，雨果同意出任纪念活动的名誉主席，但为时已晚。

[2] 巴涅尔（Laurent-Antoine Pagnerre, 1805—1854），法国出版人和政治家。

致阿尔蒂尔·斯蒂文斯

［巴黎］1864 年 4 月 21 日

我亲爱的阿尔蒂尔：

由衷感谢您善解人意的来信。我从不质疑您的好意，也从不猜忌您的心；犹如我从不怀疑自己。我拿您的真实来开玩笑只能证明我痛恨他人的虚伪，这的确是我的恶习；让人家看我和其他人没什么两样。

这桩小事①变得遥遥无期了。德·莫先生已数次给我写信，尤其是最后一封信让我觉得十分为难。您、您的兄长②（以及其他人）都跟我说过每场讲座报酬 200 法郎。别的人则说只有 100 法郎，甚至 60 法郎。请向我明确此事。您和德·莫先生怎么商定我都认账就是了。

为避开这种烦人的掰扯，我决定不等您的消息就动身。

我的身体和意志都病得不轻。我需要换换环境。我希望在布鲁塞尔能像魔鬼一样工作。我想在此完成《巴黎的忧郁》和《对同时代人的若干思考》。如果布鲁塞尔的那十场或十二场讲座举办得太晚，我就得推迟去安特卫普的时间，而那儿的人告诉我说，举办讲座的季节要延续很长时间。没必要说这些。

然后我还要去拜访拉克鲁瓦先生，维克多·雨果可能（！）已经为我的事给他写过信了。

祝好。

您忠诚的

夏尔·波德莱尔

您马上就会看到这位先生③因为我没有反应而感到奇怪。

不用给我回信了。我星期日下午五点出发。大概晚上十一点抵达布鲁

---

① 指波德莱尔准备在布鲁塞尔文学家与艺术家联合会举办的讲座。埃米尔·德·莫（Émile de Mot）是这家联合会的秘书。
② 阿尔蒂尔有两个哥哥：大哥约瑟夫·斯蒂文斯（Joseph Stevens, 1816—1892），动物画家；二哥阿尔弗雷德·斯蒂文斯（Alfred Stevens, 1823—1906），风俗画家。
③ 指德·莫。

塞尔。不用告诉他们我没等您回信就出发了；这些先生①不知道我去布鲁塞尔还有许多事，他们一定以为我去只是为了拜访他们而已。

致雷蒙·马蒂尼

[巴黎] 1864 年 4 月 23 日

  先生，我觉得我们之间永远无法沟通。我希望能与您友好、平和且直截了当地解决这件事，——根据实际情况，要么旷日持久，要么麻利解决。

  而您，您总喜欢写那些没用的信、做那些徒劳的拜访、谈那些无用的废话。您总惦记着不让债务人安生。

  对您的威胁，我谨答复如下：我的母亲旅行去了。打官司？那可再好不过了，省得这桩事久拖不决，我正好可以在法庭上揭穿这笔债务的来龙去脉，我相信其中很多事您肯定并不知晓。

  您以为您这样做就能让我无暇自由安排自己的节奏，我就得把钱一股脑还给您。有些人可能对您这种行为一笑了之；而我，我对您的这种行为却极为愤怒。我警告您，如果我再收到您的信，无论是在根特、蒙斯还是布鲁塞尔……我都会立即转给昂塞尔先生，也会告诉他您的地址。此外，您当然可以派人监视我；但我怀疑您派的人在我要去访问的国度能否耍得开。

  您仔细读读这封信，再想一想：如果您对我彬彬有礼，耐心宽容，恭恭敬敬，您会获益良多。您如果再用商人那套歪理邪说把我惹烦了，我索性就甩手不管了，把您的事交给昂塞尔先生去处理，再附上一份备忘录。

  先生，您如果关心此事，您尽可以去核实我动身的时间；我今晚或明晚五点出发。大概最晚 6 月 15 日返回。

夏尔·波德莱尔

  请别再用您那些胡写乱画的一纸空文烦扰我了，您这种行为是在盗用我的时间。

---

① 指拉克鲁瓦和韦伯克霍恩。

赴比利时前未注明日期的书简

致［佚名］

迄今一幅都没卖出去。这是一位慈善机构嬷嬷组织的拍卖；但她始终拒绝转出拍卖收益。不过可能三四天内就会有人给我写信收购那几件珍贵的拍品，比如说塔列朗①、巴尔扎克、奥尔良公爵、佩罗内②和罗兰夫人③的那几件。

夏·波

致［佚名］

今天是星期天，您还在工作么？您做什么呢？您若得闲，就请十一点来我旅馆一起午餐吧。

夏·波

致夏尔·阿瑟利诺

亲爱的朋友，万分抱歉打搅了您的晚餐，但肖尔先生和我绝对需要拜访您；不过我们得在七点半先去一趟歌剧院，然后九点去您那儿。

肖尔不认识萨索诺夫，我们不会待到餐后甜点。行不行？麻烦告诉我一声。祝好。

CH. 波德莱尔

---

① 塔列朗 (Charles-Maurice de Talleyrand-Périgord, 1754—1838)，法国国务活动家和外交家。
② 佩罗内 (Pierre-Denis, comte de Peyronnet, 1778—1854)，法国政治家。
③ 罗兰夫人 (Mme. Roland, 1754—1793)，法国大革命时期的政治家，吉伦特党领导人之一，被雅各宾派送上了断头台。她那句著名的"自由，多少罪恶假汝之名以行！"(Ô Liberté, que de crimes on commet en ton nom !) 即是在临刑前说的。

致夏尔·阿瑟利诺

我亲爱的朋友:

您能否把那幅老耶纳先生(M. Hyène père)的肖像委托给代理人保管,并叮嘱他当心一点儿?这样,您不在家的时候我可以和门房说:是先生允许我在他不在家的时候取走肖像的。——您何时回来?

是皮奥杰医生告诉我的,说您要外出疗养。

别埋怨我近来没去看望您。我刚刚从巨大的悲伤和巨大的麻烦中脱身(还不能说脱身)。

祝好。盼望回巴黎时您不仅身体康复而且非常快活,健康中有三分之二都离不开快活。

夏·波

致奥布尔 ①

先生:

当某人想就某事请某人帮忙时,他肯定会很在意正确拼写当事人的名字。您写错了我的名字,我觉得这有些失礼 ②。

这是您的水彩画,这次画框装得很好。

夏尔·波德莱尔

致爱德华·卡尔代 ③

亲爱的卡尔代,我们先在塔布雷咖啡馆(Tabourey)抓紧吃晚饭,差

---

① 据波德莱尔研究专家考证,奥布尔(Aubourg)不是画家,可能是这幅水彩画的所有者。
② 波德莱尔屡屡对别人把自己的名字 Baudelaire(波德莱尔)写成 Beaudelaire(鲍德莱尔)大为光火。
③ 爱德华·卡尔代(Édouard Gardet, 1818—?),法国律师和文献学家,阿瑟利诺的挚友和遗嘱执行人。

一刻七点咱们在圣殿大道（boulevard du Temple）碰头。

CH. 波德莱尔

致夏尔·蒙斯莱

亲爱的朋友，有事时能在哪儿找到您？几点？等等。

CH. 波德莱尔
阿姆斯特丹路22号
迪埃普旅馆

致［奥古斯特·普莱-玛拉西？］

对唐雷而言，再过十三天并不是推辞的理由，但纳达尔既不是印刷所老板也不是书商，且唐雷从未持有过纳达尔的票据。——他推理如下：一位摄影师买了一些胶卷，一位银行家在为几位首饰商人贴现时收到了一份摄影师的票据；——他给我的地址附后。

我当时还想去老修女路（rue des Vieilles-Haudriettes）附近打探打探，因为唐雷对我说，其实此事简单易行：纳达尔的会计只消看一看票据的背书就能告诉你经常贴现此类票据的贴现人。——我去了纳达尔的店，但会计告诉我说看了也没用，因为这种人多为现金交易，根本用不着找人贴现。——这个理由只回答了我一半问题。因为清偿票据确实存在呀，等等。看到您还没回家，我就来这儿了。

比利时书简

致［佚名］

［此信写于1864年4月底（?），是波德莱尔为一次爽约而写的漂亮的

致歉文字：]

一座两眼一抹黑的城市，一切都那样美丽且富于刺激；我昨天外出闲逛了一天。

欠 据（致儒塞）

巴黎，1864 年 4 月 30 日当天

事由：600 法郎

我将在明年 5 月 31 日偿还儒塞先生或其指定者陆佰法郎，与我所借金额相同。

夏尔·波德莱尔

还款地点：黎希留路 60 号，诉讼代理人马林先生事务所。

致古斯塔夫·弗雷德里克斯[①]

布鲁塞尔，1864 年 4 月 30 日

致古斯塔夫·弗雷德里克斯先生

先生：

诚邀您 5 月 2 日（星期一）赏光出席我的讲座，讲座主题是欧仁·德拉克洛瓦。

先生，请接受我崇高的敬意。

夏尔·波德莱尔

[①] 古斯塔夫·弗雷德里克斯（Gustave Frédéririx，1834—1894），比利时戏剧评论家。

致阿尔贝·拉克鲁瓦

布鲁塞尔，1864年4月30日

致拉克鲁瓦先生

先生：

诚邀您星期一（5月2日）拨冗光临我的讲座，讲座主题是欧仁·德拉克洛瓦。

先生，请接受我崇高的敬意。

夏尔·波德莱尔

致古斯塔夫·弗雷德里克斯

［布鲁塞尔，1864年］5月4日［星期三］

先生：

我昨晚在《比利时独立报》上看到一篇行文迷人且充满善意的文章，评论的是我的第一次讲座。有人告诉我说G.F.是您的署名。

先生，请接受我真诚而热烈的感谢，您的文章让我备感快乐。

夏尔·波德莱尔

致欧皮克夫人

［布鲁塞尔，1864年］5月6日［星期五］

我亲爱的母亲，我不得不去乡间住了两天，去拜访了几位夫人①。昨晚我看到了你仁慈的信，是3日傍晚收到的。明天晚上你就能收到我的回

---

① 指约瑟夫·斯蒂文斯夫人（Mme. Joseph Stevens）和她的女儿阿梅莉（Amélie），可能还有利奥波德·科拉尔夫人（Mme Léopold Collart）和她的女儿玛丽（Marie）。斯蒂文斯夫妇和科拉夫妇在下乌克勒的斯塔勒（Stalle-sous-Uccle）均拥有乡间别墅。

信了（我今晚就发）。路程是一夜一天。

附上一篇有关我首场讲座的评论。有人说是开门红。但私下里说，一切都糟透了。我到比利时太晚了。这儿的人太抠门，什么事都慢吞吞的，绝大部分人脑瓜空空如也；总之，这儿的人比法国人还蠢。

此地不能赊账；哪儿也不能赊；这对我可能是一件好事。

我下星期三还要举办一次新的朗诵会。人家告诉我说，这个联合会今冬的经费已然告罄，但既然此行的真正目的是力争让拉克鲁瓦买下我的三卷作品，所以我也就接受了每次讲座50法郎（而不是200或100法郎）的价格。不巧的是这位拉克鲁瓦先生现在居然在巴黎。为了等他回来，我刚刚请求联合会允许我再无偿举办三场讲座，但我真正的目的没告诉任何人。

我让人给安特卫普、布鲁日、列日和根特的各家文学家和艺术家联合会写了信，通知他们我现在就在比利时。但还没收到回复。

针对我的那场诉讼没有发生。喔！这件事可真是折磨得我够呛。

在外省的讲座报酬是80—100法郎。

我志在必得，至少该做的我都会去做。我不想给自己留下丝毫遗憾。

我的目标是：

从讲座中（尽可能地）多赚钱，并与拉克鲁瓦洽商三卷作品的转让事宜。

其次，先要完成创作中的（《巴黎的忧郁》《对几位同时代人的思考》）。

你看，我会很忙的。如果要去外省演讲，我的逗留时间自然也会延长到6月底。

你去巴黎吧，求你，不过你可得小心街上的车。

我接受你馈赠我50法郎的主意，因为此地的习俗是互不信任，恐怕衣食住行都得支付现金。你不用太担心昂塞尔那边的事。如果我能卖掉我的三卷作品而且卖得很好，我就能把钱还给他，并且一举改掉他拖沓的毛病。

你没告诉我是不是收到了那个箱子，这是收据。

我觉得在信里装上一张50法郎的现钞（从经济角度来说）效果要好于一张50法郎的汇票。汇票费用相当高。再说，法国邮局的汇票是要在比利时邮局兑现的,反之亦然。(现在银行已经有了50法郎的钞票。)

我全身心地爱你,特别是觉得我老让你受苦时更是爱你。我答应常常给你写信。

夏尔

致纳西斯·昂塞尔

〔布鲁塞尔〕1864年5月7日星期六

我亲爱的昂塞尔:

我估计,塔格奈商店(Taconnet)虽然保管着我留给您的50法郎存单,但并没有送到您家里。在那些人的一再催逼之下,我已支付完毕。

麻烦您通过邮局把这张50法郎的票据寄给我。我动身时几乎身无分文,而在这里又没人知道信用是怎么回事。

这封信最好能赶上星期日晚上(今天)从巴黎发出的邮车,这样我星期一上午就能收到。

我估计我母亲还没有去巴黎。

迄今我似乎取得了一些不为人知的成功。我只举办了一场讲座。这个季节即将过去,我最初计划的讲座基本都落空了。此地一切都慢吞吞的,我至今没收到安特卫普、布鲁日、列日或根特的答复。但您也知道,我此行的真正目的是把我的批评文章卖给拉克鲁瓦出版社,卖价越高越好。

如果能成功,我今年就不必向您要钱了。但我能成功么?我很少品尝到成功的滋味。

祝好。别把我忘了。

夏·波
巨镜旅馆
布鲁塞尔蒙塔涅路

第一场讲座讲德拉克洛瓦。
第二场讲泰奥菲尔·戈蒂耶。

致皮埃尔-于勒·埃采尔

[布鲁塞尔,1864 年 5 月 8 日前后]

我亲爱的埃采尔:

我三十五天前就应该给古德肖先生[1]回信,他要求我对玛拉西特殊条款做出澄清。与此同时,我也受到了米歇尔的质询,他对此问题同样恼火[2]。我没给古德肖先生回信,因为我能对他说的一切都会导致您对玛拉西的愤怒。我每天都在想:我马上就要动身去布鲁塞尔了,我能见到玛拉西,我会把所有问题澄清后再给您写信。这件事现在已经办成了。所谓玛拉西条款根本不说明任何问题。这个所谓合同(在我回巴黎前就会废止)只意味着我欠他一笔钱,需要慢慢还清,而并不意味他在我出版自己的作品方面有什么权利。这份合同给米歇尔看过,从来没有第二份。玛拉西已收到了部分还款;但由于我以前不知道他从债权人那里获得了自己处置这笔债务的权利,所以我当时还很为他担心,也为我的还款担心,我害怕一场官司会不可避免地把所有债权都划转破产债权团,并担心所有矛头都对准我,指责我居然把钱直接还给了他个人。我这样解释您就明白了吧?一开始,玛拉西装腔作势拒不见我。而我对一些我压根不待见的书中见到自己名字遭到作践也相当恼火[3]。有一天,我们不期而遇;我要他对自己的倨傲向我做出解释;他对我说,所有那些盖了章的文件只有一个目的,就是让我不自在,随后他突然一转念头,又提议立即销毁那些列明我欠他钱的文件。我当然拒绝了,因为我不喜欢做事太过分;但再还他钱的时候我会要求他出具收据,而且在离开布鲁塞尔前我会让他改动几份清单中的内

---

[1] 古德肖(Goudchaux)是埃采尔的雇员。
[2] 玛拉西破产后,波德莱尔以为或假装以为他从此就在事实上对他原先通过合同转让给玛拉西的文学作品重新拥有了著作权,因此他在 1863 年 1 月 13 日把《恶之花》和《巴黎的忧郁》以 1200 法郎价格卖给了埃采尔。玛拉西认为波德莱尔与埃采尔签订的合同侵害了自己的利益。
[3] 玛拉西潜逃到比利时后不久就开始非法出版讽刺作品以及反对第二帝国的小册子,并在《十九世纪讽刺诗集》(*Le Parnasse satyrique du XIXe siècle*)中收录了《恶之花》中被法庭勒令删除的几首禁诗;同一本书中还收录了波德莱尔厌恶的贝朗瑞和缪塞的诗,这让波德莱尔"相当恼火"。

容，省得他脾气发作时又把我卷进去。

您知道我是很包容玛拉西的；但愿您别介意我这么长时间才回信；您肯定能理解这种包容。

不完成《巴黎的忧郁》最后一章我是不会返回巴黎的。我需要换个地方写作；我在巴黎变得很苦恼，脆弱易怒；到底因为什么？我也说不清道不明。

您旅行无疑是为了消遣，有人见到您和埃采尔夫人以及您的儿子在一起。您在度假，而我却用这些琐事给您添乱，真是不好意思。

如果您星期三还在这里，能有幸邀请您出席我的第二场讲座么（讲泰奥菲尔·戈蒂耶）？您是要几张入场券，还是我把邀请函给您送去？

祝好。

夏尔·波德莱尔
蒙塔涅路巨镜旅馆

致米歇尔·莱维

[布鲁塞尔，约 1864 年 5 月 10 日。谈的是《玛丽·罗杰疑案》清样的修改问题以及长途寄送、退回清样的困难以及意外等等。]

致纳西斯·昂塞尔

[布鲁塞尔，约 1864 年 5 月 10 日]

我亲爱的昂塞尔，这星期我会抽时间给您写信。但我请求您先给让娜寄去 50 法郎：让娜·普罗斯佩尔，巴蒂诺尔区索福鲁瓦街（rue Sauffroy, Batignolles）17 号。这是我演讲所得，原封不动地留给我在巴黎所住旅馆的老板。

我有很多事情要告诉您。但今天不行。《比利时独立报》又刊登了一篇文章，评论我的演讲，但我现在手头还没有。

我觉得这个可怜的让娜已经瞎了。

我准备这两三天里从容地给您写封信。但现在忙得要命。

我先把这张准备好的收据寄给您,省得您再和她联系。

夏尔

致利奥波德·科拉尔夫人①

[布鲁塞尔,1864年5月11日]

夫人:

如蒙您拨冗出席我今天(11日,星期三)在艺术家联合会举办的关于泰奥菲尔·戈蒂耶的讲座,我将不胜感谢。

夫人,请接受我崇高的敬意。

CH. 波德莱尔

致欧仁·韦伯克霍恩②

[布鲁塞尔,1864年5月11日]

先生:

如蒙您拨冗出席我今天(11日)在艺术家联合会举行的泰奥菲尔·戈蒂耶讲座,我将不胜感谢。

先生,请接受我崇高的敬意。

夏尔·波德莱尔

---

① 科拉尔夫人(Madame Léopold Collart)是比利时一位企业家的妻子,酷爱艺术和文学。科拉尔夫妇是阿尔蒂尔·斯蒂文斯介绍给波德莱尔的。

② 欧仁·韦伯克霍恩(Eugène Verboeckhoven, 1798—1881),比利时画家,出版家韦伯克霍恩的父亲。

致［阿尔贝·拉克鲁瓦？］

［布鲁塞尔，1864年5月11日］

先生：

如蒙您拨冗出席我今天（星期三，11日）在艺术家联合会举行的泰奥菲尔·戈蒂耶讲座，我将不胜感谢。

先生，请接受我崇高的敬意。

夏尔·波德莱尔

致米歇尔·莱维

［布鲁塞尔，1864年5月18日］

我亲爱的米歇尔：

送上认真修改过的第一卷；这排版也忒差劲了，就是为了能让您校对。现在我必须得跟您说，您太冷酷了，比冷酷尤甚。我写信跟您说过，为了更稳妥起见，请您等我回国后（六周以后！）再把书送去印刷。我同时请您寄给我《怪异故事集》第一卷，以便我准备爱伦·坡的讲座，——这都过去了多少天，总算等来了一封信，却还是清样。——我现在还怎么去安特卫普？怎么去根特和布鲁日？难道我非得屈从您的意志，连到手的钱都不能挣么？为了修改这些清样，我现在被钉在布鲁塞尔动不了窝。我再次请求您，请您在6月底前把书寄来。此前的排版可以维持不变。

这是一篇新的广告词，您想怎么改都行。

悉听尊便，但请您赶快回信。

CH. 波德莱尔

蒙塔涅路巨镜旅馆

致夏尔-玛丽·凯尔特贝尼[1]

[布鲁塞尔,1864 年 5 月 21 日前后]

先生:

如果您很想来听我最后一场关于兴奋剂的演讲,在艺术家联合会,5 月 23 日(星期一)八点半,我将不胜感谢。

夏尔·波德莱尔

致卡米耶·皮盖[2]

[布鲁塞尔,1864 年 5 月 21 日前后]

先生:

如蒙您拨冗光临我最后一场关于兴奋剂的演讲,我将不胜感谢,时间是星期一(5 月 23 日),地点是艺术家联合会。

夏尔·波德莱尔

您带朋友或父母来都行。

夏·波

欠 据(致儒塞)

布鲁塞尔,1864 年 5 月 27 日当天

事由:600 法郎

我将在明年 6 月底偿还儒塞先生或其指定者陆佰法郎,与我所借金额

---

[1] 原名卡尔-玛丽亚·本克尔特(Karl-Maria Benkert, 1824—1882),别号凯尔特贝尼(Kertbeny),德国-匈牙利混血,自称精通 52 种语言,而且是将裴多菲(Petæfi, 1823—1849)诗歌引入德国的第一人。波德莱尔在《可怜的比利时》札记中说他打算写些不着调的怪话消遣一下这位新交。

[2] 卡米耶·皮盖(Camille Picqué),时任比利时王家图书馆副科长。

相同。

夏尔·波德莱尔

应付地点：巴黎

阿姆斯特丹路 22 号

致纳西斯·昂塞尔

〔布鲁塞尔〕1864 年 5 月 27 日

我亲爱的朋友：

那桩大买卖我还没有发动攻势①；但我对一切已经产生了怀疑。您也来评判一下我是否有权对此抱有怀疑。五次讲座之后（大获成功），我希望结账。人家没付 500 法郎，只拿来 100 法郎和一封致歉信，说经费已然告罄，他们只做了两场讲座的预算，每场 50 法郎——至于后三场讲座，既然是在公共课程季之后举办的，就当我个人的义举好了。这是个什么民族！都是些什么人呀！我连书面协议都没有。我只是口头和他们约好每场讲座 100 法郎。我真想把这 100 法郎都捐给穷人。这儿的人怎么这么丑恶呀！

这 500 法郎我原本准备寄给我在巴黎的旅馆（阿姆斯特丹路）老板儒塞先生的，他会持此信去找您。接下来的 6 月份里，我会让应该在巴黎支付我稿酬的人每人还给他 100 或 150 法郎。差额 100 法郎就烦请您支持一下，计入我 6 月份的费用，收据随信附上。

我不敢把这件倒霉事告诉我母亲，怕她伤心难过。

还有更倒霉的事呐！不知是谁（雨果圈子里的某个人）在这儿散布了一个无耻的谣言②，您都想象不出布鲁塞尔人有多么轻信！

几天以后，如果可能的话，我就要开始谈那桩大买卖了，可我现在怒火中烧，心灰意冷。

祝好；给我写信吧，我会很高兴。

---

① 指向拉克鲁瓦和韦伯克霍恩出售 3 部作品之事。
② 这个谣言说波德莱尔是接受法国警方补贴的密探，专门来比利时监视留居在此的政治避难者。

我肯定 15 日返回巴黎，待上一周。

夏·波

致爱德华·马奈

［布鲁塞尔］1864 年 5 月 27 日

我亲爱的马奈：

感谢您深情的来信。请向令堂大人和您妻子转达我的友谊。关于您的画作，如果有什么可爱的遭遇要告诉我就请写信好了。先向您预致祝贺。

比利时人是笨蛋、骗子和小偷。我成了他们厚颜无耻的骗局的牺牲品。此地欺瞒成风，无人以此为耻。那桩我为此而来的大买卖还没开始接触；但我已经领教过的一切都让我觉得不是吉兆；——这还不算我在此地已被人当作法国警方的人了。——别人对您说比利时人天性敦厚时您可千万别信。狡猾、多疑、假和气真粗野、奸诈，果不其然。

祝好。

夏·波

致诺埃尔·帕尔菲[①]

［布鲁塞尔］1864 年 5 月 31 日

我亲爱的帕尔菲：

既然米歇尔不愿意给我回信，我就只好给您写信了（并向您提出请求）。——贵社收到我寄回去的《怪异与严肃故事集》第一卷修订稿了么？——为何我至今还未收到第一卷修订稿的第二稿清样？（或者有人认为没有必要再让我进行第二次通读？）

[①] 诺埃尔·帕尔菲（Noël Parfait，1814—1896），法国作家和政治家，当时在莱维出版社担任审稿人。

但像《玛丽·罗杰疑案》那样复杂的情节，如果手头没有第一卷，我是无法修改小说中间和结尾部分的。爱伦·坡的作品您肯定读过多次，您是知道作者的写作手法的。我手头只有英文文本。《玛丽·罗杰疑案》是一部推理小说。其中很多段落都有证人的陈述和（多次重复的）报纸引文，牵涉到一把小阳伞、一条围巾、一方手帕、一条长裙、一条短裙，等等；这些段落在最后都必须严格地以同样的表达方式复述出来。

可我手头只有英文文本。此外，我在巴黎用的是一部德国版的英文文本，字母排得特别密，而且我刚刚注意到，第一部里很多地方把短裙（Skirt）写成了衬衫（Shirt）——是短裙（Jupon）而不是衬衫（Chemise）——这就对这部推理小说的全部价值造成了损害。

您一定理解我为什么非要把整部《玛丽·罗杰疑案》都同时放在眼前才能修改了，对吧？

如果《玛丽·罗杰疑案》第一卷没有经过我再次通读就下厂印刷，我必须就"Skirt"一词做一份勘误说明。

但我依旧会在今晚或明早把修改过的《玛丽·罗杰疑案》第二卷通过邮局寄送给您；不过，一旦《玛丽·罗杰疑案》全书修订完毕，请务必把《玛丽·罗杰疑案》全书清样一次寄来。

我刚刚从那慕尔回来，我觉得我有权去那里散散心。我是 23 日出发的。24 日第二卷就寄到了。

我恳求您给我回复一两个字，6 月 2 日下午我就能收到。如果您未能回信，我就会认为您和米歇尔一样都不在，那么我将给卡尔曼发一封电报（回电付费），而且万不得已我就到巴黎去，专程去通读一遍《玛丽·罗杰疑案》全稿。哪怕往返旅行，我也要赶在下厂印刷前拿出几个小时全文通读一遍这部作品。

我和弗雷德里克斯先生已经见过两三次面，您对他谈起过我[①]。我衷心地感谢您。

CH. 波德莱尔
于布鲁塞尔蒙塔涅路
巨镜旅馆

[①] 帕尔菲曾作为政治流亡者长期逗留布鲁塞尔，1859 年大赦后才回到法国。

致米歇尔·莱维

布鲁塞尔，1864 年 6 月 1 日

夏尔·波德莱尔
于蒙塔涅路巨镜旅馆

我亲爱的米歇尔：

我再做最后一次努力。看来我太微不足道了，甚至比我想象得还要微不足道，居然不能让您贡献半分钟给我写三行字。

您让我签下一纸协议，就让我把修改自己清样的权利拱手交给随便什么人。这样做只能引发我悲惨天性中的持续焦虑。——您 17 日寄来的第一卷，我 18 日就给您寄回去了，并要求您把第二稿清样寄给我，同时请求您等我回国后再下厂印刷。

我去那慕尔拜访洛普斯先生[①]期间，另一份清样（第二卷清样）寄来了（不是第一卷的第二稿清样）。我甚至不知道您是否收到了我修改的清样。

现在的情况就是这样：像《玛丽·罗杰疑案》和《莫格街谋杀案》这类探案推理小说，它要求在细微末节中也必须具备极细微的精确，并且，从一开始的引述直至全篇结束，都要求绝对一致。

我对您说的这些话，其重要性您绝对不能像个普通文人那样去理解，我知道您已经读了相当多爱伦·坡作品，您应当明白我的想法。

此外，由于我老眼昏花，看不清特别细小的字母，导致我有多处误译，现在这些误译从头到尾随处可见。

如果第一卷已经下厂印刷，那没什么可说的，也没必要再说个两三遍，我要求全部推倒重来。我如今兜里确实没有钱。但我会带着钱回巴黎，即便我没带着钱回去，我知道我在巴黎也能找到足够支付第一卷的排版、纸张和印刷费用的钱。您不能拒绝我这样做。您要知道，我亲爱的朋友，我的尊严只能来自一种美德，这种美德就是对自己这份职业的热爱。

[①] 洛普斯（Félicien Rops，1833—1898），比利时画家和雕刻家。

请不要羞辱我,也不要取消我审看第二稿清样的权利。

我昨天给诺埃尔·帕尔菲先生写了同样内容的信;如果下述两点我收不到您的任何回音,即:

——《玛丽·罗杰疑案》第一卷是否已经下厂印刷?而且,我能否重审一遍?

——我能否同一天将《玛丽·罗杰疑案》全书一次性重审一遍?

——如果还是没有任何回音,我再做出点儿什么事来就不好说了。

从今天开始,我哪儿也不去了,我不会再去那慕尔、安特卫普或布鲁日,哪怕是为自己挣钱也不去,除非您答复我。

——至于广告词,建议暂停,我谢谢您。

如果您几天以后在《费加罗报》上看到署名夏尔·德·费伊斯(Charles de Féyis)的系列报道《比利时信札》[①],可以关注一下。(到了德·维尔梅桑先生手里,谁也不知道这份报道会变成什么样。)——祝好,请给我回信,求您了。

夏·波

致诺埃尔·帕尔菲

[布鲁塞尔,1864年6月2日?]

万分感谢!您把我从焦虑中拯救出来了。每当我认为我将无法通读第二稿清样时,我就会在清样上写下:由帕尔菲先生通读并批准印制。

我收到了从翁弗勒尔寄来的精装本爱伦·坡。手头终于有个好版本了。

《玛丽·罗杰疑案》印好后,别忘了找一套好的送给《国民舆论》的秘书波谢(Pauchet),他已经向我支付了稿酬,后来我又从他那儿把稿子拿走了。——还请他尽快在《国民舆论》上刊发。对这本书来说,那是最

[①] 《比利时信札》(*Lettres belges*)是《可怜的比利时!》(*Pauvre Belgique*)最初的名字。

好的广告。

昨天晚上,为了消解《玛丽·罗杰疑案》的忧愁,我喝了不少啤酒和波尔图甜葡萄酒,乘着酒兴给米歇尔写了一封情绪激动的信。如果他觉得被冒犯了,请代我向他致歉。——再次感谢!

CH. 波德莱尔

致诺埃尔·帕尔菲

[布鲁塞尔,1864 年 6 月 5 日前后?]

我亲爱的帕尔菲:

我还未收到第一卷,其中有两处错译,一处是"短裙"(jupon),另一处是打"绳结"(nœud)的方法。虽然我跟您说过我很乐意手头同时有《玛丽·罗杰疑案》的各种文本,但我还是会遵从您信中的意见,把必须从第一卷摘录的句子转录到第二卷以后就把第一卷给您寄回去。

祝好。

CH. 波德莱尔

致纳西斯·昂塞尔

[布鲁塞尔,1864 年 6 月 10 日前后]

我亲爱的昂塞尔:

我没有时间对您长信中的所有问题一一作答,虽然这封信极为友善,但没办法平息我心中的阵阵怒火。

关于那位旅馆老板,我实在难以理解为什么他在 5 日还没收到我向他承诺要在月底向您讨要的 100 法郎。您对我说过,您会给他一个满意的说法。这句话不外乎有这样几层意思:——把那 100 法郎给他,——对他说上几句话,最后,请允许我开个玩笑,回应来自他的决斗挑战。

我刚收到他的信,但未打开;我来信不拆已经有好几天了,因为封封信都只有让人不愉快的事，日益恶化的精神系统疾病正在夺走我的力量。但这封信告诉我还有其他小麻烦存在。天啊！写信沟通怎么就这么难！我在此写信耗费生命，却没有人对我做出回应。

您告诉我说，如果您给了他一个满意的说法，那就是说您只能在8月份把钱给他（给他还是给我）。这跟我有什么关系？反正我为了活下去已经未雨绸缪，开始给《费加罗报》写稿了——系列报道《比利时信札》。

雨果团伙造我的谣真是无耻，我要报仇。我似乎是法国警方的人。这儿居然就有人信了！

您读读蒙塔朗贝尔①这个小册子吧，《教宗与波兰》(*Le Pape et la Pologne*)，这正是写给您看的，写得真美。

我不用看旅馆老板的信就能给他回信，让他继续给您家写信。既然我已经理解了您的意图，我觉得这么告诉他就行。

祝好。

夏·波

只有15日到20日我才能去拉克鲁瓦出版社。

致欧皮克夫人

[布鲁塞尔] 1864年6月11日星期六

我亲爱的母亲，你绝不会被抛弃，但因为你是个女人，所以容易神经过敏。而我只有在想告诉你一些不愉快的事时才害怕给你写信。再说我简直太忙了；还要操心未来，操心巴黎，操心我不在巴黎期间正在印刷的一本书，这本书我只能断断续续收到清样；还有，放下其他倒霉事不说，过去的六个星期我始终病恹恹的，无论是身体还是精神。

为了尽快回答你信中关心的问题，我先说"好吧"②，因为我猜这会让你感到欣慰。但你真的是很糊涂。千万别让任何人动那些纸箱子，箱子里

---

① 蒙塔朗贝尔（Charles de Montalembert, 1810—1870），法国历史学家、政治家。
② 欧皮克夫人打算让波德莱尔的嫂子阿尔封斯·波德莱尔夫人住进波德莱尔的房间。

的东西都是我需要的。我甚至不知道该把这些文件——文学方面的、财务方面的——以及其他东西都放在哪儿……我也不知道该拿我的钥匙怎么办。我会稍晚一些时候去翁弗勒尔，就这样吧。我并不是想躲开我的嫂子，坦率地说，我还享有自我安宁这一点点权利，这真是太糟糕了。你得告诉我，我嫂子什么时候来，准备待多长时间。还有，我认为我的事业正处在转折关头，所以我逗留的时间要比我计划的稍长一些。我本想20日就走；但我还得挣钱吃饭，而且往返巴黎也不能不带上点儿钱，我设想把我的旅行见闻写成一本书，由一系列信件组成，无疑会先在《费加罗报》上发表。然后再结集卖书。这需要勇气；但必须去安特卫普，去根特，去列日，去那慕尔，去奥德纳尔德，去布鲁日；必须去看、去问；而且，你真应该知道我与之打交道的那些人有多么粗鄙！

（你能不能在不打乱你可怜预算的前提下再给我寄一小笔钱，200或100甚至50法郎？）

一旦我们重新生活在一起，我要尽一切、一切的可能来改善我的命运，拯救我自己；因为我再不想要什么司法监护；我要在努力工作和逗你开心中度过我的一生，我不想在贫困中死去。

现在我给你说说我悲怆的业绩（截至目前还是那么悲怆），你可以从中判断一下是不是我的错。

我是为一位出版商而来的，我想提供给他三卷作品，为期五年，要价20000法郎，或通过一系列出版版税争取更好的价格。

为了他，我安排了五次演讲。他五次邀请函都收到了，但就是不来。

这几次演讲（最后一次在23日举行）虽然都特别长，两倍于通常的时间，一次两小时而不是一小时，但都获得了极大的成功，可以说没有人见过此前还有过类似演讲。——一开始，我就表现得宽宏大度；当他们和我讨论演讲酬金条款的时候，"按你们的想法安排吧；我不会和你们就这类问题讨价还价的。"我就是这么说的。他们含糊地答应每次演讲的酬金是100法郎。他们告诉我说会写信通知列日、根特、安特卫普和布鲁日的艺术家联合会。然而他们耽误了很长时间，结果让最好的季节溜过去了。24日，联合会的一名接待人员来找我，给了我100法郎（而不是500法郎）和一封信，文绉绉地恭维我对金钱的蔑视，并告诉我说整个季度的经费已经花光了，但他们对我印象颇佳，来年会给我补偿。想想看，这就是所谓上流社会的人士——律师、艺术家、官员，看似颇有教养，实则公开对一个信赖他们的外国人实施抢劫。

我又能怎么办！又没有书面协议！在这个地方，没有人认为不诚信是一种耻辱，反而觉得是一种机巧。给穷人们一点儿钱，就好像是对联合会的侮辱，就好像我把大家都得罪了似的。结果导致我极度缺钱；24日支付旅馆费用时还少付给人家3个苏。

你大概认为我的麻烦到此为止了吧。绝对没有！

突然一个谣言流传开来，说我是法国警方的人！！！！！！这个无耻的谣言来自巴黎，是雨果团伙中某个人散布的，他很了解比利时人愚蠢和轻信的秉性。这是对我在巴黎发表的一封信[①]的报复，我在那封信里曾经揶揄过那场有名的莎士比亚宴会。——这事你可能并不了解。——所以，我基本上可以断定，既然我要找的那个出版商[②]正是雨果的出版商，他之所以不来出席我的演讲，是因为他对我已经抱有成见。

不过，此事必须有个了断，我也要孤注一掷，所以我借用了一位证券经纪人的客厅，准备在星期一安排一场朗读会。

我刚刚给出版商拉克鲁瓦发去了第六封邀请函。我还写信邀请了一位王室大臣，我曾在他家里受到过热情的接待。我想把名人都请来。我想对那个愚蠢的诽谤采取一些明显的补救措施。

给你写这封信花了我不少时间。我爱你并拥抱你。

你上一封信邮资不足。你可别再让我欠门房的钱了。

你在明天即星期日晚上就能收到这封信；如果你星期一给我回信，最好在五点以前寄出，那样我就可以在星期二晚上收到你的回信。

夏尔

---

① 指波德莱尔1864年4月14日在《费加罗报》上匿名发表的一篇文章《莎士比亚的诞辰》(*Anniversaire de la naissance de Shakespeare*)。这篇文章虽然是匿名的，但雨果圈子里的人没费什么周折就查出了作者的名字。

② 指阿尔贝·拉克鲁瓦。

你喜欢《弗拉卡斯上尉》①这部小说么？里面有不少令人惊艳的美女。我去过安特卫普了。很壮丽。但老百姓比布鲁塞尔还粗野。该说的都说到了吧。谁知道呢？

致阿尔贝·科利尼翁

[布鲁塞尔] 1864 年 6 月 11 日星期六

如您所见，为回复您上个月的来信，我抽时间进行了思考。

严格说来，我并非求您什么事，只是对您一声不吭有些不悦。今天我感到极度不适，想去那慕尔做些考察。等一有了您的回复我就动身。我再寄给您一张 50 法郎的收据，但愿您别认为是我情急之下强人所难。

想当年我每次投稿，《当代评论》和任何一家杂志都会付给我 57 法郎的稿酬；但现在信封里不仅没有 57 法郎，连更少的都没有，我记得您跟我说过贵刊资金来源的问题，但我还是恳请您采取某种补偿的方式发表我的四五篇小散文诗，我认为这几篇散文诗还是蛮讨人喜欢的。

如果您打算发表，因为我看不到清样，所以请您格外留心。

如果您不打算发表，我会转给德·卡洛纳先生，或是夏庞蒂埃先生。

今天寄给您太晚了。而且我也不了解比利时邮局寄送稿件的规定。今晚我会誊抄一稿。——顺致崇高的敬意。

夏·波

今收到《新评论》社长阿尔贝·科利尼翁先生伍拾法郎。

CH. 波德莱尔
1864 年 6 月 11 日
布鲁塞尔蒙塔涅路
巨镜旅馆

---

① 《弗拉卡斯上尉》(*Le Capitaine Fracasse*) 是戈蒂耶的一部小说。

致诺埃尔·帕尔菲

[布鲁塞尔] 1864 年 6 月 11 日星期六

我亲爱的帕尔菲:

我把您受托之事告诉了弗雷德里克斯先生。

我给您寄回去了第一卷(是排版稿,不包括修改),其中我至少修改了三处大的错译。但我觉得下面几卷里还会出现同样的错误,就是在杜宾骑士(le Chevalier Dupin)听完证人陈述后的推理部分[①]。

您看,又有好几天过去了,我什么都没收到。不安的情绪又重新开始蔓延。

如果清样按咱们俩的约定保持不变,就不麻烦您给我回信了。但要催催印刷所方面。又过去了那么多天!我总担心节外生枝,总怕寄回去的清样您没收到,等等……

我原计划陆续去那慕尔、列日、根特、安特卫普等地走走,但为了此书我准备放弃了。哪座城市我也没超过两天就赶回布鲁塞尔了,唯恐会有清样寄来。

我做了一些笔记,准备就我的旅行写一本小书。

下一篇《梅泽尔的木头人》(*L'Aotomate de Maëlzel*)[②] 里有一幅小插图,我很想在透明纸上把它拓下来。我记得米歇尔那儿有一份这个图样,打算印在书上,错是不错,就是太粗劣了。

祝好。

请向米歇尔和卡尔曼问好。

夏·波

蒙塔涅路。巨镜旅馆。

---

① 波德莱尔谈的还是《玛丽·罗杰疑案》。
② 指爱伦·坡的随笔《梅泽尔的象棋手》(*Le Joueur d'échecs de Maëlzel*)。

致古斯塔夫·弗雷德里克斯

[布鲁塞尔]1864年6月11日星期六晚

先生：

诚邀您出席一个纯私人性质的小型文学晚会，为此普罗斯佩尔·克拉博先生[1]慷慨地为我提供了客厅，时间是星期一晚上九点。

顺致崇高的敬意。

夏尔·波德莱尔

地址：诺孚路（rue Neuve）52号乙。

致奥古斯特·普莱-玛拉西

[布鲁塞尔]1864年6月11日

我亲爱的玛拉西：

别忘了星期一晚上八点半到十一点的活动，咱们俩在巨镜旅馆碰头，一起去克拉博先生家，我引荐您与他结识。

祝好。

夏·波

我亲爱的朋友：

咱们聊阿尔蒂尔聊了五个小时，现在我得去和那些夫人道别去了，明天咱们见面的时间提前半个小时，理由我已经告诉您了。

致奥古斯特·普莱-玛拉西

[布鲁塞尔，1864年6月14日？]

我亲爱的朋友：

36开印张的书籍通常是不是默认同时印两张纸？

---

[1] 普罗斯佩尔·克拉博（Prosper Crabbe）是布鲁塞尔证券交易所的20位股票经纪人之一。波德莱尔曾经参观过他的画廊并写过札记。

这件事对我很重要。

这就是说，米歇尔还是应该把第一卷的第二稿清样寄给我，可我没收到，虽然我收到了第二卷的第一稿清样。

我很不放心；连续写了数封信。我得发电报了，就像阿尔蒂尔发给他的小天使们①……——劳驾，请回信。

洛普斯先生还没来信么？

祝好。

夏·波

致诺埃尔·帕尔菲

[布鲁塞尔，1864年6月] 16日星期四中午

我亲爱的帕尔菲：

昨天中午我干了一件新鲜事，情急之下给您发了一封电报并预付了回电资费，但还未收到回复。

我不担心您不回复，因为我记得我在信中对您说过如果按咱们俩的约定没有任何变动，就不麻烦您给我回信了。但同时我总担心清样丢失，所以无论如何我得找到那位慢性子的印刷所老板。这都半个月了，没寄来任何东西！我现在有很多空闲，闲极生烦了。另一方面，《玛丽·罗杰疑案》修改不完我哪儿也不敢去，因为这篇小说是整本书里最复杂的一篇。

请告诉米歇尔，我已经着手写一部关于比利时的小书了，它不同于任何同一主题的书。我打算回去以后推荐给他。我估计他没有关注我在《费加罗报》上刊发的若干片段。不过，如果我知道他更看重书稿首发，我会立即中止投稿。我已经积攒了不少札记。

麻烦请催催印刷所老板吧。如果您能把《玛丽·罗杰疑案》的剩余部分统统寄来，那我就别提多高兴了。

---

① 指阿尔蒂尔·斯蒂文斯。"小天使们"可能指他的2个小女儿，也可能指他的嫂子和侄女即约瑟夫的妻子和女儿。

第一卷我只读了两遍。

祝好。

夏·波

致欧皮克夫人

[布鲁塞尔，1864年6月]16日星期四

我亲爱的好母亲，我仁慈的妈妈，感谢你寄来的保价信，这封信是星期二晚上送到的，但我昨天（星期三）上午才拿到。在这里，但凡保价信，邮局都要通知本人去中心邮局自己领取。

我给你回信耽搁了一天，因为我想给你说点儿新消息。我刚刚离开拉克鲁瓦和韦伯克霍恩出版社。没有任何结果。下周四才能有回音。我不相信会有什么好消息。我每天晚上九点钟上床，早上五点起身，我在写一本小书，记录下我此次旅行中的一些思考。

我不想再见到这个拉克鲁瓦了，他六次拒不接受我的邀请，连一封道歉信都没有。我刚才路过他的办公室，没搭理他，只跟他的副手韦伯克霍恩谈了谈，他是那位知名的比利时画家的儿子。

还有那个精彩的晚会！！！哎！可笑极了，笑死活人不偿命。

我笃信我那个幸运星座，我在工作……明晚以前我再给你写一封四页长的信，慢慢地写，放松身心地写。——我坚信这个拉克鲁瓦是受了巴黎的指使，否则他不可能这样干；所以说，我又有了对头。太哏儿了！可是，天哪！我招谁惹谁了？

你无法想象这需要何等坚强的意志才能抵御这种堕落的行为。

拥抱你。

夏尔

我肠胃和睡眠都很紊乱。你呢？

致欧皮克夫人

[布鲁塞尔] 1864 年 6 月 17 日星期五

我亲爱的母亲：

现在是下午六点，今天上午没给你写信是我的错。我做出了一个重要决定。我不再见任何人。那个法国人①，我的朋友之一，那个我可以和他一起拿这些下流的比利时人开涮的人已经离开了。我很孤独；我很早就起床了，工作。

下周四，我将知道我的命运。

现在给你说说那场精彩的晚会吧：我出面邀请了十五个人，来了五个，是跟我最要好的五个人，却没有什么影响力，——还有两位，一位是王室的大臣，另一位是《比利时独立报》的社长，他们因不能赴约而书面致歉，——房主出面邀请了十五个人，也来了五个。你能想象得么：三间宽敞的客厅，被枝形吊灯和壁灯照耀得亮如白昼，墙上装饰着华美的油画，糕点和红酒多到荒谬的程度；所有这一切难道就是为了这十到十二个平庸之辈么？

我身旁有一位记者俯身对我说："您作品中还有某种基督教的东西尚未被充分注意到。"客厅另一端坐着几位证券经纪人，我听到他们在低声交谈。这些先生在说："他说我们都是白痴！"

这就是比利时人的智力和习性。

我看到所有人对我的朗诵都不感兴趣，所以就停了下来，也开始喝酒、吃东西，我的五位朋友有些尴尬和扫兴，只有我一个人在笑。

你很有智慧，像我和你说的一样：100 法郎作我的旅馆费用，50 法郎给了老是腻烦我的鞋匠（此地不允许赊账）——还有 50 法郎留作我日常的开销。

我的神经已紧张到了极限；但一想到我可怕的未来，我就必须把上帝和运气牢牢抓住。

拥抱你。

夏尔

---

① 指埃采尔。

可以肯定，有一位拉克鲁瓦出版社的股东出席了演讲，他昨天下午安排我和韦伯克霍恩见了一面。可我担心只有拉克鲁瓦才有最终决定权。

如果我对比利时的研究工作进展顺利，你就会看到一些没人敢说的可笑透顶的东西。

致西蒙-拉松 [①]

[布鲁塞尔] 1864 年 6 月 18 日

先生：

根据诺埃尔·帕尔菲先生的要求，尽管我手头若有《玛丽·罗杰疑案》全稿会有助于我的修改，但我还是把第一卷第二稿清样寄回去了。有两三个错误贯穿全书，所以修改某页的错误时最好能参考此前的修改。但有一个更大的问题是：信，我写了一封又一封，甚至发了电报，可依旧无法得知您是否已收到了我手改的稿子，上面指出了《玛丽·罗杰疑案》清样中的所有缺漏（包括第二卷第一稿清样），也不知道您是否已开始排印第二卷第二稿清样。

答复我的最好办法就是把《玛丽·罗杰疑案》全书清样统统寄给我。

如果我手改的稿子丢失，我就必须从头再来；因为我拿给您的是《国民舆论》的排版副本。

顺致崇高的敬意。

夏尔波德莱尔
布鲁塞尔蒙塔涅路
巨镜旅馆

稿子的其他部分都不错。第二卷第一稿清样和那份手改的稿子我是在 6 月初给您寄回去的。

[①] 西蒙-拉松（Simon-Raçon），印刷所老板，曾承印第二版《恶之花》。

致泰奥菲尔·托雷 [1]

[1864年6月20日前后]
布鲁塞尔寰球酒馆

亲爱的先生:

我不知道您是否对我还有印象,是否还记得我们曾经有过交谈。时光荏苒!我饱读了您的文章,我想感谢您为我的朋友马奈施辩,您的辩护为他博得些许公正。只是您谈到的观点中一些细节有出入[2]。

人们认为马奈先生很狂放,很狂热,其实他是一个非常正直、单纯至极的人,他尽其所能,想让自己所做的一切都合乎情理,不幸的是他一出道就被打上了罗曼蒂克的标签。

模仿一说是不正确的。马奈先生从没见过戈雅的画,从没见过格列柯的画,也从没去过布尔达莱斯伯爵画廊(la galerie du comte Pourtalès)。您对此可能难以相信,但都是真的。

我本人,在赞赏之余,也对这种冥冥之间的契合瞠目结舌。

说到马奈先生,当我们本可以在西班牙的博物馆里尽情享受那幅美妙画作时,愚蠢的法兰西共和国出于对财产权的过分尊重而将其还给了奥尔良诸亲王,当时马奈先生还是个孩子,在一条海轮上当见习水手。

人人都说他模仿了戈雅,所以现在他打算找些戈雅的画看看。

他肯定看过委拉斯凯兹的作品,可在哪儿看的我就不知道了。

您会怀疑我说的这些话么?您不相信自然界竟能有此等离奇的相似?那好吧!那就指控我吧,说我模仿了爱伦·坡吧!您知道我为什么会那么耐心地翻译爱伦·坡的作品么?就因为他太像我了。第一次打开他的书时,我便惊恐万状地发现,不仅那些主题是我曾梦寐以求的,甚至连那些

---

[1] 泰奥菲尔·托雷(Étienne-Joseph-Théophile Thoré,1807—1869),笔名威廉·布尔格(William Bürger),后改称泰奥菲尔·托雷-布尔格(Théophile Thoré-Bürger),法国记者、艺术评论家,波德莱尔在第二共和国时期与他有过交往。

[2] 托雷-布尔格在《比利时独立报》上发表了一篇评论巴黎沙龙画展的文章,是有关马奈评论的最著名的文章之一。但文中也批评了马奈,认为他模仿了委拉斯凯兹(Vélasquez)、戈雅(Goya)和格列柯(Greco)。

句子都是我曾冥思苦想过的,只不过,他二十年前就已经诉诸笔端了。

现在您去了解吧,您自己做出评判吧①……!请您别发火;愿您内心一隅对我的美好回忆犹存。任何时候,只要您乐于帮助马奈,我都会感激您。

夏尔·波德莱尔

这封信写得很匆忙,我托贝拉尔蒂先生转交给您。

我还有个渴望,这种渴望与其说大胆,倒不如说狂妄至极。您可以引用我的信,至少可以引用几句。因为我之所言俱为实情。

致 J. 罗塞兹②

[布鲁塞尔,1864 年 6 月或 7 月]

先生:

我收到玛拉西先生转来的某人③来信,他急欲找到我关于沙龙的文章——《1845 年的沙龙》和《1846 年的沙龙》,以及下述评论:《德拉克洛瓦》《安格尔》《批评方法》——两篇沙龙的文章找不到了。那几篇评论发表在一份如今已停刊的报纸上,好像是叫《文摘》。不过这种寻找意义不大,因为我希望能把我的全部批评文章结集为两卷出版。

顺致崇高的敬意。

CH. 波德莱尔

---

① 拉丁文:Et nunc, erudimini, vos qui judicatis...
② J. 罗塞兹(J. Rozez)是法国政治流亡者,在布鲁塞尔玛德莱娜路 7 号开了一家包罗万象的书店,波德莱尔为书店题写了店名"罗塞兹书店"。
③ 指夏尔·德·斯博尔贝克·德·洛文儒尔子爵(Le vicomte Charles de Spoelberch de Lovenjoul,1836—1907),比利时作家,玛拉西与之有交往。

致纳西斯·昂塞尔

[布鲁塞尔，1864年] 7月14日星期四

我亲爱的昂塞尔：

一切都完了。在一座猜忌遍地的城市里，一个密探不可能成事。我病了（持续腹泻，心动过速，胃部剧痛），整整两个半月！多美妙的旅行啊！不过我还是想借此机会写一部关于比利时的书，部分章节将发表在《费加罗报》上。习俗部分（习俗、政治、神职人员、自由思想者）已开始动笔！现在该去看看安特卫普、布鲁日、那慕尔、列日和根特等城市了。总之我想写一部好笑的书，其中满是我深深的厌倦。此地的一切都与我不对付。谁都在伤害我，尤其当我对耶稣会士表现出明显好感的时候。您可能知道议会和内阁处境微妙。我倒希望能有枪声、有街垒战。但这个民族愚蠢至极，不可能为一些观念而互为敌手。若是啤酒涨价则另当别论。

请立刻寄给我8月份的150法郎。我要付旅馆费，还要留点儿钱去那五座城市。好在这几个地方相距都不远，生活（虽然很糟糕）也很便宜。

我估计星期六上午能收到您寄来的150法郎。我星期日上午动身。请注意，我已经六个星期没有向您提过任何要求了。

至今仍有人对蒲鲁东那场遭遇津津乐道，我以后也会谈一谈。我在一次社交晚会上碰到了那位议员（！），他是那场令人作呕的骚动最大的推手①。——我在这里还会再待上一段时间，直到巴黎发表此书的部分章节为止。此地社交圈子里的人都读《费加罗报》。我谁也不想见了，我要让大家看到我蔑视所有的人。

不过我还打算见一见梅赫伦的大主教。我听人说起过自由思想者的钟声；我想听到另一种钟声。

我手头现在积累了不少素材，关于慈善的、捐赠的、教育的、选举权

---

① 指发生在比利时的一场反对蒲鲁东的示威活动，发起人被认为是 L.-J. 德弗雷（L.-J. Defré），起因是蒲鲁东 1862 年 9 月 7 日在《广告事务报》(*Journal de l'Office de publicité*) 上发表了一篇文章，讥讽地建议拿破仑三世吞并比利时，但德弗雷拒不承认这是讥讽。示威活动发生后，蒲鲁东不得不离开布鲁塞尔回到巴黎。

的、纳税额的、安特卫普的、丧葬的。等等……

多么愚蠢、迟钝的民族呵!

此地一切该做的,耶稣会士都做了,但所有人都不念他们的好。

现在,说老实话,必须得承认神职人员太迟钝、太粗野了。唉!都是弗拉芒式的。

但愿您旅行莫选此地!

祝好。

夏·波

我外出时不想再看到这些乌七八糟的东西了,只想看看绘画和建筑。——如果您不在家,就让人赶快把钱寄来。

我8月15日回法国。

您星期五上午会收到这封信——请记着下午五点以前把钱寄出来。

致西蒙-拉松

[布鲁塞尔] 1864年7月18日星期一

先生:

在您的排版工和校对工把我忘掉的半个月或三个星期里,我却还总是担心我寄出的包裹是不是投错了地方或者您还未收到——我寄给您修改好的、可以排版的第三卷第二稿清样已经很长时间了。——如果第一卷我修改过的那两三处已在排版之后得到校正我会很高兴。——别忘了《国民舆论》的秘书波谢先生对《玛丽·罗杰疑案》正翘首以盼。上好的纸张将完美地置换我从他那里拿走的手稿。《玛丽·罗杰疑案》印制完毕后务必请寄给他,还要记着最后的三四页是改在了长条校样上,到第四卷时还要用。

请您直接寄给波谢先生,或者请诺埃尔·帕尔菲先生转交,还要麻烦您附上一张便条,说明这是波德莱尔先生要求您这么做的,因为这篇小说在《国民舆论》上发表已迫在眉睫;——最后还有一件小事(很重要),

要发一篇预告，说明这只是我翻译的五卷本爱伦·坡作品的部分章节，全书即将出版，书名是《怪异与严肃故事集》。

亲爱的先生，请接受我诚挚的谢意。

夏尔·波德莱尔

布鲁塞尔蒙塔涅路

巨镜旅馆

您可以把这封信转给诺埃尔·帕尔菲先生看看。

致［阿尔弗雷德·卡达尔？①］

［布鲁塞尔］1864 年 7 月 21 日星期四

亲爱的先生：

我到这儿三个月了，本以为精心策划过的业务能赚大钱。但遭遇了很多挫折。所以现在很难从事务堆中脱身。而我在巴黎还有些半拉子事项没有着落；所以最晚 8 月底会回一趟法国，届时兜里好歹会有些钱。请别和比利时人做生意——除非一手交钱一手交货。我在阿姆斯特丹路肯定能找到您的那些版画月刊。我要是有时间提前通知您，让您先替我保管起来就好了。

请接受我真诚的道歉。

CH. 波德莱尔

致欧皮克夫人

［布鲁塞尔，1864 年］7 月 31 日

我亲爱的母亲，在翁弗勒尔安顿下来之前我还得在比利时待上一个

---

① 阿尔弗雷德·卡达尔（Alfred Cadart），蚀刻家协会月刊（*Cahiers mensuels de la Société des aquafortistes*）的发行人。

月。我已开始写那本讨人嫌的书了，必须把它完成。布鲁塞尔的札记都在手头；已经写了五章；还要去外省跑一跑。半个月足够了。列日、根特、那慕尔、安特卫普、梅赫伦，特别是布鲁日，对我来说这是一趟逍遥之旅。我算了一下，这趟旅行很便宜，150法郎足够我用的了。火车票比较贵，但距离都不远！

可能的话我还想求你帮帮忙（在你面前我总像个不知好歹的孩子）。我会尽可能在9月份给你带回一部分《比利时信札》的稿费。如果你撒手不管，我真不知道还怎么实施我的计划，也不知道拿什么度日，尽管不是很多。我目前的三大急事是：

——给旅馆付些费用；

——去巴黎处理几类紧急事项；

——给一位债主还点儿钱安抚一下，他让人把我逼得不得安生[1]（去巴黎我最害怕的就是这件事）。最近为了应急，我不得不和布鲁塞尔的当铺打起了交道，现在我需要一些物品；

——最后是去外省的旅行；不过这件事不着急；因为我还要十来天才能完成布鲁塞尔札记。

我的《比利时信札》现在还不能为我创收，因为我自己斟酌并征求了一位法国人[2]的意见，结论是只要我人还在这里，《信札》就不应该发表。这些信会让比利时备感羞辱，以前就有一位远比我知名的人物——蒲鲁东先生——被人用石块从这里赶走了，只因为他在报上开了一个完全无心的玩笑。我觉得最好是去巴黎待上一天，也就是说再到狼窝里走一遭。和《费加罗报》签订发表《信札》的协议，找一家出版社成套再版我的作品，找一家书商出版我原打算在比利时转让的三卷评论，这才是大事。那三卷奇异的评论会不会因为名气不大而销路不畅呢？不，这不可能。但沮丧之时我也时不时会这么想。啊！但愿我能再度振作精神，恢复健康，去报复这个卑劣的民族，直到我有足够的权威说出我对法兰西的所思所想。

（6月23日，我从拉克鲁瓦先生的合伙人口中得知那桩生意没戏了。

---

[1] 指阿隆戴尔，他让马蒂尼催债，搅得波德莱尔心绪不宁。

[2] 指埃采尔。

他说得非常客气，头头是道，很快我就知道全是谎言。然后他问我有没有小说。口是心非！他明明知道我没有。）

虽然去巴黎让我害怕，但还是要勇敢地或者说必须得去。我写了许多信，但没人回应。你知道，在一片充满敌意的土地上孤身一人，与世隔绝，没有交流，没有任何可能的快乐，而你需要的那些人又没人搭理你时，你心中会何等愤怒！

两个多月来，在这样一种精神和身体状况下我还能写出不多的东西（整理笔记，撰写出最初几章，还修改了一本书的清样即将在巴黎出版），我自己都觉得奇怪；我从没有感到如此厌倦，如此软弱。三个月的持续腹泻现在又越来越多地代之以不堪忍受的便秘，这个毛病可无法振作我的精神。心动过速和胃部剧痛则不见了踪影，我也不知道是怎么回事。此外没有什么新的毛病。很多法国人都得过这种腹泻，我觉得与气候和喝法罗啤酒有关。

所以所有人又很快恢复了喝英国啤酒或法国红酒的习惯。但一瓶法罗啤酒2个苏，一瓶英国啤酒30个苏，一瓶波尔多红酒3法郎。至于我，我一直维持着老习惯，饮食极为节制，没觉得法罗啤酒有什么好。即便身体好的时候，如果饭菜没什么滋味，我也厌恶吃。我敢打赌你又会给我寄一大堆药方，——我不需要。到了9月份就能痊愈。

我觉得自己下决心去巴黎是对的。我寄给《巴黎生活》几篇稿子。没有回音！寄给《国民舆论》，也没有回音！寄给《插图世界》，依旧没有回音！当某个人置身于一个讨厌的民族当中，两眼一抹黑却又得不到他所需要的信息时感受到的折磨，事实上没人能明白。

这封信的结尾部分我另找时间再写。但我又着急寄给你。我希望和你说点儿高兴的事！

我希望不用被人逼着去巴黎。我打心眼里厌倦此事。我的一位朋友[①]路过此地，他说他负责去和《费加罗报》沟通情况，领取稿费，并要求只有等我回去后这些信札才能见报。

夏·波

---

① 指埃采尔。

欠　据（致儒塞）

［布鲁塞尔］1864年7月31日当天

事由：600法郎

今年9月30日我将偿还儒塞先生或其指定者陆佰法郎，与我所借金额相同。

夏尔·波德莱尔

偿付地点：

巴黎，阿姆斯特丹路22号

致欧皮克夫人

［布鲁塞尔，1864年］8月8日

巴黎没有任何回音，没有，一点儿也没有！

3日很晚的时候，我收到邮局的通知，让我去取一封保价信。此地凡是保价信都这么办理。此前我没给任何人写信要过钱。4日上午，因为我说不出从哪儿寄来的信，人家不给我。你知道，若是你的来信，哪怕我不在也不会有什么麻烦。我左思右想，这世上只有你才可能在我未张口要钱就把钱寄给我。于是我拿了你过去的来信给人家看，人家看到笔迹相同，就把信给我了。

这50法郎恩泽无限，令我感慨万分。你现在能理解我为什么踌躇着没有马上给你回信的缘故了吧。是不是一开始那封信就应该撕掉不寄？或者这50法郎意味着某种丧失，是表示为难呢？不过，我思前想后，还是认为这是你对我向你倾诉我所有厌倦的一种宽容，而且，你希望能逐步减少我在昂塞尔那边的欠款，或许还认为操心我眼下的处境对你而言义不容辞，毕竟，只要我回到你的身边，昂塞尔先生收回那些钱就会轻而易举。

我真渴望能待在自己的房间里！真渴望能再次看到我的那些文稿和版画！但我又不时陷入悲哀，觉得自己永远也回不去翁弗勒尔了。你不要视此为预兆。那只不过是我心绪不宁时的胡思乱想罢了。

我继续写我的信。会很长。如果说我怠慢了你，首先是我那些哀伤的情感不堪回首，其次我知道你有我嫂子陪伴。这对你肯定是莫大的慰藉。我觉得，她很风趣又相当随和，我不在你身边时，有她陪伴你再合适不过了。

你能相信我这个丝毫不了解且憎恶该国历史的人会耐着性子读一本晦涩的两千四百页的书吗？我想去了解这个丑恶民族的历史 ①，而且还是一部伤心史。

7月11日以来，此地持续动荡。众议院解散了，正在筹备选举。场面很是丑陋。巴黎的工人们若是到了这个国家，一准儿能成为王子身旁的王子。虽说我厌恶这种场面，但还是去旁听了几场竞选集会。在一次竞选集会上，我很高兴地看到拉克鲁瓦先生在三个小时的时间里，在弗拉芒式的辱骂声中败下阵来。我与那些反对者同仇敌忾地向他发出嘘声。既然你想当议员，想出人头地，你就得忍气吞声！

我还希望街上能传来几声枪响。但这只是一个法国人的念想。我确信，除非法罗啤酒或土豆涨价，否则这个民族绝不会发生对抗。

我好像已经说过了，我和玛拉西先生和好了，去了我一块心病。埃采尔先生路过此地，我和他也握手言和，他让我9月底把《恶之花》增补本和《巴黎的忧郁》向他交稿，——我准备在翁弗勒尔完成。啊！如果全部就绪我该多高兴呵！我那么虚弱，那么厌恶一切，那么厌恶我自己，有时候我甚至觉得自己永远也完成不了这本中断已久的书了，这个提议让我欣慰。

《怪异与严肃故事集》的翻译工作仍在进行，9月份将出版。十卷我已经改出了六卷。

我想在今天上午十点写完这封信。你肯定不明白我耽误这么久的原因。

---

① 指比利时历史学家纳麦什主教（Alexandre Joseph Namèche, 1811—1893）的《民族史》(Histoire nationale)。

我今天还要给巴黎写几封信，一是写给一位文学代理人，委托他转让我的三部作品：《人造天堂》和《对几位同时代人的思考》；二是写给一位朋友，请他把我存放在《巴黎生活》的稿费给一位债主送去，我特别怵那位债主①。我不知道他会不会答应。

至于《比利时信札》，我估计只能自己亲力亲为了。

别忘了向我嫂子转达我的友谊。她肯定认为我对她没什么感情（我总是下意识地以己度人）。但至少要让她知道，我深深感谢她为你排忧解烦。

我写信感谢你寄来200法郎之后，你写过一封信担心我的开销。我目前的确切收支是这样的：

我收到的钱：
从艺术家联合会	100 法郎
从你那儿	50 法郎
	200 法郎
	50 法郎
从昂塞尔那儿	200 法郎
	600 法郎

我每天的开销：
房费	2 法郎
午餐	2 法郎
晚餐（无酒）	2.5 法郎
	6.5 法郎
晚餐（有酒）	3 法郎
	9.5 法郎

但我每天开销最多不超过7法郎，因为如果我喝了酒就不吃饭了，原因就在这里。

---

① 指阿隆戴尔。

所以，按这样计算，我应该花费了：7×115（我已经来了115天啦！），也就是805法郎。

不过，到上个月（7月）7日，我才欠了155法郎。但从那时到现在，我还没付过一分钱房租。

这儿有很多精美的彩陶或彩瓷器皿，我看到这些东西就会不时想起你来。你一定心存感激，是不是？手头那么拮据还想着买这些东西！不过比起其他商人来，比利时的商人太贼了。

要是我在巴黎的代理人能把那三部作品按其所值卖出去，下半年该有多滋润呀！

《比利时信札》足以让我从目前的事务堆中脱身，至少我还能带点儿钱回去。

拥抱你，像拥抱母亲般那样拥抱你，还像拥抱唯一爱我的人那样拥抱你。

夏尔

你不用再付邮资，我这里邮票够用。

致欧皮克夫人

[布鲁塞尔，1864年8月] 14日星期日上午

但是，我亲爱的母亲，这可比我期待的多多了。这足够应付我那三大急事了。万分感谢。

你谈到让你惬意的饮食习惯。但不是好习惯。除了红酒。面包不好。肉类本身并不坏。使肉类变坏的原因是烹饪方法问题。人住在自己家里，影响还小。但住旅店、吃餐馆、泡英式酒吧，都不好。我还得说，我目前所处的讨厌环境让我觉得一切都变得更糟。

玛拉西让他的女厨师做菜。要不是我住得离他那么远，真想付给他一笔寄宿费，住到他家里去。

我要用阿片酊去做冷水灌肠了。

比我那可爱的肠胃更让人受不了的，是我生理上的衰弱和精神上的忧郁，这才是根源。

我已定下星期四去巴黎，我要么在巴黎给你写信，要么返回这里以后再给你写信。

难道我真应该相信我那些呕心沥血写出的画评和诗歌就那么不值钱么？尤其是每当我想到所有那些垃圾和愚蠢都大行其道之时！

我想知道为什么我的文章不能在《国民舆论》《巴黎生活》和《插图世界》发表，为什么《巴黎生活》不把400法郎支付给我指定的人。

让我等得望眼欲穿的那个人终于回到巴黎了[1]。他说他很高兴收到我的那些信。——我从不怀疑这一点，——那都是我早已拟就的。——每件信札能有多少稿费？《费加罗报》会不会只刊发一部分？他们会不会同意预付给我稿费，而且是否会等我回到法国后再发表？——所有这些问题都还没有谈。

紧紧拥抱你。请向我嫂子转达我的友谊。

夏尔

致欧皮克夫人

[布鲁塞尔]1864年[8月？]22日星期一

我亲爱的好母亲，虽然你很感动，但我把自己在比利时的身体状况告诉你还是铸成了大错。谁见过一位母亲到了你这把年纪还要动身看望自己儿子的，仅仅因为这个儿子因气候不适闹了肚子！

通常我的身体都还不错，没闹过什么大病。虽然有些虚弱，还有风湿病和头痛等，但那算得了什么？这种病司空见惯。无非听之任之而已。至于腹泻，我跟你说，其他法国人和我一样也都得过，是因为水土不服。你知道么，经过若干天潮湿而难挨的溽暑之后，夏天已经结束，天要开始冷了。——再说我也待不了几天了。我把去巴黎的时间推迟到了月底。我带

---

[1] 指埃采尔，他允诺为波德莱尔就《比利时信札》的发表问题与《费加罗报》进行磋商。

去的稿子越多,就越有可能带回钱。我想去看看的那五六个城市最多一个星期就够了。这一部分的书稿我可以在巴黎或翁弗勒尔完成。不用说,如果我决定动身之前就发表《信札》的第一部分,我会写信告诉你。

我参观了梅赫伦。这是一座很奇特的小城,很虔诚,风景如画,到处是教堂,一片宁静,路旁是草坪,教堂里是排钟,隽永的钟声回荡悠扬。

如果月底能告诉你一些好消息,我将非常高兴。

全身心拥抱你。

夏尔

只要一想起那四部作品——《比利时信札》《人造天堂》和《对几位同时代人的思考》——还未签约,我就心绪不宁,心情开始变坏。

你身体怎么样?请告诉我。

你帮了我一个大忙,再次谢谢你。

致安托万·阿隆戴尔

[布鲁塞尔] 1864 年 8 月 26 日

我根本不懂您想在信里说明什么,我倒想着重谈谈给您的建议。

我记得我对马蒂尼先生说过,我会带足够多的钱从比利时回来,可以还给他 4000 或 5000 法郎。

但我在这儿让人给坑惨了。我不了解比利时人。多年以来我就打算一揽子转让我的三四部作品。我想到了拉克鲁瓦出版社。但我发现因雨果小集团的影响,此人对我颇有成见;那都是些陈年老账了。

至于我所做的演讲,虽然也非常成功,但也上当了,原因我都不敢讲。我没签协议。

简言之,我必须写一本关于比利时的书,既不想白跑一趟,也想弥补部分开销。但我必须认真走遍这个国家,所以得推迟一个月才能回去。我明天或后天动身,一个城市一个城市地走。——我已经给巴黎的一位代理人写了信,授权他就转让我的作品事宜与巴黎的一家出版社商谈,并且赋予他全权。只是我认为不能搞一锤子买卖,而是要在若干年内都有所收益,所以他要根据出版情况为我签订很多协议，这件事会陆续获得小小的成功。

关于欠您的钱，我仍然坚持原来的立场，也就是说，我不得不尽力节俭，好陆续把钱还给您，可能每季度还上一笔。显然事情应当这样安排，马蒂尼先生方面也应当这样做。但我有言在先，如果他再想闹出什么动静或者围追堵截，我就不回法国（无论我住在这里有多么不愉快），我不想再看到他又臭又长的信，不想再听到他喋喋不休的絮叨。在巴黎时马蒂尼先生曾搅得我生活不得安宁。我是为了还您的钱才满怀希望到这里来的。出师不利。必须另想办法。

我回到巴黎后的第一个关切就是了解转让事宜的进展情况，并尽快转告马蒂尼先生。

祝好。

CH. 波德莱尔

我有马蒂尼先生的地址。

我觉得我对那慕尔、安特卫普和梅赫伦已然有些了解，去列日、根特、布鲁日、图尔奈和奥德纳尔德不会超过一个月时间。——我告诉您，如果您有兴趣，比利时除了狩猎猛禽以外，还有不少好买卖可做，比如说木雕和精美的彩陶。但肯定不在布鲁塞尔。——还有绘画，但主要是早期绘画。

致欧皮克夫人

[布鲁塞尔，1864 年] 8 月 26 日星期五

我亲爱的母亲：

你猜不出我在这个冷冰冰的房间里（四壁雪白）有多么厌倦，虽然我常怕你来信——我总担心信里又是说教和责备（我自己已变得很好了）——但我还是始终热盼这些雷同的信。哪怕你说给我听的是一些最沮丧的事，我仍然能乐在其中。——你身体好么？你的小花园总是让你开心么？——能看到你的笔迹就好。你知道我 9 月 1 日或 2 日去巴黎。我委托了一位代理人帮我落实作品转让事宜。对我来说，回巴黎就是重返地狱，

但我硬着头皮也得去。

拥抱你，我没有一天不梦到你。

夏尔

致纳达尔

［布鲁塞尔］1864年8月30日

我亲爱的纳达尔：

节日期间①我可能不在布鲁塞尔，因为9月8日到20日我去外省旅行。

既然你盛情邀请并为我预留了气球吊篮上的位置，你能否允许我将这个恩惠转让给奥康奈尔先生②？我觉得他或许是你能找到的最佳搭档。你知道我不信任比利时人。所以才不假思索地把奥康奈尔先生推荐给你（再说他也不是比利时人，他的名字足资证明）。如果你渴望找一个快活的人，一个熟知各项体操运动、精通各种机械且热爱各项挑战的人为伴，你会发现他身上这些特质一应俱全。他原本幼稚到想藉阿尔蒂尔向你自荐，你知道阿尔蒂尔这个人奔走于法国和比利时之间，在法国为比利时人的国王服务，在比利时则为法国人的皇帝服务，当然他也吹牛说在这两个国度都有人听命于他。

我对奥康奈尔先生说，这种想法愚蠢至极，还说我只须给纳达尔先生写封信就能大功告成。我会马上写信告诉他，说我已经写信给你，你抵达比利时后我如果不在，他可以径自去拜访你。

这儿人人都在说，"我要和纳达尔一同升空"（这些人去掉了"先生"二字，足见乡巴佬和外省人不识礼数）。但我和一些有识之士都认为这些空中旅行爱好者在最后一刻都会溜之大吉。

想起几天前这位奥康奈尔先生的举止我就想笑；他竟当着众人的面愣冲冲地对阿尔蒂尔说："我可怜的阿尔蒂尔，您和我，我们可都是戴绿帽子

---

① 指比利时独立纪念日（每年的10月4日）。节日期间纳达尔准备乘坐"巨人号"气球在布鲁塞尔升空，在伊普尔（Ypres）降落。
② 奥康奈尔（Auguste C. O'Connell）是画家奥康奈尔夫人的丈夫或前夫。

的命呵……①"——不过见到阿尔蒂尔时你可千万别讲这个笑话。这家伙有好几次险些跟我翻脸；他监视我的一举一动，甚至想审查我写的东西。

（目前，他②经过详尽考察，确信你谨慎稳重，也确信……你的气球牢固结实；我庶几也是确信的。）

我的朋友，你说得对。我总是身陷险境。你能相信我这个人会痛殴一个比利时人么？想象不出，是不是？说我能痛殴某人真是荒谬。还有更邪乎的说法呐，说过错全在我。如此说来，我还得秉持正义的精神，追着那人要求向他道歉才行。可我都不知道那家伙是谁③。

奥康奈尔先生的地址：哈赫特滨河道（Chaussée Haecht）115号。

我变得和埃采尔一样有些多愁善感了，真是徒劳无益。拥抱你。

夏·波

请向纳达尔夫人转达我的敬意。

再过三四天我可能就会在巴黎对你说"早上好"了。

致奥康奈尔

［布鲁塞尔］1864年8月30日

先生：

我刚为您的事写信给纳达尔先生了。我就是直截了当告诉他的，说请他把对我的好意转送给您，而且他在此地也不可能再找到一位能比您更令人愉快的搭档了。——我还说如果节日期间我不在布鲁塞尔，您可以径自去拜访他。您在盖马尔先生④家就能见到纳达尔先生，地址是马术街（rue de l'Écuyer）或是圣-古迪勒新街（Neuve-Sainte-Gudule）。

顺致崇高的敬意。

夏尔·波德莱尔

---

① 当时阿尔蒂尔·斯蒂文斯正在办离婚。
② 指奥康奈尔。
③ 这桩谣传激发波德莱尔创作出散文诗《痛殴穷人！》(*Assommons les pauvres !*)，后收入散文诗集《巴黎的忧郁》。
④ 盖马尔（Louis-Joseph Ghémar, 1819—1873），比利时石印画家和摄影家。

致米歇尔·莱维

[布鲁塞尔] 1864 年 8 月 31 日

我亲爱的米歇尔,我一直期待着您寄来修正过的第六卷。——我给您寄走了两卷（第四卷和第五卷）,能在此地收到这两部实属出人意表,上面两处写着"排版",一个是您写的,一个是我写的（肯定是写给拉松先生的）。

我想问一件事：两三个月前,《小报》① 在《司法专栏》(Chronique judiciaire) 刊登的《莫格街双重谋杀案》(Double assassinat dans le rue Morgue) 是怎么回事？没有译者的名字,只写了"作者爱伦·坡"。——假如是您授权给米约先生的,我就不说什么了；因为您拥有翻译版权。——但我怀疑您压根就不知道此事,我对这种剽窃和未经授权擅自改头换面的做法相当气愤②。

我在此地已发现好几种德文报刊和书籍（此前我还发现好几种英文报刊）大篇幅地刊发了我的书和我的文章的节选,但大多转载于没有什么名气的法国报刊。

祝好。

夏·波

请记着给波谢先生寄书（《玛丽·罗杰疑案》）,给伊利亚尔特先生寄书（《古德隆博士和普吕姆教授的疗法》）③。

别人告诉我说,《司法专栏》是杂文集中的一个篇目,可杂文集既未预告也未做过广告。我不相信若无您的授权怎能发生此等怪事。——如果有您授权,为什么要划掉我的名字？若无您的授权,其性质足以构成剽窃；那两个分毫不差的题目着实吓到了我。过去福尔格先生也曾以《莫格

---

① 《小报》(Le Petit Journal) 是 1863 年由摩西·米约 (Moïse Millaud, 1813—1871, 法国银行家和作家）创办的。这份日报没有政治立场,只为赚钱。《莫格街双重谋杀案》(删去了前言）连载于 1864 年 4 月 26 日至 5 月 6 日,译者是波德莱尔却未署其名。

② 此种剽窃至少还有一次：1865 年 8 月 5 日和 9 日,《插图天地》(L'Univers illustré) 同样匿名刊发了《气球骗局》(Le Canard au ballon)。此类转载均未得到波德莱尔的授权,因为他已将爱伦·坡作品的翻译版权转让给了莱维。但他依然保有道义上的权利,对出版物不署其名表示愤慨情有可原。

③ 波谢 (Pauchet) 是《国内外评论》编辑部的秘书；伊利亚尔特 (Yriarte) 是《插图世界》(Le Monde illustré) 的编辑。

街谋杀案》为标题出版过一部作品①。

致纳西斯·昂塞尔

[布鲁塞尔] 1864 年 9 月 2 日星期五

我亲爱的朋友：

　　我本来打算前天（8 月 31 日）上午动身，晚上在您家与您共进晚餐；但我没有勇气；我希望我在巴黎的代理人能售出我全部的书；我想于此再过上半个月的素食生活；——说实话，我四个月以来一直腹泻，身体极度消瘦。

　　我很满意自己的书：风俗、宗教信仰、艺术和政治，包罗万象。就缺外省游记了。我将在翁弗勒尔完成这一部分。我写信告诉维尔梅桑先生说，我不回到法国千万不要发表。您会问为什么。因为我在此很难被人理解。此外我又毫无顾忌地大声宣泄我的所思所想。大家还知道我每到一地必做札记。

　　梅赫伦天主教大会（Le Congrès de Malines）已经开幕。这件事关系到我们。迪邦路先生②关于公共教育的演讲引发很大反响。在这样一个国度，迪邦路先生轻而易举就可以被视为出类拔萃的人物。

　　我去过梅赫伦，如果梅赫伦不是在比利时，而且没有那么多弗拉芒人，我倒是蛮喜欢生活在这里，尤其希望能在此地离开人世。路上有那么多的排钟，钟楼林立，绿草如茵，还有好多修女！

　　我在这儿发现了一座神奇的耶稣会教堂③，人人都去参观。——我非常高兴能在此地忘却尘世，还买了几件古老的代尔夫特彩陶（Delft）。——当然也贵得离谱。

　　这个民族很愚蠢；历史倒还有趣。

---

① 福尔格（M. Forgues）的译文发表于 1846 年 10 月 12 日《商务报》（Le Commerce），当时的题目叫《血腥之谜》(Une sanglante énigme)。莫尼耶夫人（Mme Meunier）将题目改为《莫格街谋杀案》，刊登于 1847 年 1 月 31 日的《和平民主报》(La Démocratie pacifique)。
② 迪邦路（Félix Dupanloup, 1802—1878），法国天主教神甫、奥尔良主教、法兰西学士院院士。
③ 指梅赫伦圣彼得教堂（L'église Saint-Pierre）。波德莱尔在其《可怜的比利时！》第 27 篇中描述了这座教堂。

请您抽时间读一读阿隆戴尔先生那封莫名其妙的信，他烦了我二十年（之久），居然还拼错了我的名字。

您很清楚阿隆戴尔的事。我确信我曾经向他借过4000法郎。我年轻时签署的欠据给我造成了欠债15000法郎的恶果。他或者是卖掉了欠据，或者是以抵押欠据的方式向一个名叫雷蒙·马蒂尼的人借了2400法郎。

除了您常挂在嘴边上的那句疹人的"没什么好说的"以外，请您对我说点儿别的什么好不好？能不能给我提供一个严肃的建议，好帮我甩掉自己生活中的这颗扫帚星。——我对他说，我在比利时的业务一败涂地，如果那个雷蒙·马蒂尼再折腾我，我就不回法国了。

老实说，我太想回去了；但还要再观察一下，还要写些东西。更别提还有我的母亲！我的花园！还有我的书！我的收藏！

我委托一位文学代理人转让我以下三部作品（条件是支付他部分转让费）：《人造天堂》《可怜的比利时！》和《对几位同时代人的思考》。我正忐忑地等待他的回音；但您对所有这些努力都毫无兴趣。

如果25日我还在这里——我对此表示怀疑——我要和纳达尔一起出发，他好心地在他的气球吊舱里为我预留了一个位置。乘坐载人气球飞越这个肮脏的国度，降落在奥地利或者土耳其，所有这些疯狂行为都会让我开心，只要能散心就好。——我在此地见到了纳达尔和埃采尔；埃采尔同意给我两个月时间完成《恶之花》和《巴黎的忧郁》并向他交稿。

这是50法郎，您再加上150法郎（收据附后），全部交到我原来的旅馆老板手里：儒塞先生，阿姆斯特丹路。最好跟他要一张200法郎的收据。

就在今天，您明白么？也就是说，是明天，因为这封信是2日写的。——我求您，别再思考个十天半个月地让我沦为笑柄。我本来1日就应该带给他或寄给他。——我已经有一个半月没求过您任何事了。

我欠这个人的钱，所以如果他给您找事，您就直截了当地告诉他：就我所知，波德莱尔先生已请维尔梅桑先生再付钱给你。现在别来烦我。

我需要在巴黎待三到四天。还说不好我哪天动身。我的胃和肚子都在造反。

请即刻将那200法郎付给儒塞。还有，请把您关于阿隆戴尔那件事的建议写信告诉我。

《怪异与严肃故事集》即将出版。总算要出版了！您要是知道在国外修改一本书，邮寄方面还有那么多荒谬的规定且消息隔绝时该有多受罪就好了！把布鲁塞尔作为一国之都真是罪过。如果一国首都仅仅是单纯的商业中心的话，那么安特卫普才应该是比利时名副其实的首都。

我衷心感谢您对我一如既往的深情厚谊，而有时我的回应却有些简单粗暴。

请向昂塞尔夫人转达我的敬意，而且我斗胆请您向令堂大人转达我的敬意。啊！亲爱的朋友，有时我满脑子的悲观情绪；我能否像您侍奉令堂大人一样更长久地侍奉我的母亲呢？

夏·波

儒塞的地址：
阿姆斯特丹路22号。
如果您星期六（3日）不去巴黎，就请派人给他送去那200法郎。

今天，1864年9月2日，我于布鲁塞尔收到昂塞尔先生支付的1864年9月份的费用壹佰伍拾法郎。

夏尔·波德莱尔
蒙塔涅路巨镜旅馆

致路易·马索兰

[布鲁塞尔，1864年10月初。参见下一封致路易·马索兰的信。]

致路易·马索兰

[布鲁塞尔] 1864年10月9日

亲爱的先生：

我上一封信和您这个邮包走岔了。——莱维先生或者帕尔菲先生会在数日后转交给您修改过的《想象中的居所》(*Habitations imaginaires*),这样您在对一份印制出来且已经过必要剪裁的文本进行评判时会方便得多。最别致的那一部分是基于道德考量之上的,最好不要删掉。您可以说那是作者的观点。我向您保证,所有刊物的社长(戏剧的、杂志的、报纸的)都有一个可悲的癖好,就是觉得公众比实际还蠢。

我真搞不懂《十四行诗》(*Sonnet*) 那件事是怎么回事①;我从未给您寄过诗。我不知道您也喜欢诗。否则早就寄给您了。

我月底前要去一趟巴黎,肯定要给您送去两个包裹,一个是《散文诗》,另一个是在外省旅行时的一些随笔。——待从莱维那儿拿到清样后您可以重新通读一遍,或许您可以轻松领会这些作品在理论上的创新之处,也就不再要求大幅剪裁了。——总之,您想怎么做就怎么做吧;——只是一些重点段落还有一个简短的注释不要删去。

我一直想知道贵报究竟刊登的是哪首十四行诗。我曾经写过一首关于波切蒂的十四行诗,但写得不满意(已经被我撕掉了),——而且只拿给两个人读过。或许是他们抄下来或背了下来,然后又违规失礼地寄给了您?实难理解。

祝好。

CH. 波德莱尔

致纳西斯·昂塞尔

[布鲁塞尔] 1864 年 10 月 13 日星期四

我亲爱的昂塞尔,这么久没给您回信有各种原因。首先是我又病了(如果您给我母亲写信,千万别告诉她这件事)。这次的问题不是肚子,是每天半夜一两点钟发烧,无法入睡,直到七点左右才勉强睡着。这个每天必至的意外让我在黑暗中领略到许多美妙的事物,我打算一一描述下来;

---

① 1864 年 10 月 1 日,《巴黎生活》发表了波德莱尔的一首十四行诗《为阿米娜·波切蒂的首演而作》(*Sur les débuts d'Amina Boschetti au théâtre de la Monnaie à Bruxelles*),没有题目,也没有作者的名字。

但不幸的是接下来的整个白天我都疲惫不堪。

　　第二个原因是，尽管您信中的口吻迷人而亲切，还有善意的建议，可我仍不领情。今天的一切证明我确实没法领情。——请您听好了：——我所写的那个系列文章绝对值1000法郎。但我不能发表，因为我人还在比利时。——所以我必须回到法国后才能有钱，而我想离开又必须有钱，——同样，重新开始那慕尔、布鲁日和安特卫普的旅行（主题是绘画和建筑，最多六天）也需要钱。——所以这里面有一个怪圈。那些文章，《费加罗报》的维尔梅桑先生已经等得不耐烦了。既要向他要钱，又同时对他说：——请您先不要发表，——坦率地说，这也太滥用人家的好意了。——再者说，该系列文章所代表的1000法郎也只能随着发表而渐次支付。

　　此书如果出版，我还能从出版社拿到钱。但这本书还没写完；我打算在翁弗勒尔完成，我会把所有札记都带回去。

　　我给巴黎的一位文学代理人写了信，授权他以我的名义就下述四部作品的转让事宜进行商谈：

　　　　《可怜的比利时！》　　　　一部
　　　　《人造天堂》　　　　　　　一部
　　　　《对几位同时代人的思考》　两部

如果能成功的话，我会付给他部分转让费（多大比例！）

　　如果回巴黎之前这件事能够成功，也可以说，仅此一项，我就能给我母亲或您捎些钱回去。

　　在比利时的旅行中我所能了解的，就是这个民族是地球上最愚蠢透顶的民族（至少可以推测出来），这本小书忒新奇，可能会吸引某位书商的注意，进而把我的其他作品也买下来；——最后再写一写某种仍在持续并完善的贞洁习俗（对这个龌龊的细节，您想笑就笑吧），但这种贞洁毫无价值，尤其是比利时女性的外表很难引发什么欢愉的遐想。

　　最后一个原因是，我基本完成了《怪异与严肃故事集》的修订，——此书即将出版。——如今，一想到米歇尔可能通过持续销售赚到更多的钱，而我仅以2000法郎就把五部作品的著作权卖给了他，我真是追悔莫及！

这就是我的心路历程。现在我要绝对坦诚，按您的要求毫无保留地提供全部具体细节。

但是，亲爱的朋友，您能想象到我忍受的一切痛苦么？！冬天骤至。此地无火取暖，而只有待在火炉旁才会暖和。当我写作的时候，我只能一边写，一边打哈欠。请您判断一下我所忍受的一切吧：您看看，这个他认为勒阿弗尔像一座昏暗的、美国式港口的我，——这个在天水一色中认识了波尔多、波旁岛、毛里求斯和加尔各答的我，现在却在一个树木幽暗、花无芬芳的国度里受苦！至于饮食，您将看到我已写入了我那本小书的某些章节里！——至于交谈，对睿智人士而言这才是伟大而唯一的乐趣，您可以跑遍比利时的四面八方，却找不到一颗可与之交流的灵魂。在《恶之花》作者的四周，很多人都带着看热闹的好奇心匆匆而过。在他们看来，我们说到的那位《恶之花》的作者不过是一个可怕的怪人。这些下流胚全把我看成怪物，而当他们看到我沉着冷静、稳重节制、彬彬有礼的时候，当他们看到我对那些自由派思想家、对当代的发展以及所有拙言蠢行嗤之以鼻的时候，他们反而认定（是我猜的）我肯定不是我自己那部作品的作者……在作者和被谈论的那个人之间竟混淆若此，着实可笑之至！这本可诅咒的书（我为之自豪）可以说是极为晦涩、难以理解的！我以某种天赋揭示出这种"恶"，但将使我长期承受煎熬。

而且，我必须承认，在过去的两三个月里，我已经给自己的天性松绑，只要我乐意，我可以极度张扬，并在损害自己的过人才华中获得一种特别的快感。但在此地，这绝对还不够，为了使人警醒就必须狂放。

愚氓若此呵！——而我，我过去认为法国绝对是一个野蛮的国度，不料于此却发现还有另一个国度，其野蛮程度竟超过法国！

总之，无论我身负债务困留于此，还是在翁弗勒尔获得拯救，我都会完成这本小书，简言之，这本书逼着我磨尖自己的利爪。不久后我将用它来对付法兰西。——这是我第一次逼着自己写一本书，它绝对诙谐，滑稽而又严肃，我要在其中讲出一切。这是我与现代愚昧的决别。将来或许能被理解，但愿吧！

是的，我需要返回翁弗勒尔。我需要我的母亲、我的卧室和我的收藏。另外，我母亲给我写了好几封满是哀愁的信，她为了不让我难受而隐忍着不再责备我,似乎她害怕在自己的最后岁月里滥用威权给我留下苦涩的回忆。——这些话让我心如刀绞。——我将在翁弗勒尔完成所有那些未完成的事项,有《巴黎的忧郁》(已经搁笔好久了)、《可怜的比利时!》,还有《对几位同时代人的思考》。

您一定猜得到(这并不难)我为什么讨厌给您回信或者不愿听从您的提议:——首先,接受您的提议,就意味着进一步削弱我的自信,就意味着我承认自己毫无预见,漫无章法,所剩无几。——其次,掏空您的钱袋就意味着掏空我母亲的钱袋;——这个我可无法接受。——最后,我还要告诉您,您会认为这笔钱很多,——因为我还有安排,——我在收到您的钱并支付了巨镜旅馆的费用后,还要去布鲁日、那慕尔和安特卫普采风,还要创作一些新的札记(六天或七天),然后回家前先在巴黎待三到四天。我的业务要求我必须这么做。

在这儿,虽然我每天基本都在外晚餐(只要肠胃许可),但每天的花销不会多于 7 法郎。——我是 4 月 24 日到的。

四月	5 天	35 法郎
五月	—	210 法郎
六月	—	210 法郎
七月	—	210 法郎
八月	—	210 法郎
九月	—	210 法郎
十月	15 天	105 法郎
		总计 1190 法郎

我好几个月都付了钱;但从 8 月起没再付钱,当时我欠着 154 法郎。所以我现在还欠:

	154 法郎
八月	210 法郎
九月	210 法郎

十月	105 法郎
	总计 679 法郎

总共679法郎，我还不得不加上（大约）100法郎的当铺（布鲁塞尔的）费用、100法郎日常小额开销的不时之需，还有上次外出的100法郎；——其中包括火车票53法郎。

旅馆	679 法郎
当铺	100 法郎
小开销	100 法郎
旅行	100 法郎
	979 法郎

还有，我只能放弃我在梅赫伦购买的一件特别精美的物件，但已经付过定金了①。

金额不少，是不是？不过，我得抓住您善意的提议不放手；——甚至是抓住一个条件不放手，一个连您都会发笑的条件；因为没有什么可以阻止我去违反这个条件，——我向您做过许多承诺却始终都在违反；——这就是：从我住进我在翁弗勒尔的家那天开始，您每个月只需严格地向我提供50法郎，——而且这个制度要延续下去，——只要我愿意就直到永远，——至少要延续到我不欠您一文钱为止，——延续到所有预支的（过去的和新的预支）的钱都彻底清偿为止。既然如此，那您就通知我好了。谁知道呢？我也许会记住这句话。

至于偿还我的债务，至于发一笔小财，哪怕蝇头小财，哎，您的提议对于像我这样一个只热爱自由的人来说可真是量身定制！谈这些都还为时过早。

我归纳一下吧：一旦收到您寄来的钱，我就付清这里的积欠；然后顺

---

① 指两件代尔夫特彩陶花瓶。波德莱尔去世后，欧皮克夫人在致昂塞尔的一封信中说，她绝对不会放弃这一对花瓶。

序走遍那三个城市；之后去巴黎；只待上必要的几天，拜访一下我的代理人、埃采尔、米歇尔，还有维尔梅桑，然后就回翁弗勒尔，正常起居，间或去巴黎待几天，一周或十天。

我还要再谈几件事，相当重要：——您会在明天上午（星期五，14日）收到这封信。您能否在下午五点以前回复我，不仅回信，而且随信寄来一笔钱，不拘多少，比如说 500 法郎？——我担心我的要求有点儿唐突。谁也没法子一下拿出 1000 法郎。也许您将不得不和我的母亲一起奉献一把？或者麻烦您和我母亲一起凑凑；——无论如何，能凑到多少就马上给我寄来，也就是说 15 日上午。我付了钱，人家就会殷勤一些；可这里已经有两个半月没人给我好脸色看了，我答应星期六（15 日）上午付钱，在这里我可是个异乡人！

我亲爱的朋友，这封信让我筋疲力尽。写上五十行字，我的脑袋就开始犯迷糊了。我本来想今天晚上给我母亲写信，把和您沟通的事告诉她。看来只能明天上午（14 日）再给她写了；那样她才能在星期六（15 日）收到我的信，上午或晚上。

——梅赫伦天主教大会的那几本小册子是我寄给您的。您会发现缺了迪邦路的演讲。刊登演讲的那本找不到了。这些都是巴黎出版的，出版商是位于图尔农路（rue de Tournon）的杜尼奥尔出版社。我对您那位著名的菲利克斯神甫[①]没兴趣。他简直就是一位西塞罗[②]。不过赫尔曼神甫[③]的演讲我倒觉得很出色也很有趣。

我知道您必须接受的这个手术既不危险也不痛苦。但有一件事请您务必注意：——据我所知，如果手术后不能遵从某种饮食要求（是什么要求我也不知道），隔段时间这些囊肿或脂肪簇还会在原位置长出或转移到其他地方。

别忘了明天。

[①] 这位菲利克斯神甫（le père R.P. Félix）是一位耶稣会士，在巴黎圣母院布道。
[②] 西塞罗（Cicéron，前 106—前 43），古罗马政治家、演说家、雄辩家、法学家和哲学家。
[③] 赫尔曼·科恩（Hermann Cohen，1821—1871），出生于汉堡，在巴黎时是李斯特的学生，1847 年改宗天主教；1849 年加入加尔默罗会（l'ordre des carmes），成为一位伟大的演说家。

请向昂塞尔夫人致意。

夏·波

我会给您带回一本关于第二帝国的书,很有趣,值得一读,绝不是流亡者的信口开河①。

致纳西斯·昂塞尔

[布鲁塞尔] 1864 年 10 月 23 日星期日

亲爱的朋友:

首先我要真诚地感谢您为我所做的一切。

只是,我现在非常困惑。首先,不到万不得已——比如说,打明天开始的一周里我会备受折磨——我是不会求您帮忙的。若没有别的办法摆脱困境,我只能去催我的代理人,请他尽快签约,不过,如果他不那么急于签约,可能对我更为有利;——其次,给维尔梅桑写信,表示尽管我不希望我在此地时就发表那些文章,但还是可以授权他立刻发表。——最后,去巴黎时,我 30 日或 31 日肯定去您家。如果能在维尔梅桑或出版人那里拿到钱,我会用来偿还布鲁塞尔的债务,但您答应我的钱(600 法郎)还是要给我,因为我在巴黎也要找钱去清偿其他债主。所以说,我还是得再回布鲁塞尔,在布鲁塞尔我可以完全不用理会那些冷脸子;然后去安特卫普、布鲁日和那慕尔写些新的札记(六天),之后立刻回翁弗勒尔,可能会走海路。

请您设身处地理解我的麻烦;——要么去巴黎找钱,要么直到 11 月 20 日守在这里。老实说,时间太长了!

现在向您报告一下您给我的钱的使用情况。

17 日收到的 200 法郎,我付了旅馆 180 法郎。截至 8 月 1 日我欠了 154 法郎,到 9 月 23 日是 468 法郎。

---

① 这本书的题目是《拿破仑:皇帝及其政府——一位非外交人士的巴黎研究》(*Napoléon, l'empereur et son gouvernement. Études parisiennes par un non-diplomate*),是从德文译成法文的。

468 法郎

支付： 180 法郎

288 法郎

到 9 月 23 日我还欠着 288 法郎。从那时开始，每天 7 法郎，直到 10 月底（37 天 ×7 法郎）：

现在欠　259 法郎
再加上　288 法郎
总　额：547 法郎

今天上午已经没钱再付给旅馆了；我又去还了几笔小额债务和当铺的赊欠，兜里还剩下 20 法郎，这是下月 1 日去巴黎的费用。

亲爱的朋友，严格地说，这一切离您的目标太远了；我还使用了您的票据，真让我无地自容；但文学必须优先，优先于我的肚子，优先于我的快乐，优先于我的母亲。

31 日我会一言不发离开旅馆开始我的旅行；争取一天内在巴黎拜访十来个人。

身体嘛，腹痛消失了。但没有食欲，夜里发烧。其余的我也绝不想抱怨比利时。这些毛病离开巴黎时肯定就已经有了。

关于重新发财和永远生活在翁弗勒尔的真诚渴望，我可以在书中再增加一些道德方面的思考，您会喜欢这些思考的。——您知道，在意愿方面我向来都十分理智。

您无须太在意这些出于善心和训诫目的而制订的预算数字。其中的问题我心知肚明。宪法和制度对于一个不打算接受也无法实施的民族来说没有任何意义。

一周前我如果有 1000 法郎，兴许能创造出奇迹，即便如此，我还是要祝您好并感谢您。

夏尔

致诺埃尔·帕尔菲

[布鲁塞尔] 1864 年 10 月 27 日星期四

我亲爱的帕尔菲,打搅您我很抱歉,也很无奈。还是关于拉松的事。这么拖拉是什么意思？——难道是米歇尔·莱维下令不让他寄？——难道大家全都忘了这部本该一周内就完成的书么？——难道是因为我们 10 月 15 日就要在巴黎见面，所以您就对自己说：不用再给他寄清样了，反正他快回来了？——这太荒唐了，因为我回不了巴黎，也不可能去拜访米歇尔。——难道又是米歇尔琢磨着不想让我修改最后两卷了？——会不会是清样在邮寄途中丢了？这到底是怎么回事？——十五天，三个星期，一个月——自从我期待第九卷第二稿清样以来，这都过去多少天了——我对这一切都蒙在鼓里。我每天要问两遍门房我的清样到了没有，我去外省旅行，第二天就赶回来准备修改清样，可它始终不到。

第九卷第二稿清样！

此外，还有书的最后部分，大概有一卷半，那就是我想要的全部，是我立刻就想看到的全部。

最后，我恳请您，无论您有多忙，也请抽出几分钟来回答我的下列问题：我在上一封信里说到的《玛丽·罗杰疑案》的修改是否已经落实？

给波谢（《国内外评论》）的书寄了么？

给伊利亚尔特（《插图世界》）的书寄了么？

请拉松先生立刻把《装饰哲学》的最后一部分（第十卷）和第九卷的第二稿清样给我寄来，我们还打算请马索兰先生（《巴黎生活》）发表呐！

我期待您的回复，以便催促波谢和伊利亚尔特赶快出版《玛丽·罗杰疑案》和《古德隆博士和普吕姆教授的疗法》。

我清楚拉松先生不会亲自操心这本或那本书。但没人操心我的书总有些说不清道不明的原因，令人无法容忍。

别把我忘了。祝好。

夏·波

蒙塔涅路（巨镜旅馆）

请向米歇尔问好，古斯塔夫·弗雷德里克斯先生和埃德蒙·弗雷德里克斯先生问您好 ①。

致奥古斯特·普莱-玛拉西

[布鲁塞尔] 1864 年 10 月 31 日子夜

我亲爱的朋友，我太不喜欢这种乐趣全无的闲散生活了，所以为了能把自己拴在家里并有事做，我接受您推荐的那项古怪的差事 ②。请把您的译文顺着纸边贴成长条状，并提供给我一个拉丁语文本和两本古语词典。至于报酬嘛，随便，——支付方式，随便，——现金或汇票都行，——或者抵扣我的债务。可是我还想再加上一句话，——我希望您能委托我翻译《爱情神话》③，这本书若署上我的名字我会很自豪，同时委托我撰写一篇关于拉克洛 ④ 的批评文章。

祝好。

夏·波

该作品的拉丁文版本您有没有两种？把不太值钱的那本借给我，我可以在上面用铅笔做些记号。要页边距比较宽的。——书页是信函纸的。

致欧皮克夫人

[布鲁塞尔，1864 年 11 月 1 日。参见波德莱尔 1864 年 11 月 3 日致欧皮克夫人的信。]

---

① 古斯塔夫·弗雷德里克斯和埃德蒙·弗雷德里克斯（Edmond Frédérix，工程师）是兄弟俩。
② 指校订一部译自拉丁文的小说。
③ 《爱情神话》(Satyricon) 是古罗马作家和诗人佩特罗尼乌斯（Pétrone, ？—66）的一部讽刺小说。
④ 拉克洛（Pierre Ambroise Choderlos de Laclos，1741—1803），法国大革命时期的将军和作家、《危险的关系》(Les Liaisons dangereuses) 的作者。波德莱尔始终想撰写一篇评论拉克洛的文章，但只留下了一些札记。

致欧皮克夫人

[布鲁塞尔,1864年11月3日]

……他的回信。根据这封回信,完成这本书后,我要么根本不搭理《费加罗报》,要么就恰恰相反,写信给《费加罗报》要求立刻发表(尽管原先我不希望自己在比利时期间就发表这部讽刺比利时的书)。

你看,亲爱的母亲,这就是我对自己的所作所为的全部解释。这就是我一直没给你写信的原因。我正等着巴黎的重要回复;我希望能告诉你一些让你开心的消息。

这也是为什么两个月前我就对你说过:别给昂塞尔先生写信。——这个善良的人总相信自己什么都对;他总是好心办坏事。

你身体怎么样?对我来说这是头等大事,所以一有来信我要先找这方面的消息。

至于我的身体,似乎已习惯了此地水土;在这个国家待了这么长时间后,我已恢复了健康,胃口好的时候也能自然地进食。不过风湿病的季节又快到了。

《怪异与严肃故事集》就要出版了。但《巴黎的忧郁》这部我费尽心血的该死的书才完成了一半。哎!回家的计划一拖再拖!重拾已中断很长时间的工作或者同时操作好几件事肯定风险巨大。思绪或情境一失,再找回来就很难了。

你会在比利时的节日期间收到这封信。我能寄给你的只有打算和你共同生活的渴望。我们彼此永远不会厌倦,而且我相信我们要多幸福就会有多幸福。

夏尔

致亨利·德·拉马德兰

[布鲁塞尔] 1864年11月3日

我亲爱的拉马德兰,我从一份比利时小报的广告上得知您终于下决心要办一份文学刊物了。可《新巴黎评论》(*Nouvelle Revue de Paris*) 打算如何办？您能拿出五分钟时间给我解释一下么？

我是否应该重启《巴黎的忧郁》的写作？此类独出心裁的信口开河是否符合贵刊的要求？您需要多少材料？何时需要？

请帮我个小忙；——我什么都不知道。——朱利安·勒梅尔①还健在么？您去看看他，问问他是否愿意做我的代理人向各家出版社推销我的四部作品，其中一部（即《可怜的比利时！》）我在创作中感受的痛苦庶几等于我始终遭受的痛苦。——如果勒梅尔肯花一点儿时间而且有所斩获，我还会委托他承担更多事务。我说到的这四部作品是：《人造天堂》《对几位同时代人的思考：诗人与画家》，还有《可怜的比利时！》。

如果他应允——我就给他写封信，解释一些问题，并提供作品目录。

我一直就想找这样一个人帮衬我，我这方面的能力太差了。

我还得向您承认，我害怕勒梅尔自己想包揽下来（别告诉他这句话）。

请问他一句，越快越好，抱歉打扰您。

阿德里安②把您那本德拉克洛瓦的小册子③作为礼物送给我了，我从中看到了——其实我早就知道——您忠贞不贰的高尚情操。

祝好。

CH. 波德莱尔

布鲁塞尔蒙塔涅路

巨镜旅馆

如果您碰到咱们共同的朋友马奈、勒若斯纳和布拉克蒙，请转达我千万次的友谊。

我并不关心勒梅尔的财务状况；我是想说，除了我想请他帮我做事以外，他目前是否无所事事（我不了解）。

我恐怕还要一个月以后才能回国。

---

① 朱利安·勒梅尔（Julien Lemer, 1815—1893），法国书商、出版人和文学代理人。
② 指阿德里安·图尔纳雄（Adrien Tournachon, 1825—1903），纳达尔的同父异母兄弟。
③ 拉马德兰是德拉克洛瓦忠实的仰慕者。德拉克洛瓦去世后他曾在报刊发表长篇纪念文章，称"欧仁·德拉克洛瓦是我们这个时代最伟大的画家，恐怕也是世界上最后一位伟大的画家"。阿德里安送给波德莱尔的是拉马德兰的另一篇文章《意大利人大街画廊里的欧仁·德拉克洛瓦》（Eugène Delacroix à l'Exposition du boulevard des Italiens）。

致［维克多·雨果夫人？］

［布鲁塞尔］1864年11月4日

夫人：

请发挥您的口才，让您的夫君和令公子原谅我吧。现在是下午四点；我还没梳洗；我的工作还没结束，因为今天上午刚从巴黎来了份急差事①。

您如此盛情邀请而我今晚却无法赴约，真是万分遗憾。

夫人，我十分抱歉，请接受我崇高的敬意。

夏尔·波德莱尔

致欧皮克夫人

［布鲁塞尔，1864年］11月8日星期二

我亲爱的母亲，求你了，告诉我你的情况。我有些不放心。

你收到我11月4日晚上写给你的信了么？你没提到，给我写信吧；我渴望能源源不断读到你的来信。我真的很担心。你要是病了就请马上告诉我。

夏尔

致亨利·德·拉马德兰

［布鲁塞尔，1864年11月］8日星期二

我亲爱的朋友：

我4日给您写了一封信，5日应该到巴黎；如果您没收到，信应该就

---

① 波德莱尔旅居布鲁塞尔期间，比利时戏剧评论家古斯塔夫·弗雷德里克斯把他介绍给了雨果夫人，此后波德莱尔常去拜访，但都是在雨果不在的时候。

在圣父路（rue des Saints-Pères）19号[1]。我急等您的回信，所以按您的旧地址寄了信，这样人家就能转寄到您现在的住所。

CH. 波德莱尔

我是不是忘了告诉您我的地址：布鲁塞尔蒙塔涅路巨镜旅馆。

致纳西斯·昂塞尔

[布鲁塞尔，1864年] 11月13日星期日晚

我亲爱的朋友：

别忘了那个日子，非常重要，是下星期日，11月20日。

为了能让我星期日早八点收到您寄来的600法郎，您星期六在巴黎的投递时间必须早于平日，因为您住在郊区。邮局开信筒取信的时间也不一样，提请您注意。

我如果能收到您的600法郎，晚上九点就能到巴黎了。这一次，我求求您，千万别再打乱我的计划。——您放心，我说这话绝无责怪之意。我非常感谢您的热忱帮助，但对您来说，难就难在您对我10月13日的请求无法迅速而详尽地回复，所以我的计划就这样被彻底打乱了。我把您最初寄来的200法郎支付了旅馆费用后，能支配的只有400法郎；延长逗留了一个月后，如今的需求大约是600法郎。我知道这个数字在这个月的1日还是517法郎。——我三次对旅馆的老板娘说马上付钱，但三次我都食言了。——我求求您，别再把我的事忘了（星期六寄钱，星期日收到），因为我并没给维尔梅桑写信，尽管我在信中对您说要给他写信，但还是对我在此地时就发表那些"信札"有些害怕（而且没有修改清样！）。

西蒙·拉松气死我了，因为他至今也没有把清样寄来。

《国内外评论》也是如此。

所有人全都如此。

我认为所有人都跟商量好了似的，该做事的时候什么都不做。这种责

---

[1] 圣父路19号是《新巴黎评论》的社址，拉马德兰是该社社长。

备出自我之口太搞怪了，因为我自己就是做这等事的元凶之一。——但我每天都在努力纠正自己。我确信傻瓜靠这种品质都能发财，天才之所以贫困，就是因为他有意回避这种品质。

最近这一个月里，我努力钻研了一些问题（例如国民教育），并且有了一些最为奇特的发现。我发现统治这里的依旧是拿破仑一世、路易-菲利普，尤其是那位迪律伊先生（他想把法国变成另一个比利时）。——如果能在巴黎找到一位敢为人先的出版商（因为《费加罗报》绝不敢出版全书），我真得说点儿感激之词。——那些大臣、议员、还有那些担负着最重要的职责的人，他们既不懂词语的含义，也不会拼读，更不了解法语或拉丁语的逻辑结构。——确实，在法国，没人懂得更多。

总之，我对自己十分满意。虽然您的拖沓导致我不得不把外省考察之事推迟到春季，但在这四五个月时间里我有幸完成了这本书的三分之二。

我在巴黎大概有二十次拜访活动。我觉得一周内即可完成。——这本关于比利时的书，就像我告诉您的那样，是我的利爪初试锋芒。不久以后我就会用这一招来对付法兰西。我会精心罗列出我憎恶人类的所有理由。当我孤独到极点的时候，我会去找寻一种宗教（西藏宗教或日本宗教）——因为我太鄙视《古兰经》了——在大限来临之际，以发誓弃绝这种宗教的行为来昭示我对人类普遍愚蠢的憎恶。——您看，我丝毫未变，比利时也没办法把我变蠢。

您的600法郎寄到与否，决定我能否星期日下午三点动身，我会在晚上九点抵达巴黎。

所以我只能有幸在星期一上午去拜访您。

祝好。请向昂塞尔夫人转达我的敬意。

夏·波
蒙塔涅路巨镜旅馆

我母亲时不时会给我写几封短信，我觉得笔调很凄切（我不敢说衰弱不堪），这让我很担心。您清楚她的身体状况么？我总觉得她是怕我担心而刻意隐瞒了什么。

还忘了告诉您,如果钱到得早,我也可以提前出发。还钱的事我今天就不说了,因为我说了您也肯定不信。

致亨利·德·拉马德兰

[布鲁塞尔,1864 年 11 月中旬。波德莱尔 11 月 10 日或 11 日收到了拉马德兰的信,这位《新巴黎评论》的社长在信中请他提供几篇散文诗。波德莱尔给他寄去了六篇,其中两篇是从未发表过的:《海港》(Le Port)和《镜子》(Le Miroir),这几篇散文诗于 1864 年 12 月 25 日发表。拉马德兰稍后给波德莱尔写信表示了感谢。]

致纳西斯·昂塞尔

[布鲁塞尔] 1864 年 11 月 18 日

我亲爱的朋友:

谢谢您。我没脸去见我母亲。要是能给她带些钱去该多好啊!再过几天我就知道有没有可能了。

——这里的保价信从不送到下榻的旅馆,只留个通知让本人去中心邮局领取。我昨天一整天都不在。所以今天上午才看到您的信。

两天以后我就不在布鲁塞尔了。我星期三动身(如果发烧过后我还能早些起床,我就坐九点半的车,——要么就是两点半的车)——所以我去您家要么是星期三晚上六点,要么是星期四上午十点,您知道就行了。

我记得跟您提到过一本很稀奇的书,研究的是当今帝国的巴黎社会,是个德国人写的。——您提到的这本小册子我也读过。很有朝气,甚至有些幼稚,但感觉准确。

您和我谈过比利时的国民教育问题。我试图努力了解一下该国的教育体制,但没有成功。我能明显感觉到文科教育很差,总的来说,年轻人接受的理科教育很优秀。但没有拉丁文。没有哲学。物理学方面的课程很多。我称之为当代愚蠢，或者叫迪律伊风格。

过几天见。祝好。

夏·波

深深感谢您信中的美好话语。

我把那本书给您带去。不过那只是一本相对不错的书而已。

致纳西斯·昂塞尔

［布鲁塞尔，1864年11月底？］

我再给您的好奇心增加些好玩儿的东西。

我参加了这个可怜人的葬礼。

布鲁塞尔，1864年11月15日

指导和组织民事葬礼
摆脱意识束缚的自由思想协会
讣告第37号

先生：

治丧委员会谨邀请您出席原图尔奈主管教区住持教士路易-约瑟夫·杜邦神甫（L'abbé Louis-Joseph Dupont）的葬礼，他因久病不愈，于今夜在自由思想协会逝世，享年六十三岁。

葬礼定于本月十七日（星期四）下午三点整在哈莱门（la porte de Hal）附近的城市公墓举行。

敬请于两点半在巴勒路44号（rue Bales）殡仪馆集合。

治丧委员会秘书	治丧委员会主任
保罗·伊迪耶（Paul Ithier）	亨利·贝尔热（Henri Bergé）

致米歇尔·莱维

[布鲁塞尔] 1864 年 12 月 2 日

我亲爱的米歇尔,我知道您日理万机,所以不好意思打搅您。但您真能想象得到在我身上发生的事么?我原先以为是制作年鉴一事使得拉松先生没时间搭理我。但年鉴早已印制完成了。且5、6、7、8这四个月实际上并不印制年鉴。——然后我又以为是您觉得反正我快要回来了,所以就没有把书的最后部分寄给我;换句话说吧,我本来是希望今天早上收到稿子并在本周内完成修改的。

我难道不该想到一些令人担心而荒谬的结果么?比如说,拉松先生会不会动了撇开我独自修改这本书的心思呢?

我想再次重申我对您说过的话,即两次清样之间相隔的时间太久会夜长梦多的,我恳请您能打消我的这一顾虑。

祝好。

夏·波

第九卷包括《装饰哲学》的开始部分。

最后一句是:每篇此类文章都应装饰以……

剩下要修改的是《装饰哲学》中的四页(我的修改文本)以及《一首诗的诞生》中的十七页,也就是说,西蒙·拉松手里还有一卷以及若干页。

致 [奥古斯特·普莱-玛拉西?]

[布鲁塞尔,1864 年 12 月中旬?]

我亲爱的朋友:

能麻烦您把府上的这两本书借我一读么?过段时间再换另外两本:我指的是《一位非外交人士眼中的法兰西帝国》(France impériale par un non-diplomate) 和《儒贝尔的思考与通信》(Pensées et lettres de Joubert)。我有急用。

祝好。

夏·波

致纳西斯·昂塞尔

[布鲁塞尔] 1864 年 12 月 18 日星期日

我亲爱的昂塞尔，我去了那慕尔，在洛普斯先生家中盘桓数日，回来后看到了您的来信，我先回答您的信末附言，我得承认，这个信末附言怪兮兮的。您怎么能设想我会将同一善意擅用两次，——先向您要钱，然后再拿一份承诺书向您索要同等金额①？若有此等行为，真该用一个极其卑劣的词语去定义它。我没寄给您这纸承诺，我早就把它撕掉了。

您渴望化解这个谜团，也就是说，我为什么没有践约。其实除您之外我和其他人也都约好了见面时间，——比如说，和米歇尔·莱维。但在最后一刻，就在动身之前，——尽管我那么想见到我的母亲，尽管我在这里活得那么无聊，甚至比我忍受多年的法国式愚蠢更让我觉得无聊，——一种恐惧攫住了我，——我怕极了，怕再一次见到我的地狱，——怕走遍整个巴黎而无法还清别人的债，好让我在翁弗勒尔能真正宁静地休息。所以我给巴黎的几家报社和朋友都写了信，也给那位承担此任的朋友——即负责转让我那四部作品的朋友——写了信，我就是为了把这四部作品转让给那个无耻的拉克鲁瓦才鬼使神差地跑到这里来的。

（现如今我手中有了一份可以狠命报复这个蠢货的文件。我可能会把它用到极致而绝无怜悯之心②。）

所以我现在正等着巴黎有重大的新消息到来。这个消息有可能会让我在 25 或 26 日去巴黎跑一趟，尽管元旦期间的喧闹会带来诸多不便。

对您很好奇的那本书（《一位非外交人士眼中的拿破仑三世》——这本书充斥着日耳曼式的愚蠢，但确实出自一位勤于思考的人之手——我再补充些细节。

这本书我不会自己带给您。过海关时每个法国人都是可疑人物甚至可疑至极，所以我会委托掮客给您寄去（每本 1.5 法郎）。这最保险。我自

---

① 指昂塞尔收到波德莱尔 1864 年 11 月 13 日的信后给他寄去 600 法郎和昂塞尔以前曾签署过的一份替波德莱尔还债的承诺书。
② 指在一份期刊《淘气鬼》(L'Espiègle) 上发表的一篇以隐晦的文字指责拉克鲁瓦的文章，通篇文字取自《悲惨世界》，因而无法查出作者。

己需要的疑似物品也会委托捎客邮寄。——随这本书一起寄去的还有另外两本刚刚出版的很有意思的书。

一部是《马基雅维利和孟德斯鸠在地狱里的对话》(*Dialogue aux enfers entre Machiavel et Montesquieu*)，一卷本，是巴黎的一位律师写的，名字我忘了①。

此书作者很博学，但艺术性阙如。

另一部是《克里米亚战争史》(*Histoire de la guerre de Crimée*)，三卷本，前面的评述很长，谈新帝国的建立，作者是金莱克先生②，这位先生似乎还是他所在城市的议员。

这本书里有不少不列颠式的愚蠢（国家不同，愚蠢各异），但总体上写得严肃、诚实。

至于其他禁书，那就太多了，但俱为垃圾。

祝好。我现在要给我母亲写信了。

夏·波

邮费我会预付的，无须再跟您说。但必须提前支付，——当然，捎客不打保票。

致纳西斯·昂塞尔

[布鲁塞尔] 1864 年 12 月 29 日星期四

我亲爱的昂塞尔，谨祝您和昂塞尔夫人新年快乐。

很抱歉我要委托您三件事，大概要占用您一到两个小时的时间，其中

---

① 该书全名《马基雅维利和孟德斯鸠在地狱中的对话或一个当代人眼中的十九世纪政治》(*Dialogue aux Enfersentre Machiavel et Montesquieu ou la Plitique au XIXe siècle, par un contemporain*)，作者莫里斯·若利（Maurice Joly，1829—1878）在书中抨击了第二帝国并因此遭受迫害。

② 该书全名《入侵克里米亚：战争的缘起及拉格伦勋爵去世前的战争史》(*L'Invasion de la Crimée, origine et histoire de la guerre jusqu'à la mort de Lord Raglan*)，作者是亚历山大·威廉·金莱克（Alexander William Kinglake，1809—1891），由流亡英国的法国记者、共和主义者泰奥多尔·卡尔谢（Théodore Karcher，1821—1885）所译。

有一项实在不太值得一位司法界人士的关注。但我知道您乐于助人，而且这些委托内容于我十分重要。

一、赎回那只表或续签当票一事，三天前就到期了。但那不仅仅关系到时间，而是一件礼物和一个念想。我非常珍视。我在布鲁塞尔还有一只表，所以目前可以不需要这只。那就续签一份当票吧。五分钟就能搞定。还有3或4法郎的利息，我会还给您。儒贝尔街（rue Joubert）离火车站也只有两步路。

二、去见一下雅基奈先生（M. Jacquinet），大概是在圣拉扎尔街（rue Saint-Lazare）附近，是凹进去的一个门脸，路对面是皮加勒街（rue Pigalle）或是拉罗什富科尔街（rue La Rochefoucauld），旁边有一家鞍具店。

雅基奈先生是位画商，也承接画框制作和版画清洗业务。我在他那里存放了不少私人的珍贵物品，已经存放了很长时间（我会给您提供一份清单，供您和他接头），他已经将近一年没有我的消息了，我怕他忘了把东西放在哪儿或自作主张卖了。因为他那儿杂乱无章。

（我就是因为太马虎已经丢了好几件青铜艺术品、一幅鲁本斯的素描和一柄价值500法郎的折扇，等等。）

您可以告诉他我不日即回巴黎。

三、去见一下德索瓦耶先生（M. Desoye）或德索瓦耶夫人（Mme. Desoye），他们在里沃利街（rue de Rivoli）220号开着一家青铜艺术品和日本瓷器商店。

请告诉他们，我送去保养的那张漆木写字台麻烦他们再帮我保管一段时间。问问他们我该付多少钱，并告诉他们我最近就回去。

最后，我亲爱的朋友，我还需要60或70法郎，用来支付杂役的新年赏钱，而且去两三家我走得很近的朋友家总得买些新年礼物。

麻烦您立刻寄给我100法郎吧，好让我在31日上午收到。

您还记得老早以前我向您保证过今后每个月只向您申请50法郎么？所以这笔钱算是1月和2月这两个月的。就像我向您保证过的那样。您可能觉得我委托您办的这几件事都过于孩子气。但我向您保证这对我非常重要。我把收据提前寄给您，千百次地感谢您。

下个月我会把答应您的那几样东西通过迂回方式寄给您。现在监控得太厉害。巴黎还发生过几次搜查。

我正等着一家或几家出版商来信邀我返回法国。这一天很快就会到来的。

我要去布鲁日盘桓四五天；但肯定接到您的回信以后再走。——《巴黎的忧郁》在《巴黎评论》上又开始刊登了。

祝好。

夏尔

存放在雅基奈处的物品清单

一幅海洋风景画（版画，待清洁，黑色外框，画框是我提供的）。

一帧照片，待镶入纸框（裸体女模特）。

一幅居伊的乌贼墨画，旺多姆圆柱下的拿破仑时代近卫队老兵（待镶入玻璃相框）。

一幅男子肖像，铅笔素描（待固定——我觉得还未固定好——并镶入蓝色大相框）。

一幅吉罗代① 风格的乌贼墨画（岩洞前的裸女。原来的画框已很破旧。待重装画框）。

居伊的两幅小素描，铅笔和水彩（无疑是城外的卖笑逐欢场景，或者是布洛涅树林里的风雅马车。待镶入纸框）。

共六件。

致贝尔纳·内特②

[布鲁塞尔，1864—1865 年]

先生：

我实在不敢请您帮我什么忙。如果说我希望您同意拨冗誊录一下这些

---

① 吉罗代（Anne-Louis Girodet, 1767—1824），法国画家。
② 贝尔纳·内特（Bernard Neyt）是波德莱尔在布鲁塞尔结识的朋友、摄影师夏尔·内特（Charles Neyt）的父亲。

胡言乱语——且其中若干篇还可能冒犯您的观念和廉耻心——那可全都是令公子夏尔·内特先生惹的祸。如果我不幸弄错了，就请责怪您的儿子吧，并坦率地告诉我。

无论如何，都请您接受我的歉意和感谢。

夏尔·波德莱尔

致奥古斯特·普莱-玛拉西

［布鲁塞尔，1864—1865 年］下午五点
"隐修"咖啡馆

亲爱的朋友，我来您家
是想听一听人类的语言；
作为巴布亚人中的一员①，
我要去寻觅古老的雅典。

既然上帝已然将我囚禁，
关在图皮印第安人中间②，
傻瓜中我更钟情于疯子，
唉！我铁定是其中一员。

请向法妮小姐道个寒暄，
（叫她蕾妮她可能会烦，
向她致意的人绝非笨蛋，）

表达一位好作家的心愿，
也别忘向让娜小姐致意③，
——还有老友莱克里凡。

---

① 巴布亚人（les Papous），居住在巴布亚新几内亚的美拉尼西亚人。
② 图皮人（les Topinambous），操图皮语的南美印第安人部落，以同类相食闻名。
③ 让娜小姐（Mlle. Jeanne）是阿尔封斯·莱克里凡的女友。法妮小姐（Mlle. Fanny），全名弗朗索瓦兹·多姆（Françoise Daum），玛拉西的女友。

致［某伙计］

［布鲁塞尔，1864—1865 年］

请去猕猴路（rue du Singe）白狮大旅社（hôtel du grand Lion Blanc），看看比尔尼耶先生①在不在，如果他在，就请问问他打算几点来拜访波德莱尔先生。

［油画、素描、版画清单］

［1864—1865 年］

我父亲的肖像

勒格罗的猫——拟赠马奈
勒格罗的两幅风景画

勒格罗的一幅素描（仪式队列）
勒格罗的一幅铜版画（仪式队列）

一幅布瓦伊的油画——拟赠马奈

两幅居伊的画
一幅容金德的画②
三幅梅里翁（铜版画）
一幅我父亲的水粉画
两幅阿尔弗雷德·雷特尔的版画

---

① 比尔尼耶（Burnier），不详，估计是一个途经布鲁塞尔的法国人。
② 容金德（Johan Barthold Jongkind，1819—1891），荷兰画家和雕塑家。

一幅乌贼墨画（吉罗代风格）

一幅海洋风景画（版画）

一幅马奈的油画

一幅居伊的素描——拟赠勒若斯纳

寄存卡巴松 ① 处：

一幅马奈的油画

一幅画框

寄存塞尔维 ② 处：

一枚罗伯斯庇尔（纪念章）

一幅马拉（版画）

寄存雅基奈处：

一幅海洋风景画

一帧照片

一幅居伊的素描

一幅玛拉西肖像

一幅乌贼墨画（吉罗代风格）

两幅居伊的素描

寄存卡贝（Capé）处：

书籍

找到钥匙

一个零钱包

和一个铅笔盒

寄存勒纳尔 ③ 处：

一幅戈雅的复制品

---

① 卡巴松（Cabasson）是一位版画商。
② 塞尔维（Jean-Baptiste Servais）是一位烫金装潢师和镶框师。
③ 勒纳尔（Renard）是一版画工具制造商，波德莱尔曾请他委托一位朋友临摹过戈雅的画作。

赠书清单

[布鲁塞尔，1864年底或1865年初]

附信的赠书名单：

埃采尔。德夏内尔。巴布。邦维尔。阿瑟利诺。多尔维利。蒙斯莱。弗莱斯。儒万。丹纳。戈蒂耶。夏斯勒。圣伯夫。洛克普朗，乌塞耶。德·卡洛纳。比洛兹。皮肖。夏庞蒂埃。伊利亚尔特。维图。代尚①。

不附信的赠书名单：

拉伏瓦。居维里耶-弗勒里。德·穆伊。勒瓦卢瓦。蓬马丹。谢莱尔。多尔富。马索兰。弗雷德里克斯。若利。

凭证取书名单：

昂塞尔。我母亲。默里斯夫人。马奈。勒若斯纳。福楼拜。勒孔特·德·利勒。加瓦尔尼。尚弗勒里。杜刚。费瓦尔。戈兹朗。谢纳瓦尔。洛普斯。弗洛芒坦。雷耶尔。玛拉西。内特。迪拉蒙。

致欧皮克夫人

[布鲁塞尔]1865年1月1日星期日

我亲爱的母亲，在这一年中最伤感的日子里，我想起你而无须任何庄严之名，无须顾及我所有的职责以及这些年来积于我身的所有义务。其中关键的或者说唯一的使命，就是要让你幸福。我对此始终不敢忘怀。上帝会始终如此给我机会么？

有时候，一想到这种可能性可能被上帝转瞬攫夺，我就不寒而栗。我首先要向你承诺：今年我不会再强求你在财务上资助我。一想到你必须省

---

① 埃米尔·代尚（Émile Deschamps，1791—1871），法国诗人，阿瑟利诺、布瓦耶和波德莱尔共同的朋友。1857年，他曾就《恶之花》给波德莱尔写过一封诗体书简。

吃俭用才能填补我那些亏空我就脸红。今年我甚至要设法给你送些钱回去。我还要向你保证我要好好工作，绝不虚度每日光阴。天道酬勤，必定是一分耕耘一分收获。

我头脑中总有些阴郁的念头。真要做到不为世事所扰，每一天都兢兢业业又谈何容易！不要说构思一本书，光是孜孜矻矻写出来就有多难，——总之，每天都要打点精神去做！——我盘算过，我头脑中酝酿良久的东西，只要我能勤劳苦干十五个月就能大功告成。我多少次告诉自己："来吧，鼓起勇气吧，哪怕神经衰弱，哪怕天气糟糕，哪怕恐惧多多，哪怕债台高筑，哪怕孤独和厌倦缠身！丰硕的成果也许即由此而生。"上帝已经恩赐给我多少十五个月了！然而履行时常被自己中断，直到现在还常常中断，而且中断得如此之多。我究竟还有没有时间（如果我还有勇气）一逞回天之力呢？要是能确信自己还能活五到六年就好了！但这一点又有谁能打保票呢？近来死的念头不时萦绕心头，倒不是我蠢得怕死——我已经吃过那么多苦，受过那么多罪，也该得到宽恕了吧——但此时若死了实在太冤，因为它会让我所有的计划付之东流，因为我在这个世上当做之事还没有完成三分之一。

你大概猜到了，我怕身无分文地在巴黎城行走，怕在巴黎——我的地狱——待上六七天而无法向债主们提供什么确切的保证。我只想能衣锦还乡地回到法国。我的自我放逐已教会我远离一切可能的娱乐。我现在缺乏的是不间断工作所必需的毅力。一旦我有了这种力量，我就会很自豪且更加坦然。

我怀揣美好的希望。我已委托巴黎某人经管我的文学事务，——下次我可以在信中告诉你这件事。——我相信世人还是关注我的。

你知道我有多少作品等着出版，唉！有多少作品等着付梓！

一、《怪异与严肃故事集》。

（这本书新年忙活过去以后就可以出版了。米歇尔会给你寄去一本。）

二、《恶之花》（增补本）。

三、《巴黎的忧郁》。

（我正在重新修订，就像你在我寄给你的《巴黎评论》上看到的那样。）

四、《人造天堂》。

五、《对几位同时代人的思考》。

六、《可怜的比利时!》。

(后三本书,我正盼着巴黎方面的回音。)

至于《短篇小说集》(série de Nouvelles)和《我心赤裸》,我想与你重逢后再写。那将是母爱拂煦之下的旖旎时光。但愿暮年岁月不会过早光顾!

尽量给我详细说说你的身体状况吧,求你。感冒怎么样了?——你上封信里说的腰腿酸软的症状怎么样了?给我详细说说这事。这似乎是新添的毛病,因为是你头一次提起。——你对埃梅①的服务还满意吧?

我温情地拥抱你,就像一个真情依依、醉心于独享母爱的孩子。

我会带给你几件小礼物,你会喜欢的。

夏尔

致纳西斯·昂塞尔

布鲁塞尔,1865年1月1日

我亲爱的朋友:

我12月29日(星期四)寄给您一封信,您大概可以在星期五上午十点收到。但我星期六上午和晚上以及今天上午(1月1日)都未收到您的回信,我不由得担心这封信是不是丢了,或者被偷了,因为那封信看上去像保价信。

信中是这样一些内容:

——向您申请100法郎,并附有一份收据。

——委托您办几件事,都和我留在巴黎的艺术品有关。

——最后是一份当铺的当票,这份当票上个月26日就到期了,我委托您续签一份当票,等我回去后再办理。

如果您没收到那封信,就请立刻将这封信转给儒贝尔街当铺的老板,以免他把那件东西处理给您和我以外的其他人。

---

① 埃梅(Aimée),欧皮克夫人的女仆。

请您注意，当铺处理贵重物品并不要求赎当人本人签字。这是持有人的权利。

没收到100法郎虽然让我昨天和今天上午过得捉襟见肘，但远不及我对那只表和绘画那样担心。

祝好。

CH. 波德莱尔
布鲁塞尔蒙塔涅路
巨镜旅馆

我想您会不会外出了，但这个时节您应该不会外出。您如果病了的话，昂塞尔夫人也会给我略书一二。

致儒贝尔街当铺老板

布鲁塞尔，1865年1月1日

先生：

我上个月29日给巴黎的一位朋友寄去了我在您的铺子里典当的一只表的当票，并委托他支付利息并续签当票。鉴于这封信没有寄达指定地址，我怀疑当票（一份贵重物品的当票）丢了，而且是被偷了。

以下是相关信息：

我重申，这是一只金表。

典当金额：40法郎。

典当日期：1863年12月26日。

贵重物品当票。黄色纸。典当人是CH.波德莱尔先生，住巴黎阿姆斯特丹路22号。

持此信与您接洽者是我委托与您续签当票的人。

烦请您采取必要措施，以免被非我本人和持此信与您接洽者以外的人赎走这件物品。

先生，请接受我全部的谢意。

CH. 波德莱尔

致伊波利特·勒若斯纳少校

[布鲁塞尔，1865年1月1日或2日。波德莱尔此信一是向伊波利特·勒若斯纳少校和夫人致以新年问候，二是询问《国民舆论》编辑部是否打算发表《玛丽·罗杰疑案》，以及《巴黎评论》是否找到了资助。勒若斯纳于1月4日回了信。]

致纳西斯·昂塞尔

[布鲁塞尔]1865年1月2日星期一

谢谢。但是，我的朋友，似乎所有信件都不明不白地延误了，昨晚八点邮局才通知我信到了，今天上午我总算拿到了手。这么说，我亲爱的母亲只能今晚或明天才能接到我的信了。——您可能不太清楚我害怕延误的理由。不为别的，只是我自己的怯懦与恐惧作祟。我只愿意在有所成就的前提下衣锦还乡。这些都取决于我的工作，取决于我在巴黎的代理人的成果。

不，谢天谢地，蒙泰居没有自杀。是巴黎的一个朋友以讹传讹。蒙泰居刚刚在《两世界评论》上发表了一篇对《幸福研究》(*La Recherche du bonheur*) 的书评。事实上他相当一段时间没有了消息，对谁也没讲去向。——他过去常有些古怪的举止，难怪人家以为他自杀了。

我很高兴小仲马结婚了①。希望婚姻的痛苦能惩戒他可恶的文学。

祝好。

夏·波

我委托您办的那三件事虽小，但愿您能明白其重要性。我总对那些寄存在外的物品放心不下。

---

① 小仲马刚刚与娜杰日达·娜丽斯科金娜公主 (Nadejda Naryschkene, 1826—1895) 结婚，自1852年娜杰日达·娜丽斯科金娜公主寡居后他们即生活在了一起。

致保罗·默里斯夫人 ①

[布鲁塞尔] 1865年1月3日星期二

亲爱的夫人：

新年来临之际，若不为您新年祈福，那我就可恶至极且太不近人情了。我们都需要这一祈福，对我来说，我对那些以温馨方式为我新年祈福的人都心存感激。

还要对您说我多么爱您么？还要对您说我祝福您生活安宁富足么？而这些静谧的快乐甚至对最雄健的灵魂也不可或缺。

还要对您说我多么想念您么（尤其当我要求一位比利时人弹奏一阕瓦格纳之际，当我必须与人争辩法国文学之际，当我再次目睹比利时式的愚蠢之际——而您曾对我屡屡谈及这种愚蠢）？

这儿的人拿我当警察（这真是太棒了！）（这都是拜我所写的那篇莎士比亚宴会的文章所赐），——视我为鸡奸犯（这是我自己散布出去的；而人们居然信以为真！），随后又把我看成清样校对员，专门负责校对寄自巴黎的一些下流作品的清样。这种人云亦云把我惹恼了，于是乎我散布传闻说，我杀了自己的父亲还吃掉了他；而且还说，之所以能允许我离开法国是因为我给法国警方效过力，而人们居然信之不疑！如今我就像一条畅游在水中的鱼儿一样，在羞辱的漩涡中游刃有余。

亲爱的夫人，您不必回信；虽然您睿智异常，但回复这样一封信会惹火烧身。请您原谅一颗时而会寻觅知己且对您的恩惠和善心思之不竭的心灵吧。

我为您祈福（因为我为我爱的所有人祈福），并恳求您，当您心灵中有着同等谦卑之时，请在祈祷之际勿忘为我祈福。

请向您的丈夫转达我的新年祝福。

夏尔·波德莱尔
布鲁塞尔蒙塔涅街
巨镜旅馆

---

① 保罗·默里斯夫人（Mme Paul Meurice, 1819—1874），闺名埃莱奥诺-巴尔米尔·格朗杰（Éléonore-Palmyre Granger），波德莱尔的朋友，在波德莱尔最后的日子里曾为他弹奏瓦格纳的音乐。

致亨利·德·拉马德兰

[布鲁塞尔，1865年1月中旬。波德莱尔在信中要求拉马德兰支付刊登在1864年12月25日《巴黎评论》上的几首散文诗的稿酬。拉马德兰1月25日左右回信，说他"在1月20日以前付不出一分钱"。]

致伊波利特·勒若斯纳少校

[布鲁塞尔，约1865年1月20日]

我亲爱的勒若斯纳：

再过五天此地的议会就要开幕了。我开始像狗一样害怕起来，但愿盖鲁不再让我忍受怠惰之苦①。

我没收到任何清样。是不是请勒若斯纳夫人赶快再秀一下她的外交手腕为我斡旋一下？请您代我向她预致谢意。

祝好。

夏尔·波德莱尔

致伊波利特·勒若斯纳少校

[布鲁塞尔，1865年1月24日。勒若斯纳1月25日收到此信，但直到1月30日才给波德莱尔回信。波德莱尔很担心能否在《费加罗报》上发表《玛丽·罗杰疑案》，同时也担心莱维兄弟出版社能否按时出版《怪异与严肃故事集》。]

---

① 波德莱尔担心议会一旦开会，报纸就将优先刊登政治方面的消息。盖鲁（Adolphe Georges Guéroult，1810—1872），法国记者、文学家和政治家，时任《国民舆论》的编辑。

致纳西斯·昂塞尔

［布鲁塞尔］1865 年 1 月 27 日星期五

我亲爱的朋友，很奇怪一直没得到您的消息。当铺的事怎么样了？雅基奈先生的事如何了？丢了什么没有？我的清单您交给雅基奈了么？

麻烦您在我那封有关用钱事宜的回信里告诉我一下。您已经做好年度对账单了么？

我知道自己离开巴黎时预支了不少钱。但债务总额是否有所减少？因为九个月以来我只向您要过 600 法郎。——您看不出我信中的所有打算都是想摒弃那个节约计划么？

我向您保证，托您办理的事项对我来说都极为重要。

祝好。请向昂塞尔夫人致意。

夏·波

致夏尔·雨果

［布鲁塞尔］1865 年 1 月 27 日星期五

亲爱的先生：

对您今晚的盛情邀请，我不仅要请您海涵我因故不能赴约，还要请您向令堂大人和令弟弗朗索瓦致歉，我本来是能幸会他们的。但我敢说这只是早一天晚一天而已。下次我一定当面向令堂大人致敬。

您知道，懒惰的人一旦发现忘记履行自己的责任时会忙得不可开交。我现在就是如此，有太多的人要见，有太多的事要办。今后十来天我都要苦行赎罪，特别是今天，我的工作恐怕到六点都结束不了。

请向令堂大人和令弟转达我深厚的感情。

夏尔·波德莱尔

致亨利·德·拉马德兰

[布鲁塞尔] 1865 年 1 月 27 日星期五

我亲爱的朋友，怎么回事！已经无力回天啦！这样一本人人都希望能存活下去的杂志这么快就要寿终正寝，实在令人扼腕[①]。——无论如何，剩下的那几篇散文诗您如果觉得好就赶紧发吧；然后我会再寄给您一些别的，到了 2 月 20 日，可能的话，您再付我稿酬。

至于爱伦·坡的其他作品——《阿恩海姆乐园》《兰多尔先生的小屋》和《装饰哲学》——请把它们装进信封，立刻寄给马索兰，地址：交易所广场（place de la Bourse）9 号，上写"致马索兰先生，来自波德莱尔先生，特急"字样。其他什么都不用写。我不希望马索兰察觉我把他的杂志作为无奈之选，也不希望让他疑心这是您的包裹。

不过，我注意到您的来信并未明确提及勒若斯纳是否已把那三篇小说交到了您手上。如果您手头没有，就请您行行好，尽管您不乐意，也得请您去米歇尔·莱维出版社找诺埃尔·帕尔菲要来。拜托那几位先生转送根本没有用；那几个没心肝的家伙对我拜托他们的事从来都置之不理。

祝好。祝您好运。

夏尔·波德莱尔

致伊波利特·勒若斯纳少校

[布鲁塞尔，约 1865 年 1 月 29 日。波德莱尔在信中谈到他新的不安。勒若斯纳 1 月 30 日给他回了信。]

[①] 《巴黎评论》当时的处境岌岌可危，到 1865 年 3 月就停刊了。

致朱利安·勒梅尔

[布鲁塞尔] 1865年2月3日星期五

我亲爱的勒梅尔：

好久以来我就想给您写这封信，我早就把这个想法告诉了亨利·德·拉马德兰，之所以延宕至今，不光是我通常对关系切身利益的事情比较愚钝，而且还有点儿抹不开面子，所以一拖再拖，而且我始终觉得，只要我相中什么则万事皆休。

多年来，我一直梦想能找到一个人（一位朋友，同时又尽善尽美）乐意操持我的文学事务。至于我自己，多年的教训已证明我在这方面绝对无能。我真搞不懂何以在这方面我没有一点儿起码的智慧；干了一件又一件蠢事以后，我决心再也不沾手此类事务。

首先，您同意成为我要找的那个人么？多年前我就该打定主意，但这种事什么时候说都不算晚。其次，我很想知道您提供这项服务的价位，也就是说您打算在为我签订的出版协议中提成多少。我不大可能花费您太多时间，但总会占用一些，所以，虽然我们是老相识①，彼此也认为关系融洽，但我还是要问您这个傻问题。我听说在做生意这件事上过分谦虚是很愚蠢的。我不准备再说什么了，我亲爱的勒梅尔，您说多少就是多少。我只希望能找到一位热心的朋友。

我现在向您介绍一下我目前的事务。我希望在明年，甚至可能在几个月后，当我有些空闲的时候，能够向您提供其他作品。

我渴望卖掉四部作品，我会把作品简介寄给您：《人造天堂》（多年前出版过，销路很差，人家还以为是一部从未出版过的作品。我认为这部作品很好，名实俱符，无需再说什么，而且我也不会同意删去任何一章）；《对几位同时代人的思考》，分为两部或两卷。这部作品不是您想象中的那种报刊专栏文章的结集。虽然这些文章很久以前发表过，但大部分人都不了解，而且所有文章都贯穿着某种一贯和系统的思想。我渴望能够展示我

---

① 勒梅尔1850年曾出版过一部诗选《爱情诗人》(*Poètes de l'Amour*)，收录了波德莱尔的《莱斯波斯》(*Lesbos*) 一诗，二人从此相识。

在文艺批评方面的才华。最后，第四部，是《可怜的比利时！》，一卷。这本书尚未完成。我已经写了九个月，但还要再增加两三章，谈谈比利时的外省和老城，我还想再跑一跑，可天气太糟糕了。

现在，我想简单提供给您一些小小的设想，您可以按自己的意愿行事。我渴望在确切的期限内转让出这四部作品，两年、三年、五年，或者会有相当可观的印量，总之过程都一样。但我觉得面面俱到也不容易，因为出版商自然更喜欢先投放一本书看看是不是赚钱，他们不会贸然一次性买断，除非第一版售罄需要重新签约。

其他问题：您觉得把四部作品卖给同一位出版商是否更有优势？总之我觉得绝不能一下子全部卖断这四部作品，因为我希望有朝一日能在同一家出版社出我的全集，我必须留有主动权。

《对几位同时代人的思考》的手稿就在我自己家，在翁弗勒尔。我写完关于比利时的那本书后就去找出来。《可怜的比利时！》3月份可以交稿。《人造天堂》我手里有一本样书。

关于比利时的那本书，您觉得若是接洽一家报社全文发表或部分发表是个好主意？我知道维尔梅桑主张这么做，但我还是想先征求您的意见。

我还想到了出版商方面的一些问题。

米歇尔·莱维对我把《恶之花》和《巴黎的忧郁》转让给埃采尔很有看法。

埃采尔也对我不满（他有权不满），因为《恶之花》和《巴黎的忧郁》迄今还未交稿，这两本书都已经完成了，但我还在润色。

丹迪和夏庞蒂埃，我觉得这两位出版商不具备让我的作品享誉市场的能力。或许我判断有误，我认为丹迪严谨不足，而夏庞蒂埃的经营作风还沿袭着路易-菲利普时代的老一套；您可能明白我在说什么。但我绝不会固执己见。

还剩下迪迪耶、阿米奥和阿歇特，这几家都是顶呱呱的出版社。但阿歇特是不是民主说教太多了些？我得先给您打个招呼，《可怜的比利时！》可是一本反自由思想者写的书，通篇充斥着戏谑的文字。

如果再无良策，这些书也可以分别签约。

8开本和18开本，您预计要求的最大印量能到多少？

不过这都是以后才会涉及的问题。此外，正如我所说，我全权委托给您，也就是说，如果您同意做我的代理，我绝不会再和任何一家出版社有任何直接的接触。

过几天我会给您寄去两三篇文稿和一包散文诗，是打算在报章上发表的，您可以分别和两三家机构接洽。

无论哪家报章，但愿这是最后一次恳求他们帮忙。我特别怵那些主编大人，哪怕是我的朋友。

我已经开始创作另外两部大部头作品，但我觉得只有在翁弗勒尔我才能潜心写作。一部是短篇小说集，每篇故事都彼此相关，另一部是个大怪胎，可以说是一部全方位①的作品，题目是：《我心赤裸》。

祝好，我亲爱的勒梅尔，别忘了我。

夏尔·波德莱尔

《对几位同时代人的思考》这个题目相当长。可以删去"对……的思考"。总之，我想刻意避开艺术或文学字样，一旦有了这两个词，销路就没了。

［附件：提纲］

《人造天堂》（一卷），版权属于我。

——前一版已绝版。

目录

一、印度大麻之诗

   1. 对无限的兴趣

   2. 什么是印度大麻？

   3. 塞拉芬剧院

   4. 人—神

   5. 道德

---

① 拉丁文：de omni re。

二、鸦片吸食者
    1. 婉转的措辞

    2. 初步的自白

    3. 鸦片的快感

    4. 鸦片的折磨

    5. 虚假的结局

    6. 天才儿童

    7. 童年的悲伤

    8. 牛津的幻影

    9. 结论

《可怜的比利时!》(一卷) ——几天后我向您提供《目录》。

《对几位同时代人的思考》
    ——两部或两卷

一、美术部分
    福音市场的大卫

    1846年的沙龙——批评,绘画,色彩,技巧,疑惑。
        ——如何超越拉斐尔,等等。

    万国博览会上的德拉克洛瓦

    万国博览会上的安格尔

    批评方法

    1859年的沙龙——现代艺术家和摄影。批评,各种能力的女王。
        现代公众,等等。

    论笑的本质

    论几位法国漫画家

玩具的伦理

欧仁·德拉克洛瓦的壁画

欧仁·德拉克洛瓦的作品和生平

论阐释性绘画(谢纳瓦尔,考尔巴赫,让莫,雷特尔)

现代性画家（圣赫勒拿岛的康斯坦丁·居伊）

二、文学部分

埃德加·爱伦·坡的生平及其作品

再论埃德加·爱伦·坡

维克多·雨果

代博尔德·瓦尔莫

贝特吕斯·博雷尔

艾杰西普·莫洛

居斯塔夫·勒瓦瓦索尔

泰奥多尔·德·邦维尔

勒孔特·德·利勒

皮埃尔·杜邦

论泰奥菲尔·戈蒂耶

菲利贝尔·鲁维埃尔

理查德·瓦格纳在巴黎

夏多布里昂以来的文学浪荡子

《恶之花》的故事

致欧皮克夫人

[布鲁塞尔] 1865 年 2 月 3 日星期五

我亲爱的母亲，我得了一场重感冒，弄得我好几天既不能想也不能写。

你1月初的来信让我格外感动。得知你脱离了一次危险，你能想象这对我内心有多大冲击么？在同一时间得知你既患病又痊愈，犹如自己也刚刚在鬼门关走过一遭儿似的！我不想向你隐瞒，得知这个消息时，我觉得自己极度可耻和自私自利。我甚至很惬意于你过去曾向我隐瞒病情，不然我得多痛苦呵。——但你是不是真的痊愈了？肯定全好了么？请务必告诉我。你说你已经恢复到久违的那种健康状态了，那你就多散散步，多吃一点儿；——这样就能让我满心欢喜；但你会好好注意，避免疾病复发，以便让健康状态维持得更长久些么？

得知你虽感厌倦，但依旧对自己的坚忍和勇气充满信心，我就确信你的状况至少还说得过去。随后突然一下子，你又来了另一封信，把你的厌倦、你的孤独、你的气馁、最后还有巴黎说得那么可怕！引得我悲伤欲绝。但你这样做是对的。我愿意分享你的所思所想，尽管不令人愉快。而且这封信让我自责和羞愧。安慰你、为你解忧消愁本是我的本分。不能立刻为你尽力从未让我如此伤心。如果我马上动身，或许还能做点儿什么。可我又能做什么呢？即便我身上有很多钱，我也离不开。因为这不仅涉及布鲁塞尔，也涉及巴黎，涉及诸多事务，涉及文学。——我真诚地相信这个月就会有重大消息传来，到那时，当我告诉你那些作品已经卖出去的时候，你就会说：他准备回巴黎了，——当我再从巴黎给你写信的时候，你又会说：他就要与我重逢了。

我从自身的亲身经历深知，厌倦对人的折磨是何等可怕。我把此中时日看成坐牢或苦行赎罪的时光。我渴望摆脱这种苦役。我敢保证，比利时这座监狱远比翁弗勒尔那座监狱更让你遭罪。你身居华屋，不用见任何人。而我，没有书读，住得极差，囊中羞涩，还得和我憎恶的人打交道，全是一些没教养、看起来就像专为自己发明愚蠢的人，而且，每天早上我去门房时心都怦怦乱跳，想知道是否有信来，朋友们是否还惦记着我，我的文章是否见报了，是否有人寄钱来了，作品是否卖出去了，——却一无所获，一无所获。我委托昂塞尔帮我办三件事，三件我自认为很重要的事，可他已经一个月没给我写信了（我并不是让你催他）。我真想不顾一切，跑到勒阿弗尔或翁弗勒尔的一家小酒馆，与一个水手甚至苦役犯狂饮，只要他不是比利时人。至于重返我母亲居住的那幢快乐之家，翻拣我的那些书和纪念品，则是我连做梦都不敢想的美事。

我忘了说，所有厌倦中数那些债主的信让我厌倦透顶，可唯独他们才给我写信。然后就轮到我寄宿的这家旅馆的老板娘了，她已经开始给我甩脸子看了。

（说到我的那些纪念品，请告诉我还有哪几个没打开的箱子是我的；一个，两个，还是三个？）

还有，墙还返潮么？

在你这封让人悲痛欲绝的信里,最让我吃惊的是你想再看看巴黎这个念头。这个古怪的梦想向我证明你的身体还行。这是我唯一觉得安慰的地方。可你这个念头是不是也太疯狂了?!

这个季节,去巴黎!这个雨雪交加、泥泞满地的季节!巴黎和那些令人赞叹的花园只有在明媚的阳光下才是美丽的。再说了,你也得稍微考虑一下我的感受,如果知道自己的老母亲孑然一身陷入这等嘈杂之地,我会多么不安。我会终日担惊受怕,真的,甚至夜不成寐!

现在五点了。就写了这么一封有头没尾的信,不过总比什么都不写要好。全身心地拥抱你,我会每周给你写两封信。

《巴黎评论》倒闭了。又一笔收入没了,不光是今后的钱没了,甚至已经发表的那很少几篇的稿费也打水漂了。

夏尔

致保罗·默里斯夫人

[布鲁塞尔] 1865 年 2 月 3 日星期五

您这封信让我喜出望外,尤其因为它出乎意料,而且我觉得自己根本配不上它,看到这封信,我的第一反应就是立刻回信;在将近一个月后,如果我还要把给您回信并向您表达谢意的喜悦放到第二天,那我真是罪莫大焉。我可以对您说,那都是真的,我确实常常患病;但那不是一个好的托辞,因为感冒、头痛和发烧从不会持续一个月。我更愿意对您说真话,一是我生性偏好滥用朋友们的宽容之心;二是在这样一种可恶的环境中,我不知道还会出现什么样的氛围,它不仅会愚钝心灵,还会使心肠变硬,并驱使我们忘却自己的全部责任。

亲爱的夫人,您可以猜想一下,当我向您坦白说,我为给您写了那么多愚蠢的疯话——都是些近乎肆无忌惮、只会口无遮拦地说给伙伴们听的蠢话——而无地自容的时候,当铜墙铁壁尚未被您的回信打破、我已不指望收到任何回信并开始绞尽脑汁为宽恕自己编造借口的时候,您的回信带给我何等的喜悦呵！所以，当我阅读这封想都不敢想的来信的时候，我感受到了双重的喜悦，首先是喜闻您的款款话语，然后是惊喜。必须得说，您拥有这个世界上最美好的兰心蕙质。

我想先回复您信中尤其令我动容的几段。不，我向您保证，我在这里没有感到什么特别的忧伤。我这个人的心情总是很坏（这可是一种病），因为我对周边的蠢言蠢行痛苦难耐，而且也对自己不满。不过，在法国，虽然蠢言蠢行会少一些且面上也还圆滑，其实我依旧痛苦难耐；——而且，哪怕我没什么可以苛责自己时，我对自己也依旧不满，因为我梦想自己能做得更好。所以说，无论在巴黎，在布鲁塞尔，还是在某个我不熟悉的城市里，我肯定都会生病，而且无药可医。它表现为一种愤世嫉俗，并非由于我性情乖戾，而是我太过敏感、动辄易怒的习性使然。——我为什么要待在布鲁塞尔，而我又那么痛恨这座城市？——首先，是因为我现在就在这里，而且以我目前的状态来看，我在哪儿都会同样感到不适，——其次，因为我现在需要苦行赎罪；——通过苦行赎罪治好我的恶习（这要慢慢来），直到某个受我委托、在巴黎处理我的一些文学事务的人解决某些问题为止。

既然您原谅了我，既然您允许我可以率性地和您谈话，那我要跟您说，这个如此可恨的比利时倒是帮了我一个大忙。它教会了我容忍一切。这已经相当不错了。我变得理智了，因为我做不到让自己满意。我总是喜爱快乐，这也许就是最让我苦恼的事。在一个小海港研究港口的运作、观察进出的航船是一种快乐，在小酒馆与底层民众饮酒也是一种快乐，我喜欢那种感觉。而此地，一无所有。这儿的穷人甚至唤不起我行善的欲望。在巴黎，有朋友的宵夜，有美术馆，有音乐会，还有姑娘们。而此地，一无所有。美食，那就更别提了。您知道，比利时是没有烹饪的，那些人既不会煎蛋，也不会烤肉。很少喝葡萄酒，就好像那是什么稀缺、珍贵、美妙和偶尔品尝的稀罕物似的。我觉得——上帝饶恕我！——那些畜生只是出于虚荣才会喝葡萄酒，还要装模作样，俨然深谙此道。至于新鲜、廉价的葡萄酒，就是口渴时会一满杯一饮而尽的那种——没见识过。——风流韵事，那就更少了。一看到比利时女人，我就有一种模糊的、想昏厥的欲望。爱神本人如果想骤降欲火，只须瞟一眼比利时女人的脸即可奏效。

再说说女人们的粗野，真是与男人们不分伯仲，如果说这些可怜虫尚存一丝魅力，这种魅力也被粗野绞杀殆尽。几个月前的一个晚上，我在郊区某个不认识的地方迷了路；我向两位少女问路，她们竟回答说：Gott for damn！（或者是 Gott for domn！）（我可能拼写得不对；但没有一个比利时人能告诉我这句比利时的国骂该如何拼写；意思大致就是法国人说的"见鬼！"或"该死的！"。）这两位美丽的比利时少女就是这么回答我的：——见鬼！让我们安静会儿！——至于男人，他们永远不会错失表现他们粗野天性的机会。一天，路上结了薄冰，我看到公园剧院（théâtre du Parc）的一位女演员摔倒了。摔得很重，当我正使劲扶她起来的时候，一个过路的比利时男人一脚把她的手笼踢到了路中央，还说："嗨！怎么回事，这东西！——您忘了吧？"——而这个人极有可能是一位议员、一位大臣、一位亲王，甚至可能就是国王本人。如果在巴黎，哪怕是个工人都会捡起手笼并彬彬有礼地交到那位女士手里。

正如我对您说过的那样，我诚邀所有喜好寻欢作乐的人住到比利时来。用不了几个月，他们那种毛病就会迅速痊愈，"厌恶"会将他们重塑为天真无邪的人。

这个无赖国家还帮过我另一个忙。——您不止一次开玩笑说我有神秘主义倾向！——我向您保证，您置身此地也会变得虔诚起来，——出于自尊，——出于洁身自爱的需要。目睹了所有这些不信神的四足动物，有力地证实了我对宗教的看法。对天主教徒，我几乎没什么好话要说。自由主义者不信神，天主教徒迷信，但都同样粗野，而且这两类人同样虚伪。

再讲两段小逸闻，纯比利时式的，——博您一粲：

一天，一个咖啡馆的伙计一边为我服务一边说："这么说，先生，您去教堂啦？有人看见您了，圣诞节，在某某教堂。"我回答他说："别乱讲！"可我心里思忖："这事一准儿能传到御前会议上去。"——两天后，我碰到一个比利时人，他说："嗨！怎么回事，您做弥撒去啦，您！真见鬼！（又是这句我不会拼写的比利时国骂：Gott for domn！）您连弥撒经文都没有，干吗去做弥撒？"这就是比利时人的基本思维定式。没有经文就无法祈祷。思维从不越雷池一步。然而他们在某一点上犯了错误，那就是弥撒经文也帮不了比利时人的忙，因为比利时人根本就看不懂书面祈祷词。

一天，有人很张扬地领着我去了一位大臣的家，这位大臣收藏的油画价值连城。最后，当人家陪着我从一幅安格尔画的巴托里尼肖像①前走过却对这幅本该赞叹不已的杰作一声不吭时，我说："这可能出自安格尔的手笔。双手和脸都画得太大了；这些都不像安格尔的风格，再说，红色调有些晦暗。在安格尔之前还有一位伟大的画家，更富于天才。是大卫。"于是，那位大臣转向陪同我的朋友②（我觉得他也是在向我炫耀），向他进行了细致的咨询："此外，我觉得，一段时间以来，大卫的行情是不是一直看涨？"我实在忍不住了，就回答说，对才智人士而言，只要从没看跌就足矣了。

比利时还给我帮过一个忙！您可以讲给布拉克蒙听。那就是这个国家让我对鲁本斯产生了幻灭。没离开巴黎时，我对这个粗鲁的家伙评价极高。鲁本斯是比利时能出产的仅有的一位绅士，也就是说，一位锦衣粗人。如今，在鲁本斯的佳作当中，我可能只会喜欢一小尊罗马青铜雕塑，或者是一把埃及勺子——木制的。

请向您的丈夫转达我真诚的友谊。请向方丹和马奈问好。——我还要和您说说我对夏尔·雨果先生的美好印象。——有人说他父亲要回到这里居住了。见鬼！我差点儿忘了您的服饰那个重要而有趣的问题。您告诉我是对的，您知道我对此类问题极有兴趣。我在时尚方面的博学程度与玛拉西在善本书和植物学方面的博学程度不相上下。这个可怜的人现在全身心投入了植物学研究当中（不是昆虫学，因为这个国家的森林里没有昆虫，甚至也没有鸟；所有动物都在逃离比利时人）。我了解您的所有服饰；并且又唤醒了我记忆中的某段时光。

至于发型发式的问题我就是外行了，我很羞愧地坦承这一点。此外，我所能做的只是向您提个建议：如果一位非常迷人的女士的头发是银色的，那么她无论尝试何种发型发式，都不该忘记一展她银色的秀发。那会让她更美。

---

① 指安格尔 1820 年在佛罗伦萨为意大利雕塑家洛伦佐·巴托里尼（Lorenzo Bartolini, 1777—1850）画的肖像。

② 指阿尔蒂尔·斯蒂文斯。

我优雅地亲吻您的双手,并紧紧地握住它们。

夏·波

致伊波利特·勒若斯纳少校

[布鲁塞尔,1865年2月4日晚。参见波德莱尔1865年2月15日致勒梅尔的信以及勒若斯纳1865年2月21日致波德莱尔的信。]

致纳西斯·昂塞尔

[布鲁塞尔]1865年2月4日星期六

我亲爱的昂塞尔:

从1月初我始终在等您的回信。

大概您不清楚我冒昧委托您办的那几件事有多重要。大概您认为那几件事都无足轻重,因为您不像我那么看重那张当票、那只金表和那幅版画,等等。而到您想办时又太晚了,所以您不敢跟我说这些东西全没了。是这样么?

当铺的事办了么?

雅基奈的事办了么?

德索瓦耶的事办了么?

东西还在么?什么没有了?我还欠他们什么?

我觉得您一定会对蒲鲁东的信[1]感兴趣。从中您可以看到他将破产视为拯救以及废止地租等的观念已然成型了。

---

[1] 蒲鲁东在写给他的朋友、《列日日报》(*Journal de Liège*)社长菲利克斯·戴尔哈斯(Félix Delhasse,1809—1898)的信中对企业一般性破产进行预测说,只要有一丝疏漏就足以导致整个系统崩溃。波德莱尔是通过玛拉西看到这封信的。

对账单准备得如何了？——您不是病了吧？还是外出了？

祝好；并且，看在爱上帝的分上，请给我回信吧。

夏·波

致纳西斯·昂塞尔

[布鲁塞尔] 1865 年 2 月 8 日星期三

我亲爱的昂塞尔，我在两次神经性头痛的间歇里给您写信，这种头痛有时来势甚猛，今天上午我用了一个多小时才读完您的信。

您告诉我的岂止是好消息，简直是太好了，我谢谢您。而且价格也没我想象得那么贵。

只是，关于那张写字台（修得不一定理想；因为要价太低了），德索瓦耶夫人把钥匙给您了么？锁装上了么？还是换了一把新锁？

关于存放在雅基奈那儿的物品，我绝对肯定把清单放进第一封信里寄给您了。您拆信的时候肯定掉在哪儿了。我再给您寄去一份，是重新抄的。

等我回翁弗勒尔时（如果能再次见到翁弗勒尔的话！），我再在您家里重新给这些物品打包，只要讷伊有包装工就行。

勒纳尔那件事我清楚。是勒纳尔的一个朋友画的，除了知道他临摹过这幅作品外，我对这位朋友一无所知，他认为他可以在阿尔巴女公爵的宫殿里为我临摹一幅戈雅的画。当然了，我给马德里写信感谢过他。我有好几次收到从很远的地方寄来的表示同情的信，这些信虽然让我深受感动，但并不能减轻那该诅咒的苦难，也不能改善我屈辱的处境，特别是改掉我的恶习。

看来蒲鲁东的信未能打动您，而且您认为他在发疯，且过于轻率。我之所以给您看这封信，就是想向您证明蒲鲁东这个人，别人说破嘴皮子他也从来不改。在他生命的最后日子里，就像在他早期一样，他始终格外痴迷于产业和财政问题。如果他谈的是艺术，是的，您说蒲鲁东疯可能是对的。——但是就经济问题而言，我认为他特别值得尊敬。

我觉得只有一种方法可以否定蒲鲁东的乌托邦、他的观念、他的反论,以及他关于地租和财产的预言,那就是不容置辩地证明只有借贷才能致富(有人研究过这件事么?我可不是这方面的专家)。您比我更懂得财政;您应该知道这种论点能否站得住脚。

您还夸奖我的身体。可一周来我痛苦异常。我的两眼由于感冒、神经痛或风湿病而睁不开。如您所知,我的肠胃紊乱已经有四个月了。8、9这两个月,此地的阳光和气温都还好。所以,我感觉身体不错。但这两个月来出现了半夜发烧的症状。每夜都要在发冷和发抖中捱过很长时间;终于,到了清晨,才能昏昏睡去,虽然睡不着,但什么也写不了,再醒来时就很晚了,浑身冷汗淋漓且疲惫不堪。特别是在过去的一周里,这种痛苦加剧了。您知道,痛苦使人丧失勇气,即便不是被动的痛苦也同样如此。这就好像意志在缴械认输。

在这种情况下,我请求您允许我暂停节俭计划,至少暂停两个月,等回到翁弗勒尔以后再重新实施。我估计在此最多待到3月底。自去年11月中旬以来我就再也没有从任何人那里得到过一分钱,这儿的账也一分钱没付。我的账单只付到了去年10月1日。此地冬季的开销比夏季更大。夏天每个月也就是200或220法郎。而冬季的三个月大概要900法郎左右。我说的是大概,因为我拿不到账单。人家已经给我脸色看了,我心知肚明。而且,除住宿以外,还要加上许多零星费用,我已经有两个月没付了,若不耍点儿小心眼根本捱不过去:烟草、纸张、邮票、补缀衣物,等等。比如说吧,想喝一杯金鸡纳酒的梦想在我脑子里已然成为一种痴念,就像一个满身疥疮的人幻想眼前是一只盛满热水的浴缸。再比如,我想买些强力通便药。这些东西我在这里都无法得到。

(私下里对您说几句话:这些事请您什么都别告诉我母亲。您清楚她那种可怕的想象力。所以半个字也别说。我确信所有这些问题都会随着事业的成功和回家而消失的。)

我曾和您谈过我在支付零星费用方面的尴尬。所以请原谅我顺便提醒您,除了保价信以外,您所有的信都邮资不足。我每每注意到这一点时就感到自己无能为力。当门房对我说"先生,您还得付40生丁"时,我就特别难堪。往这儿寄信和往法国外省寄信的邮资是一样的。要么贴一张红色的邮票，要么贴两张蓝色的邮票。真对不起！

晦气如影随形盯着我不放。从这个月的第一天开始我就期待着《巴黎评论》的300法郎和《费加罗报》的400法郎。《巴黎评论》运营艰难，到期应支付的稿费一分钱也支付不了。《费加罗报》则觉得我寄去的稿件太过严肃，超出了读者理解的范围。他们的说法很客气；就是不想说出"讨厌"这个词。那是为米歇尔·莱维出版社翻译的书的最后一部分，书马上就要出版了，所以不能再发表了，这样，700法郎又打了水漂。

至于那件重要事项，即转让《人造天堂》《对几位同时代人的思考》和《可怜的比利时！》那件事，我仍在等消息。

想不到我的名望居然如此不值一提，也想不到我的朋友们居然把我忘个精光，连每卷第一次印刷要付我至少600法郎这件事都不做，那可是2400法郎呀！可我因病已中断了写作，中断已经很长时间了。《可怜的比利时！》还差四章，《对几位同时代人的思考》还差三章。

亲爱的朋友，我的脑子累坏了，说不了太多了。请把1月、2月、3月的费用一起给我吧。今天先寄1、2这两个月的吧。是150还是180法郎，我说不清楚。干脆先寄300吧，我会把1月2日收到的100法郎扣除。给您的收据就夹在"存放在雅基奈处的物品清单"的第二页里。我会死命抓牢魔鬼的尾巴，我会让所有人耐心静候，直到法国的那桩生意签订合同为止。

在向您致歉的那封信里，我解释了为什么没用那400和600法郎动身，但您还是没有理解。

我很痛苦，也很厌倦。但挣不到大钱我绝不离开。我正在苦行赎罪，我将依旧留在此地，直至让我苦行赎罪的原因消失。它不仅涉及金钱，还涉及有待完成的书，涉及待转让的作品，只有这些工作都完成了，才能确保我在法国安安静静地待上几个月。

我母亲给我写了一封亲切而充满智慧的信。她真是有耐心呵！她对我满怀信心！您知道她生了一场大病且迅速康复了么？幸运的是，这两个消息——噩耗和喜讯——我是同时得知的！

请别再拖着不回信了，求您了，不仅因为我需要钱，更因为您的来信让我高兴。我不会离开房间的。再者说了，即便能出去，我又能去哪儿呢？

祝好。

夏尔

致爱德华·马奈

[布鲁塞尔，约 1865 年 2 月 10 日。]

致欧皮克夫人

[布鲁塞尔] 1865 年 2 月 11 日星期六

我亲爱的母亲，我迟迟未回信是希望能等到巴黎的重要消息好通报你。好消息没有来；——第二个坏消息却来了。继《巴黎评论》病入膏肓后，《费加罗报》——我正期待着它的 400 法郎稿费——的坏消息接踵而来。该报断然拒绝发表我投稿的一部作品，理由是超出了读者的理解范围。这无疑是一个委婉的说法，其实是说我的作品"不招人待见"。麻烦的是，投给《巴黎评论》和《费加罗报》的稿件都节选自我翻译的爱伦·坡作品第五卷，这本书出版在即，已经来不及再投给其他报社了。

我好像对你说过，我办自己的事总是砸锅，所以委托了一个人全权负责我的文学事务，报酬当然要付，就从签订的出版协议中提成。我正等着此人回复我"同意"还是"不同意"——还有"报酬比例过得去"。目前还没有任何回复。他还没吐口说同意。但我觉得他会接手我的事务，只不过是打算在首笔买卖谈成后再谈他的条件。——其次，我选择的这个人到底行不行？这是个大问题。我选了一个在这个行当里长期为其他文学家提供此类服务的人，本人是位书商，目前事业不顺。我正是因为他处境拮据才选择了他，希望他能拓展我的文学生涯并为他自己赚些钱。——（我坚信——你可能会从中发现我的孤傲——我留下的这寥寥数部作品的行情在我死后一定会看涨。至于版权，除非我死在你前面，否则谁也奈何不得。这对出版商来说是件大好事。）

我不再梦想发财，只想还清债务，并创作出二十部左右的作品，靠作品的不断再版给我带来定期的收益。除非出现社会动荡，否则定期收益会像年金和股票一样可靠。——我对自己为了区区 2000 法郎现金就廉价转让了翻译版权的荒唐行为追悔莫及，现在连从中为自己花一分钱都办不到。这五部译作的版税尽管少得可怜，但每年仍大致会有 400 到 600 法郎的收益。这都是那些债主逼债导致我们办的蠢事。我再也不会这么谈生意了，除非是一笔巨款或终身年金。

是的，关于这七年，你说的千真万确。是的，昂塞尔用 14000 法郎根本偿还不了我的债务，但你又说，我们会过上好日子的。啊！多么可怕的句子！

我太了解你给我引用的这条晦气的理论了，而且我对自己的了解再清楚不过了。

美德之所以危险，就在于它是一种才情，且更敏感、更有教养、更微妙，它超乎一般的同侪和伙伴之上，更别提庸众了。

——但更危险的恶习当属怯懦、气馁乃至经年累月把眼前当做之事拖到次日才做的习惯。每当我被积压的工作压得喘不过气的时候，我还是偶尔会找到做下去的勇气，——这证明我并非缺乏能力。我拥有超强的能力，但不能持久。所以说，一个内心强大的人必须更耐心、更执著、更刻苦。生活的技巧我完全通晓，就是没有力量去付诸实施。你现在明白为什么会有那么多平庸的作家能大获成功并赚得盆满钵满了吧？他们虽然平庸，但勤奋为他们创造了机会。

我不知你曾多少次和我谈到我的天赋。这句老生常谈仅对浅薄的头脑适用。我是有构思的天赋？还是有表达的天赋？这两样我一样都没有，你应当看得出来，我的作品再少，却都出自艰辛的耕耘。

我还在不时地创作几篇散文诗。这个工作必须完成。我知道那个出版商①肯定在出版了《小散文诗》后才会再版《恶之花》。书不再版就会被遗忘，也就赚不到钱。——必须平心静气，对观念、意象和文字进行精心谋划。但我离平心静气还相距甚远。

---

① 指埃采尔。

你梦见我没有一个挚友。对这个问题我先得把你排除掉，因为如果我连你这个朋友都没有的话，我岂不成了一个无赖？好在巴黎还有三四位朋友，他们对我表达的友谊让我铭心刻骨。

你告诉我翁弗勒尔还有可消遣的，但你不乐意去，那是因为你每时每刻总是心怀戚戚！我求求你，消遣消遣吧；多找点儿开心的事做吧。尽管我因为事务缠身——挣钱、责任、工作——而推迟回家，但绝不能丧失希望。

我现在的这个毛病还不能叫感冒，——而且至今还没好。我甚至不敢到院子里去。好像是某种头部的急性风湿症，时常且持续发作。有好几次我都认为已经好了，可第二天又莫名莫名其妙地再次发作起来。

——（我觉得那个没住人的房间里还有我的几个箱子[①]。）

拥抱你。别忘了我。我已经非常厌倦了。

夏尔

发烧的症状消失了，谢天谢地！——不过我求你别总对我这些症状忧心忡忡。只要我心情乐观，症状越明显，消失得就越快。

致纳西斯·昂塞尔

[布鲁塞尔] 1865 年 2 月 12 日星期日

我亲爱的朋友，谢谢您。我会记得我已经从今年的账目里收到了 300 法郎，——还有去年后八个月的 500 法郎。但前四个月收到的款项我没有记录。请尽快给我回信，不仅因为我急于知道账目情况以及我那些小物件在您家里是否安全，更因为我厌倦至极。此地只有一个我乐于交往的人，但他住得太远，住在郊区尽头[②]。

我认为您再去找雅基奈时，务必按手中的清单仔细核对一下。必须十分在意清单中的一些细节，比如说：需要固定的画作（是不是固定好

[①] 指波德莱尔母亲家的客厅。
[②] 指玛拉西。

了),也就是说必须修复到位。——重新装框的画作如果未装好,必须重装;——等等……——雅基奈这个人不敲打不勤快,而且做事邋遢。

给您添那么多麻烦真是万分抱歉。我从没有像过去十天来那么气急败坏,我等消息,等来的却净是坏消息,而我对此却只能干瞪眼。十天来我期待收到有关文学事务的重大消息,却一无所获,什么都没有,没有!

今天上午我像个贪嘴的孩子一样美美地饱餐了一顿,很久没这么吃了。吃得太早了。我觉得又快要偏头痛了。

几天前我又重读了蒲鲁东的一束很有意思的信札,都是写给他在比利时的朋友们的。泰奥菲尔·托雷(您一定还记得他,多年来他一直以威廉·布尔格的笔名发表文章)前段时间来看我。我们大约有二十年没见面了。再次见到他我感到万分快乐。我也很想了解法国人中的才智之士。托雷虽然是共和派,但举止始终从容优雅。他告诉我说,他曾经和蒲鲁东一起旅行,但中途分手了,因为他讨厌蒲鲁东那些粗俗的矫揉造作、粗鲁的装模作样和农夫般放肆的言行,在所有方面。——所以说,一个人可以同时是一个才子又是一个俗人,——既有特殊的天赋,又是一个笨蛋。维克多·雨果就是明证。——顺便说一句,这位先生就要搬到布鲁塞尔来住了。他在利奥波德区(le quartier Léporld)买了一栋房子。看来他和大海闹翻了!要么是他再没有气力去忍受大海了,要么是大海本身已经烦透他了。——就差在悬崖峭壁上给他精心建造一座宫殿了!至于我,虽然我孑然一身,被世人所遗忘,但不到万不得已,我绝不会卖掉我母亲的小房子。——但我比维克多·雨果更有尊严,因为我认为,而且我也知道,我从来不像他那么愚蠢。——一个人在哪里都是不错的(只要身体健康,又有书画可看),即便是面朝大海。

蒲鲁东从未读过维克多·雨果的作品;他本该读读雨果的诗;可他们把《悲惨世界》借给了他(这是雨果本人的耻辱);蒲鲁东逐行逐句读完了前两卷,并做了批注。这一定是个滑稽透顶的奇迹;以逻辑去修订并不存在的逻辑!——在这之后,书的主人(您真该佩服比利时人!)觉得这本书被污损了,居然一丝不苟地擦去了蒲鲁东所有的批注。一座纪念碑就这样失落了!

谁在您信封的背面写了"同事并致敬!"还是"同事的致敬!"或是

"同事的致意，"——字迹被邮戳弄脏了，看不清。这种用词绝不会是您的朋友。但这让我想起了二月革命的激情与可笑。这都是多少年前的事了，真是太久了！

您知道么，利奥波德国王的儿子们在征得他们的爸爸同意后，接受了拿破仑三世皇帝提供的年金，作为他们在（被扣押的）奥尔良家族遗产中丧失份额的补偿？——卑鄙的灵魂！该诅咒的王朝！——我们的皇帝很可能是个大无赖，但他喜欢荣耀甚于金钱；正因为如此，他还有些意思。——此外，发表以前我还会再核实情况。——但谈何容易。

《恺撒传》① 我还没读过，所以不知道拿破仑-路易算不算一个真正的文人。

请向昂塞尔夫人问好。

祝好。别忘了我。

夏·波

致米歇尔·莱维

[布鲁塞尔] 1865年2月15日

我亲爱的米歇尔，我不是出版商，我觉得您根本信不过我的想法。

可我觉得我的想法可能是个好点子。

我在此地九个月以来，从未和拉克鲁瓦先生说过话，也从未和他打过招呼，因为我从骨子里反感他！

有一天我和韦伯克霍恩聊天，他对我说起有不少外国作家值得译介，我便建议他出版一部《漫游者梅莫特》② 的新译本，这是一部被人遗忘的浪漫主义代表作，巴尔扎克和维克多·雨果都很欣赏。这是一部浪漫主义作品，我很清楚。

——我刚刚得知这些先生委托了朱迪特小姐翻译这部作品。对一部代

---

① 指拿破仑三世所撰《尤利乌斯·恺撒的故事》(*L'Histoire de Jules César*)。
② 《漫游者梅莫特》(*Melmoth the Wanderer*) 是爱尔兰作家麦图林神甫 (Charles Robert Maturin, 1782—1824) 1820年在爱丁堡出版的一部魔幻小说。

表作来说，这简直是暴殄天物！我很清楚这些先生会如何运作这样一部译作，——每页25法郎，——由对语言一窍不通的人翻译。我手头有一部金莱克的《克里米亚战争史》(这本书上没印拉克鲁瓦出版社的字号，因为他在巴黎有书店，印上出版社的字号有风险)，虽然我没读过英文原文，但我觉得很多地方译错了。

把麦图林的《漫游者梅莫特》真实而风趣地翻译出来可能是件好事，而且肯定不会赔钱。其次，做这种事是要有情怀的。您有那么多关系，完全可以找一位有素养的文人翻译出一部原汁原味的佳作，而且要价适中，但价格肯定应该远高于拉克鲁瓦付给其译者的钱。如果您的译者进展神速，就可以打掉拉克鲁瓦的计划。

毋庸讳言，我跟此事完全无关。我之所以花那么多时间翻译爱伦·坡，是因为我和他惺惺相惜。但我不是翻译家。

也许您和朱迪特小姐是朋友？——若如此，就算我瞎说。

我发现比利时人做事有些不太厚道，所以觉得您不妨也耍点儿心眼，或许还能从中发现好买卖或重大商机。——可能的话《怪异与严肃故事集》就晚些出版；我一文不名，所以有兴趣从魔术包中变出最后一稿。

如您所见，按照拜伦的说法，我是个善良的记仇者——此外我还相信不平则鸣，我会写出一本关于比利时的好书。

你读过埃拉斯特① 攻击亨利希·海涅和撒旦派诗人② 那篇臭了街的文章么？我正在撰文作答。

祝好。

CH. 波德莱尔

既然您从来不写信，那就谢谢我出的点子吧。

---

① 埃拉斯特（Éraste）即于勒·雅南。米歇尔·莱维是海涅作品的出版人，所以波德莱尔向莱维表达了自己的愤慨。

② 英国文学史上称拜伦、雪莱和济慈为"撒旦派"。"撒旦派"代表积极浪漫主义精神，与"湖畔派"相对。

致欧皮克夫人

[布鲁塞尔] 1865 年 2 月 15 日

病终于快好了，我的好母亲，我的妈妈。我没有太多好说的，只是想解释一下我脑袋里的毛病，因为我了解你可怜的想象力。昨天晚上我出门了，这是十天来第一次，头上包着手帕，像个赶大车的车把式。不幸的是，我的举止像一个饿得太久的孩子。我狂吃了一顿牡蛎和牛排（！），还喝了半瓶葡萄酒。好像吃得太多了。今天早上头还有点儿像刀子割一样疼。但动笔写字就感觉好多了。——这都是些什么毛病啊！

巴黎有了一些消息。我找了第三位朋友[①]去催询前两位[②]。前两位中的一位，我委托他（两周以前）把存放在《巴黎评论》和《费加罗报》的文稿交到另外一位朋友——也就是那位书商——手中。这几篇文稿本来可以赚很多钱，结果半分钱都没赚到！那位老兄回答说，现在交给他也没什么意义了，如果文稿原来就在他手上，他倒是可以送给哪家哪家报社发表……闻所未闻！——不过，有坏消息也总比没消息强。我不满于他的缄默，又马上就此事写信给他。

关于那几桩大买卖，他回答说他会非常严肃地负起责任，说他正期待着我承诺寄给他的若干文稿，以便就所有问题一并答复我；——说他在两家出版社之间犹豫不决，一家是阿米奥，非常有名，另一家是年轻新锐，且非常大胆，——他本人倾向于后者。——这让我有些担心。他对后者有兴趣是出于什么目的？以我的名望、我的地位和我的年龄，我更倾向于把我的书委托给信誉卓著的出版社。最终总会有解决方案的。——我也曾慎重考虑过你提出的建议。我更担心的是想知道如果成功的话我该付给他多少钱。我更希望他能先和我谈谈这件事。

你身体怎么样？你还记得我的请求么[③]，尽量开心一点儿。

夏尔

---

① 指马奈。
② 指勒若斯纳和勒梅尔，即"那位老兄"。
③ 波德莱尔在 1865 年 2 月 11 日致欧皮克夫人的信末附言中请他母亲找些消遣，不要对自己儿子的"症状"总是"忧心忡忡"。

拉克鲁瓦和韦伯克霍恩两位先生（我到比利时就是想见他们，但他们在那些诽谤发生后刻意避开了我）刚刚把一部我向他们建议译介的书委托给了另外一个人翻译：比利时人呀！这些比利时人呀！

致朱利安·勒梅尔

[布鲁塞尔] 1865 年 2 月 15 日

我亲爱的勒梅尔：

我终于通过我的朋友马奈得到了您的消息。

出师不利，万事开头难呵！——我 4 日晚给我的朋友勒若斯纳少校写信，他住在屠宰场附近的特律代纳大街（avenue Trudaine）6 号，请他把爱伦·坡的天才杰作《莫格街谋杀案》的续篇《玛丽·罗杰疑案》的清样给您送去，——这份清样我一年前就送到了《国民舆论》，当时的编辑部秘书是波谢，现在由马莱斯比纳[①]接任了编辑部秘书，他连一句解释都没有就拒绝发表，——维尔梅桑也拒绝发表这篇小说，认为太过严肃。

还有三篇小说（《想象中的居所》）在马索兰手里，烦请尽您所能，随意安排发表在什么杂志上吧。

可以考虑：

《插图天地》，

《文学报》（*Le Journal littéraire*），

《新闻报》，

《国家报》，

《立宪报》。

我还欠着《国家报》和《立宪报》的钱，很久了，欠《国家报》200 法郎，欠《立宪报》500 法郎。这或许可以作为给他们供稿的理由，——只要他们能立即出版（专栏或连载均可）就行，——只要他们能精心修订

[①] 马莱斯比纳（A. Malespine, 1830—?），时任《国民舆论》编辑部秘书。

就行，——只要他们仅扣减一部分稿费抵偿欠债就行。

很多年以前，《国家报》曾连载过我的《怪异故事集》。

最好是与利梅拉克和格朗基尤合作①。但我重申，一切由您做主。

《玛丽·罗杰疑案》需要的版面（杂志的版面）是8开，3页。

《想象中的居所》需要两个版面，包括三部小说：

《阿恩海姆乐园》，15页。

《兰多尔先生的小屋》，12页。

《装饰的哲学》，6页。

可以连载在三天的报纸上。

马奈对我提到了您的一些想法。我有上千件事要对您说，但那还得写五个小时，来不及了，这封信得赶快发走。

月底前您还会收到一包《散文诗》和我称为《对几位同时代人的思考》那部作品中补充的三篇文章。

你读过埃拉斯特攻击亨利希·海涅和青春派诗人（la jeunesse des poètes）那篇臭名昭著的文章了么？雅南这是在拿"感伤派"开涮。我将其视为对我的当众攻击。我撰写了一封答复函。但"费加罗先生"对J.J.②究竟是个什么态度？这还真是个问题。

祝好。我深深感谢您为我所做的一切。

夏·波

米歇尔曾说要拿出些时间来帮我安排这些事；但已经二十天过去了，可能还要等更长时间，真是拜马莱斯比纳、维尔梅桑和勒若斯纳先生之赐！至于马索兰，他总想裁减或润色我的稿子，这是他的癖好。他居然想裁减或润色爱伦·坡的作品！

拉克鲁瓦和韦伯克霍恩刚刚委托朱迪特小姐翻译一部我推荐给他们的书。唉！这些比利时人呀！

---

① 利梅拉克（Paulin Limayrac, 1816—1868），时任《国家报》主编，爱伦·坡作品的爱好者。格朗基尤当时是《国家报》和《宪政报》两家报社的社长。

② J.J., 指于勒·雅南。

致路易·马索兰

[布鲁塞尔，1865年] 2月15日

亲爱的先生：

我把"急需用钱"作为借口向您索要《想象中的居所》，并请您转交给朱利安·勒梅尔先生，由他随意安排。——事实上我在您那儿没交上好运。我希望能以一包散文诗补偿您。这样的散文诗我手头目前大概有三十来篇；但写的都是些丑陋和残酷的事，我担心会让您那些怀孕的女读者流产。

祝好，并请万分谅解。

夏尔·波德莱尔

但凡有效力之处，我定当尽力而为。

致伊波利特·勒若斯纳少校

[布鲁塞尔，1865年2月16日。参见勒若斯纳1865年2月21日致波德莱尔的信。]

致奥古斯特·普莱-玛拉西

[布鲁塞尔，1865年2月16日前后]

我亲爱的朋友：

我刚刚和法妮[①]共进了晚餐。我来是想让您看一看保罗·默里斯夫人的一封非常有趣的信，这封信肯定惹您发笑，但我也要就翻译《漫游者梅莫特》一事征求您的意见。

夏·波

等不到您回来只好作罢，我径自给她回信了。

[①] 法妮（Fanny）是玛拉西的女友弗朗索瓦兹·多姆（Françoise Daum）。

致保罗·默里斯夫人

[布鲁塞尔] 1865 年 2 月 18 日星期六

亲爱的夫人,您的来信总是充满善意;但这种善意带给我的喜悦绝不会让我忽略您幽默的天赋,而此前我对此还是将信将疑的。——您信里说到默里斯对我的感情尤其令我感动。请代我谢谢他。

马奈已在信里告诉了我关于《漫游者梅莫特》的事。我十分恼怒,理由有二:首先,一种异样的感觉萦绕我心,那就是好东西必须藏之名山,以便以高雅的情趣独自把玩;第二点,我记得很清楚,八个月前我曾向韦伯克霍恩建议过有些好书应该再版。他不了解麦图林,我向他做了介绍。他说,"我会和拉克鲁瓦谈谈这件事"。但我并没有自荐翻译此书。我害怕这种工作。我翻译爱伦·坡已经丢掉了不少时间,可我从中谋得的巨大好处居然是有些人摇唇鼓舌,说我的诗剽窃了爱伦·坡,而那些诗实则是我在知道爱伦·坡作品的十年前就已经写下了的。

我认为翻译是一种懒惰的赚钱营生。——这件事,正如我对您说的,他们的手段与您告诉我的一般无二。只是我这样做的时候并不知道朱迪特小姐那件事。我虽然没有自荐翻译此书,但这些先生决定出版麦图林的作品时理应礼貌地告知建议人。

所以,我给巴黎的两位出版人——米歇尔·莱维和朱利安·勒梅尔——写了信,建议他们尽快翻译这本书。但我并没说由我来译。我承认,给拉克鲁瓦先生使点儿坏让我感受到些许快意,——再说我也不认识他,从没跟他说过话,也从未和他打过招呼。

现在,我要答复您如此善意地向我表达的一些想法。首先,默里斯认为麦图林是一位难懂的作家,那是他误会了。这本以英文写就的书如此简单、明了、清晰。——要说难,理解不难,难在表达。这位作家的写作风格,一是有些古怪,有些过度的情感宣泄,二是他有些难以琢磨的隐喻习惯,简言之,这是另一个时代的奇特风格。他是一位老派的浪漫主义者,为了融会贯通,翻译者必须是一位老派的浪漫主义者才行。

所以委托朱迪特小姐翻译这本书绝对是个馊主意。

假如这些先生有意增加一些评论和作者生平,我认为其中还有另一个欠缺，那就是必须在这样一部作品中解释清楚马图林的作品到底是怎么回事，他在现代文学史中占据什么位置，什么是"撒旦派"文学，以及这部作品在哪些方面感动了拜伦，等等，等等。现在您是否已经明白了，如果译者不能以足够高的水准来表现这位令人赞许的作家，那么一篇出色的序言或许还可以装点一下门面！——但愿朱迪特小姐的翻译足够好；但我也知道，拉克鲁瓦在约稿时通常是很可恶的。我手头就有几本这样的书，出版完全是为了赚钱，而且是由一些略懂双语甚至是对其中一门语言并不精通的人勉强翻译出来的。（比如说金莱克的那部《克里米亚战争史》，虽然我手头没有原文，但错译肯定少不了。）或许您可以让默里斯读读我的信。他会认为马奈和您提醒我这件事是理所当然的。

无论如何，请您代我谢谢他，感谢他为了我而关注这件事。

我并不完全同意您对过多暴露女性裸体所表达的苛刻看法。对那些没有女人可以失去的人，对那些与世无争的人，对那些无非寻求一些表演刺激的人来说，这都是赏心乐事。我甚至觉得对那些更愿意金屋藏娇的人来说也未尝不是一件赏心悦目的事。这会让他们感到自豪。

请别再和我谈那几位斯……先生了①。他们令人羡慕，特别是阿尔蒂尔，他相信所有女人都会对他投怀送抱。但这也没有什么可奇怪的，至少在这个国家是如此。每个比利时人都确信自己会有这样的好运。

请坚信我忠实的友谊。

CH. 波德莱尔

又及。——我和您一样也会谴责那些逃避女人的野蛮人；但也得为他们说句公道话，如今的女性的确没有从前那么可爱了。

致纳西斯·昂塞尔

[布鲁塞尔] 1865 年 2 月 25 日

我亲爱的朋友，我还需要再付给旅馆 150 法郎，收据附后。账单比

---

① 指斯蒂文斯三兄弟。

我想象的要多。我还要安抚那些人再耐心一些，等着出版协议签订下来。——好像有两家出版社出价了（人家对我说的），但签约还要等我的四卷作品全部完成才行。我的进展很慢，我不太满意。

如果您还没做 1864 年的清算对账单，那就麻烦您拖一拖再做，把这 150 法郎寄给我以后再做。

在德索瓦耶和雅基奈家寄存的那些物品都集中存放在您家了吧？存放在雅基奈家的物品一件不少都拿到了吧？您觉得写字台修理得还过得去么？锁是怎么办的？

这封信您明天（星期日）上午就能收到。我觉得您星期一下午五点以前要给我回信，这样我星期二（这个月的最后一天）上午就能收到。请务必如此。

信封上请不要写"巨镜旅馆"，只写"蒙塔涅路 28 号"。——一写上旅馆的名字邮局就不给送了，我还得自己去取。

那篇署名 A.Z. 的《怀斯曼特别通信》是路易·勃朗写的[①]。——我指的是《比利时之星》。您收到了么？

《怪异与严肃故事集》上市销售后，我会给您寄一册精装本。

请向昂塞尔夫人致意。

祝好。

夏·波

3 月底我还要向您再申请 150 法郎，然后我觉得我肯定就打道回府了。——因为还有不少手稿存放在翁弗勒尔。我必须回去找出来。

[①] 路易·勃朗（Louis Blanc，1811—1882），法国记者和历史学家。1865 年 2 月 15 日英国天主教会首领、威斯敏斯特大主教怀斯曼枢机主教（le cardinal Wiseman，1802—1865）去世，路易·勃朗于 2 月 20 日在《比利时之星》（*L'Étoile belge*）以 A.Z. 为笔名发表了一篇攻击这位逝世的大主教的文章——《伦敦特别通信》（*Correspondance particulière de Londres*），在布鲁塞尔引发轩然大波。

致奥古斯特·普莱-玛拉西

[1865年3月1日前后]

致埃·鲁先生①

我亲爱的朋友,我刚刚读完您那篇有趣的关于蒲鲁东的札记,我是在《小评论》第68期第11页上读到的,我好久以前曾给您讲过那桩轶事②,但在您的记忆中被加工了。

"一位公民在《人民》编辑部的办公室里看到他……,等等……"

我的朋友,那位公民就是我。一天晚上,我去《人民代表》编辑部找于勒·维亚尔公民③。

蒲鲁东正好在那儿,旁边围着他的那些同事,他正在就第二天出版的报纸给他们出主意、提建议。

慢慢地,大家都散开了,只剩下我和他单独相对;他告诉我,维亚尔走了好久了,于是我们攀谈起来。聊天中,我告诉他我们有一些共同的朋友,比方说里库尔,于是他对我说:"您看,公民,到了该吃晚饭的时候了;您愿不愿意和我一起共进晚餐?"

于是我们一起去了一家不久前刚在新维维安路(rue Neuve-Vivienne)开张的小饭铺;蒲鲁东很善谈,他滔滔不绝、全面细致地把他的想法和计划全告诉了我这个对他来说还不甚熟悉的人,而且可以说,很多俏皮话不由自主地从他嘴里脱口而出。

我注意到这位辩论家非常能吃,几乎不喝什么,而我吃得很少却喝得很多,与他的食欲正好形成反差。"对一位文人来说,"我对他说,"您的饭量可真不算小。"

"那是因为我有大事要做。"他回答说。其言甚简,我猜不出他说的是

---

① "埃·鲁"(E.R)是玛拉西的笔名,由他的名字"埃玛纽埃尔"(Emmanuel)的第一个字母"E"和他母亲娘家的姓"鲁雍"(Rouillon)的第一个字母"R"组成。

② 1865年2月25日刊登在《小评论》上的这桩轶事是这样写的:"一位公民看到他在《人民》(Le Peuple)编辑部的办公室里正大口大口吃着分量很大又很简朴的午餐。'公民,您对我这么能吃感到惊讶,'他欢快地对那位公民说,'那是因为我的胃口与我正在干的大事是成正比的。'"

③ 于勒·维亚尔(Jules Viard),波德莱尔青年时期的朋友。

正经话还是开玩笑。

我还得补充一点，——既然您素来重视细节，您这样做是对的，——晚餐结束时，我叫来伙计要为我们俩的晚餐付账，蒲鲁东坚决拉住我不让我那样做，所以我只好由着他掏钱了，但让我有些惊讶的是，他只是严格地付清了自己的那一份。——您能否从中看出他对平等的偏好，以及过分热爱个人的权利？

祝好。

夏·波

致米歇尔·莱维

[布鲁塞尔] 1865 年 3 月 9 日星期四

我亲爱的米歇尔，前些日子我得了一场大病，什么信都回复不了。再说，您 2 月 21 日的信也不必立即作答。您通知我《怪异与严肃故事集》即将上架销售。太好了。这本书是您的。您是老板；我应该感谢您对我表现出的全部好意才对。——可如果这本书凑巧还没有上架，假如这时候朱利安·勒梅尔——就是我委托的那位文学代理人——正好要安排其中几篇（《玛丽·罗杰疑案》和《想象中的居所》）在报上发表且发表在即，您能稍等几天再上架么？如蒙您将此拨冗告知朱利安·勒梅尔，我将不胜感谢。

我亲爱的朋友，我从未毛遂自荐为您翻译《漫游者梅莫特》。我说的是：我给您出了个好主意。您不难找到一位合格的译者。

我承认，我是被韦伯克霍恩和拉克鲁瓦两位先生的不诚实行为激怒了才给您出这个主意的，我绝对担心这样一部佳作会糟蹋在他们手里，面目全非且粗制滥造。

话又说回来。我会就此事给朱利安·勒梅尔写封信。我坚信，只要有一则简单的广告：麦图林著；《漫游者梅莫特》，翻译：夏尔·波德莱尔，评述：福楼拜先生或多尔维利先生（他们和我一样，都是老派的浪漫主义者），就足以让拉克鲁瓦赔本赚吆喝。我计算过，如果能按标准时间工作，整部作品的翻译两个月足够。第一次的印量完全可以按 10000 册安排。——我清楚,我的断言不虚。我刚刚重读了1820年那个蹩脚的译本,文本中的英式表达随处可见。——但如您向我解释的,这些都与您无关。——不过,您若是能见到朱利安·勒梅尔,就请把我的话转告他。

请向卡尔曼和帕尔菲问好。——但愿卡尔曼没毁掉我寄给他的那份赠书清单。我觉得他肯定会把准备赠书的名单寄给我,以免重复寄送,因为名单中的很多朋友都是从事编辑工作的。我会给每位朋友寄一册精装本。——在布鲁塞尔我最多需要三四本。

关于雅南攻击海涅和青春派诗人一事,我早就写好了给雅南的答复。虽然写好了,而且我很满意,但还是收了起来,没寄给任何一家报社。我还就《尤利乌斯·恺撒传》的序言写了一篇商榷文章,也收起来了。我已经开始并在持续创作一篇简记夏多布里昂的文章,我视其为精神世界里浪荡主义的代表人物,在这篇文章中,我将以怒斥当代所有年轻无赖的方式为这位伟人复仇。但这篇文章我也不会送给报社发表。我对那些办报纸的人,那些无知的、条理不清的人,那些报章主编以及他们的无病呻吟早就腻烦透了。这些迂腐的人绝不会喜爱先锋派。我这是在向多尔维利表达好感,肯定是他激发我使用了这个可恶的双关语的灵感。

我准备把这些文章都收录到我的一部文论《对几位同时代人的思考》当中。既然米歇尔·莱维先生始终认为夏尔·波德莱尔先生的文艺批评作品没有什么意思,那么我只好委托朱利安·勒梅尔推荐给其他出版社了。

祝好。

CH. 波德莱尔

致欧皮克夫人

[布鲁塞尔] 1865 年 3 月 9 日星期四

我亲爱的好母亲,你的不耐烦和担心让我痛苦,我真觉得你的不耐烦比我有过之而无不及。

据我所知,目前的情况是这样的:我的一位朋友[①]去拜访了那位我说

[①] 指马奈。

过的意大利人大街的朱利安·勒梅尔先生，他说肯定可以和一位或另一位出版人签订一份说得过去的合同（其中一位是新手[①]；另一位是阿米奥，一个很有名的出版界的老人，在和平大街），但要等我的手稿《对几位同时代人的思考》寄到以后才能去谈，以便确认我的作品已经完成。或者他是想在我回翁弗勒尔找到这本书的前几章以后再去谈。我已经告诉他还剩三章，即《夏多布里昂和文学浪荡子》《论阐释性绘画》和《〈恶之花〉作者自评本》（Les Fleurs du mal jugées par l'auteur lui-même）。此后，我又根据情况增加了一篇评于勒·雅南论亨利希·海涅与青春派诗人的文章和另一篇反驳拿破仑三世《朱利乌斯·恺撒传·序》（La Préface de la Vie de Jules César）的文章。

我甚至不敢把最后那篇文章投给任何一家报社。这样做或许不对；但我对所有报社都腻烦透了。我坚信一个有思想的人永远不会被一个报社社长所理解。

上面提到的几篇文章已经动笔了，但都尚未完成。这个二月寒冬给我上演了一出恶作剧。病虽然好了，但右眉上方仍然隐隐作痛；可我已经不耐烦了，我要外出活动！

是的，我还在继续创作《小散文诗》。再说，合同两年前就已经签订了，所以必须完成，而且只有在《小散文诗》出版后《恶之花》才能再版。但我的进展很慢，太慢了。这个国家的气氛太沉闷了，而且，通过阅读已经发表的这四十或五十篇散文诗，你也能想象得到，创作这些小品同样需要思维高度集中。不过我还是希望能成功地创作出一部独特的作品，至少比《恶之花》更独特、更自觉，我要在其中将可怕与可笑、甚至将温柔与仇恨熔炼于一炉。

重大消息：我刚刚得知我已经一分钱都不欠昂塞尔了。是他告诉我的。我还欠你的钱。你对我的好我永远也还不清。我该怎么报答你呵？

其他就没什么新消息了，爱伦·坡的那几篇小说（《玛丽·罗杰疑案》和《想象中的居所》）我没有一点消息，它们都选自《怪异与严肃故事集》，而《怪异与严肃故事集》就要出版了。这几篇小说是发表了？还是被拒绝了？如果被拒绝了，就意味着600或700法郎又没有了。你知道

[①] 指出版商阿希尔·富尔（Achille Faure）。

么，最折磨人的事不外乎如此：你越是期待得到有关钱的消息，反倒越是石沉大海！

我 2 月 21 日收到了一封米歇尔·莱维的信，他说他已经厌倦再等下去了，书马上就要上架销售了。所以我觉得这桩生意已经失败了。——我从《巴黎评论》甚至连可怜的 100 法郎都拿不到。我觉得这家刊物撑不到 3 月底了。

今后我还有一件大事要做，所以我一会儿还要给朱利安·勒梅尔先生写信。

我好像对你念叨过几句拉克鲁瓦出版社针对我做的下流事。涉及一本书的翻译：那两位先生把这件事委托给了朱迪特小姐（不是泰奥菲尔·戈蒂耶的那个女儿），而这个建议却是我向他们提出的。

翻译这样一本书也就能占去我一年中的两个月，但也是一大笔钱，而且还能名正言顺地报仇！

我估计这个话题我下周末还能写信告诉你一些消息。

我打赌你肯定给昂塞尔写了信，请他为我的文学事务出点儿馊主意。来自母亲的这种愚行让我更加爱你。

拥抱你。

夏尔

致圣伯夫

[布鲁塞尔] 1865 年 3 月 15 日

亲爱的朋友：

看到《怪异与严肃故事集》，我又想起了您。——好几次，我和列日的穆勒先生 ① 一起吃午饭时谈起您，——到了晚上，吃过晚餐后，我又

---

① 穆勒 (Clément Muller, 1810—1888)，比利时记者、律师和政治家。1848 年 9 月至 1849 年 8 月，圣伯夫曾在列日讲授夏多布里昂，当时有人反对任命圣伯夫担任授课老师，时任《列日日报》(*Journal de Liège*) 主编的穆勒起而为圣伯夫辩护，在列日掀起了"一场说小不小、说大很大的风波"。正因为有此一段往事，圣伯夫 1849 年在其《帝政时期的夏多布里昂及其文学群体》(*Chateaubriand et son groupe littéraire sous l'Empire*) 序言中对克莱芒·穆勒表示感谢。

和玛拉西一起重读《约瑟夫·德洛姆的生活、诗歌和思想》(*Vie, poésies et pensées de Joseph Delorme*)。您显然是对的;《约瑟夫·德洛姆》便是昨日之《恶之花》。这种比较让我深感荣耀。但愿您不会认为这样说对您有所冒犯。

《恺撒传》的序言您觉得怎么样?其观点是否相当宿命?

祝好。

夏·波

布鲁塞尔蒙塔涅路 28 号

致夏尔·阿瑟利诺

[布鲁塞尔,约 1865 年 3 月 15 日。随信寄赠阿瑟利诺《怪异与严肃故事集》。参见波德莱尔 1865 年 3 月 26 日致诺埃尔·帕尔菲的信。]

致伊波利特·巴布

[布鲁塞尔,约 1865 年 3 月 15 日。随信寄赠巴布《怪异与严肃故事集》。参见波德莱尔 1865 年 3 月 26 日致诺埃尔·帕尔菲的信。]

致于勒·巴尔贝·多尔维利

[布鲁塞尔,约 1865 年 3 月 15 日。随信寄赠多尔维利《怪异与严肃故事集》。参见波德莱尔 1865 年 3 月 26 日致诺埃尔·帕尔菲的信。]

致弗朗索瓦·比洛兹

[布鲁塞尔,约 1865 年 3 月 15 日。随信寄赠比洛兹《怪异与严肃故

事集》。参见波德莱尔 1865 年 3 月 26 日致诺埃尔·帕尔菲的信。]

致热尔韦·夏庞蒂埃

[布鲁塞尔，约 1865 年 3 月 15 日。随信寄赠夏庞蒂埃《怪异与严肃故事集》。参见波德莱尔 1865 年 3 月 26 日致诺埃尔·帕尔菲的信。]

致菲拉莱特·夏斯勒

[布鲁塞尔，约 1865 年 3 月 15 日。随信寄赠夏斯勒《怪异与严肃故事集》。参见波德莱尔 1865 年 3 月 26 日致诺埃尔·帕尔菲的信。]

致埃米尔·德夏内尔

[布鲁塞尔，约 1865 年 3 月 15 日。随信寄赠德夏内尔《怪异与严肃故事集》。参见波德莱尔 1865 年 3 月 26 日致诺埃尔·帕尔菲的信。]

致阿尔芒·弗莱斯

[布鲁塞尔，约 1865 年 3 月 15 日。随信寄赠弗莱斯《怪异与严肃故事集》。参见波德莱尔 1865 年 3 月 26 日致诺埃尔·帕尔菲的信。]

致泰奥菲尔·戈蒂耶

[布鲁塞尔，约 1865 年 3 月 15 日。随信寄赠戈蒂耶《怪异与严肃故

致皮埃尔-于勒·埃采尔

[布鲁塞尔,约 1865 年 3 月 15 日。随信寄赠埃采尔《怪异与严肃故事集》。参见波德莱尔 1865 年 3 月 26 日致诺埃尔·帕尔菲的信。]

致阿尔塞纳·乌塞耶

[布鲁塞尔,约 1865 年 3 月 15 日。随信寄赠乌塞耶《怪异与严肃故事集》。参见波德莱尔 1865 年 3 月 26 日致诺埃尔·帕尔菲的信。]

致 J.-B. 儒万①

[布鲁塞尔,约 1865 年 3 月 15 日。随信寄赠儒万《怪异与严肃故事集》。参见波德莱尔 1865 年 3 月 26 日致诺埃尔·帕尔菲的信。]

致夏尔·蒙斯莱

[布鲁塞尔,约 1865 年 3 月 15 日。随信寄赠蒙斯莱《怪异与严肃故事集》。参见波德莱尔 1865 年 3 月 26 日致诺埃尔·帕尔菲的信。]

---

① J.-B 儒万(J.-B. Jouvin, 1810—1886),维尔梅桑的女婿,《费加罗报》的撰稿人。

致阿梅代·皮肖

[布鲁塞尔,约 1865 年 3 月 15 日。随信寄赠皮肖《怪异与严肃故事集》。参见波德莱尔 1865 年 3 月 26 日致诺埃尔·帕尔菲的信。]

致内斯托尔·洛克普朗

[布鲁塞尔,约 1865 年 3 月 15 日。随信寄赠洛克普朗《怪异与严肃故事集》。参见波德莱尔 1865 年 3 月 26 日致诺埃尔·帕尔菲的信。]

致伊波利特·丹纳

[布鲁塞尔,约 1865 年 3 月 15 日。随信寄赠丹纳《怪异与严肃故事集》。参见波德莱尔 1865 年 3 月 26 日致诺埃尔·帕尔菲的信。丹纳 3 月 30 日给波德莱尔写了回信。]

致夏尔·伊里亚尔特

[布鲁塞尔,约 1865 年 3 月 15 日。随信寄赠伊里亚尔特《怪异与严肃故事集》。参见波德莱尔 1865 年 3 月 26 日致诺埃尔·帕尔菲的信。]

致泰奥多尔·邦维尔

[布鲁塞尔,1865 年 3 月 15 日。随信寄赠邦维尔《怪异与严肃故事集》。]
亲爱的朋友,可能的话就请为这本书写点儿什么吧,在哪儿发表都行。

致阿尔封斯·德·卡洛纳

布鲁塞尔，1865年3月15日当天

亲爱的先生：

寄上一册《怪异与严肃故事集》。如蒙您在杂志中写上几句书评，我将不胜感谢。

近日朱利安·勒梅尔会给您送去几部我的手稿。

祝好。

CH.波德莱尔

致米歇尔·莱维

[布鲁塞尔，1865年3月15日。随信寄赠米歇尔·莱维《怪异与严肃故事集》。参见波德莱尔1865年3月26日致诺埃尔·帕尔菲的信。]

致卡尔曼·莱维

[布鲁塞尔，1865年3月19日。随信寄赠卡尔曼·莱维《怪异与严肃故事集》。参见波德莱尔1865年3月26日致诺埃尔·帕尔菲的信。]

致纳西斯·昂塞尔

［布鲁塞尔］1865年3月22日

我亲爱的昂塞尔：

我翻译的爱伦·坡作品的最后一卷16日出版了。我从米歇尔那儿连一本都还没拿到。欧皮克夫人和我一样也没有收到。米歇尔让我给在巴黎的编辑们写了若干封信；我都给他寄去了。但没有什么迹象表明他已随信寄出了那些书。因为这些信里除了说赠送爱伦·坡作品一事什么都没提，也没有收到一封回信。烦躁之余，我觉得肯定又是他那卑劣的吝啬习性阻止他花几个小钱寄出那四册本来就属于非卖品的书。麻烦您去取书并付邮资寄来吧。我忘了邮政法是怎么规定的，不知道是按重量还是按每册5生丁支付邮资。但怎么说那都是小钱。

麻烦您同时打听一下本该和我那二十封信一起寄给报社朋友们的书怎么样了。——如果您懒得向莱维或卡尔曼·莱维那种人打听这种事（我觉得这很正常），那就给我的朋友诺埃尔·帕尔菲写信问问，他就在那家出版社工作，而且是一个非常有教养的人。

随信附上给米盖尔·鲁热①的一封信，我在信里请他根据我的现实需要再通融一下，直到我返回法国。

我要付给旅馆200法郎。——我的当务之急是不能让欠账（去年11月、12月和今年1月的欠账）再继续扩大，因为我那桩大买卖还未签约。我知道，快了，我也知道为什么会有拖延。要向您解释起来话就太长了。——我只给自己留下50法郎以防万一，比如说那桩买卖需要我马上去趟巴黎或去翁弗勒尔找出我的上半部分手稿，因为我母亲不知道手稿在哪儿。所以我很可能再过半个月就能与您相见。

我亲爱的朋友，请您务必体谅我在每月费用正常支付前一周就给您写信要钱，肯定是遇到了急事。再说我无所不缺，甚至缺上加缺。

怀疑的话您一句也别说，我的需求纯属正当，就像以前时不时向您要钱的情形一样。今年应当是个重整之年。

您对数额若有疑问，我的解释如下：根据您上一封来信，我每个月只能使用160法郎（乘以十二个月就是1920法郎）。

1月、2月、3月和4月：四个月乘以160法郎，

---

① 米盖尔·鲁热（Miquel Rouget）是巴黎的一位木箱经营和包装商，波德莱尔为把书籍和版画等物品运回翁弗勒尔而在他的商店赊购了木箱。

等于: 640 法郎
再加上结欠的: 64 法郎
总共 704 法郎

不过 1 月 1 日以后我从您那儿只分别要了 100、200 和 150 法郎,也就是说:

450 法郎
差额 254 法郎

《恺撒传》似乎停售了。——还有,我还打算再带给您一本刚刚在此地出版的《拉比努斯谈话录》①。这本书有些思想,但还远谈不上卓识。我曾经很想针对《恺撒传》那篇著名的序言写一篇商榷文章,但又想,就像往常面对纷纭事项时想到的:何必呢?跟我有什么关系?

亲爱的朋友,祝好。

请向昂塞尔夫人致意。

夏·波

先把钱寄来,我求您。

——我 24 日上午等您的回信,或最晚到下午三点。

取书的事请尽快办。

——如果那位莱维破天荒地把给我母亲和我的书寄出来了,那就只取您自己的好了。

又及。——请在您的信箧里翻翻有没有一封居斯蒂纳先生的信(或者是两封),谈的是关于《恶之花》案的审理问题,如果有,请复制下来寄给我。以后我再告诉您我要做什么②。

如果您看过我写给莱维的信后觉得欠妥,就请您口头上给他做些解释,并把您的解释转告我。

一并附上:

---

① 《拉比努斯谈话录》(Les Propos de Labienus) 的作者是奥古斯特·罗沙尔(Auguste Rogeard,1820—1896),1865 年在布鲁塞尔出版,随即被法国法院判定有罪并下令销毁。
② 波德莱尔正在为出版第三版《恶之花》搜集 1857 年《恶之花》案的相关资料,包括司法文件、证人证言以及书评、信件等。

——《小评论》，其中有一篇论蒲鲁东的文章，在第二篇；

——一封致米歇尔·莱维的信；

——一份取五本书的取书单；

——一张250法郎的收据；

——一封致米盖尔·鲁热的信。致米歇尔和米盖尔·鲁热的信麻烦您封好信封；

——保价信的地址，别忘了只写"蒙塔涅路28号"，别写"巨镜旅馆"。

致米歇尔·莱维

［布鲁塞尔］1865年3月22日星期三

我亲爱的米歇尔：

我还没收到我那册《怪异与严肃故事集》，欧皮克夫人也没收到我请您寄给她的那册（这两个要求我可是都向您提过的），我想会不会是因为寄送这两本书的邮资不会给书店带来直接收益呢？为了扫清这一障碍，我委托了一位朋友昂塞尔先生去书店直接取回这五本书；他会把一份我签名的取书单交给您，并负责支付邮资寄给我们。

此类取书单我已经分别寄给了马奈先生、勒若斯纳先生，还有默里斯夫人。加上这几册，总共是八本。过去您总是给我提供二十五本的。我估计我这次最多只要十二或十三本。

我寄给您的那一摞信都是用来赠送这本书的。

祝好。

CH. 波德莱尔

别忘了把书寄给布鲁塞尔的古斯塔夫·弗雷德里克斯和维克多·若利，也别忘了寄给另外五六位朋友，他们的名字我已经给您了，只不过没有写信。

致纳西斯·昂塞尔的取书单

［布鲁塞尔］1865 年 3 月 22 日

昂塞尔先生凭此取书单领取《怪异与严肃故事集》，一册。

致米盖尔·鲁热

[布鲁塞尔，1865 年 3 月 22 日。参见波德莱尔 1865 年 3 月 22 日致昂塞尔的信。]

致爱德华·马奈

[布鲁塞尔，约 1865 年 3 月 23 日。马奈很惦记他送到沙龙评审委员会的两幅油画的命运：一幅是《被士兵嘲笑的基督》(*Jésus insulté par les soldats*)，另一幅是《奥林匹亚》(*Olympia*)。波德莱尔在信中鼓励了马奈。马奈 3 月 25 日左右给波德莱尔回了信。]

致泰奥菲尔·戈蒂耶

[布鲁塞尔，约 1865 年 3 月 23 日。波德莱尔在信中请戈蒂耶多为马奈做些推介。该信附于上一封致马奈的信中。]

致诺埃尔·帕尔菲

［布鲁塞尔］1865 年 3 月 26 日星期日

我亲爱的帕尔菲，尽管我不太情愿占用您的时间，但还是不得不请求您的庇护，好让莱维先生能让我拿到自己的作品。

星期三（3月15日），我请米歇尔寄三本《怪异与严肃故事集》给我，寄一本给欧皮克夫人（卡尔瓦多斯省翁弗勒尔纽布尔路）。——但我至今没有收到，我母亲也没收到。

3月19日，我致函卡尔曼，向他提出了同样的请求；但同样杳无音讯。

于是我请一位朋友①去拜访这两位先生并自己取书，自己邮寄。但他只是轻描淡写地回信说他忘了，并说我很快就会收到书。可我还是什么都没有收到，我估计欧皮克夫人也是如此。

于是我脑海中闪现出一个念头（肯定是很古怪的念头），我认为问题出在邮资上。其实这个问题很容易解决，只要寄给我一份取书单，让我去罗塞兹的书店或广告社取四本书，我再把其中一本寄到翁弗勒尔就行了。

我亲爱的朋友，借此机会，麻烦您看看我开列的赠书清单上的书是否都已寄出。

附信赠书（我给米歇尔寄去了十五封信）：

埃采尔（两册）	戈蒂耶
德夏内尔	夏斯勒
巴布	圣伯夫
邦维尔	洛克普朗
阿瑟利诺	乌塞耶
多尔维利	德·卡洛纳
蒙斯莱	比洛兹
弗莱斯	皮肖
儒万	夏庞蒂埃（两册）
丹纳	伊利亚尔特

不附信赠书：

拉伏瓦	多尔富或阿诺德

---

① 指昂塞尔。

居维里耶-弗勒里	马索兰
德·穆伊（两册）	弗雷德里克斯，水利街30号
勒瓦卢瓦	
蓬马丹	维克多·若利，布鲁塞尔长寿街27号
奈夫采尔或谢莱尔	

我给马奈先生、勒若斯纳先生、默里斯夫人以及昂塞尔先生寄去了取书单。考虑到我只能索取十二本书（这是我过去索取数量的一半），我还有八本待取，更奇怪的是我自己居然一本都没有。

祝好，并为给您添乱深表歉意。

CH. 波德莱尔

（布鲁塞尔）蒙塔涅路28号

致欧皮克夫人

[布鲁塞尔] 1865年3月26日星期日

我亲爱的母亲：

没有什么新消息。——看到你的笔迹时，我想你一定在抱怨为何刚出版的那本书还未寄到。虽经我一再要求，但这本16日出版的书还未给你寄出，我自己同样一本书也没拿到。——这个莱维可真怪！

我刚刚为这件事又写了一封信。让你的那位皇帝放心吧。你的信并没有让我不高兴。你太心存敬意了，甚至对所有人。

我那篇文章[①]还没写完，因为懒惰，因为拖沓，因为轻蔑。我可能会把这篇文章放进我写的《可怜的比利时！》那本书里。

此外我还要感谢你对我说的那些如此善意、如此可爱的话。我太需要知道还有个人在疼我爱我。

---

① 指针对拿破仑三世《恺撒传》序言而写的商榷文章。

我们重逢在即。随后我又不得不返回这个野蛮的国度;但待的时间不会很长了。

我拥抱你。

可怕的冬季;但我身体还不错。——夏尔

致纳西斯·昂塞尔

[布鲁塞尔]1865年4月18日星期二

我亲爱的昂塞尔,星期日我要去一趟那慕尔,然后返回布鲁塞尔去巴黎,带去一包手稿,再从巴黎去翁弗勒尔,找到另一包手稿送到巴黎,最后从巴黎返回布鲁塞尔,但愿这最后一次我只待十天左右。

所以,麻烦您把5月份的150法郎月度费用寄给我。我没有任何免费车票,而且在巴黎恐怕也没时间去弄一张。

此外动身前我得买几件衬衫,还要定制一种文件箱,专门用来装运手稿和画作以免损坏。所以,您看,我希望后天(星期四,20日)能收到您的回信(那天是结账日),我的时间很紧张,钱更紧张,因为五趟旅行的头等舱客票就差不多花了150法郎。

答应给您的书我不会随身携带;这样做有欠谨慎。我5月份想办法给您弄过去。

不用说,我去巴黎时肯定要去拜访您。

祝好。

夏·波

好啦!您的小巴拉道尔让您高兴坏了,对吧①?

巴黎让我害怕,但我又必须前往,而且我渴望见到我母亲。

我上路之前再写信告诉她。

布鲁塞尔,1865年4月18日当天

---

① 指普雷沃斯特-巴拉道尔(Prévoste-Paradol, 1829—1870),法国随笔作家,刚刚当选法兰西学士院院士,昂塞尔赞同其保皇派观点。

今收到昂塞尔先生5月的月度费用壹佰伍拾法郎。

夏尔·波德莱尔

蒙塔涅路28号

（别写"巨镜旅馆"）

致奥古斯特·普莱-玛拉西

［1865年4月22日左右］

［十四行诗：为不能陪一位朋友同去那慕尔而作（*Sonnet pour s'excuser de ne pas accompagner un ami à Namur*）］

既然您要走访那座城市，
尽管城边是厚厚的城墙，
您为那阉伶名诗人付账，
只为他奴颜的诗兴贲张；①

既然您要外出度假旅行，
高雅的情趣请仔细玩赏，
要焕发出您全部的诗才，
将簇簇可爱的椰果颂扬，

（就像我本人也要做的那样。）
在那儿还要请您告诉顽皮的
洛普斯先生我爱他爱得发狂；

他虽未赢得罗马的大奖，

---

① 指法国诗人、作家、艺术评论家布瓦洛（Nicolas Boileau, 1636—1711），他曾写过一首谄媚路易十四攻陷那慕尔的《攻陷那慕尔颂》（*Ode sur la prise de Namur*）。

> 但他的才华却遐迩名扬,
> 与胡夫金字塔比翼辉煌。

致古斯塔夫·弗雷德里克斯

[布鲁塞尔] 1865 年 4 月 24 日

我亲爱的弗雷德里克斯:

我未能在第一时间看到您为《怪异与严肃故事集》写的书评,所以未能及时向您致谢。

希望您对我另一本可能引发争议的书能雅量依旧[①]!

祝好。

CH. 波德莱尔

致欧皮克夫人

[布鲁塞尔] 1865 年 5 月 4 日星期四

我亲爱的好母亲,虽然我在新年的信中信誓旦旦,但如果可能的话,我还是想再次求你帮忙;近一个月来我就有此需求,但觉得丢脸;之所以迟疑再三,不仅深恶自己言行不一,而且不愿意在复活节期间给你添乱。

我得去一趟巴黎,亲自过问一下我的文学事务;我也要去一趟翁弗勒尔,把一部作品的上半部分找出来(我会带着下半部分);然后返回巴黎,以某种形式签下合同(我对现在的报价不太满意,希望能再提高一些),最后返回比利时,但只待十天左右。

这趟旅行至少要一个星期。可怎么办?旅馆老板娘一直纠缠不休,我向她许诺说——说的什么我都不清楚——星期六付账。其次,我什么都缺,特别是衬衫;我不想也不能再给昂塞尔写信要钱;第一是没用,第二

[①] 当时已有传闻说波德莱尔正在创作《可怜的比利时!》。

是我希望能恪守四个月前我们俩达成的协议。

　　说实话，那个报价我可以接受。但通过信件谈判真是旷日持久！人家给我的报价是1500法郎（不包括比利时那本书），这个报价足以让我摆脱比利时回到法国。但是，要对付巴黎那些债主，钱还是越多越好。——最后，如果不付一大笔钱，我怎么能离开一个星期？我觉得人家肯定会把我当成贼了。

　　我欠的是去年11月、12月和今年1月、4月的钱。2、3这两个月的钱我已经付了。

　　明摆着，第一次回翁弗勒尔时我没办法给你带钱回去。在巴黎仅待一天很难签约，必须再回巴黎才能谈妥。请让我相信我有足够的打算能先把你寄给我的钱还上；再说了，这是个美好的季节；如果我不能把钱还给你，就剥夺了你渴望的巴黎之行。这是我必须念念不忘的理由。

　　我非常害怕回巴黎；但必须亲自操持自己的事务又给了我勇气，而重返翁弗勒尔虽然只有短短二十四小时，也对我极有好处。我陷入了某种不折不扣的消沉之中。我没有勇气创作比利时那本书，也没有勇气续写《小散文诗》。见到有旅行者把箱子放到车上我就自言自语："这才是有福的人呵！他可以说走就走！"我早先一直认为相对还比较风趣的那两三个比利时人如今也让我难以忍受了。

　　还忘了告诉你，你如果能寄钱来，除了支付旅馆费用和购买衣物外，还要能购买四张火车票。因为我不知道能否有时间或有资格弄到去巴黎的免费通勤票。

　　我觉得在这儿留出五六天时间购置衬衫和鞋子足够了。所以我最晚星期日（15日）动身，16日全天在巴黎；17日晚上到翁弗勒尔，我这样安排是准备21日返回布鲁塞尔，——利用这个月的最后十天与这个国家一刀两断，虽然这个国度还有一些美好的东西值得留恋，但仍不能弥补此地民众带给我的恐惧和厌恶。

　　看来靠信件沟通很困难，或者说我的文艺批评作品很难以适当的价位转让。每卷500法郎显然只是出版成本。不过我已明确表达了我的意图。为了能拿到更多的钱打发巴黎那些债主，我打算每部作品转让五年，也就是说五年之内只要加印就可以抽取版税。对出版社来说这是一场赌博，要么亏得血本无归，要么赚个钵满盆满。如果是小说，可能比较容易操作。但文艺批评就很难说了！无论如何，我打算亲自出马，我相信即便不能赚上数千法郎，至少也比现在的报价高些。

我给你寄去另外两篇文章，与我原先寄给你的那篇同样愚蠢。这样的书评肯定还有很多，但我没见到，尤其是《日耳曼评论》(*Revue germanique*) 上有一篇特别长的文章[①]。年轻时，凡涉及我的文章都让我心神不安。如今我已能坦然处之了。

我亲爱的母亲，最近几封信里你给我写了不少美好和欢愉的事。你想不到我会为此感谢你吧。在这个世界上你最关心的莫过于你的儿子，我可以告诉你，在金钱、幸福和工作等方面，他是最审慎、最理智、最深思熟虑的人。但我不知道他在哪方面的意愿不足，致使他无法让自己最优秀的想法如愿以偿。——我最了解的无非是必须努力工作（在这里我没有做到），适应孤独，除了工作以外杜绝所有快乐（杜绝快乐对我来说并不难，因为快乐早令我厌倦），最终实现精神上的完美并功成名就。很多人认为或假装认为功成名就毫无意义。但在我看来，我老老实实地承认，我认为只有功成名就才是这个世界上最实在、最可靠但也许最难获得的财富。

你今年肯定已听说拉克洛斯先生去世了，去年是奥尔菲拉夫人[②]，报纸上刊登了讣告。当时我没敢告诉你。

你身体还好么？你得记住，你告诉我有一次你懒得去医院，结果差点儿出了大事，把我吓得要死。

你大概知道圣伯夫被任命为参议员了吧。我虽然与他私谊深笃，但还是要写信祝贺祝贺。我相信他是鄙夷所有官方荣誉的；但他老了，又很潦倒。现在这样就可以有钱了。他应当满意。但他早已习惯了勤勉工作，所以我说《宪政报》上的那个重要专栏他还会继续写下去。

昂塞尔先生真怪，领取拉比家族（la famille de M. Labie）欠我的钱居然还要我提供委托书。真烦！一位比利时公证人、四名证人、内政部、大

[①] 指阿尔蒂尔·阿诺德（Arthur Arnould，1833—1895，法国作家）发表的书评《爱伦·坡：人、艺术家与作品》(*Edgar Poe, l'homme, l'artiste et l'œuvre*)。

[②] 拉克洛斯（Bertrand Théobald Joseph de Lacrosse，1796—1865），法国军人和政治家，欧皮克将军的挚友。奥尔菲拉夫人（Mme Orfila，1793—1864），欧皮克夫人的女友。

使馆，为这些人我花光了兜里最后的20法郎。

别忘了，信封上不要写"巨镜旅馆"，只简单地写"布鲁塞尔蒙塔涅路28号"即可。

只要一写"旅馆"，收信人就只能自己跑到邮局大厅凭身份证件领取。如果不写这几个字，邮递员可以直接登门送信。

别太埋怨我，求你。我向你保证，我会为这次商务旅行表现出必要的热情和精确。

温柔地拥抱你。

夏尔

致圣伯夫

[布鲁塞尔] 1865年3月30日星期四

[以及] 1865年5月4日星期四

我亲爱的朋友：

感谢您的绝佳来信，您的来信怎能不绝佳呢？当您称呼我"亲爱的孩子"时，真让我既感动又好笑。尽管我华发早生，看起来像个院士（在国外），但依旧渴望能有某个挚爱我的人称我为孩子；而且我不禁想起那位一百二十岁的爵爷对一位八十岁的爵爷说的这句话："闭嘴，年轻人！"① （私下里顺便说一句，要是由我来写这部悲剧，我恐怕会放弃这种硬邦邦的表达方式，而去追求另一个我本来想瞄准的目标）。

不过，我注意到您的信里只字未提《怪异与严肃故事集》，我可是早就委托米歇尔·莱维送给您一本。我有权断言说，这位书商属于曾将我主耶稣送上十字架的种族，自然也会为吝于送您一本书而折腾您。此外我还要向您发誓，我根本没打算让您为这本书写什么推荐文字。我唯一的目的是，既然我十分清楚您如何支配自己的时间，不妨让您有机会再欣赏一下逻辑与感觉是如何惊人而微妙地结合在一起的实例。有些人觉得这个第五

---

① 此处影射维克多·雨果的最后一部剧作《城堡里的爵爷们》（*Les Burgraves*）。

卷不如前几卷；我可不这么想。

我们（玛拉西和我）并不像您想象得那么无聊。在一个一无是处的国度里，我们已学会了放弃一切，而且我们明白，某些乐趣（比如说交谈的乐趣）会随着其他需求的降低而增长。

说到玛拉西，我想告诉您，他的勇气、他的活力和永不悔改的乐天性格感染了我。他对书籍和制版方面的博学程度已臻至非凡的境界。他对一切事物都饶有兴致并从中获得教益。——我们俩的一大乐趣就是他扮作无神论者，而我尽力装成耶稣会士。您知道我是可以借雄辩而貌似虔信者的（特别是在此地），就像为了让我不信神，只须让我和一位粗俗的（皮囊与灵魂俱俗的）神甫打打交道就足矣一样。——至于他出版的那几本带有嘲谑意味的作品，无非是想通过修正同一种宗教而自娱自乐，并借这一举动向博须埃或罗约拉①致敬，不过我从中还是有一个微小但意外的斩获，那就是更透彻地理解了法国大革命。当人们以某种形式自娱自乐时，也可以对大革命做出很好的判断。

大仲马刚与我们永别。这个勇敢的人以其素常的耿介傲立于世。比利时人簇拥在他四周想和他握手，随后又嘲笑他。真是太下作了。一个人可以因其活力四射而广受尊崇，真的，他具有黑种人的活力。但我相信除我之外，还有许多喜爱其严肃认真态度的人都会被他的《蒙梭罗夫人》（*La Dame de Monsoreau*）和《风雨术士巴尔萨莫男爵》（*Balsame*）深深吸引。

我因为急于返回法国，已经给朱利安·勒梅尔写了信，委托他帮我办理一些琐碎事务。我很想把我最好的一些关于麻醉品、画家和诗人的评论（再加上一系列关于比利时的评论）结集为三部或四部出版。如果您散步时偶尔经过根特大街②，就麻烦您对其稍加勉励并为我美言几句。

我必须承认，我还有几篇重要的评论有待完善：

——一篇关于阐释性绘画的文章，评论的是科内里乌斯、考尔巴赫、

---

① 罗约拉（Balthazar Loyola de Mandes，1630—1667），摩洛哥王子，后改宗天主教，成为耶稣会士和作家。

② 根特大街（Boulevard de Gand），即意大利人大街，勒梅尔的书局在这条街上。这条大街之所以被戏称为"根特大街"，盖因百日政变期间路易十八曾在比利时根特避难，保皇党人常在这条大街接头，于是这个别号便保留了下来。

谢纳瓦尔和阿尔弗雷德·雷特尔等人的作品；

——另一篇谈的是关于《恶之花》的创作过程；

——还有最后一篇是关于夏多布里昂及其文学圈子。——您知道我酷爱这位老浪荡子到了无以复加的地步。——总之，不需要太多工夫，十天或许足矣。因为我写的札记已相当丰富。

请原谅我介入一个敏感的话题；借口是我渴望看到您快乐（假设某些事情能让您快乐），并渴望看到所有人都公平地对待您。我听到很多人都说："怎么！圣伯夫难道还不是参议员么？"——多年以前，我曾对德拉克洛瓦说（我对他讲话从来都直来直去），许多年轻人更乐见他依旧处于被边缘化和愤懑不平的境地（我是指他在学院派面前表现出的桀骜不驯）。他回答我说："我亲爱的先生，假如我的右手瘫痪了，作为院士，我还可以去教书，而且，只要我身体棒棒的，学士院就得给我提供咖啡和雪茄。"一句话，关于您的事，除我之外，我相信许多人心中都指责拿破仑政府忘恩负义。——我这样说话恐有不谨慎之嫌，您能鉴谅么？您知道我有多爱您；所以才像个鲜有机会说话的人那样喋喋不休。

我刚刚读完埃米尔·奥利维埃那篇冗长的演说[①]。这篇演说很不寻常。演说者似乎口袋中装着重大的秘密，所以才会用那样一种权威口吻讲话。

您读过雅南攻击并嘲笑伤感派的那篇可恨的专栏文章了么（针对的是亨利希·海涅）？——还把维埃内说成是法兰西最伟大的诗人之一！——而且半个月以后又发表了一篇颂扬西塞罗的专栏文章！他是把西塞罗当成奥尔良派还是法兰西学士院院士了？

德·萨西先生说："西塞罗，那是我们的恺撒，是我们的！"哦！不，他不是，对不对？

您最忠诚的

夏尔·波德莱尔

我实打实地告诉您，我刚刚找到雪莱在拿波利湾（Golf de Naples）附

---

① 埃米尔·奥利维埃（Emile Ollivier, 1825—1913），法国国务活动家、国民议会议员，他于1865年3月27日就第二帝国政府应赋予法国人民更多自由发表了一篇备受期待、极受欢迎的演说。

近写下的一首哀伤的颂歌,结尾是这样的:

> 我知道我属于这样一种人,
> 他们不为世人所爱;
> 却永远被世人怀念!

佳时吟佳诗!这才是诗①!

1865年5月4日星期四

我亲爱的圣伯夫,当我拿起笔刚要为您履新写几句话时②,才发现3月30日写给您的信至今尚未发出,大概是我这方面的粗心,也可能是旅馆方面的疏忽。

我又重读了一遍,发现信写得很幼稚,很孩子气。但我还是一起寄给您。若能博您一粲,我就不会说"真倒霉"而会说"那可忒棒啦"。我知道您宽厚待人,根本不担心我在您面前袒露心扉。

与朱利安·勒梅尔有关的那一段我再多说几句,我已经完成了信里提到的那几篇文章(除了关于比利时的那本书——我没有勇气在这里完成它),并且我必须回翁弗勒尔一趟,去找出与寄给勒梅尔的书目中相关的手稿,我肯定要在15日去巴黎时折磨他一下。如果您得便见到他,可以先跟他打个招呼。

至于玛拉西,他在12日摊上了一个大官司。他自己觉得怎么也得判个五年监禁③。更严重的是,他五年内都不能回法国了。生活来源被暂时切断了,我倒是不觉得有太大麻烦。只不过得先找点儿其他事来做。为唤

---

① 雪莱的这首诗为《无题》(Stanzas written in Dejection, near Naples),作于1818年12月,1824年收进其《遗诗集》(Posthumous Poems)中。英文原文为:For I am one/Whom men love not, /and yet regret. 波德莱尔进行了改写。

② 圣伯夫刚刚被任命为参议员。

③ 玛拉西以邮寄或走私的方式向法国运进了一批在布鲁塞尔出版的讽刺书籍和抨击时政的小册子。为此他与巴黎的书商兼出版商于勒·盖伊(Jules Gay)和其他几位出版商一起被告上了第六轻罪法庭。该案是此类案件中最严重的一个。法庭于1865年5月12日开庭,6月2日结案。玛拉西受到"诽谤、出版淫秽书籍和简易破产"等多项指控,并因1863年潜逃到布鲁塞尔并"再版和销售上述淫秽书籍"而被缺席判处一年监禁和500法郎罚款。

醒普世精神而甘冒与公共道德义务对抗的风险，这真是太铤而走险了。至于我，虽然不是假道学，但这类愚蠢的书籍尽管印制优美、插图精妙，我也不会存上一本。

哎呀！您最近还在鼓励我创作的那些散文诗已搁置一段时间了。我总给自己揽些麻烦事。写一百篇劳神费力的散文诗，写作过程需要长久保持心静如水（即便是悲哀的主题也需要心境平和），需要某种莫名的冲动，还要陪衬以场景、人群、音乐甚至路灯，这就是我想做的事！不过我只写了六十篇就写不下去了。写作散文诗，我是需要融入大众这种熟稔的方式的，而融入大众这种方式所存谬误其实早令您不怿。

蒙斯莱来过了。我拜读过您的文章。我赞赏您的灵活性和您深入内心探察所有才子们灵魂的天赋。对这位才子来说，他缺少的正是某种我难以定义的东西。蒙斯莱已经去安特卫普了，那儿有许多美妙的东西，尤其那种令人惊叹的耶稣会风格的建筑范例实在让我心旷神怡，以前我只在里昂公学（Collège de Lyon）的礼拜堂里见过这种风格，这个礼拜堂是以各色大理石镶嵌而成的；安特卫普有一座专业博物馆，摆满了叹为观止的作品，即便那些了解弗拉芒画派的人能实地亲睹这些画作也不虚此行。此外，那座城市还拥有一种古都才会具有的庄严肃穆的气势，更不要说还有一条大河流经此地。我觉得那位正派的伙计对这些都不会在意。他眼里只看得到那些粗俗的油炸食品摊，他就是为了满足口腹之欲才从埃斯考河（Escaut）对岸跑过来的。尽管如此，他还算是一个可爱的家伙。

总之，我衷心地祝贺您。如今您总算是（正式地）和那么多平庸之辈平起平坐了。这无关紧要。您希望这样，是吧？或许仅仅是一种需要？只要您满意，我就高兴。

祝好。

夏·波

致欧皮克夫人

［布鲁塞尔，1865年］5月8日星期一

我亲爱的母亲，你星期五的信我昨天上午（星期日）才收到。种种变故导致我昨天没给你回信。

只读了信的开头部分就足以让我懊悔给你写了那封信。但我渴望甚至急需去一趟巴黎和翁弗勒尔，所以你能提供一半就行。因为我不知道你的境况如何，所以你可以随便猜想我大概需要多少钱，而且能寄多少就寄多少。现在我把你问的数额告诉你。只不过我要郑重重申，月底前我作品的转让合同就将签署，一定会从那笔收入中取出这笔钱先还给你。

你对我的承诺想笑就笑吧，这是你的自由。而且我深知我常给你落下这种口实。现在，如果你仍然认为我在债主的巨大压力下能忘掉此事，那就请你相信，6月份，当我最终在翁弗勒尔安顿下来以后，我会把每个月的收入都上缴给你，因为一旦我住在了翁弗勒尔，我就自由了（那仍是托你的福）。

冬季几个月的旅馆费用大概是每个月300法郎；夏季则只需250法郎。所以三个月下来我欠了900法郎——再加上1月份拖欠的250法郎。

我刚刚和旅馆的老板娘谈完，我坚持只支付部分费用，但没敢告诉她我打算外出一周。

我觉得一次性支付500法郎已经相当多了。

还得再加上100法郎购置衬衫等物品的费用以及100法郎旅行费用。如果找不到去巴黎的火车免费通勤票，这点儿钱我觉得肯定不够。

现在，如果你觉得这笔巨额费用难以筹措，能寄多少就寄多少好了。但可以肯定，我如果能拿到钱，就能亲自去巴黎过问自己的事务，而且能回翁弗勒尔拥抱你，并找出我手头没有的手稿。

我有上千件事要写信告诉你。但我更愿意当面讲给你听。我肯定会有这个福气。——真不敢让人相信关于圣伯夫的那些话是你说的！你真觉得我不谙人情世故么？——你是不是还认为我必须严肃、谨慎而巧妙地与这个尽管我相对年轻而他却始终以平等待我的人周旋？我跟他争执已不下十次了；虽说他年龄比我大，性子却比我还急。最后，你还认为他的新头衔会对提升他的文学影响力有帮助。这就大错而特错了！以我对他了解之深，可以向你断言，我依然会顶撞他的某些主张，而他对我请托之事也照样会全力以赴。

我昨天被迫和雨果夫人还有她的两个儿子共进了晚餐。（还借了一件衬衫。）——我的上帝！一位曾经美丽过的女人，她对再无人奉承她所流露出的抱怨真是可笑！——而那两位年轻的先生，我认识他们的时候还只是小孩子，现在居然想主导世界了！真和他们的母亲一样蠢，这母子三人，真和这个家的父亲一样蠢，一样傻！——我深受折磨，深受困扰，却还要装得像个快乐的好好先生。——如果我是一个名人，如果我为自己的儿子愚笨地重蹈我的覆辙而苦恼，我会因为自己的恐惧而杀了他的。不过，你不了解这个世界何等荒唐，所以你理解不了我为什么会发笑，也理解不了我为什么会愤怒。

——你身体都好，是吧？

正好剩下一点儿空白对你说拥抱你。我将在收到你的信后四五天动身。

夏尔

致爱德华·马奈

[布鲁塞尔] 1865 年 5 月 11 日星期四

我亲爱的朋友，感谢您美好的来信，肖尔奈先生今天上午把信和乐谱都送来了[①]。

过段时间我确实要去两次巴黎，一次是经巴黎去翁弗勒尔，然后再从翁弗勒尔返回巴黎；这件事我只告诉了那个疯子洛普斯，还叮嘱他务必保密，因为我来去匆匆，只能见两三个朋友；谁承想今天上午肖尔奈先生告诉我说，洛普斯说了个满城风雨，难怪那么多人以为我现在就在巴黎，还说我是白眼狼，好忘事。

您若见到洛普斯，不必太在意他外表上的某些粗放的外省做派。洛普斯喜欢您，他明白您的才华价值所在，他甚至研究过那些恨您的人，并把他的观察全告诉了我（是的，您似乎有被人仇恨的天赋）。洛普斯是我在比利时见过的唯一一位真正的艺术家（是我自己心目中的那种艺术家，而

[①] 肖尔奈（Chorner）是一位比利时作曲家。他带给波德莱尔的乐谱是李斯特的《匈牙利狂想曲》(*Rhapsodies hongroises*)。

且可能只有我一个人这样来解释什么是"艺术家")。

现在,我想我还是应该再说说您。我必须向您全力证明您的价值。您挑剔那些事情实在是非常愚蠢。有人嘲笑您;那些嘲弄话让您难受;他们不知道给您以公正的评价,等等,等等。难道您以为自己是第一个受到这样对待的人么?难道您以为您比夏多布里昂、瓦格纳更有才么?他们可都是遭受过世人的大肆嘲讽的。但他们并没有因此而倒下。而且,为了不让您太矫情,我还要对您说,这些人都是榜样,他们每个人都是某一类人的榜样,而且他们所处的世界十分丰富;而您,您不过是在自己的艺术低谷里头一回遭遇这种事罢了。但愿您不要计较我的放言无忌。您知道我对您的情谊。

这位肖尔奈先生给我个人留下了很深的印象,这样一位比利时人至少可以被看作一个"人"。我必须承认,他很优雅,而且他对我说的与我对您的了解以及一些才智人士对您的看法十分一致:"有瑕疵,有欠缺,缺乏平衡感,但具有一种不可抗拒的魅力。"我了解这一切;我属于最先了解这些特点的人之一。他又补充说,您那幅描绘裸体女子、黑种女人和猫(那肯定是一只猫么①?)的油画比起那幅宗教画不知要高明多少。

勒梅尔方面没有什么新消息。——我想我得亲自出马让勒梅尔振作起来。《可怜的比利时!》恐怕不能在此地完成了;我很虚弱,萎靡不振。此外还有若干篇散文诗准备在两三种期刊中发表。但我走不动了。我在经受一种从未有过的痛苦,很像小时候得过的那种仿佛生活在世界尽头的思乡病。可我不是个爱国者。

夏·波

致欧皮克夫人

[布鲁塞尔] 1865 年 5 月 11 日星期四晚

我亲爱的好母亲,为了你今天上午的来信,我太感谢你了。我又欠了你 200 法郎,——我得把它计入二十三年来我从你那儿收到的无数笔款项

---

① 指马奈的油画《奥林匹亚》中出现的那只猫。"那幅宗教画"指《被士兵嘲笑的基督》。

当中。——我知道你早就烦透了我，也知道你已经不那么在意我能否实施那些絮叨不休的美妙计划。但那是因为我担心你不理解我的计划。——而你今天上午的来信反倒让我有些难于理解。——你在这封信里是不是想说："随你怎么安排吧；——通过信件去沟通你在巴黎的事务吧，什么时候条件具备了再回翁弗勒尔。——反正我今天该做的都做了。"我们俩之间是不是有误会？——所以我还是要再扼要地告诉你我最后两封信的内容：

——去巴黎；

——商讨我自己的事务（就是为了这件事我才要在布鲁塞尔购置衣物并且向我住的旅馆预付一大笔钱）；

——然后去翁弗勒尔，找出手稿，以补足我准备转让的三卷作品；

——然后返回巴黎签约，越早越好；

——给你寄去尽可能多的钱；

——然后返回布鲁塞尔；

——用十天跑遍整个比利时；

——最终一劳永逸地回到翁弗勒尔定居。

我不得已先花掉了这 200 法郎中的 60 法郎（因为我缺少很多必需品），而且立刻就碰上了一件倒霉事。那个可恶的旅馆老板娘——她已经半疯了，却记性极好——知道邮递员去我房间了（可能是门房告诉她的），一见到我就立刻扑了上来。我不得不敷衍说我确实刚收到一笔钱，但不够付她的账（我必须保住剩下的 140 法郎，因为我还要旅行），并诳她说我还会收到一笔钱，但说实话，我根本不知道还有没有钱寄来，因为你并没有明确地告诉我。

我求你不要只关心我信里的那些含混说法。我只是想简单地告诉你，你没明白我写了什么，而且我觉得你写得也不清楚。

如果我只能带着 140 或 100 法郎去巴黎，我也会这样做；只是觉得这么一走会被人家当成戏子或骗子，心里很不是滋味。——我清楚这群蠢货心里会怎么想。

求求你，不要哭，别为此忧心忡忡！否则我在这个野兽之国里会变得更加麻木不仁、无精打采，此地人皆昏睡，有什么可大惊小怪的呢？但愿我能不时醒来，但愿我能逃离这个邪恶的民族，这种愿望有什么可奇怪的呢？——我确信我的名字在巴黎并没有失去价值。这很重要。——巴黎很多人都以为我现在就在巴黎，传闻、八卦和流言是很容易从一个国家传到另一个国家的。所以，如果我下决心去巴黎，我向你保证，除去非见不可的人以外我谁都不见。

我再次发自内心地感谢你：——但是，请你告诉我，我求你的事做起来是不是很难？还有，你没指望我马上还钱吧？那就更好了：我很高兴能给你惊喜。

至于是不是15日走，你现在应该明白已经不可能了。为了做好所有必要的准备，我只能18日或17日才能动身了。

拥抱你，紧紧地拥抱你，再次感谢你。

夏尔

致欧皮克夫人

［布鲁塞尔］1865年5月12日星期五

我亲爱的母亲，今天上午收到了后续的500法郎。这样我就能完成全部计划了。我不知道该怎样表达我的感激之情，但我觉得最好的感激方法是切实履行自己的承诺。

动身去巴黎前我会再给你写信，然后就在巴黎给你写信了。我还没确定在巴黎住哪儿。我想最好能住在一辆车里，好在一两天里跑遍该跑的地方。现在我得关心一下服装问题了，但首要的是衬衫。此地的人干活磨叽；总要五六天才能完工。作为心存感激之情的儿子，我这封信写得很短；但绝不是要评点你的来信，但相比于你这封短之又短的信，我倒宁愿你的信充满呵斥。——动身前两天我再给你写信，拥抱你。

夏尔

致谢普曼夫人

［布鲁塞尔，1865年5月19日或20日。波德莱尔在这封信里请谢普

曼夫人安排一位女工为他补缀几件衬衫,并换上新的衣领;当然,这些活计要在谢普曼夫人的铺子里而不是在旅馆里做。]

致保罗·默里斯夫人

[布鲁塞尔]1865年5月24日星期三

我亲爱的夫人,您一定是太过优雅或太不轻信友谊才染上了这场病的[1],好让您变得更有情趣。要我说,您完全没必要搞什么应急妆饰,而且要让自己相信,疾病可以赢得友情。疾病可以赢得真正的友情(这种友情是我的上帝默示给我的;因为,您的上帝,我看不出来他是谁,除非是罗沙尔、米什莱、本杰明·加斯蒂诺、马里奥·普罗特、加里波第以及沙泰尔神甫等诸位先生[2])。但它对平庸和轻佻的友情绝无吸引力。记得有一天我身处一场异常严重的危机中,我四次请求一位朋友[3]能来看我。最后他父亲给我写了一封回信,求我原谅他的儿子,因为他的儿子对血有一种无法抑制的恐惧,所以不敢来。痊愈后,我与这位朋友继续保持交往,从未嘲笑过他怕血这件事。

时而有些微恙小疾,我觉得反倒是件好事。——有道是塞翁失马,焉知非福;我不会像笨蛋沃尤那样甩上一句粗话:遭受痛苦,就说明您犯下了罪孽!我认为无辜受难未必就是坏事。我这样说是不是太不近人情了?我可是敢于这样给一位女士写信的,我不会用谄媚和废话来修饰我的信。有过多少次,每当我发现您那么优雅,那么亲切,那么善良,我难道就没有冲上去拥抱您的冲动么?但那样做是不得体的;您知道我尊重礼法;现在,为结束我的忏悔,我告诉自己说:她是一个女人;她未必理解我说的

---

[1] 默里斯夫人1865年5月中旬给波德莱尔写了一封信,说她5月2日身上长了一个痈。

[2] 本杰明·加斯蒂诺(Benjamin Gastineau, 1823—1904),法国作家、历史学家。马里奥·普罗特(Mario Proth, 1832—1891),法国作家、文学批评家。沙泰尔神甫(l'abbé Châtel, 1795—1857),1831年法国天主教会分离运动的创始人。除了沙泰尔神甫以外,波德莱尔列举的其他人都是反教权的共和主义者。

[3] 指泰奥多尔·德·邦维尔,当时(1845年6月30日)波德莱尔曾试图自杀。

拥抱的含义。好啦！既然说出来了，今后我就不用再重拾此类话题了。

如果您见到马奈，请转告他下面这些话：无论大灾小难，无论嘲笑凌辱，无论公正与否，都要把它们看作是补益之事，如果不能感谢不公正，就是忘恩负义。我知道要他理解我的这番理论有一定难度；画家总是希望什么事都能立竿见影；不过，说实在话，马奈天生拥有如此辉煌的才华，倘若气馁就太不幸了。气质上的缺陷永远无法弥补。但他有气质，这才是重要的；并且他似乎并不怀疑物极必反的道理，不公正越多，情况反倒越会改善，只要他不丧失理智（您对他说这些话时请务必和颜悦色，别让他觉得受了伤害）。

不久前，我不得已赴雨果夫人家吃了一顿晚餐；他的两个儿子一个劲儿向我说教，而我，我这个在他们之前就已经有过共和思想的人装得像个乖孩子似的听他们夸夸其谈，心里却想起了一幅恶意的版画，表现的是亨利四世四肢着地，背上驮着他的孩子们①。——雨果夫人向我介绍了一个宏大的国际教育计划（我想这是他们这个视人类福祉为己任的大派别的一种新狂热）。我这个人不善于任何时候都能侃侃而谈，尤其是吃完晚饭以后，尤其是想做一会儿梦的时候，所以我费了半天的劲儿，也无法向她解释清楚在这个国际教育计划之前就已经出过不少伟人；而小孩子们的目标无非就是吃点儿蛋糕、偷偷喝上一口利口酒以及去找几个姑娘玩玩，所以这之后恐怕就不会再有更多的伟人了。——好在人家是把我当疯子看的，所以对我都很宽容。

我很认真、很肯定地告诉您，6月1日到5日之间，我将去拜访您并握住您的手。——如果您和丈夫闲聊时谈起我，请向他转达我的友谊，并向他解释——尽管我不会像他那样想——我为何有权认为自己是一个诚实的人。

那位名人……也曾经拿出两个小时对我说教（他自己认为这是在谈话），最后我直截了当地对他说：先生，您是否觉得您强大得足以去爱一个自命不凡、和您的想法格格不入的年轻人？这个无辜的可怜人已经被您的说教压得透不过气来了！

---

① 波德莱尔想到的这幅画是安格尔的《亨利四世接见西班牙大使》(*Henri IV recevant l'ambassadeur d'Espagne*)，后被制成版画。

祝好。

您忠实的

夏·波

致尚弗勒里

［布鲁塞尔］1865 年 5 月 25 日星期四
……我想说，杜米耶的讽刺天才与恶魔般的天才毫不相干；也可以说，某些时候，有些人物的肖像——比如说耶稣基督的肖像——被一些好事的傻瓜涂改了。

……

马奈天赋无限，这种天赋经得起检验。但他性格懦弱。我觉得此次打击让他心灰意冷，茫然无措。更让我备受打击的是，他的消沉反而让那些白痴趾高气昂。

致尚弗勒里

［布鲁塞尔］1865 年 5 月 26 日
[这是一封很有趣的诗体信，波德莱尔在信中请尚弗勒里将《题奥诺雷·杜米耶的肖像》一诗[①]做如下修改：

原诗：
　　他的笑与复仇女神皮鞭下
　　梅莫特或靡菲斯特的鬼脸[②]

[①] 这首诗系波德莱尔应尚弗勒里之请，为尚弗勒里的《现代漫画史》(*Histoire de la caricature moderne*) 一书中奥诺雷·杜米耶的肖像而作。
[②] 梅莫特 (Melmoth)，爱尔兰作家马图林神甫的魔幻小说《漫游者梅莫特》中的主人公。靡菲斯特 (Méphisto)，中世纪日耳曼传说及歌德诗剧《浮士德》中的魔鬼。

截然两样，皮鞭可以撕碎
　　魔王，又令我们冷若寒霜。

波德莱尔建议改为：
　　他的笑与复仇女神火炬下
　　梅莫特或靡菲斯特的鬼脸
　　截然两样，火炬可以炙烤
　　魔王，却令我们冷若寒霜。

他提出了修改理由，并引用了《埃涅阿斯纪》第六歌。]

致纳西斯·昂塞尔

[布鲁塞尔] 1865 年 5 月 30 日

　　我想我们很快就能相见了。无论巴黎还是翁弗勒尔都有人倚门而望。收到您的回信两三天后我就动身。麻烦您在信中放进 150 法郎，信封上只简单地写：蒙塔涅路 28 号。——您不在家时希望您仍能收到我这封信，如蒙您委托昂塞尔夫人代为回函，我将不胜感激。

　　见面时我要和您谈很多事情。——您觉得在讷伊能找到一位熟练的易碎物品包装工么？如果可以，我会把两幅杰作精心送到讷伊，再与其他物品一起运回翁弗勒尔。

　　7 月份我会麻烦您的裁缝再做几件衣服。

　　祝好。

夏·波

收据夹在另一页里。

致欧皮克夫人

[布鲁塞尔] 1865 年 5 月 30 日星期二

我亲爱的好母亲,我的计划没有改变。我在巴黎要和很多人谈事,还要去翁弗勒尔找到全部手稿。我很快就动身了。——只有旅馆老板娘找的那个补缀衬衫的女工承诺说十天就可以完工,但至今还未完成。紧接着神经痛(不太厉害)和腹泻又突然发作了。我就像一匹马,正待扬蹄飞奔,却因连续腹泻而萎靡不振。——我还在慢慢扩充我的散文诗集,因为在等待谈判结果期间能拿到几笔未发表的文章的预支款,于我而言何乐而不为。

亲爱的母亲,你信中谈到的几件事让我落泪。我发现你老了,很老了么?这对我来说太重要了。我知道,在你身边我永远不会厌倦。这些年来我一直漂泊在外,反思这种痛苦都快要把我逼疯了。我自己错失了本该待在你身边的这几年,真是罪无可逭。

巴东夫人去你那儿做客既让我高兴又让我忧虑;——高兴的是你可以开心;——忧虑的是你讲给我的那些担心。但说真的,但愿这位夫人别太疯也别太愣,千万别总是强求一位老朋友去做力所不及的事。

如果我 6 月底在翁弗勒尔定居的目标得以实现,我发誓至少半年内哪儿都不去,哪怕是为自己的事务短暂外出也不行。

拥抱你,求你原谅我所有的错误,所有的怯懦,所有的懒散。我不是疯子也不是白眼狼。我只是很懦弱,并因此悔恨不已。

夏尔

你别动辄听说我身体不适就忧心忡忡。这会让我非常为难,这就是原因。这一次神经痛是游走性的,不在头上也不在心脏一侧——这两个地方痛起来最难受。

你星期六(27 日)的信昨天(29 日,星期一)才收到。

致纳西斯·昂塞尔

[布鲁塞尔,1865 年 6 月] 2 日六点半

我亲爱的昂塞尔:

您收到我 30 日的信了么?我在信里向您申请 6 月份的月度费用 150

法郎，并告知您我动身的确切日期。

来过六位邮递员了，可都没有您的回音。或许我的信丢了。信里还有收据。

祝好。

夏·波

别在信封上写"巨镜旅馆"，只写"蒙塔涅路28号"。

致欧皮克夫人

[布鲁塞尔，1865年]6月3日星期六

可是说实话，我亲爱的好妈妈，你这种爱的方式简直太疯狂了！这让我觉得无地自容。我再也不告诉你我哪儿不舒服了。你要知道我患风湿病和神经痛许多年了。无非是难受而已。这不是病。至于腹泻之后的便秘，最麻烦的无非是脾气变得尖刻，肯定有某种饮食方法可以预防这个毛病，待我平静下来以后遵嘱施行便是了。

是的，我最近就动身。你会觉得我很紧张么？——紧张什么？——担心不能成功！这就是对这种犹豫不决的解释，这种犹豫不决总对我玩弄这种残酷的伎俩。总之，万事开头难。

我想起过去在巴黎时常常一周不敢回家，生怕一进门碰上烦心事。这很不光彩，却很无奈。

我觉得我只须简简单单每餐吃黑麦面包即可。这是一种温和的解毒方法，比泻药要好得多。但若只是向旅馆要黑麦面包就是想让他们把我当成疯子。其实打一开始他们就认为我是疯子，因为我要了一张大餐桌，却是为了写字，然后又要了一个大房间，就是为了踱步。

不久后见；拥抱你，且为挂念你而暴躁并伤感。

夏尔

目前我身体不错。

致奥古斯特·普莱-玛拉西

[布鲁塞尔，1865年6月6日前后]

请您读读若利这篇可爱的短文开开心吧，是关于您的案子，发表在《桑乔报》上。

这位天真的伙计以为起诉状里列举的那部作品《这，这，这》是梅里美写的。他还以为第二帝国的一位参议员会用自己的业余时间去操心这种垃圾。

《这，这，这》似乎是一部三卷作品。若利拿出了整整三个小时扯道德问题。他不知道您也涉及此案，甚至没想向我打听一下是怎么回事。

夏·波

致［佚名］

[布鲁塞尔，1865年6月15日或22日] 星期四

我亲爱的朋友：

我现在《比利时独立报》编辑部。

贝拉尔蒂先生现在巴黎。他要在星期五晚上十一点或星期六晚上十一点才回来。所以我打算星期日上午去拜访他。——我咨询了阿洛先生（M. Alaux），他说我要问的问题很简单，但我觉得没那么简单。

祝好。

夏·波

我不认识这位阿洛先生。他认识您，也认识洛普斯，我们聊了一会儿，贝拉尔蒂先生不在期间由他负责处理巴黎来信。

致奥古斯特·普莱-玛拉西

[布鲁塞尔，1865年6月26日前后]

我亲爱的朋友：

您在玩什么幺蛾子？当面不说，还非要写信告诉我①！

我首先要感谢您，因为您说不到万不得已您不打算卖掉这份债权；卖掉债权这件事确实会给我带来麻烦。但是，说实话，我认为您最好还是应该自己保留这份债权。

您的要求我肯定照办，但最好我们能先沟通一下；因为我最终必须弄明白要向我母亲提些什么要求，做些什么解释，甚至提出什么方案。

最后我还要加上这句话：我希望从今年年底开始，每个月都定期向您还钱。由您详细掌管账目。

我们还需要一起核对一下由您保管但由我在巴黎签署的那份协议。——您信中有一些错误。我记得我们所说的协议总价是5000法郎。正如您提醒我的那样，我想起来了，您结案以后我曾很爽快地还给您200法郎；而且莱克里凡也告诉过我，他（大约）还给了您180法郎。您可以再问问他。这是他从米歇尔·莱维那儿拿到的1100法郎的余额，他从中支出了600法郎用于清偿一张票据以及贴现费用。

至于您新增的900法郎，我觉得是您想到了两张票据，一张抵押给了唐雷，另一张抵押给了勒梅西耶。但是您肯定忘了这两位先生还让我签署了一份清偿所有债务的个人担保书。

内特刚刚给我看了您准备在《小评论》上搞的恶作剧②。您真是没救了。

祝好。

夏·波

---

① 玛拉西在信中告知波德莱尔，他原来的雇员班斯布尔德愿意出价2000法郎收购他的债权，而玛拉西为了能收回波德莱尔欠他的5000法郎，打算把债权卖给他。

② 1865年6月24日，玛拉西在《小评论》上重新发表了波德莱尔青年时代写的一首谐谑诗《瓦克里，在他的故乡，拉德……》（Vacquerie/A son Py-/Lade...），并以此献给那位"轻轻松松便能重新认知的讽刺诗人夏·波"。这首诗1845年6月1日曾发表在《剪影》（La Silhouette）上。

我还要和您谈一个令人相当烦恼的想法。——您说,您担心最后只能卖掉这份债权,但如果我向您提供一份优先于其他任何清偿的担保函,您就不准备卖掉它。

但是,我亲爱的朋友,

第一,您这样做会连一文钱也拿不到(正是基于这种考虑,我才渴望在提供您所要求的担保函的同时,尽可能经常地还给您钱)。

第二,是谁跟我说过,即便在您预料到的贫困危机中,您也会在附加担保的前提下抵制出让这笔债权的冲动?——在我看来,果真如此行事,将给我应付那些敦促我节俭的人带来新的麻烦。

祝好。——您知道我最快也不会在十天内动身。

夏·波

如果您来我们住的这个区,就请光顾我这儿一趟。

致纳西斯·昂塞尔

[布鲁塞尔]1865年6月28日星期三

我亲爱的昂塞尔:

我对自己所言和所宣告的一切确信不疑。害怕失败、办事拖沓、真切的意志弱化,都妨碍我本月初前往巴黎处理那件大事①。但此事必须解决;所以,请您把7月份的月度费用寄给我(收据附后),如果后天我因未收到您的回信而耽搁动身,我也将在7月5日出发。

给您寄去一篇不值一提的东西。这篇东西未经我授权便发表在了《比利时独立报》上②。因为您根本想象不到我会愿意在比利时的报刊上发表东西。

信封上只简单写上"蒙塔涅路28号"即可。

祝好。

夏·波

---

① 指阻止玛拉西将债权转让给班斯布尔德一事。
② 指1865年6月21日《比利时独立报》刊发的散文诗《好狗们》(*Les Bons Chiens*)。

如果您不在，烦请托付给昂塞尔夫人，并请向她转达我的敬意。

致纳西斯·昂塞尔

[布鲁塞尔，1865年]7月1日星期六

我亲爱的昂塞尔：

您肯定是外出了，所以至今还没见到我的信。

比利时来信送抵巴黎的时间全都在上午八点。信送到郊区要等到十点钟。所以我昨天就在等您的回信。已经来过六位邮递员了，但没有我的信。我本来可以今天动身。我当然也可以赶到巴黎再和您联系，但那样会有很大麻烦。我在此地还有些小额借款，并答应人家3日从巴黎寄回来。——求求您，赶快给我回信吧。——我的收据（150法郎）就在信中，而且方法如前，请您在保价信上只写"布鲁塞尔蒙塔涅路28号"即可，不要写"巨镜旅馆"。

祝好。

夏尔·波德莱尔

晚六点半

我的信（第一封）是6月28日写的。是晚间邮车送走的。

致朱利安·勒梅尔

布鲁塞尔，1865年7月4日星期二

我亲爱的勒梅尔，我面临一个非常严重的情况，觉得只有您才能救我。2月初我请您帮忙时已然很急；现在则是火烧眉毛。

我从马奈处得知您愿意经手我的事务，但需要提供副本。目前这件事非常急迫，所以我把在布鲁塞尔能找到的手稿亲自带到巴黎去交给您，然后还要去翁弗勒尔找出其他手稿。现在我就要知道您是否外出或是生病了，或者您是否已经没有工夫关照别人的事务了。我还会知道些什么呢?

我带给您的手稿中没有《可怜的比利时!》，这本书9月底才能交稿，还需要复校、修订、补充和删改。

不过，在我看来，那三卷作品①最好能一次性转让，最后一部可以权当撒给书商们的钓饵。剩下的就是详细向您介绍这本书的内容了。

那件事是这样的：我欠了玛拉西的钱，他现在十分拮据，他说，如果我不能先还给他2000法郎，他将在10日转让与我签订的债权协议，因为已经有人出了价。我会告诉您这个投机者的名字，我觉得他是打算把我逼上绝路，想把本该属于我的东西劫夺净尽，甚至会去追索米歇尔和埃采尔。这样一来，各种各样的麻烦都会接踵而来威胁我，不仅会剥夺我的财产，让我无法返回法国，甚至会威胁到我的生存。——我明天会把这份协议的副本拿给您看，是1862年签署的，当时我既没有仔细审查，也没有考虑后果，而且玛拉西从未给过我副本。

我约您明天见面再谈其他细节，然后就动身去翁弗勒尔，把不在手头的其他手稿找出来。

您是否和我想的一样，认为一次性全部转让、版权期五年（从出版之日起计算）的方式有利？还是按每部作品的印数以尽可能过得去的价格抽取版税更好？如果是抽取版税方式，这四部作品每部至少应出版3000册，并应明确每部的支付金额（现金或票据都无所谓）。

这样每部可以在五年之内赚到3000法郎么？——但今天确实应该让您消停一下。面谈比写信好，此外我也很担心自己无法条分缕析地理清思路。我两天没吃没睡了。

如您所知，《人造天堂》是一本非常有趣的书，但不长。我反倒担心起《对几位同时代人的思考》和《可怜的比利时!》那两本书来了，怕它们不够长。

祝好。

CH. 波德莱尔

---

① 指2卷评论文集和《人造天堂》。

致皮埃尔-于勒·埃采尔

巴黎，［1865年］7月5日星期三

我亲爱的埃采尔：

我知道您昨天收到了一封什么样的信①。这件事是突然发生的。到7月1日才爆发。到了布鲁塞尔以后我才真正搞懂了此前签署的这份协议究竟是怎么回事，而过去我从未上过心。——我昨天抵达巴黎，希望能筹措到2000法郎；但非常担心能否成功。如果不能成功，那么我今后能赚到的钱就都会落入这份合同的买家手里。

我今天或明天肯定去拜访您，然后去翁弗勒尔。我期待从您的善意中获得勇气。

CH.波德莱尔

---

① 这封信是1865年7月3日玛拉西写给埃采尔的，问埃采尔是否愿以2000法郎的价格收购他的债权，否则他将把该债权卖给班斯布尔德。信的主要内容如下："波德莱尔以为，由于我的破产，他已收回了自己的著作权，所以他把转让给我作为欠款5000法郎担保的作品及其出版权卖给了您——他欠我这5000法郎已经很久了。这项担保形成了一个协议，由我们二人签署于1862年7月1日，并已登记备案。我把一份副本寄给您。／根据破产和解协议，我收回了该协议的所有权，就在这时，我得知波德莱尔一方面从您那儿拿走了1400法郎，对此我丝毫也不吃惊——这些钱如果没有破产和解协议，应当属于我的债权人——另一方面，您出于善意签署了一项协议，获得了当时仍属于破产债权团的财产。／为了解决这件事，波德莱尔向我做出了承诺，但他没有兑现，我目前处境艰难，自然会想到利用这份债权协议。／一位巴黎的书商为收购这项协议出价2000法郎现金，我必须在本月10日前做出定夺。／我已决定接受，但在此之前，为了避免因我的转让导致波德莱尔陷入连番诉讼的可悲境地，我谨向您建议接受这笔对您只有好处的交易。／实际上，这项协议可以保证您再版波德莱尔的所有作品，其价值加上每年的利息可高达5000法郎，您完全可以通过这次转让，以这份协议取代那份协议，您当然能明白其中的价值，而这种价值对我而言却很不幸。我之所以说'不幸'，是因为如果1863年我手中有这笔钱，我就绝不会将自己置于流亡的贫困境地当中。／我已将上述情况通报了波德莱尔，甚至把可能会在最后一刻与您联系一事也通报了他。他应该明天离开布鲁塞尔，我建议他一到巴黎就去拜访您。／如果您认为这笔交易划算，请最迟于9日前告知我；否则无须费心给我回信，并请您原谅我冒昧地给您写信。"玛拉西在信末附言中又写道："我忘了告诉您，无论所有作品的担保如何，一旦波德莱尔的母亲去世，他都会继承一笔相当可观的遗产。"波德莱尔研究专家发现，玛拉西声称他通过破产和解协议获得了该协议所有权的说法是假话，真实的情况是玛拉西向破产债权团隐瞒了这份协议。——另外，波德莱尔与埃采尔签署合同后拿到的是1200法郎而非1400法郎。

我拿到了这份协议的副本；——因为我从来没有这份副本。

致奥古斯特·维图

[巴黎，1865年7月5日。波德莱尔请维图为他办一张去翁弗勒尔的通勤票，他计划在翁弗勒尔待两天后返回布鲁塞尔。]

致朱利安·勒梅尔

[巴黎，1865年7月6日]

您的估计正确。埃采尔退出，要求我还钱[①]。明天就是7日。当心玛拉西！

为防止出现那位班斯布尔德先生10日获得5000法郎索偿权的情况，我将该协议的副本送交了我母亲的财务顾问（是我家的朋友[②]），希望能从中发现一些瑕疵并提请仲裁（比如该协议签订的日期以及还款的截止日期，该截止日期为1866年7月）。

和您一样，埃采尔也发现这份协议的拟订过程有些蹊跷。

夏·波

一、《恶之花》最终版，新增四十五首诗和泰奥菲尔·戈蒂耶的序言，一卷。

二、《人造天堂》，一卷（鸦片与印度大麻）。

三、《对几位同时代人的思考》（画家和文学家），两卷。

四、《巴黎的忧郁》（《恶之花》的姊妹篇），一卷。

五、《可怜的比利时！》，一卷。

[①] 根据波德莱尔和埃采尔1863年1月13日签订的合同规定，埃采尔已向波德莱尔支付了1200法郎。这笔钱直到波德莱尔去世后才偿还埃采尔。

[②] 指昂塞尔。

共六卷。

我明天上午动身。
9日回来。

致夏尔-约瑟夫·科因达尔 ①

[巴黎，1865年7月6日]

先生：
　　我前天晚上抵达法国，身体仍有些不适。所以请原谅我无法向您面呈此信并感谢您的好意。
　　顺致崇高的敬意。

CH. 波德莱尔

烦将回信交给送信人。我今晚如果不走就明天动身。

致奥古斯特·普莱-玛拉西

翁弗勒尔，1865年7月8日星期六

我亲爱的朋友：
　　明天晚上您会收到我的信，也就是您规定的截止日期前一天。但万勿将债权协议转让给班斯布尔德，除非您对置我于糟糕境地完全无所谓。——我想您很快就会拿到您的2000法郎。我会尽力在11日汇给您。——现在就差找到这笔必要的资金将我从比利时拯救出来了。我4日晚抵达巴黎；会晤了我母亲的财务顾问昂塞尔先生，他是讷伊市的市长，家住雷沃尔特大街。我讲述了我和您的情况、您用钱的需求、这份债权协议转让给恶意投机者后我将面临的处境，等等，等等，以及这件事何等紧迫。我们是6

---

① 夏尔-约瑟夫·科因达尔（Charles-Joseph Coindard）时任法国西部铁路公司（Compagnie des chemings de fer français de l'Ouest）董事。

日晚上谈的话。7日我动身来了翁弗勒尔，昨天晚上，虽然我下决心不让我母亲卷入这场不幸的隐情当中，可在谈话中还是提起了这件事；我没向她提任何要求；是她自己主动说道："这件事必须解决。你让我很为难。我拿不出5000法郎，2000法郎都拿不出。但我会马上向昂塞尔先生求助，请他借给我钱——好根除这份债权协议可能导致的任何后果；而你，今后有能力时，剩下的3000法郎你得自己还。"就这样，这件令我一想起来就不寒而栗的事在两分钟之内就解决了。——我母亲今天已致函那位先生，——我再回到巴黎时就会看到。

我觉得昂塞尔先生不可能拒绝我母亲如此正式表达的愿望；但关键问题在于：他可能也没有现金，可能也需要去拆借，我怎么知道呢？此外他又很忙，而且因职业习惯而有些慢条斯理。但明天才9日！——相信我，我会抓紧的。

您不用回信。若回信肯定和我的信走岔了。我明天去巴黎；大概12日会回到布鲁塞尔。

我要去拜会的昂塞尔先生肯定是知道您的名字的，但我记不清是否给过他您在布鲁塞尔的地址。

您肯定见到布拉克蒙了。保罗·默里斯夫人告诉我他去布鲁塞尔了。
我这次不给您带素描和绘画了[①]。我神情恍惚，没法打包。
祝好。

CH. 波德莱尔

我见到了埃采尔，他今后只做童书了，他要求我但凡找到新出版人就把那1200法郎还给他，不过我希望找到的这位新出版人不会是班斯布尔德。

致纳西斯·昂塞尔

翁弗勒尔，[1865年]7月8日

我亲爱的昂塞尔：

我狠下心来对我母亲只字不提。但她一眼就察觉到我有麻烦在身，所

[①] 玛拉西1863年仓促潜逃比利时的时候，在巴黎留下了许多画作。

以一直追问我，我也不知怎么着就把这件让我闹心的事告诉了她。我没有向她提任何要求；是她自己开口对我说："这件事必须解决，既然2000法郎便足以让你重获自由，而不用付5000，现在我都给你；今后如果你有条件且有良心，就偿还剩下的那3000法郎好了。"

说实话，这真是太棒了；能摆脱玛拉西的麻烦，朱利安·勒梅尔为我赚来的钱又能帮我摆脱比利时，因为回法国后还有很多事等着我去做。

但是（！），今天是8日！明天是9日，截止期限是10日！我刚给玛拉西写了信，请他等两三天，因为我猜测您没有钱；但他会等么？——您知道，我认识那个向他出价2000法郎收购债权的人；是个坏蛋，一个文学出版业中的奥弗涅人，他最近到了布鲁塞尔，并纠缠我为他写一本书。被我严词拒绝，他对我说（是笑着说的，就是那类人的那种笑法）他早晚有一天会让我就范。我当时还不明白；今天我明白了，他知道了那份我提供给您的秘密协议，而且知道玛拉西如今手头拮据。

亲爱的朋友，我为年轻时的过失承受了那么长时间的惩罚。如果能从这场麻烦中解脱出来，我保证绝不再向任何人借钱了。但我能解脱得了么？

还有一个问题！那2000法郎我必须还给我母亲，但只能以分期还款的方式，从今年底就开始。

至于债权中剩下的那3000法郎，我非常严肃地说，我也会偿还，但要零敲碎打地还，而且是高高兴兴地还，因为我头顶上再也没有那把高悬的可怕利剑了。

我急于再见到朱利安·勒梅尔，希望知道他干得怎么样了。尤其是当我想到玛拉西的一时冲动或仅仅因为我们实在没钱就可能使勒梅尔的所有努力付之东流，并且会让这笔钱落进一个痞子手里的时候更是如此！

祝好。

我明天上午动身。

夏·波

我因为星期天晚上才能抵达，所以全然不知朱利安·勒梅尔先生的进展情况。

致奥古斯特·普莱-玛拉西

巴黎，1865 年 7 月 10 日

亲爱的朋友：

您可以认为这单交易已经完成了①。但我的进展可没有那么快。

昂塞尔先生并不认识布鲁塞尔的银行家，也没有任何客户。他告诉我，他认为对您来说最简便的方法就是把这份旧协议寄给您在巴黎的客户，并指定向其账户汇入2000法郎。他忘了在写给您的信中提到数额；但这种遗忘不说明任何问题。他知道该数额，是我母亲写给他的，而且我也给他看了您最近的一封信。

我现在正四处奔走，寻找摆脱比利时的办法。

这趟熬人费神的旅行可把我累坏了。我已经筋疲力尽了。而事情还没有结束！

这就是那封把我从布鲁塞尔打发到翁弗勒尔的急件②。

祝好。

夏·波

若指定班斯布尔德作为中间人接收那2000法郎，我是不会高兴的。

请代问布拉克蒙好。

致圣伯夫

［巴黎，1865 年］7 月 11 日

我挚爱的朋友：

经过巴黎不可能不去看望您。——很快，——大概一个月以后。

---

① 玛拉西于1865年7月20日在布鲁塞尔收到了昂塞尔汇给他的2000法郎，与班斯布尔德为购买他与波德莱尔的债权协议出价相同。玛拉西以如下确认书终止了这份1862年7月1日签署的债权协议："我，签名人，我确认通过中间人昂塞尔先生收到贰仟法郎款项，作为交换，我同意终止1862年7月1日夏尔·波德莱尔先生为我的利益所签署的转让协议，该协议自今日起失效，今后再无任何价值，该协议文本我已移交给昂塞尔先生，同时宣布我手中再无有关该协议的任何其他协议。"

② 不清楚这是一封什么"急件"。

我三天前见到了朱利安·勒梅尔，当时我正准备动身去翁弗勒尔。——勒梅尔声称他正在和加尼埃兄弟就我的事务做一笔重要交易。①——如果您能过问一下此事，并为我说上几句有分量的话，我将十分高兴。——您不会对我就参议员的话题说过几句言不由衷的恭维话而埋怨我吧，是不是？

您最忠诚的朋友
CH. 波德莱尔

我明天晚上就要返回那个地狱去了；在此之前，我都住在北站广场的铁路北站旅馆。

致纳西斯·昂塞尔

布鲁塞尔，［1865年7月］16日星期日

我亲爱的朋友：

由于铁路北站旅馆一个伙计的愚蠢，我没拿到昨天的通勤卡，所以今天半夜才能抵达布鲁塞尔。

关于卡罗利三兄弟的情况：

一、约瑟夫·卡罗利（Joseph Caroly）：住在讷伊大街（Grande avenue de Neuilly）。

二、让·卡罗利（Jean Caroly），律师。住在那不勒斯路（rue de Naples）26号。在布鲁塞尔首都区的伊克塞尔镇（Ixelles）。

三、亨利·卡罗利（Henry Caroly），大概就是您要找的那位，他已于1864年5月18日在布鲁塞尔去世。

怎么办呢？我打算明天上午亲自去拜访一下普罗斯佩尔·克拉博先生，他是经纪人，家住诺伏路（Rue Neuve）52号乙。我将向他解释我的交易，并请他作为玛拉西先生的中间人。普莱-玛拉西，家住布鲁塞尔伊

---

① 加尼埃兄弟（MM. Garnier）是圣伯夫《月曜日漫谈》（*Causeries du Lundi*）的出版人。

克塞尔镇梅尔赛利斯路（rue de Mercélis，Ixelles，Bruxelles）35号乙。

请您把那份协议的副本寄给普罗斯佩尔·克拉博先生，以便他进行核对。

至于要求玛拉西出具一份2000法郎的收据，我觉得有点儿难度，而且多余。——我担心会激怒一位老朋友。

星期一，17日（您会收到我的信）。

星期二，18日。

星期三，19日。

星期四，20日（！！！！！）

让·卡罗利去了马林堡（Marienbourg）；星期四才回来；他们兄弟之间很少来往。

祝好。

夏·波

致纳西斯·昂塞尔

［布鲁塞尔，1865年7月］17日星期一

我亲爱的昂塞尔，我刚从诺伏路62号普罗斯佩尔·克拉博先生家里出来。这张信纸的抬头就是他的地址。

我向他解释了这件事。——他需要您寄给他一份副本，以便进行核对。再加上2000法郎，他将根据在巴黎登记备案的这份协议交付这笔钱。所以，请赶快将2000法郎和那份协议寄给克拉博。

原来就是这位克拉博先生收购了玛拉西的油画藏品。——快！快！您知道您的那位卡罗利已经死了。今天是17日；明天（18日）上午十点您会收到这封信；您只剩下回信和汇钱的时间。再把协议寄回给您的也肯定不是我，而是这位克拉博先生。

请把玛拉西的信和协议装进文件夹再寄。

——现在我要去推进勒梅尔的业务了。

请向昂塞尔夫人问好。

祝好。

夏·波

致皮埃尔-于勒·埃采尔

[1865年7月中旬？账目清算。]

致皮埃尔-于勒·埃采尔

[1865年7月中旬？波德莱尔这封信可能是告诉埃采尔他已返抵布鲁塞尔。]

致纳西斯·昂塞尔

[布鲁塞尔]1865年7月20日星期四

我亲爱的朋友：

您将在明天（21日，星期五）收到马尔特鲁瓦耶先生[①]寄给您的收据，这份收据是您要求玛拉西先生出具的，还有那份协议。（我要非常严肃地告诉您，玛拉西先生给那个混蛋班斯布尔德寄去了100法郎，似乎这件事早在7月10日就了结了。）玛拉西先生为我垫付了一笔小钱（1.60法郎），我会还给他。——至于那10法郎，烦请您计入我的费用账户。

谢谢您去拜会了朱利安·勒梅尔。我太困惑了，太吃惊了，今晚我必须给他写封信，为了他能签署那份合同，我还有很多重要的说明要寄给他（都是针对他将签约的书商的一些很罕见、很有趣的说明）。我将在凌晨前完成此事。

此外，我还给您寄去了一份不太重要的说明，是关于米盖尔·鲁热先生的，他给我写了一封信，很急。其实没那么急。

我现在最担心的，是想知道圣伯夫和朱利安·勒梅尔是否能为我那六

---

① 马尔特鲁瓦耶（Martroye），布鲁塞尔的公证人。

卷作品[1]签署一份好协议。——勒梅尔不要任何报偿。我觉得这不合适。祝好。

夏·波

请向昂塞尔夫人问好。

玛拉西先生离开了马尔特鲁瓦耶先生的家。我没必要再去了。

(我把被班斯布尔德这个奥弗涅人折磨的苦恼告诉了巴黎的一位密友[2],这位朋友建议我必须干脆利落地摆脱他。——我可能会利用这次机会。——这个班斯布尔德专门干那种收购手稿的缺德生意。)

致爱德华·马奈

[布鲁塞尔,1865年7月22日。波德莱尔在信中提到他在巴黎期间曾向马奈借了500法郎。]

致欧皮克夫人

布鲁塞尔,1865年7月26日

我向你保证,亲爱的母亲,你的抱怨是不公平的。首先我正准备给你写信。其次有些事情有了眉目才好给你写信,对不对?所以我和你的担心是同样的。自己的事务,却对那边的进展两眼一抹黑,没有比这更折磨人的了。

不过玛拉西那件事解决了。20日已经全部摆平了。我现在自由了!!!!多亏了你。我可以卖我自己的书了,我觉得谁合适就卖给谁,我想卖什么价钱就卖什么价钱。——7月20日当天,昂塞尔先生告诉我他

---

[1] 波德莱尔收回了《恶之花》《小散文诗》《人造天堂》和两卷文艺批评作品的著作权,再加上《可怜的比利时!》,一共六卷。

[2] 指尚弗勒里。

刚刚见过我的朋友朱利安·勒梅尔先生，勒梅尔告诉他，转让我作品的协议肯定会在20日或21日签署，他希望签订一份有利的协议。——可20日以来还杳无音信!

我第二次路过巴黎时拜访了圣伯夫，他说他会过问这件事。

我从翁弗勒尔返回巴黎时，朱利安·勒梅尔先生告诉我他将和加尼埃兄弟签约，但这家出版社的社长刚刚去了诺曼底巡视他的地产。这帮土包子用我们替他们赚的钱买城堡。

(他应该在星期六15日回到巴黎。我是星期六15日回到布鲁塞尔的，从那时起我就一直在期待当中。)

我真想再给圣伯夫和勒梅尔写封信；但何必去折磨我信任的人呢？

但我太想知道究竟为什么推迟了!

也许勒梅尔出师不利，虽然他看起来那么胸有成竹？也许有人认为以4800法郎的代价出版六卷书有点儿不划算？

也许勒梅尔不得不分头委托几家书商出版这六卷书？

我有些烦躁，工作不下去。这更糟糕。

请向我嫂子转达我真诚的友谊。我很高兴她能陪着你，也很高兴你能照顾她。

我的好妈妈，我告诉过你，你的抱怨是不公平的。但我仍然喜欢听你抱怨，因为这向我证明了你是多么爱我。

夏尔

我的身体不好不坏。我很烦躁。

致朱利安·勒梅尔

[布鲁塞尔]1865年8月9日

我亲爱的朋友，我今天上午(8月9日星期三)才收到您7日的信，邮戳是8日。您明天上午(星期四，10日)就会收到我的回信。再给您提供一些有关《恶之花》的信息还用得上吧？我认为这些信息并非可有可无。

我首先要感谢您拨冗写信,特别是您今天上午的这封来信。为了让您了解我性格中的某些弱点,我得对您说,收不到您的信,我就觉得我的书从今往后再也卖不出去了,即便完成了《巴黎的忧郁》和《可怜的比利时!》也没有什么意义。我陷入了一种绝对的沮丧当中。——您的来信又鼓起了我的勇气,让我又能重新埋头创作《巴黎的忧郁》了,这部作品月底前肯定能够杀青。

为了不错失任何一点赚钱的机会,我们可以——或者我可以——将剩下的那些章节投给夏庞蒂埃或《法兰西评论》。——我现在太缺钱了,巴不得这桩生意半个月内成交。所以我希望尽可能不要让出版社再压价,——因为我先得拿出1200法郎和500法郎还给埃采尔和马奈,——这件事甚至要先于清偿我在布鲁塞尔的债务。

我忘了告诉埃采尔,玛拉西悬在我头上的那把达摩克利斯之剑已经不存在了,他不用再担心任何官司了。只要《恶之花》和《巴黎的忧郁》能卖出去,什么时候告诉他这件事都行。

现在回到您的信上来。我暂时不太关心《可怜的比利时!》的命运(我觉得今后可以把书名改为《可笑的首都》)。十六个月以前,我告诉过丹迪先生我要去比利时并会创作一本书。他当即表示要买下。另外,前段时间经过巴黎时,马斯奈·德·马朗库尔明确向我表示富尔先生也有意出版这本书[1]。我回答说我已经委托了朱利安·勒梅尔经手我那些小生意,所以无权直接插手。您见过马朗库尔了么?

所以,以这本书没市场为由半途而废是荒唐的;这本书我已经写了很久,只是还没有完成。而且我有太多的仇恨要回敬这个邪恶的民族。

加尼埃先生的反感让我高兴,并让我想起了阿尔封斯·卡尔[2]指称的弱者的暴政。比利时不容侵犯。这我知道。但我不在乎。

我认为与出版社谈谈出版的顺序很有必要。在我看来应该是这样的:

首先,排在第一的是《恶之花》,新增了若干首诗,——此外还有很多关于第一版和第二版《恶之花》的文章和来信。(泰奥菲尔·戈蒂耶、

---

[1] 马斯奈·德·马朗库尔(Massenet de Malancourt)是为富尔撰稿的作家。
[2] 阿尔封斯·卡尔(Alphonse Karr, 1808—1890),法国小说家和专栏作家。

圣伯夫、《环球导报》的爱德华·蒂耶里、阿瑟利诺、多尔维利、居斯蒂纳、代尚，等等①。）所有这些都放在书末，就像圣伯夫出版的那部《约瑟夫·德洛姆》那样。这些文章和来信有些在我母亲家，有些在玛拉西处和昂塞尔先生家。我肯定能找出很多。请注意，这本书是题献给泰奥菲尔·戈蒂耶的，献辞之后就是戈蒂耶的序言，这将营造出独特的效果。

我知道，欧仁·克雷佩先生无权置喙从《法国诗人》一书中摘录若干章节。他那本书已卖给了阿歇特出版社。

出版《恶之花》是当务之急，因为各地都有需求，特别是最近两年，而且售价也相当高。

如果出版社希望不久后出版 8 开本或 4 开本精装版，只要从布巴尔-达维尔处购得花饰、花式字母和尾花的雕版就可以了，那都是玛拉西时期就已经准备就绪的。只缺肖像和同样风格的卷首插图了，那些图案都在布拉克蒙手里。

所以，首先：

一、《恶之花》。

二、《巴黎的忧郁》（《恶之花》的姊妹篇）。

三、《人造天堂》（这本书鲜为人知）。

四、《对几位同时代人的思考：画家与诗人》（我非常看重这部作品，由三卷有趣的作品组成）。

既然您在晚上常去巴德咖啡馆（le café de Bade），请代我向马奈问好，并请告诉他什么时候去西班牙一定要告诉我。

我现在要给圣伯夫写信了。

亲爱的朋友，我知道让您吃了不少苦，所以我认为不要报酬是不可取的，哪怕是您本人自愿也不合适。

祝好，并谢谢您。

CH. 波德莱尔

---

① 圣伯夫的信写于 1857 年 7 月 20 日，居斯蒂纳的信写于 1857 年 8 月 16 日，埃米尔·代尚的信没有日期。这些波德莱尔准备发出来的信件后来都作为附录收入了《波德莱尔遗作》当中；同时收进《波德莱尔遗作》的还有蒂耶里、阿瑟利诺、巴尔贝·多尔维利等人的文章。信中所说的"序言"是戈蒂耶为欧仁·克雷佩《法国诗人》一书撰写的波德莱尔评述。

我要继续创作《巴黎的忧郁》，把《可怜的比利时！》暂时搁置。——我会把《恶之花》转交给您，同时把那些相关文章也一并转交给您。

致纳西斯·昂塞尔

[布鲁塞尔] 1865年8月9日

我亲爱的朋友，我刚收到朱利安·勒梅尔的一封长信（除了安慰以外没有其他消息），但我可能不得不再去一趟巴黎和翁弗勒尔。

请寄给我50法郎，收据附后。

有幸见到您之前（我还不确定是什么时候），烦请您在存档文件中帮我找找有关《恶之花》的文章或信件。

一、一份备忘录，收藏在我的判决文件①的费用清单中。

二、在《公共安全》上发表的署名阿尔芒·弗莱斯的一些文章。

三、居斯蒂纳、福楼拜以及其他人的来信。

四、其他。

如我所说，去取这些文件的时间尚不确定；没必要寄给我，因为我要把这些文件连同在玛拉西处和我母亲家找到的同类文件一并转交给朱利安·勒梅尔。

我肯定要在巴黎弄一张去翁弗勒尔和布鲁塞尔的免费车票。

勒梅尔告诉我您又去拜访过他。别再打扰他了。我看他办事很热心。

请向昂塞尔夫人转达我的敬意。

CH. 波德莱尔

请写：蒙塔涅路28号，
别写：巨镜旅馆。

请马上寄来50法郎。

---

① 这份备忘录的标题为《关于〈恶之花〉作者夏尔·波德莱尔的司法文件》(*Articles justificatifs pour Charles Baudelaire, auteur des Fleurs du mal*)，是波德莱尔在1857年为自我辩护而请人印制的一本小册子。这些文件在诗人去世后作为附录收入了第三版《恶之花》。

致纳西斯·昂塞尔

［布鲁塞尔］1865 年 8 月 13 日星期日

我亲爱的昂塞尔，您想象不出我多么需要请您寄给我的那笔小钱。我 11 日等您的回信。

我和您说的找文件的事还有时间。我经过巴黎时会找您去取。

祝好。

CH. 波德莱尔

致爱德华·马奈

［布鲁塞尔，1865 年 8 月底或 9 月初。马奈当时正在西班牙旅行，他的妻子苏珊娜·马奈（Suzanne Manet）在萨尔特省锡耶-纪尧姆区的维塞城堡（Château de Vissé, Sillé-le-Guillaume, Sarthe）收到了这封信，并于 9 月 5 日给波德莱尔回了信。马奈回国后也于 9 月 14 日给波德莱尔写了回信。］

致欧皮克夫人

［布鲁塞尔］1865 年 9 月 3 日

我亲爱的好母亲：

能对你说些什么呢？你一定猜得出来，除了说我极度厌倦、说我在你身边会多么幸福、说我经常反复思忖如何补救应该补救的一切、说任务之艰巨让我深为震惊等等，我还能说些什么呢？最后还会说我最近要去一趟巴黎，带着一定数量的手稿去巴黎换钱，并且要相应压缩我在此地的债务；因为我不会同意挥霍有望收入的 4000 法郎，有了钱要先还债。当然啦，到了巴黎，我肯定无法抗拒想去翁弗勒尔拥抱你的渴望。

如果我嫂子还住在这里，请向她转达我的友谊，告诉她我对她带给你的所有温情表示感谢。

现在该怎么答复你上一封信呢？有人发现昂塞尔夫人有一颗善解人意的灵魂。真的么！我可是始终持怀疑态度。

我真该快点儿回来，省得再增加我的债务，这我知道。

昂塞尔先生建议我不要付账就回来，丢下我的手稿和我的作品！！！啊！他真是疯了，这也太疯狂了！

我爱你，我非常爱你；我心中充满忧伤；我急需获得力量。请为赋予我力量而祈祷上帝吧。或许祈祷能帮助我获得这种力量。

勒梅尔终于在8月9日给我回了信。他应该在12日加尼埃先生动身前和他签署合同。但之后便没了消息。是交易失败了么？这不大可能，因为他们已经为此进行过三轮谈判了。加尼埃还没回来么？我也一无所知。没有去国离乡经历的人是不会理解那些滞留异域、既无交流又无消息的人的神经会何等敏感的。

我刚刚给圣伯夫写了信，问他是不是已经过问了这件事。

我很烦，拥抱你。你身体好么？

夏尔

致卡蒂尔·孟戴斯

［布鲁塞尔］1865年9月3日

我亲爱的孟戴斯：

感谢您的来信和美好的回忆。过几天我可能会寄给您一篇论英国诗歌的文章或者是我自己写的评论《恶之花》的文章。

我曾有过一个和您相近的想法，即以一系列朗诵（穿插以批判性的观察）形成法国诗歌的一种视角——或者一种谱系。还有那么多美好的事物鲜为人知！

您的企业有变成一个集市的巨大风险，变成一个展示无能、虚荣和平庸的集市。每晚五六位诗人！天呀！在这个多产的世纪里，大概能来十来位吧。

这让我想起了比利时报刊上有一篇文章,结尾处谈到了阿尔梅利尼[1]的(世俗)葬礼。

——细致地描写灵柩。

——然后:"……尾随其后的是数不胜数的、众多的自由思想者。"

有史以来类似的情形还得有多少?

咱们把笑话放一边吧,我祝您好运连连,并请代向勒孔特·德·利勒转达我深厚的友谊,还有那位好好先生菲洛克塞纳·布瓦耶,我已经好多年没见过他了,我经常想起他。——我觉得他能给您帮上大忙。

祝好。——神经痛偏爱这个国度。所以我拖了这么久才给您回信。

夏尔·波德莱尔

附言:

"……还有两三位像我这样的年轻人[2]。"亲爱的朋友,这其中的故作谦虚让我吃惊。您很清楚,我读过您全部诗作,还可以背出几首吓您一跳,——虽然只读过一次。

致圣伯夫

[布鲁塞尔] 1865 年 9 月 3 日

我亲爱的朋友,您在百忙中能抽出五分钟给我写上几句真是太仁慈、太可爱了!

我 7 月 15 日回到了这里(布鲁塞尔)。勒梅尔 8 月 9 日来信说,他已经和伊波利特·加尼埃见过三次面,有望在 12 日加尼埃再次外出前签约,此后勒梅尔和加尼埃的这桩生意就没有了任何消息。——从那时到现在始终是绝对的死寂。勒梅尔是毕达哥拉斯学派的虔诚弟子[3]。而且他不理解

---

[1] 阿尔梅利尼(Armellini)是一位流亡比利时的意大利政治家,逝世于 1863 年。

[2] 孟戴斯在 1865 年 8 月 22 日致波德莱尔的信中说,他在勒孔特·德·利勒的指导下,与几位朋友——如菲洛克塞纳·布瓦耶——"还有两三位像我这样的年轻人"组织了几场诗歌朗诵会,并希望波德莱尔能给他投稿。

[3] 此派弟子发誓绝不打破沉默的戒律。

如果没有消息、没有沟通,一个背井离乡者的神经会何等敏感。

(这桩生意是失败了,还是要等加尼埃先生回来再签?加尼埃先生是不是一直不在?无从猜测。)

但在猜测中最让我关心的是想知道他们是否已咨询过您①。烦请告诉我,我就想知道这个。如果咨询过您,对我来说就证明此事仍在运作。不过,如果您想批评我的软弱、我的气馁——我也了解自己的这些弱点——那就请您说吧,说吧。您的批评反倒让我高兴,因为这至少证明您的身体十分健康。

如果我能把对您送给我的上一卷作品的感受写满十页纸,我觉得您一定会十分开心。我读得很慢,因为在火车上看书伤了眼,而且此地恶劣的气候总让我深受神经痛的困扰。——我现在已经很了解那位德雷尔先生了,是您让我有如此深入的了解的,而且还让我了解到其他各式各样的德雷尔。他不再是一个个体,而是一类人②。

您列举的那些波旁王朝复辟时期形形色色的伪君子和极端保皇党人的形象笑翻了我(我在这儿很少会笑)。

但总的来说,您书中正义和公正的声调让我印象至深;那是某种富于哲理的好脾气,可以让您看到什么是善,哪怕不是您喜爱的善。我永远都无法达到此种境界。

提及洛丹③以及一些表达民众痛恨圣会④的书籍时,您忘掉了德·居斯蒂纳的《如此世界》⑤。这本书比欧仁·苏的作品要早很多年。我向您保证,这本书让我颇感震惊;巴尔扎克认为这本书过于愤世嫉俗,而他所指责的恰恰又是后来人们诟病《人间喜剧》之处。我说的是一篇巴尔扎克未

---

① 圣伯夫于1865年9月4日给波德莱尔回信说只咨询过他一次,而且所有作品中的观念似乎吓坏了加尼埃。
② 圣伯夫7月份收到波德莱尔寄赠的《怪异与严肃故事集》后,回赠了一册刚刚出版的《新月曜日漫谈》(*Les Nouveaux Lundis*)第四卷。后面说到的德雷尔(Deleyre)是卢梭的朋友和弟子。
③ 洛丹(Rodin)是欧仁·苏小说《漂泊的犹太人》(*Juif errant*)中的一个狡诈的耶稣会士。
④ 圣会(la Congrégation)是复辟时期成立的一个神职人员的秘密团体。
⑤ 《如此世界》(*Le Monde tel qu'il est*)是居斯蒂纳1835年出版的一部长篇小说。

发表的文章，后来被迪塔克①找到了。

您对拉科代尔的研究具有真知灼见。我要说，您在研究中列举了大量极富启迪性的细节，让人乐于去了解自己。我很清楚拉科代尔神甫的弱点所在，但我仍然热爱这些伟大的修辞学家，就像我喜爱绘画和音乐一样。您于此就保持平静吧；在我内心，如同所有人的内心一样，时间的推移是会降低欲望的。

我又重读了您评论《萨朗波》的文章和福楼拜的辩驳②。我们这位卓越的朋友誓死捍卫自己的梦想绝对没错。您以调侃的方式让他反省自己有时严肃有余而灵活不足也是对的；不过，您在某些地方也许有点儿笑过了头。

您看，我有多无聊，絮絮叨叨跟您说了这么多话，而且是和您谈论您的书！

敬请原谅，并请爱我。

CH. 波德莱尔
布鲁塞尔
蒙塔涅路 28 号

致朱利安·勒梅尔

[布鲁塞尔，1865 年 9 月 27 日。参见下一封致勒若斯纳的信。]

致伊波利特·勒若斯纳少校

[布鲁塞尔] 1865 年 9 月 28 日星期四

我亲爱的勒若斯纳：

我很抱歉 7 月 5 日在巴黎没见到您。此次行色匆匆，您是我要寻求的

---

① 迪塔克（Armand Dutacq, 1810—1856），法国报业巨子和出版人，巴尔扎克的朋友。
② 圣伯夫就《萨朗波》写了三篇书评并收进了《新月曜日漫谈》第四卷，同时将福楼拜为自己申辩的长信作为附录一并出版。

慰藉之一。7月15日我又回到了这个思想自由的国度,厌倦、消化不良、发烧和神经痛随即复发。您要知道,十天的巴黎和翁弗勒尔之行让我恢复了青春。

7月15日,勒梅尔还在为帮我签署一项有望未来产生收益的协议奔忙。8月7日,他写信说因为加尼埃先生即将外出,事情还未完成。打那儿以后,他始终置我于黑暗当中。

请您读一下我写给他的信,省得我再给您写摘要。然后,请您封上信封。然后,亲爱的朋友,请尽快给我回信。

我还得求您另一件事,此事实难开口,就是钱。不用钱打发旅馆的老板娘,我是不敢也无法离开这里的。但巴黎我又必须得去;翁弗勒尔也必须得去。——您想象不出对您谈这件事我有多尴尬。在这类事情上,首要的风险就是轻率开口求人。其次是唐突他人,让人为难。再次,好友之间谈这事,会让人脸上挂不住。总之都不是好感觉,我坦承这一点不过是不想自欺欺人罢了。

您能在一段时间内(多长时间?)借给我几百法郎么?600,500,或能借多少?

怎么还给您?

可以用勒梅尔和加尼埃那笔交易的收入偿还,也可以用在报章发表文章的稿费偿还。

如果您不能马上借给我,请告诉我什么时候可以借给我。

如果您做不到,也请告诉我[①]。

这难言的告白终于说出口了。

如果您能给我帮上忙,我想我会在收到您的汇款后两三天内动身。我打算15日回到这里,如果勒梅尔最终签约,我在比利时也就再待上十天半个月。

唉!这已经是我第三次怀揣此梦了。

[①] 勒若斯纳1865年9月30日回信说他"的确身无分文",并提供了一些加尼埃兄弟幕后交易的消息。

我从阿尔弗雷德家的大哥①那里得知勒若斯纳夫人还在病着,而且病得很重。真让人揪心。勒若斯纳夫人看起来很健康,可她一生都被病痛困扰。请告诉我她现在怎么样了。

上帝啊!但愿我这封不合时宜的信别在家庭悲伤和忧虑中寄达!

您回信时不要在信封上写"巨镜旅馆",只写"蒙塔涅路28号"即可。

亲爱的朋友,不久后见,敬请原谅。

CH. 波德莱尔

一、加尼埃真的不在么?
二、交易还在进行中么?
三、如果这笔交易不成功,他打算再找谁签约?
四、何时?

致纳西斯·昂塞尔

[布鲁塞尔] 1865年10月1日星期日

我亲爱的昂塞尔,您明天上午十点会收到这封信。烦请您不要拖到下午五点寄信,立刻寄给我这100法郎。求求您,千万别第二天再寄。我向您保证是急用。都是些小额且迫切的需求,等不得。

我今天上午得到了巴黎的新消息。我那桩生意似乎还未完全告吹,伊波利特·加尼埃先生想做而他的兄弟奥古斯特不想做。幸运的是伊波利特更占优一些。——但他还在乡下。——此事涉及4000法郎。只不过一旦签约就要全部偿付出去。——所剩无几,甚至还不完我在法国的欠债。

如果必要,我希望15日前用这100法郎去一趟巴黎,可能的话就把协议签订下来。

---

① 指画家阿尔弗雷德·斯蒂文斯。

这 100 法郎寄给我以后——一定要在寄出以后（因为这 100 法郎的事更急）——烦请您去一趟区政府（圣叙尔比斯教堂后面的那个），申请一份我的出生证副本（1821 年 4 月 9 日）并寄到我这里。此地的市政厅要求我出示。

我在法国没有住所，所以别无他法，只能签署一张票据，让米盖尔·鲁热去您那里兑付，——面值 280 或 290 法郎，下个月的 25 或 26 日兑付。——再说您是有完整的担保的。——9 月份我还有 110 法郎没向您申请呐。

您剩下的	10 法郎
整个 10 月	160 法郎
11 月	160 法郎
	330 法郎

超出 40 法郎。

无须再告诉您这张票据让我多懊丧了。但鲁热这封信说是催债还不如说是央告。

——犹如今日之我。

请向昂塞尔夫人致意。

夏尔·波德莱尔

致奥古斯特·普莱-玛拉西

[布鲁塞尔] 1865 年 10 月 1 日星期日

我亲爱的朋友：

劳驾给我写个便笺，告诉我一本《朱斯蒂娜》[①] 售价多少，在哪儿可以找到，立刻；

[①] 《朱斯蒂娜》(*Justine*) 是法国小说家萨德 (François de Sade, 1740—1814) 的长篇小说。

也请您告诉我《阿芙洛狄忒》和《身体里的魔鬼》① 的售价,以及依您之见这些书和其他下流书籍——比如说米拉波②、雷蒂夫③ 写出来的那些东西——的伦理或文学特征是什么。

波德莱尔先生要这些黄书干什么?

波德莱尔先生有足够的天分在自己内心里研究罪恶。——这张便笺是为一位认为只能在他人内心研究罪恶的大人物而写的 ④。

我收到寄自巴黎的一封奇怪的信。似乎是我使得加尼埃出版社兄弟阋墙。

也就是说,奥古斯特反对我,而伊波利特支持我……

期待签约的这些日子里,我举步维艰,什么都缺,这里的人也不给我好脸色看。

今天上午来了一个警察,说我在布鲁塞尔停留日久,要求我出示法国的出生证明副本。

这是成心找茬儿,还是仅仅出于监管的目的?

拜勒梅尔久拖不决之福,那笔交易签约时,恐怕能赚到的钱早就被吃光花净了。

祝好。

夏·波

阿尔蒂尔认为监视外国人没错。

致纳西斯·昂塞尔

[布鲁塞尔] 1865 年 10 月 13 日

我亲爱的昂塞尔,您要明白,出生证明这件事很急。

---

① 《阿芙洛狄忒》(*Aphrodites*) 和《身体里的魔鬼》(*Diable au corps*) 是法国小说家安德烈亚·德·奈西亚 (Andréa de Nerciat, 1739—1800) 的两部长篇小说,分别出版于 1793 年和 1786 年。

② 米拉波 (Honoré-Gabriel Riqueti de Mirabeau, 1749—1791),法国作家、外交家、记者和政治家,法国大革命的代表人物之一。

③ 雷蒂夫 (Nicolas Edme Restif de La Bretonne, 1734—1806),法国作家。

④ 是圣伯夫请波德莱尔帮忙搜集这些资料的。

如果您忘了放在哪儿。就随便找一份证明寄来,只要能证明我的身份就行。

祝好。

夏·波

别忘了那张280法郎的票据,是25日。

致朱利安·勒梅尔

[布鲁塞尔] 1865年10月13日星期五

我亲爱的勒梅尔:

这种可怕的状况再也不能继续下去了。所以,在加尼埃先生回来之前,请您考虑一下比利时那本书能否售出的问题,我明天或后天会寄给您一份分析报告或一份非常详尽的书目(以及关于新版《恶之花》的一个说明和一大包散文诗,还有致伊利亚尔特或卡洛纳的一封信,并请您代我索要稿费)。

亲爱的朋友,我总是怕给您添麻烦,所以希望您勉为其难接受佣金。我反感贸然行事。

伊利亚尔特曾数次为我存在他那儿的稿件付钱给我。从现在到月底,我会提供给您五十篇散文诗,都属于《巴黎的忧郁》。(夏庞蒂埃那儿还有一些,但这个老疯子打算不打算发表我不得而知。)因此可以假设,即便这五十篇中有二十篇不被理解或不予发表,总还有相当多的篇幅可以求得善价。

我写得很慢,因为这里找不到一位优秀的誊录员,所以我只能用铅笔在纸上誊抄。

至于《可怜的比利时!》,我还看不出丹迪先生或两位富尔先生有何打算。我承认我更倾向于把这本书转让给后者。

为使此书能尽量卖个好价钱,我首先倾向于根本不发表,待转让之后再大批量印刷出版,或宁愿等到某个合适时机再行出版!

如此说来,就没必要马上把《恶之花》修订稿以及若干首新诗寄给您，是不是？我还有一些文件存放在翁弗勒尔，但是要去一趟我既没有时间也没有钱。——我记得我和您说过，必须找到圣伯夫那封信，此信非常重要且极为卓越。

还有几封信是代尚和居斯蒂纳写的；文章则来自戈蒂耶、多尔维利和蒂耶里等人。

我之所以今天上午突然想写信给您，是因为我刚刚在一家比利时报纸上看到代尚的那本小册子已经再版了①。4日，也就是我收到您来信的第二天，有一位克拉博先生去了巴黎，他会给您送去一份关于代尚先生和卡萨诺瓦的说明②。我知道，以比利时人的性格，克拉博先生本来是不愿意揽此类差事的。

罗塞兹书店里有卡萨诺瓦的《回忆录》，一套六卷，16.50法郎（打折价）；偷运入境每卷加收1法郎；——除非有朋友路过布鲁塞尔才好办。

总价（2套）：

16.50 法郎

16.50 法郎

6.00 法郎

<u>6.00 法郎</u>

35.00 法郎　[原文如此]

我不知道代尚那本书卖多少钱。

祝好。

CH. 波德莱尔

---

① 勒梅尔在1865年10月3日的信中向波德莱尔咨询过阿道夫·代尚（Adolphe Dechamps, 1807—1875，比利时政治家）的《加斯泰因条约：法国与德国——比利时的处境》（*La Convention de Gastein, la France et l'Allemagne, situation de la Beilgique*）这本小册子。

② 勒梅尔在信中还问过罗塞兹书店有没有威尼斯冒险家卡萨诺瓦（Giacomo Casanova, 1725—1798）的《回忆录》（*Mémoires*）。

致奥古斯特·普莱-玛拉西

[布鲁塞尔] 1865 年 10 月 16 日

我亲爱的朋友：

烦请您转告《小评论》的那位博学的社长①，亚历山大体的半句诗我可写不来，就像下面这句：

为什么，幸福的孩子……

只能写成：

为什么，你这幸福的孩子……

至于能写出"马拉布尔姑娘"（MALABRAISE）这种怪词，那位好老兄没乱点鸳鸯谱写成"卡拉布里亚姑娘"（Calabraise）我就已经谢天谢地了②，但还是请您告诉他，"马拉巴尔人"（Malabarais）一词出于马拉巴尔海岸。查一查印度地图很容易就能找到这个偏词。祝好。

夏·波

致 [夏尔·] 雨果

[布鲁塞尔，1865 年 10 月 20—25 日前后]

……如果《街道与园林之歌》（Les Chansons des rues et des bois）已经出版，烦请向令尊提起我的名字。他日理万机，忘掉我的名字也在情理之中。

---

① 指班斯布尔德。1865 年 10 月 14 日，《小评论》重新发表了《致一位马拉巴尔姑娘》（À une Malabaraise）一诗，但把题目写成了《致一位马拉布尔姑娘》（À une Malabraise）。10 月 21 日，《小评论》发布更正说明："应读作马拉巴尔姑娘"；同一个说明中也将"为什么，幸福的孩子……?"更正为"为什么你这幸福的孩子"，却又忘了在"为什么"和"你这幸福的孩子"之间加上逗号。

② 马拉巴尔（Malabar）是印度西南部地名；卡拉布里亚（Calabre）是意大利南部地名。

致纳西斯·昂塞尔

[布鲁塞尔] 1865 年 10 月 26 日星期四

我亲爱的昂塞尔,我相信,这个强势而好奇的布鲁塞尔市政厅用一个个不近人情的问题把我折腾得七荤八素之后,就像一切自由国度通常所做的那样,终于表示了满意;因为一张正式的居留许可证已寄发给我,我想我肯定用不上,请您相信这一点。

感谢您仁慈的来信。既然您乐意关注我的事务,我想对您说,我对朱利安·勒梅尔先生无可抱怨,如果说这四个月不得不花的钱导致我债务增加,那绝不是他的错。(唉!他承诺过的 4000 法郎可能会泡汤。)7 月 15 日我离开巴黎时,朱利安·勒梅尔还认为成功在望。几次谈判后(他觉得伊波利特·加尼埃在两兄弟中更强势,而且同意出版我的书,但奥古斯特不同意),8 月 12 日签约未成,他只得眼巴巴看着伊波利特去了乡下并开始其年度旅行。有人告诉我说伊波利特(他在这儿,在布鲁塞尔,是 23 日来的,但我非常谨慎,注意不与他接触)应该在 25 日返回巴黎。所以我的生意有望恢复洽商。勒梅尔说这笔生意更合伊波利特的意。但其中不包括比利时那本书。总之,这样更好。天无绝人之路。以后再谈。

读您的信时我已经猜到您担心我的状况,怕我从已然使我贫困的基金中再要钱,所以您要抵制是再自然不过了。不,我亲爱的朋友,我在受苦,我还将如此受苦;但我觉得我会靠自己的力量摆脱困境。

不过,这里有一份事先准备好的收据,这意味着 12 月 31 日之前我不会再打算从您那里拿走任何东西。我在这儿就能看到您在微笑还是皱眉。

我是不得已而为之。我要的不多;加上我可能会从《插图世界》获得的 200 或 300 法郎稿费,足以让那个讨厌的老板娘闭上臭嘴——她从 7 月 15 日以来一直在纠缠我,我和她又进行了一次不愉快的交涉。此外,您要知道,她监视我的信件,每收到一封信,她都面带好奇地扑上来。真让人受不了。这 200 法郎和剩下的那 10 法郎一样,无论多少,都是我有权在 1 月份之前向您申请的,米盖尔·鲁热的那 290 法郎我已计入了开支账户。这些开支我都准确无误地记下来了。

我再补充一点,希望这次您把钱寄到邮局,由我自取,那个女人的好奇心让我恼火！我会在后天（星期六）上午去邮局；但如果星期天上午还收不到，我就该糟心了。

我正在等待《插图世界》的回音，这是第二件让我神经紧张的事。

我希望能在下个月的头两周彻底结束我的痛苦。

您问我的身体？这么多恼怒烦忧，怎么能好得起来？

您的身体怎样？我刚刚得知我那位卓越的朋友爱德华·马奈感染了霍乱。现在已经痊愈了。

但最让我恼火的，不是困苦，不是让我身心疲惫的维克多·雨果，不是在我四周萦绕的那些蠢言蠢行，而是一种浑浑噩噩的状态，这种状态让我怀疑自己的能力。现在只要工作三四个小时，我就浑身都不舒服。几年前我可是动辄一干就是十二个小时的，且心情舒畅！

一旦勒梅尔成功签约，我就开始做回程准备，十天后回到法国。

我那可怜的母亲，她会怎么想我呢？

祝好。请向昂塞尔夫人致意。

夏·波

居斯蒂纳的信找到了么？

请抓紧时间找；这件事可能会耽误您回信。

只有当那两位加尼埃先生要求提供《恶之花》的相关说明文件时，居斯蒂纳的信才是必须提供的。

请注意：我承诺星期日支付200法郎。

致爱德华·马奈

[布鲁塞尔]1865年10月28日星期六

我亲爱的朋友：

您的信第一行就让我心里打颤[①]。能让我就那些话题说这么多话的人，在法国不超过十个——没错，不超过十个。

[①] 马奈1865年10月25日左右给波德莱尔写信，说他"在这次传染病流行期间险些丧命"。

其实，勒梅尔的强迫迟延症也让我吃了不少苦（不过我确实没责备过他）。

我眼睁睁看着自己把预期中的4000法郎消耗掉了。您知道，我本来是想从中预提一部分还给埃采尔先生和您的。

这件事本来应该在7月15日即我返回比利时那天签约。稍晚些也该在8月12日签约。但签约前伊波利特·加尼埃动身去了乡间别墅并开始其年度旅行。10月3日，朱利安·勒梅尔写给我一封解释信，其中谈及：一、伊波利特·加尼埃在签约之前走了；二、预计他10月26日返回；三、伊波利特同意出版我的作品，但奥古斯特反对；四、《可怜的比利时！》不在考虑之列。

我打算寄给勒梅尔一份构思妥帖且明白易懂的书目，并请他立刻、马上开始考虑《可怜的比利时！》的转让事宜。我之所以拖了一段时间，是因为讨厌的神经痛的毛病又发作了。这个毛病随着年龄的增长日渐严重。以前只是胳膊和腿疼。现在甚至胸部和脑袋也时不时地痛起来了。

我的（文学）生涯中有一点很奇怪，即：尽管我什么都没有出版，书店却对我的作品始终都有需求，而我却听任两次出版之间那么多年的光阴白白流逝。活该那些生意人瞧不起我！

还有维克多·雨果！您说过，他不可能漠视我的存在。他对我的确献过些殷勤。但他对所有人都是如此，而且把最末流却第一个登门的人视为诗人。我亲爱的朋友，您的文字中怎么有点儿斯蒂文斯书信的味道；那可是与哈瓦斯通讯社竞争的三个人类密探[①]。

[维克多·雨果将他最新出版的一卷作品寄给了波德莱尔。《恶之花》的作者是这样提及这次赠书的：

"他在这本书的扉页上写道：赠夏尔·波德莱尔，握您的手[②]。"]

对这个赠言，我觉得它并不仅仅意味着：让我们手拉手。我可是知道

[①] 波德莱尔这封信的原件已佚失，第一位发表这封信的人把"哈瓦斯通讯社"（correspondance Havas）后面的段落全部删去了，并用方括号中的文字替代了已被删除的段落。据波德莱尔研究学者分析，该段落可能包含着一些针对阿尔蒂尔·斯蒂文斯的过激评论。

[②] 拉丁文：jungamus dextras.

维克多·雨果这句拉丁文的言下之意的。它还意味着：让我们携起手来，共同拯救人类。可我不在乎人类，但他没意识到这一点。

我亲爱的马奈，您要明白，我这是私下写给您个人的信，因为涉及面很广，——所以，如果您见到默里斯夫人，没必要挫伤她的信念。如您所知，她是一位本该充分享受其生活的杰出女性，却已陷入了民主的陷阱，就像一只蝴蝶落入了明胶。

同样，您若见到朱利安·勒梅尔，我也建议您只把此信中您认为可以告诉他的那部分说给他听。

布拉克蒙先生到布鲁塞尔来了，但他似乎觉得并不值得来看我。1月份他出售了一幅石版画。我对他收藏的四五幅德维利亚①的石版画非常渴望。——购置、交换、赠人，可以随心所欲。

别忘了向令堂大人和尊夫人转达我深切的敬意。

祝好。

夏·波

致纳西斯·昂塞尔

[布鲁塞尔，1865年] 10月29日星期日晚七点

我亲爱的昂塞尔，您收到我星期四（26日）的信了么？

我昨天和今天又耐着性子向老板娘解释了两遍。

我昨天上午去了邮局自取窗口。今天又去了三趟，查看了三次邮包。

没有任何回音。

也许您病了。

我不知道该怎么想，该怎么办。

祝好。

夏·波

---

① 德维利亚（Achille Devéria, 1800—1857），法国画家和版画家。

致欧皮克夫人

［布鲁塞尔］1865 年 11 月 3 日星期五

我亲爱的好妈妈，太久没给你写信了，是不是？不好意思。你猜对了，我没写是因为没什么新情况可以奉告。你常常抱怨我冷落你，确实如此。冷落会有。但绝不会忘了你。你每天都出现在我的脑海里。

我觉得我的状况这个月就会见分晓。以下是我掌握的新情况：——我经常责骂朱利安·勒梅尔先生，但我现在觉得无权再责备他。7 月 15 日，就是我回布鲁塞尔那天，不再受玛拉西事件约束的勒梅尔就该在那天与加尼埃兄弟签约。他们都谈过三次了。8 月 12 日，在协议签订之前，加尼埃（伊波利特）动身开始其年度旅行。他应该在 10 月 25 日返回巴黎。23 日他到了布鲁塞尔。——我掌握了两个非常重要的情况，一是伊波利特·加尼埃就此问题咨询过圣伯夫，证明他确实有出版意愿；二是在这桩生意上这兄弟俩有分歧，奥古斯特不同意。但据说两兄弟中伊波利特更聪明也更强势。

我觉得我告诉过你这桩生意中不包括《可怜的比利时！》。他们害怕这本书。

我太想见到你了，我真想去一趟巴黎和翁弗勒尔，在巴黎办点儿事，然后在你身边过两天。可问题还没着落，何必再花 200 法郎车钱呢？我的旅程不会提前。——我在期待。

维克多·雨果——他在布鲁塞尔待了一阵子，还希望我能去他的岛上盘桓数日——真让我烦透了，厌透了。如果要我同时像他那样荒谬绝伦，我宁可放弃他的名声，也不要他的财富。雨果夫人半痴，她两个儿子全傻。——如果你想读读他刚出版的那本诗集（《街道和园林之歌》）的话，我可以马上寄给你。像往常一样，这本书在销售上大获成功。——可是有思想的人读完后都感到失望。这一次他想写得快乐轻松，充满爱意，让人觉得他很年轻。可内容却异常沉闷。读这些东西就像读他的其他东西一样，我从中只找到了一个让我感激上帝的新机会，感激他没让我那么愚蠢。我会不断地为这个法利赛人祈祷。

——你在做什么？

——你身体好么？

——别记恨我，给我回信，我亲爱的母亲。

你每天都做些什么？你觉得自己的身体怎么样了？

我第十次对你说：我们就快要重逢了，希望你相信我。

我也想你的花园，尤其想我的房间和文稿。所以你才不会埋怨我，我确信这一点。

全身心拥抱你。

夏·波

致欧皮克夫人

[布鲁塞尔] 1865年11月13日星期一

我的好母亲，我的小母亲：

我只能把告诉过你的那些消息再说一遍。

——从7月15日到8月12日，朱利安·勒梅尔先生为我那五卷作品曾与两位加尼埃先生数轮商谈。不包括第六卷（《可怜的比利时！》）。

——8月12日伊波利特·加尼埃先生（他是出版社的社长）动身进行年度旅行。10月25日返回巴黎。

——此外再没有其他消息。我只知道有一个重要的信号，那就是加尼埃先生咨询过圣伯夫；——而且伊波利特先生渴望签署这份协议，但他弟弟奥古斯特不同意。

你问我，这桩生意不成功怎么办？你干吗不说我所有作品永远卖不出去怎么办？

我只是觉得我被遗忘了。我有点儿伤感。我再也干不下去了。我厌倦到了极点。我相信这桩生意能成功，但我最大的担心是能不能从中拿到加尼埃兄弟支付的4000法郎；我本指望用这4000法郎清偿一部分法国的债务。

当然，比利时那本书已接近完成。还差一点儿；但身无分文让我无法完成。我本来应该尽可能挤出时间修改《小散文诗》和《对几位同时代人的思考》的；时间要挤还是能挤出来的；因为必须在稍后杀青。但我一点儿心气儿都没有。半个月以前巴黎的一位报社社长来信说，如果我愿意挑选几个章节寄给他，只要性质上不那么让读者反感，他马上就寄给我300或400法郎。我什么也没做，连信都未回。

在这种酷似忧郁的迟钝状态下，我还要尽职尽责给你写信。因为我看到恼人的冬季又要对你肆虐了。我希望你能开心，所以没把自己的事全告诉你。

你想知道真相。我都告诉你了。——每天我在布鲁塞尔的书店外透过窗子都会看到那些在巴黎印刷出来的淫邪、无用的废话铺天盖地，每当我想到我那六卷作品，那多少年辛勤的成果，只要每年印一次就能带给我丰厚的回报，我的火就不打一处来！唉！我只能说命运从没有眷顾过我！

勒梅尔总对我说：耐心点儿！他说他认为这桩生意对加尼埃兄弟来说棒极了。我对此也深信不疑。我猜测他进展迟缓为的是欲擒故纵，而且他谢绝我的一切酬谢，是不是希望我从他们那里拿报酬——或者说，他更愿意从他们那里获得报酬，我不得而知。

你要尽可能地保重身体。这是我对你和上天的全部请求。

夏·波

致尚弗勒里

［布鲁塞尔］1865年11月13日星期一

我亲爱的尚弗勒里：

迟复为歉，感谢您寄赠的《现代漫画史》第二卷[①]。我目前的精神状态浑浑噩噩，凄切阴郁，如果您愿意的话，也可以称之为倦怠或忧郁，这种状态类似于过度奔忙而引发的身体透支。而且这种可憎的精神状态让我们错失了自己的所有责任，即便对所爱的人也是如此。

我无法向您详述这部作品给我的印象。我从中发现了您的三大品质：敏感、幽默和正义精神。但是——对您可能无所谓——这部作品给我带来

[①] 《现代漫画史》第二卷收录了波德莱尔《题奥诺雷·杜米耶的肖像》一诗。

了一种非常奇妙的感受：——它再现了我记忆中的许多经历、轶事、愉悦和欢乐，以及诸多遗忘久远的印象。它在某个已极为古老的瞬间让我复活。它刷新了我心中尘封的画面。

感谢您让我找到了自己曾经喜爱过的一切；但坦率地说，您对我过誉了，真是谬承夸赞。

您经常去意大利人大街。如果遇到朱利安·勒梅尔，就请您转告他我目前的精神状态；并请您告诉他，我是这样看我自己的：——我永远无法出版自己的作品，——我永远也赚不到一文钱，——我再也见不到我的母亲和朋友，——还有，如果他有什么倒霉事要说，就请他直言，这总比让我不明不白要好得多。

如果您见到圣伯夫大叔那位可爱的秘书①，请告诉他把蒲鲁东的相关文章②统统寄给我。

我知道您和那位老坏小子③关系不怎么样；但如果他撰文评论《街道与园林之歌》，烦请您一定把文章寄给我。

您看，我给您写的这些犹如为世人所弃的人所写。

祝好。

CH. 波德莱尔
布鲁塞尔蒙塔涅路
巨镜旅馆

致伊波利特·勒若斯纳少校

［布鲁塞尔］1865 年 11 月 13 日星期一

啊！我亲爱的勒若斯纳，给我写几个字来吧，求您，哪怕无可奉告。

---

① 指于勒·特鲁巴（Jules Troubat, 1836—1914）。他曾担任过尚弗勒里的秘书。
② 指圣伯夫 1865 年 10—12 月在《当代评论》上发表的论蒲鲁东的文章。
③ 指巴尔贝·多尔维利。他 1865 年 11 月 15 日在《黄色侏儒》上发表了一篇评论或毋宁说抨击雨果诗集《街道与园林之歌》的文章。

能见到信封也会让我高兴。

对我冒失地求您帮忙、陷您于无能为力的境地,我无需向您道歉吧,是不是?我知道您肯定觉得对我贸然向您提出的要求不好说些什么:不过,这真的没什么。

加尼埃先生回到巴黎后又过去了十九天。我不敢再给勒梅尔写信。我不敢再和您说这件事。我甚至害怕您不再过问这件事。我怕惹恼了他,也怕朋友们惹恼了他。但显然其中有一个我无法破解的谜团。四个月了,还要多久!每当我透过书店的窗子看到那些可能是愚蠢、无用的书籍时,我就想知道是什么原因让我那五六卷有价值的作品难以问世。我不时极为严肃地想到,我再也出版不了自己的任何作品了,而且再也见不到我的母亲和朋友们了。而且我根本工作不下去。不用说,我谁都不见(甚至见到一些熟悉的面孔都会让我感到一丝愤恨的颤抖),我现在每天早上唯一的念想是晚上能不能睡得着。我真希望能长睡不醒。

那个老坏小子评论《街道与园林之歌》的文章发表了么?

他的文章一旦发表了就请寄给我。他本人是不会在意这些事情的,——再说我也没有他的地址。

勒若斯纳夫人的身体怎么样?

请问那位大夫和玛西亚先生好①。

祝好。

夏·波

蒙塔涅路 28 号

致伊波利特·勒若斯纳少校

[布鲁塞尔] 1865 年 11 月 16 日

万分感谢您,亲爱的朋友。

---

① "那位大夫"指斯特凡·勒保罗米耶(Stephen Le Paulmier);玛西亚(Massia)是勒若斯纳的一位朋友。

勒梅尔在10月3日的信里告诉我说，加尼埃预计10月20—25日回国。加尼埃于10月23日抵达布鲁塞尔，10月25日返回巴黎。我让阿尔弗雷德·斯蒂文斯把这个消息告诉勒梅尔。即便我碰上加尼埃，我也不会就这桩生意说半个字。我认为这是一种愚蠢和不光明正大的做法，因为我已经将整件事全权委托给了勒梅尔。如果这种拖延无休无止，我相信勒梅尔本人也会把加尼埃打发掉，而且他虽然对荒废掉五个月感到抱歉，但还是会再去联系另外一家出版商的。实际上，如果死等加尼埃兄弟发慈悲，《恶之花》和《人造天堂》恐怕永无出版之日，且《巴黎的忧郁》和《对几位同时代人的思考》也可能将付之一炬。

　　至于钱的问题，可以请勒梅尔（以及加尼埃）放心：我急需的不过2000法郎而已，其余的都可以用票据支付。

　　如果那几本书签约后很快就能再版，他们会不会很不情愿在五个月内再次支付版税？

　　怎样才能让这些唯利是图和谨小慎微的头脑明白，我的那些文艺批评如果最后才出版会很容易功亏一篑？

　　这就看勒梅尔的了。

　　应您的要求，我至少半个月前就开始细致地分类撰写作品简介，准备提交给勒梅尔①。但由于神经痛和心情沮丧而中断了工作。——我想周一可以交稿。

　　——此外，这样一本书（我可以接受部分付款）的价格似乎还不尽如人意。

　　首先出版《恶之花》《人造天堂》，然后再出版其他……

　　问勒梅尔好。如果您乐意，可以把我的信转给他看。

　　请向勒若斯纳夫人致意。请她为我的健康干杯。

　　祝好。

夏·波

　　关于钱的问题很荒唐。签署了协议，却又不能立即支付《恶之花》《人造天堂》和《对几位同时代人的思考》的版税（况且我已表示《对几位同

---

① 指《可怜的比利时！》创作大纲。

时代人的思考》可以用票据支付)。至于《巴黎的忧郁》,我这儿还有发表过的若干篇,其他的分别在夏庞蒂埃、卡洛纳和伊利亚尔特手上。——另外,如果月底前还不能落实,我打算去一趟巴黎,找一些赚小钱的机会。

那个老坏小子的文章真不怎么样。太不够劲儿了!肯定又是加内斯库先生[1]觉得措辞太尖刻才改的。

夏·波

致纳西斯·昂塞尔

[布鲁塞尔]1865年11月30日

我亲爱的昂塞尔,为了一笔让您不痛快的用款申请,还有劳让您倒贴了12个苏,请原谅。我也是没辙了。很久以前我为母亲淘换了一件玩意儿,又没办法寄给她,因为没钱支付邮资。

唉!还是您说得对。我不能等到12月31日。幸亏年底快要到了,费用还不算多。要是我在翁弗勒尔,这些进项就能趴在您的账上睡大觉了。可什么时候我才能回去呵!

我的工作习惯稍有恢复。能告诉您的好消息就这一条。

《插图世界》退回了稿件,让我修改,以免有些地方吓着读者,等等……您见识过比这更愚蠢、更蛮横的读者或主编么?

除了知道伊波利特·加尼埃先生已于10月26日回到巴黎以外,我没有任何朱利安·勒梅尔和加尼埃兄弟的消息;还有就是,——我早就知道了,——他动身以前曾就我作品的价值咨询过圣伯夫。——朱利安·勒梅尔让一位朋友[2]告诉我说,他希望能看到我对《可怜的比利时!》的简介。我疑心他自己想买下这本书,因为加尼埃兄弟看不上。所以我又埋头于故纸堆中,因为这本书已搁置很久了。四天来,我一直在对所有笔记进行分

---

[1] 格里高利·加内斯库(Grégory Ganesco),罗马尼亚裔,时任《黄色侏儒》社长。他修改了巴尔贝·多尔维利的文章,钝化了文章的锋芒。

[2] 指勒若斯纳。

类并编写目次。累得腰都疼了。

但即便勒梅尔买下这本书，800 法郎也是杯水车薪。想摆脱困境，唯有和加尼埃兄弟签约。但这件事进展迟缓！还在拖！

亲爱的昂塞尔，我还得重申经常向您提出的请求。但凡等您寄钱，我身体就会因烦躁而生病。求您了，这可怜的 150 法郎不要等到第二天再寄。那个骚婆娘（旅馆老板娘）逼得我急愧交加，好歹又要生病了。这一次您可以把信直接寄到蒙塔涅路 28 号，我要拿出 140 法郎安抚安抚她，以换得几天平静，尽可能耐心地等待勒梅尔和《插图世界》的回复。

请您记着找出居斯蒂纳的信，再给我写几句贴心话。别再叮嘱什么注意节约的话了；我 12 月份可能就会见到您，这段时间不再向您要钱了。每收到一笔钱，我就拿出 100 法郎放到一边，用来支付去巴黎的费用，我要去巴黎亲自过问一下我自己的生意。

我感到很厌倦，觉得自己像一个殉道者。我断绝了各种各样的联系。我宁愿绝对孤独，也不愿跟那些粗鲁、愚蠢和无知的人为伴。

我母亲怎么样了？您有她的消息么？我有时常常觉得再也见不到她了。

您明天上午十点就会收到这封信。如果可能的话（我像个受苦人那样急不可耐）请在下午五点前给我回信，这样我在 2 日上午八点就能收到您的回信了。

祝好，而且别发火，好么？

请向昂塞尔夫人致意。

夏·波

——请您读读圣伯夫论蒲鲁东的文章。

致纳西斯·昂塞尔

［布鲁塞尔］1865 年 12 月 21 日星期四

我亲爱的昂塞尔：

我早就该给您回信，但头痛症又发作了，持续了半个多月；您知道，这种病会让人愚蠢和发疯的，为了今天能给您、给勒梅尔和我母亲写信，我不得不用一块浸满镇静剂的布垫把脑袋包起来,每小时换一次布垫。这次发作虽不像去年那么厉害,但痛苦持续的时间更长。——首先,我必须为我将要给您添的麻烦向您表示万分抱歉。对一个终日忙碌的人来说,没有什么比给他添乱更让人恼火的了。我能感觉到自己的这种做法十分轻率,但除了您我又能找谁呢?

还是关于那只表。赎当期限到了(不赎就过期了!),您知道我对这件纪念品的感情。我有时间强迫症,随时都要知道时间,没有表就干不了活。可我的房间里没有。我一直都是借人家的表,但现在被要回去了。所以现在要做的是赎当而不是续当。

我真的很抱歉让您干这件去当铺跑腿的活。但就去一次,也许两次,请把表小心地装进一个小盒子里,以防途中碰撞,然后交铁路或邮局托运给我,记得要一张收据。我觉得幸亏您是那种被称为内行的人,再加上儒贝尔街那家当铺是个大买卖。所以去一趟就可以了。您也可以委托一位您信得过的人代办。

随附收据一张,40法郎是赎当的钱,100法郎是向您申请用于购置新年礼物的钱(这让我很烦心)(为了避开旅馆老板娘,请您直接寄到邮局由我自取),最后的10法郎我觉得支付当铺的利息和两笔邮资应该够了。不用说,这预支的300法郎我明年头几个月肯定要恢复账目平衡。每个月只给我80或90法郎即可轻松实现。4月份我就可以用帮忙做家务来换取免费膳宿了。我虽然不是自夸,但我还是具备一些您屡屡教诲我的那种通俗的美德,您肯定能发现我正朝此方向努力。

给旅馆伙计们的小费大概要30法郎,再说新年去两三位朋友家做客也不能两手空空,特别是我经常去的雨果夫人家。

尽管有您的劝告,我现在还是谁都不见。

比起乏味的谈话,我更喜欢自己的厌倦。此外,我的思绪总是转向我的母亲,还有那个可恶的朱利安·勒梅尔。其他什么都不想。——而且我连房间也不出了。我的发型引起了公愤,哪怕是在院子里。

您以为我会去读那些巴黎的废话或某个罗什福尔先生[①]的喋喋不休

[①] 亨利·罗什福尔(Henri Rochefort, 1831—1913),法国记者、剧作家和政治家,《明灯报》(*La Lanterne*)的创始人。

么？我太了解那些所谓的小报、小道消息和咖啡馆文学了！而且您还和我谈起了那位朗弗雷先生①；您肯定忘了我痛恨那些所谓的自由党人。《可怜的比利时！》这本书表达的正是这种痛恨。——朱利安·勒梅尔最近托人带话说，让我就这本书至少提供一个详细的计划或是梗概。我觉得他是想买下这本书。但由于头痛症迟迟好不了，所以什么也没干。

若干天以前，大概有半个月，我接受了一次令人愉快的拜访，稍许提振了一下我的情绪，——但只维持了几个小时。一位年轻人②——我的朋友——从巴黎来看我；他碰到过刚从加尼埃家里出来的朱利安·勒梅尔，他认为那桩生意仍在进行中。勒梅尔不再说4000法郎了，而是说5000或6000法郎了。但进展如此缓慢真是太奇怪了！甭管怎么说，等新年的热闹劲儿一过，我就亲自去打听打听。

我的名字就这样被淡忘了！还有《恶之花》，这部作品具有潜在的价值，若在一位高手的手里运作，九年间本来可以每年出版两次！还有其他作品！这该死的境遇！

即便《可怜的比利时！》完美收官并被勒梅尔买下，初版能付给我的版税也不过区区800法郎；这笔钱对我来说岂止不够，而且只要我人还在比利时就不能让这本书出版。所以还必须回到加尼埃那桩生意上。

新国王在巴黎喜剧院《胡子国王在前进》(C'est le Roi barbu qui s'avance) 的乐曲声中凯旋。这是军乐队的那个天真的德国指挥的错。这个民族真是蠢到家了，竟没有一个人觉得这首曲子可笑③。

奥尔良诸位亲王并未出席登基大典。他们更乐意抽身而退，把上座留给使节们。

国葬期间是可怕的全民狂饮。没有哪条街道不是尿液横流，呕吐遍地。有天晚上我想外出，一出门就滑到了。

——关于老国王，看来我得再增加一章。

如果您喜欢像我一样从心头喷发出一点儿怒火，就请您读读在巴黎获

---

① 皮埃尔·朗弗雷（Pierre Lanfrey，1828—1877），法国政治家。
② 指马斯奈·德·马朗库尔。
③ 利奥波德二世（Léopold II）刚接替利奥波德一世（Léopold Ier）成为比利时国王。

得巨大成功的那部小说《蓬塔莱医生的治疗方法》①，讲的是一个圣人被一位年轻医生转变为无神论者的故事。这是一个傻瓜写出的一部无耻的作品。和乔治·桑那个女人不分伯仲。

再次向您表示万分抱歉，并请向昂塞尔夫人致意。

夏·波

无论如何，星期天我都会把头包起来去一趟邮局。也许邮局可以为留局自取的物品打包。

如果能在星期日（平安夜）那天收到您的两封回信（一封是通过火车寄达的包裹，——除非邮局拒绝寄送，——一封是留局自取的保价信），那我就太幸福了。可我担心您一天做不完这两件事。

致欧皮克夫人

[布鲁塞尔] 1865 年 12 月 22 日星期五

我的好母亲、我的小母亲：

我本该按你的要求立即回信；但我傻乎乎地拖延了三四天，随后头痛症或者是急性风湿病又发作了，症状和去年相同，但持续的时间更长，这种痛苦已持续了两周还未见消退。其间确实有所缓解，比如现在我给你写信的这段时间，但似乎从未超过两小时。我吃了泻药；用浸满镇静剂的衬衫裹住脑袋。这个方法可以缓解一时之痛；但去不了根儿。现在我无法自主支配自己的时间了。身体出了问题，无法工作，只有徒自哀叹。

看来定期收益一词说动了你，是么？——这一说法并非绝对准确，但我说的意思与定期收益很像。有些书畅销一时；也有些书长盛不衰。我翻译的爱伦·坡作品，两年前以 2000 法郎转让了版权，现在无论吉年还是凶年，每年都可以给我带来 500 或 600 法郎的收益。要是九年来我能对《恶之花》这样上心，这本书至少可以再版九次都不算多，而且每次都

---

① 《蓬塔莱医生的治疗方法》(*Une cure du docteur Pontalais*) 的作者是罗贝尔·哈特 (Robert Halt, 1827—?)。

可以给我带来版权收益。委托勒梅尔转让的那几部作品里，不好说经久不衰但至少能不断再版的有三部，就是《恶之花》《巴黎的忧郁》和《人造天堂》。——至于那部评论集，一般来说销售会比较慢，重印的机会不大。现在你已经很清楚了，当一位作家拥有自己的版权，并且有相当数量的作品畅销，他就获得了某种定期收益。若要用一句话让你理解这件事，就是：假定法律允许版权无限期转让，拉辛即便去世了，他的继承人依然有权从再版的拉辛悲剧中获得收益，你想想，这会是一笔何等数额的巨款，即使每个人拥有的份额微不足道？所以说，只要能拥有自己作品的版权（其中又有某些作品能长盛不衰），几乎就是个富人了。

——刚才有个傻瓜犯傻跑来看我。他走后，我的脑袋又开始疼，像千军万马在踩踏。我只能停下来不再写了。现在有些抗头痛的复方药丸，我觉得其中有奎宁、可待因和吗啡。由于长期以来对鸦片的恐惧，这个药我不敢吃。但如果疼痛两三天还不好，就只能试试这种药了。

[1865年12月] 23日

我亲爱的小母亲，关于我总抱怨厄运一事（如果可能，我一定会报复），尽管我非常尊重你，但你的意见我不能苟同。我了解我的恶习，了解我的错误、我的怯懦，了解的程度不亚于你；我情愿放大这些错误，但即便如此，我依旧认为巴黎从来没有公平地对待过我，——从没有用尊重也没有用金钱来报答过我，而这些我都当之无愧。悬于我头上的这种厄运的一个最好的证明，就是我母亲本人在许多情况下也起而反对我。——再过三个半月，我就该四十五周岁了。对我来说，哪怕再发笔小财都已为时过晚，更遑论我那令人不快和不得人心的天赋了。是不是可能连清偿债务和保有一个自由而体面的晚年都已为时过晚？但是，只要我能焕发我曾经拥有的青春活力和能量，我一定会用惊世骇俗的作品来纾解我的愤怒。我想让整个人类都与我为敌。我将从中获得某种赋予我一切慰藉的享受。

与此同时，我的书陷入了沉睡，其价值暂时消失。然后，我被人们遗忘。

一位朋友，一位来自巴黎的年轻人[①]经过布鲁塞尔时告诉我说，他在加尼埃家门口碰到了刚走出来的朱利安·勒梅尔，说明那件事情仍在进行

---

① 指马斯奈·德·马朗库尔。

中。勒梅尔不再说4000法郎了,而是5000或6000法郎。

但为什么如此缓慢,真是一个谜!简言之,元旦的热闹劲儿过去以后,我将亲自前往巴黎了解这一切,我肯定要去翁弗勒尔的。

朱利安·勒梅尔托人告诉我说,他希望看到《可怜的比利时!》的写作大纲和部分章节。如今,比利时因为那位笨蛋老国王去世以及一系列小事件而博人眼球。我疑心勒梅尔自己想买下这本书。但这本书即便写完,区区800法郎(这是他所能报价的全部)想把我从目前的境况中解救出来也无济于事,而且出于你很容易就能想到的原因,我只要没离开这里,这本书就不能印刷和出版。——所以,既然加尼埃还有意出版,就应该仍然回到那桩生意上去。但是又失去了六个月!那是个什么秘密呵!

最后,我亲爱的母亲,我厌倦死了;我最大的消遣就是想念你。我的思绪总是飘向你。我仿佛见到你在房间或客厅里工作、踱步、做事、发牢骚,并在远方责备我。然后我又见到了依偎在你身边度过的整个童年,见到了奥特弗耶街和圣安德烈艺术街;但又时不时从遐想中醒来,并且带着某种恐惧自言自语:"重要的是要养成工作的习惯,并把这个令人不愉快的伙伴变成我唯一的享受。因为只要无所事事,这种感觉就会卷土重来。"

给我写信是不是很累?我从你上一封信中就看出这层意思了。若真是这样,那你就时不时给我写上两行,告诉我你身体不错就行了。因为我最关心的是要知道你的真实情况。

我想要一幅你的肖像。我满脑子都是这个念想。勒阿弗尔有一位很出色的摄影师。但我担心现在不行。因为我必须在场。你不知道,所有摄影师甚至优秀的摄影师都有一些可笑的癖好;他们眼中的好照片,是那种脸上所有的疣子、皱纹、缺陷、细节都纤毫毕现、一览无余而且夸张的照片;形象越难看,它们就越满意。另外,我希望脸部的尺寸至少要有一到两寸。只有在巴黎才有人懂得我想要的肖像是什么样的,也就是说,肖像要十分到位,背景要十分模糊。好吧,让我们记住这件事,好不好?

很久以前我给你淘换了两件你肯定喜欢的小玩意儿。等有了足够支付包装和邮费的钱以后就给你寄回去。如果你不喜欢,就请坦率地告诉我,但你肯定会接受儿子的一番心意——他能每天送你礼物会感到非常幸福，而且想请求魔鬼饶恕他带给你的所有痛苦。——给我写信吧，告诉我你身体如何。

这封信今天上午发出。如果星期天送到翁弗勒尔，你上午就能收到。

夏尔

致奥古斯特·儒塞

［布鲁塞尔］1865年12月25日星期一

先生：

要不是头痛症持续了半个月让我没法动笔，我早就给您回信了。

看来到月底我还是没有这笔钱。但我在巴黎要收几笔小钱，如果您1月10日以前还没有见到我，或者我在上述时间以前没有把钱汇给您，请您持一张350法郎的票据于4月15日前往讷伊，请昂塞尔先生支付给您。

"又是票据！可这笔钱很多。"您会说。——最近，我刚用这种方式清偿了另一个人。我现在向讷伊要钱比过去少了，而且我一分钱也不欠昂塞尔先生。

"但是，"您又会说，"为什么不能马上还呢？"

因为我反感用票据还钱，我更愿意还给您现金。从现在到10日，可能还有些新情况要发生。我特别想说的是委托给朱利安·勒梅尔的那桩生意，因为他总是对我说：沉住气，这桩生意随时可能会敲定。

350法郎不多，只要在期限内还钱对您总归是好事。

祝好。

CH. 波德莱尔

致纳西斯·昂塞尔

［布鲁塞尔］1865年12月26日星期二

我亲爱的朋友，谢谢您。我今天上午出门了，除了去邮局，还想找一个包装工,把准备送给我母亲的东西包装起来。

我脑袋还有点儿晕晕乎乎、迷迷瞪瞪的,精神无法集中。这主要是神经痛连续发作以及服用鸦片、洋地黄、颠茄和奎宁的缘故。——来给我看病的一位医生不知道我以前曾长期服用鸦片。所以他给我开了包括有鸦片的处方,而我不得不服用加倍甚至四倍的剂量。我现在可以控制病情发作的时间;这就已经不错了;但我感到特别疲倦。

我很感谢您寄来的100法郎。但您觉得赎当一事不急可真是个误会。——这只表最初是1863年9月典当的。——1864年10月到期。——您办理了续当手续;——到期日是1865年11月。现在已到了12月底;所以已过了法定赎当时间。只要一过了第十三个月,当铺就可以认为这件东西已经绝当并且可以处置了。如果这种麻烦真的发生,只能去查阅典当记录(非常累人)才能找到谁买走了这只表,即便这东西还在,也得看人家是不是愿意再回售给我。此外您还应该想到,在我自己那个可恶的房间里想要听到报时的钟声多么累人。

我还得和您谈谈朱利安·勒梅尔。在我看来,所有这些迟延都事出有因。这种迟延到底来自信心缺失?还是勒梅尔自身性格缺陷所致?或者仅仅是这个勇敢的家伙谨慎过度才两次三番地写信说:耐心点儿!沉住气!而且他谢绝我的酬金,是不是希望从加尼埃兄弟处获得报酬?因为毕竟是他介绍给他们这桩好买卖的。——我说的这些或许有些敏感,但并非全无道理。

您曾在玛拉西那件事情了结之后去见过勒梅尔,这事有半年了,他知道您是我家的朋友,而且有时还给我寄钱。所以我觉得您不妨再去见见他,把您平时的圆通手腕施展出来,以和缓、轻松和不要让他觉得受到伤害的口气,同他谈谈我对他实现其承诺的担心和顾虑。

如果您去,请考虑谈以下四点:

一、我之所以没有完成他委托我们共同的朋友勒若斯纳少校转告我的工作(给他提供一份《可怜的比利时!》写作大纲和部分章节),是因为我病得非常厉害,特别是马斯奈·德·马朗库尔先生拜访我以后。

二、我的困境和我的担忧。您能提供的小额资助无法涵盖我的开支。借贷又导致我债台高筑。

三、我真的需要与我母亲重逢并回到我自己的家。

四、最后,是我被遗忘和我的作品陷入沉睡状态的风险。这是最折磨我的一件事情。

现在,既然比利时国葬这出伟大的喜剧已然落幕,评论利奥波德一世的尖刻文章便纷纷出笼了。这真是一个可悲的恶棍。相信我。我读了法国的报纸。一般来说,这些文章都很愚蠢,除了《祖国》(*La Patrie*) 上面的一篇文章,署名是卡西米尔·德拉马尔①,法国的报纸真是对比利时的问题一窍不通。

请您读读《费加罗报》上的一篇评论利奥波德一世的文章——这才是一篇好文章,署名是伊万·沃斯蒂纳(Ivan Wæstyne)——即凡·德·沃斯蒂纳(Van de Wæstyne)——他是我在巴黎认识的一位比利时炮兵军官。比利时的官员认为他是个无赖,他们当然会这么认为。

圣伯夫有三四篇文章在《当代评论》上发表了②;堪称智慧与灵活性的奇迹。

您所有那些自由党人都要痛不欲生了。

给我写信,尽快,万分感谢。

夏·波

致欧皮克夫人

[布鲁塞尔] 1865 年 12 月 27 日

我亲爱的母亲:

这就是我给你说过的那几件小玩意儿。这几件油壶和醋壶,还有壶托,可能都会让你暗自发笑。我认为是鲁昂产的老彩陶。但不确定。说实话,我认为颜料和色彩都一般。还有个小缺陷(有条璺,还有一个珐琅垫圈脱了),我没找人修,因为我觉得不值得,也不知道该找谁修。

---

① 卡西米尔·德拉马尔 (Achille-Théodore-Casimir Delamarre de Monchaux,1797—1870),法国银行家、报社老板和政治家。
② 指圣伯夫关于蒲鲁东的几篇文章。

那几个花盆（可以放水、一字排开摆花或当作屏障），如你所见，很细腻，很透亮。是代尔夫特蓝陶。

你可能觉得这些东西都挺寒酸。但礼轻情意重，你一定会领我的情。邮资已付。

你身体好么？请告诉我一声，不用长，省得你写字费劲。

夏尔

我刚刚收到你的短信。你又有了什么怪念头，想回绝我送你的小摆设！这太失礼了。那几个花盆我琢磨了好几个月呐！——我怕埃梅用锤子开箱且手脚不利索，所以特意把包装箱拧上螺丝钉而不是钉上钉子。所以必须拧开螺丝钉而不要撬箱板。打开时要小心；里面还有物品固定条。拔出板条上的钉子时要十分当心。

医生开了处方，有鸦片、洋地黄、颠茄和奎宁。

这样就可以控制疼痛发作的时间。人家说这就相当好了。发作时也不再那么痛苦。但是非常累。

那些东西寄到时如果完好无损，就请告诉我一声。

夏·波

包装工包装时就想用钉子而不用螺丝钉。千万当心！——箱子里面没用板条，我觉得包装很差。

致朱利安·勒梅尔

［布鲁塞尔］1865 年 12 月 30 日

我亲爱的朋友：

我不失时机地提醒您我还活着。我病了近一个月。马朗库尔来过以后就发作了。半个月来一直靠鸦片、洋地黄和颠茄维持着。

不过我觉得很快就能把《剥掉外衣的比利时》[1]的梗概提供给您，这件事已耽搁得太久了。

---

[1]《剥掉外衣的比利时》（*La Belgique déshabillée*），即《可怜的比利时！》。

最后我想问您，您觉得还可以相信加尼埃兄弟么，或者说您认为应当什么时候打发掉他们？

祝好。

CH. 波德莱尔

致奥古斯特·普莱-玛拉西

[布鲁塞尔，1865—1866年。波德莱尔请玛拉西约上他们共同的朋友莱克里凡一起到"喝一杯"咖啡馆（À la Coupe）来看他。]

致［夏尔·雨果夫人[1]?］

［布鲁塞尔，1865年底或1866年初？］

夫人：

这是我的朋友克莱索努瓦先生[2]谱写的几首歌，我还没听过。我指望您能给我聆听的机会。

这几首波希米亚风格的歌曲若如我所料对您口味，我会在归还给朋友之前复制下来送给您。《匈牙利狂想曲》如今即便在维也纳也很难找到了。布鲁塞尔没有，我估计巴黎也不会有。如果您没有，我很乐意为您提供全套完整的曲谱。

顺致崇高的敬意。

请向雨果夫人和她的两位公子致意。

CH. 波德莱尔

---

[1] 夏尔·雨果夫人（Mme. Charles Hugo），闺名爱丽丝·勒阿埃娜（Alice Lehaene），1865年10月17日与夏尔·雨果结婚，是一位优秀的钢琴家。

[2] 于勒·克莱索努瓦（Jules Cressonnois，1823—1883），第一位为波德莱尔的诗谱曲的法国作曲家。

致欧皮克夫人

[布鲁塞尔]1866年1月1日

我亲爱的妈妈:

我好多了。但愿我向比利时冬天的贡赋能让我获得回报。经过这半个月的偏头痛,我现在依旧昏沉沉的,尤其是精力不集中。

你觉得那封信是在安慰我,却让我非常担心,非常担心。

我提醒你,因为你长时间不去看病,最近你的身体一直处于异常虚弱的状态。难道翁弗勒尔就没有一位可以信赖的医生向你提供身体方面的建议么?你总是硬撑着,这让我很难过。虽然衰老是导致疾病的主要原因,但总有方法治疗腿疾,使腿部更有力量。我确信我们对身体健康都不太上心,也就是说从没有先行预防过。

甭管怎么说,只要你有时间,就给我写几个字。你的信息是让我特别开心!

亲爱的妈妈,你真是爱忘事了,或者是我自己说得不清楚,你难道不知道我三年前就以2000法郎价格把我那五卷译作一次性永久转让了么?我跟你说过二十遍了。——这是我办的一件再蠢不过的事了,当时我必须在一天之内筹措到1100法郎。但不管凶年吉年,这几卷译作每年都能给我带来500或600法郎的收益。

属于我自己的作品现在都委托给了勒梅尔安排出版(版权转让都有期限,即在一定时间之内约定出版多少册),它们是:

——《恶之花》

——《巴黎的忧郁》

(其中要偿还埃采尔为出版这两部作品借给我的1200法郎。)

——《人造天堂》

——《对几位同时代人的思考》(两卷)

——《可怜的比利时!》

一共五部,六卷。

勒梅尔7月份说他要以每卷800法郎转让这些作品,每卷发行2000册。这2000册售罄后,要么重新签订新的出版合同,要么作者和出版商重归自由身,终止合作。——总额共计4800法郎。

但什么时候才能实现?

我受够了。我打算1月底去巴黎探探这个始终没有着落的谜团,然后去看望你。

亲爱的妈妈,拥抱你,并求你保重身体。

夏·波

致纳西斯·昂塞尔

[布鲁塞尔]1866年1月1日

我亲爱的昂塞尔:

我确实不忍心总是烦扰您;但您还记得我的理由吧(物品典当后的第十三个月),现在第十四个月已经开始了。我通知您太晚了,这事怨我。

几天来,我一直在抗拒用您寄给我的那100法郎的余钱买个时钟的诱惑。

或者您是打算拜访了朱利安·勒梅尔以后把这两件事一并回复我?

别忘了代我向昂塞尔夫人祝贺新年。

祝好。

CH.波德莱尔

致费利西安·洛普斯

布鲁塞尔,1866年1月1日

我亲爱的洛普斯:

今年我曾发誓摈弃新年贺卡,而您今天已经是第二位害我破戒的朋友了。您真的需要我的贺卡才会觉得我没忘记您并祝您吉星高照么?

请代我向您的老泰山和洛普斯夫人致以最亲切的敬意。

刚见到您的名字时,我还以为您在布鲁塞尔。但我设法破译了那慕尔的邮戳。

《骷髅之舞》进展得怎么样了？

祝好。

CH. 波德莱尔

致圣伯夫

布鲁塞尔，1866年1月2日星期二

我的好朋友：

我刚刚看到您平生首次在公众面前亮相。我指的是《名流周刊》刊发的您的肖像。我肯定，那正是您！那亲切、嘲讽并略显专注的表情以及那顶无檐小帽，无一遗漏。我是否该告诉您，正当我百无聊赖之际，您这幅率真的肖像给了我极大的慰藉？这句话似乎言过其实。我不过是想老老实实承认，当巴黎的某些老朋友置我于孤独无望之地时（尤其是朱利安·勒梅尔），您的形象足以让我解忧。我多想花上五分钟跑到蒙巴纳斯街，就您关于蒲鲁东的文章和您聊上个把小时，因为您特别善于聆听晚辈的意见！

相信我，我并不认为说他好有什么不妥。我曾经读过他很多东西，对他有所了解。握笔写作之时他就是个好好先生；即便在纸面上，他不是而且也从来不是什么浪荡子！这正是我绝不原谅他的地方。如果我想激起世上所有那些大傻瓜（这是我善意的说法）的怒火，我就会这么表达。

关于您的文章，我没什么可说的。您比任何时候都更像一位灵魂的忏悔师和助产士。我认为，人们也是这样评论苏格拉底的；但巴雅杰和莱吕这些有声望的人却凭他们的良心断言苏格拉底疯了[①]。

现在是一年之初，它肯定像往年一样讨厌，一样愚蠢，一样罪恶。我能向您表达什么良好的祝愿呢？您德高望重，受人爱戴，而且那些人终于开始公正地对待您了（多不寻常呵！）！（在此地，我只能和两个人——玛拉西和雨果夫人——谈起您，但谈的方式截然两样。）

[①] 巴雅杰（Baillarger）和莱吕（Lélut）均为当时著名的精神病医生。

7月份返回布鲁塞尔时，我认为一个搞文学的人不可能不去拜访一下维克多·雨果。但这种发自内心的高尚情感把我抛进了那些最诡异的遭遇当中。什么时候与您重逢，我会把这些事讲给您听听。因为有好几次我都有这种感受，和朋友分手不过六个小时，却俨然从此天各一方。

雨果夫人在此很孤单，尽管她的儿子们都在，她听到您的名字和对您的称颂时感到很快乐①。她对人家称您为伟大的诗人丝毫没有什么大惊小怪。事实上，在诗歌领域，人们还没有完全接受这一点。可能我是最可以为此做些事情的人选了，只要还有人愿意发表我的几行字的话！

我太唠叨了，就像一个因厌倦而神经质的人。——如果您忙得连五分钟时间都抽不出来，就别写回信了。

您最忠诚的

夏·波

比利时再版的《讽刺诗刊》(*Parnasse satyrique*) 刊发了下面这首十四行诗，您知道是出自谁之手么？圣-维克多打赌说是泰奥菲尔·德·维奥，玛拉西认为是拉康（!!!），而我则认为是梅纳尔②。也可能我们仨都错了。

夏·波

今夜，我梦见翡丽丝归来，
有如沐浴于霞光那般美丽，
她愿一己幽灵仍沉湎于情爱，
我则如伊克西翁般怀揽裸女③！

---

① 波德莱尔在此说出了一段难言的往事：雨果和圣伯夫原是好友，后来雨果怀疑自己的妻子与圣伯夫有染而与其绝交。
② 泰奥菲尔·德·维奥 (Théphile de Viau, 1590—1626)，法国诗人和剧作家。拉康 (Honorat de Bueil, marquis de Racan, 1589—1670)，法国诗人、作家。梅纳尔 (Louis-Nicolas Ménard, 1822—1901)，法国化学家、文学家。这首诗确实是泰奥菲尔·德·维奥写的。
③ 伊克西翁 (Ixion)，希腊神话：伊克西翁原是特萨利的国王。他听说邻邦有一位美丽的公主，就要求国王狄奥尼斯 (Deioneus) 将女儿嫁给他。狄奥尼斯慑于他的淫威不敢不从，但向他索要巨额聘金。伊克西翁口头上答应给聘礼，并假意邀请狄奥尼斯参加一个宴会。然后设计将狄奥尼斯推入火坑烧死。伊克西翁的罪行激怒了全国所有的人，他走投无路，逃到了宙斯那里，宙斯宽恕了他，让他进入天堂。不料他却在天堂追求宙斯的妻子——天后赫拉。宙斯愤怒至极，罚他下地狱，缚在一个永远燃烧和转动的轮子上。

我一任她的情影在床间赤裸来去，
对我说：亲爱的达蒙，我回来了！
悲伤的日子里，我只能变得更美，
因为我一离开，命运将攫我而去。

我来，为了重吻那最俊美的情郎！
我来，为了在你拥抱中再次死去！
因此，当这一偶像滥用我的情爱，

对我说：永别了，我要去死者那里；
你可以自诩曾经……我之灵魂，
既然你吹嘘曾经……我的肉体！

致纳西斯·昂塞尔

［布鲁塞尔］1866 年 1 月 3 日星期三

我亲爱的昂塞尔：

总是劳烦您我已然羞愧难当。又给您添事儿真有些不知好歹。朱利安·勒梅尔那件事先放一放吧，如果时间允许，请立刻寄给我那只表。——当铺若问这件东西值多少钱。您就说顶多值 40 法郎，并支付赎当费用。

勒梅尔刚刚先后接待了我派去的两位使者①，他俩都督促他尽快给我回信。如果他还不回信，就说明他没法回信或是不想回信。——要是您知道十四天里望眼欲穿期待一封回信是什么滋味就好了。

祝好，别埋怨我。

夏·波

派个人去趟当铺吧。——这又不难！

---

① 指马奈和勒若斯纳。

致奥古斯特·普莱-玛拉西

[布鲁塞尔,1866年1月6日]

我亲爱的朋友:

我在提货处① 待了四个小时,风雨交加,偏头痛又发作了。我刚刚在门缝下发现了一封圣伯夫的来信,这封信很长又很怪,其中很亲切地提到了您,我把这几句话抄下来给您:

……请向玛拉西转达我的问候,并向他打听一下,刚刚在那边再版的德·瓦泽农神甫的一部淫秽小说(他的作品目录里不包括这本书),书名是什么?收录进了十八世纪哪部集刊中首次出版②?您看,我就像个不可救药的包打听……

我会把您的回答放进回信中。我担心偏头痛会让我在他眼里看起来像个懒鬼。

哎!提货处,这算哪门子事呀!

祝好。

夏·波

您可以马上答复我,并请把《小散文诗》包好派人一起送过来。

致纳西斯·昂塞尔

[布鲁塞尔]1866年1月12日星期五

我亲爱的朋友:

我收到了我母亲的一封信,她抱怨我没有及时回复您上一封长信。

我只能聊寄一信,感谢您的好意。情况复杂,您真觉得寥寥数语就能说清楚么?

---

① 波德莱尔去提货处是为了取出昂塞尔寄来的那只表。
② 指瓦泽农神甫 (l'abbé de Voisenon, 1708—1775, 法国文学家) 的小说《亨利·洛克先生与贡朵儿公爵夫人的灵修演练》(*Les exercices de dévotion de M. Henri Roch avec Madame la Duchesse de Condor*), 1786 年由沃克吕兹出版社 (l'édition Vaucluse) 初版发行。

我必须权衡利弊，琢磨推敲。我认为两天后您就能收到那份创作计划，更准确地说，是比利时那本书的摘要，或称之为大纲，用来与朱利安·勒梅尔进行沟通，看来他是想买下这本书。这是您和他见面的机会。我觉得马上把他晾到一边太唐突了。——我会把勒梅尔和圣伯夫有关这桩生意的全部信件都转给您。——由您来决定您想怎么做，并把您的建议告诉我。——您告诉了我一些我已知道的事情，特别是加尼埃出版社拒绝出版《可怜的比利时！》那件事。

多亏您灵机一动去了那家出版社，此前我们甚至连它的规矩都不了解，我知道您有这种灵感，也很高兴您能去。您谈到的事情中唯一令我震惊的是伊波利特·加尼埃（真正的老板）居然还没有将整桩生意告诉奥古斯特·加尼埃（平庸的弟弟）。——此外，我将寄给您的包裹也会给您提供全面的咨询，——而且，如果您觉得有必要与加尼埃兄弟再次会晤，就请您简要地告诉他们，说我正在对《巴黎的忧郁》(《恶之花》的姊妹篇) 以及《对几位同时代人的思考》进行终稿修改，而且我将会在2月份去拜访他们。

很显然必须请圣伯夫再次出山。出于怀疑精神，我要求直接与我签约！这意味着：波德莱尔先生很容易就会上当受骗。

祝好。谢谢您。并且请您记住，无论我母亲说了什么，我相信并且赞赏您出于友谊所表现出的全部能量。

我母亲的健康状况让我非常、非常担心。我会私下给翁弗勒尔的拉克鲁瓦医生写封信，好获得准确的信息。

请向昂塞尔夫人致意。

夏·波

致欧皮克夫人

［布鲁塞尔］1866 年 1 月 12 日星期五

我亲爱的母亲：

我姑且先匆匆忙忙给你写上几句。今天上午我刚刚收到你的来信。

昂塞尔的来信很重要，我必须仔细斟酌才能回信。而且还得给他寄去不少他不了解的资料。他是出于好意，但他不了解事情的进展，也不清楚加尼埃出版社内部的操作习惯。

我估计明晚会把需要他了解的文件打包付邮。但说实话，他的来信让我极度困惑。——不能惹恼勒梅尔，或许他只是性格冷漠；也不能让他多心，觉得我们好像有意绕开他，把他从这桩他找到的生意中排挤出去。——昂塞尔见到的加尼埃是那个不好的加尼埃，他哥哥视他为下属，只让他负责一些出版社内部的行政事务。但二人在财产上的权利显然是相同的。

我希望你知道这件事。我觉得昂塞尔最好还是像我建议的那样先去见勒梅尔，坦率地告诉他曾经拜访过加尼埃兄弟，——然后告诉他，我2月份要去巴黎亲自签约；——我之所以选择一位代理人，是因为我不自信；出版商之所以愿意直接和我打交道，其秘而不宣的原因只是想找一个好糊弄的家伙。

请告诉我你的身体情况，下封信，再下封信，越经常越好。这更重要。

你说你的记忆力很差，说你下台阶经过花园去开门时觉得很累，让我很担心，很难过。

即便我看上去不太上心，也请你莫忽略我。我到巴黎后会直接去翁弗勒尔看你，这一点毋庸再言了吧。

我爱你并拥抱你。

夏尔

我要寄给昂塞尔的资料是《可怜的比利时！》的写作大纲。
（是为朱利安·勒梅尔准备的，——见到他的时候交给他。）
——有关那五部作品的说明（是为加尼埃兄弟准备的）。
——还有勒梅尔和圣伯夫的信，好方便他了解这桩生意迄今为止的进展情况。

致维克多·雨果夫人

[布鲁塞尔]1866年1月12日星期五

夫人：

下面是我和您说过的圣伯夫先生上封来信中的两段。——我在写给他的信中告诉他我有幸经常能见到您，有几次还和您自然而然、满怀深情地谈到了他，这是他的回信。

我用删节号表示删掉的部分，圣伯夫在这部分中表达了他对当前文学界的无政府状态和年轻人的无知的忧虑。显然是我的信让他有感而发。

"我们的的确确正处于最严重的无政府和最彻底的分裂状态当中。一些小团体不时形成，但迄今为止都既不能持久也没有前途……文学题材不仅更趋丰富，而且在我看来已广为传播……您和我谈到蒲鲁东，他肯定应该是您最讨厌的那种人。这些哲学家和社会主义者只想把文学当作教化民众的手段或工具。这种观点与我们这些天生就热爱辉煌而快乐之幻想的人格格不入……您和雨果夫人能时不时谈到我真是让我高兴；她是我在这个文学世界中唯一一位始终不渝的好友。有些人从未原谅过我在某个阶段与她分手……

"……维克多·雨果对此态度超然，很少打听过问。埃俄路斯王高居山巅①；但我坚信一点，无论他还是我，只要我们俩直接见面，久湮的情感就会在隐秘的心弦中复苏；虽然我再也没有见过他，但不出几秒钟我们就会相惜如故"……

这封信的其他部分谈的都是文学青年、年轻人的尝试、滥用才华、不重视语法和传统，等等。最后，这位善良的朋友以在我看来最离奇的方式呼吁我回到巴黎去，声称只有我才能为这些无序的文学运动掌舵。圣伯夫通常具有远见卓识，却于此犯了错。

我生来就统驭不了任何人，而且我对那些自己找不准方向的人充满鄙夷。

夫人，这就是我对最近和您谈到的那封信的分析，随您怎么处理。如果您觉得不错，也可以转给您的丈夫。我本人在重读一遍之后最感震惊的，是圣伯夫似乎远未相信您跟我说的事，甚至他根本不知道维克多·雨果先生对他这位老朋友会如此不信任。

夫人，请接受我崇高的敬意。

夏尔·波德莱尔

---

① 拉丁文：Alta sedet Æolus arce。典出《埃涅阿斯纪》第一卷第 60 行。

欠　据（致儒塞）

布鲁塞尔，1866年1月14日

明年4月15日，我将向儒塞先生或他指定的人偿还叁佰法郎，与我所借金额相同。

夏尔·波德莱尔

300法郎的单据。

（由昂塞尔先生兑付，地址：讷伊，雷沃尔特大街11号。）

致纳西斯·昂塞尔

［布鲁塞尔，1866年］1月18日星期四

亲爱的朋友，万分感谢您的友谊和好意。要是能早些猜出您有这种灵感，我早该把文件提供给您！不过您根本没有得出任何清晰的结论，因为接待您的是那个傻瓜（奥古斯特·加尼埃），他哥哥伊波利特不到关键时刻什么都不会告诉他。您要明白，既然伊波利特愿意就我的文学价值去咨询圣伯夫，那就说明他认为这件事值得关注。——六个月前我就知道《可怜的比利时！》市场不认可。

明天我把勒梅尔和圣伯夫的信寄给您。

我又病了，非常严重。接连三天里头晕、呕吐。这三天只好靠在床上；因为即便蹲着我也会倒下，脑袋比身子还重。我觉得这是胆汁中毒。医生只让我喝维希水，而且我身无分文！

这是关于比利时那本书的写作大纲，朱利安·勒梅尔跟我要了很久了。

终于有了一个和他交谈的机会，可以准确地了解六个半月以来伊波利特·加尼埃和他之间就我作品的出版事宜到底都谈了些什么。

您在下午五点到午夜之间都能找到他。如果他不在办公室就在家里；他的公寓就在办公室楼上。

我真不好意思给您找这么多麻烦！

关于比利时那本书，我希望能尽快得到回音，如果不能马上告诉我，

也请尽快。

有人写信跟我说勒梅尔的生意很不景气。所以我不太想把这本书卖给他；我还记得两年前我告诉丹迪去比利时的计划时，他说如果我就这个国家写了些什么，他很乐意买下来。不幸的是丹迪的出版社有很多坏毛病。

也许他预想的是一部描述建筑物的作品而不是风俗速写。可这一回，这个新娘子可能漂亮过头了。

这本书，无论是勒梅尔、丹迪还是哪个该死的要买，不签约的话我一行都不会写。即便签了协议，我也要求一个季度一个季度地付钱，再踏踏实实地交稿。这份详尽的写作大纲可以证明我手中素材足够充裕。我可以说，这本书正处于一种朦胧状态，蒲鲁东就是在这种状态下留下了他所谓的遗作的。我提供的写作大纲则可以证明我想写多快就能写多快。(但是我只要还在这里，就不会让这本书出版。所以，既然你无意借给我所需的2500法郎，我们就只能回到加尼埃那桩大买卖上去。朱利安·勒梅尔手里有目录，有五部书里三部的目录。剩下的我也不会去翁弗勒尔查找，除非签约以后。)(他说伊波利特甚至找到了我部分创作计划的说明。)

比利时这本书可能会流行。所以可以多印一些。

请告诉勒梅尔，我叮嘱他千万不要弄丢了《人造天堂》(我一本都没有了)，也不要把我称之为评论文章汇编的《对几位同时代人的思考》弄丢了。这封信中肯定有若干地方您不能让他读到。我们必须小心谨慎，不能伤害到他；此外，即使采纳您的建议，也不能把勒梅尔甩到一边，除非我们确信他力不从心。咱们永远也别自欺欺人。

亲爱的朋友，您不能就寄给我80法郎。今年头四个月应当是640法郎。我已经收到了300法郎。我确实希望能尽早还您钱。所以我在这封信里附上了一张100法郎的收据。如果2月份如我所愿必须去一趟巴黎时，您再寄给我50法郎。别寄保价信，拜托；旅馆那个女人又会以为我收到了金矿，我也去不了邮局自取。在信里夹上一张100法郎的纸币不会被偷。法国和比利时之间的平信也都是保价的。邮资不过区区30生丁。

有人告诉我说《比利时独立报》在法国被禁了，因为它报道了墨西哥的坏消息①。

---

① 到1867年，墨西哥的马西米连诺皇帝 (l'empereur Maximilien, 1832—1867) 被拿破仑三世抛弃，随后被共和派枪决。

如果我今晚能写完我称之为"大纲"的札记摘要，我会附上圣伯夫和勒梅尔的信一起寄给您。

无须再把那五部作品的大纲誊抄下来寄给您了吧，勒梅尔手里已经有了：

《恶之花》（增补本，附相关珍稀信件和评论）。

《巴黎的忧郁》，《恶之花》的姊妹篇。

《对几位同时代人的思考》，对画家和诗人的评论，两卷。

《人造天堂》。

在我看来，如果前三卷有趣且销路有保障，出版商可能会赌上一把，买下那两卷评论。这是我的算计，勒梅尔也认为这想法不错。圣伯夫则认为这个想法足够大胆。

我担心勒梅尔可能已经知道您拜访过加尼埃兄弟，而且会认为我在暗中监视他。所以您更有理由去拜访他，既然他吝于写信，就请告诉他，您将如实转告所有他对您说的话。

我非常担心我母亲的健康状况。

至于我，我已经很讨厌吸烟了。对瘾君子来说这不啻一个沮丧的信号。一会儿我就不能再写了，我必须上床躺一会儿，这活儿很累，我总怕顺着椅子溜下去。

一想到这个，我的心情就特别悲伤；有时我会想，我再也见不到我母亲了。

抱歉，并谢谢您。祝好。

请向昂塞尔夫人问好。

但愿勒梅尔不认为自己受到了冒犯，因为我没给他写信，也没让您带给他一封介绍信！他确实从不回信。不管怎么说，他毕竟算一个优秀的家伙；只不过我觉得他已现衰老和抑郁。

夏尔·波德莱尔

比利时那本书的写作大纲我没留下副本。重新写太辛苦了。如果勒梅尔手里还有，请告诉他保存好。

我觉得这样一篇写作大纲不会激发出版商的好奇心，因为他们都没有什么智慧。

我全托付给您了，您一定要帮帮我。但要谨慎。

您把写作大纲交给他之前，请单独装一个信封。
现在我暂且阖上这本书，把札记塞进抽屉深处，签约之后再说，也就是说，肯定能赚到钱以后再说。

致卡蒂尔·孟戴斯

[布鲁塞尔] 1866 年 1 月 19 日星期五

我亲爱的孟戴斯，这太好了，您知道，我完全可以帮您①。我甚至坦承我不会拒绝那 100 法郎。因为我最近必须到巴黎走一遭，可囊中空空如也。七小时的路程哪能让我们忘了朋友！——只不过要清楚是否力所能及。

一、首先，我的情况和您一样。刚刚大病一场，许多事都耽搁了，您的约稿无法立即交稿。

二、其次，请告诉我，我希望在《林荫大道》《新评论》和《幻想家评论》上发表的几首《恶之花》中的诗，您不准备在最近一期就转发吧。因为这样会有麻烦。

三、当然，我还打算在清样上再把这几首诗润色一下。

四、我不久后会寄给您一本我的小册子诗集②。这部诗集的编纂我没有参与；其中您未读过的诗不在少数，甚至还有若干首谐谑诗。糟糕的是其中收录了《恶之花》中的那六首禁诗，这也就意味着无法销售或在报刊

---

① 孟戴斯 1866 年 1 月 15 日在信中告诉波德莱尔，他打算和几个朋友创建一份名为《当代帕纳斯》(Parnasse contemporain) 的周刊，每期 16 页，稿酬标准为每页 100 法郎。为此他向波德莱尔约稿，并明确说不限于未发表过的诗。

② 指即将由玛拉西出版的《吟余集》(Les Épaves)。

上发表。我没有对此发火,但我要确保这个集子只在朋友手中流传。

五、总标题您自定吧。

我对邦维尔、阿瑟利诺、菲洛克塞纳和勒孔特·德·利勒都抱有美好的回忆。——我很想知道有哪个鲁莽、荒唐、愚蠢、守旧和自视完美者敢说他们那些杰出的诗作——我认为首首出色——读者会不喜欢。否则就只能说明这个世界荒谬。我认为我也属于他们中的一员。

我最近收到圣伯夫的一封信,谈到一家名叫《艺术报》的报纸,这家报刊我不了解,它怎么样①?

祝好。

我猜您和所有敏感的人一样,捱不过血液、胆汁或神经方面的痛苦,只能靠奎宁、维希水、毛地黄、颠茄和鸦片维持。

夏尔·波德莱尔

别忘了给菲洛克塞纳带上一本。他的东西很棒。只是人有点儿懦弱,神秘兮兮的,和他自身的巴洛克风格倒是很协调,他也许对自己的处女作有些怪诞的想法,反正是不准备出版自己的诗集。他把自己的诗束之高阁,而有的人却乐于炫耀。必须想办法让他出版。

注意:法国和比利时之间往来信件的邮资是30生丁。

致莱昂·马克医生的说明

[布鲁塞尔,1866年1月20日]

我发现每次发病几乎都是在空腹期间。根本找不到发作规律。第一次

---

① 《艺术报》(L'Art) 1865年底以三期连载的方式发表了魏尔伦一篇研究波德莱尔的长文,他在文中反对人们将波德莱尔视为一位只写腐尸的诗人,并坚定地认为波德莱尔的"深刻的独创性"在于这位诗人"以他敏锐而悸动的感受、痛苦而细腻的心灵、被烟草熏染的脑袋和因酒精而沸腾的血液""有力地、具有实质性地表现了现代人"。

发作后（在星期日到星期一之间的那个晚上），又连续发作了好几次。

我想这与吃饭和禁食无关。只是我从无饥饿感；我可以好几天不吃饭，而且没有胃口。

发作时的感觉顺序：

头部眩晕。胸闷。头部剧痛。迟钝；痉挛；彻底眩晕。站着会倒下；坐着也会倒下。一切都在瞬间发生，说来就来。

恢复知觉后，想吐。头部感到特别热。浑身冷汗。

呕吐，吐黄水，或淡色水样物，或黏液状，或泡沫状。不呕吐时则气胀多嗝；不时有呃逆。麻木。有两次是跟着感冒一起来的——还有便秘。——以上是我记得的一切。

致卡蒂尔·孟戴斯

[布鲁塞尔]1866年1月21日星期日

我亲爱的的卡蒂尔：

我和您提到的那本小册子① 的出版时间可能超出我的预期，所以我先给您寄去若干首，随您处置；因为您未必喜欢。然后可以选择在《林荫大道》《幻想家评论》和《新评论》上发表。（但我需要对清样做些修改。）最后请尽快把清样寄给我，还有那 100 法郎——真不好意思。六个星期以来我病得很厉害，医生很不满意我服药不遵医嘱。唉！不遵医嘱也是没辙呵。

一旦身体恢复，我就去巴黎。

信封上不要写"巨镜旅馆"，只写"蒙塔涅路28号"。

除了给您寄去的文稿，我把发表过诗歌的几家刊物列出如下：

《林荫大道》：
  异教徒的祈祷（*La Prière d'un païen*）
  反抗（*Le Rebelle*）

---

① 指《吟余集》。

冥想（*Recueillement*）

盖子（*Le Couvercle*）

警告者（*L'Avertisseur*）

为一部禁书的题辞（*Épigraphe pour un livre condamné*）

夜思（*L'Examen de minuit*）

意料之外（*L'Imprévu*）

伊卡洛斯的哀叹（*La Plainte d'un Icare*）

浪漫派的落日（*Le coucher du soleil romantique*）

《幻想家评论》：

哀伤的情歌（*Madrigal triste*）

以上有待润色。

《新评论》：

深渊（*Le Gouffre*）？

遥远的地方（*Bien loin d'ici*）？

贝尔塔的眼睛（*Les Yeux de Berthe*）？

声音（*La Voix*）？

问号表示我不记得是否在《新评论》上发表过了。

总标题：您想叫《森林》(*Sylves*)，可以吧。

致纳西斯·昂塞尔

[布鲁塞尔，1866年1月] 22日星期一

我亲爱的朋友，我这件繁重的分类工作还未完成，又因为脑病发作——眩晕、恶心和摔跟头——而中断了。甚至在诊所里还发作了一次。医生反复问我是否按照他开的方子服了药。我不敢告诉他为什么我什么都没做。（淋浴、乙醚、缬草、维希水。）但在我看来，这一切都是不够的。

这场意外半个字都不要告诉我母亲。

我的信写得很乱，是不是？我归纳一下：——拜会勒梅尔，获得加尼埃那桩生意所有可能的信息。

立即售出比利时那本书（再给他最后三个星期定夺）。

写作大纲别弄丢了。

勒梅尔手中的三卷副本在我抵达巴黎前请他务必精心保管。

如果我们绕开勒梅尔，您就得因为爱我而变身为文学经纪人了，我们争取在2月份把这五卷书推销出去。

无论谁最终成为出版商，都必须让他明白，比利时一书从未发表过一个字，而但凡发表部分章节我都能赚大把的钱。

请向昂塞尔夫人问好。

夏·波

致奥古斯特·普莱-玛拉西

［布鲁塞尔，1866年1月23日］

我亲爱的朋友：

麻烦您帮我看看这几个词：

Giraumont（笋瓜）？

（这种瓜有多大？形状和颜色什么样？这个词通常能用来隐喻乳房、臀部的各种凸起以及肥胖症么？）

Clavicules de Salomon（所罗门之钥）？

Cas（粪）？

"粪"这个词能用来指代"腚"（le Cul）或"屌"（la Pine）么？还是不能指代？该问题涉及形容恶魔。（如果可能的话，请给我举个例子。）

——我一直在生病。——脑病又发作了。

——马克医生是泻药的对头。
——老B……的女傧相① 如今已写出十五节了。

问法妮好。

夏·波

我这一生中欲望多多。却不晓得还会有想呕吐和不摔倒的欲望。

致卡蒂尔·孟戴斯

［布鲁塞尔，1866年1月］26日星期五

我亲爱的卡蒂尔：

我还有几首新诗，可现在没办法抄给您，因为我害怕晕眩病再次发作。这些新诗大多是挖苦比利时的讽刺诗。而且我担心假如您的《当代帕纳斯》发表太多，《费加罗报》就不乐意再转载了。如今我在这里早就不招人待见了。

我还有一首诗，题目叫《怪物》（Le Monstre），不知道您是否有胆量发表，全诗现有十五或十六节，带有某种古风，可能会使它显得不那么露骨。

出于多种理由，我需要修改清样。

给我写几个字来。

祝好。

CH. 波德莱尔

致纳西斯·昂塞尔

［布鲁塞尔］1866年1月29日星期一

我亲爱的朋友

您是不是没收到我上周一（22日）的包裹——其中包括一份比利时

---

① 指《吟余集》中的一首诗《怪物或骷髅美女的傧相》（Le Monstre ou le paranymphe d'une nymphe macabre）。

那本书的写作大纲,十六页,一封给您的长信,还有勒梅尔的两封信和圣伯夫的一封信以及100法郎的收据——或是您不理解我目前的悲惨处境,要么就是您的回信丢了或失窃了。

我的脑病、眩晕和痉挛发作得少多了;但躺在床上时除非脸朝上,否则还是不稳。医生可能认为我已经痊愈了,就没再来,我也不敢再让旅馆为我垫付药费了。

我担心的不仅是那100法郎,更担心其他东西。此外我的一位朋友、前书商莱克里凡先生最近要去拜访您;您不妨听听他的想法,他回来后会把您与他的谈话转告给我。您可以细心听听他解释什么是有期限的合同以及什么是基于印刷数量的合同。前一种是在一定期限内以出版商为主经营获得稿酬的方式,后一种是根据销量多寡向作者支付版税的方式。莱克里凡先生认为加尼埃兄弟若和我打交道可能会倾向于签订一个十年期的合同。可是,天啊!该要多少钱合适呢?

我起草了一份提供给伊波利特·加尼埃先生的说明,是您要求我提供的;但在寄给您之前,勒梅尔的事到底该怎么办必须要考虑周全,才好万无一失;届时我可能只有恭请圣伯夫出山了。

请向昂塞尔夫人致意。但恳求您赶快回信。

祝好。

夏·波

致纳西斯·昂塞尔

[布鲁塞尔]1866年1月30日星期二

万分感谢您的热心。您提出的建议超乎我的想象。

我首先让莱克里凡先生读了您的信,他明天动身,2日或3日您肯定能见到他。

下面大致就是我们沟通的结果,也是您未来谈话的主旨:

一、您对我谈到的未来的安排,到底是某种现实或至少是已经开始的现实,还是仅仅是朱利安·勒梅尔对其期望的陈述?(莱克里凡曾和勒梅尔打过交道，他可能会去试探一下。）

二、我觉得印数太少，莱克里凡则说关系不大，加尼埃兄弟很快就会发现我作品的价值。

三、这个三年期是什么意思？——如果半年后五卷中有一卷脱销，加印部分是否仍应按商定的费率重新支付版税？

莱克里凡认为此点不言而喻。

四、我希望修改清样；我至少要修改两稿，否则一行字都不能印。

五、请人解释一下什么叫作"备份"①，我希望能从中预提出若干册送给朋友和报社。

六、要让加尼埃兄弟明白，我之所以接受这个我不甚满意的条件，是因为我希望我的作品从此以后能有一所牢固的房子遮风避雨，而且希望我的未来能指望（这所房子）。加尼埃兄弟不了解《巴黎的忧郁》是怎么回事；——当我可笑且执意地申请法兰西学士院院士候选人资格时，圣伯夫曾在《立宪报》上评论过其中的几篇，他认为那是我真正的杰作。这不是我说的。那期报纸可以找到。

加尼埃兄弟不了解那些证明《恶之花》真正价值的信件和文章（其中有圣伯夫、居斯蒂纳、戈蒂耶和多尔维利等人的文章）。这一点应该和他们谈谈。但莱克里凡先生认为对加尼埃兄弟那种老道精明的人不必急于求成。

而且还要记住，即便加尼埃兄弟财产权相同，但智力和作用绝不相同。伊波利特才是精神领袖。

这些要点无一例外都很有趣。莱克里凡还会和您谈谈《剥掉外衣的比利时》。

您关于勒梅尔的那些说法根本不对。

确实没有一家报纸或期刊能拿到这本书的全稿；也许会有一些描述性的片段。这本书必须是全新的，而且由一家出版社完整出版。——没有出版商会蠢到读不懂我寄给您的那份详尽的写作大纲。没有出版商会蠢到理解不了我开出的条件（一个季度一个季度地支付稿酬），那是我创作活动

---

① 指印刷时多印出的备损书，用于替换有印刷瑕疵的书。

的最佳保障。(也是为了能在法国完成这本书。)

我很乐意接受尼扎尔先生①的帮助(莱克里凡不同意这个意见),我先谢谢他。如果尼扎尔先生认真阅读了我的写作大纲,就会发现一条可以回应其想法的创作主线,即:所谓比利时人不虔诚的说法是杜撰的,是一些法国流亡者好为人师的结果。——至于以维克多·雨果名义发表的那些不道德且含有侮辱性的文章,我的分析可能比雨果本人的分析还长。但我不能说。

您还要记住,《剥掉外衣的比利时》的写作大纲是极为严肃、极为严厉且极具启示性的,但有时又是以可笑的甚至极度夸张的方式表达出来的。所以您才会责备我说出"比利时是个讨厌鬼"这句话以及其他肺腑之言。我相信,您找到的出版商绝不可能误解了这份写作大纲。

我现在又重新恢复了勇气。我马上着手修改《巴黎的忧郁》并重写《对几位同时代人的思考》(只能依靠记忆,唉!手稿在勒梅尔手里)。如果晕厥和呕吐不发作,我 2 月 20 日就能完成。因此所有条款 20 日敲定足矣。

恕我不能采纳您最后的那个建议。我绝不可能理直气壮地告诉旅馆老板娘我欠账走人,然后再去榨取我母亲的钱,我再也不能无耻地滥用她的好意了。

现在已经下午六点了。尽管我仍心存感激,但没时间继续给您写了。祝好。

夏·波

烦请您和莱克里凡先生共同审阅一下这封信,并一起商量一下每部作品的价格(除了说到我的贫困那几段心里话)。

又及:我只剩下了 20 法郎。我星期天要去那慕尔看望洛普斯,并且再欣赏一次那座我百看不厌的耶稣会教堂②。

只要乘火车不会发病!
我知道洛普斯先生为再版的《恶之花》设计了一幅精彩的招贴画。索

---

① 夏尔·尼扎尔(Charles Nisard, 1808—1889),法国语言学家和文学史家。
② 指圣-鲁教堂(l'église Saint-Loup),几个星期以后波德莱尔就是在这座教堂的台阶上中风摔倒并最终瘫痪的。

价100法郎。

但加尼埃兄弟没什么品位,他们可能连谁是洛普斯先生都不知道。

巴黎的一位印刷所老板手里还有一些已经设计好的封面、叶饰、尾花和大写的花体字母,都是当年为插图版《恶之花》准备的(您可以把这些告诉加尼埃兄弟而不用征求莱克里凡的意见)。

致费利西安·洛普斯

[布鲁塞尔]1866年2月3日星期六

我亲爱的洛普斯:

您上次来访之后,我的眩晕症和吐胆汁的毛病又连续发作了几次。我害怕乘火车。请原谅我食言。

别忘了向洛普斯夫人和您的老泰山致意。

别冷落了《恶之花》。我知道一位朋友正在巴黎积极操办此事。一旦交易谈妥或谈妥之前,我就会把您的作品推荐给他们。

祝好。

夏·波

您给每个人都送了礼物,您这没心肝的家伙!那您给我画的巴黎素描呢?扔一边了么?

致圣伯夫

[布鲁塞尔]1866年1月15日[和2月5日]

我亲爱的朋友,真不知道该怎样感谢您美好的来信。我知道您特别忙,所以您对我真是太好了。如果我久拖而未回信,那一定是我的身体出了问题,一旦身体出了毛病,我就什么都干不了,只能躺上若干天。——我接受您的建议,到巴黎去一趟,亲自去会晤一下加尼埃兄弟。届时恐怕还得冒昧地请您助我一臂之力。但何时能去呢?一个半月以来,我始终泡在药店里。要不要戒掉啤酒呢；我求之不得。茶和咖啡，更上瘾，但还说得过去。酒？见鬼！这可太残酷了。居然有个更狠心的家伙[1]说我必须停止读书和研究。这种医学也太奇怪了，竟然要把人的主要功能废了！还有个医生纯粹为了安抚我，说什么我这是得了歇斯底里症。您是否也像我一样赞赏这种做法：用一些大而无当的词来掩盖我们对一切事物的无知呢？

我正在努力重新投入《巴黎的忧郁》（小散文诗）的创作中去；因为还没有完成。而且，我希望这几天里还能构思出一个新的约瑟夫·德洛姆：游历中，他无论碰到什么事都总要苦思冥想，并力图从每一目标中提炼出一种烦人的道德说教。可想要既深刻又轻松地表达这些琐事又何其困难！

于是乎，约瑟夫·德洛姆很自然地滑入了我的脑海。我开始重读您的诗，从头开始。我高兴地发现，每翻一页，我与那些熟识的诗句有如旧友重逢。当我还是孩子的时候，我似乎并没有这种不良趣味。(12月我重读卢坎时，也有过这种感觉。《法尔萨利亚》总是那么光彩熠熠，它忧郁伤感，令人心碎，却又有斯多噶派的坚忍，它们对我的头痛症有镇痛作用。这种喜悦让我联想到我们的变化实际上少之又少。也即是说，我们身上总会有些一成不变的东西。)

既然您坦承不会妨碍别人谈论您的作品，我很想就这一命题给您写上三十页知心话，但我想，最好还是先用优美的法文写给自己，然后再送去某家报社发表——如果还有哪家报社可以谈诗的话。

以下是我偶然间得到的关于那本书的一些启发：

我比以往任何时候都更深刻地理解了《抚慰集》和《八月的思绪》[2]。

我注意到下列篇章更出彩：

第 225 页《献给 G 夫人的十四行诗》(Sonnet à Madame G.)。

(这么说，您认识那位身材修长、气质高雅、长着红棕色头发的格兰布洛夫人？——她声音沙哑，或不如说拥有巴黎某些喜剧女演员的音色，深沉而富于感染力——并为她创造出了落落大方这个词。我经常有幸听到

---

[1] 指莱昂·马克（Léon Marcq）医生。
[2] 波德莱尔读的是圣伯夫如下作品：《抚慰集》(Les Consolations)、《八月的思绪》(Pensées d'Août)、《札记与十四行诗》(Notes et Sonnets) 和《最后一梦》(Un dernier rêve)。

德·米尔贝尔夫人对她进行道德规诫,而且特别有趣。——不过话说回来,也可能是我搞错了;或许是另一位 G 夫人。这些诗集不仅由诗和心理分析构成,而且还是编年史。)

第 192 页《你在抗拒自己》(*Tu te révolte*)。

第 193 页《在这辆轻便马车里》(*Dans ce cabriolet*)。

第 227 页《从船队归来》(*En revenant du convoi*)。

第 199 页《这就是她》(*La voilà*)。

在第 235 页,看到您希冀得到梯也尔[①]、贝里耶[②]、蒂耶里、维尔曼等诸位先生的首肯时,我当真有点儿意外。这几位先生真能感知一件艺术品带来的震撼和魅力么?而且您真的担心没有他们的赏识就无法证明自己的价值么?为了对您表示赞赏,我难道还要征得德·贝朗瑞先生[③]的认可么?

该死!我差点儿忘了第 242 页的《管风琴演奏者》(*Le joueur d'orgue*)。

我比以前更加理解您作品中的表现对象和叙述手法,比如说《杜登》(*Doudun*)、《玛莱兹》(*Marèze*)、《拉蒙》(*Ramon*)、《若望先生》(*M. Jean*),等等。解析式哀歌一词用在您的作品中要比用在安德烈·谢尼埃[④]的作品中更贴切。

还有一篇东西我认为也特别棒,就是讲述在一具无名尸首旁守夜的那一篇,维克多·雨果的一个儿子出生时您把它题献给了雨果[⑤]。

我称之为背景的那些东西(风景或静物)在您的作品中始终极为完美。

在《约瑟夫·德洛姆的生活、诗歌和思想》里,我觉得提到鲁特琴、诗琴、竖琴和耶和华的地方稍多了些。此点在关于巴黎的那些诗中算是一个瑕疵。您之所以写诗,就是要消灭这种瑕疵的。

说实话,您必须原谅我!我这是在口无遮拦!我从来不敢在您面前这

[①] 梯也尔(Adolphe Thiers, 1797—1877),法国律师、记者、历史学家和政治家,法兰西学士院院士,第三共和国首任总统。

[②] 贝里耶(Pierre-Antoine Berryer, 1790—1868),法国律师和政治家。

[③] 贝朗瑞(Pierre-Jean de Béranger, 1780—1857)法国歌谣作者,波德莱尔对他深恶痛绝。

[④] 安德烈·谢尼埃(André Chénier, 1762—1794),法国诗人。

[⑤] 指《守夜》(*La Veillée*)一诗。

么夸夸其谈。

我又找到了一些我已铭记于心的篇章（对于能够背诵出的篇章，何必非要乐得重读铅印出的文字呢？）：

《抚慰集》中的《在圣路易岛上》(Dans l'île Saint-Louis)。

第 113 页《空谷》(Le Creux de la vallée)。

这一篇颇有《约瑟夫·德洛姆》的风格！

还有第 127 页《露丝》(Rose)——（可爱）。

第 139 页《基尔特·怀特的短诗》(Stances de Kirke White)。

第 138 页《平原》(La Plaine)——（金秋十月的美丽风光）。

天呐！我该打住了。我好像是在恭维您，可我没资格这样做。请原谅我的放肆。

2 月 5 日

我亲爱的朋友，我这封信好久也没写完。我再次眩晕，还摔了跟头。

此外我得知您也病了，或者已经痊愈了。这件事让我很不安，玛拉西也十分关心您的身体。从症状上看似乎还要动手术。这是怎么回事？您现在怎么样？

您给我写信别那么客气。但我要恳请您嘱托您忠实的特鲁巴代斯①给我写几行字说明一下您的身体状况。如果您还记得住那些琐事，就请再嘱托他帮我找几份那家新报社《艺术报》的报纸，再帮我打听一下另一家诗歌期刊《帕纳斯》(后面还有一个形容词) 是怎么回事。

玛拉西没有找到更多的瓦泽农的作品。——我觉得他是被您信中的小小训诫吓槽了②。他其实还有一个鬼点子（您想都想不到）。我知道您很少会训斥您的那些崇拜者，不过我可是大笑了一场。

说到友谊和朋友的背信弃义，您知道第二卷第 195 页第 12 行那句优美的诗吧：

---

① 特鲁巴代斯 (Troubatès) 是波德莱尔对圣伯夫的秘书于勒·特鲁巴 (Jules Troubat, 1836—1914) 的戏称。

② 玛拉西曾给圣伯夫寄过一些色情书籍和攻击第二帝国的小册子。1866 年 1 月 11 日，特鲁巴根据圣伯夫的要求给玛拉西写了一封信，这就是波德莱尔信中所说的那个"小小的训诫"：圣伯夫这位文学批评家和帝国参议员很担心这种书会让他在政治上受到牵连。

就像一个孩子，日出前在我们身旁死去

这句诗在保罗·德·莫莱纳的一部中篇小说《蛋糕坊的女糕点师》(*La Pâtissière*) 里被译成了散文诗，讲的是不是（莫莱纳风格的）一个完美的轻骑兵军官与一位蛋糕坊女糕点师的爱情故事？这就像一幅从友谊转向爱情的画面。我也许不知道是他抄袭了您的作品。

您还病着，我大概让您累着了。

祝好。

CH. 波德莱尔

致夏尔·阿瑟利诺①

[布鲁塞尔，1866年2月5日]

……对我来说，写东西已不是一件易事。如果您有什么好的建议给我，我会非常高兴的。说实话，二十个月以来，我就几乎一直病着……去年2月份，头部剧烈的神经痛，或者是急性风湿症，一阵阵像针扎似的；这种症状持续了半个月左右。或者是别的什么病？12月，同样的症状再次发作。——今年1月份又添了新的症状：一天晚上，我还没吃东西就开始在地上打滚，像个醉鬼似的摔跟头，必须抓住家具、紧紧抓住家具才不至于跌倒。呕吐，吐的是胆汁和白色的泡沫。后来同样的症状屡次出现：开始时什么事都没有，空腹，突然间，猝不及防，没有任何明显征兆，我就开始迷糊，精神无法集中，开始瘫软；随后头部剧烈疼痛。肯定要倒下，哪怕此时就是躺在床上都不行。——再往后就是冒冷汗、呕吐、

---

① 这封信是从阿瑟利诺《夏尔·波德莱尔的生平及其作品》(*Charles Baudelaire, sa vie et son œuvre*) 一书中摘录下来的："1866年初，令人不安的消息再次不胫而走，更详细也更严重。于是我写信给波德莱尔，责备他为什么让朋友们担心，请他要么把医生的诊断书寄给我，要么就将详细的病情以及诊治的情况写个说明给我，我可以根据这些说明去问一问巴黎的医生们。2月5日，他给我回信说：……"

长久的瘫软。为了治疗头痛，医生让我服用含有奎宁、洋地黄、颠茄和吗啡的药丸。以后又服用过镇静剂，也抹过松节油，但我觉得都没有什么效果。而为了治头晕，我喝过维希水、缬草根、乙醚和普尔纳水。——但疼痛始终持续。现在服用的丸剂，我记得里面的成分有缬草根，或者还有氧化锌和阿魏，等等，等等。医生还说了一个大而无当的词：歇斯底里。如果用地道的法语来说，就是我已经疯了。他希望我能多散步，多多地散步，这着实荒唐。一方面是我怕见人，笨手笨脚，在大街上走路让我无法忍受，另一方面是这里的街道和道路状况，再加上这种天气，根本就不可能出去散步。这可是我头一遭自怨自艾。您了解这种病么？您见过这种病么？……

再次感谢您美好的来信。请给我回信，让我能开心。如果见到邦维尔、马奈和尚弗勒里，请代我紧紧握他们的手。

夏尔·波德莱尔

致欧皮克夫人

［布鲁塞尔］1866 年 2 月 6 日星期二

我亲爱的好母亲，虽然我无时无刻不在想念你，但我还得说：我几乎每时每刻都无法给你任何证明。对我来说这很难用文字表达。你曾经很明智地对我说，让我们的朋友担惊受怕总是不对的。所以我也不愿意让你为我担惊受怕。首先，我身上一点儿也不难受，除了脑病发作的时候。但我很不满意我的医生，他给我治病似乎毫无把握，所以，如果你觉得不太麻烦的话，我想请你把我写的病情说明拿给你的朋友拉克鲁瓦医生看看。他可能会放声大笑。我的医生也是如此，如果不是我的脑病在他眼前发作，他才不会当回事。再说，如果一辈子躺在床上，啥也不能干，那也太荒唐了吧。我现在就像一只牡蛎。或许拉克鲁瓦先生能明白这是一种什么类型的缺陷？

（我的债务，不能工作，司法监护，你的身体，加尼埃的出版事务，所有这一切在我脑子里乱成一锅粥，而我动弹不得，更是乱上添乱。）

其他的事，首先，你身体如何？

腿好些了么？腰背疼痛擦松节油管用么？——正如你知道的，昂塞尔冒冒失失跑去加尼埃出版社打听消息，既没带任何文件和我的字条，也不了解出版社的运作惯例。要责备他么？又不能这么做，因为他毕竟出于好心。——我本来是让他先去勒梅尔那儿拿书的。(他只见到了那个混账的加尼埃,)然后我又写信告诉他如何交涉（真是累人！）。最后是我的一个朋友（法国的）①跑去巴黎指点他一些出版业方面的门道。

我没有什么其他事，就是想尽快看到你的那些远亲②。他们什么时候来？请代我向他们问好。

我想再说一遍，我身上一点儿也不难受。但不能工作让我心急火燎。我觉得没有什么比这更讨厌的了。我想，要是能在太阳出来的时候在巴黎市郊走上几公里就会痊愈的。可要等到什么时候呢？

我非常爱你。可能的话就给我写几行字来。

夏尔

[关于身体状况的] 说明

1865年2月，头部患神经性头痛症（？）或悸动性风湿症（？）——没有奏效的药。吃不下饭。——症状时有间歇，重复发作。持续了十天。

1865年12月，头部再次出现神经性头痛症或悸动性风湿症（？），时有间歇又再次发作；持续时间很长，大概半个月（服药：奎宁、洋地黄、颠茄和吗啡）。

上述情况与下述症状是否有关联（？）：

今年1月——现在也还有这种情况——空腹时，无缘无故就突然感到神志迷糊，精力无法集中，然后就瘫软了。然后就是可怕的头痛、眩晕。即便坐着也会倒下。再后来就是冒冷汗和呕吐，吐的是胆汁和白沫。这种瘫软的症状会持续很长时间。

---

① 指莱克里凡。
② 指勒瓦扬三兄弟（les Levaillant），他们是欧皮克夫人的远亲，波德莱尔认识他们。

(处方：缬草根、乙醚、维希水、普尔纳水——属于泻药。)
几天内稍有好转。
然后再次发作。
(处方：我记得的有缬草根、氧化锌、阿魏，等等；都是一些抗痉挛的药物。)
精神总是无法集中，还有瘫软。——脑袋死沉沉的。
极度笨拙，极度迟钝，极度虚弱。
医生无意间说出了这个词：歇斯底里。这等于是说：我疯了。

致纳西斯·昂塞尔

[布鲁塞尔] 1866 年 2 月 6 日星期二

我亲爱的朋友，现将夏尔·尼扎尔先生的札记寄回，省得我忍不住发表出去让他难堪。夏尔·尼扎尔先生还是太幼稚了，他还是在有学问的人身边长大的。这个世界并不美丽。一开始我并不觉得他的行为有多乖戾。难道他想把仇恨强加给我么？这很不得体。难道我不知道维克多·雨果的笑料么？这很不礼貌。难道他认为我是维克多·雨果的跟屁虫么？所以说，他在侮辱我。难道不是这样么？

还是谈我们那桩生意吧，好么？（天哪！昂塞尔夫人一定会因为我占用您的时间而抱怨我！）

莱克里凡先生周五才能从布鲁塞尔出发。——我给他读了您的来信，他的第一反应是："勒梅尔为一桩不完整的交易提供了许多琐碎的细节。如果他知道得如此之多，这桩生意早就该签合同了。"

送上您早就让我提供的致伊波利特·加尼埃的说明（供甩开勒梅尔以后用）。但是，——请当心！——勒梅尔肯定希望从加尼埃兄弟处得到一些实惠，对这桩生意来说这也是很正当的。我估计一旦您完成这笔交易，他就该登场了；但很明显，加尼埃兄弟一定会很乐意找到某个借口让他空欢喜一场。等着看后面的好戏吧。

请您注意，他在两封信里都有这样一句话：我坚信这桩生意不仅对您是件好事，对加尼埃兄弟来说同样如此。他还会这样说的。我可是绞尽脑汁把一切都琢磨到了，无一遗漏。

您的说明中有一处怪怪的，写得俨然与勒梅尔口授的一样：

《恶之花》印刷 1500 册——！
《人造天堂》印刷 1500 册——！
《巴黎的忧郁》印刷 1500 册——！
《对几位同时代人的思考》印刷 2000 册——？

与我原来设想的恰恰相反，因为最后一部能否成功是大可怀疑的（至少在书商的眼中看来）。

几天以来，我不得不躺在床上，我觉得自己动不了了。我太害怕眩晕症了，有时即便躺在床上，头也很沉。但我很安全。至于那个旅馆老板娘，我都顾不上琢磨她的事了。

您有我母亲的消息么？

祝好。

夏·波

但愿勒梅尔什么都没丢。那三本书都在他的手里。

提供给伊波利特·加尼埃先生的说明

布鲁塞尔，1866 年 2 月 6 日

一年前，我委托一位老友勒梅尔先生寻找一位愿意出版我的作品的书商，一位可靠的、实力雄厚且可长久出版我的作品的书商。勒梅尔先生告诉我说他选择了加尼埃兄弟出版社，但《剥掉外衣的比利时》肯定不在这笔交易之内——即便那本书有市场。再说了，我也不难发现勒梅尔先生的选择是非常好的。勒梅尔先生同意我关于由同一家出版社出版我的全部作品的想法，以便这些作品可以互为倚重，而且我也知道目前书商们通常对文艺批评类作品并不看好，所以我告诉自己说，无论如何，毕竟还是有一家出版社愿意在接受我三部有趣的作品——《恶之花》《人造天堂》以及圣伯夫曾在《立宪报》上盛赞的《巴黎的忧郁》(它是《恶之花》的姊妹篇)——的同时,接受我的评论作品。

但此后我始终不知道这桩生意的进度。

下面是一些并非无用的说明:

《恶之花》(市场始终都有需求,——但脱销日久),最终版。此次增加了不少新诗以及若干篇非常有趣的评论(由泰奥菲尔·戈蒂耶、圣伯夫、德·居斯蒂纳、多尔维利等人撰写)。所有这些都存放在翁弗勒尔。一旦我的身体状况允许我离开布鲁塞尔,我就去取。

《巴黎的忧郁》,《恶之花》的姊妹篇(散文诗)。手稿有一半在这里(布鲁塞尔),另一半在翁弗勒尔。

《人造天堂》,研究鸦片和印度大麻对身心的影响。(出版后轰动一时,但了解的人不多。)

《对几位同时代的艺术家和诗人的思考》,两卷:

绘画(安格尔)。色彩(德拉克洛瓦)。技巧(维尔奈)。折中主义和怀疑派(谢弗和德拉罗什)。现代美学。

批评方法。——万国博览会上的德拉克洛瓦和安格尔。——各种能力的女王。——公众与摄影。——现代画家,等等……——笑的本质。法国漫画家。——玩具的伦理。——现代性的画家(圣赫勒拿岛的康斯坦丁·居伊)。——阐释性艺术,德国画派和里昂画派。——德拉克洛瓦的生平与创作。

埃德加·爱伦·坡的生平及其作品。维克多·雨果。代博尔德·瓦尔莫。奥古斯特·巴尔比耶。贝特吕斯·博雷尔。艾杰西普·莫洛。居斯塔夫·勒瓦瓦索尔。泰奥多尔·德·邦维尔。皮埃尔·杜邦。泰奥菲尔·戈蒂耶。勒孔特·德·利勒。菲利贝尔·鲁维埃尔。理查德·瓦格纳。文学浪荡子(夏多布里昂及其他作家)。《恶之花》的作者论圣伯夫或约瑟夫·德洛姆。

CH. 波德莱尔
1866年2月6日
于布鲁塞尔

以上手稿均在巴黎。

致奥古斯特·普莱-玛拉西

[布鲁塞尔,1866年2月7日]

我在布瓦耶编纂的《蒂诺和克利夫顿法英词典》(*Dictionnaire français-anglais de Thunot et Clifton*)里发现:

MOUSTIQUE(蚊子/疟蚊):单数,阳性。——相当于英语的 musquito。("蚊子"在此是阳性名词。)

而在英语部分中我发现:

MUSKITTO 或 MUSQUITTO:单数。——相当于法语的 maringouin(蚊子/热带地区的蚊子)或 moustique(蚊子/疟蚊):阴性。(在这里,"蚊子"是阴性的。这样一来,也就是说"蚊子"也可以是阴性名词。)——但我觉得还是用阳性名词① 为好。

——《为阿米娜·波切蒂的首演而作》(*Sur les débuts d'Amina Boschetti*)一诗,把"目光"(regard)改为"舞步"(jarret)。

> 孤高轻盈的精灵呵,您居然
> 想教大象学华尔兹舞步回旋……

把"曾想教"(qui vouliez)改为"想教"(qui voulez)。

> 想教鹳鸟开颜,教鸱枭狂欢

把"开颜"写作 la gaîté,不要写作 la gaieté。

---

① 玛拉西正在编辑《吟余集》,他致函波德莱尔提了一些用词问题。

——在《讨厌鬼》(*L'Importun*) 那首诗①里有一句：

我在那儿好不自在

我觉得改成下面这样更好：

我在那儿如坐针毡

这样改可以自圆其说吧？因为我看到过一些例句。这样改可以带点儿古风，这种古老、乱真的做作可以很好地契合这首诗的背景。

夏·波

这样改的好处是可以避免一些如"不自在"(*mal à son aise*) 这种让人不舒服的短语，使用这种短语就像说"享有不良健康"(*la jouissance d'une mauvaise santé*) 那种短语一样让人受罪。

致欧皮克夫人

[布鲁塞尔，1866 年] 2 月 10 日星期六上午

我亲爱的母亲，你不小心忘了在信封上写上旅馆的名字，而我住的这个地方的邮递员恰好刚换了人，所以邮局通知我必须去邮局大厅取信。我今天上午才拿到这封信，你只能明天晚上或星期一上午才能收到我的回信了。（我刚刚想到一件事，现在就告诉你，根据新的条例，从法国寄信通常只要 30 生丁而不是 40 生丁了。）

为了我你一宿没睡。我真是罪孽深重，真不该告诉你我的症状甚至是我的头痛症。那你就想想这么多年来你遭受的所有让你神经紧张的意外以及所有偏头痛症状的折磨吧。如果说我有几分像你，那就是病态的气质和

---

① 指《讨厌鬼——献给欧仁·弗洛芒坦先生，讨厌鬼自称其友》(*À M. Eugène Fromentin. À propos d'un importun qui se disait son ami*)。

极度的敏感，所以健康方面出点儿意外又有什么可大惊小怪的呢？

我不愿意你给昂塞尔写信。我不想让你去烦扰他。他知道我已经病了好几次了。他知道我最大的愿望就是清偿我在这里欠下的债务。星期五（上个星期）那个离开布鲁塞尔的人将在明天返回①，他答应我向昂塞尔提些建议。他肯定会带给我一些作品出版的消息。

我绝对拒绝你的帮忙。我再也不想向你要钱。我拒绝再从布鲁塞尔告知你我在此地的欠债数额。即便我斗胆接受你的帮助，也要等我的出版合同签署之后，因为那样我就有可能偿还你的钱。我对昂塞尔有信心，关键在于如何因势利导。——我极度害怕你的想象力，而且我也不愿意让你从负面思考问题。

是的，50 法郎对我作用太大了。我想临走前再和医生结账；但经常让旅馆老板娘为我支付麻醉品费用让我很没面子。

现在请你放心，三天来我既没头晕也没呕吐。只是还不怎么稳。但医生说："歇斯底里！歇斯底里！您必须说服自己；您必须逼着自己走路。"走路，在这个季节，在可怕的街上，在坑坑洼洼的路上，怎么可能！在布鲁塞尔，遛大街是不可能的。

这着实很可笑：如果我后面跟着一个人，或有一个孩子经过，或蹿过一条狗，都会让我产生眩晕的感觉。这太可笑了，是不是？昨天，我去看一个画展。但没有几分钟，当我正要关注某件事时（并不总是这样），我觉得那个不好的征兆又要来了，于是赶紧回家，尽管外面下着雨。

你看，这一切纯粹是神经过敏。等到好季节来了，一切就会过去的。医生说的唯一一件靠谱的事（我觉得）是："洗洗冷水浴，游泳去吧。"可这个该死的布鲁塞尔连一条河也没有。人们的确已发明了游泳池或人工池塘，再用附近的机械装置给水加温，让水不冷不热。但我一想到这个就感到厌恶。我可不想泡在一座被这些腌臜东西弄脏了的人工湖里。这个建议就跟散步的建议一样让人很难遵从。——我打算去找找，看什么地方有冷水浴。

你没告诉我你的身体怎么样了。对我来说这比我自己的问题还严重，因为你比我虚弱。

---

① 指莱克里凡。

答应我,别再给昂塞尔写信了,这可怜人如今要应付的新事务已经够烦心的了。——别埋怨我拒绝你。从你那儿拿了那么多钱早让我无地自容了。

我要告诉你的是,我已经是第五次相信自己痊愈了。如果再有几天不反复,我会请医生告诉我平时应当注意什么卫生。因为我已经自觉地戒掉了酒、茶和咖啡,医生说:这太严格了。而且饮食是没有什么关系的,所以还是可以喝点儿茶,甚至可以喝点儿酒。然后又重复他那句老话:神经异常过敏症;又要开那些抗痉挛药,再有就是:"还是要散步,尽管您怕见人。"收到你的信后我会立刻回复。

感谢你,并且拥抱你。

夏尔

我不想躺在床上了;但还害怕工作。

致欧皮克夫人

[布鲁塞尔]1866年2月12日星期一

悔不该对你谈起我的身体状况。我已看到此事在你心中造成的混乱。首先,我告诉过你(是真的),我压根就不难受。现在我要对你说,这个病已经接近尾声了。所以我可以告诉你,我又恢复了吸烟(烟草本身可能引发恶心),昨天我不仅讨厌所有药丸,而且还感到非常饥饿,这可是三周以来从未有过的。令我烦恼的那种羞怯感有所减退;在床上度过的这些无穷无尽的日子里,我常常对自己说:"哦,知足吧!想想看!如果真的中风或瘫痪了该怎么办,我的生意该怎么办?"我还要说一件事,很怪异,就是只要我想到头晕,头就真的晕了,然后就吐。难受的过程就重演一遍。如果我承认这一点,人家就认为我是无病呻吟。总之,我得说,我不知道自己得了什么病,我希望至少能有一位医生给我确诊一下。因为我已经第五次认为自己好了。如果我能连续工作数个小时而没有头晕或跌跤,我就认为自己痊愈了。我今晚再试试。

剩下的就是要散步和冷水浴,还要戒掉咖啡、烈性酒、茶和啤酒。

再回到你的信上来。我目前不需要你或昂塞尔帮忙。

我不愿意见到昂塞尔再掺和有关钱的事情。

（另外，这么做也很草率。应该让他专心致志去签订那两个合同，也许是六份合同。）

只有在和书商们达成明确的协议，且其同意我"按照出版进度渐次付款"的要求之后，我才会接受你或他的钱。

这又让我想起了加尼埃和勒梅尔。昂塞尔真是太幼稚了！你也真是太幼稚了！

勒梅尔告诉他："波德莱尔的五卷作品相当于11000至12000法郎的投资。每卷出版1500册即可获得600法郎，五卷就是3000法郎。"

莱克里凡读了昂塞尔先生的信后立刻对我说："谈了这么多细节就意味着这单生意没戏了。细节过繁就没有了真实。勒梅尔很懒，而在昂塞尔先生看来，他就是想遮掩其惰性，——也就是说，他将自己的算计当成了事实。"你明白了么？

我昨天就等着莱克里凡先生回来。但他今天还没回来。他肯定有些个人事务需要处理。

现在我的结论是：

昂塞尔接受过良好的训练，他将独自面见加尼埃兄弟，我将通过他向加尼埃兄弟提出：出版我的五卷作品，总额15000法郎，转让期五年，——如果加尼埃兄弟不答应向作者一次性支付15000法郎，我可以接受每卷600法郎的价格（按每卷印刷1500册计算），五年后的总额依旧是15000法郎。

如果这样安排，我希望加尼埃兄弟同意每年都能推出五卷中的一卷，每卷发行1500册（由其自行安排，成功与否和我无关）。——归纳起来就是："在五年时间内出版这五卷作品，每年支付3000法郎收益。"的确，在这种情况下，加尼埃兄弟可能会提出这样的问题："发生革命怎么办！发生霍乱怎么办！发生萧条怎么办！我们怎么保证波德莱尔先生所有这些作品卷卷优秀，五年之内可以按照预期销售出去？"——对此我的回答是："你们是出版商。你们应当自担风险。另外，我也放弃一项小权利，即如果单卷销售每年超过1500册，也大可抵销五年之内其他卷的损失。"

但你还是不明白，是不是？

至于比利时那本书,我得赶紧找个出版商。新事层出不穷。一项新的选举法即将投票通过;大家已经忘了利奥波德一世。别等到昂塞尔签了合同,我的手稿已成了明日黄花。

你得把你的身体状况告诉我。我每次给你写信时都会提出同样的请求。

巴黎有个人可以帮我的忙。我下次去的时候要见见他。他是我小时候的哲学辅导老师夏尔·拉塞格[①]。他不教哲学了,改为行医,现在是一位名医。其专长是治疗精神错乱和歇斯底里。

给我写信。拥抱你。

夏尔

致于勒·特鲁巴[②]

[布鲁塞尔] 1866 年 2 月 14 日圣灰星期三[③]

亲爱的特鲁巴先生:

大约一周前我给圣伯夫先生寄去一封信,这封信有点放肆,恐怕有些不合时宜。因为这封信是一个月前写的,后来我才得知他生病了。

那家傻瓜《比利时独立报》说的手术是怎么回事?说实话,我有些不放心,我向您保证,您如能告知我一些准确的消息,我将不胜感激。

谢谢您,并请向尚弗勒里问好。如蒙您能寄赠我一份《艺术报》,我将非常开心。

顺致崇高的敬意。

夏尔·波德莱尔

---

① 夏尔·拉塞格 (Charles Lasègue, 1816—1883),法国医生,以发明了神经病学中著名的"直腿抬高试验法"即"拉塞格征"(signe Lasègue) 而著称。

② 于勒·特鲁巴 (Jules Troubat, 1836—1914),法国作家、翻译家,时任圣伯夫的秘书,曾任尚弗勒里的秘书。

③ 圣灰星期三 (Mercredi des Cendres),又译为圣灰节,是天主教的节日,在复活节前 7 周(即前 40 天)的星期三。这一天,人们将圣灰洒在自己的头顶或衣服上,以向上帝表达忏悔之意。圣灰取自前一年圣枝主日所用的圣枝。

致奥古斯特·普莱-玛拉西

[布鲁塞尔,1866年2月14日]

奥古斯特·普莱-玛拉西,
家住布鲁塞尔
伊克塞尔镇
梅尔赛利斯路
三十五号乙。
(我从邮局寄给他
阿里奥斯托的诗集[①],
是我这个打油诗人
交待给某邮差投递。)

致欧皮克夫人

[布鲁塞尔]1866年2月16日星期五

我亲爱的母亲:

你怎么又寄钱来了;怎么回事?我不想再这样下去了。我手里还有50法郎,20法郎想用来洗冷水浴。可把这100法郎寄还给你肯定又惹得你不高兴。所以我先放在一边,等我从法国再收到一点钱时,和这100法郎凑个整数付给旅馆老板娘,好让她再耐心等我那桩生意成功。莱克里凡先生回来了。他告诉我勒梅尔什么事都没做,他告诉昂塞尔的那些数字完全是信口开河,并且加尼埃兄弟根本不同意与勒梅尔或昂塞尔商谈。但我什么时候才能恢复工作,什么时候才能去法国呢?

不,我不想要你的钱。我已经欠了你30000法郎。难道我是个下三滥或懦夫,要去侵吞你的养老金么?

不,我也不想要昂塞尔的钱。首先我坚信他一毛不拔。他会承诺预付

---

① 阿里奥斯托(Ludovico Arioste, 1474—1533),意大利文艺复兴时期的诗人。

一些，但只会带给我种种屈辱。

我绝不接受这种帮忙，除非他立即一笔支付给我，并且只有在我签约之后。

我不知道你为什么要我回复你前一封信。那封回信你应该在星期二（13日）就收到了。

以前在我眼里只认为维克多·雨果夫人可笑，但她实际上绝对是个好女人。她不过是乐于在朋友面前显摆点儿母仪风范罢了。她坚持要她的医生来给我看看病。这位医生认可了迄今为止的治疗，但声称必须增加高浓度的含铁饮食，因为他说胆汁和内火偏盛证明我贫血。我自己从来没想到过这一点。巴黎有几个朋友好像也听说我得了这种可笑的虚症。圣伯夫咨询了他的医生并提出一些建议。另一位朋友①也做了同样的事。医生们的看法大致相同。

莱克里凡告诉我一件很严重的事。他说他很了解加尼埃兄弟，说他们会倾向于签署一项让我放弃著作权的合同。我绝不会这么做的。我还记得爱伦·坡那件事。我只接受每卷600法郎、每卷发行1500册、五卷共计3000法郎的方案。他们可能会向我建议出价4000法郎出版我的全集，在我有生之年和死后的三十年内持有我的版权。但我宁愿等待成功——如果能成功的话——并获得比这些小钱可能多十倍也可能多二十倍的可观利润。我没有财富，我也不想转让我这些可以继承的权利。

如果你觉得告诉了我你晚上犯迷糊以及可怕的胃疲劳之后我还能高枕无忧，你就大错特错了。我求求你去找医生咨询一下这个问题。请你答应我。我坚信，尽管你上了年纪，但可做的事还有不少。

我会去试着挣些小钱付给旅馆的老板娘。一旦我能连续工作几个小时，我就会告诉你。——然后我就去翁弗勒尔，找出那些不在手头的手稿，再去与加尼埃兄弟商谈。

紧紧拥抱你，万分感谢你的好意。

夏尔

---

① 指阿瑟利诺。圣伯夫和阿瑟利诺咨询的都是皮奥杰医生。

致奥古斯特·普莱-玛拉西

［布鲁塞尔］1866 年 2 月 16 日星期五

我亲爱的朋友,我今天上午收到了圣伯夫的来信。他的病痊愈了。他患的是包皮充血。有人想劝他不必手术,并告诉他就这样维持着也没什么关系,但他说"这种东西不该留着,否则太受折磨",就做了手术。他觉得主刀医生非常干练;但还是出现了一些并发症(肯定是术后发烧),他告诉我手术时很难受。信末提到了您:

"我很抱歉特鲁巴给玛拉西写了那封短信并在信中以我的名义要求他谨慎行事,这种做法会令这位优雅的先生和出色的朋友不悦。但他还是以最优雅的方式打了个圆场,并给我们寄来了一本瓦泽农的诙谐小说①,这让我在一段时间内减轻了痛苦,并让我们开心了好一阵子。——我现在一切都好……"

致纳西斯·昂塞尔

［布鲁塞尔］1866 年 2 月 16 日星期五

我亲爱的朋友,莱克里凡先生周三深夜回到了布鲁塞尔。他与勒梅尔谈了四次,却没去见你。我问他为什么,他的回答出人意料:"我不想去见昂塞尔先生,我怕告诉他我的想法会冒犯他:也就是说,加尼埃兄弟不想和昂塞尔谈,只和勒梅尔谈。昂塞尔先生拜访加尼埃兄弟只是让他们觉得您对金钱的需求太迫切了,所以您越由着他去拜访,他们反倒越不着急签约。

"昂塞尔先生当然可以代表您去商谈,但应持有您的委托信件。但最明智的办法是您亲自去巴黎商谈,而且带着另外两部已整理好的书稿,因为勒梅尔手里只有三部。加尼埃兄弟的猜忌心很重。

---

① 指马泽农神甫的小说《亨利·洛克先生与贡朵儿公爵夫人的灵修演练》(*Les exercices de dévotion de M. Henri Roch avec Madame la Duchesse de Condor*)。

"在与勒梅尔的交谈中我发现，不出我所料，勒梅尔说给昂塞尔先生的那些数字都不算数，仅仅是勒梅尔自己的大致计算，因此没什么意义，因为伊波利特·加尼埃压根儿还没报出实盘。

"交谈中勒梅尔还说，加尼埃兄弟确实想做这桩生意，但他们觉得拖的时间越久就越容易控制您，——而且（我亲爱的昂塞尔，此处请您格外留神！）他们极想获得这五卷作品的著作权。

"至于勒梅尔对比利时那本书的想法就太愚蠢了。昂塞尔先生应该去拜访一下丹迪或富尔（带着您的信件），并出示那份足以说明一切的写作大纲。"

所以，我亲爱的昂塞尔，该给您那美好的热忱刹刹车了。但我重申，我非常感激您。我原本觉得由您去拜访一下伊波利特·加尼埃先生没有什么不妥；您拿着我写给他的简短说明，告诉他我现在生病，大概3月份会专程去巴黎拜访他，带着《巴黎的忧郁》，再去翁弗勒尔找出《恶之花》书稿和用作证明的那些文章。我原本希望您通过这些交谈可以找到某种推进的办法。

为了让您心中有数，我必须给您解释一下莱克里凡所说的著作权问题。若接受这种安排就再蠢不过了。在我有生之年和去世后的三十年内，加尼埃兄弟绝不会同意为这五卷作品支付给我足够的收益的。

由于我没有任何财产，所以必须用这些作品为自己带来小额进项，我坚信我的作品会取得成功，所以我更乐见小额进项源源不断，细水长流。我永久转让了爱伦·坡作品的翻译版权，为此我肠子都悔青了。假设这五卷作品只出版两次，每卷印2000册，每册30生丁，这就是20000册，也就是6000法郎。如果把全部版权卖给他们，我敢打赌他们甚至都给不到这个数。或者，只就我的诗集做一个简单的测算：如果三十年内这部诗集每年只卖出200册，那就是6000册，出版商要从自己的收益中支付给作者的版税是1800法郎。如果每年卖出500册，那就是15000册，版税将达到4500法郎。《恶之花》必将畅销不衰。您再用同样办法对其他几卷进行尽可能简单的类推测算，结果就会一目了然。

我好些了，但还不大好。医生说有必要去散步，饮食要补铁，要多多淋浴，更不用说还得继续服用一直在服用的抗痉挛药丸了。这一切都很无聊，在此地散步根本做不到。此外淋浴设备也是粗制滥造。

请向昂塞尔夫人致意。

祝好。请给我写信。

夏·波

我还没敢重新投入工作。

我先给您寄去一封致丹迪的信，然后再给富尔写封信。

致欧皮克夫人

[布鲁塞尔] 1866 年 2 月 17 日星期六

我亲爱的母亲，你要说的关于钱的那些让人伤心的话我差不多都能猜得到，而且我经常自问你怎么能应付得了这种频繁的需索。舍弃拾掇花园的乐趣？解雇埃梅？在你这把年纪！而且你还觉得我能接受！这太可怕了。

你还是没明白我对你说的即便签约也不会马上全额付款这句话。在这种情况下，我说，我告诉昂塞尔：能借就借，能取则取，马上清偿我的债务，合同项下的所有收益都归您；——这些话跟你一点儿关系都没有。——但是，唉！这件事还没进展到那一步。

因此，正如我昨天信里告诉你的，莱克里凡先生的推测都不幸而言中了。要么由于勒梅尔的懒惰，要么是加尼埃兄弟避而不谈——他们坚持要和作者本人见面——总之是原地踏步，而且莱克里凡要我告诫昂塞尔，不要再去接近加尼埃兄弟。那样做只能更糟。我会尽力恢复工作，然后在3月中旬去巴黎了解我的事务的进展情况。届时昂塞尔可能会把比利时那本书的出版合同签下来。对我来说，目前的当务之急是筹到一些钱先付给旅馆老板娘。

莱克里凡说加尼埃兄弟想收购我的所谓著作权一事着实让我担心。——随着时间的推移，这些著作权的文学价值可以为我带来十倍于 600 法郎或 800 法郎的收益，但若现在就转让，只能得到 3000 或 4000 法郎的现金，所以这件事我绝对不会干。

以后，我作品的价值会随着我的名望水涨船高，当我不久于人世且没有继承人时，我也许会做这种交易，但那时是水到渠成。目前这一机会尚不成熟。除非想立即获得一大笔资金用于投资并增加收益，否则这种交易就是吃亏上当。

我从报上了解到巴黎举办了一次公开讲座，探讨我的诗歌，但仅此而已。朋友们没告诉我任何这方面的事。

服药的事我觉得你可能弄错了。

这些丸剂是由鸦片、缬草、洋地黄和颠茄复合而成的，我在12月份服用这种药是为了治疗神经痛。你是不是觉得1月份那种可怕的眩晕和呕吐是由于这种药物引起的？首先，颠茄在这些丸剂中的剂量非常小，至于鸦片，你知道我曾服用过很多年，即便150滴都没有任何危险。

此后服用的丸剂是抗眩晕和呕吐的，由缬草、阿魏、氧化锌和其他什么东西复合而成。纯粹是镇痉药。

简言之，我将遵从如下饮食建议："午饭：冷烤肉；饮料：可以喝茶但不喝绿茶。

"晚饭，烤肉，可以喝一点葡萄酒。

"如果可能，要多冲冷水浴，多散步。"但在这儿很难做到。

不能喝咖啡，也不能喝烈性酒。

但我什么时候才能重返精神生活并找到生活的乐趣呢？我不知道。——你今天的来信要求我回答的是一个新的问题。

昨天，我求你去见见医生，咨询一下晚上的重度虚弱以及胃痛等病症。

今天我还想问你，你告诉我说几个月前的小便失禁症状已经痊愈，是你在拉克鲁瓦医生和埃蒙夫人的建议下使用了松节油的缘故么？

还是没彻底治愈？

跟我说说这两件事，好让我开心一点。

全身心地拥抱你。

夏尔

骨刺怎么样了？还有，腿怎么样了？

致亨利·德·拉马德兰

［布鲁塞尔］1866 年 2 月 18 日

我亲爱的朋友：

玛拉西昨天看到了您的专栏文章，并且转给了我。您说的一切都非常精彩，我十分高兴。所以我要衷心地谢谢您。但据您看来，似乎不必感谢德夏内尔。我了解他，又在文章中看到并听到了他。您的文章最让我高兴的莫过于在您看来，人们比德夏内尔更能理解那些不幸的花朵。

而藉《奇歌集》的问世来评论邦维尔的诗，这个想法可太奇怪了！然后又加上了两本，一本快活，而另一本则哀怨苦凄！

祝好。

CH. 波德莱尔

我听（不少法国人）说，您的专栏文章精彩无比。唉！我还从来没有读过。

致纳西斯·昂塞尔

［布鲁塞尔］1866 年 2 月 18 日星期日

我亲爱的朋友，现在我认为，通过我所有的信件，您对我所有的事务已驾轻就熟了。

您见过伊波利特·加尼埃先生了么？您把我写给他的那份说明交给他并告诉他我争取去拜访他了么？（我不知道他什么时候在家。）

现在谈谈比利时那本书吧。这是给丹迪先生的一封介绍信，他是书商兼出版人，书店地址在大王宫。（我也不知道他什么时候在家。）——请您读一读这封信，然后封上。

您在见加尼埃时要沉住气。但要探探他的虚实。——丹迪人不错，但是很忙且做事无章法，您可以先把信送到书局，再写信另约见面时间。

劳驾您不要让我等回信的时间过长。一是见到这封信后请马上给我回信，二是有了加尼埃的信息给我回信，三是有了丹迪的信息给我回信。——后天（20 日）我等您的第一封回信。

我刚刚和旅馆老板娘大吵了一场。我房间里有 100 法郎。有了这 100 法郎（再加上 3 月份的）凑成 200 法郎，就能给她付账了。——本周我要寄给您一个包裹，请您送给《插图世界》的社长[1]，他会马上支付给我 300 法郎稿费。至少他是这么承诺的。是三个月前说好的，今天应该仍然有效。——这 300 法郎我还得付给巨镜旅馆的那个怪物。与此同时，但愿您能和丹迪或富尔成功签约，并把所有预付款汇到巨镜旅馆，而我将分期交稿。——请您认真读一下我写给丹迪的信，把这封信（连同您请人复制的写作大纲副本）一并放在他家或他的书局里，并预约见面的时间。

如果这些事能按我的预期发展，很快就能从加尼埃兄弟那里拿到一大笔钱了。

祝好。别不理我，并请向昂塞尔夫人再次致歉。

我的身体总是勉强维持。我有一个怪想法，真的：我 1 月份和 2 月份这两个月发病会不会是因为 12 月份服用抗神经痛药物所致？（洋地黄和颠茄！）

——再有，我母亲的来信让我根本放心不下她的健康状况。

总之，诸事纷纭，我的脑子根本停不下来。

夏尔·波德莱尔

给丹迪的信我没找到信封。您自己找一个吧。——丹迪的地址：奥尔良画廊（*Galerie d'Orléans*）。

今收到昂塞尔先生支付的 3 月份月度费用（含部分 4 月份月度费用）100 法郎。

CH. 波德莱尔
2 月 19 日于布鲁塞尔

请阅读下列说明：
从今年 1 月份以来

收到	400 法郎
加上今天的	100 法郎
	500 法郎

---

[1] 指夏尔·伊利亚尔特。

1至3月份：
　　　　　160法郎
　　　　　160法郎
　　　　　<u>160法郎</u>
　　　　　480法郎

故4月份还有140法郎。

您如果寄保价信，请只写：蒙塔涅路28号。
后天（星期二）下午寄到，对吧？

致爱德华·丹迪

布鲁塞尔，1866年2月18日星期日

先生：

　　两年前您对我说过，如果我就比利时动笔写些什么的话就告诉您。也许您想到的是描写建筑物。可如今这个新娘子对您来说可能是漂亮得过头了。现在的这部作品是一幅风情素描，囊括了全部或几乎全部习俗，唯独没有描写那些愚蠢和墨守成规的导游们根本就不懂得观察的城市。

　　我的一位老友昂塞尔先生将把这部作品的一份甚为详细的写作大纲转交或托人转交给您（这部作品至少十章，约320、360或400页）。这是一份交由出版人阅读的写作大纲而非目录。拜法国人的愚蠢所赐，如今这个比利时的话题风头正劲。是该说出比利时的真相的时候了，就像该说出美洲的真相一样——在某些法国无赖的眼里，美洲是另一片乐土，——而且是应该挺身捍卫真正的法兰西理想的时候了。

　　这本书（或毋宁说是我的一部随笔）内容太过丰富，所以我不得不删繁就简，——但不会伤其根本。但也有赘述之处。——请您想象一下蒲鲁东留下的手稿吧。我一个月即可交稿。但我已经发过誓，若没有出版合同做保证，我一行字也不会写。我不要求即刻兑现稿酬，但我希望随着交稿的进度分期支付。这种安排是加快本书完成的最佳方案,如果我未能交出全稿,或者我去世了,等等,等等,那么该出版合同则无法生效。甚至更严格地说来,在这种情况下,我可以保证偿还已收到的预付款。

我目前是我所有作品的著作权人,唯一的。我或许可以再给您提供几部作品,但有一位朋友①正受我委托和某个出版商洽谈拙作的出版事宜,故我必须谨守约定,等待他签约与否的消息。

先生,请接受我崇高的敬意。

CH. 波德莱尔
布鲁塞尔
蒙塔涅路 28 号

昂塞尔先生的地址:雷沃尔特大街 11 号。

致纳西斯·昂塞尔

[布鲁塞尔]1866 年 2 月 18 日星期日

我亲爱的朋友,我的信前脚刚走,您这封令人揪心的信②就到了。

我很抱歉莱克里凡没去拜访您,也很遗憾您没等我的信。莱克里凡坚信应该和加尼埃兄弟签约:——我看得很清楚,您这次谈话中误解多多。伊波利特·加尼埃压根儿没见勒梅尔,——已然一年之久!既然如此,我转给您的勒梅尔那封信或者说那两封信以及加尼埃去拜访圣伯夫等等都是什么意思?——是说反正我在布鲁塞尔,所以就无所谓了么?在这儿,我可是给米歇尔·莱维交过书稿的(上一部)。——我的《人造天堂》可是获得过轰动的文学成功的,其他作品很少能获得这么多书评。只是由于玛拉西破产才影响到这本书的传播和赚钱。——《对几位同时代人的思考》则鲜为人知。虽然其中有几篇文章曾经发表过,但都是发表在不太知名或太不知名的报刊上的。——《恶之花》已经被遗忘了!这真是太糟糕了。

---

① 指勒梅尔。
② 所谓"令人揪心",是指昂塞尔在信中告知波德莱尔,加尼埃兄弟已拒绝签约。

总有人在找这本书。也许几年后人们就会开始理解这些诗篇了。

——埃采尔！可我和埃采尔的合作还未开始就已经结束了。他确曾买下过《巴黎的忧郁》和《恶之花》。——但我们在布鲁塞尔见面时,我告诉他我希望出版我的作品全集时,他归还了我的著作权,因为他像我、像勒梅尔一样,相信这两部作品永远都不愁销路。但如果要与埃采尔合作,就必须先行解决掉那个小小的财务问题[①]。

可现在该怎么办?分头出版么?我觉得这样做不仅冒失,而且费时费力。在我去巴黎以前,您还想再尝试找找其他途径么?您觉得您现在已经摸清这个行当了么?

但绝不能贸然行动,绝不能异想天开,若没有万全之策宁可什么都不做。

出版商备选名单:

莱维(米歇尔)

两年前,我曾建议莱维出版我的全集。但他为了压价有意拖延。他知道我同时在和埃采尔接触。所以他变得很偏激,说埃采尔把好东西都挑走了。如果想回过头来重新与米歇尔合作,那就要告诉他说,因为他的原因,我已经取消了与埃采尔的合同,现在《恶之花》和《巴黎的忧郁》都在我的手上。

但这是个谎话,而且我和米歇尔·莱维的关系并不融洽(始终不很融洽),真是丢脸啊!!!

阿歇特出版社(如今由他的女婿们掌管)

这是一家有规模且运营稳健的出版社。德夏内尔曾向该社推荐过我。我在那儿很有名气。但您得想想,要是在这样一家满眼都是什么迂夫子、教授、书呆子、腐儒、正直作家与无赖文人的出版社里出版我的作品,那该是一件多么可怕的事呀!

[①] 指波德莱尔与埃采尔 1863 年 1 月 13 日签约后曾收了埃采尔 1200 法郎未还。

富尔

上佳选择。他来过布鲁塞尔,我曾和他共进晚餐,如果他想出版我的书肯定会有所表示。所以我也没向他说起这件事。

阿米奥

好,可以作为万不得已时的备选出版社。

迪迪耶

好,可以作为万不得已时的备选出版社。

丹迪

请您再读一下我今天寄给您的致丹迪信中的最后一句话。您可以把这封信当作引荐信。即便您认为可行也只能适度接触。商业交往时必须始终刺激对方的购买欲望,而不是被人家牵着鼻子走。——附上一份给丹迪的说明,当您打算和他谈这桩生意时再交给他,但其中不包括《剥掉外衣的比利时》。

顺便说一句,您说您对我的说明做了删减。如果您删减的是比利时那本书的写作大纲,倒是可以作为原始文本提供给丹迪。

夏·波

***

再者,您可真幼稚,居然去听那个蠢人德夏内尔的讲座!那个深闺小姐们的导师!那个不信奇迹只信理性(!)的民主主义者,那个小家子气文学的杰出代表,那个凡庸事物的普及者,等等,等等!

昨天(17日,星期六),拉马德兰在《时光》就其讲座发表了一篇漂亮的专栏文章,以打趣和调侃的手法给他上了一课。

您可真幼稚,居然忘了法兰西厌恶诗歌,厌恶真正的诗歌;忘了法兰西只偏爱贝朗瑞和德·缪塞那种卑鄙的家伙;忘了甭管是谁,只要工于字斟句酌就被视为无情之人(这倒也相当合乎逻辑,既然他们表达激情时总是那么蹩脚);总之,您忘了一首(表面看上去)深沉却又复杂、苦涩、冷酷而奇特的诗比起那些注定浅薄的诗来说，终归是凤毛麟角！

既然您和别人都想不到，那我是不是应该告诉您，在这本残忍的书里，我融入了我所有的良心、所有的温情、所有的信仰（矫饰过的）、所有的仇恨？没错，我要写的都是反话，我以至圣诸神的名义起誓，这只是一部纯艺术的、装腔作势的、卖弄伎俩的书；而我扯起谎来绝不会脸红心跳！

话既然说到这个分儿上，那我就再多说几句！什么才叫奇思异想的诗呢？我绝不会去深究这类问题，我看德夏内尔也说不清楚，就像我认为没有任何一个编辑或教授可以解释他使用的每个语词的含义一样。——难道可以说存在着一种富于奇思异想的诗，又存在着一种不是奇思异想的诗么？这种并非基于艺术家或诗人的奇思异想、亦即并非超然其感知方式之上的诗，究竟为何物呢？

说到情感、心灵和其他关于女性的废话，但愿您还记得勒孔特·德·利勒的那句名言："哀歌作者尽无赖。"(Tous les Élégiaques sont des canailles.)

话说得不少了，是不是？请原谅我出言不逊。请别让我再失去您这位我可以当面爆粗口的唯一朋友了！可您怎么能去听德夏内尔的讲座呐？这真让我百思不得其解！

***

您建议我的保健方法，我已经采纳并实行两个月了。

***

我绝不赞同您所说的摆脱布鲁塞尔的办法，除非我们有出版合同做保证，并明文约定还款日期。我改天再和您谈这个问题吧。

您这几行冠冕堂皇的说教让我生厌。您得想想，一般来说，我一犯错就会神经紧张，除非是我死心塌地要干蠢事，比如说我为《世纪报》当了二十年撰稿人那件事，但我当时是为了历练。

除了夏多布里昂、巴尔扎克、司汤达、梅里美、德·维尼、福楼拜、邦维尔、戈蒂耶、勒孔特·德·利勒以外，所有那些现代人渣都令我厌恶。您的那些院士，厌恶。您的那些自由派人士，厌恶。美德，厌恶。恶行，厌恶。流畅的风格，厌恶。进步，厌恶。永远别再跟我提那些言之无物的空谈家了。

祝好。

夏·波

我觉得那100法郎正在路上。您和丹迪打交道要当心。——其实您可以半开玩笑地补充说，从诸多角度看，《剥掉外衣的比利时》都是一本相当严肃的书，而且，这本讽刺书的目的就是嘲弄所有那些所谓的进步，因为在我看来，那不过是些愚蠢的异教，——并体现出上帝的治理。我说得够明白了吧？

***

如果您觉得这桩大买卖可以向丹迪敞开大门，那就必须对加尼埃何以拒绝合作拿出一个合理的解释。依照累加级数，第一个人的拒绝会挫伤第二个人的信心，依此类推。

如果是我，我只会侧重谈：

——每版印刷多少册，

——每册付作者多少钱，

而不谈：

——永久放弃著作权，

也不谈：

——在具体年限内放弃著作权。

夏·波

致纳西斯·昂塞尔

［布鲁塞尔，1866年2月］18—19日当夜

我亲爱的朋友，还有一件事您得过过脑子，即：如果有可能与米歇尔·莱维重新合作（参见我上封信中关于他的说明），虽然我看不上他的做派和贪得无厌的习性，但其出版社还是有实力的，这可能对我们有利。

但关于比利时那本书和丹迪,他可能仍会像两三年前谈到埃采尔先生时的说法一样:要么全交给我出版,要么我什么都不做。

但怎么才能知道米歇尔的想法呢?这是我要去巴黎的另一个原因。

与加尼埃兄弟这桩生意的结局,我越琢磨越觉得蹊跷:

这件事与您手中那两封勒梅尔的来信有出入,——与圣伯夫的来信有矛盾,——与您第一次受到的接待有反差,——也与莱克里凡带回来的信息不符。

夏·波

致纳西斯·昂塞尔

[布鲁塞尔] 1866 年 2 月 19 日星期一

我亲爱的朋友:

今天上午,我收到一封十分意外的信,是圣伯夫的秘书特鲁巴先生写来的,他说了雷迈尔先生① 不少好话,说他是一位极度热心且非常睿智的出版商,并说雷迈尔先生热切希望能由他再版《恶之花》。我答复特鲁巴先生说我已委托了您全权处理一切。

这个信息值得您中断正在进行的工作么? 我可不这么认为。但似乎有必要了解一下这位雷迈尔先生是何许人,他的出版社地址在舒瓦瑟尔廊街(passage Choiseul) 47 号。

圣伯夫了解我的麻烦,而特鲁巴自己是轻易不会说这种话的(他一般只会替圣伯夫着想)。

另外,这封信传达的信息又相当含混。我甚至无法准确判断这位先生是作为一位通常愿意出版我全集的出版商、且是由某个不知名的朋友好心为我着想并以某种委婉的方式举荐于我的,还是仅仅向我推荐一位只出版诗集的优秀出版商。

---

① 雷迈尔(Alpnonse-Pierre Lemerre, 1838—1912),法国出版家,曾经是《艺术报》的出版人;当时是《当代帕纳斯》的出版人;以出版众多帕纳斯派诗人的作品著称。

我觉得此前的两封信会让您备感冲击。世事繁冗，务必谨慎！给您招来这么多麻烦我甚感惭愧，谨对您深表歉意。

只要一想到我在这个狗东西般的国家里，在这个只有偷盗、谎言、坑钱的国家里，加之这个比利时只会让我在巴黎的所有生意都举步维艰，我的气就不打一处来。

——千万当心，求您。

夏·波

此地的生活变得越来越不堪忍受了。我觉得这两个月或六周的强制节俭惹翻了那个泼妇①。即便不还钱也得在她店里消费。他们只尊重胃口好的病人。

下午

莱克里凡先生刚离开我这儿。我给他看了您的信和加尼埃兄弟的信。

莱克里凡很震惊，他认为这事清楚了。他让我又读了一遍，并说："与勒梅尔的协议是怎么回事？"（我和勒梅尔之间从未签过协议。）——"与埃采尔的协议是怎么回事？"（我告诉了他与埃采尔签约的事。）然后他得出结论说（他记得勒梅尔就这桩生意的价值曾长时间咨询过他），勒梅尔的确是将这笔买卖当成自家生意同加尼埃兄弟谈了，但同时又想方设法让他们讨厌这桩生意，或许是因为他想留给自己再转手，或者干脆就是想让别人看不上。

您交给加尼埃的那封信，其中很多消息来自这位经纪人，这封信确实太蠢了，谬误满篇，难怪让人家疑窦丛生。

请您注意，只有勒梅尔知道我与埃采尔签订过那个合同且该合同并未实施，并且我正是因为勒梅尔的建议（他宣称《巴黎的忧郁》和《恶之花》是这桩生意成功与否的关键）才去找的埃采尔，请他解除合同，将著作权归还给我的。

---

① 指巨镜旅馆的老板娘。

——勒梅尔见过伊波利特五次。——我曾经反复叮嘱您要谨慎。

未征得我的同意前您谁也不要见了。此事就此打住。

我现在很担心与加尼埃兄弟的交易失败会影响到丹迪。像俗话说的,怕什么就来什么,我很怕他们见面时开口就问:"波德莱尔先生的一位朋友推荐的那几卷作品到底是怎么回事?等等……"所以说,您可以就此放手了。

致于勒·特鲁巴

[布鲁塞尔]1866年2月19日星期一

我亲爱的特鲁巴:

我向您保证,我今天上午切身感受到了您对我的友情。您知道我不是个被生活宠坏了的孩子。

但我得对您说,您的信对我来说似乎有些云山雾沼;这位雷迈尔先生是怎么回事?说真的,我根本不认识他。

两个月以来,朱利安·勒梅尔一直让我相信他正就我的作品(不包括我翻译的爱伦·坡作品和《剥掉外衣的比利时》)的出版事宜与两位加尼埃先生商谈。可我的一位朋友①昨天告诉我说,他去看望过加尼埃兄弟,伊波利特·加尼埃宣称他从未见过勒梅尔,而且拒绝与我合作。

现在,我的朋友正在物色新的出版商。似乎他已经约了丹迪见面。——我应该让他暂停这些安排么?

我想我将在3月15日左右赴巴黎。因为这种状况必须做个了断。大家都把我忘了。我需要找一位出版商出版我的文论,三卷;找一位出版商出版《恶之花》增补版和《巴黎的忧郁》(散文诗)(还差最后几页),两卷;还要找一位出版商出版《剥掉外衣的比利时》,一卷。

我又重读了您的这封短信,完全不明白您举荐的这位雷迈尔先生是想出版我的全集,还是只想出版我的诗集。

敬请回复。

---

① 指昂塞尔。

我对《巴黎的忧郁》相当满意。总之,这还是《恶之花》,但更自由、细腻、辛辣。

谢谢,并祝好。

CH. 波德莱尔

致费利西安·洛普斯

[布鲁塞尔,1866年2月21日]

我亲爱的洛普斯:

我想象着那片魔沼迎着太阳,正在您的来信上方熠熠闪光,它隐喻的正是如下这几句诗:

> 我的腰腹,我的腿脚
> 都不容我再循规蹈矩
> 向魔鬼大人鞠躬敬礼。
> 我腰腹和腿脚都在说:
> "唉!真是痛心惋惜!"

这里,您的隐喻已不是恭维,而是讽喻我的美德之堕落。

《恶之花》的卷首插图和招贴画您务必继续创作下去。经过七个月不幸的信件鏖战,我和几位朋友决定我必须亲赴巴黎解决这些问题。恐怕得找到一个蠢到对您的阴森恐怖一头雾水的出版商才能博得您的青眼。

现在,您愿意很轻松地就能让我开心么?

您知道我是多么重视寓意深邃的戏谑艺术,多么看重轻浮面纱之下的严肃。如果说能有人把这一宏图伟业付诸实现,则此人非您莫属。所以说,您向他人赠送自己的作品和纪念品,绝对就像那些在田里揩腚后把纸送予他人的人。大风会把它们(那些纸)拂荡净尽。

在那些热爱您、赞赏您的人看来,那些人压根就不值得您去巴结恭维。

您来布鲁塞尔时请给我带点儿您的作品片段,或素描,或铜版画,但凡是回忆巴黎的都行。(我还记得在玛拉西家看到的那些迷人的版画,其中有一幅是两个女孩靠在沙发上,戴着单片眼镜!)(两人坐姿不同)。

我告诉您说,我一定能找到一位书商出版我的全集,如果我乐意,我会为展示您的才华而呐喊,同时我还要说,对您这样一个严肃的人来说,您花在身披灰色斗篷攀爬丝绸软梯方面的时间实在太多了①。

我没什么品位,这我能感觉得到,我就像个坏人。我的言外之意是,要是您不肯帮忙,我就对您死缠烂打。

请向波莱先生②和洛普斯夫人转达我的尊敬之情。那些俏皮话我觉得您大可不必告诉他们。

祝好。

夏·波

啊,还有个信末附言!

在我看来,一幅漂亮的铜版画(表现《骷髅之舞》《瘦削的风情女郎》……)就足以成为一幅很好的卷首插图。

很可怕,但又矫饰了一番;很丑陋,却又风情无限。

1866年2月21日

我觉得您为《吟余集》创作的卷首插图太棒了,尤其是那种无所不在的创造性。但不该再让我看到画稿。那种光线感消失了。不幸的是,我不懂这一行,无法向您解释您是怎么让您最初的构思失去光线感的。啊!不过!您不会因为我直抒己见而生我的气吧?请您相信,我只是对此事有些不同看法而已。

致纳西斯·昂塞尔

[布鲁塞尔] 1866年2月21日星期三

我亲爱的朋友:

我昨天上午八点、下午三点和晚上六点都在等您的回信(为了那100

---

① "身披灰色斗篷"和"攀爬丝绸软梯"都是在影射洛普斯不检点的私生活,所以波德莱尔在后面说"这些俏皮话我觉得您大可不必告诉他们"。

② 指洛普斯的岳父。

法郎），今天我会在同样的时段接着等。您肯定是想同时告诉我丹迪的消息。果真如此，我可能还要等很长时间。难道您就不能体谅一下我的境况有多紧迫？——根据您的意愿，我寄给您一些备选书商的说明；但丹迪除外，不管您是否去过，我恳请您先搁下这件事。莱克里凡本想告诉您，但他不敢。我亲爱的朋友，请不要为我对您说的话而生我的气，并请相信您的友谊和奉献我都铭记在心。但坦率地说，所有这些投机、所有这些商业上的处心积虑对您来说都是新事物，我担心在巴黎这个都市里，在这个像村庄一样万事都会反复出现的城市里，您不要急切地去拜访那些潜在的出版商，否则有可能无意之间就把事情搞砸了，或者让这件事更加难做。但我觉得，还有另外一个重要原因，——一个无非证明我性格极端软弱的原因，——那就是期待您的回信让我心绪不宁，完全无心工作。

无论发生什么情况，我3月15日都要去巴黎走一遭，我要在和一些人稍事沟通后再考虑是否把我的作品分成两部分出版，或者仍按目前这种似乎更为理智的做法，坚持出版全集。

至于勒梅尔-加尼埃那个奥秘，我甚至都不想再去找出答案了；只有勒梅尔知道个中缘由，他不说肯定自有他的道理。

您在最近哪封信里告诉我说我母亲的医生好像本事不大，但又不能说。这让我十分不安。我们的病都显现出同一种症状。如果我母亲的症状恶化，您说我得多担心！我会听从您的建议；但坦率地说，我另有考虑。

三天前我已经开始动用我存下的那100法郎。所以，当您的100法郎寄到后，我只能付给旅馆190法郎了。如果人家鄙夷地扔回来怎么办？

请向昂塞尔夫人转达我深切的问候。

祝好，并感谢您。

CH. 波德莱尔

致奥古斯特·儒塞

［布鲁塞尔］1866年2月21日

唉！我亲爱的先生，您除了记得我欠您钱，根本不知道我目前处于何种心境和财务状况之中！我刚刚病了很长时间；12月的时候已经非常糟糕了。而且我刚刚得知，我成了一位朋友[1]背信弃义的受害者，我就是委托他负责我那单大生意的；因为我一门心思只能指望这单生意；此地距巴黎有一天的路程，所以我无法像在巴黎那样可以轻松地获得小笔稿费。——总之我必须去趟巴黎，自己去搞定这一切。但我目前有心无力。我身子太弱了。我觉得我最迟会在3月15—20日之间去。如果有机会成功，我自然会惦记您的事。

虽然我今天无能为力，但请相信，我随时听候您的盼咐。

CH. 波德莱尔

至于4月15日到期的那300法郎，请不必着急。肯定会还给您的，咱们先办个展期吧。

致欧皮克夫人

[布鲁塞尔] 1866年2月21日

我亲爱的母亲，你终于来信了，这封信让我高兴。你说，那件让你担心的事终于让你如释重负。这太棒了。但你还是要给我写信，告诉我详情，我必须确认这件事。谢天谢地！请继续给我写信！

至于我，我一切都好，除了不时还有些发烧以及持续性的神经痛，跟12月差不多。我很虚弱；木呆呆的；很胆怯而且很笨拙，就是这样。

是的，我知道了那些坏消息[2]。我刚刚给昂塞尔写了一封信，告诉他别再掺和这件事了；你放心，我是非常委婉地跟他说的。——他会找时间写信告诉你更多的情况，对我则会有所保留。

加尼埃兄弟给他写了一封信，他转给我了，满篇谬误和蠢话。显而易见，勒梅尔推荐这桩生意的时候别提有多蠢了。我给莱克里凡——此前他认为这笔交易绝对能够成功——看了昂塞尔和加尼埃兄弟的信后，他对我

---

[1] 指勒梅尔。
[2] 指昂塞尔在写给欧皮克夫人的信中告诉她加尼埃兄弟拒绝就出版波德莱尔的作品签约，至少要等波德莱尔回到法国。

说:"很可能勒梅尔是故意搅黄了这笔交易,好逼着您直接和他商谈。"

这也太卑鄙了。——面对这种变故,昂塞尔肯定是无法调动机智与技巧去驾驭的。我生怕他又像闯入加尼埃家那样冒失地闯进丹迪的家。我必须阻止他这样做。那样就会又毁掉一位出版商,而且后果非常严重,因为他肯定会对丹迪说起与加尼埃兄弟交易失败的原因,而且会把加尼埃兄弟满口瞎话的拒绝理由当真话说给丹迪听。丹迪肯定会把这些话传出去,然后就会越传越邪乎。

(求求你,你明白么?求求你,这些话千万别写信告诉昂塞尔。你会在这些你根本不懂的事情上花费大量笔墨胡乱猜想的。)

我会坚持出版全集的方案。勒梅尔跟我说过"至少别把《恶之花》和《巴黎的忧郁》拆开出版",他是对的。他似乎多次向莱克里凡咨询过这桩生意的商业价值。多奇怪呵!怎能不让人生疑呢?

只要身体允许,我就动身去趟巴黎。是的,我知道德夏内尔那个可笑的讲座。《时光》的专栏编辑以俏皮而可爱的方式做了报道。但对我来说,昂塞尔的一封信却对此做出了完美的诠释。——我觉得这位好好先生是认同德夏内尔的观点的。——请你特别留意,为我这些诗鼓掌的人,很可能就是九年前认定这本书惊世骇俗和疯狂的同一拨人。

有人说其他国家蠢过法国(我今天相信了)。所以,尽管法国也很蠢,但毕竟还得回到这个国家去生活,要么就去另一个世界。

等看到德夏内尔先生时我打算谢谢他。我敢打赌他看不出我是在嘲笑他。

拥抱你,并求你别总是不告诉我你的情况。

夏尔

致昂塞尔夫人

[布鲁塞尔]1866年2月26日星期一

夫人:

谢谢您的丈夫对我的事务所给予的全部关心。如果我漠视他为我做出的成就和付出的时间,我就是没良心。

我之所以未立即确认收到您寄来的100法郎,是因为钱寄到的那天,我头部的风湿症刚巧又发作了。没办法写字。

夫人,请接受我崇高的敬意。

夏尔·波德莱尔

为了让我们那位喜爱新奇事物的大收藏家昂塞尔先生开心,我在这封信里干了一件坏事,如果您能为我复制一份,那我就太感谢了。因为,既然比利时人远比法国人更愚蠢,我就必须在我那本关于比利时的书中披露这一点。而这里说到的那位德·博纳男爵(baron de Ponnat)就是一个这样的傻瓜,他创建的那份无神论和唯物论报刊《老实人》被取缔了①。

夫人,请原谅我利用您的渠道传递这些龌龊的东西。——这些东西在复制件中,是被画上线的那些段落。

我担心这样一种古怪的寄信方式会冒犯昂塞尔夫人,所以我改变了主意并在信封上写下:请转交昂塞尔先生。

致欧皮克夫人

[布鲁塞尔] 1866年2月26日星期一

我亲爱的母亲,我不明白或者不太明白你在信中打算说明什么。不明白还是不太明白同样让我觉得丢脸。你跟我说的都是些什么文章?首先就没有德夏内尔那篇文章。德夏内尔是个教授,他的粉丝都是些太太小姐(你看到咱们这儿也有个男人对他感兴趣),他在巴黎就我的诗歌举办了一场公开讲座。我是通过《时光》的专栏编辑亨利·德·拉马德兰的报道得知这则消息的,拉马德兰在报道中非常风趣地指责他那么谨小慎微、曲尽周折地向公众揭示了像我这样一个无赖的形象。我太了解德夏内尔了,我能猜到他的讲座会讲些什么。此外,熟谙文学的昂塞尔说他的讲座有如大象跳波莱罗舞的评论也证实了我的观点。——再多的情况我就不知道了。

---

① 《老实人》(Candide) 创刊于1865年5月3日,出版了8期后于5月27日停刊。它与《左岸》(La Rive gauche) 一样,属于拉丁区的"左翼"出版物。

我没对你说我要嘲笑德夏内尔，我只是说打算谢谢他，在我看来将这种感谢作为嘲弄就已经足够了。但我要补充说，他当真会以为我是在感谢他。

信中有另一处错误——这个错误对于一位妈妈来说可就太严重了——那就是：你的儿子还不到四十六周岁。一个多月以后他才满四十五岁。

很久以来，旅馆的老板娘就一直在吵闹，搅得我受不了；但我还得忍下去。他们不再给我账单了。但我能算出一个大概。截至1865年2月（也就是一年前）我欠了1000法郎。1865年全年我付了1600法郎。所以，刚刚过去的一年里，我好像只付了600法郎。我估计每月大约（至少）要付200法郎。

是的，我想阻止昂塞尔的贸然举动。他的冒进和热情吓坏了我。巴黎虽然不是一个村庄，但每个行当俨然就是一个村子，一切都有自己的行规。所以说，与几家出版社洽商中出现的一系列失败对我来说都是灾难性的。我从未怀疑过昂塞尔的友谊。但我觉得可能是他操之过急才把事情搞砸的。我只求他做一件事：就是弄清楚勒梅尔-加尼埃那桩奥秘到底是怎么回事，他还没搞清楚就把事情办砸了。（我再说一遍，千万不要写信告诉他这件事，否则对他来说接受不了。）还有个奥秘无法解释。伊波利特·加尼埃咨询过圣伯夫，说明他是有想法的，他曾不止一次表示希望出版我的作品。可能是已经相当富有的奥古斯特·加尼埃不喜欢他哥哥的冒险精神。加尼埃兄弟在回绝信中摆出的理由很荒谬，影射的都是些捕风捉影的事情。要么是勒梅尔愚不可及，要么是他成心毁了这桩生意好由自己掌控；最终，昂塞尔的冒失又给了奥古斯特·加尼埃一个摆平他哥哥伊波利特的机会。

关于比利时那本书，昂塞尔还没有得到丹迪的答复。

我希望能在3月15日去趟巴黎，并争取去翁弗勒尔拥抱你。这对我有益。

至于我的身体状况，我向你保证一切都好，总之我不希望自己像个病人那样被人送进医院。所以说，这些风湿病、神经痛、不灵活等等问题在这样潮湿的气候中反复发作又有什么可奇怪的呢？此地的居民那么喜欢潮湿，甚至在大雨倾盆时也会冲洗房子，而且不仅冲洗室内，连外墙也要冲洗！

紧紧拥抱你，并请你不要担心。

夏尔

《吟余集》赠书清单（25册）

[布鲁塞尔，1866年2月底或3月初]

+阿瑟利诺	+维图		+昂塞尔
卡蒂尔	谢纳瓦尔	加瓦尔尼	+德朗日①
+邦维尔	+杜刚	戈兹朗	+鲁朗
+勒孔特·德·利勒	雅南	雷耶尔	+贝勒蒂耶
+福楼拜	弗洛芒坦	洛克普朗	毕纳尔
+尚弗勒里	迪梅尼尔	迪拉蒙	谢克斯·戴斯唐热②
			6
+马奈	苏拉里	+梅里美	
蒙斯莱	+纳达尔	托雷	
多尔维利	弗拉豪特③	+埃采尔+莱维	
+圣伯夫	戴斯丹普④	夏斯勒	
+戈蒂耶	+特鲁巴	11	
+勒若斯纳	11		
默里斯夫人			
马朗库尔	伊利亚尔特	乌塞耶	莱维
14	德·卡洛纳	丹迪	丹迪
	马索兰	富尔	富尔
	维尔梅桑	8	伊利亚尔特
	阿尔芒·弗莱斯		维尔梅桑
			卡洛纳
莱维	戈蒂耶	加瓦尔尼	谢克斯·戴斯唐热 乌塞耶

---

① 德朗日（Henri-Adolphe Delange, 1804—?），法国古董商。
② 谢克斯·戴斯唐热（Gustave Chaix-d'Est-Ange, 1832—1887），法国律师，《恶之花》案时波德莱尔的辩护律师。
③ 弗拉豪特（Flahaut, 1831—?），法国画家。
④ 戴斯丹普（Comte Ambroise-Heéodose d'Estampes, 1830—1889），法国企业家，1863—1888年任"世界"保险公司（Le Monde）董事。波德莱尔与之结识是康斯坦丁·居伊介绍的。

卡蒂尔	谢纳瓦尔	洛克普朗	卡洛纳	马索兰
蒙斯莱	弗洛芒坦	毕纳尔	弗莱斯	8
多尔维利	弗拉豪特	富尔	丹迪	
4	4	4	4	

致欧皮克夫人

[布鲁塞尔] 1866年3月5日星期一

我亲爱的母亲，我知道，但凡有关我的琐事你没有不喜欢的，所以我给你寄去这篇文章，它是分三期发表的（我手里只有两期，第一期没有收到），已经发表了一段时间①。

这些年轻人有才华；却又如此疯狂！真不愧是青年人的夸夸其谈和自命不凡！几年来，我不时发现一些模仿我以及令我不安的趋势。我觉得最害人的莫过于模仿，我还是喜欢当个孤家寡人。但看来不大可能了；看来是存在着那么一个波德莱尔派（l'école Baudelaire）。

我亲爱的母亲，你在信中给我写了很多怪诞的想法，你还责备我不谨慎，这些都安慰不了我。——我上当了，我被比利时骗了，然后又被勒梅尔骗了。——我没想到能在你身边度过的两年多时光会被剥夺，而且被蒙骗了这么久。现在我必须设法独自摆脱困境并弥补已造成的损失。你当然可以弃我于一己命运之中，责备的话再多也无济于事。

不过，我宁愿你责备我，也比你什么都不写给我强。因为你的沉默始终最让我担心。既然你没有告诉我你的身体状况，那就是说你的身体还不错，是么？

我打算用半个月时间再努力创作几篇《巴黎的忧郁》，然后处理一些杂事；这些工作完成后（比利时那本书除外），我就要去巴黎撞撞运气。当然我还得回布鲁塞尔；但如果我在巴黎大获成功，能顺利地卖出我的

---

① 指魏尔伦1865年11月16日、11月30日和12月23日发表在《艺术报》(L'Art) 上的一篇研究波德莱尔的长文，是特鲁巴请雷迈尔寄给波德莱尔的，但波德莱尔只收到了两期。

书，回比利时也就是再待几天而已。因为我还得购物、结账和托运行李。

我发现这里的很多法国人像我一样生了病，而且我觉得在这个地方，精神像身体一样发生了异变，更不消说自作自受和被人遗忘了，而且在不知不觉中丢掉了我在法国的所有熟人，我这样说，你还会觉得我喜欢生活在这样一个傻瓜遍地、四处受敌的国度里么？

在翁弗勒尔定居始终是我最珍贵的梦想。

我得知圣伯夫一度病得很厉害。他写信告诉我说他现在身体不错。作为一位以前的医科学生，他不顾众人反对，不顾其年龄可能招致的风险，毅然决然接受了一次痛苦的手术！结果，手术成功了。

我戒掉上午喝酒的毛病已经有好几天了。我现在只吃冷肉和喝茶，喝英式茶。——这样做的最大好处是可以马上投入工作，而且可以工作很长时间。但喝茶让我有一种微醺的感觉，脑袋稍微有点儿充血，就像有时吃冰淇淋时脑袋有充血的感觉一样。我现在最怕的就是头痛。那位莱克里凡先生（他去拜访勒梅尔以后又回到了这里）刚刚得了神经痛，脾气暴躁，而且冒冷汗。如今这个身强力壮的人的状态还不如我。

拥抱你。

夏尔

我已经好久没收到昂塞尔的信了。可能是我冒犯了他，但小心驶得万年船。——到巴黎再见他吧。

致于勒·特鲁巴

［布鲁塞尔］1866 年 3 月 5 日星期一

我亲爱的特鲁巴：

我想我是忘了感谢您 2 月 20 日的来信了[①]。——我收到了雷迈尔先生寄来的评论我的文章，是那三期《艺术报》中的两期。别为忘记寄第一期

[①] 特鲁巴 1866 年 2 月 20 日给波德莱尔写信，抱歉说他把朱利安·勒梅尔和阿尔封斯·雷迈尔搞混了。

再费神了。我浏览了这两期报纸。这些年轻人绝对不乏才具,就是太疯狂了!疏漏的地方太多!太过夸夸其谈!太缺乏严谨性!说实话,后生可畏,吓得我够呛。我宁愿孤独一人。

我还是坚持我的想法,将六卷作品出版全集。我会听从圣伯夫的劝告;我准备二十天以后亲自去巴黎撞撞运气。我可能会和雷迈尔先生见个面,但和他谈话我会非常谨慎,可能只谈一谈那几本优美的小册子,这些小册子是我那三部批评作品中的主要节选,我准备放进"原创丛书"(Bibliothèque originale) 中出版。但对我来说这只是万不得已时——即无法与《恶之花》《巴黎的忧郁》和《剥掉外衣的比利时》一同出版时——才会选择的下下策。啊!这部《巴黎的忧郁》,其中蕴含着何等的愤怒,又让我何等含辛茹苦呵!但我对其中某些部分还不甚满意。

我告诉过您勒梅尔-加尼埃那场灾难。莱克里凡先生上次去巴黎时拜访过勒梅尔,他确信勒梅尔向加尼埃推荐这桩生意时成心装傻,因为他早有预谋,想胁迫我由他自己的书局出版这些作品。我不喜欢过分追究此事。但我觉得勒梅尔的确有些可疑。

麻烦您帮我找找莱昂·德·马朗库尔的地址,——您在阿希尔·富尔那儿能找到,不过富尔的地址我也不知道。

我正在考虑丹迪、富尔,也许还要考虑和莱维这个怪物和解。但我变得更傻了,更笨了,和以前的我判若两人。

我很高兴地得知圣伯夫康复了。除了欧仁·德拉克洛瓦以外,我还从来没有为别人病愈而如此激动过,不过德拉克洛瓦本人却是个不折不扣的利己主义者。尽管如此,这种情感依旧油然而生。

我很希望在巴黎时能安排某天晚上和他(圣伯夫)共进晚餐[①]。

祝好。

夏·波

我会带给您和他一点儿小玩意,它除了稀罕以外别无长处。

[①] 特鲁巴 1866 年 3 月 10 日给波德莱尔回信:"好的,您到巴黎后我们一起和大师晚餐."

致欧皮克夫人 ①

[布鲁塞尔,1866年] 3月20日星期二

我亲爱的母亲,我现在的情况不好不坏。我还在工作,但写字很困难。我以后会向你解释原因。长久以来我始终坚持要亲笔写信给你,所以我打算今晚或明天上午再给你写,对你提出的所有问题一一作答。去巴黎的事可能要推迟,没办法。但我还是得去,因为形势所迫。——我今后再不会耽搁这么久给你写信了。

我可怜又亲爱的小母亲,你一直以来的担忧都是因为我!("担忧"这个词只有一个字母"t")。在法国,拼写发生了许多变化,所以你有时可以看到一些看上去很怪的拼写,比如说拿破仑和拉马丁的拼写。

如果你没有同时收到我写给你的这两封信,那么你会在收到这封信后的第二天再收到下一封。

拥抱你。

夏尔

如果你想读读《海上劳工》(Les Travailleurs de la mer),我这几天就寄给你。

致欧皮克夫人

[布鲁塞尔] 1866年3月23日星期五

我亲爱的母亲:

昂塞尔先生好久都没答理我了。我想推迟去巴黎的时间,因为有一些工作需要了结,还要等收到一些钱来支付旅馆费用后才能走;但在三天前,即上一封信寄走后,我又再一次中风,现在四肢已经不灵便了。

如果可能,请你写信告诉昂塞尔先生,立刻给旅馆老板娘勒帕奇夫人

---

① 1866年3月中旬,波德莱尔与费利西安·洛普斯参观那慕尔的圣-鲁教堂(l'église Saint-Loup)时摔倒,并出现了失语和半身不遂的最初症状。这封信是他最后一封亲笔信,此后的信都是口授的。

(Mme Lepage)寄一笔钱来，——想寄多少或能寄多少随意。特别要告诉他，不要声张，也不要过于急切。你要在这几句话下面画上横线。

这封信是那位好心的医生①代我执笔写给你的，他嘱咐你不要着急上火，并告诉我说过几天我就可以重新工作了。

拥抱你。

你的儿子
夏尔

致昂热·佩希梅雅②

[布鲁塞尔，1866年3月23—30日期间的口授信件，信中感谢佩希梅雅1866年2月写给他的信。]

致欧皮克夫人

[布鲁塞尔]1866年3月26日星期一

我亲爱的母亲：

既然你要求我还照常给你回信，你就必须知道，即便想歪七扭八地写出我的名字，对我的大脑来说也是一项重大工程。我觉得昂塞尔先生是不会将1000法郎寄给勒帕奇夫人的。

我不想让他来接我。

中风前一天，一位巴黎的朋友③建议我说，如果我觉得自己病势严重而且希望马上回国，他会呼吁我的朋友们资助我。我拒绝了，因为我相信

---

① 指莱昂·马克医生。
② 昂热·佩希梅雅（Ange Pechméja，1819—1887），法国诗人、作家。
③ 可能是指阿瑟利诺。阿瑟利诺在其《夏尔·波德莱尔的生平及其作品》中曾经写道："为了让他能够回来，大家曾经提议共同为他提供一笔资助。波德莱尔拒绝了，他说他的工作仍在进行中，他还在整理他的札记。"

我很快就会亲自到巴黎去。我所有的朋友和医生都赞成我应当在半年内停止一切文学活动,到乡野去生活一段时间。

莱昂·马克医生的地址:实业广场(place de l'Industrie)10 号。

你一切都好么?

拥抱你。

夏尔

致卡蒂尔·孟戴斯

布鲁塞尔,1866 年 3 月 29 日

我亲爱的朋友:

我深切地感谢您:您告诉我的每一件事都太好了,而且我对您拟定的标题十分满意。昨天我已收到了一位名叫图瓦农(Toinon)的印刷商——他在圣日耳曼和巴黎两地都设有办公室——寄来的清样,昨天晚上我已将修订好的清样寄回其巴黎办公室了,一半是我改的,一半是米约[1]改的,因为我病得很厉害,写出来的东西很难辨认。您明天(星期五)上午就能收到这封信,如果您能再核对一遍修订稿,我将不胜感激。

祝好。

夏尔·波德莱尔
(古斯塔夫·米约代笔)

又及:——是《哀伤的情歌》(Madrigal triste),不是《情歌》(Le Madrigral);是《为一部禁书的题辞》(Épigraphe pour un Livre condamné),不是《为一部书的题辞》(Épigraphe pour un Livre);是《致一位马拉巴尔姑娘》(À une Malabaraise),不是《致一位马拉布尔姑娘》(À une Malabraise)。

总标题下的最后一首诗,在《遥远的地方》(Bien loin d'ici)之前应该有一个破折号(——),以便与总标题隔开,自成体系。

---

[1] 古斯塔夫·米约(Gustave Millot),法国记者和编辑,此时应邀去病床边陪伴波德莱尔。

《伊卡洛斯的哀叹》(Les Plaintes d'un Icarre) 一诗，伊卡洛斯的名字中多了一个字母"r"。

《新恶之花》(Nouvelles Fleurs du mal) 在排印时，应将"恶之花"三字正体大写（FLEURS DU MAL），从而与斜体的"新"字（Nouvelles）区别开来。

夏·波

致欧内斯特·普拉隆 [1]

布鲁塞尔，1866 年 3 月 29 日

我亲爱的普拉隆：

十分感谢您惠赠我这本《低沉长笛风》(Airs de flute sur des motifs graves)。我快速浏览了一遍，它让我觉得可以称之为友情时代的编年史。我忘了，我还要感谢您头脑中迷人的回忆。

至于阅读的印象，我只能谈谈我读过的几篇：《东方问题》(La Question d'Orient)。我觉得这首诗好极了，押韵美妙，奇特有趣。但想提醒您注意，在第五节中（第 270 页）有拼写错误。

第 314 页（第十四节）也有拼写错误。

第 315 页（"林荫大道"与"巴黎"这两个词没有押上韵）。

亲爱的朋友，其他诗我还要继续读，我全身心地感谢您。我身体有些不舒服，就不亲自给您写信了。

祝好。

夏尔·波德莱尔
蒙塔涅路 28 号

---

[1] 欧内斯特·普拉隆（Ernest Prorond，1821—1909），法国作家和地方志学者，波德莱尔青年时期的朋友。

致纳西斯·昂塞尔

布鲁塞尔，1866 年 3 月 30 日星期五

我亲爱的朋友：

非常感谢您亲切的来信，我赞赏您信中表达出的高尚情感，但我觉得一方面您有些过于着急，另一方面我觉得更可能是为了满足我母亲的要求[①]。

一、我现在动不了；

二、我有债务；

三、为了完成我的工作，我还有五六个城市要去走走。

我们可以通过经常通信在诸多方面达成共识。千万不要怠慢旅馆的那个女人。不要轻易重启丹迪那笔交易，您只要知道他脑子里在想什么就可以了，只有在他想做这桩生意的时候再给他看那篇写作大纲。您如果愿意，可以告诉他我生病了，但关于我病情的真实情况什么也不要告诉他。

请给我回信，并请向令堂大人致意。

我母亲希望付给那个讨厌的蠢女人 1000 法郎；请您尊重她的愿望。

请原谅我写得这么短，这封信是请别人代笔写的。

祝好。

夏尔·波德莱尔

致欧皮克夫人 [②]

布鲁塞尔，1866 年 3 月 30 日星期五

我亲爱的母亲：

我的回信是星期一寄出的，星期二晚上可以收到。星期三，星期四，还有今天，星期五，你就可以告诉我你的消息了；如果你没这么做，可能是你以为我只关心我自己。

---

① 指给旅馆老板娘汇钱一事。

② 当天夜里，中风再次剧烈发作，导致波德莱尔右侧半瘫和失语。

你一定要把你的身体情况告诉我。

我收到了昂塞尔的一封信,他告诉我他很快就会来。但这没有什么用,至少有些早。

一、因为我现在动不了;

二、因为我还有债务在身;

三、因为我还有六座城市要去走走,大致需要半个月。我不想让自己的工作成果打水漂。

我感到他应该时刻铭记的是让你开心并遵从你的意愿;我就是为此才直接给你写信的;而且我随时可以尽早回来。

请给我写封长信,详细谈谈你的情况。

全身心拥抱你。

夏尔

致纳西斯·昂塞尔

[布鲁塞尔,1866年3月30日星期五或3月31日清晨]

[昂塞尔1866年4月11日在写给玛拉西的信中说:"我对波德莱尔让你执笔写给我的信心存些许困惑。对于什么可能是他的怪念头,我是心知肚明的。他有时的确与我关系不洽。我很愿意既往不咎。"这说明波德莱尔在30日或31日凌晨或许还可能口授过一封信。]

日期不详但有下落或缺失亡佚的书简

[致皮埃尔·谢瓦纳,别号阿芒?]

[这封信夹在一册第二版《恶之花》中。这本《恶之花》是众多精美的浪漫主义文学作品收藏之一,藏书编号是第52号……,其中大部分富丽堂皇的精装书都属于阿芒所有。这些藏书于1871年12月11—13日被

拍卖,由奥古斯特·奥布里(Auguste Aubry)收藏。阿芒是一位精装书装订工,1900年去世,他曾接替洛尔迪克(Lortic)为波德莱尔装订精装书。所以这封信很可能是波德莱尔写给阿芒的。]

[致阿瑟利诺的母亲?]

[这是一封亲笔信,夹在一册第一版《恶之花》中,"非常有可能是写给他的朋友夏尔·阿瑟利诺的母亲的"。]

致雅克·欧皮克

[此信系私人收藏,在德国占领期间佚失。]

致尚弗勒里

[尚弗勒里的收藏中有一份亲笔书信目录,1891年由埃蒂安·沙拉维(Étienne Charavay)收藏。目录第21号项下列有十二封波德莱尔签名的亲笔信,其中两封于1848—1853年以铅笔写就;目录第22号项下列有六封波德莱尔的亲笔信,用姓名的开头字母签字,都是"亲密的诗体信"。第21号项下的十二封信只找到了五封;第22号项下的六封信也只找到了五封。所以波德莱尔致尚弗勒里的书信尚缺八封。]

致菲拉莱特·夏斯勒

[在维耶维尔和卡比奥蒙印刷所(imprimerie Viéville et Capiomont)1875年前后印制的《菲拉莱特·夏斯勒书信收藏目录》(*Le Catalogue de la*

Collection de lettres autographes adressées à Philarète Chasles）中，列有两封波德莱尔签名的亲笔信。其中一封写于1856年4月底，感谢夏斯勒4月20日在《论坛报》上就《怪异故事集》发表的书评（参见波德莱尔1856年4月底致夏斯勒的信）；另一封要么是评论夏斯勒1853年4月16日发表在《论坛报》上的文章，要么是给夏斯勒寄赠《怪异与严肃故事集》（参见波德莱尔1865年3月15日左右致夏斯勒的信）。1888年11月出版的《手迹杂志》(Revue des autographes) 第116期曾经提到过其中一封。]

致莱昂·克拉戴尔

[据朱迪特·克拉戴尔（Judith Cladel）1950年8月22日致雅克·克雷佩的信称，波德莱尔写给克拉戴尔的书信在克拉戴尔往来于巴黎和凯尔西期间多已佚失。]

致阿尔芒·迪塔克

[据1925年6月20日在德鲁奥特旅馆（Drouot）举办的迪塔克藏品拍卖会目录显示，第58号拍品项下列有波德莱尔1852—1854年间的四封亲笔信和一份说明，其中两封信可能已经佚失。第60号拍品项下列有三封波德莱尔的亲笔信，写于1854年6月和1855年1月，其中一封以铅笔写就。"其中两封信涉及金钱问题，而波德莱尔谈论的语调始终是自尊和坦率的。"但目前只找到了一封。]

致泰奥菲尔·戈蒂耶

[波德莱尔给戈蒂耶写信的目的是推荐西班牙卡洛斯派军官和作曲家约瑟·佩雷斯（José Perez）。这封信没有日期，但巴尔贝·多尔维利曾经

提到波德莱尔"给戈蒂耶"写过一封推荐佩雷斯的信。]

致亨利·尼科尔

[据一份来历不明的目录称,这封信的签名非常有趣。亨利·尼科尔(Henri Nicolle)是几本导游书的作者,并为法兰西喜剧院创作过一部喜剧《我姨妈的计划》(Les Projets de ma tante),1859年10月8日上演。1853年,尼科尔在吉罗与达尼约出版社(Giraud et Dagneau)曾出版过一部《荒诞故事集》(Les Contes invraisemblables)——这个书名很像是为《怪异故事集》做广告——而波德莱尔在这一时期也确曾和吉罗与达尼约这两位出版商打过交道(参见波德莱尔1852年2月3日致巴斯谢、1852年10月13日致勒库的信)。波德莱尔应该是在维图创办的一份日报《小册子》(Pamphlet)发行期间与尼科尔结识的,这份报纸1848年5月24日创刊,同年11月9日停刊。]

致勒纳尔的一位朋友

[波德莱尔给勒纳尔(Renard)的这位朋友写信是为了感谢他在马德里为其临摹了一幅戈雅的画作。参见波德莱尔1865年2月8日致昂塞尔的信。]

常见人名索引

阿尔贝，埃德蒙·阿尔贝（Edmond Albert），1821年12月4日生于巴黎一个小书商兼出版商家庭。他是靠个人奋斗成功的出版商，曾当过波德莱尔和邦维尔的管家和秘书。他是波德莱尔最后岁月里第一个去杜瓦尔医生疗养院照料诗人的人，也是第一个给纳达尔发电报通知波德莱尔去世的人。欧皮克夫人将儿子的金表赠给他留作纪念；他也受赠了《波德莱尔全集》。此后他一直在孟戴斯出版社工作。具体去世日期不详。

关于阿尔贝，可参见皮舒瓦：《波德莱尔研究》，第2卷，第160—180页。

昂塞尔，纳西斯-德西雷·昂塞尔（Narcisse-Désiré Ancelle），1801年9月29日生于贡比涅大区普莱西-德-鲁瓦埃市（Plessis-de-Roye, arrondissement de Compiègne）。他先是在塞纳河畔讷伊市（Neuilly-sur-Seine）的吉贝尔公证处（Mᵉ Guibert）担任文员，后在拉比公证处（Mᵉ Labie）担任文员，1832年4月11日接任公证人职务，并担任这一职务直至1851年4月28日，此后担任讷伊市市长，至1868年12月底卸任。1866年8月24日成为荣誉团骑士。1888年逝世于伊夫林省牟朗市附近的巴泽蒙城堡（château de Bazemont, près de Meulan, Yvelines）。

昂塞尔1832年与露易丝-朱丽叶·布隆代尔（Louise-Julie Blondel）结婚，育有五个子女。长子阿尔贝（Albert）继承了"昂塞尔档案"，后传给他的孙子拉乌尔（Raoul），再传给莫里斯·昂塞尔（Maurice Ancelle）。昂塞尔的女儿露易丝-欧也妮（Louise-Eugènie）生于1833年，1860年1月嫁给费迪南·奥莱耶上尉（Ferdinand Oreille, 1820—1876）。这位上尉是德·贝里公爵（Duc de Berry）与一位歌剧院舞蹈演员薇吉妮·奥莱耶（Virginie Oreille）的私生子。

关于昂塞尔，可参见皮埃尔·迪费：《波德莱尔的一位朋友昂塞尔先生：德·贝里公爵之子的岳丈》（Pierre Dufay, *Un ami de Baudelaire: M. Ancelle, beau-père d'un fils du duc de Berry*），法兰西信使出版社，1934年10月15日出版，第421—425页。

阿隆戴尔，安托万-让-玛丽·阿隆戴尔（Antoine-Jean-Marie Arondel），1881年3月17日在巴黎去世，时年七十二岁。他曾在皮莫丹府邸（l'hôtel Pimodan）的底层经营古玩字画。他在提交夏洛公证人事务所（Me Charlot）的多种文件中自称"历史画家"（1843年9月13日和10月26日）。波德莱尔从他那里购买了几幅无法确定真伪的油画，还向他借钱买过鳄鱼标本，并因这些借条和欠据背上了债务，最早的债务可追溯到1843年11月5日。除阿隆戴尔外，波德莱尔在法院1844年9月21日为其指定法定监护人以前还欠另外几个人的钱。波德莱尔很快就发现他被阿隆戴尔这个放高利贷的人骗了，但已无法自拔。1844年，他曾在匿名发表的《巴黎演艺界风流秘事》（*Mystères galans des Théâtres de Paris*）中激烈地讽刺过阿隆戴尔，此外在《1845年的沙龙》和《1846年的沙龙》中也含沙射影地提到过他。随着岁月的流逝，波德莱尔的债务不断展期，利息也越滚越多。阿隆戴尔曾使尽伎俩，千方百计想收回这笔钱，但遭到昂塞尔的断然拒绝。

波德莱尔去世后，阿隆戴尔宣称他拥有14900法郎债权，要求从波德莱尔的遗产中获得偿付，再次被昂塞尔拒绝。于是他在塞纳民事法院向欧皮克夫人提起诉讼（1869年2月）并败诉。1870年3月上诉再次败诉。该案直到欧皮克夫人1872年4月去世后才最终解决：阿隆戴尔从昂塞尔处一次性获得1500法郎，并同时声明放弃其全部"债权"。

阿瑟利诺，夏尔·阿瑟利诺（Charles Asselineau，1820—1874），纳达尔在波旁中学（collège Bourbon）即现在的孔多塞中学（lycée Condorcet）的同班同学，1845年与波德莱尔相识，1850年与波德莱尔成为至交。邦维尔在其《奇歌集》（*Odes Funambulesques*）中曾这样咏唱，"常见到温和的阿瑟利诺／陪伴在孤僻的波德莱尔身旁……"。这位"矮小壮实、举止果断、声音似感冒了的铃铛似的小男人"（《轶事评论》，1862年，第244页），这位喜爱波希米亚生活方式的布尔乔亚，就这样融入了波德莱尔的圈子，死心塌地地成为波德莱尔故作怪癖和善意讥讽的受气包。1857年，他挺身而出捍卫《恶之花》；1858年，波德莱尔为其短篇小说集《双重人生》（*La Double Vie*）所作的序言令他深深折服——波德莱尔曾在《艺术家》撰文赞扬过这部作品。波德莱尔将《浪漫派的夕阳》(*Le Coucher du soleil romantique*) 一诗题献给他,他将这首诗作为跋收入其1866年出版的《浪漫主义作品合集》(*Mélanges tirés d'une petite bibliothèque romantique*)。波德莱尔常请阿瑟利诺帮助他周转与玛拉西的"梭子交易"(la navette,指一种非法的靠票据流通借钱的手段),而且十分尊重他对自己的诗所提的意见——《信天翁》(*L'Albatros*) 一诗的第三节就是根据阿瑟利诺的意见增加的。

波德莱尔病倒后,阿瑟利诺四处奔走,为他争取到国民教育部的一笔补贴。波德莱尔去世后,他又为这位朋友写下了第一部传记《夏尔·波德莱尔的生平及其作品》(*Charles Baudelaire, sa vie et son œuvre*),1868年由雷迈尔(Lemerre)出版。与此同时,他与邦维尔合作,在米歇尔·莱维出版社筹备出版了第一套《波德莱尔全集》(*Œuvres complètes*)。完成这些工作后不久,阿瑟利诺便与世长辞了。

关于阿瑟利诺,可参见雅克·克雷佩和克洛德·皮舒瓦收集并评注的《波德莱尔与阿瑟利诺》(*Baudelaire et Asselineau*),尼泽特出版社(Nizet),1953。

阿斯特鲁克,扎沙里·阿斯特鲁克(Zasharie Astruc,1835—1907)。艺术评论家,马奈的仰慕者和捍卫者。他的形象出现在马奈的油画《杜伊勒里宫的音乐会》(*La Musique aux Tuileries*)和方丹-拉图尔的油画《巴迪侬画室》(*Un atelier aux Batignolles*)中。作为雕塑家,他创作的巴尔贝·多尔维利半身像曾激发年轻的莱昂·布鲁瓦[①]写下《美杜莎阿斯特鲁克》(*La Méduse-Astruc*) 一文,收入《莱昂·布鲁瓦文集》(*Œuvres de Léon Bloy*)第4卷。布鲁瓦惊叹于阿斯特鲁克的个性——善良、直爽、健谈和活力四射——故在其作品《贫女》(*La Femme pauvre*)中以贝洛比达斯·加库尼奥尔(Pelopidas Gacougnol)之名为他竖起一座丰碑。

欧皮克,卡洛琳·阿尔岑博特·欧皮克(Caroline Archenbaut Aupick),

[①] 莱昂·布鲁瓦(Léon Bloy,1846—1917),法国文学家。

露易丝-朱莉·弗佑-拉孔布（Louise-Julie Foyot-Lacombe）与军官夏尔·德法伊斯（Charles Defayis）或夏尔·迪法伊斯（Charles Dufayes）之女，1793年9月27日生于伦敦，1794年1月1日在米德赛克斯（Middlesex）的圣潘克拉斯圣公会教堂（l'église anglicane de St. Pancras）受洗，该教堂如今已并入伦敦教区。她父亲的去世日期不详；她母亲于1800年11月23日去世后，她被其监护人、弗朗索瓦·波德莱尔的朋友皮埃尔·佩里尼翁（Pierre Pérignon）收养，所以弗朗索瓦·波德莱尔从她小时候就认识她，并在1814年鳏居后于1819年9月9日与她结婚。1827年2月10日，弗朗索瓦·波德莱尔去世，寡居的波德莱尔夫人带着弗朗索瓦·波德莱尔第一次婚姻所生的儿子阿尔封斯和自己的儿子夏尔住在圣安德烈艺术广场。母子俩曾在讷伊乡下的一所"离城不远"的房子里度过夏天。1828年11月8日，她有些匆忙地嫁给了欧皮克少校。当年12月2日在克莱伊（Creil）乡下生下一个女儿，但孩子一出生便夭折了。

此后她的生活始终与欧皮克紧密相连，直至欧皮克于1857年4月27日去世。她放弃了巴黎的住所，定居于翁弗勒尔的"玩具屋"（la Maison-joujou），夏尔曾和她住过一段时间。1871年8月16日逝世于翁弗勒尔，与她儿子和第二任丈夫一同长眠于巴黎蒙帕纳斯公墓。

欧皮克，雅克·欧皮克（Jacques Aupick），根据一份公证书，欧皮克生于北部大区（Nord）的格拉沃利讷（Gravelines），出生日期是1789年2月28日。他父亲的原籍似乎是苏格兰，后加入爱尔兰的贝尔维克步兵团（le régiment de Berwick-Irlandais），1793年9月阵亡；母亲名叫阿梅莉·塔尔波特（Amélie Talbot）。欧皮克在格拉沃利讷由波达尔家族（la famille Baudard）抚养成人，他对此始终心存感激。他先后在圣西尔军校普里塔内分校（Prytanné de Saint-cyr）和本校学习。1809年3月24日被任命为少尉并进入步兵105团服役。他参加了征战奥地利、西班牙（1812年）和萨克森（1813年）的战役。1814年晋升上尉。第一次复辟期间仍在部队服役。百日王朝期间加入拿破仑阵营。滑铁卢战役前两天在弗勒鲁斯战役（la bataille de Fleurus）中左腿受伤。1815—1817年期间养伤，只能领取半饷。1817年8月重返部队，在驻扎热尔地区（Gers）的宪兵团第三营任参谋副官,军衔仍为上尉。1818年10月进入参谋本部,先后担任巴尔巴奈格尔将军(Barbanègre)、弗利里翁将军(Fririon)和梅纳迪耶将军(Meynadier)的副官,并追随梅纳迪耶将军出征西班牙(1823年)。随后他被德·霍恩洛霍王子兼将军(后晋升法国元帅)看中,成为他的首席副官,并晋升少校。

1828年10月17日,欧皮克致函战争部大臣,要求准许他与"原鲍德莱尔夫人"(Mad^e Vve Bodelaire)结婚,申请很快获得批准。10月31日,夏尔的家庭监理会同意了这桩婚姻,并把欧皮克列为夏尔的共同监护人。11月8日,欧皮克少校与夏尔的母亲结婚。12月2日,欧皮克夫人在克莱伊(Creil)乡下生下一个女儿,但孩子一出生便夭折了。

1830年3月23日,欧皮克调到非洲远征军第二师参谋部,同年10月2日晋升中校,1831年6月回到法国。1831年11月25日受命赶往里昂镇压里昂纺织工人起义;12月7日被任命为陆军第七师参谋长。他多次在贡比涅军营组织大规模演习,获得奥尔良公爵赏识。1839年8月12日晋升少将。1840年1月18日被任命为驻防巴黎的步兵第二旅旅长。1841年3月1日被任命为参谋部附属军事学校校长。1842年11月11日被任命为塞纳省和巴黎的指挥官。1847年4月22日晋升中将。1847年11月28日被任命为综合工科学校(l'École polytechnique)校长。1848年4月15日被任命为法国驻君士坦丁堡特命全权使节(envoyé extraordinaire et ministre plénipotentiaire)①。5月中旬与欧皮克夫人登船赴任。在君士坦丁堡,他成功地应对了错综复杂的局面。1851年2月20日被任命为法国驻伦敦大使,但他拒绝了这一职务,因为他不愿再与奥尔良家族有何瓜葛。6月18日改派驻马德里大使。1853年3月8日当选参议员,4月21日离开马德里回国。他于1855年3月7日在翁弗勒尔买下一栋幽静的乡间住所——"玩具屋",他的晚年也分别在参议院和此处度过。在巴黎,他住在寻南路(rue de Cherche-Midi)91号,并于1857年4月27日在此去世。由欧皮克夫人和欧皮克将军的遗嘱执行人埃蒙先生发出的讣告中并未提及

---

① 法国1848年革命推翻七月王朝、成立第二共和国后,临时政府曾一度取消"大使"这个头衔。

其继子夏尔·波德莱尔的名字,然而最终他们还是在蒙帕纳斯公墓长眠在一起。

关于欧皮克,可参见克洛德·皮舒瓦:《欧皮克将军的真面目》(*Le Vrai Visage du Général Aupick*),法兰西信使出版社,1955。

巴比内,雅克·巴比内(Jacques Babinet,1794—1872)。当波德莱尔希望邀请巴比内为其译作《吾得之矣》撰写序言之时,巴比内作为一位真正的学者与科普作家,确实是为这部大作撰写序言的不二人选:他是十九世纪的丰特奈尔[①]。作为法兰西学会(l'Institut de France)的院士,巴比内发表了多部物理学、天文学、宇宙学和几何学的著作,是《两世界评论》、《论坛报》《立宪报》和《国民舆论》的撰稿人,还是一位不知疲倦的演讲人。1864年,他曾为纳达尔《回忆"巨人号"》(*Mémoires du Géant*)一书作序。不清楚波德莱尔出于何种原因中止了与巴比内就撰写序言进行的商谈。

巴布,伊波利特·巴布(Hippolyte Babou,1824—1878)。作为一位有气质的批评家,巴布的职业生涯始于《海盗-撒旦》(*Le Corsaire*)和《滑稽画报》(*Le Charivari*)。他曾为众多期刊撰稿,其中一部分文章结集为《讽刺与评论书信集》(*Lettres satiriques et critiques*)和《一位评论者的直觉》(*Les Sensations d'un juré*),前者于1860年由玛拉西出版。1875年,雷迈尔出版了他的评论集《当代人物二十人》(*Vingt figures contemporains*)。作为小说家,他以一部题献给阿瑟利诺的短篇小说集《无辜的帕延家族》(*Les Payens innocents*)参与了朗格多克地区的文学复兴运动,1858年由玛拉西出版。1854年底或1855年初,他建议波德莱尔将其诗集命名为《恶之花》,波德莱尔欣然采纳。

关于巴布,可参见詹姆斯·S.帕蒂(James S. Patty)1967年在《法兰西文学史评论·波德莱尔专号》(*Revue d'histoire littéraire de la France, numéro spécial Baudelaire*)上发表的文章以及克洛德·皮舒瓦1971年4

[①] 丰特奈尔(Bernard Le Bouyer de Fontenelle,1657—1757),法国作家和科学家。

月9日在《波德莱尔论丛》(Bulletin baudelairien)第6部第2卷上发表的文章。

邦维尔,泰奥多尔·德·邦维尔(Théodore de Banville,1823—1891)。邦维尔少年得志,以其1842年《女像柱集》(Les Cariatides)和1846年《钟乳石集》(Les Stalactites)蜚声文坛。那段时期,他常在其王子先生路寓所(rue Monsieur-le-Prince)的蓝色长沙发旁接待他的朋友们。1859年前后,由于玛丽·多布伦的魅力引发的激烈竞争,使得他与波德莱尔之间的长期友谊一度受到干扰。1862年,波德莱尔在欧仁·克雷佩出版的《法国诗人》一书中以一篇评述赞扬了邦维尔。邦维尔也就波德莱尔的诗歌写了多篇评论文章,并参与了由米歇尔·莱维兄弟出版社出版的《波德莱尔全集》的编纂工作,其中《恶之花》的文本即由他主持定稿。

巴尔巴拉,夏尔·巴尔巴拉(Charles Barbara,1822—1886)。《海盗-撒旦》的撰稿人,也是聚集在亨利·米尔热①周围"饮水派"②波希米亚文人圈中的一员,米尔热曾以卡洛吕斯·巴博穆什(Carolus Barbemuche)这一名字把巴尔巴拉写进了自己的作品《波希米亚生活场景》(Scènes de la vie de bohème)。1848—1849年,巴尔巴拉在自己的家乡奥尔良担任《宪法报》(La Constitution)副主编,并邀请他的朋友如尚弗勒里——巴尔巴拉本人是一位制琴师的儿子,尚弗勒里终生受到他热爱音乐的影响——莱利奥(Adrien Lélioux)、纳达尔和波德莱尔等为其撰稿,他还在报上预告说将再次发表波德莱尔的中篇小说《拉·芳法萝》(La Fanfarlo)。在这份报刊上,他发表了《金色圣甲虫》(Le Scarabée d'or)和伊莎贝尔·莫尼耶③翻译的爱伦·坡小说《莫格街谋杀案》(L'Assassinat de la rue Morgue)。1855年,他发表《红桥谋杀案》(L'Assassinat du Pont-Rouge),

---

① 亨利·米尔热(Henri Murger,1822—1861),法国作家。
② "饮水派"(les buveurs d'eau),指19世纪巴黎拉丁区的一个崇尚波希米亚生活方式的艺术家群体,因为他们在咖啡馆里除了能喝杯咖啡以外,再没有足够的钱为自己买上一杯酒。
③ 伊莎贝尔·莫尼耶(Isabelle Meunier)是法国作家、社会主义者维克多·莫尼耶(Victor Meunier,1817—1903)的夫人,是第一位将爱伦·坡作品译成法文的法国人。

匿名披露了波德莱尔献给萨巴蒂埃夫人的十四行诗《今晚你有何言，可怜孤寂之魂……》(Que diras-tu ce soir, pauvre âme solitaire...)。1856 年发表《感人的故事》(Histoires émouvantes)。这些作品彰显了巴尔巴拉的才华，为其声望奠定了坚实的基础，但他拒绝被米尔热的波希米亚文人圈所左右。1857 年 10 月，波德莱尔在评论《包法利夫人》的文章中曾为他主持正义，称他这位朋友"是一位严谨的、有逻辑头脑的人"。1866 年，巴尔巴拉在目睹了家庭悲剧（他的妻女因伤寒去世）后自杀。

巴尔贝·多尔维利，于勒·巴尔贝·多尔维利 (Jules Barbey d'Aurevilly, 1808—1889)。《波德莱尔书信全集》中只收录了波德莱尔致巴尔贝·多尔维利的两封信，其实这与实际数字相差甚远。据 J. 柏蒂 (J. Petit) 解释（参见其 1967 年在《法兰西文学史评论·波德莱尔专号》上发表的关于这两位作家的文章），是因为巴尔贝将大部分波德莱尔写给他的书信都赠予了别号"白衣天使"(l'Ange blanc) 的德·布格隆男爵夫人 (la baronne de Bouglon)。据德·布格隆男爵夫人的一封信说，这些书信在玛丽·德·布格隆 (Marie de Bouglon) 嫁给苏克霍夫-卡比林亲王 (le prince Soukhovo-Kabylinn) 时带到俄罗斯去了。经对收录在《致夏尔·波德莱尔书信集》中巴尔贝致波德莱尔的 25 封信进行分析可以看到，从 1852—1853 年开始直到 1860 年他们始终保持着联系。而他们的友谊肯定持续的时间更长，因为波德莱尔写给其他人的信中屡屡提到巴尔贝，而且 1863 年 1 月 25 日发表在《林荫大道》上的《意料之外》(L'Imprévu) 一诗虽不乏嘲弄之意，却也是题献给巴尔贝的。波德莱尔赴比利时以前可能都是在勒若斯纳家的沙龙与巴尔贝碰头的，其间发生过一次神秘的争吵，连圣伯夫也牵扯其中，导致这两位朋友的关系有所疏远。

巴斯谢，阿尔芒·巴斯谢 (Armand Baschet, 1829—1886)。巴尔扎克的仰慕者，曾写过巴尔扎克专论。其主要成就是对威尼斯历史的研究，对查理九世至路易十三时期法国宫廷里的意大利喜剧史的研究，以及对路易十三和圣西门的研究。他与波德莱尔的联系主要在 1851—1852 年《戏剧周刊》时期和拟议创办《哲学猫头鹰》[1]时期。

关于巴斯谢，可参见 Ch. 迪费博士：《阿尔芒·巴斯谢及其作品》(*Armand Baschet et son œuvres*)，卢盖特出版社（Rouquette），1887。

巴东夫人（Mme. Bâton 或 Mme. Baton），我们至今对这位女士一无所知。她或许是欧皮克夫人的女友，或许是波德莱尔在其铅笔画里所画的那位"亲爱的女士"（La Chère Dame）[2]？

关于巴东夫人，可参见皮舒瓦、吕尚编注：《波德莱尔肖像集》，图版第 176 号。

波德莱尔，克洛德-阿尔封斯·波德莱尔（Claude-Alphonse Baudelaire），1805 年 1 月 18 日生于巴黎，是弗朗索瓦·波德莱尔第一次婚姻所生的儿子。1825 年成为巴黎法院律师，1832 年 9 月被任命为枫丹白露法院助理法官，并在枫丹白露定居。1840 年 5 月当选枫丹白露市议会议员。在家庭监理会中，他始终是站在欧皮克将军一边的，属于坚定甚至严厉的一方：他和欧皮克将军还是把波德莱尔送去印度旅行和实施司法监护的始作俑者。夏尔与这位同父异母哥哥颇为疏远。1846 年 1 月，阿尔封斯就任预审法官，但其专业能力在 1851 年招致多方批评，被免去预审法官职务，成为一名普通法官。1860 年初中风，1862 年 3 月退休，4 月 14 日因左侧偏瘫去世（他的同父异母弟弟夏尔则因右侧偏瘫去世）。

关于阿尔封斯·波德莱尔，可参见克洛德·皮舒瓦：《阿尔封斯·波德莱尔，或不谨慎的法官》(*Alphonse Baudelaire ou le magistrate imprudent*)，原载《波德莱尔：研究与证据》，第 44—58 页。

---

[1] 1852 年，波德莱尔在他参与创办的《戏剧周刊》(*Semaine théâtrale*) 停刊后，决定创办一个由他本人决定编辑内容的刊物，刊物起名《哲学猫头鹰》(*Hibou philosophe*)，并邀请了尚弗勒里、阿芒·巴斯谢和蒙斯莱等人参与创办。但由于出资人撤资，《哲学猫头鹰》还未问世就夭折了。

[2] 据波德莱尔研究专家考证，这位巴东夫人是欧皮克夫人早年寄宿学校的同学。参见克洛德·皮舒瓦（Claude Pichois）、雅克·齐格勒（Jacques Ziegler）：《波德莱尔传》(*Charles Baudelaire*)，阿戴姆·法亚尔书店（Librairie Arthème Fayard），1996。

波德莱尔，埃德蒙·波德莱尔（Edmond Baudelaire），阿尔封斯·波德莱尔与菲莉思蒂·波德莱尔的儿子，1833年11月6日生于枫丹白露，1854年12月26日在枫丹白露去世。

波德莱尔，安娜-菲莉思蒂·波德莱尔（Anne-Félicité Baudelaire），泰奥多尔·杜赛索瓦（Théodore Ducessois）的妹妹，1812年7月4日生于巴黎，1829年4月30日与阿尔封斯·波德莱尔结婚。在她的小叔子1846年向她献过殷勤以后，她成为全家最敌视诗人的人，并把她的敌意传给了其非直系后代——佛罗伦萨的杜赛索瓦家族。波德莱尔去世后，阿瑟利诺曾在致玛拉西的一封信中客观描述了这个装腔作势的女人："这个曾经的漂亮女人如今一本正经……法官老婆的那种骄矜作态真让我受不了。我在听她说话时就明白了，可怜的夏尔一定是饱受了这个家庭之苦。"她于1902年4月24日在枫丹白露去世。

波德莱尔，约瑟夫-弗朗索瓦·波德莱尔（Joseph-François Baudelaire），1759年生于马恩省桥畔拉讷维尔村（La Neuville-au-Pont，Marne）。在巴黎大学学习哲学和神学。1783年底或1784年被授予神甫神品。后成为安托万-恺撒·德·舒瓦瑟尔-普拉斯兰公爵（le duc Antoine-César de Choiseul-Praslin）之子的家庭教师，并经常出入于自由与开明的贵族圈，如孔多塞①、埃尔韦提乌斯②等。1793年11月19日放弃圣职。1797年娶让娜-茱斯蒂娜-罗莎莉·雅南（Jeanne-Justine-Rosalie Janin）为妻，1805年他们的儿子阿尔封斯出生。后在参议院行政委员会任职，直至第一帝国倒台。1814年鳏居。1819年9月9日续娶卡洛琳·德法伊斯为妻。1821年4月9日，夏尔·波德莱尔出生。1827年2月10日，弗朗索瓦·波德莱尔在巴黎奥特弗耶街寓所逝世。

---

① 孔多塞（Nicolas de Condorcet，1743—1794），法国数学家、政治家，在法国大革命期间自杀。
② 埃尔韦提乌斯（Claude-Adrien Helvétius，1715—1771），法国哲学家、共济会会员、诗人。其夫人安娜-卡特琳娜·埃尔韦提乌斯（Anne-Catherine Helvétius，1722—1800）是当时巴黎著名的沙龙女主人。

弗朗索瓦·波德莱尔与诸多画家和雕塑家如奈戎①、J.-B.雷尼欧②、普吕东③和拉麦④交好，他本人是小有才华的美术爱好者，也是夏尔在艺术方面最初的启蒙老师。

贝拉盖，弗朗索瓦-路易·贝拉盖（François-Louis Bellaguet，1807—1884）。出生于桑斯（Sens）的一个公证人家庭，文学学士，1827—1838年任罗兰学院（Collège Rollin）教授，1838—1860年任国民教育大臣办公室主任。1861年，他所在的科学家与文学家支持与救济处划归国务部，他被任命为"科学家与文学家支持与救济办公室"主任，隶属于国务部"科学家与文学家支持与救济处"，处长是于勒·德索克斯（参见本索引中的"于勒·德索克斯"条）。1863年国务部机构调整，他与德索克斯分别担任了科学与文学司司长和科学与文学办公室主任——可能该办公室的职权也有所扩展。1863年6月22日，华莱夫斯基国务大臣任命贝拉盖为科学与文学处处长。"从这个任命中，"华莱夫斯基在写给贝拉盖的信中说，"您可以看出我对您的关照。"

鲁埃尔⑤接替华莱夫斯基出任国务大臣后，贝拉盖带着科学与文学处重返国民教育部，此时的国民教育已由迪律伊接替鲁朗担任大臣。1870年，贝拉盖退休。

贝拉盖是法国史学会（la Société de l'histoire de France）会员，后担任该学会副会长，曾创作或从意大利文翻译过几部史学著作。

（上述资料引自国家档案馆《皇室年鉴》第 F^{17}.20 128 号。）

关于贝拉盖，也可参见本索引中的"塞尔沃"条。

贝拉尔蒂，莱昂·贝拉尔蒂（Léon Berardi），1817年生于马赛。出版过几部剧本和短篇小说。1846年起受聘于欧洲主要报刊之一的《比利时

---

① 奈戎（Jean Naigeon，1757—1832），法国历史画家。
② J.-B.雷尼欧（Jean-Baptiste Regnault，1754—1829），法国新古典主义画家。
③ 普吕东（Pierre-Paul Prud'hon，1758—1823），法国早期浪漫主义画家。
④ 拉麦（Claude Ramey，1754—1838），法国雕塑家。
⑤ 鲁埃尔（Eugène Rouher，1814—1884），法国法学家，第二帝国期间的主要政治家之一。

独立报》。1856年成为这家报纸的社长。

比歇，F. 比歇（F. Bichet），《当代评论》的管理人员。

布朗，埃德蒙·布朗（Edmond Blanc，1799—1850）。法国最高法院律师。1832—1839年间和1842—1848年间任众议员。担任议员的同时还兼任数个高级行政管理职务。1843年前后住在索赛街13号（rue des Saussaies）。欧皮克在1841年4月19日写给阿尔封斯·波德莱尔的信中说，埃德蒙·布朗"对您的弟弟非常和蔼"。布朗后成为夏尔的家庭监理会成员之一。

布尔迪里亚，阿希尔·布尔迪里亚（Achille Bourdilliat，1818—1882）。印刷所厂主，其印刷所在布雷达路（rue Bréda）15号；他也是书商兼出版商，地址在意大利人大街15号，招牌为"新书局"（Librairie Nouvelle）。他是米歇尔·莱维兄弟出版社强有力的竞争对手，1862年竞争失败，"新书局"也成了莱维的分号。布尔迪里亚似乎是很有品位的人，他对瓦格纳和波德莱尔情有独钟，爱伦·坡作品的精装插图版原计划在他的书店出版。波德莱尔1857年曾赠给他一本《恶之花》并题辞："赠布尔迪里亚先生。友谊的证明。夏·波。"（资料来源：国家档案馆，第 F^{17}.1739号。）

布瓦耶，菲洛克塞纳·布瓦耶（Philoxène Boyer，1827—1867）。1850年左右来到巴黎，手握一笔不小的财产，全部挥霍在晚会和宴席上，这种豪掷千金的气派为他赢得了声望，却也牺牲了他的才华，他的作品无论是剧本——如《萨福》（Sapho，1850年）和《介入》（L'Engagement，1851年）——还是诗集——如《两季》（Les Deux Saisons，1867年由雷迈尔出版）——都未能放射出灿烂的光芒。当他再没有钱可供挥霍时，人们仍愿与之交往，因为他对所有文学领域都见识不凡。1852—1860年间，他的讲座老朋友们场场俱到，许多场合他都能出色而即兴地发挥。

布瓦耶就像一台卓越的演说发动机。他的饶舌令波德莱尔深受其苦，他曾当着阿瑟利诺的面形容布瓦耶的演说就像"充满激情的小残忍！——

激情满怀的小无耻!",并补充说只有桑泰尔的鼓声①才能让他闭嘴。这一恼怒甚至在其散文诗《孤独》(La Solitude)中也能感受得到②。但这些都是表象。其实,波德莱尔十分尊重布瓦耶,对他抱有真正的友情,并赠送过他一本《恶之花》。布瓦耶也曾赠送给波德莱尔 1746 年在格拉斯哥出版的一册装帧精美的忒奥克里托斯③诗集。

关于布瓦耶,可参见雅克·克雷佩和克洛德·皮舒瓦:《波德莱尔与阿瑟利诺》,尼泽特出版社 1953 年版,第 186—187 页和第 191—215 页。

卡洛纳,阿尔封斯·德·贝尔纳,德·卡洛纳子爵(Alphonse de Bernard, vicomte de Calonne, 1818—1902)。正统派,反对共和制,曾任《油灯报》(Lampion)编辑。该报 1848 年 8 月被卡韦尼亚克将军④查封后,他在 1850 年 8 月又拟创立《亨利五世报》(Le Henri V)作为保皇党和解派的喉舌,但未能成功。1851 年,德·贝勒瓦尔侯爵(le marquis de Belleval)创建《当代评论》(La Revue contemporaine),1852 年 4 月开始正式发行,卡洛纳成为该期刊的撰稿人。1855 年成为该期刊所有人。事实上,《当代评论》具有半官方背景,许多高官都曾为该刊撰稿。由于《当代评论》表现得并不十分听话,政府于 1859 年 9 月转而资助 1859 年 2 月创办、由奥古斯特·拉科萨德任社长的《欧洲评论》(Revue européenne)——拉科萨德原为圣伯夫的秘书,是从《当代评论》跳槽的。由于《当代评论》有皇室的支持,《欧洲评论》根本无法匹敌,只得于 1861 年 12 月 12 日停刊。

卡洛纳于 1854 年 2 月与朱丽·奥热(Julie Hogé, 1820—1880)结

---

① 桑泰尔的鼓声(les tambours de Santerre),桑泰尔(Antoine-Joseph Santerre, 1752—1809)是法国大革命时期的将军,曾任巴黎国民军总司令。1793 年 1 月 21 日,法王路易十六被送上断头台前要求向巴黎民众讲话,此时桑泰尔下令敲鼓干扰,压住了国王的声音。
② 波德莱尔在散文诗《孤独》中写道:"我们当中那类喜欢夸夸其谈的人,有的人的确可能对极刑判决不那么反感,只要能让他们在绞刑架的高台前放言高论一番,哪怕桑泰尔的鼓声猝然打断他们的演说也在所不惜。"
③ 忒奥克里托斯(Théocrite,约前 310—前 250),古希腊诗人、学者,西方田园诗派的创始人。
④ 卡韦尼亚克(Eugène Cavaignac, 1802—1857),1848 年革命后曾任临时政府首脑。

婚。朱丽是波兰裔或匈牙利裔犹太人，似乎是在布拉尼奇兄弟（frères Branicki）之后移民法国的，因为两兄弟中的哥哥格扎维埃（Xavier）是她与卡洛纳的证婚人，而弟弟康斯坦丁则赠送给她一份6000法郎的终身年金，自1852年1月1日起支付……波德莱尔原以为他可以通过与卡洛纳夫妇的斡旋帮助玛拉西，但他搞错了：据拉库尔[①]对洛赞公爵[②]《回忆录》(*Mémoires*)的注疏，布拉尼奇家族的最后一人已于1771年过世，十九世纪的布拉尼奇家族实际上是布拉涅奇家族（Braniecki）或布拉奈奇家族（Branecki），该家族通过阴谋僭取了布拉尼奇家族的姓氏。所以，要么是波德莱尔不了解布拉尼奇家族与卡洛纳夫人到底是什么关系，要么是他从未读过拉库尔的注疏。无论如何，沙托利斯基家族[③]与卡洛纳家族之间的交往始终是彬彬有礼的，且《当代评论》早就以其行为表明了自己的立场：1858年9月30日，《当代评论》针对拉库尔的这部注疏提起了诉讼。

卡尔嘉，埃蒂安·卡尔嘉（Étienne Carjat, 1828—1906）。戏剧与绘画的狂热爱好者，最初以其漫画肖像知名。他为《第欧根尼》(*Le Diogène*)、《林荫大道》绘制的插图使这些期刊名声大噪。1860年，他创建了一家摄影社，在1861—1862年间以及1863、1866年曾为波德莱尔和兰波拍摄过肖像。

关于卡尔嘉，可参见让·阿戴马尔（Jean Adhémar）：《卡尔嘉传》(*Carjat*)，原载《美术报》(*Gazatte des Beaux-Arts*) 1972年第7—8期。

卡斯代尔（Castel），书商，其书店地址在歌剧院廊街的时钟画廊（galerie de l'Horloge, passage de l'Opéra）21号。

谢克斯·戴斯唐热，古斯塔夫·谢克斯·戴斯唐热（Gustave Chaix d'Est-Ange, 1832—1887）。谢克斯·戴斯唐热的父亲路易-阿道夫

[①] 拉库尔（Louis Lacour, 1832—1892），法国历史学家。
[②] 洛赞（Armand-Louis de Gontaut Biron, duc de Lauzun, 1747—1793），第二代洛赞公爵，职业军人，1793年12月31日被送上断头台。
[③] 沙托利斯基家族（les Czartoriski），波兰贵族。

(Gustave Louis Adolphe Victor Aristide Chrles Chaix d'Est-Ange，1800—1876）是复辟时期和七月王朝时期的著名律师，但其自由主义观点并不妨碍其归顺第二帝国；1857年11月27日，也就是《恶之花》案开庭之后，他被任命为宫廷总检察长。波德莱尔之所以选择其子作为自己的辩护律师，是因为他曾为福楼拜做过辩护，波德莱尔以为他能最大限度地维护自己的利益。事实上这位辩护人终生都未能在巴黎律师公会留下什么出色的记录。

尚弗勒里，本名于勒·于松（Jules Husson，1821—1889），最初的别号叫弗勒里（Fleury），后改称尚弗勒里（Champfleury）。除唯一一次争吵外，尚弗勒里始终都是波德莱尔最忠实的朋友。他们在《海盗-撒旦》相识。1846年5月24日发表在《剪影》（*La Silhouette*）上的一篇文章让他们找到了共同语言。1847年11月14日，尚弗勒里在《海盗船》（*Le Corsaire*，此时《海盗-撒旦》已更名为《海盗船》）引述了波德莱尔尚未发表的诗《群猫》（*Les Chats*）。1848年2月，他和波德莱尔创办了一份报纸《公共安全》（*Le Salut public*），但只出版两期即告夭折，库尔贝曾为该报第二期画过插图。

尚弗勒里很快成了库尔贝和现实主义绘画的捍卫者，而此时的波德莱尔在1852年前后已尊奉德·迈斯特和爱伦·坡为师，因此二人在思想意识上有所疏远。已熟知苦难为何物的尚弗勒里主动放弃了波希米亚生活方式，而波德莱尔并未随其一起摆脱与"饮水派"的联系，但他们仍有共同的兴趣，那就是喜爱哑剧——特别是英国哑剧——和漫画。尚弗勒里1851年4月20日在《事件》（*L'Événement*）上发表的文章和1854年出版的《秋天的故事》（*Contes d'automne*）中都提到了波德莱尔评论漫画和喜剧的一篇文章，并引述了其中关于"从英国来的彼埃罗"（Pierrot anglais）的一段文字，而这篇文章——《论笑的本质》（*De l'essence du rire*）——直到1855年7月8日才在《活页》（*Le Portefeuille*）上发表（参见克洛德·皮舒瓦：《波德莱尔：研究与证据》，第85—86页）。

波德莱尔在杜瓦尔医生疗养院接受治疗期间，他的几位朋友给当时的国民教育大臣写信请求给予波德莱尔补贴，尚弗勒里是签名人之一。国民教育大臣的复信寄给了尚弗勒里：只能同意给予"500法郎的补助"。

波德莱尔去世后，欧皮克夫人送给尚弗勒里两幅波德莱尔收藏的版画，并寄赠了《波德莱尔全集》。雅克·克雷佩曾以两封尚弗勒里致欧皮克夫人的感谢信为例说明尚弗勒里对波德莱尔的理解之真、之深。1869年，尚弗勒里写道："我最近又重新翻阅了（波德莱尔的）这部全集，对这个人，我除了友情还是友情，读他的东西让我感到悲伤，心里空落落的。" 1872年，他在丹迪出版社出版了《青年时代的回忆与肖像》（Souvenirs et portraits de jeunesse），书中他回忆了波德莱尔这位老友。

夏斯勒，费拉莱特·夏斯勒（Philarète Chasles，1798—1873）。批评家，马萨林公共图书馆（la Mazarine）馆长，法兰西公学教授，比较文学的先驱。波德莱尔曾将自己翻译的爱伦·坡作品寄赠给他，夏斯勒在《论坛报》上发表过书评，并在法兰西公学的讲座中谈到过波德莱尔。1864年4月14日，波德莱尔曾在《费加罗报》发表过一篇争议颇多的文章《莎士比亚诞辰纪念日》（Anniversaire de la naissance de Shakespeare），对雨果阵营垄断莎士比亚诞辰三百周年活动表示遗憾，同时认为这件事本该征求"那位曾为在我们国家普及英国文学做出过巨大贡献的"夏斯勒的意见。夏斯勒以悖论为趣，且立场鲜明，举止坦率，可见他一定是波德莱尔的好友。1867年9月10日，他在致欧皮克夫人的信中对未能在波德莱尔生命的最后时刻陪伴这位他"一直热爱、尊重和敬佩"的"朋友和男子汉"表示憾意。

夏蒂雍，弗朗索瓦-约瑟夫-奥古斯特·德·夏蒂雍（François-Joseph-Auguste de Chatillon，他的朋友们常把他的名字写作Châtillon，1808—1881）。私生子，以其母亲的贵族姓氏命名。画家和雕刻家，创作过雨果的家族肖像。他还是诗人或民谣作者，其创作的短小精悍的歌谣常在小酒馆或画室中传唱。1853年，J. 大布利（J. Bry aîné）在《波希米亚的歌与歌谣》（Chants et chansons de la bohème）中收录过他的作品。1860年，玛拉西将他的歌谣结集再版，名为《我的朋友猎兔犬》（La Levrette en pal'tot），由戈蒂耶作序，序言以他的一首歌谣《大碗喝酒》（À la grand'pinte）为题。阿瑟利诺在欧仁·克雷佩出版的《法国诗人》第 4 卷中曾介绍过他。

谢纳瓦尔，保罗·谢纳瓦尔（Paul Chenavard，1807—1895）。里昂人，哲学艺术的杰出代表，波德莱尔甚至想"揭发"他在艺术方面传授的"异端邪说"。谢纳瓦尔赋予艺术以人道主义和文明之使命。第二共和国期间，他提议以一系列有浮雕感的单灰色壁画装饰先贤祠，用以表现世界的浴火重生亦即人类的历史。1851 年政变后，一纸法令将先贤祠归还天主教会，让他的建议落空，只有个别草图留存下来。波德莱尔早在 1846 年前后就在勒贝勒蒂耶长沙发咖啡馆（le Divan Le Peletier）见过谢纳瓦尔，后来在安德勒啤酒馆（la Brasserie Andler）也见过，但并未注意到谢纳瓦尔的"异端"一面，直到发现这位画家惊人的论辩才华以及崇拜德拉克洛瓦后才改变了看法。

关于谢纳瓦尔，可参见马利埃东（Mariéton）以苏拉里（Soulary）、特别是以约瑟夫·C. 斯洛安纳（Joseph C. Sloane）为笔名发表的《保罗-马克-约瑟夫·谢纳瓦尔：1848 年的艺术家》（*Paul-Marc-Joseph Chenavard, Artist on 1848*），北卡罗来纳大学教堂山分校出版社（Chapel Hill, The University of North Carolina Press），1962。

谢纳维埃尔，夏尔-菲利普，德·谢纳维埃尔-普安代尔侯爵（Charles-Philippe, marquis de Chennevières-Pointel, 1820—1899）。法国艺术史家、作家。在巴伊寄宿公寓（la pension Bailly）时期与古斯塔夫·勒瓦瓦索尔、欧内斯特·普拉隆和于勒·比伊松等人结为好友，并在"诺曼底诗社"（*l'École normande*）以让·德·法莱斯（Jean de Falaise）为笔名发表过几部短篇小说。后进入博物馆管理机构工作，退休前在美术部任司长。

关于谢纳维埃尔在第二帝国负责筹备艺术沙龙期间与艺术家们的交往，可参见塔巴朗：《波德莱尔时期的艺术生活》（Tabarant, *La Vie artistique au temps de Baudelaire*）第二版，法兰西信使出版社 1963 年版。还可参见 R. 里卡特出版社（R. Ricatte）的《龚古尔年报》（*Journal des Goncourt*）。安德烈-马克·维亚尔（André-Marc Vial）近期在一篇文章中还指出,是谢纳维埃尔发掘了莫泊桑的才华(原载《法国文学史评论》,1971年,第615—637页)。

克利斯托夫,欧内斯特·克利斯托夫(Ernest Christophe, 1827—1892)。吕德①的学生。第二版《恶之花》中的两首诗——《面具》和《骷髅之舞》——就是题献给他的。1886年11月8日,克利斯托夫在致欧仁·克雷佩——当时欧仁·克雷佩正在筹备1887年版《波德莱尔遗作》——的一封信中写道:"我确实很了解波德莱尔……我记忆中的波德莱尔与传说中的他截然不同。我认识的那位波德莱尔,永远如孩子那般单纯,常沦为自己的受害者,他是个好朋友,总之一句话,他是毁在了自己的手里……"

克拉戴尔,莱昂·克拉戴尔(Léon Cladel, 1835—1892)。1857年来到巴黎,随即沉浸于波希米亚生活方式,在创作其乡土风俗的作品之前曾写过一些关于巴黎的小说向报刊投稿,其中一部《致永恒的爱》(*Aux Amours éternelles*)题献给了波德莱尔;另一部《可笑的殉道者》(*Les Martyrs ridicules*)波德莱尔曾为之作序。1876年9月1日,他曾在《两世界学园》(*Musée des Deux Mondes*)发表过一篇回忆波德莱尔的文章,后来在一部中篇小说《好好先生》(*Bonshommes*,由夏庞蒂埃1879年出版)中也回忆了他。他确实应该庆幸自己结识了波德莱尔。玛拉西后来告诉拉费泽里耶尔,诗人很快就对这位总耽于幻想的南方人失去了兴趣。

关于克拉戴尔,可参见朱迪特·克拉戴尔:《大师与门徒:夏尔·波德莱尔与莱昂·克拉戴尔》(Judith Cladel, *Maître et disciple, Charles Baudelaire et Léon Cladel*),科雷阿出版社(Corrêa),1951。

柯昂,约瑟夫·柯昂(Joseph Cohen, 1817—1899)。1853年起就任《国家报》主编。1860年与拉盖罗尼耶尔家族(La Guéronnière)共同创办波拿巴派报纸《法兰西报》(*La France*)。

---

① 吕德(François Rude, 1784—1855),法国雕塑家。

科利尼翁，阿尔贝·科利尼翁（Albert Collignon），1839年生于梅斯（Metz），曾在《新评论》发表过波德莱尔的几首诗。在1866年由梅斯的布朗出版社（Blanc）出版的《艺术与生活》（*L'Art et la Vie*）第一部里，他曾饶有兴致地数次提到波德莱尔。1868年由杰尔梅·巴耶尔出版社（Germer Baillière）出版了他的专著《司汤达的艺术与生活》（*L'Art et la Vie de Stendhal*），该书旋即成为研究司汤达的权威著作之一。1875—1878年与波德莱尔的朋友夏尔·蒙斯莱共同主持《文学生活》（*La Vie littéraire*）的编辑事务。1922年在吉维尼（Giverny）去世。

库奇内，亚历山大-路易·库奇内（Alexandre-Louis Cousinet），1818年生，餐馆老板，波德莱尔住在皮莫丹府邸时，库奇内在图尔奈勒滨河道（quai de la Tournelle）开了一家名为"银塔"（la Tour d'Argent）的餐馆。1857年，他将餐馆搬到了巴克街（Rue du Bac）17号。波德莱尔去世时拖欠他的债务总额为2523法郎。1871年8月，昂塞尔以支付700法郎了结了这笔债务，但并未兑现给库奇内，而是支付给了他的遗孀……

克雷佩，欧仁·克雷佩（Eugène Crépet，1827—1892）。欧仁·克雷佩是建立波德莱尔王朝的第一人，也是一个真诚而不懈地宣扬自己的共和理念的人，因此他与波德莱尔的关系不可能融洽。但1861—1862年他还是邀请波德莱尔为其主编的那部伟大的文选——《法国诗人》（*Les Poètes français*）——撰稿。这部文选的第4卷即最后一卷是当代诗人的选集，欧仁·克雷佩委托戈蒂耶撰写关于波德莱尔的评述。他与波德莱尔的通信清楚地表明他们之间有沟通障碍。1865年，欧仁·克雷佩又出版了另一部文选：《法国书信珍品》（*Trésor épistolaire de la France*）。

欧仁·克雷佩并未纠结于自己和波德莱尔的过节，1887年，他经过详细甄选，在冈坦出版社（Quantin）出版了《波德莱尔遗作》（*Œuvres posthumes*），撰写了波德莱尔生平：这部内容丰富的文集标志着波德莱尔进入了文学史。在回忆了邀请波德莱尔为《法国诗人》撰稿的史实之后，他写道："书出版以后我们就不再联系了，所以我们从未达到过相互尊重的亲密程度，他对与我的关系也讳莫如深。……我只是想在这里确认一下，我从未成为他真正意义上的朋友,所以我对他的回忆中带有我对他这个人的自由的评判。"

居维里耶-弗勒里,阿尔弗雷德-奥古斯特·居维里耶-弗勒里(Alfred-Auguste Cuvillier-Fleury,1802—1887)。路易-菲利普亲王之子奥马尔公爵(1827—1839)的家庭教师,后成为亲王指挥部的秘书。自 1834 年起定期为《论坛报》撰写文学评论。1848 年革命后依然是奥尔良党人。1866 年当选法兰西学士院院士。其作品主要是古典风格的文集。

达尼约,于勒-夏尔·达尼约(Jules-Charles Dagneau),1818 年 5 月 16 日生于巴黎,1848—1853 年曾担任吉罗(参见本索引中的"吉罗"条)的助理。其档案(国家档案馆,第 F^{18}.1751 号)证实他一生坎坷(警察局调查和债主讨债);1853 年 12 月的一份报告中说:"大家认为他在为一些文人出版作品时很不厚道。这些文人说他总借机压低稿酬或根本不付钱。"然而达尼约还是在 1854 年拿到了自己的营业执照。1870 年 7 月他把这份执照转让给了自己的妻子,自己则住进了疯人院。

达洛兹,保罗·达洛兹(Paul Dalloz,1829—1887)。达洛兹出版社创始人德西雷·达洛兹(Désiré Dalloz,1795—1869)的次子。1851 年政变后,保罗·达洛兹与蒂尔冈①成为《环球导报》(Le Moniteur universel)的共同社长。

多布伦,玛丽·多布伦(Marie Daubrun,1827—1901)。真名玛丽·玛黛尔(Marie Mardel),父母给她取的名字是玛丽·布鲁诺(Marie Bruneau)。她在巴黎的演艺生涯始于 1845 年秋蒙马特尔剧场的 Ch. 迪兰画室(l'Atelier de Ch. Dullin);1846 年演出歌舞剧;1847 年 8 月在圣马丁门剧院(la Porte-Saint-Martin)主演《金发美女》(La Belle aux cheveux d'or)。

---

① 蒂尔冈(François Julien Turgan,1824—1887),法国工程师、医生和编辑,1852 年起与达洛兹共同担任《环球导报》社长。

波德莱尔 1855 年 6 月在《两世界评论》发表《无法救治》(*L'Irréparable*)一诗，原标题即为《致金发美女》(*À la Belle aux cheveux d'or*)，玛丽·多布伦"金发美女"的别号由此而来。1849 年 6 月，她在悲喜剧院 (Théâtre de l'Ambigu-Comique) 演出，10 月在大仲马历史剧院 (Théâtre-Historique de Dumas) 演出，1850 年 10 月又回到圣马丁门剧院演出。1851 年 12 月，有人看到她在盖泰剧院 (la Gaîté) 演出。1852 年 1 月 4 日，她写信给乔治·桑，希望能获准在盖泰剧院的义演中演出乔治·桑的《克劳迪娅》(*Claudie*)（参见 1968 年《波德莱尔特展》目录，展品第 281 号）。1852 年 3 月底她到了米兰。1852 年 9 月 11 日开始在奥德翁剧院 (l'Odéon) 演出，出演了《伪君子》中的艾耳密尔 (Elmire) 一角；12 月 26 日在菲洛克塞纳·布瓦耶和邦维尔创作的讽刺喜剧《阿里斯托芬的专栏》(*Le Feuilleton d'Aristophane*) 中出演了戏剧缪斯 (la Muse du Théâtre) 一角，那时她肯定已经是邦维尔的情妇了。1853 年 3—4 月间和 1853 年 11 月至 1854 年 1 月，她两次受邀去加莱演出。1854 年 4 月至 1855 年 1 月初又重新在盖泰剧院演出；此时人们发现波德莱尔出现在了她的私人生活中，虽然二人早在 1845—1846 年即已结识。两人同居的时间短暂且颇多动荡，在此期间诗人还向乔治·桑求过情，希望能安排玛丽·多布伦在乔治·桑的戏中出演一个角色。1855 年，玛丽·多布伦离开波德莱尔并去了意大利旅行。此后她一直未出现在巴黎的舞台上，直至 1859 年 7 月才又在盖泰剧院演出了两部戏。

　　玛丽·多布伦更喜欢邦维尔——1859—1860 年间她始终在尼斯照料生病的邦维尔——而认为波德莱尔太古怪。但波德莱尔咏唱玛丽·多布伦的"玛丽组诗"——如《美丽的小舟》、《邀游》等——却是《恶之花》中最美丽的篇章。1860 年 1 月，波德莱尔以一首复仇诗《致一位圣母》结束了与玛丽·多布伦的恋情。从此玛丽·多布伦便在波德莱尔的心里和生活中消失了。

　　关于玛丽·多布伦，可参见：

　　——A. 弗耶拉：《波德莱尔与金发美女》(A.Feuillerat, *Baudelaire et la Belle aux cheveux d'or*)，耶鲁大学出版社，1941；

　　——Y. 布罗 (Y. Boureau) 关于玛丽·多布伦出生日期的研究文章，

原载《法国文学史评论》1958年1—3月号，第59—61页；

——克洛德·皮舒瓦关于玛丽·多布伦在蒙马特尔剧场演出生涯的研究文章，原载《法兰西信使》1956年12月号；

——雅克·克雷佩和克洛德·皮舒瓦1957年3月发表在《法兰西信使》的文章以及雅克·克雷佩在《关于波德莱尔》(Propos sur Baudelaire)一文中都谈到了玛丽·多布伦之死。

杜米耶，奥诺雷·杜米耶（Honoré Daumier, 1808—1879）。杜米耶这位画家和德拉克洛瓦一样，属于波德莱尔终生所爱。1845年，波德莱尔搬离皮莫丹府邸不久，杜米耶就把家搬到了圣路易岛（l'île Saint-Louis），住进了昂如滨河道（quai d'Anjou）9号。根据J. 阿戴马尔在其《奥诺雷·杜米耶传》(J. Adhémar：Honoré Daumier) 第44—45页中引述的玛拉西日记，1852年1月14日波德莱尔曾和玛拉西一起去拜访过他。波德莱尔曾想与杜米耶一起编撰一部杜米耶作品目录，终因作品太多而作罢。现存1857年波德莱尔寄赠给杜米耶的《恶之花》一册，上面有波德莱尔的献辞（1878年5月6日在德鲁奥特拍卖会上拍卖）。

关于杜米耶，可参见波德莱尔《论几位法国漫画家》(Quelques caricaturistes français)。

德·布鲁瓦斯，欧仁·德·布鲁瓦斯（Eugène de Broise），1821年3月22日出生。原为阿朗松间接税管理局的职员，娶了玛拉西的妹妹阿德丽娜-昂里埃特·普莱-玛拉西（Adeline-Henriette Poulet-Malassis）为妻，1855年成为他大舅子的合伙人。德·布鲁瓦斯是一位有教养的布尔乔亚，勤奋、有远见，但胆小怕事，一本正经，总是怪兮兮地身穿黑色礼服，甚至穿着大衣，总戴着大礼帽，总之，与他合伙人的风格大相径庭。1856年，玛拉西曾这样谈到德·布鲁瓦斯："我从不会让我妹夫一个人去巴黎。总得有个人在他身边给他打气鼓劲……要尽可能让他少见文人。单单把菲洛克塞纳（布瓦耶）指给他看，都足以让他陷入最不着调的冥想当中，让他根本无法相信自己能融入这种严肃的文学。"

关于德·布鲁瓦斯，可参见本索引中的"普莱-玛拉西"条。

与玛拉西分手后，德·布鲁瓦斯成功地保住了家族的印刷所。

德拉克洛瓦，欧仁·德拉克洛瓦（Eugène Dalacroix，1799—1863）。1846年5月24日的《剪影》中有这样一段文字，讲波德莱尔在《海盗-撒旦》编辑部办公室里对维图说："欧仁·德拉克洛瓦昨天对我说……"德拉克洛瓦本人在其《日记》（*Jounal*）中也提到1847年3—5月间以"迪法伊斯"名义来访的波德莱尔[1]。德拉克洛瓦尽管与波德莱尔始终都有联系，但直至1863年去世都对波德莱尔敬而远之。"诺曼底诗社"的成员之一、普拉隆的挚友于勒·比伊松[2]在一份写给欧仁·克雷佩的说明中——当时欧仁·克雷佩正在筹备出版《波德莱尔遗作》和撰写波德莱尔生平——曾试图解释德拉克洛瓦何以对波德莱尔持保留态度："德拉克洛瓦非常感谢他。但据我所知，他在自己的密友圈子里曾抱怨过这位评论家，他认为波德莱尔在其画作中发现并赞美的都是些无法解释清楚的病态的东西：缺失的健康、持续的忧郁、悲观的狂热、异常的光泽和古怪的病症。——'我真的很烦他，'他说，'因为您一定明白，先生，如今以追捧那种太过成熟的艺术为时尚，而德拉克洛瓦的风格绝对不符合他的口味。'"德拉克洛瓦确实对波德莱尔有所保留，至少在他的信中、在他评论《恶之花》使用的词语或指出波德莱尔的文章风格过于细腻时都可以看得出来。德拉克洛瓦是一位大布尔乔亚，甚至是一位有贵族气派的大布尔乔亚，在他眼里，波德莱尔就是一个放荡不羁的作家，一个曾惹上官司的波希米亚文人圈子里的诗人，他觉得与这样的人交往有损其声誉。

德朗日，亨利-阿道夫·德朗日（Henri-Adolphe Delange），1804年出生。在伏尔泰滨河道（quai Voltaire）5号开一家古董商店，1860年和1869年发表过两篇论艺术陶瓷的研究文章，卡尔·德朗日（Carle Delange）和C.波尔纳曼（C. Borneman）为其中的几页画过插图。"家

---

[1] 参见 J. 奥斯丹（J. Austin）在《尼斯研讨会纪要》（*Acte du colloque de Nice*）上发表的文章，原载《尼斯人文科学学院年报》（*Annales de la Faculté des lettres et sciences humaines de Nice*）1968年第3、4季度。

[2] 于勒·比伊松（Jules Marie Buisson，1822—1909），波德莱尔青年时代的朋友。

住波旁滨河道（quai de Bourbon）19号的让-玛丽·阿隆戴尔"签署了亨利的儿子约瑟夫-亨利的出生证明（1839年11月19日）。在波德莱尔的《手记》（Carnet）中两次出现过德朗日的名字（1862—1863年间），波德莱尔曾赠给他一册《人造天堂》，题辞上写道："赠我的老朋友德朗日。"

波德莱尔肯定是混淆了两位德朗日，一位曾在1860年发表过彩陶研究，另一位家住特莱维斯路（rue de Trévise）6号乙——1845年，波德莱尔曾把两幅油画送到画商德朗日的店中修复（参见波德莱尔1845年致欧皮克夫人的信）——国家图书馆藏书目录中有一段关于德朗日的简介："德朗日：我们要为这位前画家和油画修复者再说几句话，卢浮宫画廊的最后几幅油画都是由他完成修复的。"此处说的应该是卡尔·德朗日。

德索克斯，于勒·德索克斯（Jule Desaux，1824—1879）。1846年进入法国外交部。1951—1855年任法国驻英国使馆一等秘书。1860年11月24日被任命为华莱夫斯基国务大臣办公室主任。1863年6月27日被任命为二等全权公使（摘自法国外交部档案）。他愿意别人称他为德·索克斯（de Saux）。

关于德索克斯，可参见本索引中的"贝拉盖"条、"迪梅尼尔"条和"塞尔沃"条。

德夏内尔，埃米尔·德夏内尔（Émile Deschanel，1819—1904）。波德莱尔在路易大帝中学的同学，1839年进入法国高等师范学校，而波德莱尔选择了诗歌。德夏内尔先后在布尔日和巴黎担任中学教员，并为多家重要期刊撰稿，1850年被解职。1851年政变后似乎在比利时流亡，与雨果的圈子走得很近——他在布鲁塞尔举办过几场讲座，听众甚多，这些讲座的成功举办与波德莱尔想去比利时举办几场"读书会"的决定不无关系。1859年大赦后，德夏内尔回到法国，成为《论坛报》的撰稿人，并利用自己的经验创办了"和平路自由公开课"（les cours publics libres de la rue de la Paix）。第二帝国覆灭后，他成为第三共和国时期政学两界颇有代表性的人物之一。1881年起任法兰西公学教授，同年在众议员竞选失败后当选终身参议员。

德夏内尔绝对不会对波德莱尔向"教授们"表达的怨愤感到陌生（比如说，《我心赤裸》的第 26 篇）。

瓦布罗①的《当代通用词典》中收录了带注释的德夏内尔简介。

德夏内尔的儿子保罗·欧仁·路易·德夏内尔（Paul Eugène Louis Deschanel，1856—1922）曾在 1920 年 2 月 18 日至 9 月 21 日短暂地出任过法兰西第三共和国总统。

埃米尔·德夏内尔搭上了便车，事业顺风顺水；而他的儿子保罗却摔下了火车②。

迪多，P.-H. 迪多（P.-H. Didot），银行家，据 1859 年《人名录》（Bottin de 1859），其办公室在寻南路（ruc du Cherche-Midi）11 号。

道尔弗斯，夏尔·道尔弗斯（Charles Dollfus，1827—1913）。米卢斯人（Mulhousien），阿尔萨斯纺织业大亨达尼埃尔·道尔弗斯-米埃格（Daniel Dollfus-Meig）的孙子。在科尔马（Colmar）当律师。1858 年 1 月与奥古斯特·奈夫特泽（Auguste Nefftzer，1820—1876）创办《日耳曼评论》（Revue germanique），1865 年改名《现代评论》（Revue moderne）。他也为他的朋友奈夫特泽 1861 年创办的《时光》（Temps）撰过稿。

杜塞，卡米耶·杜塞（Camille Doucet，1812—1895）。杜塞的职业生涯在行政管理和戏装制作——专为法兰西剧院制作戏装——领域平行展开。1853 年他集实务与娱乐于一身，当上了国务部戏剧管理处处长。1863

---

① 瓦布罗（Louis Gustave Vapereau，1819—1906），法国作家和辞书学家，著有《当代通用词典》（Dictionnaire universel des contemporains）和《文学通用词典》（Dictionnaire universel des littératures）。
② 保罗·欧仁·路易·德夏内尔担任法国总统期间最轰动新闻界的一件事就是他摔下了火车：1920 年 5 月 23 日，德夏内尔患了感冒，但仍决定乘火车去蒙布里松（Monbrison）为参议员雷蒙的纪念碑揭幕。当夜，服了安眠药的德夏内尔觉得车厢太热，起床走到窗前打开窗户以便呼吸空气。夜晚的风很大，他被风吸住，在车厢的大窗前摇晃并掉下了火车，后被道口值班人员发现……9 月 21 日，迫于身体状况，德夏内尔向议会递交了辞呈。9 月 22 日举家离开爱丽舍宫。2 年后去世。

年被任命为皇族事务部戏剧管理司司长。1865年4月7日当选法兰西学士院院士,并于1876年出任法兰西学士院终身秘书一职。

杜刚,马克西姆·杜刚(Maxime Du Camp, 1822—1894)。福楼拜的朋友,曾与福楼拜一起去东方旅行。1848年革命期间他在国民自卫军中服役并负伤,由此获得了卡韦尼亚克将军颁授的勋章。1845—1851年任法国驻埃及、努比亚(Nubie)、巴勒斯坦和小亚细亚(Asie Mineure)特派代表,他将自己的见闻整理成游记第一卷出版,并附有拍摄的照片。1851年10月,他参与创建《巴黎评论》,波德莱尔是该刊的撰稿人,二人得以在萨巴蒂埃夫人家中结识。1855年万国博览会期间出版《现代之歌》(*Les Chants modernes*),并在序言中呼吁诗人们面向未来,坚定地讴歌"进步"。晚年,他成为巴黎历史和巴黎革命史专家,并于1882年出版了他的《文学回忆录》(*Souvenirs littéraires*);他还在一个小箱子里留下了其他一些回忆,把历史上的一些旧账一一交待清楚。

1871年11月17日,他给昂塞尔写了一封信,说波德莱尔曾经两次向他借钱,每次都是200法郎,一次是1852年夏天,另一次是1854年夏天在布兰维里耶镇(Boulainvilliers)。《昂塞尔档案》中存有他1871年12月11日寄给昂塞尔的一张400法郎收据。

杜赛索瓦夫妇,让-弗朗索瓦-泰奥多尔·杜赛索瓦(Jean-François-Théodore Ducessois, 1766—1845)。1791年与玛丽-维克图瓦尔·勒菲弗尔(Marie-Victoire Lefèvre)成婚,育有一子路易-泰奥多尔(Louis-Théodore)。妻子1804年(?)去世后,续娶菲莉思蒂-安托瓦内特·里肖姆(Félicité-Antoinette Richomme, 1785?—1882)为妻,育有三个子女:一个后来当了领事;一个是安娜-菲莉思蒂,后成为阿尔封斯·波德莱尔夫人;第三个是泰奥多尔-菲利克斯(Théodore-Félix, 1826—1897),1849年娶法妮·里肖姆(Fanny Richomme)为妻。

资料来源:乔治·让德罗先生(Georges Gendreau)提供。

杜赛索瓦,路易-泰奥多尔·杜赛索瓦(Louis-Théodore Ducessois),

1804年生，律师，阿尔封斯·波德莱尔的内兄，1827—1857年任家族印刷所厂长，地址是奥古斯丁滨河道（quai des Augustins）55号。他是接替他父亲第二位妻子的父亲（他的继外祖父）接掌这家印刷所的。

迪拉蒙，弗雷德里克·迪拉蒙（Frédéric Dulamon，1825—1880）。《法国传记词典》(Dictionnaire de biographie française)中倨傲地介绍说他是"与波德莱尔有联系的波希米亚文人"。迪拉蒙的父亲是法官，哥哥是律师。1857年7月23日，他在《现时》(Le Présent)上发表了一篇文章，为《恶之花》辩护，波德莱尔读到这篇文章后立刻收进了自己为应诉而准备的备忘录《关于〈恶之花〉作者夏尔·波德莱尔的司法文件》(Articles justificatifs pour Charles Baudelaire auteur des Fleurs du mal)中，诗人去世后作为附录发表于第三版《恶之花》。波德莱尔曾送给迪拉蒙一册《恶之花》，献辞是"赠我的朋友迪拉蒙/CH. 波德莱尔"。

杜邦，皮埃尔·杜邦（Pierre Dupont，1821—1870）。波德莱尔与杜邦的友谊始于青年时期：1840年在路易·梅纳尔[1]家，1842年前后在乌尔巴赫家（参见本索引中的"乌尔巴赫"条），1844年在邦维尔王子先生路寓所的蓝色长沙发旁；他们还在1846年9月一同出席了尚弗勒里的哑剧《死神之仆皮埃罗》(Pierrot valet de la mort)的首演。1846—1851年间，他们俩走得很近，这一时期正是波德莱尔倾向于社会主义时期。1851年，杜邦的诗集《歌与歌谣》(Chants et chasons)第1卷出版，波德莱尔为杜邦所写的一篇评述作为序言收入书中。在这篇文章中，波德莱尔谈到他1846年第一次听到《工人之歌》(Le Chant des ouvriers)时感受到的震撼。后来，在为欧仁·克雷佩主编的《法国诗人》一书撰写的皮埃尔·杜邦评述中，他根据自己的新的美学观念调整了往昔对杜邦的过誉，只是突出了这位歌谣作者的人民性，并认为他属于那种"天生的心灵贵族，其才能得之于远胜于艺术的天性"。

---

[1] 路易·梅纳尔（Louis-Nicolas Ménard，1822—1901），法国化学家、文学家。

迪朗蒂，路易-埃米尔·迪朗蒂（Louis-Émile Duranty），迪朗蒂本人在签名时总把自己的名字写作埃德蒙·迪朗蒂（Edmond Duranty, 1833—1880）。他是私生子，有过很幸福的童年，此后一生都过着波希米亚式的生活。波德莱尔在世时他出版了两部长篇小说：《昂里埃特·热拉尔的不幸》(Le Malheur d'Henriette Gérard，玛拉西出版，1860) 和《美男子纪尧姆的事业》(La Cause du beau Guillaume，埃采尔出版，1862)。如果说他的朋友尚弗勒里如狄更斯，是代表了幽默写实主义的话，迪朗蒂则代表了冷酷写实主义；其写作技巧——特别是对场面描写的驾驭能力——开启了新小说派写作技巧的先河。

迪朗蒂酷爱木偶戏，也是一位艺术评论大家。

关于迪朗蒂，可参见马塞尔·克鲁塞（Marcel Crouzet）:《写实主义文学中的一位怀才不遇者：迪朗蒂……》(Un méconnu du réalisme: Duranty...)，尼泽特出版社（Nizet），1964。

迪塔克，阿尔芒·迪塔克（Armand Dutacq, 1810—1856）。新闻界的拿破仑。巴尔扎克的朋友。1835 年 12 月 1 日，他出版了第一期《法律报》(Droit)，与企图垄断司法公告的《皇室公报》(Gazette du Palais) 展开竞争。1836 年 7 月 1 日，迪塔克的《世纪报》(Le Siècle) 与埃米尔·德·吉拉丹①的《新闻报》(La Presse) 同日创刊，这是两家最早创刊的日报，价格低廉（全年订价仅为 40 法郎）。1836 年 12 月 28 日，迪塔克又收购了《滑稽画报》(Le Charivari)；并成为《费加罗报》《漫画》(La Caricature) 和《儿童报》(la Gazette des enfants) 等刊物的所有者。后转让了《世纪报》的所有权。1844 年，他打算创建一个企业巨无霸"通用新闻公司"(la Société générale de presse)，计划同时推出 5 种期刊。但该项目没有成功。1848 年，他创立了《自由报》(La Liberté)，每期定价 5 生丁，但很快就停刊了。他开始走下坡路。去世时，昔日旗下的期刊只剩下了两家：《国家报》和《立宪报》，且经营惨淡。他为人慷慨大方。

资料来源：马塞尔·布特隆（Marcel Bouteron）为 1925 年 6 月 20 日在

---

① 埃米尔·德·吉拉丹（Émile de Girardin, 1802—1881），法国记者和政治家。

德鲁奥特旅馆举行的"阿尔芒·迪塔克藏品拍卖会拍品目录"撰写的简介。

埃蒙,让-路易·埃蒙(Jean-Louis Émon),1790年11月17日生,父亲是让-巴蒂斯特·埃蒙(Jean-Baptiste Émon),母亲是让娜-索菲·艾盖(Jeanne-Sophie Hecquet)。1808年入巴黎综合工科学校。第一帝国时期作为中尉和上尉参加过1812—1814年的多次战役。1815年11月1日起领取半饷。1815年12月30日受雇于巴黎军械修理厂。1816年4月15日转入杜埃(Douai)铸造厂,1819年10月14日辞职。1815年2月14日获荣誉团骑士勋位。他的职业生涯(他的服役单位是陆军史档案中心)看起来并不成功。不知是否因其政治观点而影响了仕途。

埃蒙是欧皮克的朋友和遗嘱执行人,是1844年8月24日召开的家庭监理会成员之一,那次会议决定向法院申请为波德莱尔指定法定监护人。在欧皮克一方,埃蒙和阿尔封斯·波德莱尔二人是最敌视诗人的两位。欧皮克去世后,他依旧操控欧皮克夫人;埃蒙夫妇每年都去翁弗勒尔度夏,冬季才回巴黎,他在巴黎的家在烈士路(rue des Martyrs)44号。1857年6月16日,也就是欧皮克将军去世不久,欧皮克夫人在给阿尔封斯·波德莱尔的信中写道:"埃蒙夫妇在此真是帮了我的大忙。他们对我太好了。丈夫为我的事忙前忙后。太太的性格又迷人,又和气,又可爱,可就是性格超级乐天。不过她很有心,也很细致。看到我哭泣或叹气时就过来安慰我,还陪着我一起哭,可过不了多久就又恢复了天性,重现其快乐神态。同样,我在她面前也很克制,我不愿意给她的善意强加上涟涟悲泪。"但信末附言中她对阿尔封斯·波德莱尔夫人说的话就比较清楚了:"只要埃蒙夫妇一离开这里去看他们的女儿,我就完全一个人了,我会利用这个机会让夏尔来和我住上一段时间。"①

1895年6月3日,埃德蒙·德·龚古尔在回忆古董收藏家希舍尔夫人(Mme Sichel)时也证实了欧皮克夫人对埃蒙心存忌惮,他指出,欧皮克夫人从不敢夸自己儿子的才华,"因为有个名叫埃蒙的先生在她精神上

---

① 原载《手稿·波德莱尔专号》(*Le Manuscrit autographe. Numéro spécial consacré à Charles Baudelaire*),奥古斯特·布莱佐出版社(Auguste Blaizot),1927,第25—26页。

施加了很大影响，在这个埃蒙眼里，波德莱尔是个总是嘴上说去看他母亲却永远不去、只有在要钱时才写信的无赖"。

有意思的是：埃蒙是古斯塔夫·莫罗①的舅舅，而莫罗却是波德莱尔的崇拜者，曾在翁弗勒尔逗留过一段时间，1869年前后还画过一幅油画，画的正是欧皮克夫人的花园。

埃蒙1880年5月5日在巴黎去世。

方丹-拉图尔，亨利·方丹-拉图尔（Henri Fantin-Latour，1836—1904）。油画《向德拉克洛瓦致敬》（Hommage à Delacroix）的作者。这幅油画创作于1863—1864年，在1864年沙龙展出。方丹在1871年还打算以同样方式画一幅《向波德莱尔致敬》（Hommage à Baudelaire），但因故改变想法，创作了《餐桌一角》（le Coin de table）。

关于方丹-拉图尔，可参见皮舒瓦、吕尚编注：《波德莱尔肖像集》，图版第52—55号。

费多，欧内斯特·费多（Ernest Feydeau，1821—1873）。小说家，还写过一部考古学著作。此人自命不凡到令人捧腹的地步，但他也是戈蒂耶和福楼拜的朋友。他为戈蒂耶写过一部回忆录，其中讲到有一次波德莱尔在萨巴蒂埃夫人家中把沃尤捧到了拜伦之上，招来众人一片怒骂。1858年，小说《法妮》（Fanny）为他赢得了声誉；圣伯夫对其也赞赏有加。巴布在其评论中对此种赞美进行了抨击，其中有些片段可与波德莱尔1859年2月期间的书信互为佐证。大家注意到戈蒂耶收藏的一本书中有这样的献辞："献给欧内斯特·费多先生，以此作为我友情的证明。夏·波。"但该献辞并非多么热情。1860年，波德莱尔寄给费多一本《人造天堂》，费多做了评注。1847年，费多与奥古斯特·布朗基（Auguste Blanqui，1805—1881）的哥哥、经济学家阿道夫·布朗基（Adolphe Blanqui，1798—1854）的女儿结婚。1859年10月18日，费多夫人去世。1861年1月30日，费多再婚，妻子是德·卡洛纳夫人的表妹莱奥卡狄娅·博古斯

---

① 古斯塔夫·莫罗（Gustave Moreau，1826—1898），法国象征派画家。

塔瓦·泽勒乌斯卡（Léocadie Bogustawa Zelewska），他们的儿子乔治·费多①生于1862年。

菲奥伦蒂诺，皮尔·安杰罗·菲奥伦蒂诺（Pier Angelo Fiorentino，1806？—1864）。与波德莱尔同期为《海盗-撒旦》撰稿，1846年9月曾与波德莱尔一同出席尚弗勒里的哑剧《死神之仆皮埃罗》首演。同年，波德莱尔在其《1846年的沙龙》中提到菲奥伦蒂诺的《神曲》法译本并评论说"对不懂得意大利语的诗人和文学家来说，这是唯一的好译本"。菲奥伦蒂诺也是一位有影响力的音乐评论家；第二帝国期间，他在《立宪报》和《环球导报》上都开有专栏。

福楼拜，古斯塔夫·福楼拜（Gustave Flaubert，1821—1880）。波德莱尔和福楼拜的交往要早于他们的通信：福楼拜写给波德莱尔的第一封信是1857年7月13日；波德莱尔写给福楼拜的第一封信是1857年8月25日。然而1857年夏天以前他们已然在萨巴蒂埃夫人家结识。尽管他们之间在1862年2月就停止了通信（福楼拜的最后一封信是2月2日，波德莱尔的最后一封信是2月3日），但他们依旧相互牵挂。当波德莱尔说除了福楼拜以及其他几位"弄潮儿"②以外，"所有那些现代人渣"都令他厌恶的时候（参见波德莱尔1866年2月18日致昂塞尔的信），他似乎是在呼应福楼拜1862年12月致圣伯夫的信，在那封信里，福楼拜就小说《萨朗波》（Salammbô）的写作问题反驳了圣伯夫的指责："很少有人会像我这样去查找史料。所以能有什么风险呢？勒孔特·德·利勒们，波德莱尔们，他们可没有……和……那般可怕。因为在法兰西这个美妙的国度，浅薄反倒成了一种优点，平庸、取巧和愚蠢在这里总能被追捧、被接受、被崇敬。人们追求伟大时是不会危害任何人的。我这样说，您能原谅我么？"在我们看来，似乎波德莱尔理解福楼拜之深远胜于福楼拜对他的理解。

---

① 乔治·费多（Georges Feydeau，1862—1921），法国剧作家、画家。
② 拉丁文：rari nantes。

富尔奈尔，维克多·富尔奈尔（Victor Fournel，1829—1894）。富尔奈尔是多家期刊的撰稿人，特别是为杜刚的《巴黎评论》《雅典娜》（*L'Athenœum*）和《名流周刊》撰稿。1865 年 7 月 17 日曾在《布鲁塞尔日报》（*Journal de Bruxelles*）发表对《怪异与严肃故事集》的书评。出版过多部学术著作——特别是有关巴黎的学术著作——以及批评作品。

弗勒，乔治·弗勒（George Fowler），英籍书商，书店地址在大王宫蒙特庞谢路（rue Montpensier, au Palais-Royal）6 号。此人在波德莱尔的"手记"中出现过三次，是波德莱尔的债主之一。

弗莱斯，阿尔芒·弗莱斯（Armand Fraisse，1830—1877）。弗莱斯可能是那个时代最优秀的批评家之一，但由于他从未离开过里昂——他在那儿有一份不太重要的工作——加之他的文章湮没在了《公共安全》的故纸堆里，所以他是被低估或至少是不为人所知的。家住外省，使他免于陷入巴黎这个大染缸。他为《历代传说》写出的第一篇书评（1959 年 11 月 7 日），其使用的词语与我们今天所用的庶几相类：赞赏加分析。1857 年 8 月 14 日和 9 月 21 日，他以清醒和勇气发表了两篇《恶之花》书评，与我们今天的评价几乎如出一辙。我们也因此理解了为什么后来波德莱尔执意要找到这几篇文章，并将其作为证明文件收入自己的作品全集中去。1859 年 12 月 29 日，弗莱斯在评论苏拉里的《幽默十四行诗》（*Sonnets humouristiques*）时勇敢地宣称："我已经读过二十遍《恶之花》，今后我还会经常读"。波德莱尔去世后，他又为《波德莱尔全集》和阿瑟利诺的《夏尔·波德莱尔的生平及其作品》创作了三篇书评（1869 年 5 月 4 日、24 日和 19 日）。无论在外省还是巴黎，还有谁比他写得更多呢？

弗雷德里克斯，古斯塔夫·弗雷德里克斯（Gustave Frédérix，1834—1894）。弗雷德里克斯 1860 年即开始为《比利时独立报》撰写文学评论。1885 年成为比利时王家学士院（Académie royale de Belgique）院士。他的作品选集在他去世后出版：《三十年评论集：一、文学研究；二、戏剧研究》（*Trente ans de critique：I. Études littéraires；II. Études dramatiques*），埃米尔·德夏内尔为之作序。

加伊夫，阿道夫·加伊夫（Adolphe Gaiffe 或 Adolphe Gaïffe），当菲利克斯·索拉尔还是米莱斯铁路储蓄银行（Caisse générale des chemins de fer）的合伙人时，加伊夫就是索拉尔的心腹。索拉尔收购了摩西·米约手中的《新闻报》股份后，加伊夫主持过该报"巴黎头条"（Premiers-Paris）栏目。当铁路储蓄银行遭遇起诉时，索拉尔逃走了（1861年1月），加伊夫被捕，并在玛扎斯监狱（la prison de Mazas）坐了一段时间的牢：1861年4月13日，龚古尔碰到过刚从监狱出来的加伊夫。6月份，佩拉特[①]帮助他改头换面，恢复了在《新闻报》的职务——此时的《新闻报》已被阿尔塞纳·乌塞耶收购。后来乌塞耶在其《忏悔录》（Confessions）第3卷第39页中说，加伊夫过得很快乐，终日美味佳肴；他不希望再付给他报酬，所以乌塞耶只得把工资付给他的秘书的秘书……1887年，加伊夫在摩泽尔省的奥伦镇（Oron）买下了一座古堡。

资料来源：罗贝尔·里卡特（Robert Ricatte）。

卡尔代，爱德华·卡尔代（Édouard Gardet），1818年3月2日生于巴黎。1840—1842年就读于国立文献典章学院（l'École des chartes）。他是阿瑟利诺的挚友，阿瑟利诺将自己的短篇小说集《双重人生》（La Double Vie，1858年由玛拉西出版）题献给了他，并指定他为自己的遗嘱执行人。1858年，他受命赴俄罗斯进行历史研究。1886年，他将自己保存的有关波德莱尔的资料全部转送给欧仁·克雷佩（资料来源：国立文献典章学院档案和让·齐格勒档案）。

戈蒂耶，泰奥菲尔·戈蒂耶（Théophile Gautier，1811—1872）。作为《恶之花》的被题献人，波德莱尔在1859年的一本小册子和1862年欧仁·克雷佩主编的《法国诗人》中曾对他赞赏有加，而最初在1845年，波德莱尔还曾在《有才华的人如何还债》（Comment on paie ses dettes quand

---

[①] 佩拉特（Jean Alphonse Peyrat，1812—1890），法国记者和政治家，时任《新闻报》主编。

on a du génie）一文中嘲笑过他。

从戈蒂耶一方来说，他为《法国诗人》撰写了波德莱尔评述；1867年9月9日，他在《环球导报》上发表了回忆波德莱尔的文章，这篇文章堪称波德莱尔传略，其中部分章节于1872年收录于《当代肖像》(*Portraits contemporains*) 一书；1868年3—4月间，他在《插图天地》(*L'Univers illustré*) 发表波德莱尔的研究长文，同年底作为序言放进由米歇尔·莱维兄弟出版社出版的《波德莱尔全集》第1卷《恶之花》中。

加瓦尔尼，纪尧姆-苏尔比斯·谢瓦利埃（Guillaume-Sulpice Chevalier, 1804—1866），别号加瓦尔尼（Gavarni）。加瓦尔尼创造了罗莱特的形象（type de la lorette），也可能是如此定义这一形象的第一人[①]。相对于这位"萎黄病的诗人"（参见波德莱尔《理想》一诗），波德莱尔更喜欢杜米耶；他在《论几位法国漫画家》(*Quelques caricaturistes français*) 中对这两位漫画家进行了比较，得出的结论是杜米耶更胜一筹，但他也说："加瓦尔尼就是这样，作为艺术家，他不止于有趣，他还有许多长处。"

热利斯，莱昂·热利斯（Léon Gelis），银行家，其办公室在里沃利街（rue de Rivoli）63号。

吉罗，达尼埃尔·吉罗（Daniel Giraud），1812年12月5日生于尼姆（Nîmes）一位细木工匠之家。1845年来到巴黎，在阿歇特出版社工作。1846年申请开办书店，1847年4月16日获得批准（资料来源：国家档案

[①] 波德莱尔在《论几位法国漫画家》(*Quelques caricaturistes français*) 中写道："加瓦尔尼创造了罗莱特。她的确在他之前即已存在，但是，他使她更加完整了。我甚至认为是他创造了这个名字。有人已经说过，罗莱特不是那种由情人供养的姑娘，那种帝国时代的东西，不得不愁眉苦脸地与她依靠的那具金属般的行尸走肉，将军或银行家，相对为生。罗莱特是个自由的人，来去无牵无挂。她的房门洞开。她没有主人，来往于艺术家和新闻记者之间。她尽可能地要获得一些思想。我是说加瓦尔尼使她更完整了，实际上，他的文学想象力使他至少创造出与他的所见相等的东西，因此，他对风气有很大的影响。"参见郭宏安（译）：《波德莱尔美学论文选》，北京：人民文学出版社，1987年北京第1版，第342页。

馆，F^{18}，第 1769 号）。1852 年，他与达尼约合作出版了奈瓦尔的《罗蕾莱》(Lorely) 和《故事与笑话集》(Contes et Facéties)；1854 年独自出版了奈瓦尔的《火的女儿》(Les Filles du Feu)。

戈德弗鲁瓦，路易-斯坦尼斯拉斯·戈德弗鲁瓦 (Louis-Stanislas Godefroy，1813—1872)。戈德弗鲁瓦 1846 年 11 月至 1858 年 5 月是文人协会（Société des gens de lettres）的主要代理人，其办公室先是设在普罗旺斯路（rue de Provence）21 号，1847 年迁至特雷维兹老城（Cité Trévise）14 号。他可能是因为挪用公款被协会发现而遭解聘的。他可能也是在特雷维兹老城留宿波德莱尔的那位"朋友"——此后的六个星期，波德莱尔一直睡在他家的长沙发上。

关于戈德弗鲁瓦，可参见阿瑟利诺：《波德莱尔趣事》(Baudelairiana)，原载《欧仁·克雷佩对波德莱尔的生平研究，由雅克·克雷佩重新修订》(Baudelaire. Étude biographique d'Eugène Crépet revue et mise à jour par Jeacques Crépet)，1906 年再版本，第 292 页。

戈普，爱德华·戈普（Édouard Goepp），1830 年 1 月 1 日生于巴黎，母亲是玛格丽特·索尔杰（Marguerite Solger），父亲 J.-J. 戈普（J.-J. Goepp）是巴黎基督教会奥格斯堡忏悔派（l'église chrétienne de la Confession d'Augsbourg）的牧师，教务会议的主席之一，也是荣誉团骑士。爱德华·戈普 1849 年进入国民教育部，1865 年 12 月 30 日起任办公室副主任，1870 年 5 月 19 日晋升主任。1859 年 10 月 25 日，路易·贝拉盖给他写下过这样的评语："有悟性，服务观念强。——通晓英语和德语。——工作能力优秀。——有时不够细心和精确。"根据这一评语，鲁朗大臣决定给他加薪，每年增加 300 法郎。1861 年 2 月 7 日，他被调去大臣办公室工作；1861 年 4 月 16 日再次加薪，每年增加 300 法郎，紧跟着在 1861 年 12 月 15 日再次加薪。1862 年 9 月 14 日，大臣再次给他加薪 200 法郎。（资料来源：国家档案馆个人档案部，F^{17}，第 20853 号。）

戈普是《欧洲评论》的撰稿人，经常在《欧洲评论》上发表德国文学评论。1860 年，他在玛拉西出版社出版《一个文学冒险家》(Un aventurier *littéraire*），向《欧洲评论》的竞争者、时任《当代评论》社长的卡洛纳发起挑战。哈瓦斯通讯社（*L'Agence Havas*）声称他的名字是化名，戈普在《轶事评论》1860年7月下半月刊上抗议哈瓦斯通讯社的诽谤，并借此机会宣称他曾为《法兰西雅典娜》（*l'Athenæum français*）、日内瓦《国际评论》（*Revue internationale*）和《环球丛书》（*la Bibliothèque universelle*）都撰过稿。

戈兹朗，莱昂·戈兹朗（Léon Gozlan，1803—1866）。马赛人，父亲是一个船东，可能是犹太人，也可能是地中海东岸人。他是风俗小说家，1836年出版小说《尚蒂伊的公证人》（*Le Notaire de Chantilly*）。他是巴尔扎克的好友，巴尔扎克曾将自己的《妇女再研究》（*Autre étude de femme*）题赠给他；他也写过两部关于巴尔扎克的作品：《穿着拖鞋的巴尔扎克》（*Balzac en pantoufles*），1856年由埃采尔出版；《在自己家里的巴尔扎克：贾尔迪兄弟的回忆》（*Balzac chez lui, souvenirs des Jardies*），1862年由莱维出版。这一切使他与波德莱尔之间建立起友谊。他还是一位剧作家，但从未获得过成功，同时还是一位不知疲倦的专栏编辑。

居伊，康斯坦丁·居伊（Constantin Guys，1805—1892）。参见波德莱尔《现代生活的画家》（*Le Peintre de la vie moderne*）。波德莱尔曾赠给他一册第二版《恶之花》，上面写道："友谊与仰慕的证明。"纳达尔回忆说他曾送给居伊一册波德莱尔的《浪漫派艺术》："送给我最亲爱的朋友居伊，以纪念我们失去的伟大朋友，并共同追忆他的荣光。"居伊逝世于杜博瓦疗养院——让娜也在那儿住过院——他在纳达尔家晚餐，出门时在勒阿弗尔路（rue du Havre）被一辆车撞倒，大腿骨折，被送到了杜博瓦疗养院。

埃尔维，爱德华·埃尔维（Édouard Hervé，1835—1899）。高等师范学校毕业生。卡洛纳《当代评论》编辑部的秘书，为这家杂志撰稿并主持政治专栏。他也为《立宪报》《时光》和《星期天信使》（*Courrier du dimanche*）撰稿。他是另一位高等师范学校毕业生 J.-J. 韦斯[①]的好友，这

[①] J.-J. 韦斯（Jean-Jacques Weiss，1827—1891），法国作家、编辑、政治家。

位韦斯不是波德莱尔的朋友,曾在 1858 年 1 月的《当代评论》上攻击过波德莱尔。埃尔维是自由主义者,拥护英国式的君主立宪制度,支持第二帝国的自由主义倾向,在第三共和国期间成为拥护君主制的保守派。1886 年当选法兰西学士院院士。

埃采尔,皮埃尔-于勒·埃采尔(Pierre-Jules Hetzel,1814—1886)。法国十九世纪最精明的出版家之一。对那些法国文学史上的名人,埃采尔不是他们的出版人便是他们的朋友,特别是巴尔扎克、乔治·桑、雨果和儒勒·凡尔纳;他也以斯塔勒(Stahl)为笔名写作,他的文笔感性而幽默,留下的作品有 1843 年与阿尔弗雷德·缪塞合作出版、由托尼·乔阿诺①插图的《欢喜之地的旅行》(Voyage où il vous plaira),还有《一个伤风病人的故事》(Histoire d'un homme enrhumé),1859 年出版。

1852 年政变后,忠于共和主义理想的埃采尔被迫流亡比利时。他成功地阻止了比利时的书籍盗版行为,并且倡导制订了一项出版业的规则。1859 年 8 月 17 日大赦令颁布后他才回到法国,但众多业务依旧在布鲁塞尔运营。波德莱尔曾在布鲁塞尔期间与埃采尔相见,并在其《比利时的美术爱好者》(Amœnitates Belgicae)一书中留下了《埃采尔先生对法罗啤酒的看法》(Opinion de M. Hetzel sur le faro)一文。

1863 年 1 月 13 日,波德莱尔将《小散文诗》和《恶之花》出售给埃采尔,而此前他已将这两部作品转让给了玛拉西。1865 年 7 月此事爆发,导致波德莱尔进行了那次闪电般的翁弗勒尔之行。他害怕玛拉西将债权卖给班斯布尔德,于是去翁弗勒尔找到钱并偿还了玛拉西。但埃采尔根据 1863 年的合同已预支给波德莱尔 1200 法郎。埃采尔遵守承诺,将著作权归还了波德莱尔,而波德莱尔欠埃采尔的钱直到诗人去世后才偿还。1868 年 5 月 14 日,他从昂塞尔处收到 1200 法郎欠款中的 600 法郎,余款又过了一段时间后才偿还。

1866 年 7 月 15 日(不是 1867 年),欧皮克夫人给埃采尔写信,恳请他到杜瓦尔医生疗养院看望她的儿子:"先生,听到您的名字时他感到由

---

① 托尼·乔阿诺(Tony Johannot,1803—1852),法国雕刻家、插图作者和画家。

衷的喜悦，因为他对您抱有深切的友谊。"埃采尔对波德莱尔也抱有深厚的友情，他曾在 1862 年写信催促乌塞耶赶紧在《新闻报》上发表波德莱尔的《小散文诗》，他在信中写道，波德莱尔"肯定是我们这个时代最具独创性的散文家和最具个性的诗人，任何一家报刊都不应该让读者久等而读不到这位为丝毫不经典的事物写出了奇特的经典作品的作家"。

关于埃采尔，可参见 A. 帕尔梅尼（A. Parménie）和 C. 博尼耶·德·拉沙贝尔（C. Bonnier de La Chappelle）：《埃采尔：一位出版家及其作者们的故事》(*Histoire d'un éditeur et de ses auteurs*，*P.-J. Hetzel*)，阿尔班·米歇尔出版社（Albin Michel）出版，1953。

奥斯坦因，伊波利特·奥斯坦因（Hippolyte Hostein，1814—1879）。作家和剧作家，曾担任过大仲马创建的历史剧院的经理；1849—1858 年间任盖泰剧院经理，剧院在他的领导下见证过多次巨大的成功。1858 年改任皇家大马戏团剧院（théâtre du Cirque）——今名夏特莱剧院（théâtre du Châtelet）——经理。

乌塞耶，阿尔塞纳·乌塞耶（Arsène Houssaye，1814—1896）。乌塞耶精明能干，作品很多，但大多肤浅。自 1844 年 1 月 1 日起担任《艺术家》社长。1849—1856 年间幸运地成为法兰西喜剧院经理。1856 年回归《艺术家》，1861—1862 年成为《新闻报》社长。除了散文诗——波德莱尔在其《巴黎的忧郁》献辞中曾经提到——以外，他还有《王者伏尔泰》(*Le Roi Voltaire*) 和《法兰西学士院第 41 个席位的故事》(*Histoire du quarante et unième fauteuil de l'Académie française*) 存世。他在其《忏悔录》(*Confessions*) 中回忆了波德莱尔。

乌塞耶，爱德华·乌塞耶（Édouard Houssaye），阿尔塞纳·乌塞耶的弟弟，曾于 1852—1859 年间接替阿尔塞纳·乌塞耶担任《艺术家》的社长。后来管过《美术报》(*Gazette des Beaux-Arts*)。1861—1863 年间负责《美术报》的《艺术和收藏专栏》(*Chronique des arts et de la curiosités*)。

雨果，维克多·雨果（Victor Hugo，1802—1885）。1840年代初波德莱尔就曾拜见过雨果。普拉隆回忆说（参见克洛德·皮舒瓦：《波德莱尔：研究与证据》，第19页），雨果"不理解波德莱尔那种内敛的、巴黎人的性格。他劝告波德莱尔到乡下住一段时间，像隐修那样在孤独中写作。波德莱尔对此并未反驳，但在圣伯夫敏锐而狡黠的眼中，这一建议远没有什么宏大的视野，或许只是维克多·雨果本人的健康观。在波德莱尔一方，更多的是一种恭敬的克制，而没有什么狂热的激情"。

开局不利，双方的关系始终不和睦且甚为微妙。1859年9月23日，波德莱尔给雨果写信，请他为自己的文章《泰奥菲尔·戈蒂耶》作序，他在信中明确说到他和雨果"差不多已经有二十年不曾谋面了，而我总共见过您两回"。直到1865年10月他们才在布鲁塞尔再次相见。

波德莱尔与雨果无论在个人观点还是对社会的看法上似乎都有矛盾。雨果很留意这个奉承自己的人：此人有时会用讽刺挖苦让他浑身不自在，有时又会把自己最美的诗篇题献给他。评论界也见仁见智，莫衷一是。莱昂·塞利耶先生（M. Léon Cellier）在1968年5月那场美妙的全国狂热运动期间曾试图以其作品《波德莱尔与雨果》（Baudelaire et Hugo，约瑟·科尔蒂书店，1970）在两人之间和稀泥。但这两位法国诗歌的灯塔式人物在法国文学中绝对是属于两个敌对的派别。我们可能会说帕斯卡与蒙田、高乃依与拉辛、卢梭与伏尔泰，但绝不会在这一层面上去说"波德莱尔与雨果"。

现谨将他们不完美的对话摘录一段立此存照：1869年3月，阿瑟利诺将《夏尔·波德莱尔的生平及其作品》寄赠给雨果，雨果写信感谢阿瑟利诺赠书时写了这样一段话："与其说我认识波德莱尔，还不如说我与他是迎头相撞。他常常冒犯我，所以我也不得不常常和他发生摩擦；关于这些事我很愿意和您谈谈。我对您书中的所有赞美都有所保留。1865年10月我最后一次见到他的那天，他给我带来了一篇他自己写的关于《历代传说》的文章，是1859年发表的，您可以很容易地找到这篇文章；在这篇文章中，他似乎深深服膺于理想是一种文学意识的说法，就像进步是一种政治意识一样。他在递给我这篇文章时对我说：您会看到我和您属于同一条战线。我动身了。我们分别了，我再也没见过他。他是我怀念的那些人中的一个。"(参见《雨果书信集》,国家印刷局出版,1952,第 3 卷,第 179 页。)

让莫,让-路易·让莫(Jean-Louis Janmot,1814—1892)。里昂人,神秘主义者。常出入于安格尔的画室。波德莱尔将他与谢纳瓦尔作为代表人物写入了《哲学的艺术》一文。1855 年万国博览会期间,让莫展出了自己的系列画作《灵魂的诗篇》(*Poème de l'Âme*),共 18 幅油画,每幅画下用一首歌谣般的诗《灵魂》(*L'Âme*)作注。他还画过拉科代尔的肖像(1847 年)和拉普拉德的肖像(1865 年)。

雅科托,安托万-贝尔纳·雅科托(Antoine-Bernard Jaquotot),诉讼代理人,1820 年娶卡洛琳娜·博比埃尔(Caroline Bobierre)为妻。他是孀居的波德莱尔夫人与欧皮克的证婚人,也是波德莱尔的家庭监理会成员之一,是他在 1844 年 8 月 24 日建议为波德莱尔指定一名法定监护人(他住在圣安德烈路 333 号)。波德莱尔曾赠给他一册《泰奥菲尔·戈蒂耶》,上面写道:"赠雅科托先生/深情的回忆/CH. 波德莱尔"(1969 年 10 月 13 日德鲁奥特拍卖会拍卖)。1862 年 6 月 16 日在巴黎去世。

让娜,让娜·勒梅尔(Jeanne Lemer)或让娜·勒麦尔(Jeanne Lemaire),或让娜·迪瓦尔(Jeanne Duval),或让娜·普罗斯佩尔(Jeanne Prosper)——她的名字比她的姓更真实可靠。黑白混血儿或四分之一混血儿。据雅克·克雷佩在《关于波德莱尔》(*Propos sur Baudelaire*)一书中的考证(第 149—155 页),让娜可能是让娜·勒麦尔(Jeanne Lemaire)的女儿,这位母亲住在磨坊街(rue des Moulins)15 号,1853 年 11 月 15 日在美丽城(Belleville)去世,1853 年 11 月 17 日下葬,1859 年 2 月 28 日迁葬;让娜的外祖母可能是南特(Nantes)的一个妓女,名叫玛丽·迪瓦尔(Marie Duval)。也可参见 1970 年 6 月 1 日《克拉麦家族》(*Le Cramérien*)。

1838—1839 年间,让娜似乎以"贝尔塔小姐"(Mlle Berthe)这一艺名在圣安东尼门剧场(théâtre de la Porte-Saint-Antoine)演些小角色(参见克洛德·皮舒瓦:《研究与证据》,第 59—79 页)。在此期间她成了纳达尔的情妇。波德莱尔似乎从印度洋旅行回来后才认识她。

尽管让娜 1859 年中风瘫痪，可她活得比波德莱尔长。1860 年 10 月 11 日，波德莱尔看望过"这位沦为残疾的旧日美人"，马奈则根据一位机械而呆板的模特画出了她的肖像（参见《波德莱尔肖像集》，图版第 123 号）。纳达尔说他在 1870 年时还曾见过她，当时她正拄杖彳亍而行。女歌手爱玛·卡尔维（Emma Calvé）在其回忆录中说她 1878 年抵达巴黎后曾去巴蒂诺尔区（quartier des Batignolles）看望过让娜。

若利，维克多·若利（Victor Joly，1807—1870）。滑稽剧作者，写过剧本和长篇小说。当过编辑，1852 年起任《桑乔报》（*Sancho*）社长。他不像其他土生土长的比利时人那么仇视法国。波德莱尔在《可怜的比利时！》中曾数次提到过他。

儒塞，奥古斯特·儒塞（Auguste Jousset），迪埃普旅馆（l'hôtel de Dieppe）老板，地址在阿姆斯特丹路（rue d'Amsterdam）22 号，波德莱尔从 1859 年底直至赴比利时之前始终住在这里（除了 1860 年 12 月—1861 年 1 月的几个星期以外）。波德莱尔去世后，他生前所欠儒塞的钱被昂塞尔压到 1200 法郎并全部偿还。

关于儒塞，可参见《波德莱尔肖像集》，图版第 81 号。

儒万，J.-B. 儒万（J.-B. Jouvin，1810—1886）。《费加罗报》老板维尔梅桑的女婿，《费加罗报》的撰稿人。

朱迪特，朱莉·贝尔纳（Julie Bernat，1827—1912），别号朱迪特（Judith）。与拉结家族（la famille de Rachel）有姻亲关系。1846—1866 年间是法兰西喜剧院演员，开始时领固定报酬，后成为主演之一。她嫁给了以翻译英国文学著称的贝尔纳-德洛斯纳（Bernard-Drosne）——具体结婚时间可参见利奥奈（Lyonnet）：《喜剧演员词典》（*Dictionnaire des comédiens*）——并对她丈夫的翻译事业多有帮助；她从 1857 年开始学习英文，独自翻译了狄更斯的《深渊》（*L'Abîme*）。

拉比，让·拉比（Jean Labie），1822—1832 年在讷伊担任公证人，后由昂塞尔接任。他的家在岱纳大街（avenue des Ternes）38 号。他是孀居的波德莱尔夫人与欧皮克的证婚人，也是波德莱尔的家庭监理会成员之一，1844 年 8 月 24 日为波德莱尔指定法定监护人的会议召开时他也在场。

拉科萨德，奥古斯特·拉科萨德（Auguste Lacaussade，1815—1897）。参见"卡洛纳"条。

拉克鲁瓦，阿尔贝·拉克鲁瓦（Albert Lacroix），1834 年生于布鲁塞尔，1903 在巴黎去世。法学博士。1856 年在布鲁塞尔上大学时参加过一次比赛，写了一篇很有意思的论文《莎士比亚对时至今日的法国戏剧影响史》(Histoire de l'influence de Shakspeare sur le théâtre français jusqu'à nos jours)。他是埃德加·基奈①的好友。1861 年在布鲁塞尔与画家韦伯克霍恩的儿子共同创建了"国际书局"（Librairie internationale），并在巴黎、莱比锡建有分号。其出版社出版了《悲惨世界》，出版了米什莱、蒲鲁东及其他共和派作家的作品。后死于穷困潦倒。

拉克鲁瓦，拉克鲁瓦医生（Docteur Lacroix），欧皮克夫人在翁弗勒尔的医生。

拉费泽里耶尔，阿尔贝·德·拉费泽里耶尔（Albert de La Fizelière，1819—1878）。法国国家图书馆收藏的纳达尔基金会资料中有拉费泽里耶尔为自己写的简介："1841—1843 年担任《艺术家》(L'Artiste) 的主要撰稿人。1843—1846 年任《艺术简报》(Bulletin des Arts) 社长。曾任《世纪报》(Siècle)、《商界》(Commerce)、《改革报》(La Réforme)、《杂闻报》(Journal des faits)、《名流周刊》(L'Illustration)、《名胜杂志》(Magazin pittoresque) 撰稿人。1846—1849 年任《戏剧论坛》(La tribune

---

① 埃德加·基奈（Jean Louis Edgar Quinet，1803—1875），法国历史学家、诗人、哲学家和政治家。

dramatique）主编。与路易·吉罗多先生（Louis Giraudeau）合作出版过若干文学和政论作品，共同使用路德维希·马尔赛（Ludovic Marsay）这一笔名。"

根据 P. 迪费发表的一封拉费泽里耶尔致玛拉西的信（这封信大约写于 1866 年 4 月初至 6 月底，原载《在波德莱尔身边……》，第 143 页），他在信中写道：

"我们那位可怜的波德莱尔怎么样了？理智地讲，他还有救么？可怜的法国文学界急欲了解他的情况。

"您有他全部作品的相关资料么？您能提供给我么？特别是那些零乱发表在各类期刊上的作品资料。他在布鲁塞尔发表过作品么？

"以下是我需要这些信息的理由：

"我计划和两三位朋友出版一部当代作家的作品目录，限量出版，仅供收藏：波德莱尔、尚弗勒里、蒙斯莱、J. 雅南、Ph. 夏斯勒，等等。最多印 150 册，分两种开本：一种是 12 开小印张，36 页，提供给各出版社，另一种是 18 开印张，英文本，提供给希望读到这些作家作品的爱好者。"

1868 年，拉费泽里耶尔和德科（Decaux）合作出版了第一部波德莱尔作品目录索引，是《当代作品索引》(*Essais de bibliographie contemporaine*) 的第 1 册，但此后再未出版其他分册。

拉盖罗尼耶尔，阿尔蒂尔·德·拉盖罗尼耶尔子爵（Arthur, vicomte de La Guéronnière, 1816—1875）。拉马丁的崇拜者和弟子，拉马丁将其安排进《公共利益》(*Bien public*) 编辑部工作，又从那儿转到《新闻报》。拉马丁担任《国家报》社长时选择拉盖罗尼耶尔担任主编。此人没有什么真正的政治信念。1860 年与约瑟夫·柯昂创立波拿巴派报纸《法兰西报》(*La France*)。1861 年 5 月就任分管印刷出版业的国务参事。

拉马德兰，亨利·德·拉马德兰（Henri de La Madelène, 1825—1887）。拉马德兰的父亲是一位男爵和军官，1842—1848 年曾任卡庞特拉市（Carpentras）市长。他没有他哥哥那样的才华。1865 年创办《新巴黎评论》，波德莱尔曾为该刊撰稿。他因记者和专栏编辑生涯而为人知闻。

1866年4月15日，他在《时光》误发了波德莱尔去世的消息，两天后即被邦维尔澄清。1866年4月18日和21日，他在《黄色侏儒》上发表了他在得知波德莱尔去世的假消息后所写的研究长文，但宣称根本没有修改，因为"里面没有任何关于过世的或活着的波德莱尔所不能读的内容"。"我非常熟识他，"他写道，"二十年来我一直都跟他很亲近。"他虽然也批评了波德莱尔的一些行为，但还是非常理性地褒扬了这位诗人和评论家。

拉马德兰，于勒·德·拉马德兰（Jules de La Madelène），亨利·德·拉马德兰的哥哥，1820年1月11日生于凡尔赛，1859年11月5日在卡庞特拉去世。七月王朝的后半期常出入于波希米亚文人圈，并与让·瓦隆结为好友。在让·瓦隆的影响下归信天主教。1848年成为民主主义者。已婚。身体一直不好。1855年在《两世界评论》发表其代表作《萨弗拉侯爵》（*Le Marquis des Saffras*），1859年由布尔迪里亚"新书局"出版单行本。

关于于勒·德·拉马德兰，可参见欧内斯特·若维（Ernest Jovy）：《于勒·德·拉马德兰传：1820—1859》（*Jules de La Madelène：1820—1859*）。

拉塞格，夏尔·拉塞格（Charles Lasègue，1816—1883）。特鲁索[①] 最优秀的学生之一。1838年7月27日获文学学士学位。曾任波德莱尔的辅导老师。1839年波德莱尔就寄宿在这位老师的父母家。1846年获医学博士学位。在神经精神病学方面颇有建树。1867年获得一般病理学教授讲席。1870年在临终关怀医院（l'hôpital de la Pitié）内开办诊所。波德莱尔患失语症后，欧皮克夫人曾想咨询他。

洛朗-比夏，莱昂·洛朗-比夏（Léon Laurrent-Pichat，1823—1886）。他的一生与他的朋友路易·乌尔巴赫平行展开，但他的政治生涯更长（1871年当选塞纳省议员）。年轻时崇拜雨果，第二共和国时期曾在乌尔巴赫创办的《黎明传播者》（*Le Propagateur de l'Aube*）上为雨果的共和主

[①] 特鲁索（Armand Trousseau，1801—1867），法国医生和政治家。

义理念仗义执言。1851年与乌尔巴赫共同创办《巴黎评论》。第二帝国政府取缔《巴黎评论》后,转而为《文学通讯》(Correspondance littéraire)和在外省非常知名的一家报纸《卢瓦尔灯塔》(Phare de la Loire)撰稿。他还出版有诗集、短篇小说集等。

拉瓦,亨利·拉瓦(Henri Lavoix,1820—1892)。古币收藏家,伊斯兰古币研究专家,还就莫里哀喜剧《恨世者》(Le Misanthrope)写过一本书。第二帝国时期是《环球导报》的撰稿人之一;曾于1865年4月11日就《怪异与严肃故事集》发表过一篇非常理性的书评。

勒孔特·德·利勒,夏尔·勒孔特·德·利勒(Charles Leconte de Lisle,1818—1894)。勒孔特·德·利勒1861年12月1日在《欧洲评论》上发表了一篇颂扬波德莱尔的文章,这篇文章很可能表明他对波德莱尔的真实情感发生了转变,此前他一直受到路易·梅纳尔的影响,而梅纳尔始终不原谅波德莱尔,因为波德莱尔1846年曾严厉批评过梅纳尔的《被解放了的普罗米修斯》(Prométhée délivré)。巴莱斯[1]在为迪莱尔出版社(Durel)1909年再版的梅纳尔作品《一个神秘的异教徒之梦》(Rêveries d'un païen mystique)所作的序言中这样写道:"1846年,他们(指波德莱尔和梅纳尔)与刚刚来到巴黎的勒孔特·德·利勒结识。勒孔特·德·利勒告诉我说,波德莱尔在他们第一次见面时就朗诵了《唐璜的小船》(即《唐璜下地狱》)。我想我已经注意到勒孔特·德·利勒对波德莱尔评价不高。年轻的波德莱尔屡屡喜欢标新立异,让人不堪忍受:诗人往往有恶魔附体。他的贵族偏见后来一定是冒犯了这个小圈子,因为在路易-菲利普统治的后期,无论是该小圈子里的勒孔特·德·利勒还是梅纳尔或塔莱斯·贝尔纳[2],他们都具有革命时期的巴黎那种慷慨而荒诞的精神。"后来勒孔特·德·利勒变得比波德莱尔更有贵族气。巴莱斯是出于敌视和报复心理才这样写的。

---

[1] 巴莱斯(Maurice Barrès,1862—1923),法国作家、政治家。
[2] 塔莱斯·贝尔纳(Thalès Bernard,1821—1873),法国诗人、学者。

勒库，维克多·勒库（Victor Lecou），1801年3月4日生于巴黎。勒库是贝尔维尔（Belleville）的一位房产主，他申请开办书局时，国务参事兼省长发表了这样的意见："这位高贵而博学的臣民品行端正，谨守道义，他向政府提出的保证有如国家卫士般虔诚，他对现存秩序的政治立场不容质疑。"于是颁发给他书店执照。1857年6月3日，他将产业卖给了阿歇特出版社和加尼埃出版社，自己隐居到蒙莫朗西（Montmorency）从事园艺业。1858年勒库书局由于长期停业而被吊销执照。勒库书局位于布鲁瓦路（rue du Bouloi）10号，出版过不少乌塞耶的作品，还出版过莫里哀的作品（1853，由圣伯夫撰写评述）、戈蒂耶的《任性与曲折》(*Caprices et zigzags*, 1852)以及奈瓦尔的《光明异端派》(*Les Illuminés*, 1852)。

勒若斯纳，伊波利特·勒若斯纳（Hyppolyte Lejosne 或 Hyppolyte Le Josne，1814—1884）。毕业于巴黎综合工科学校和军事参谋学院。1847年与亨利·卡扎利斯[①]的亲戚瓦伦蒂娜·卡扎利斯（Valentine Cazalis）结婚——这位亨利·卡扎利斯是马拉美的朋友。1859年4月任陆军第一军军长马尼昂元帅（maréchal Magnan）的副官；同年5月被任命为炮兵连连长。1861年9月30日至1870年3月2日在巴黎地区参谋本部任职。勒若斯纳夫妇交游广泛，德拉克洛瓦、泰奥菲尔·西尔维斯特[②]、巴尔贝·多尔维利、马奈（马奈将勒若斯纳夫人画进了《杜伊勒里宫的音乐会》）等都是勒若斯纳家的常客，他们也接待年轻一代的艺术家。1869年3月，他们曾在家中上演被第二帝国政府禁止再度上演的雨果戏剧《吕布拉斯》(*Ruy Blas*)。第二年，勒若斯纳被调往阿尔及利亚君士坦丁，直至普法战争结束。1874年退役。勒若斯纳留下了大量十四行诗手稿，表现出一定的才华和独立精神。波德莱尔曾将自己翻译的爱伦·坡作品《吾得之矣》题赠给他："献给勒若斯纳／以此作为我对您的友谊的证明／夏·波。"

勒马雷夏尔，阿道夫·勒马雷夏尔（Adolphe Le Maréchal, 1823—

[①] 亨利·卡扎利斯（Henri Cazalis, 1840—1909），法国医生，象征派诗人。
[②] 泰奥菲尔·西尔维斯特（Théophile Silvestre, 1823—1876），法国文学评论家、艺术史学家。

1875）。勒马雷夏尔就读于斯坦尼斯拉斯中学（collège Stanislas），后在巴黎学习法律。毕业后返回故乡诺曼底，致力于地方志的研究，所以他的名字常常出现在各种档案资料上。"但是，特别是1850—1855年间，出于对戏剧的酷爱，他每年都在巴黎逗留很长时间，并因此结识了众多剧作家和文学评论家，如菲洛克塞纳·布瓦耶、贝卢诺公爵奥古斯特·马凯（维克多元帅的儿子）①、蒙斯莱、戴纳里②、韦尔贡辛③、波德莱尔，特别是精明的剧院经理伊波利特·奥斯坦因，使他得以在盖泰剧院品尝到空前的喜悦。唉！我们要知道，勒马雷夏尔就是这样成为了盖泰剧院鼎盛时期的赞助人。"

1854年11月，他介绍波德莱尔结识了奥斯坦因。波德莱尔还曾向他借过钱，但都数额不大，并曾赠给他一本1857年版《恶之花》，献辞上写道："赠给我的朋友勒马雷夏尔"；这就是后来罗丹为之画插图的那本书。（参见国家图书馆：《1957·波德莱尔暨〈恶之花〉出版百年纪念展》目录，图版第552号）

勒梅尔，朱利安·勒梅尔（Julien Lemer，1815—1893）。1841—1843年在海运部工作，以后当过记者、多题材作家、出版人和文学代理人，1862年8月30日获得书局经营执照并成为"中区书局"（Librairie centrale）经理。书局位于意大利人大街24号，每天经营到很晚才打烊，因此被大家称作"午夜书局"（Librairie de minuit）。这家书局的投资人是丹迪。

一位书店督察员在其1862年7月29日的巡视报告中说："有人议论他……说他出版的书进不了图书馆，又说他做的一切只为了赚钱发财。"（国家档案馆，F^{18}，第1792号）同一位督察员还说勒梅尔拥有"最能敷衍了事、最能删改文章"的名声。《轶事评论》形容说他是个"活广告，八面玲珑，此外也是一位有头脑、有品位、有见识的美食家"（1857年，第228页）。但他还是一个好人，而且乐于助人。

勒梅尔本人1888年也在《书》（Le Livre）中谈到过他与波德莱尔的交往。

---

① 奥古斯特·马凯（Auguste Maquet，1813—1888），法国小说家、剧作家，大仲马的助手。
② 戴纳里（Adolphe Philippe d'Ennery，1811—1899），法国小说家、剧作家。
③ 韦尔贡辛（Eugène Verconsin，1823—1891），法国剧作家。

根据 1893 年 9 月号《文人协会公告》(Chronique de la Société des gens de lettres)，勒梅尔 1848—1854 年间还曾是文人协会委员会的成员。

朗格莱，夏尔-安托万-阿芒·朗格莱（Charles-Antoine-Amand Lenglet, 1791—1855）。最初是制模工，然后是"金银器匠人"，最终成为那个时代的雕塑家。他为欧皮克将军制作过一幅胸像，在 1846 年沙龙中展出，现收藏于格拉利沃讷（Gravelines）市政府，波德莱尔在其《1846 年的沙龙》中提到过这件事——克洛德·皮舒瓦在 1972 年 2 月 1 日—15 日的《文学半月刊》(La Quinzaine littéraire) 第 134 期上曾经发表过这幅胸像的照片。欧皮克 1841 年 11 月作为证婚人出席过朗格莱和安娜·罗贝尔（Anne Robert）的女儿菲丽西娅（Félicie）的婚礼。波德莱尔 1842—1845 年间去安娜·朗格莱家始终都受到友好的接待（参见波德莱尔 1842 年 19 月 4 日、1844 年 7 月 15 日和 1845 年 7 月致欧皮克夫人的信）。1851 年 8 月 30 日，他在致母亲的信中说他碰到了自 1849 年起就已鳏居的阿芒·朗格莱，"不仅没有生气，反而很高兴"。波德莱尔与朗格莱的儿子奥诺雷（Honoré，1813—1889）在 1844 年时关系很密切，当时奥诺雷刚刚开始其杰出的外交生涯，波德莱尔想要避开欧皮克将军见他母亲时，就在"外交部奥诺雷办公室里"与他母亲见面并向他母亲要钱（参见波德莱尔 1845 年初致欧皮克夫人的信）。波德莱尔和奥诺雷的交往似乎因为奥诺雷去驻外使馆工作而中断，后来在 1861 年他们在巴黎再次相遇（参见波德莱尔 1861 年 7 月 27 日致欧皮克夫人的信）。1852 年阿芒·朗格莱曾去美茵河畔法兰克福（Francfort-sur-le-Main）探望过奥诺雷。时任法国驻法兰克福公使德塔尔奈（Auguste de Tallenay，1795—1863）在 5 月 2 日给外交部的报告中说："至于老朗格莱，现在已经是一位老人了，他年轻时政治态度很激进，1814 年时是帝制主义者。他过去是、现在依然是波旁家族的死敌。我甚至相信他 1830 年参加过街垒战。他现在过着一种隐居生活，比较关注美术，基本不过问政治。"我们从中也可以看出波德莱尔何以对他产生兴趣。

关于朗格莱，可参见让·齐格勒（Jean Ziegler）1971 年 12 月 1 日在《克拉麦家族》(Le Cramérien) 上发表的评述。

勒帕奇夫妇（M. et Mme. Lepage），布鲁塞尔蒙塔涅路巨镜旅馆的老板和老板娘。

勒瓦扬，弗朗索瓦·勒瓦扬（François Levaillant），1753年生。博物学家，曾考察南非，写有旅行札记和一部作品——《鸟类自然史》(Histoire naturelle des oiseaux)。1824年11月22日在塞扎讷（Sézanne）附近的朗乌埃（La Noue）去世，离过婚，两次鳏居，第二次婚姻娶的是夏洛特·弗佑（Charlotte Foyot），而夏洛特·弗佑的妹妹、后来嫁给夏尔·德法伊斯（Charles Defayis）的朱莉·弗佑（Julie Foyot）即是欧皮克夫人的母亲。

勒瓦扬三兄弟（les Levaillant），弗朗索瓦·勒瓦扬与夏洛特·弗佑的儿子，与欧皮克夫人是姨表亲关系，是波德莱尔的表兄。三兄弟都收到了波德莱尔的讣告。

让·勒瓦扬（Jean Levaillant），1794年生，法国陆军的旅长，1809年入伍，经历了西班牙战役、俄罗斯战役和德国战役（1813年）、法国战役（1814年）、西班牙战争（1822—1824年），参加过希腊远征军，1854年回到故乡塞扎讷。1830年7月—1842年9月驻扎阿尔及利亚，1849—1850年与教宗卫队一同参加罗马保卫战，为此教宗庇护九世（Pie IX）曾将自己的肖像赠送给他。他让人复制了一幅供奉在塞扎讷教堂。欧皮克夫人将欧皮克将军参与编纂的《拿破仑一世书信集》(Correspondance de Napoléon Ier) 遗赠给了他。他的军旅生涯直至七月王朝末期始终与欧皮克将军平行。所以，如果说他"像他那个时代的许多人一样，对诗歌评价极低，甚至断绝了与波德莱尔的所有联系，并以最灰暗的色调来描绘他"（语见勒瓦扬将军的亲戚、原塞扎讷公证人G.拉普拉特［G. Laplatte］1887年6月13日致欧仁·克雷佩的信），我们丝毫不会奇怪。G.拉普拉特先生接着又写道："我还在很小的时候就听他谈起过波德莱尔时，他认为波德莱尔是让家族蒙羞的人，看来发生的那些事影响了他的判断力。"让·勒瓦扬1876年1月13日在塞扎讷去世。

夏尔·勒瓦扬（Charles Levaillant），1795 年出生，1867 年成为法国陆军的师长。1871 年 4 月在巴黎去世（信息及其军职均由 G. 拉普拉特先生提供）。

让-雅克·勒瓦扬（Jean-Jacques Levaillant）是三兄弟中成就最低的一个，却也是波德莱尔联系最多且在其书信中提到过名字的一个。1867 年时他的职务是团长，直至 1872 年去世时依旧是这个军职。他的两个哥哥——让和夏尔——给他办理了一份年金。欧皮克夫人也遗赠给他一小笔钱。但波德莱尔肯定是将他与一本奇特的书的作者让-雅克-卢梭·勒瓦扬（Jean-Jeacques-Rousseau Levaillant）搞混了。根据《军队年鉴》（*Annuaire militaire*）提供的线索，国家图书馆目录中有一册让-雅克-卢梭·勒瓦扬的作品《北非哺乳动物和鸟类历史的导言：通过可变环境中细菌的繁殖，研究自然系统中万有引力的规律》（*Introduction à l'histoire des mammifères et des oiseaux du Nord de l'Afrique ou recherches sur les lois de la gravitation des systèmes naturels par la reproduction des germes dans les milieux variables*），在这本书中他以其"自然主义哲学家"的学识痛苦地为某些反传统的理论进行了辩护（参见波德莱尔 1860 年 6 月底致玛拉西的信），而这样一种身份与让-雅克·勒瓦扬的父亲弗朗索瓦的身份相去甚远。图书卡片上写着："让-雅克-卢梭·勒瓦扬：团长，前北非探险委员会成员，菲利普维尔（Philippeville）出版，1851。"但人们觉得在这位让-雅克-卢梭·勒瓦扬的身上有一种与波德莱尔相近的反抗精神。

勒瓦瓦索尔，古斯塔夫·勒瓦瓦索尔（Gustave Le Vavasseur 或 Gustave Levavasseur，1819—1896）。诺曼底人，和普拉隆一样眷恋自己的故乡。他在巴黎学法律时寄宿在勒维克（Leveque）和巴伊公寓，与普拉隆、谢纳维埃尔和多松结下友谊，与普拉隆的关系尤为密切，二人曾一起写作。他大概是在 1840—1841 年冬初与波德莱尔结识的。1841 年 2 月 1 日，他们俩曾一起匿名在《海盗船》发表文章，讽刺法兰西学士院院士候选人雅克·昂瑟洛①和卡齐米尔·德拉维涅②。

---

① 雅克·昂瑟洛（Jacques-Arsène-François-Polycarpe Ancelot，1794—1854），法国剧作家和作家。
② 卡齐米尔·德拉维涅（Casimir Jean François Delavigne，1793—1843），法国诗人和剧作家。

波德莱尔在为欧仁·克雷佩主编的《法国诗人》所写的勒瓦瓦索尔评述中，回忆了他这位朋友作诗的能力以及谈话时表现出的才华。

1888—1896 年，《勒瓦瓦索尔全集》(Œuvres complètes de Le Vavasseur) 由雷迈尔出版；1897 年出版《勒瓦瓦索尔选集》(Œuvres choisies)。在《波德莱尔肖像集》图版第 146 号可以看到勒瓦瓦索尔的肖像。

莱维，卡尔曼·莱维（Calmann Lévy），1819 年 10 月 19 日生于默尔特省的法尔斯布尔（Phalsbourg, Meurthe），1891 年 6 月 18 日去世。我们注意到"卡尔曼-莱维出版社"（Calmann-Lévy）这个名字后来取代了"米歇尔·莱维兄弟出版社"（Michel Lévy frères），但连字符时有时无。

莱维，米歇尔·莱维（Michel Lévy），1821 年 12 月 20 日生于默尔特省的法尔斯布尔，1875 年 5 月 4 日在巴黎去世。1836 年与他的哥哥卡尔曼·莱维和纳唐（Nathan，后来退出）创立了法国最大的出版社之一——米歇尔·莱维兄弟出版社。米歇尔去世后，出版社改名"卡尔曼-莱维出版社"。无论是 1846 年预告出版《莱斯波斯女人》(Les Lesbiennes) 还是 1848 年预告出版《灵薄狱》(Les Limbes)——这两个书名都是《恶之花》最初的名字——都宣称出版商是"米歇尔·莱维兄弟出版社"。

米歇尔·莱维兄弟出版社自 1863 年 11 月 1 日起通过一份合同获得了波德莱尔翻译的全部爱伦·坡作品的版权，这证明了该出版社眼光超卓；1867 年 12 月 4 日，该社又以 1750 法郎的价格获得了出版波德莱尔作品的权利。1868—1870 年，该社出版了有"全集"之称的波德莱尔作品集，共分 7 卷（其中 3 卷为爱伦·坡作品）；1917 年这些作品版权期满，进入公版领域。

马奈，爱德华·马奈（Édouard Manet，1832—1883）。马奈与波德莱尔从 1863 年起开始通信。他们应该是在 1862 年相识的，因为波德莱尔在《轶事评论》1862 年 4 月下半月刊第一版上发表过一篇关于画家和蚀刻师的文章，其中扼要地提到了马奈，但在第二版上他明确地赞扬了马奈："我们将在明年的沙龙上看到他更多充满强烈的西班牙风格的画作……"

可以想见，波德莱尔是在参观了马奈的画室后写下这篇文章的。

1949年10月，菲利普·勒贝罗尔①在《现代》(Les Temps modernes)上发表文章，指称波德莱尔未能充分理解马奈真正的价值。尽管勒贝罗尔的观点尚待完善——因为他并未参考波德莱尔的所有文章——而且还有不少人为波德莱尔辩护，但勒贝罗尔的某些论点仍无法反驳。可以这样说，德拉克洛瓦所代表的波德莱尔式的现代性影响了波德莱尔去发掘马奈的现代性。

而马奈对波德莱尔则表现出真诚的友谊：他甚至和勒若斯纳在某种程度上充当了波德莱尔的文学经纪人角色。而且，他虽然并不特别宽裕，但还是在1863年1月借给波德莱尔1000法郎，在1865年7月波德莱尔急需偿还玛拉西的部分债务时又借给他500法郎。1867年9月24日，他在申报波德莱尔遗产项下的债权数额时还善解人意地对昂塞尔补充说："在所有人都申报完毕后，如果尚有余额请您再考虑我。"10月19日（星期四），当他得知他将在波德莱尔遗产项下获得全额偿付、而那些并非波德莱尔朋友的债权人比他得到的要少时，他再次给昂塞尔写信，要求将他与其他债权人等同对待。但1868年（或1869年）1月7日，他的口气变了："我很抱歉又和您重提我在波德莱尔遗产项下的债权，可我觉得整个这桩事情拖的时间实在太长了，我只是希望尽快偿还属于我的那一小笔钱。"（这三封信均存于昂塞尔档案）。马奈的债权直到1869年3月7日才得到清偿。当天，马奈在讷伊收到了属于他的1500法郎，并签署了昂塞尔起草的收据——这份收据1969年12月15日在德鲁奥特拍卖会上与亚历山德琳娜·德·罗斯柴尔德男爵夫人（baronne Alexandrine de Rothschild）的其他藏品一并拍卖。

马索兰，路易·马索兰（Louis Marcelin，1825—1887），笔名埃米尔·普拉纳（Émile Planat）。漫画家。1858年1月30日，马索兰在《插图世界》上发表了一幅名为《1857年的喜剧杂志》(Revue comique de l'année 1857) 的插图，其中有"嗅着一束恶之花的夏尔·波德莱尔"。1862年，

---

① 菲利普·勒贝罗尔（Philippe Rebeyrol，1917—2013），法国外交官。

马索兰创办了《巴黎生活》(La Vie parisienne),这是一份很严肃的期刊,丹纳的长篇小说《巴黎记:弗雷德里克-托马斯·格兰道尔奇先生的生平与评价》(Notes sur Paris. Vie et opinions de M. Frédéric-Thomas Graindorge)就发表在这份杂志上。《巴黎生活》也发表过波德莱尔的作品:1864 年 4 月 23 日发表了《现代生活的画家》第 11 章;1864 年 7 月 2 日和 8 月 13 日发表了《穷人们的眼睛》(Les Yeux des pauvres)和《计划》(Les Projets)两篇散文诗;1864 年 10 月 1 日在于勒·克拉尔蒂[①](Jules Clartie)的关照下又发表了十四行诗《为阿米娜·波切蒂的首演而作》(Sur les débuts d'Amina Boschetti)。

马林,伊波利特·马林(Hippolyte Marin),1817 年 1 月 31 日生于塞纳河畔讷伊;1903 年 11 月 3 日在塞纳-瓦兹省的马夫利耶尔(Maffliers, Seine-et-Oise)去世。他是昂塞尔的朋友,1844 年在昂塞尔公证处担任首席诉讼代理人,并以该身份出席了 1844 年 8 月 24 日为波德莱尔指定司法监护人的家庭监理会会议。1845—1862 年担任诉讼代理人,其事务所地址在黎希留路(rue de Richelieu)。该事务所后被洛尔塔-雅各布公证处(Mᵉ Lortat-Jacob)收购。

资料来源:伊波利特·马林的孙子雅克·马林(Jacques Marin)1952 年提供;并请参见《波德莱尔研究》第 2 卷,第 10—11 页。

马蒂奈,路易·马蒂奈(Louis Martinet,1814—1895)。格罗[②]的学生,后成为历史画画家,同时以画展策展人著称。他通过在意大利人大街 26 号和德·艾特福德侯爵府邸(l'Hôtel du marquis de Hertford)举办的一系列每月更新的画展,推出了米勒、迪普雷[③]、泰奥多尔·卢梭[④]等多位画家。与此同时他还创办了《艺术信使》(Courrier artistique),第 1 期

[①] 于勒·克拉尔蒂(Jules Claretie, 1840—1913),法国小说家、剧作家,《巴黎生活》的专栏编辑。
[②] 格罗(Antoine-Jean Gros, 1771—1835),法国新古典主义和浪漫派前期画家。
[③] 迪普雷(Jules Dupré, 1811—1889),法国巴比松画派代表画家。
[④] 泰奥多尔·卢梭(Théodore Rousseau, 1812—1867),法国巴比松画派代表画家。

出版于 1861 年 6 月 15 日。他还将音乐引入绘画，使人们在欣赏绘画的同时聆听到音乐家如费利西安·达维德①、柏辽兹、圣桑和比才等人的作品。1862 年，他与戈蒂耶共同创建了法国艺术家协会（la Société des artistes français）的前身——全国美术协会（la Société des Beaux-Arts）。1865 年，他为创建抒情剧院（le Théâtre-Lyrique）而辞去美术监督的职务。剧院毁于战乱后，他在雅典娜剧院（l'Athénée）举办了多场音乐会，演奏韦伯和威尔第的作品（资料来源：1895 年 1 月 12 日《美术报》）。

马索尼（Massoni）。七月王朝时期，法国陆军中有三个名叫马索尼的人：乔治·马索尼（Georges Massoni），1847 年 9 月 22 日晋升轻骑兵上尉。保罗-奥古斯汀·马索尼（Paul-Augustin Massoni），1843 年 11 月 19 日晋升二等军士长。

夏尔-安托万-奥克达夫-爱丽舍·马索尼（Charles-Antoine-Octave-Élysée Massoni），显然去拜访中学生波德莱尔的是这位马索尼。他 1788 年 1 月 9 日生于卡尔维（Calvi），上过路易大帝中学，1833 年晋升中校，1837 年晋升上校，1843 年晋升准将，1849 年 4 月 30 日获得三等荣誉勋位，1869 年 5 月 23 日在下夏朗德（Charente-Inférieure）去世。根据《军队年鉴》（Annuaire militaire）的记载，他所在的第 43 步兵旅 1837—1838 年直至 1839 年调防到帕尔特奈（Parthenay）之前都一直驻扎在鲁昂。

马蒂尼，雷蒙·马蒂尼（Raymond Matigny），业务代理人，曾受阿隆戴尔委托尽职尽力地向波德莱尔讨债，未果。其他身份不详。

孟戴斯，卡蒂尔·孟戴斯（Catulle Mendès，1841—1909）。孟戴斯从波尔多来到巴黎，创办了《幻想家评论》，1861 年 2 月 15 日创刊，同年 11 月 15 日停刊，曾发表过波德莱尔及其朋友们的稿件。1902 年 11 月 2 日在《费加罗报》发表文章，讲述了 1865 年 7 月波德莱尔在他家度过的那个凄惨的夜晚，当时波德莱尔为解决拖欠玛拉西债务那件棘手的事正奔

---

① 费利西安·达维德（Félicien David，1810—1876），法国作曲家。

走于巴黎和翁弗勒尔。1866年，孟戴斯与泰奥菲尔·戈蒂耶的女儿朱迪特·戈蒂耶结婚，婚礼在讷伊举行，时任讷伊市长的纳西斯·昂塞尔为他们主持了婚礼。

梅里翁，夏尔·梅里翁（Charles Meryon 或 Charles Méryon，1821—1868）。与戈蒂耶和保罗·芒茨①一样，波德莱尔是少有的几位为梅里翁的才华摇旗呐喊的人。在其《1859年的沙龙》中，波德莱尔对他表达了非同一般的敬意，并在两篇论蚀刻师的文章中再次赞扬了他。关于他与波德莱尔的交往中更深层次的意义，请参见皮埃尔·让·茹夫②在《波德莱尔之墓》（Pierre Jean Jouve, *Tombeau de Baudelaire*）中发表的文章，瑟伊出版社（*Le Seuil*）出版，1958。

迪梅尼尔，阿尔芒·迪梅尼尔（Armand du Mesnil，1819—1903）。迪梅尼尔出身于贵族家庭，但很早就开始照顾他的母亲和一位侄女。1838年7月进入国民教育部工作，1870年5月成为该部高等教育司司长。他也写过一些文章和剧本，但缺乏信心，他在文学界里有许多朋友，值得一提的有邦维尔——《女像柱集》中有一首诗就是题献给迪梅尼尔的——还有弗洛芒坦③，他在《多米尼克》（*Dominique*）一书中创造奥古斯丁这一形象时就参考了迪梅尼尔的很多特点。波德莱尔肯定是通过邦维尔与迪梅尼尔结识的。1866年，阿瑟利诺在为波德莱尔申请补贴时曾请他帮忙斡旋。波德莱尔曾赠给迪梅尼尔一册1857年版《恶之花》："赠阿尔芒·迪梅尼尔/友谊的证明/CH.波德莱尔。"迪梅尼尔1866年7月7日在巴黎与海伦·吕莎（Hélène Rucha）结婚，朱斯特·奥利维埃④为之证婚。

默里斯，保罗·默里斯（Paul Meurice，1820—1905）。剧作家，雨果的弟子，雨果流亡期间忠诚的管家。1867年他在一封收信人不详的信中

---

① 保罗·芒茨（Paul Mantz，1821—1895），法国艺术史家。
② 皮埃尔·让·茹夫（Pierre Jean Jouve，1887—1976），法国作家、诗人、文学评论家。
③ 弗洛芒坦（Eugène Fromentin，1820—1876），法国画家、作家。
④ 朱斯特·奥利维埃（Juste Olivier，1807—1876），瑞士作家、诗人。

写道:"波德莱尔的主要作品其实是《恶之花》。散文作品方面,他留下了翻译的爱伦·坡作品,这您肯定是知道的,还有一本改写自英文的书《人造天堂》以及一些文学批评和艺术批评文章,散见于不同的集子,尚未结集出版。如果您明晚不能来,请来信告知您需要些什么,我请布拉克蒙寄给您。关于波德莱尔那些固有而真实的才华,撰写说明不如谈话,半个小时的谈话足以谈出比半本书还要多的内容。"

资料来源:皮埃尔·博莱斯先生(M. Pierre Berès)提供。

默里斯,保罗·默里斯夫人(Mme. Paul Meurice),闺名埃莱奥诺-巴尔米尔·格朗杰(Éléonore-Palmyre Granger),1819 年 8 月 8 日生于巴黎,1874 年 11 月 13 日去世。她的父亲让-皮埃尔·格朗杰(Jean-Pierre Granger,1779—1840)是一位画家,是大卫的学生和安格尔在罗马学画时的同学。她嫁给保罗·默里斯的前一天(1843 年 3 月 24 日),安格尔曾为她画了一幅铅笔肖像(现存雨果故居):表现出她的优雅、端庄、内心的活力与独立性和尊严。后来在与波德莱尔高尚的交往过程中,人们在她写给波德莱尔的信件中发现的正是这些品质。波德莱尔对她也充满眷恋,正像他在赠给默里斯夫人《理查德·瓦格纳与〈唐豪瑟〉在巴黎》时所写的赠言:"赠给默里斯夫人 / 以此作为我对您长久且充满敬意之感情的证明 / 夏·波。"布拉克蒙 1866 年为上了年纪的她所画的一幅肖像表现出波德莱尔病重期间这位拥有博大胸襟的女性的形象。

1866 年 7 月 11 日或 16 日,尚弗勒里给默里斯夫人写信,介绍了波德莱尔的病况,并请她去看望诗人:"亲爱的夫人,他能否恢复全指望您了,至少您能为这位如此爱戴您的人减轻病痛……"默里斯夫人去圆顶教堂街(rue du Dôme)看望了波德莱尔。尚弗勒里在写给玛拉西的信中说:"1866 年 8 月 15 日,默里斯夫人勇敢地带来了《唐豪瑟》的乐谱,其效果正是我所期待的。"可惜她不久后动身去了海边,再见到波德莱尔时已经是秋季了。

关于默里斯夫人,可参见 1874 年 11 月 17 日《法兰西共和国报》(La Réppublique française)。

米约，摩西·米约，别号波利多尔（Moïse Millaud, Polydore, 1813—1871）。米约是新闻界的杜卡雷[①]，他以其拥有第二帝国时期最大的托拉斯之一——铁路储蓄银行（Caisse générale des chemins de fer）——的股票而闻名。1856年，他从埃米尔·德·吉拉丹手中收购了一部分《新闻报》的股份，1860年又转手卖给了索拉尔。1863年，他创办了《小报》(*Le Petit Journal*)。

他的侄子马多舍-阿尔封斯（Mardochée-Alphonse），1829年出生，1856年入职《新闻报》。

莫莱纳，保罗·加斯雄·德·莫莱纳（Paul Gaschon de Molènes, 1821—1862）。莫莱纳属于军人作家群体，这个群体中的佼佼者有拉克洛[②]和普西卡里[③]。莫莱纳对曾经宣称"只有三种人最可敬：教士、战士和诗人"的波德莱尔颇有好感，加之军人作家群体与浪荡子群体关系密切，因此波德莱尔在浪荡子群体中为莫莱纳保留了位置。巴尔贝·多尔维利可能是他们二人之间的介绍人。

1848年2月，莫莱纳加入国民卫队别动队并成为军官。六月起义中负伤，荣获荣誉军团十字章。随后他加入正规军，参与了克里米亚战争和意大利战争，在一起骑马事故中意外身亡。波德莱尔在《轶事评论》1862年3月下半月号上匿名发表了一篇很感人的文章："大家可以看出，笔者与德·莫莱纳先生相识久矣；他爱他甚于赞美他，并笃信德·莫莱纳先生也爱他。如果这种友谊和赞美能为他不幸的遗孀排解数秒忧伤，他将万分高兴。"

莫莱纳的夫人安琪-贝妮涅（Ange-Bénigne）1886年在《高卢人》(*Gaulois*)发表了一篇文章，以朴素的文字记录下了她记忆中的波德莱尔，并在阅读《波德莱尔遗作》后致函欧仁·克雷佩指出了一处错误。

[①] 杜卡雷（Turcaret）是法国小说家、剧作家勒萨日（Alain-René Lesage, 1668—1747）1709年创作的同名喜剧中塑造的一个大骗子形象。

[②] 拉克洛（Pierre Ambroise Choderlos de Laclos, 1741—1803），法国大革命时期的将军和作家，《危险的关系》(*Les Liaisons dangereuses*) 的作者。

[③] 普西卡里（Ernest Psichari, 1883—1914），法国军人兼作家。

蒙泰居，埃米尔·蒙泰居（Émile Montégut，1825—1895）。蒙泰居属于法国第二代比较文学学者。自1847年开始为《两世界评论》撰稿，发表了大量介绍英美文学的文章，特别是着力推介了爱默生①，并于1850年翻译出版了《美国哲学家文选》(Essais de philosophie américaine)。他还翻译了莎士比亚和麦考利②的作品。让·布尔多③曾对《埃米尔·蒙泰居：根据未刊资料进行的生平研究及批评》(Émile Montégut. Étude biographique et critique d'après des documents inédits，加尼埃兄弟出版社，1925）一书的作者皮埃尔-亚力克西·米尼耶（Pierre-Alexis Muenier）转述说，蒙泰居常常与波德莱尔在塔布雷咖啡馆（café Tabourey）会面。

穆伊，夏尔·德·穆伊伯爵（Charles, comte de Moüy），生于1834年。1862—1865年间负责《新闻报》的文学批评专栏。出版过小说和历史研究文章。1865年由阿歇特出版社出版的《年轻的身影：文学人生的故事》(Les Jeunes Ombres. Récits de la vie littéraire) 系统介绍了缪塞、莫里斯·德·盖兰和欧也妮·德·盖兰④、爱伦·坡（未提及波德莱尔的名字）、拉舍尔⑤、埃热西普·莫罗、居雷尔·贝尔⑥、伊波利特·雷尼欧⑦、米尔热和保罗·德·莫莱纳（他本人认识莫莱纳）。从1865年开始转而从事外交，1886年曾在法国驻罗马使馆获得嘉奖。

纳达尔，菲利克斯·图尔纳雄（Félix Tournachon，1820—1910），别

---

① 爱默生（Ralph Waldo Emerson，1803—1882），美国随笔作家、哲学家和诗人。
② 麦考利（Thomas Babington Macaulay，1800—1859），英国诗人、历史学家和政治家。
③ 让·布尔多（Jean Bourdeau，1848—1928），法国随笔作家、德国哲学研究专家。
④ 莫里斯·德·盖兰（Georges Maurice de Guérin，1810—1839），法国诗人和作家。欧也妮·德·盖兰（Eugénie de Guérin，1805—1848），法国女作家，莫里斯·德·盖兰的姐姐。
⑤ 拉舍尔（Élisabeth-Rachel Félix，1821—1858），法国悲剧演员。
⑥ 居雷尔·贝尔（Currer Bell），即夏洛蒂·勃朗特（Charlotte Brontë，1816—1855），英国小说家。
⑦ 伊波利特·雷尼欧（Hipolyte Regnault），不详。

号纳达尔（Nadar）。记者、摄影家和热气球飞行员。在巴黎波旁中学上学时与阿瑟利诺是同学，他持有共和主义立场，却始终与波德莱尔为友，自 1844 年起他们就一直在波希米亚文人圈中，并共同撰写了《巴黎演艺界风流秘事》。波德莱尔极为佩服他的生命力（参见《我心赤裸》第 29 篇）。1867 年 9 月 10 日，纳达尔在《费加罗报》上为他逝去的朋友发表了一篇少见的充满睿智和情感的文章。纳达尔去世后不久，他的回忆录《密友夏尔·波德莱尔：纯真的诗人》(Charles Baudelaire intime: Le Poète vierge) 在雅克·克雷佩的关照下出版，雅克·克雷佩曾帮助纳达尔完成这部回忆录。纳达尔和卡尔嘉一样，拍摄了很多精彩传神的波德莱尔肖像，在他的名人肖像作品中为我们留下了波德莱尔的形象。

奈戎（Naigeon）。叫奈戎的人很多，容易搞混，特别是如下几位：

让-克洛德·奈戎（Jean-Claude Naigeon），1753 年生于第戎，1832 年在第戎去世；

让·奈戎（Jean Naigeon），1757 年生于博讷（Beaune），1832 年逝世于巴黎。

让-克洛德·奈戎 1780 年获得罗马大奖（他有时让人家叫他"罗马人奈戎"），第一帝国时期接替他的老师弗朗索瓦·德孚日（François Devosge, 1732—1811）担任第戎绘画与雕塑专科学校（l'École spéciale de peinture et de sculpture de Dijon）教授，而此时让·奈戎还是学生……

至于雅克-安德烈·奈戎（Jacques-André Naigeon, 1738—1810），别号"不信神的奈戎"（Naigeon l'athée），则是狄德罗的仰慕者和出版者，根据路易·莫朗的深入研究，他与让·奈戎和让-克洛德·奈戎没有任何亲缘关系。

让·奈戎最初是德孚日的学生，后来是大卫的学生。1802 年受命担任卢森堡宫博物馆馆长。1830 年他的儿子让-埃尔齐道尔·奈戎（Jean-Elzidor Naigeon, 1797—1867）继任。让-埃尔齐道尔·奈戎最初跟他父亲学画，后来拜师格罗门下，1827 年获得罗马大奖第二名。波德莱尔的嫂子菲莉思蒂·波德莱尔的肖像就是他在 1836 年画的。让·奈戎还是夏尔·波德莱尔出生证明的签字人之一。让·奈戎的弟弟弗朗索瓦（1762—

1815）是一位著名的细密画画家。

奈夫特泽，奥古斯特·奈夫特泽（Auguste Nefftzer，1820—1876）。毕业于斯特拉斯堡新教神学院（Faculté de théologie protestante de Strasbourg）。1844 年加入《新闻报》（La Presse），负责每天的政治专栏。1858 年与其友夏尔·道尔弗斯创办《日耳曼评论》（Revue germanique）。1861 年 1 月创办《时光》（Le Temps），该报后成为自由派大报。

奥利维埃，泰奥多尔·奥利维埃（Théodore Olivier，1793—1853）。炮兵军官，自 1829 年起任综合工科学校辅导教师，巴黎中央工艺制造学院（École centrale des arts et manufactures）创办人之一。1827 年与克洛德·拉麦（参见"克洛德·拉麦"条）的女儿玛格丽特-阿丽娜（Marguerite-Aline）结婚；他们的婚姻协议是在昂塞尔的前任拉比的公证处办理的。1871 年，奥利维埃的遗孀致函昂塞尔，感谢昂塞尔将欧皮克夫人遗赠给他的一个茶叶盒转送给她（参见昂塞尔档案）。

奥尔菲拉，马蒂厄·奥尔菲拉（Mathieu Orfila，1787—1853）。原籍西班牙，1818 年加入法国籍，1819 年担任法医学教授，后任巴黎医学院（Faculté de médecine de Paris）化学教授，1831 年起任化学系主任，他担任这个职务十七年。他的夫人安娜-加布里埃尔（Anne-Gabrille）生于莱苏尔家族（Lesueur），七十一岁时（1864 年）去世，生前常在其图尔农路寓所（rue de Tournon）举办音乐家沙龙。

帕尔菲，诺埃尔·帕尔菲（Noël Parfait，1814—1896）。帕尔菲与埃采尔一样生于沙特尔（Chartres），二人从小就是朋友。在成功无望的情况下他仍坚持写作并成为戈蒂耶的秘密撰稿人，其角色无异于戈蒂耶的大管家。作为热忱的共和主义者，他于 1849 年当选国民议会议员，1851 年政变后流亡比利时。在布鲁塞尔，他成为大仲马的特别助理，并协助埃采尔经营比利时的出版业务。他是埃采尔出版雨果《沉思集》（Contemplations）的清样编辑，并为戈蒂耶的戏剧评论专栏撰写了《戏剧史》（Histoire du théâtre），由埃采尔出版。1859年大赦后回到法国，担任米歇尔·莱维出版社的审稿人。第二帝国覆灭后，他在议员们的推举下重新当选国民议会议员。

佩迪赛，尼古拉·佩迪赛（Nicolas Perducet），出生于阿尔代什省的萨尔拉（Sarras, Ardèche），1857年4月15日逝世于巴黎贝杜纳滨河道26号（原为14号），享年九十四岁。1814年12月20日，他以酒商的身份见证了安托万-让-玛丽·阿隆戴尔的父亲再婚。其子路易-杰罗姆（Louis Jérôme）1796年生，1857年就任原巴黎第12区副区长，并获得荣誉团骑士勋位。

佩里尼翁，保罗-弗朗索瓦·佩里尼翁男爵（Paul-François, baron Pérignon, 1800—1855）。皮埃尔·佩里尼翁的长子，律师。弗朗索瓦·波德莱尔去世时指定他为家庭监理会成员，1844年8月24日由他动议为波德莱尔指定法定监护人。他的一生颇为光彩：巴黎上诉法院顾问，1837—1850年为马恩省（Marne）议员。

佩里尼翁，皮埃尔·佩里尼翁（Pierre Pérignon），1759年4月1日生于圣梅内乌尔德（Sainte-Menehould），比弗朗索瓦·波德莱尔大两个月，两人是同学。皮埃尔·佩里尼翁的父亲是议会律师，他本人后来也做了律师。他的一生可圈可点：塞纳省（Seine）参议会顾问、议长；埃纳省（Aisne）议员（1815—1816）；后被封爵，成为世袭男爵。他与露易丝·库杜尼昂（Louise Coudougnan）的婚姻育有六个子女：长子保罗（见上条），次子阿尔弗雷德（Alfred, 1805—1860），长女卡特琳娜-露易丝-阿波琳（Catherine-Louise-Apolline, 1789—1843），后嫁给蒂尔莱（参见"蒂尔莱"条），次女朱莉-阿黛尔（Julie-Adèle, 1790—1801），三女爱格朗蒂娜（Églantine, 1794—1801），幺女弗朗索瓦兹-欧也妮（Françoise Eugénie, 1795—1813）。佩里尼翁夫人去世时，还在遗嘱中为她的教子夏尔·波德莱尔留下3000法郎遗产。皮埃尔·佩里尼翁1830年2月25日在巴黎去世。

皮埃尔·佩里尼翁还收养了孤女卡洛琳·德法伊斯，即波德莱尔的母亲。参见"欧皮克"条。

皮肖，阿梅代·皮肖（Amédée Pichot, 1795—1877）。皮肖在波旁王朝复辟时期翻译了沃尔特·司各特（Walter Scott）和拜伦（Byron）的作品，与基佐①改编了勒图尔纳②（Letourneur）翻译的莎士比亚作品，然后又翻译了狄更斯以及其他许多作品（阿米奥出版社，1847—1853）；1839—1867年任《不列颠评论》（*Revue Britannique*）社长。L.-A. 比松（L.-A. Bisson）曾为他撰写过一部内容丰富的传记《阿梅代·皮肖：一位浪漫的普罗米修斯》（*Amédée Pichot. A romantic Prometheus*），但忽略了他曾于1845年11月和1852年9月在《不列颠评论》上发表过爱伦·坡作品的译文。后来皮肖还曾以阿尔封斯·博盖尔（Alphonse Borghers）为笔名在"铁路丛书"（Bibliotheque des chemin de fer）出版过《金色圣甲虫》（*Le Scarabée d'or*）和《荷兰飞艇手》（*L'Aéronaute hollandais*，阿歇特出版社出版，1853）。

关于阿梅代·皮肖，可参见W.T. 邦迪：《爱伦·坡作品的秘密译者：阿梅代·皮肖》（*Poe's Secret Translator：Amédée Pichot*），现代语言出版社（Modern Language Notes），1964年5月版。

毕纳尔，欧内斯特·毕纳尔（Ernest Pinard, 1822—1909）。出身于一个古老的法官家族，法学博士，曾在道奈尔（Tonnerre）、特鲁瓦（Troyes）、兰斯（Reims）任代理检察长，1853年10月被任命为巴黎地区的代理检察长。在福楼拜案和波德莱尔案结束几年后被任命为杜埃（Douai）的总检察长，并当选诺尔省（Nord）议员。1866年成为国务参事。1867年11月就任内务部大臣。1868年以议员身份回到律师公会。其两卷本《司法裁判文集》（*Œuvres judiciaires*）于1885年出版，其中有对福楼拜的公诉状，但未收录针对波德莱尔的公诉状。

---

① 基佐（Guillaume-Maurice Guizot, 1833—1892），法国作家、翻译家、文学教授。
② 勒图尔纳（Pierre-Prime-Félicien Letourneur, 1737—1788），法国文学家、翻译家。

班斯布尔德，勒内-尼古拉·班斯布尔德（René-Nicolas Pincebourde），出身农家，1835年8月9日生于蓬图瓦兹（Pontoise）附近的圣-乌昂-洛莫讷村（Saint-Ouen-l'Aumône）。先后在米歇尔·莱维书局、阿歇特书局当过店员，后成为玛拉西书局的首席店员。1863年他申请了书局经营执照，在黎希留路78号开办了"黎希留书局"（la librairie Richelieu）。1880年他将书局从碧蕾哈斯路50号迁往嘉布遣大道10号，参见国家档案馆，F^{18}，第181号以及F^{18}，第390号）。玛拉西1860年5月15日对迪朗蒂这样形容班斯布尔德："班斯布尔德对我来说谈不上左膀右臂，而是个棒槌，既不够主动也不够灵活，所以没法指望他……"——原载《马克·洛里埃书店简报》(Bulletin de la Librairie Marc Loliée)，1956年第16号。

玛拉西在比利时避难时，他负责发行《小评论》。1872年出版《夏尔·波德莱尔：回忆、书信与作品索引》(Charles Baudelaire, Souvenirs-Correspondances, Bibliographie)，所有波德莱尔研究者都非常熟悉这本书。

皮奥杰，钱拉·皮奥杰医生（docteur Gérard Piogey），1894年11月18日逝世于巴黎圣乔治路24号寓所（rue Saint-Georges）。圣伯夫1866年2月15日致波德莱尔的信中说他是"一位纯粹为文人看病的医生"（参见《致夏尔·波德莱尔书信集》，第348页）。根据昂塞尔1868年4月4日致欧皮克夫人一封信的底稿（现存昂塞尔档案）——这封信谈的是如何分配波德莱尔收藏的版画、素描和水彩画——容金德的水彩画被赠给了皮奥杰医生。

蓬马丹，阿尔芒·德·蓬马丹（Armand de Pontmartin，1811—1890）。作为来自法国南方的正统派以及天主教和道德伦理的卫道士，蓬马丹在担任《通讯报》(Correspondant) 主编以前一直是《两世界评论》和《当代评论》的撰稿人。从1857年开始，他将自己的评论文章结集为《土曜日漫谈》丛书（Causeries du samedi）。事实上，他并不像波德莱尔信中说的那么可笑。他可以说是一位跻身于天主教评论家中的谢勒[①]（但与巴尔贝

[①] 谢勒（Wilhelm Scherer，1841—1886），德国语言学家和文学史家。

和沃尤又有所不同）。

普莱-玛拉西，保罗-埃玛纽埃尔-奥古斯特·普莱-玛拉西（Paul-Emmanuel-Auguste Poulet-Malassis，1815—1878）。玛拉西出身于阿朗松一个印刷商世家，父亲是奥古斯丁-让-扎沙里（Augustin-Jean-Zacharie，1795—1850），母亲是阿德丽娜-奥古斯蒂娜·鲁雍（Adeline-Augustine Rouillon，1802—?）。1847年考入文献典章学院（l'École des chartes）。作为坚定的社会主义者，他于1848年6月与几个朋友创办了《可爱的区内人：下层人的报纸》（L'Aimable Faubourien, journal de la canaille），但只出版了五期，6月23日即与起义者一起被捕，被投入伊夫里要塞（Fort d'Ivry）的地窖，又被转移到布列斯特用作监牢的废船（les pontons de Brest）上关押；他收集的宣传革命的海报、小册子和手稿以及他花费两年时间创作的两部书稿《革命时期的理论》（Théorie des révolutions）和《没落时刻》（L'Heure des décadences）全部佚失。1848年12月，他在几个朋友的帮助下获释，随后回到文献典章学院重拾学业，但与波希米亚文人圈往来密切，1852年定居阿朗松。1855年2月，他母亲将他父亲去世后转给她的印刷商兼书商的经营执照转给了他和他的妹妹。1856年，他的妹夫德·布鲁瓦斯将经营执照转让给了他，他随即又于1857年获得了在巴黎开办书局的经营许可。大舅子和妹夫合作经营的这家家族企业的招牌是象征商业的赫尔墨斯神杖，企业的箴言是"和谐共赢"（Concordiae fructus）。从1856年起，作为《阿朗松报》（Journal d'Alençon）的印刷商，普莱-玛拉西在这份每周两期的报纸夹缝中开始发表朋友们的作品——波德莱尔、邦维尔、戈蒂耶、勒孔特·德·利勒，等等。玛拉西-德·布鲁瓦斯企业在这一时期业绩辉煌，1855年进军巴黎，书局先是开在比西路（rue de Buci）4号，1858年迁往美术街（rue des Beaux-Arts）9号，1860年迁往黎希留路（rue de Richelieu）97号。但随后的官司和罚款不断：1857年的《恶之花》案、1858年的路易·拉库尔《洛赞公爵回忆录》（Louis Lacour, Mémoires du duc Lauzun）案、1859年的欧内斯特·阿迈尔《圣茹斯特的故事》（Ernest Hamel, Histoire de Saint-Just）案、同年的弗朗西斯·拉孔波《法国与德国》（Francis Lacombe, La France et l'Allemagne）案和1861

年的弗朗西斯·拉孔波《皇帝拿破仑与国王纪尧姆》(L'Empereur Napoléon et le roi Guillaume) 案——这些官司和罚款给家族企业的经营带来巨大的财务困境，而玛拉西与波德莱尔以及朋友们操作的那些"梭子交易"更加剧了这种困境。德·布鲁瓦斯与他的大舅子分了家，成为阿朗松印刷所的老板，拿走了印刷商兼书商的经营执照（1861年8—10月间），作为交换，玛拉西获得了在巴黎开书局的营业执照（1861年11月）。1862年他出版了最后两卷《轶事评论》（第14卷和第15卷），这份刊物创办于1855年，当时由洛雷坦·拉尔谢（Lorédan Larchey，1831—1902）任社长。

1862年9月2日，资产负债表显示赤字已超过33000法郎（参见1968年《波德莱尔特展》展品目录，第612号）。11月12日情况稍有起色时他却因一位曾为他印书的印刷所老板布巴尔-达维尔的指控而被捕，被投入了债务监狱。经过五个月的待审羁押，他于1863年4月22日被判一个月监禁。在对自己的企业事务做出安排之后，他于1863年9月去了比利时，波德莱尔七个月后也去了比利时和他会合。他在比利时出版了一些抨击第二帝国的小册子和淫秽作品，还出版了《吟余集》，并为此受到了两次缺席审判（1865年6月2日和1868年5月6日）。他还是《小评论》的主要编辑（1863年11月至1866年11月），此后由他的老部下班斯布尔德接手，改在巴黎出版。1870年5月16日，他与七年前在布鲁塞尔结识的弗朗索瓦兹·多姆（Françoise Daum）结婚。1869年8月15日大赦令发布后回到法国，致力于目录学和学术刊物的出版。

根据1862年7月1日的协议，波德莱尔是知道他欠着玛拉西5000法郎的。经过1865年7月那场闹剧——玛拉西摆出要把债权卖给班斯布尔德的架势，于是波德莱尔还给他2000法郎——之后，波德莱尔依然欠着玛拉西3000法郎。这笔钱直至1868年才由昂塞尔以两张汇票清偿，一张500法郎，日期是1868年2月28日，另一张是2500法郎，日期是1868年4月5日，兑付期限是4月15日。

关于普莱-玛拉西，可参见：

——国家档案馆：F^{18}，第1814号"普莱-玛拉西卷宗"；F^{18}，第2027号"德·布鲁瓦斯卷宗"；

——巴黎档案馆：$D^{11} U^3$，第606号"玛拉西破产案卷宗"；

——《已故奥古斯特·普莱-玛拉西先生的藏书》(*Bibliothèque de feu M. Auguste Poulet-Malassis*)，J. 巴乌尔出版社（J. Baur），1878；

——奥恩省（Orne）的一位藏书家孔塔德伯爵：《奥古斯特·普莱-玛拉西创作或出版的书籍细目与逸闻》(comte de Contades, *Auguste Poulet-Malassis. Bibliographie descriptive et anecdotique des ouvrages écrits ou publiés par lui*)，鲁盖特出版社（Rouquette），1883；

——《普莱-玛拉西丛书：奥古斯特·普莱-玛拉西出版的全部书目与逸闻（1853—1862）》，鲁盖特出版社，1883；

——勒内·儒阿纳：《波德莱尔与普莱-玛拉西：〈恶之花〉案》(René Jouanna, *Baudelaire et Poulet-Malassis. Le Procès des Fleurs du mal*)，阿朗松：阿朗松印刷所（Imprimerie alençonnaise），1952；

——J.J. 洛奈：《奥古斯特·普莱-玛拉西：〈恶之花〉出版百年特展目录》(J. J. Launay, *Catalogue de l'exposition organisée pour le centième anniversaire de l'édition des Fleurs du mal*)，阿朗松：阿朗松印刷所，1952 年 10 月；

——皮埃尔·迪费：《在波德莱尔身边：出版家与朋友普莱-玛拉西。缪斯和圣母萨巴蒂埃夫人》(Pierre Dufay, *Autour de Baudelaire. Poulet-Malassis, l'éditeur et l'ami. Mme Sabatier, la Muse et la Madone*)，巴黎：图书陈列馆（Cabinet du livre），1931。

普拉隆，欧内斯特·普拉隆（Ernest Prarond，1821—1909）。普拉隆 1839 年 11 月从故乡阿布维尔（Abbeville）来到巴黎学习法律，寄宿在勒韦克与巴伊公寓（Pension Leveque et Bailly），与寄宿在同一公寓的勒瓦瓦索尔、谢纳维埃尔结为好友，并与其他人一起成立了"诺曼底诗社"。1840—1841 年冬天他才与波德莱尔相识，但很快两人的联系就中断了，因为波德莱尔被家里送去印度洋旅行。从 1842 年 3 月开始，他们之间的友谊变得紧密。1842—1843 年间，他们一起制订了两项合作计划：一是一部诗集《诗》(*Vers*)，出版于 1843 年 5 月，但波德莱尔在最后一刻撤出，由奥古斯特·多松顶替；二是一部诗剧《伊德奥吕斯》(*Idéolus*)，未完成，但普拉隆始终保存着手稿——可参见克洛德·皮舒瓦：《欧内斯特·普拉隆眼中的青年波德莱尔》(*La Jeunesse de Baudelaire vue par Ernest*

Prarond），原载魁北克《文学研究》(*Études littéraires*) 第 1 卷，1968 年 4 月第 1 期。

普拉隆 1844 年回到阿布维尔，从此开始了对庇卡底历史的长期研究并成为一名优秀的历史学家，他发表的著作超过 120 种，一半以上是历史学和考古学著作。从这时开始，特别是从 1850 年起——应该说是 1852 年，因为这一年普拉隆刚刚发表了一篇研究文章《论几位年轻的作家》(*De quelques écrivains nouveaux*)，其中非常客气地批评了波德莱尔——这两位年轻作家之间的关系显然疏远了。但在普拉隆生前出版的作品、他的信件甚至未发表的文章中依然可以找到波德莱尔的痕迹。在《致夏尔·波尔莱尔书信集》中也可以读到普拉隆 1842 年题赠给波德莱尔的三首诗。

幸而有普拉隆写下的那些信件——他是应欧仁·克雷佩之请而写的，当时欧仁·克雷佩正在为 1887 年版《波德莱尔遗作》撰写波德莱尔生平——使我们今天得以掌握波德莱尔 1840—1844 年的数年间最基本的资料。

1929 年，埃米尔-保罗兄弟出版社（Émile-Paul frère）出版了于勒·穆凯①的一篇论文《夏尔·波德莱尔：重新找到的诗》(*Charles Baudelaire, Vers retrouvés*)，宣称《诗》中署名普拉隆的诗大多属于波德莱尔的作品。詹姆斯·K. 华莱士先生（M. James K. Wallace）在范德堡大学（l'Université Vanderbilt）发表文章反驳了这种推论，而在他发表反驳文章之前，于勒·穆凯的论文曾获得程度不同的好评。实际上，普拉隆的诗里最多有两首出自波德莱尔之手。

拉麦，克洛德·拉麦（Claude Ramey，1754—1838）。原籍第戎，在第戎与让·奈戎结识。拉麦本人是雕塑家，在参议院工作期间是弗朗索瓦·波德莱尔的好友，并成为阿尔封斯·波德莱尔的教父，也是夏尔·波德莱尔出生证明的签字人之一。他的女儿嫁给了泰奥多尔·奥利维埃（参见"泰奥多尔·奥利维埃"条）。

---

① 于勒·穆凯（Jules Mouquet，1867—1946），法国作曲家。波德莱尔以拉丁文创作的《弗朗索瓦兹之颂》(*Franciscæ Meæ Laudes*，见《恶之花》第 60 首）即是由穆凯翻译成法文的，见《波德莱尔的拉丁文诗歌》(*Vers latins de Baudelaire*)，法兰西信使出版社，1933。

拉珀蒂，路易-尼古拉·拉珀蒂（Louis-Nicolas Rapetti，1812—1885）。法学家，很年轻时便作为莱尔米尼耶[1]的助手在法兰西公学讲授比较法学。1853年成为图书馆入选书籍的主审人。1854年就任《拿破仑一世书信集》（*Correspondance de Napoléon Ier*）编辑委员会秘书，欧皮克和梅里美均为该委员会成员。1857—1858年间玛拉西出版社出版过他的三本小册子。《恶之花》案期间波德莱尔曾请他帮助斡旋。

关于拉珀蒂，可参见雅克·克雷佩：《关于波德莱尔》（*Propos sur Baudelaire*），第81—84页。

雷耶尔，欧内斯特·雷伊（Ernest Rey），别号雷耶尔（Reyer，1823—1909）。马赛人，1848年革命后来到巴黎。戈蒂耶为其交响乐圣剧《索拉姆》（*Selam*）创作了歌词（1850年4月首演），并与梅里[2]为其喜歌剧《沃尔弗拉姆》（*Wolfram*）撰写了说明书（1854年5月首演）。雷耶尔曾为戈蒂耶与吕西安·博迪巴[3]创作的两幕芭蕾舞哑剧《沙恭达罗》（*Sacountala*）谱曲（1858年7月首演）。1861年4月11日，他谱曲的三幕歌剧《雕像》（*La Statut*）在抒情剧院首演。波德莱尔去世后的1884年，雷耶尔创作了四幕歌剧《齐格弗里德》（Sigurd），表达自己对瓦格纳的仰慕。波德莱尔是在萨巴蒂埃夫人家与雷耶尔结识的。

关于雷耶尔，可参见安德烈·比利：《女议长和她的朋友们》（André Billy, *La Présidente et ses amis*），第158—164页。

里库尔，阿希尔·里库尔（Achille Ricourt，1797—1879）。里库尔是学建筑出身。他创办了一家出版社，是第一位出版杜米耶作品的出版人。他是《艺术家》的创始人兼社长（1831—1838），因1000法郎债务而破产。1844年，波德莱尔曾在《巴黎演艺界风流秘事》中讽刺过他，因为蓬萨尔在他那部红极一时的剧本《吕克莱斯》（*Lucrèce*）中有他的角色，但根据弗

---

[1] 莱尔米尼耶（Jean Louis Eugène Lerminier，1803—1857），法国法学家。
[2] 梅里（Joseph Méry，1797—1866），法国小说家、诗人、剧作家。
[3] 吕西安·博迪巴（Lucien Petipa，1815—1898），法国舞蹈家，芭蕾舞大师。

朗西斯科·萨尔希①的说法（1891 年 4 月 20 日《时光》），里库尔其实是"一位伟大的悲剧才华的探索者"。他作为一位共和主义者退出了出版界，潜心钻研戏剧，并在奥弗涅城塔路（rue de La Tour-d'Auvergne）16 号创办了一所朗诵学校和青年艺术家剧场，自任校长和经理。

洛普斯，费利西安·洛普斯（Félicien Rops，1833—1898）。洛普斯在波德莱尔去比利时以前在巴黎就已经小有名气。1862 年 10 月 12 日，格拉蒂尼在《林荫大道》发表的几首波德莱尔风格的诗就是题献给洛普斯的；1863 年 5 月 24 日，《林荫大道》曾发布消息说洛普斯一周前来到了巴黎；1863 年，洛普斯的大型石印画《瓦隆地区的一次葬礼》（Un enterrement au pays wallon）在卡达尔画廊（Cadart）展出，富尔迪内·卡勒麦尔 1864 年 1 月 1 日在《新评论》（Revue nouvelle）上发表《比利时的加瓦尔尼》（Fortuné Calmels, Gavarni en Belgique），也对洛普斯的作品做了介绍。波德莱尔似乎是在布鲁塞尔才与洛普斯相识的，介绍人大概是玛拉西，因为洛普斯曾为玛拉西出版的书画过插图。洛普斯设计了《吟余集》的封面插图。正如在内特拍摄的一幅照片献辞上所说的那样，他的出现排解了波德莱尔的忧愁。1894 年，洛普斯在致版画家阿尔芒·拉桑福斯（Armand Rassenfosse，1862—1934）的信中回忆说："把我和加瓦尔尼相比让我很不高兴！我也讨厌'比利时的加瓦尔尼'这种说法！画半裸的弗兰德斯女人画得最多的可不是我，但和居伊在一起时我的确画了不少！我们在（安特卫普的）里德阿克贫民区（Rydeack）里到处为那些肥胖的妓女画素描，这个贫民区当时还在，现在已经没了。我们让她们在同一个房间里摆姿势！总指挥是波德莱尔！我会在回忆波德莱尔那本书里讲到这个故事，如果能找到几幅我的素描，再从纳达尔那儿借来两三幅居伊的素描放进去就更好了。"（转引自莫里斯·居内尔 1957 年 9 月在《法兰西信使》发表的文章，第 27 页。）

1865 年，洛普斯制作了一幅铜版画菜单《大厨房的小学徒》（Le grand marmiton），这幅作品是为摄影师内特举行的一次晚宴而制作的，来宾有波德莱尔、玛拉西、格拉蒂尼、阿尔蒂尔·斯蒂文斯等，晚宴中间专门为

---

① 弗朗西斯科·萨尔希（Francisque Sarcey，1827—1899），法国戏剧评论家。

波德莱尔上了一瓶"1842年从印度带回来的波尔多红酒"以及好望角红酒,这幅铜版画的复制品至少有五幅;参见埃克斯蒂恩:《洛普斯作品目录》(Exsteens, *Catalogue de l'œuvre de Rops*),第540号。

洛普斯此后曾计划为《恶之花》制作全部插图,但未能实现。

英俊的洛普斯1859年与夏洛特·波莱·德·法沃(Charlotte Polet de Faveau)结婚,夏洛特的父亲是那慕尔法院的副院长,婚后住在夏洛特父亲拥有的托泽城堡(Château Thozée),离梅泰和那慕尔都很近。但洛普斯生性风流,当时就有人说洛普斯在那慕尔的身份是已婚,但在其他地方都是单身汉。

关于洛普斯,可参见:

——《波德莱尔肖像集》,图版第115—118号以及162、163号;

——雅克·克雷佩:《关于波德莱尔》;

——1896年6月15日《羽毛笔》(*La Plume*)专号;

——让-皮埃尔·巴比·德·马莱斯:《费利西安·洛普斯传》(Jean-Pierre Babut du Marès, *Félicien Rops*),埃莱尔出版社(Érel),1971。

洛克普朗,内斯托尔·洛克普朗(Nestor Roqueplan, 1804—1870)。画家卡米尔·洛克普朗(Camille Roqueplan, 1802—1855)的弟弟,奈瓦尔居住在长老街时期[①]的伙伴。他出生在罗讷河口省(Bouches-du-Rhône),却是个地地道道的巴黎人,波旁王朝复辟末期出任《费加罗报》社长。七月王朝期间曾管理过多家剧院,1847年春至1854年11月幸运地成为巴黎歌剧院院长(阿瑟利诺回忆说他的朋友波德莱尔为创作一部歌剧与洛克普朗一直保持着联系,在那部歌剧的草稿中,唐璜与卡蒂丽娜的影子相会),1857—1860年任巴黎喜歌剧院院长,不久后担任夏特莱剧院院长。他同时还在《立宪报》和《新闻报》主持两个专栏,波德莱尔在散文诗《好狗们》(*Les Bons Chiens*)中曾回忆过其中一篇文章[②]。邦维尔在

[①] 奈瓦尔(Gérard de Nerval, 1808—1855),法国诗人。"长老街时期"指1832—1834年,那几年奈瓦尔住在长老街(Doyenné)。

[②] 洛克普朗那篇专栏文章的题目是《那些狗都去哪儿了?》(*Où vont les chiens?*),发表于1857年5月16日《新闻报》。

《我的回忆》(Mes souvenirs) 中用生动的一章回忆了洛克普朗。

鲁维埃尔，菲利贝尔·鲁维埃尔 (Philibert Rouvière, 1806—1865.10.19)。鲁维埃尔是一位伟大的演员，但在行家眼里他远不止是伟大：戈蒂耶在《新闻报》上颂扬过他；尚弗勒里因他的表演而创作了一部研究著作《特里亚农的喜剧演员》(Le Comédien Trianon)；波德莱尔1855年底或1856年初就为他写过评论文章，1865年还为他写了一篇悼文，其中提到德拉克洛瓦也十分赏识这位演员，因为这位演员同时又是一名画家。他的表演也赢得了马奈的热爱，马奈赠给他一幅油画《悲剧演员》(L'Acteur tragique)，画的是他扮演的一个出彩的角色：哈姆雷特。

罗西耶，于勒·罗西耶 (Jeles Rozier, 1821—1882)。贝尔丹[①]和德拉罗什[②]的学生。米尔热的朋友。风景画家和蚀刻家。

萨巴蒂埃夫人，阿格拉伊-约瑟芬·萨瓦蒂埃 (Aglaé-Joséphine Savatier)，昵称阿波罗妮-阿格拉伊 (Apollonie-Aglaé, 1822—1890)。波德莱尔大致在皮莫丹府邸时期就认识她了。当时她还是比利时银行家莫塞尔曼 (Mosselman) 包养的情妇——这位莫塞尔曼是勒翁夫人 (Mme Lehon，其夫是比利时驻法国大使) 的弟弟——波德莱尔就对她暗怀爱意。她住在弗洛榭路 (Rue Frochot) 4号，这栋房子位于弗洛榭路与蒙马特尔巴里耶尔广场 (place de la barrière de Montmartre)——今名皮加勒广场 (Place Pigalle)——相交的拐角处。1858年时她还曾住过香榭丽舍大街的一栋小公寓。《轶事评论》1859年2月上半月刊曾提到，常去弗洛榭路4号做客的有戈蒂耶、杜刚、布耶[③]、福楼拜、普雷欧[④]、拉鲁纳[⑤]（"奥

[①] 贝尔丹 (Édouard François Bertin, 1797—1871)，法国画家和记者。
[②] 德拉罗什 (Hippolyte de la Roche, 1797—1856)，别号保罗·德拉罗什 (Paul Delaroche)，法国画家。
[③] 布耶 (Louis Hyacinthe Bouilhet, 1822—1869)，法国诗人，福楼拜的挚友。
[④] 普雷欧 (Antoine-Augustin Préault, 别号 Auguste Préault, 1809—1879)，法国雕塑家。
[⑤] 拉鲁纳 (Charles de La Rounat, 1818—1884)，原名埃梅-尼古拉-夏尔·鲁维纳 (Aimé-Nicolas-Charles Rouvenat)，法国作家、剧作家、剧院经理。

德翁剧院的沙皇")、欧内斯塔·格丽丝[1]和爱丽丝·奥琪[2],还有一些俄国人。1861年,莫塞尔曼与她分手,她卖掉了一些艺术品并搬去讷伊居住。她后来又遇到最后一位崇拜者,名叫埃德蒙·里夏尔(Edmond Richard),这位埃德蒙·里夏尔后来成为她的回忆录的记录者。

关于萨巴蒂埃夫人,可参见:

——皮埃尔·迪费:《在波德莱尔身边》,巴黎:图书陈列馆,1931;

——安德烈·比利:《女议长和她的朋友们》,弗拉马利翁出版社(Flammarion),1945;

——《波德莱尔肖像集》,图版第130—139号。

圣-维克多,保罗·德·圣-维克多(Paul de Saint-Victor,1825—1881)。出身于拉盖罗尼耶尔家族(La Guéronnière),拉马丁的狂热崇拜者,1848年进入时任外交部长拉马丁办公室工作。在拉马丁的关照下,圣-维克多于1852年成为《国家报》主编,负责戏剧、美术和文学方面的评论,合同期3年,52期专栏的稿酬是4800法郎。1855年5月圣-维克多进入《新闻报》,1868年进入埃米尔·德·吉拉丹的《自由报》。作为雨果的拥趸,他之热爱雨果不在波德莱尔热爱德拉克洛瓦之下。他是巴尔贝·多尔维利——他们两人的性格甚至文风都很接近——戈蒂耶和龚古尔兄弟的挚友,他不惜放下每天的稿件去放言议论埃斯库罗斯、莎士比亚等大师。他评论悲剧和喜剧的著作《两副面具》(*Les Deux Masques*)在其生前身后多次再版,被视为十九世纪最优秀的戏剧评论之一。

关于圣-维克多,可参见阿利道尔·戴尔桑:《保罗·德·圣-维克多传》(Alidor Delzant,*Paul de Saint-Victor*),卡尔曼-莱维出版社,1886。

桑,乔治·桑(George Sand,1804—1876)。说起乔治·桑,我们首先就会想到波德莱尔在《我心赤裸》里对乔治·桑火爆且绘声绘色的辱骂:愚蠢,笨拙,饶舌,魔怔,溷厕,但她文体流畅,很讨小市民欢

---

[1] 欧内斯塔·格丽丝(Ernesta Grisi),女歌唱家,戈蒂耶的伴侣。
[2] 爱丽丝·奥琪(Alice Ozy,1820—1893),原名朱莉·茱斯蒂娜·毕鲁瓦(Julie Justine Pilloy),法国女演员,"爱丽丝·奥琪"是其艺名。

喜……这种敌意其实是出现在仰慕之后。

关于乔治·桑，可参见莱昂·塞利耶（Léon Sellier）1967年4—6月在《法国文学史评论·波德莱尔专号》上发表的文章。

萨索诺夫，尼古拉斯·伊万诺维奇·萨索诺夫（Nicolas Ivanovitch Sazonov 或 Sasonoff，1815—1862）。他在莫斯科大学期间即结识埃采尔。年轻时醉心于法国文学。十九世纪四十年代在巴黎生活优渥，后因欠债被投入克利希监狱。1843年底与抵达巴黎的卡尔·马克思结识，是翻译《共产党宣言》的第一人（未出版）。暮年重拾壮年理念。波德莱尔可能对他这位朋友参与颠覆性活动的一面并不了解。1857年，萨索诺夫向俄国政府提出特赦申请，希望能返回俄罗斯。特赦获得了批准，但由于经费匮乏无法实现，在日内瓦阒然而逝。邦维尔在其《奇歌集》（*Odes Funambulesques*）的"注释"（Commentire）中曾这样介绍他："他是一个俄国人，出身望族名门，和蔼可亲，也是一位可爱的作家，他晚年旅居巴黎时是所有有识之士的朋友，并请他们品尝过各式各样的俄式沙拉，但谁也做不出他那种味道。"萨索诺夫是《俄罗斯公报》（*Gazette de Moscou*）驻巴黎的特派记者，同时也为另一份俄国期刊《祖国年鉴》（*Annales de la patrie*）撰稿。

谢莱尔，埃德蒙·谢莱尔（Edmond Scherer，1815—1889）。银行家之子，后成为新教神学家和新教自由派的领袖之一。即便投身文学批评事业时——他是1861年创办的《时光》杂志社里的权威——也不忘受过的神学和伦理学方面的教诲。但这一背景并未妨碍他成为他那个时代最伟大的批评家之一。

斯科尔，奥莱里安·斯科尔（Aurélien Scholl，1833—1902）。其姓颇怪，却是地道的波尔多人。他的文学生涯始于《海盗船》。作为一名优秀的专栏编辑，他曾为诸多期刊撰稿，特别是《名流周刊》和《费加罗报》。1863年创办《黄色侏儒》。出版过一部诗集《德尼丝》（*Denise*）、几部长篇小说、几部剧本和随笔集以及幻想小说——玛拉西出版过其中一部《艺术家的集市》(*La Foire aux artistes*)并曾再版。作为最具象征性的巴黎人物之一，其形象被马奈画进了《杜伊勒里宫的音乐会》。

塞尔维，让-巴蒂斯特·塞尔维（Jean-Baptiste Servais），烫金装潢师和镶框师，其店铺在圣路易岛路（rue Saint-Louis-en-l'Île）。他与书商泰舍奈尔（Téchener）共同创办了《艺术之友公报》(*Bulletin de l'ami des arts*)，拉费泽里耶尔（参见"拉费泽里耶尔"条）在其中占有重要股份。波德莱尔曾送给他一册《1846年的沙龙》并写有赠言（现藏鲁昂图书馆）。

塞尔沃，欧仁·塞尔沃（Eugène Servaux，1815—1890）。1834年进入国民教育部。1853—1865年始终在秘书一室工作，1857年晋升副主任，1858年晋升主任，故而数年中都可以帮衬波德莱尔。1877年以科学与文学司副司长身份结束其职业生涯（国家档案馆，F^{17}，第21723号）。可参见"贝拉盖"条和"德索克斯"条。

西尔维斯特，泰奥菲尔·西尔维斯特（Théophile Silvestre，1823—1876）。艺术评论家，1855—1856年开始分册出版《在世的法国与外国艺术家的故事》(*Histoire des artistes vivants français et étrangers*)。另一部作品《自然研究》(*Études d'après nature*)未完成。他极度崇拜德拉克洛瓦，德拉克洛瓦对他也信任有加。他与波德莱尔在勒若斯纳家相识并成为朋友。他曾将自己的一部作品《欧仁·德拉克洛瓦：新的文献》(*Eugène Delacroix. Documents nouveaux*)赠给勒若斯纳少校，系米歇尔·莱维出版社1864年出版。

关于西尔维斯特，可参见《波德莱尔：研究与证据》第125—132页；《波德莱尔、德拉克洛瓦和西尔维斯特》(*Baudelaire, Delacroix et Silvestre*)。

索拉尔，菲利克斯·索拉尔（Félix Solar，1815—1871）。记者出身，曾任《议会信使》(*Messager de l'Assemblée*)主编，波德莱尔1851年4月9日曾在该刊发表十一首十四行诗。这就可以说明波德莱尔在1851年夏即已拜托迪塔克向索拉尔推荐他的诗了（参见波德莱尔1851年夏致迪塔克的信)。波德莱尔1855年1月18日致索拉尔信中的语气何以如此亲昵也就可以解释通了。索拉尔和米莱斯是铁路储蓄银行的合伙人,丑闻之初,索拉尔为掩盖亏损卖掉了"铁路丛书",最后亏空遮不住便潜逃了。法院反过来追究米莱斯,于1861年2月17日逮捕了米莱斯,还逮捕了索拉尔的助手加伊夫(参见"加伊夫"条)。从此索拉尔在波德莱尔的视野里消失。

松戎,吕希乌斯-内斯托尔·松戎(Lucius-Nestor Songeon, 1818—1889)。波旁王朝复辟时期被放逐的一位将军之子,是波德莱尔在里昂中学时的同学;诺瓦罗神甫(l'abée Noirot, 1793—1889)是他的哲学教师。作为共和主义者,他参加了二月革命,此后流亡国外,1861年才回到法国。后来取代雨果当选参议员。

"从外表看,他长得像个卡尔梅克人或马来人,塌鼻梁,高颧骨,肤色焦黄,头发稀疏,眼睛像两条细缝:高度近视,戴眼镜,近乎失明。"这就是纳达尔在《密友夏尔·波德莱尔:纯真的诗人》中对他的描写,——纳达尔曾赠给他一册《飞翔的权利》(*Droit au vol*),献辞上写着:"赠给我勇敢的、善良的、亲爱的松戎,你的没良心的纳达尔。"

我们都知道波德莱尔并未在里昂读完中学,他和松戎是在巴黎、在纳达尔那个波希米亚文人圈里重逢的。松戎由于丑得可爱,所以在文人圈里使尽浑身解数扮演了一个戏谑而夸张的角色。据纳达尔说,王子先生路寓所(邦维尔的家)的一位女仆后来给他"另起了一个别号":童仆(Clergeon)。1844年,《巴黎演艺界风流秘事》的几位作者——这本书的封面插图出自纳达尔之手——在书中以德·纽沁根[①]式的文笔编造了一份致里库尔的信,声称松戎是这封信的作者,并让他签下了"贺拉蒂乌斯·童仆"(Horatius Sergeon)这个名字。

苏拉里,约瑟凡·苏拉里(Joséphin Soulary, 1815—1891)。这位里昂诗人是一位写十四行诗的高手,其十四行诗远比诗选中那首《两列扈从》(*Les Deux Cortèges*)要好,波德莱尔赞赏其《幽默十四行诗》(*Sonnets*

[①] 德·纽沁根(de Nucingen),巴尔扎克《人间喜剧》中的一个人物。

humouristiques）就是证明。1886年欧仁·克雷佩向他咨询一些波德莱尔的情况，他在11月27日写了回信（这封回信1890年5月16日在德鲁奥特拍卖会上被拍卖）：他听说保罗·马里埃东转给克雷佩一封信，说的全都是关于《恶之花》的作者童年时期的"未刊信息"，但苏拉里就此咨询谢纳瓦尔却没有结果："除了报纸上那些闲话，他什么也找不到；他确实认识波德莱尔，但少有交往。"

关于苏拉里，可参见保罗·马里埃东：《约瑟凡·苏拉里与里昂七星诗社》（Paul Mariéton, *Joséphin Soulary et la Pléiade lyonnaise*），马尔朋与弗拉马利翁出版社（Marpon et Flammarion），1884。

斯蒂文斯，阿尔蒂尔·斯蒂文斯（Arthur Stevens, 1825—1890）。比利时画商。他为比利时收藏现代绘画的私人收藏家提供绘画作品，特别是提供他的两个哥哥——大哥约瑟夫·斯蒂文斯（Joseph Stevens, 1816—1892），动物画画家；二哥阿尔弗雷德·斯蒂文斯（Alfrd Stevens, 1823—1906），风俗画和肖像画家——的绘画作品，而且他确实像波德莱尔说的那样，"奔走于法国和比利时之间，在法国为比利时人的国王服务，在比利时则为法国人的皇帝服务"（参见波德莱尔1864年8月30日致纳达尔的信。他在巴黎有一座私人公馆，位于拉瓦尔路（rue de Laval），今名维克多-马谢路（rue Victor-Massé），在布鲁塞尔利奥波德路（rue Léopold）5号有一幢房子，在下乌克勒的斯塔勒（Stalle-sous-Uccle）还有乡间别墅。他曾以笔名J.格拉汉姆（J. Graham）发表过一篇文章《1863年的沙龙》（*Salon de 1863*）。他帮助波德莱尔联系了布鲁塞尔艺术家与文学家联合会，也是他把《比利时独立报》社长贝拉尔蒂介绍给波德莱尔的。1865年4月8日，波德莱尔向他口述了自己翻译的托马斯·胡德（Thomas Hood, 1799—1845）的《叹息桥》（*Bridge of Sighs*）。1866年7月初，他护送病中的波德莱尔返回巴黎。

关于阿尔蒂尔·斯蒂文斯，可参见让·阿戴马尔：《波德莱尔，斯蒂文斯兄弟，现代性》（Jean Adhémar, *Baudelaire, les frères Stevens, la modernité*），原载1958年2月《美术报》（*Gazette des Beaux-Arts*），同时还发表了阿尔蒂尔·斯蒂文斯致其二哥阿尔弗雷德·斯蒂文斯的未刊信件。

唐雷，小唐雷公司（Tenré fils et Cie）经理，银行家，地址在拉菲路（rue Laffitte）13号，后迁至18号。现存一部1857年版《恶之花》，赠言写道："赠小唐雷先生，/友情的记忆，/CH. 波德莱尔"（伦敦索斯比拍卖行，1971年6月28—29日，拍品第87号）。小唐雷无疑就是于勒-亨利-路易·唐雷（Jules-Henri-Louis Tenré），他于1819年12月14日生于巴黎老11区，是书商诺埃尔-路易-约瑟夫·唐雷（Noël-Louis-Joseph Tenré）之子。1865年，小唐雷成为巴拉圭领事，地址是拉斐特街（rue Laffitte）13号，1895年2月28日在巴黎第16区去世。

蒂尔莱，路易·蒂尔莱（Louis Tirlet），1771年生，1810年3月25日根据特许状成为蒂尔莱男爵，后晋升子爵并成为朝廷重臣。1810年1月22日娶皮埃尔·佩里尼翁（参见"佩里尼翁"条）之女卡特琳娜-露易丝-阿波琳·佩里尼翁为妻，育有两个孩子：路易-欧仁，蒂尔莱子爵（Louis-Eugène, vicomte Tirlet, 1817—1874），法国最高行政法院助理办案员，1849年成为马恩省议员；露易丝-洛儿（Louise-Laure, 1815—1868），嫁给最高行政法院助理办案员德·格朗尚男爵（baron de Grandchamp）为妻。

蒂斯朗，伊波利特·蒂斯朗（Hippolyte Tisserant, 1809—1877）。悲剧演员，自1851年起的十五年间始终是奥德翁剧院的男一号，1861年成为副院长。1866年在《小报》出版了一部纵论演艺生涯的书《为我家辩护》（*Plaidoyer pour ma maison*），颇具趣味，于勒·雅南为之作跋。

特洛雷夫人（Mme Trolley），闺名安托瓦内特-康丝坦斯-埃莱娜（Antoinette-Constance-Hélène），纳西斯·昂塞尔的妹妹，嫁给塔恩税务局（Enregostrement à Thann）税务员勒内-伊萨克·特洛雷（René-Isaac Trolley）为妻。

特鲁巴，于勒·特鲁巴（Jules Troubat, 1836—1914）。原为尚弗勒

里的秘书，自 1861 年 9 月起任圣伯夫的秘书，从严格意义上说，他为圣伯夫代过笔，圣伯夫也指定他作为自己的遗嘱执行人。1878 年起在贡比涅宫（palais de Compiègne）担任图书管理员，之后转入国家图书馆。雅克·克雷佩为请教他来过此地，其父欧仁·克雷佩 1886 年也曾咨询过他。特鲁巴出版过三卷圣伯夫早年书信集，以及《圣伯夫末任秘书的回忆》(*Souvenirs du dernier secrétaire de Sainte-Beuve*)。

蒂尔冈，朱利安·蒂尔冈（Julien Turgan，1824—1887）。学医出身，当过住院实习医生，1848 年加入维克多·雨果创办的《大事晚报》(*L'Événement, journal du soir*)，尔后转入吉拉丹创办的《普世安乐报》(*Bien-être universel*)，1852 年接替格鲁恩（Grün），直到 1860 年为止与保罗·达洛兹并列《环球导报》社长。从 1860 年至 1868 年出版《法国的大工厂：十九世纪法国工业画卷》(*Les Grandes Usines de France, tableau de l'industrie française au XIXe siècle*) 丛书，160 卷，4 开本，配有版画。

于夏尔，马里奥·于夏尔（Mario Uchard，1824—1893）。法兰西喜剧院著名女演员玛德莱娜·布罗汗（Madeleine Brohan，1833—1900）的丈夫，曾为该剧院创作过四幕韵文喜剧《拉菲亚米娜》(*La Fiammina*) 以及其他一些剧作，也是多部长篇小说的作者。1863 年受聘于《北方报》，负责文学版的编辑。

乌尔巴赫，路易·乌尔巴赫（Louis Ulbach，1822—1889）。共和派人士，极度崇拜雨果。1844—1848 年为《艺术家》和《家庭书房》(*Musée des familles*) 撰稿。1851 年参与创办《巴黎评论》。1861 年起为《时光》(*Temps*) 撰稿。作品有长篇小说和中篇小说等。波德莱尔 1842 年前后即与其结识，但正如乌尔巴赫本人 1867 年 9 月 8 日在《巴黎画报》(*Paris-Magazine*) 上发表的悼念文章（原载《同时代人眼中的波德莱尔》，第 133—135 页）所说，他不佩服波德莱尔，也对他没有好感。

瓦克里，奥古斯特·瓦克里（Auguste Vacquerie，1819—1895）。维

克多·雨果的下属,其兄夏尔·瓦克里(Charles Vacquerie)娶了雨果的女儿莱奥波蒂娜(Léopoldine Cécile Marie-Pierre Catherine Hugo, 1824—1843)为妻。严格说来,瓦克里并非波德莱尔的朋友。波德莱尔与邦维尔曾在1845年6月1日《剪影》(*La Silhouette*)上发表过一首讥讽他的谐谑诗,后于1865年6月24日在玛拉西的《小评论》上再度刊载。不过波德莱尔仍很尊重他,因为他是雨果在欧洲大陆上的两名最重要的使者之一。瓦克里似乎对波德莱尔也抱有一丝好感。

韦伯克霍恩(Verboeckhoven),出版商拉克鲁瓦(参见"拉克鲁瓦"条)的合伙人,比利时画家欧仁·韦伯克霍恩(Eugène Verboeckhoven, 1799—1881)之子,波德莱尔在参观普罗斯佩尔·克拉博的收藏后所作的札记和《可怜的比利时!》第24篇中曾提到过他的名字。

维图,奥古斯特·维图(Auguste Vitu, 1823—1891)。波德莱尔1844年前后在邦维尔家和几家小报——《海盗-撒旦》、《剪影》和《喧哗》(*Le Tintamarre*)——的编辑部中与他结识,他当时也为这几家小报撰稿(参见《同时代人眼中的波德莱尔》,第81、83、90、135、136页)。1848年5—11月维图曾创办《小册子》(*Pamphlet*)并自任总编。波德莱尔去世后,他在《旗帜》(*L'Étendard*)上发文悼念(1867年9月3日;参见《同时代人眼中的波德莱尔》,第201页),并为《夏尔·波德莱尔:回忆、书信与作品索引》一书写过文章。他是波德莱尔最忠实的朋友之一。

瓦格纳,理查德·瓦格纳(Richard Wagner, 1813—1883)。波德莱尔涉及瓦格纳的通信有:1849年7月13日致(佚名)的信、1860年2月17日致瓦格纳的信以及1861年发表的长文《理查德·瓦格纳与〈唐豪瑟〉在巴黎》。此外还应提到,1861年波德莱尔和尚弗勒里打算一起去维也纳听歌剧《特里斯坦与伊索尔德》(*Tristan und Isolde*);当时正在维也纳的瓦格纳赶忙给他的好友、音乐评论家奥古斯特·德·加斯贝里尼(Auguste de Gaspérini)写信说:"我不知道他们这一出行计划是否当真,但毕竟是一种良好的意愿,我觉得必须告诉他们,这部歌剧的演出因故延期了。我亲爱的朋友，麻烦您通知或写信告诉他们这个消息，就说是我委托您转告他们的，并请向他们转达我最诚挚的敬意。"

瓦隆，古斯塔夫-莱昂·瓦隆（Gustave-Léon Wallon，1821—1882），别号让·瓦隆（Jean Wallon）。米尔热在其《波希米亚生活场景》（Scène de la vie de bohème）中夸张地将瓦隆形容为一个衣着滑稽的漫画人物，并给他取了一个逼肖的化名"科利纳"（Colline）。但若真这么看瓦隆就看走眼了。瓦隆后来成为法国天主教会自主论理论家，但如果仅仅将其视为一位宗教理论家也是大错特错的。其实，瓦隆是一位真正的哲学家，他翻译过黑格尔的《小逻辑》（la Logique subjective），而且是一位懂得嘲讽哲学的哲学家，他和特拉帕度[①]一样，在各种神秘主义思潮与存在主义哲学之间建立起了一种微妙却又确凿的联系。

瓦隆娶了沃伦斯基[②]的弟子拉扎尔·奥热（Lazare Augé）的女儿为妻。

关于瓦隆，可参见 R.-L. 鲁夫（R.-L. Ruff）1970 年 4 月 1 日在《克拉麦家族》（Le Cramérien）上发表的评述。

瓦特里蓬，安东尼奥·瓦特里蓬（Antonio Watripon），1822 年生于博韦（Beauvais）。波希米亚文人圈中的代表人物之一，1864 年 7 月 22 日在圣-路易医院（l'hôpital Saint-Louis）去世。1848 年，他曾为玛拉西创办的《可爱的区内人：下层人的报纸》撰过稿。

关于瓦特里蓬，可参见 P. 迪费 1932 年 4 月 15 日发表在《法兰西信使》第 333—334 页上的文章。

[①] 特拉帕度（Trapadoux），波德莱尔早年在巴伊寄宿公寓认识的朋友。瓦隆和他走得很近，二人后来都成了天主教哲学家。
[②] 沃伦斯基（Joseph Hoëné-Wroński，1776—1853），波兰哲学家、数学家和科学家。